国家主席习近平在山东参观考察孔子研究院（新华社记者鞠鹏 摄）

国务院副总理刘延东出席圆明园鼠首兔首捐赠仪式

国务院第一次全国可移动文物普查领导小组在北京召开第一次会议

文化部部长蔡武和文化部副部长、国家文物局局长励小捷视察总督漕运公署遗址

文化部副部长、国家文物局局长励小捷调研正定南城门

国家文物局检查芦山震后文物抢救工程工地

浙江省举行管辖海域内文化遗产首次联合水下执法

在恭王府内开展消防演习

故宫博物院实行安检社会化

浙江余姚新石器时代田螺山遗址入选第七批全国重点文物保护单位

陕西西安万寿寺斜塔纠偏工程

《关于保护丝绸之路遗产的联合协定》签字仪式

湖南昭阳洞口县王氏宗祠文物管委会的老人们在开会

第二批国家考古遗址公园评议会

湖北叶家山墓地考古工地现场

吉林永安遗址2013年度发掘区全景

云南昭通水塘坝古猿头骨化石采掘地

第23届国际博物馆协会大会中国馆开馆仪式

观众排队参观山东博物馆"欧美经典艺术大展"

河北省博物馆在北朝壁画展厅举办"小小美术家 快乐临壁画"活动

浙江杭州西溪湿地博物馆

中国文化遗产日咸阳主场城市活动

江苏宜兴市文管办聘请的"文物讲解小明星"现场讲解

画博物馆的小朋友

文物普法活动宣传

中国矿冶考古与铜绿山古
铜矿遗址学术研讨会在湖
北大冶召开

新疆维吾尔自治区博物馆
纪念馆讲解员培训班

2013年中法乡村文化遗产
学术研讨会

国家文物局副局长顾玉才会见法国大使白林女士

驻华使节走进中国文化遗产

中国文物年鉴

CHINA CULTURAL HERITAGE YEARBOOK

2014

国家文物局 编

文物出版社

编辑说明

《中国文物年鉴》由国家文物局主编,各省、自治区、直辖市文物行政部门和有关文博单位共同参与编纂,文物出版社编辑出版,综合记述我国文物事业年度发展情况。

《中国文物年鉴·2014》反映我国文物、博物馆事业2013年的发展情况,分为图片、特辑、综述篇、分述篇、纪事篇和附录等部分。《中国文物年鉴》的稿件、资料来自国家文物局机关各部门、各直属单位和各省、自治区、直辖市文物行政部门以及国内相关文博机构,不包含香港、澳门特别行政区和台湾省的资料。由于编辑水平所限,《中国文物年鉴·2014》编校工作难免存在不足,希望广大读者提出宝贵意见和建议。

编者

2014年11月

特约撰稿人 （按姓氏笔画顺序）

马永红	王 征	王汉卫	王成晖	王振华
王琴红	孔翔跃	艾 崧	叶大治	由少平
史 勇	司志晓	吕路宽	朱鸿文	乔静安
庆 祝	刘 洁	刘 洁	刘 微	刘长桂
刘华伟	刘柏良	安来顺	许 鑫	牟锦德
李 玮	杨 安	杨 菊	杨启山	杨泽红
杨喜圣	肖 强	吴 兵	吴建刚	何经平
佘忠明	宋 江	张 钊	张 青	张后武
张昊文	张金梅	陈 亮	周 成	周 宇
赵少军	钟向群	姚文中	夏慧敏	柴 丽
党志刚	徐秀丽	高 洋	高梦甜	高智伟
郭子男	郭苏峻	谈建农	黄 元	黄秒斌
崔启红	彭跃辉	彭湘炜	韩 洋	强映次旦
黎吉龙				

重要文章、讲话

重要公文

综述篇

分述篇

国家文物局直属单位

各省、市、自治区

特辑

文化部部长蔡武
在全国文物安全工作部际联席会议
第三次会议上的讲话

（2013年6月4日）

　　刚才听了各成员单位的领导同志和有关负责同志对文物安全工作所发表的意见，以及国家文物局对贯彻落实国务院63号文件精神有关情况的汇报，虽然简单，但是内容深刻，非常全面。感觉到全国文物安全工作部际联席会议机制确实非常重要、非常必要，而且已经发挥了很好的作用，这个工作越来越显示出它的重要意义。文物工作、文化遗产工作概括起来有几个特点：一是全社会关注度极高，一个事件一经媒体报道立即成为社会关注的热点。二是涉及面广，牵动全局。文化遗产工作不仅牵涉经济社会发展、GDP、政绩，还涉及民生等一系列问题。三是文化遗产涉及精神领域，往往触及灵魂，触动感情。如圆明园兽首拍卖，本是一个很具体的问题，却牵涉民族感情、国家荣誉、外交关系等等。由这几个特点决定，文化遗产工作、文物安全工作看起来是个小事，实际上却是一件大事。按照党中央国务院的要求，建设优秀传统文化的传承体系，建设中华民族共有的精神家园，既有政治社会方面的问题，也有科学技术专业方面的问题，还有财政、经济、人文、精神、道德方面的问题，是全方位的、全局性的问题。

　　在全面深入贯彻落实党的十八大精神的开局之年召开全国文物安全工作部际联席会议第三次会议，我认为十分必要。在党的十八大精神指引下，研究和部署加强文物安全的措施和任务，把这项全社会关注、全体人民群众高度关注、牵动全局的、蕴含民族感情的重要工作部署好、落实好、监督好、完成好，这是我们的历史责任！

　　在此明确一下，文化部副部长、国家文物局局长励小捷同志为联席会议办公室主任，童明康同志为联席会议办公室副主任。刚才明康同志通报了各地贯彻落实《国务院关于进一步做好旅游等开发建设活动中文物保护工作的意见》的初步情况，简要回顾了2012年以来各单位围绕文物安全、加强联合执法方面开展的一系列工作，许多方面有所突破，许多问题得到解决。同志们在集中讨论2013年工作要点时，提出了很多非常好的意见，我们将认真吸收，在工作中落实好。

　　在新的历史时期，如何更好地发挥文物安全部际联席会议制度的积极作用，进一步做好文物安全工作，我谈两点意见。

　　一、认真审视和科学判断当前的形势和存在的困难

　　党的十八大进一步明确了中国特色社会主义经济、政治、文化、社会和生态文明建设五位一体的总体布局，对建设社会主义文化强国做出部署，加快建设社会主义文化强国的

步伐。在今年的政府工作报告中，首次明确提出"把文化改革发展纳入经济社会发展总体规划，列入各级政府效能和领导干部政绩考核体系"。应该说无论从政策环境、社会氛围，还是从文化自身发展的角度来看，当前我国的文化建设都进入了历史上最好的发展时期。

概括起来，"最好的发展时期"有几个要点。一是在中国特色社会主义经济、政治、文化、社会和生态文明建设五位一体的总体布局中，文化占据着十分重要的位置。二是十七届六中全会的《决议》总结了过去10年来文化改革发展的历史经验，提出我们找到了一条中国特色社会主义文化发展道路，这是文化自觉的最为重要的基础。中国特色社会主义文化建设作为中国特色社会主义的重要内容，是题中应有之义。在将理论与实践相结合上，我们已经逐步体系化，从战略思想、战略部署、力量、格局、政策等方面形成了一整套完整的体系。三是从具体的政策措施上，十七届六中全会《决议》有两条，十八大报告有两条。六中全会主要讲投入，有两个硬指标，各级财政对文化事业的投入的增长幅度要高于同期财政收入的增长幅度，要逐步提高文化支出在财政支出中的比例。今年的政府工作报告提出，要把文化改革发展纳入经济社会发展总体规划，列入各级政府效能和领导干部政绩考核体系，这也是两条重大的方针，是针对文化建设进展的实际需要而强调的。正是由于上述这些内容，我们认为，文化建设进入了历史上最好的发展时期，面临着极好的机遇，也面临着尖锐的挑战。这些任务要贯彻落实好，不是一项简单的工作，需要我们不断地攻坚克难、开拓创新、坚持不懈、艰苦奋斗。

以习近平同志为总书记的新一届中央领导集体在2012年11月29日参观国家博物馆"复兴之路"基本陈列。在参观中，习近平总书记指出："现在，我们比历史上任何时期都更接近中华民族伟大复兴的目标，比历史上任何时期都更有信心、有能力实现这个目标。"他讲到两个百年，"一个是在党成立一百年时全面建成小康社会，一个是在新中国成立一百年时建成富强民主文明和谐的社会主义现代化国家"。中华民族的伟大复兴是当代中国人民的理想和追求，是一个鼓舞人心的目标和前景。为了这个目标和前景，我们要做好眼前的事，谋划长远的事，必须深入贯彻落实十八大精神，以事业发展为契机，不断夯实文物安全工作基础，切实担当起全面建成小康社会和实现中华民族伟大复兴"中国梦"过程中文化界应该承担的历史责任。从这个历史性、全局性的高度来看待我们的文化建设、文化遗产工作、文物安全工作，我们肩负着更大的责任和更光荣的使命。

（一）党中央国务院关于文物事业发展的安排和部署为做好文物安全工作奠定了良好的基础和保障

去年以来，在党中央国务院的高度重视和亲切关怀下，文物界有"两件大事、三个文件"。两件大事，一个是全国文物工作会议时隔十年后再次召开。时任中共中央政治局常委李长春同志亲切接见与会代表并发表重要讲话，时任中共中央政治局委员、国务委员刘延东同志出席会议并讲话。会议全面总结了党的十六大以来文物工作的创新实践和成功经验，深刻分析了当前文物工作面临的新形势新任务，鲜明提出全面推进文物保护利用和传承发展，建设与我国丰厚文化遗产资源相匹配、与社会主义文化大发展大繁荣相适应、与建设社会主义现代化国家目标相承接的文化遗产强国目标，对新时期文物工作作出了全面部署。另一个大事是全国人大常委会多位副委员长分别带队组成执法检查组深入北京、河北、浙江、江西、山东、河南、湖北、四川、甘肃、新疆等10个省、市、自治区，并委托21个省、市、自治区人大常委会开展了《文物保护法》颁布实施30年来第一次全国性的执法检查。吴邦国委员长作出重要批示，明确要求督促、支持各级政府和有关国家机关依法履行职责，改进工作，加强管理，推动文物事业全面发展。三个文件是国务院印发的《关于开展第一次全国可移动文物普查的通知》《关于进一步做好旅游等开发建设活动中文物保护工作的意见》和《关于核定并公布第七批全国重点文物保护单位的通知》，三个文件同时也是三件大事，非常有针对性。这些对进一步加强文物保护和利用工作提出了明确要求。

特别是《关于进一步做好旅游等开发建设活动中文物保护工作的意见》。针对文物利用中存在的问题，在文物部门特别是老专家的积极呼吁下，温家宝同志三次批示。2012年12月，国务院印发了《意见》，这是新时期中央加强和改进文物保护工作的一项重大举措，是正确处理文物保护与旅游等开发建设活动关系，确保文物安全，实现旅游业等可持续发展的重要的指导性、纲领性文件。《意见》指出了一些地方不能正确处理旅游等开发建设活动与文物保护之间的关系而出现的一系列问题，提出了新时期进一步做好旅游等开发建设活动中文物保护工作的八条意见，要求各地各有关部门严格遵守文物保护法律法规的具体要求，严格履行涉及文物的旅游等开发建设活动审批，合理确定文物旅游景区游客承载标准，加大对文物保护的投入，加强对文物旅游的指导和监管。特别考虑到在旅游等开发建设活动中，法人违法的情况较为突出，《意见》进一步明确了地方各级人民政府和相关部门的文物保护责任，要求在旅游等开发建设活动中确保文物安全，不断推动文物事业和旅游业健康有序发展。《意见》的重点在于不是强调要利用文物开展旅游等开发建设，而是要求在旅游等开发建设活动中强化文物保护。处理文物保护与各项工作的关系是非常重要的工作，要求我们必须全面的、辩证的处理，表现在传承与保护、继承与创新、开发与保护、经济效益和社会效益、满足人民群众的需求与做好文物保护等等相互对立而统一的各个方面。比如说故宫，今年春节，故宫日参观人数达到历史最高点，有18万人，而经过科学测算，故宫的最大日游客承载量是8万人，如何处理这个矛盾就个难题。从多年的实践中，我们感到在新时期新的历史条件下，处理这些不断出现的各种复杂问题，如何把握好"度"，是对我们的政治智慧、执政能力和处理复杂问题的能力的重大考验。当前，在我国经济高速发展中，在我国社会剧烈转型中，从文化遗产工作角度看，文化遗产保护处于弱势地位，难以掌握主动权。鉴于此，《意见》起草过程经过认真讨论、充分论证、上下沟通，最终形成一致的意见，就是要在旅游等经济开发建设活动中加强文化遗产保护的责任。但也不是反对经济开发。发展是硬道理，发展是解决问题的根本，但是发展必须是科学的、均衡的、可持续。要处理好各种关系，实现双赢，既促进经济开发，又促进文物保护；既保护好文物本体及其环境，又促使文化遗产在经济社会发展中发挥其应有的作用。

这一系列重大举措和文件，是新时期文物事业发展的方向和支撑，更是做好文物安全工作的推动力和保障力。

（二）文物执法督察与文物安全工作取得明显成效

近年来，在党中央国务院高度重视下，在各部门通力协作下，文物执法督察与安全工作不断深入，取得明显成效。

一是文物保护单位遭受破坏的情况有所改观。一个时期以来，各类建设开发活动与文物保护之间矛盾比较突出，各类文物破坏和违法建设活动屡禁不止，时常见诸报端。国家文物局会同各有关部门对其中侵害世界文化遗产和全国重点文物保护单位且社会影响恶劣、情节严重的案件进行了持续的督察督办，集中处理了一大批重大文物行政违法案件。

2014
中国
文物年鉴

通过这些案件的督察督办，显著提升了全社会的文物保护意识，增强了地方政府依法保护文物的认识，有效遏制了文物行政违法案件高发多发的势头。最为重要的是，原本有恃无恐的违法者不顾文物的级别和价值肆意乱为的现象得到改善。长期以来，我们坚持依法监管、依法治理，这是一个过程，法治本身需要完善，执法的力度和水平也需要完善。一个好的趋势是，近两年，省级以上文物保护单位本体及其周边环境遭受破坏的案例占总发案量比例同比明显下降。

二是文物执法能力和水平显著增强。文物执法相较于其他行业的行政执法工作来讲起步较晚，近年来，在各部门支持下，文物执法快速发展。一方面，文物行政执法机构从无到有，从零星分布到普遍开花，取得明显成绩。省级执法督察机构从10年前只有1只队伍发展到2/3的省份有了专职执法督察机构或者队伍，文物资源丰富的市县也陆续成立了一批专职文物执法机构和队伍。另一方面，文物执法方式从以行政协调为主逐步向行政处罚转变，执法水平也得到显著增强。文物行政违法的一个特点就是法人违法现象突出。长期以来，许多文物违法案件主要依靠地方政府出面协调解决，随着文物行政执法工作的不断深入，依法定程序执法、依法追究法律责任、依法处罚逐渐成为了地方政府和文物部门的自觉行为。

三是田野文物安全形势逐渐出现了一些可喜的变化。首先，重大案件发案率下降。从公安、海关、文物等各部门数据统计情况看，虽然案件总数未出现大的变化，但是重大案件发案情况有所好转，趋于平稳。其次，各部门重视程度显著提高。以公安机关为例，2012年，公安机关文物犯罪立案率达到了100%，破案率也有大幅度的提升。第三，各地区管理力度普遍加强。文物资源丰富地区普遍建立了文物安全联席会议机制，并将文物安全作为行政资源投入重点，陕西省近三年投入文物安全经费已近2亿元。第四，部分地区文物安全形势出现趋好态势。随着打击力度的加大，资源投入的增加，管护力度的加强，技防工程的实施，一些原本安全形势严峻的地区，正在成为犯罪分子不敢轻易涉足的"禁地"。上述变化的取得，是各部门、各地区协同努力的重要成果，说明我们"打防结合"的路线正确、措施有效。

（三）威胁文物安全的因素依然突出，困难依然存在

当前法人违法案件屡禁不止和田野文物屡遭盗窃盗掘仍然是威胁文物安全的两大重要因素。

一方面，法人违法发案量仍居高不下。

据统计，法人违法案件数量占年文物行政违法发案数量的比例常年居高不下，超过60%，且每年还以一定比例增长。在这些法人违法案件中，大部分是地方政府主导的"重大项目""民生工程"，这些项目的实施主体多为地方政府部门或地方政府下属的企业法人，具体实施过程中缺乏科学的文物保护论证，缺乏有效的文物保护规划措施，有的甚至不依照法律规定履行报批手续，擅自在文化遗产周边违法建设，严重破坏环境和历史风貌；在施工过程中片面追求施工效率，对于工程建设范围内的文物建筑和发现的古遗址古墓葬通常是直接拆除、直接破坏，致使一批历史文化遗产永久灭失；在开发建设中盲目追求经济利益，对文化遗产超负荷利用和破坏性开发，使文化遗产的真实性、完整性受到严重损害。类似事件屡见不鲜，不断成为社会热点。

造成上述局面的主要原因，一是一些地方、一些部门和单位的文物保护意识和依法办事的意识淡薄，存在不同程度的"重建设、轻保护"的错误认识。但从另一角度看，也

是机制体制和不正确的政绩观造成的。二是发生违法行为后，对责任单位和责任人的处罚力度不够，惩治与教育效果不明显。在这个问题上，有时候我们的文物部门、文物执法部门处在劣势、弱势。在国家文物局直接督办的法人违法案件中，依法实施行政处罚的每年占比不超过20%，依法追究行政纪律责任和刑事责任的每年仅有2～3起。相应的，即使一些文物违法案件得到了处理，但文物遭受破坏后难以挽救，损失不可估量，所以急需将"事后处理"尽快转变为"实时监督"和"事前监督"，以确保国家的有关规定能够得到落实、日常工作能够依法进行并有效降低发生文物违法行为的概率。文物是不可再生的，一旦破坏，不可复制，无法恢复，这是在文化遗产保护中一定要牢固树立的一个观念。所以，必须是实时监督，最好是事前做好保护措施。

另一方面，田野文物屡遭侵害，保护基础相对薄弱。

国家文物局接报的文物安全案件中盗掘古遗址、古墓葬，盗窃田野石刻，田野文物案件占比例60%以上，田野文物仍然是当前犯罪分子侵害的首要对象。与此同时，一是地方政府主体责任尚需强化。大多数田野文物因不具备展示、开放条件，无法直接产生经济效益，一些地方政府对投入行政资源不积极。拿政绩观和行政责任做一个比较，在有限的任期内，一些能看到成果的、能短期产生效益的事情地方政府愿意做，而对于田野文物的保护，短期内可能不直接产生经济效益，所以投入不积极。二是田野文物保护队伍严重不足。相较于城市中的文物单位，古遗址、古墓葬、石窟寺等田野文物往往地处偏隅，保护机构难以落实，保护经费难以保障，保护人员短缺。我们这么大的国土面积，有很多重要的墓葬，文物保护的协管员就是当地的村民，一个月仅二三百元补贴，由他们负责监管，保护力量确实太薄弱了。三是安全防范技术应用基础薄弱。与博物馆安防相比，田野文物的安防技术在21世纪初才开始实验，近年来才进入实施阶段，技术应用的种类有限，有些技术还不成熟，也没有普遍应用到田野文物保护上，造成大量案件不能被及时发现或时过境迁缺乏侦查条件。四是以文物安全为中心的工作机制尚待完善。文物安全仍未被摆到应有的位置，显得措施单一，手段有限。

二、抓主抓重，重点做好加强文物安全工作的主要任务

自2010年5月国务院批准建立全国文物安全部际联席会议制度至今已经3年。3年来，联席会议制度内容不断扩充，任务不断明确，初步形成了以田野文物安全、水下文物安全、促进文物旅游协调发展和加强联合执法为主要框架的联席会议制度体系，为全面推动文物事业发展起到了积极的作用；3年来，各成员单位群策群力、尽职尽责，紧密围绕联席会议制度内容，狠抓重点，务求实效，取得了突出的成绩和良好的效果，文物违法犯罪高发势头得到有效遏制，文物安全状况得到有效改善，文物管理秩序向好发展。

为进一步贯彻落实党中央、国务院对加强文物保护、确保文物安全提出各项要求和意见，现阶段我们必须合力做好以下工作：

（一）科学谋划，全面促进文物保护与利用协调发展

文物的保护和利用是文物工作紧密相连无法分割的两个方面。首先，文化遗产之所以需要保护，是因为其具备的重大价值，使这些价值为当代所共享、为后世所继承是我们追求的目标。其次，保护作为基础和前提，应当对利用加以约束但又不仅仅是约束，更应当从利用的过程中使保护获得益处，进一步推动文物得到更好更妥善的保护。文物利用一方面要创造价值，更为重要的是文物利用必须是公益性质，符合公共利益，必须遵循文物保护的各项要求和原则理念，同时在利用过程中的收益还要反哺文物保护。

今年以来，各地在贯彻落实国务院《意见》中，已经开展了大量富有成效的工作。我们要按照国务院的安排部署，重点做好以下工作：一要总结经验把握规律，不断总结和宣传正确处理旅游等开发建设活动与文物保护的关系、推动文物保护与旅游全面协调可持续发展等方面好的做法和经验，摸索和掌握其中蕴含的规律和原则，逐步建立良好的管理秩序。刚才有同志建议要树立先进的典型，并加强引导，我觉得这个建议非常重要，这应该是我们一个主要的工作方法。因为我们都是在探索中逐步把握保护和利用的关系，找出规律性的东西。二要严格执行法律法规，严格依法审批，树立法律权威，不断增强一些地区和单位的法制意识和文物保护意识，强化科学论证和依法决策的自觉性和主动性。三要合理确定游客承载标准，根据景区自身实际，科学评估文物资源状况和游客数量，调节旅游旺季游客人数，创造宜人的旅游环境，时刻保障文物安全。四要不断加大投入，一方面是加大政府投入，加强基础性建设，改善文物本体及其环境状况，另一方面是文物旅游的经营性收入要一定比例用于文物保护，经济效益和社会效益并举。五要加强指导与监管，改进工作方法，加强行业管理，完善机制体制，逐步建立标准化、规范化的管理模式和考核体系。六要落实责任、履行职责，做到政府领导、部门联动，各司其职、各负其责，对于滥用职权、玩忽职守、徇私舞弊，造成文物破坏、损毁的，要及时通报并依法追究责任。七要理顺文物景区管理体制，使文物景区开展各类活动既符合旅游开发需要，也符合文物保护客观规律，把决策、执行和管理置于部门监管和制度牢笼之内。八要纠正违法违规，重点整治将文物作为企业资产经营、违规交由企业经营、擅自拆除文物古迹和在文物周边进行违法建设等行为，同时依法追究相关责任单位和责任人的法律责任。

刚才明康同志介绍了前期各地贯彻落实情况，工作取得了明显成效，但依然存在一些问题。针对这些问题，近期国务院会组织实地督导工作，各有关部门要高度重视，参加督导工作的部门和同志更要按照安排，统一口径、统一步调，确保督导过程不走过场、不做样子，对于发现的问题要坚决依法处理、一追到底。

（二）进一步夯实文物安全基础工作，保障田野文物安全

古遗址、古墓葬、石窟寺和石刻依法属于国家所有，政府保护理所当然。机构不健全，人员编制少，经费难落实，保护能力弱，这些田野文物保护面临的普遍性难题，折射出的恰恰是地方政府文物保护工作的普遍性短板。2012年，在联席会议16个成员单位共同努力下，联合印发了《关于加强和改进文物安全工作的指导意见》，明确了今后一个时期文物安全工作的阶段性目标和工作要求。为将《意见》内容切实落到实处，我们还必须做好以下工作：

一是着力抓实基础性工作。要以国务院公布第七批全国重点文物保护单位为契机，督促地方各级政府完善各级文物保护单位"四有"工作，实现保护管理的日常化、规范化和制度化。要以点带面，不断强化各类不可移动文物特别是田野文物的安全防护，从实际出发，明确安全责任主体，落实安全管理措施，确保文物安全。在这次审定第七批国保名单过程中，我们深刻体会到各地政府特别是各省申请确定为七批国保的积极性非常之高，但必须强调，申报进入名单的积极性和最后承担起保护它的责任是相统一的，进入名单后各级政府和文物部门更要承担保护的责任，同时要加大宣传力度，要从实际出发，明确安全责任主体，落实安全管理措施，确保文物安全。

二是合力破解关键性难点。田野文物安全难在哪里？关键还在无人看护。近年来各级政府文物安全投入逐年增加，但从经费结构看，对文物安全设施建设的投入占主体，人

员看护、安全巡查等需由属地负担的日常经费尚缺乏必要保障。建议财政部、发改委的同志，在调查研究的基础上会同文物局对地方财政如何落实文物安全经费、优化支出结构提出具体意见，加强宏观指导，并予督促落实。

三是深化部门间执法协作。近年来打击文物犯罪成效显著，取得了阶段性成果。16部委《意见》要求各部门建立严打、严防、严管、严治的长效机制，意在保持对文物违法犯罪活动的高压态势，露头就打，毫不手软，长效构建文物犯罪打击网。希望公安部、国家文物局继续落实防范、打击文物犯罪长效机制，不断取得新成果。希望海关总署和国家文物局在去年部署打击文物走私专项行动、举办成果展览、酝酿打击文物走私长效机制草案的基础上，进一步加强磨合，签署合作机制，协力加大对文物走私的打击力度。

四是持续推进文物平安工程。近年来，发改委、财政部对于文物安全工作给予了倾斜性的资金支持，全国重点文物保护单位的安全防护设施建设取得了巨大成效。特别是重点针对帝王陵寝、古墓群、石窟寺石刻实施的田野文物技防工程，普遍实现了"实施一项，平安一方"，投资回报显著。在中央带动下，地方财政对文物安全防护设施的投入也在逐年增加。这项工作，对提升田野文物安全防范能力至关重要，希望发改委、财政部等各个部门继续给予大力支持。在文物平安工程中比较有代表性的就是"平安故宫"工程，得到了党中央、国务院的高度重视，规划已经确定，目前已进入实施阶段，国务院多次开协调会，相关部门给予了大力支持。

（三）充分利用现代科学技术，强化文物执法与安全监测和预警能力

目前的文物安全监管水平较低、措施单一、手段落后，现代高科技管理手段还没有被广泛应用于文物执法督察与安全监管领域，针对威胁文物安全的因素预警能力完全不能满足现实需要。要力争在5年内初步建立集文物安全动态监测、执法督察预警和文物安全评价分析的全方位多角度的现代化应用系统。

一方面，考虑在国家层面，逐步建立高效、适用的文物安全与违法预警系统，有效降低文物违法行为和安全事故的发生概率。参考国土、建设、环保等系统的成功经验，充分利用现代高科技手段对世界文化遗产、全国重点文物保护单位进行实时监控。利用卫星遥感监测实现实时监控，有效提升预警的时效性、准确性。

另一方面，针对文物行政管理部门人员少、任务重、安全监管难度大的现实困难，充分研究利用物联网等技术手段，建立贯穿各级文物行政管理部门，覆盖重要文物、博物馆单位的文物安全监管平台，逐步实现对基层单位的远程即时监管，实现对执法行为的标准化、信息化管理，切实提升管理效能。可以在一定的范围内先搞试点，看看效果如何，再整体考虑。

这些工作希望发改、财政、科技等有关部门继续给予支持和帮助。

（四）多措并举，进一步加大对文物违法犯罪的惩治力度

李克强总理在国务院机构职能转变动员电视电话会议上指出，"该管的事必须管住管好"，"重拳方有效，重典才治乱，要让犯罪分子付出付不起的代价"。针对当前频发的各类文物破坏和盗窃盗掘等违法犯罪行为，加大惩治力度是加强文物安全工作最为有效的手段之一。具体来讲，需要重点加强两个方面。

一是进一步完善文物保护法律法规。2012年，全国人大常委会开展《文物保护法》执法检查后指出，现行的《文物保护法》在执行过程中取得了良好效果，但其中一些规定还需要进一步修订完善，还有一些缺项漏项，如文物安全、文物利用等等。国家文物局已经

启动了《文物保护法》的修订调研工作。重点对与形势不相适应的内容进行调整，对文物工作走在了前面而法律条款存在缺失的予以补充，对法律自身不完善的进行完善，将《文物保护法》与相关法律进一步衔接，与国际公约、联合国有关文件进一步接轨，与社会管理的趋势相适应，还要明确政府、社会、公众在文物保护中的权利与义务，改善政府"包打天下"的局面。希望法制办在修法调研和具体修法过程中继续给予支持，提供宝贵意见。

在法律修订的基础上，还要进一步完善相应配套的法规、规章、规范和标准，全方位地对履行文物保护的权利和义务做明确和富有操作性的规定，提出办法。

二是进一步加大执法力度和惩治力度。首先，各部门要各司其职、各负其责。对文物违法犯罪行为绝不姑息、绝不手软。对于重点领域和重大问题，要加强联合执法，合力解决突出问题。通过重视和解决重大案件，逐步建立机制和制度，全面维护法律的权威和尊严。其次，研究建立文物违法行为行政纪律责任的追究和监督机制。对于涉嫌破坏文物的国家工作人员要加强行政责任追究，要区别情况，根据严重程度，严肃追究相关责任人的行政纪律责任，涉嫌犯罪的要及时移交司法机关。再次，要推动和促进文物破坏的民事赔偿工作，增加违法犯罪分子的违法成本。希望各有关部门能够继续支持文物执法工作，齐心协力，共保文物安全。

同志们，加强文物保护、确保文物安全是建设优秀传统文化传承体系的核心内容，是建设社会主义核心价值体系的有效措施，更是服务五位一体总体布局的积极力量。文物安全工作不会一蹴而就，我们必须充分认识到它的长期性和艰巨性。在党中央、国务院的正确领导下，在国务院政府职能转变步伐不断加快的进程中，我们要找准问题，逐步破解，执法必严、违法必究，通过共同努力，让文化遗产真正的贴近人民群众生活，让文物保护理念真正深入人心，让拥有数千年深厚传统且仍充满活力的文化遗产为建设社会主义文化强国描绘出更加绚丽多彩的图画，为实现中华民族伟大复兴的中国梦贡献力量。

文化部部长蔡武
在2013年全国文物局长会议上的讲话

（2013年12月27日）

在全党全国深入学习贯彻党的十八届三中全会和习近平总书记系列重要讲话精神的热潮中，我们召开全国文物局长会议。在此，我代表文化部向辛勤工作在文物战线上的广大干部职工致以崇高敬意和诚挚问候！向长期以来关心支持文物事业发展的有关部委和社会各界表示衷心感谢！

党的十八届三中全会审议通过了《中共中央关于全面深化改革若干重大问题的决定》，对全面深化改革提出了系列新观点、新论断、新要求、新任务。关于文化体制改革，《决定》强调，要从完善文化管理体制、建立健全现代文化市场体系、构建现代公共文化服务体系、提高文化开放水平等四个方面推进文化体制机制创新，为文物事业改革发展指明了前进方向。中央城镇化工作会议强调要重视文化传承，延续城市历史文脉，发展有历史记忆、地域特色、民族特点的美丽城镇，为新型城镇化建设中的文物保护描绘了美好前景。全国文物系统要认真学习贯彻。

在即将过去的一年里，全国文物系统围绕学习贯彻党的十八大、十八届三中全会和习总书记系列重要讲话精神，结合深入开展的党的群众路线教育实践活动，认真谋划、锐意改革，抓主抓重、稳中求进，着力开创新局面、营造新风气，各项工作取得新的进展。一是抓改革，加快部门职能转变，积极推进文物保护项目审批机制改革，扩大政府购买服务，促进经营性事业单位转企改制。二是抓长远，研究制定了2020年文物事业发展目标体系，从管理体系、保护效果、社会作用、国际地位、政策保障等五个方面，提出了文物工作中长期发展目标任务。三是抓修法，开展文物保护法修订前期研究工作，围绕修法的热点、难点问题，深入开展调研和课题研究，明确修法思路和草案框架。四是抓普查，按照国务院的部署，进行广泛动员，落实普查经费，搞好人员培训，全面展开第一次全国可移动文物普查。五是抓利用，实施文物保护样板工程，开展古村落综合保护利用试点，探索保护与利用相统筹的管理模式；深化博物馆免费开放，充分发挥博物馆的社会教育功能。六是抓督查，落实国务院关于做好旅游等开发建设活动中文物保护的有关部署，依法纠正违法违规行为，一些文保单位管理体制得以理顺，部分历史遗留问题得到解决。七是抓作风，扎实开展党的群众路线教育实践活动，认真落实中央八项规定，集中整治"四风"，切实改进工作作风，狠抓年度重点工作落实，文物系统干部职工大局意识、改革意识、问题意识、服务意识显著增强，精神面貌为之一新。

当前，文物事业进入一个新的发展时期，机遇和挑战并存，希望和困难交织。一是世界多极化、经济全球化深入发展，各种思想文化交流交融交锋更加频繁，作为拥有丰富资

2014
中国
文物年鉴

源、占有广泛阵地的文物工作，在弘扬社会主义核心价值体系、传承优秀传统文化等方面应该发挥更大的作用。二是面对实施新型城镇化战略的新形势，全面落实"保护为主、抢救第一、合理利用、加强管理"的方针，文物工作承担着在保护中发展、在发展中保护的双重任务，既是机遇，也是考验。三是现有文物管理体系、管理能力与提高文物保护利用水平的要求不相适应，加强宏观管理、提高管理能力、加快职能转变势在必行。四是人民群众多层次、多样化的精神文化需求，对文物领域的公共文化服务提出了更高要求。我们要对面临的形势保持清醒的认识，在改革创新中破解难题，在科学发展中提升水平，切实肩负起历史赋予我们的使命。下面，我讲几点意见。

一、认真贯彻落实三中全会精神，准确把握文物系统改革创新的主基调

党的十八届三中全会是在我国改革发展关键历史时期召开的一次重要会议，专门研究改革问题并作出《决定》，以"两个一百年"为目标，发出了改革总动员令。贯彻落实三中全会精神，是今后一个时期全国文物系统的重要任务，是实现2020年文物事业发展目标的根本指针和基本遵循。

——要凝聚改革共识。改革由历史决定，大势所趋；改革由问题倒逼，不容回避。这不仅是发挥文物资源独特价值、增强社会服务功能的客观要求，也是文物系统全面深化改革、提高管理能力的自身需要。要充分认识文物系统深化改革的必要性、紧迫性、艰巨性，正视制约文物事业科学发展的深层次矛盾和问题，把深化改革作为一项战略任务常抓不懈。国家文物局要按照改革总体要求，加强改革顶层设计，统一谋划全国文物系统的改革思路和方案；地方文物行政部门要结合本地区实际，积极落实各项改革举措，做到思想统一、步调一致。

——要明确改革任务。全国文物系统要紧紧围绕三中全会提出的完善文化管理体制、建立健全现代文化市场体系、构建现代公共文化服务体系、提高文化开放水平等方面的要求，全面推进文物系统改革创新。要加快政府职能转变，推动文物行政部门由办文物向管文物、由管微观向管宏观、由管部门向管行业的转变，强化政策调节、社会管理、公共服务的功能，综合运用各种手段提高管理效能，大力提升管理精准化、规范化水平。要深入理解在经济改革中"发挥市场在资源配置中的决定性作用"的重要意义，研究在文物工作中如何更好地发挥市场机制的积极作用，逐步推进文物资源向社会有序开放，培育相应的社会组织和市场主体。文物系统改革要适应社会主义市场经济体制的要求，更要遵循文物工作的客观规律，始终坚持文物工作方针不动摇，做到守住底线、看住边界，坚持导向、守住阵地。

——要找准改革突破口。全面深化改革不能避重就轻，要抓住制约文物事业长远发展的基础性、体制性、根本性问题，进一步解放思想，转变观念，大胆探索，坚持整体推进和重点突破相结合。在国家文物局的各项业务工作中，文保项目的立项审批和预算安排，工作量最大，占用精力最多。因此，要以深化文保项目审批综合改革为突破口，进一步下放审批权限，建立行政审批与技术审核相分离、分层次的行政审批机制，克服和纠正重审批、轻管理，重布置、轻落实的现象，完善检查评估机制和督查办法，从体制机制上破解工作中的难题。要推进文博事业单位分类改革，特别是在博物馆理事会组建方面要调查研究、制定办法、作出安排。要继续加大文博人才培养力度，优化队伍结构，打破文博事业发展瓶颈。

二、顺应城镇化的新要求，切实保护好古城的历史文化价值

中央城镇化工作会议强调，要"提高历史文物保护水平"，"传承文化，发展有历史

记忆、地域特色、民族特点的美丽城镇"，"保护和弘扬传统优秀文化，延续城市历史文脉"，"注意保留村庄原始风貌"，"让居民望得见山、看得见水、记得住乡愁"。我们一定要秉持正确的古城保护理念，切实保护好古城历史文化价值，结合文物工作实际，认真贯彻落实，把文物保护与城镇化建设结合起来，积极探索文物保护与新型城镇化协调发展之路。

——要坚持真实性保护。古城的真实性集中体现在古城蕴含的丰富历史文化价值，是古城赖以存在的客观基础，国务院《历史文化名城名镇名村保护条例》将真实性作为保护的首要原则。近年来，城镇化建设中的大拆大建、盲目发展和过度商业开发，使一些古城的传统街区和历史风貌遭受破坏，导致"千城一面""万楼一貌"。坚持真实性保护，最重要的是要保护好古城的历史文化价值，发掘好、保护好每个古城的特色。要加大执法督察力度，及时发现问题，提出整改措施，坚决纠正拆古建新、拆真建假行为，防止建设性破坏、过度商业化等问题。

——要坚持发展中保护。古城保护既要遵守文物保护的基本原则，又要遵从城镇化发展的一般规律。要在对古城历史文化遗存进行仔细甄别和准确认知的基础上，进行分层次、针对性保护。要坚持以人为本，对于正在使用的古民居，要充分考虑居民生活的便利性，根据不同情况分别提出保护措施。古城保护也要坚持集约使用土地的理念，该保的一定要保住，保下来的一定要用好，同时防止过度扩大保护区域、奢侈建设保护设施的问题。要鼓励支持古城所在地根据地域特点和资源禀赋，在确保文物安全的前提下，探索各具特色的古城保护新模式。

——要坚持整体性保护。古城是一个由多种要素共同组成的有机整体，既包括历史建筑、历史街区等物质文化遗产，也包括风土人情、生活习俗、传统记忆等非物质文化遗产，还包括古城依存的自然山水环境。因此，要统筹规划，做到整体保护，避免割裂古城内在的有机联系。要坚持物质文化遗产保护与非物质文化遗产保护相结合，实现传统文化生活的延续和古城文明的传承，还要切实回应当地居民改善生活居住条件的呼声，要坚持古城保护与依存环境保护相结合，实现人类生产生活与自然环境的和谐相处。

三、拓展文物资源的社会教育功能，为实现中华民族伟大复兴中国梦贡献力量

文物资源的社会教育功能来源于实物性与直观性、丰富性与愉悦性、开放性与多样性等特征。博大精深的中华文化遗产是爱国主义精神、民族精神、时代精神的重要载体，为社会主义核心价值体系建设提供了丰富的物质资源和精神营养，在传承弘扬优秀传统文化中发挥着不可替代的作用。要围绕坚持中国道路、弘扬中国精神、凝聚中国力量，充分彰显文物的历史、科学、艺术价值，充分发挥文物资源凝聚人心、引领风尚，弘扬主旋律、传播正能量的重要作用，使人民感受教育启迪、陶冶思想情操、充实精神世界，为巩固全党全国人民团结奋斗的共同思想基础，实现"两个一百年"奋斗目标和中华民族伟大复兴中国梦作出贡献。

——要自觉参与社会主义核心价值体系建设。数量众多的文博单位是建设社会主义核心价值体系、传承优秀传统文化的重要窗口。传承优秀传统文化不是简单的"复古"，而是要深入挖掘文物资源中蕴含的深刻内涵，为社会主义核心价值体系建设提供历史智慧、现实参照，使优秀传统文化成为人们领悟、接受社会主义核心价值观的"催化剂"和"助推力"，同时也是"推陈出新"、促进传统文化现代化的一个过程。要加强博物馆和爱国主义教育基地建设，推出一批以爱国主义为核心、展现民族精神，以改革创新为核心、彰

2014
中国
文物年鉴

显时代精神的精品力作。要推动文物资源与经济建设、政治建设、文化建设、社会建设、生态文明建设和党的建设等各领域的深度融合，充分发挥文物资源在"六位一体"建设中的独特作用。

——要进一步提升文博单位公共文化服务水平。各级文博单位是保障人民群众基本文化权益的重要阵地，发挥公共文化服务功能是其社会责任的直接体现。要进一步深化博物馆免费开放工作，坚持公益属性，创新展陈内容和形式，创新管理运行模式，强化内部激励机制，不断提升博物馆的展陈水平和公共服务水平，向全社会提供更多优质便捷的公共文化鉴赏服务。要研究制定文博单位基本公共文化服务指标体系和绩效考核办法，促进基本公共文化服务标准化、均等化，为文博单位更好地服务社会提供制度保障。

——要进一步发挥文博单位的社会教育功能。如果说文物藏品是文博单位的"心脏"，那么发挥社会教育功能就是其"灵魂"。要立足公众多层次的精神文化需求，培育社会教育品牌，引领文博单位积极投身社会教育活动。要积极探索博物馆融入青少年教育工作的有效途径，会同教育部门研究将博物馆青少年教育举措贯彻到学校教育中，实现与学校教育、课外活动和社会实践的有机衔接，使博物馆成为提高青少年综合素质的重要课堂。要结合国民教育，增加博物馆的参与性、体验性项目，将专业性和知识性、学术性和趣味性、科学性和观赏性结合起来，为公众提高科学文化素养、实现自我价值创造条件，最大限度地发挥博物馆的教育资源优势。博物馆同时也是精神文明建设、思想道德教育的重要示范基地，要大力发展文博志愿者队伍，吸引更多的知识精英、社会知名人士、各方面的优秀人才担当志愿者，使文化志愿活动在全国蔚然成风。

四、切实履行文物部门职能，全面提高文物保护管理水平

文物保护管理水平的高低取决于文物部门的宏观管理能力、业务指导能力，取决于基础工作的重视程度，取决于重点工作的推进力度。在新的一年里，要大处着眼，抓好重点工作，更要着眼长远，夯实基础工作。

——要加快推进第一次全国可移动文物普查。可移动文物普查是我国在文化遗产领域开展的又一项重大国情国力调查。从前不久国家文物局开展的专项督查情况看，一些地方普查经费落实不到位，普查进展缓慢，个别地方严重滞后，对此我们要高度重视，采取有力措施，切实加以解决。各级文物部门要严格按照国务院部署，落实普查责任，集中人力财力，确保普查进度，加强质量控制，规范有序地做好普查工作。

——要组织开展好文物保护法修订工作。全国人大常委会已将文物保护法修订列入五年立法规划，国家文物局开展一系列修法调研和课题研究，明确了修订重点。要在既有成果的基础上，进一步广泛听取各方面的意见建议，各级文物行政部门要认真研究本地区文物工作中存在的主要困难和问题，认真总结成功做法和有益经验，对于需要通过修法予以解决或确认的内容，要及时向国家文物局反映，以便统筹考虑。要更加细致地开展工作，注重质量、注重实效、注重可操作性，力争明年年底前形成修订草案并上报国务院。

——要不断完善文物安全工作长效机制。文物安全是文物工作的生命线，牵一发而动全身，任何时候都大意不得、放松不得。全国文物安全工作部际联席会议已经召开三次全体会议，为做好文物安全工作发挥了很好的作用。要继续完善部际联席会议机制，深化部门间执法协作，合力破解田野文物安全难题。要做好博物馆、文保单位风险等级界定，持续推进文物平安工程。要开展古城保护与利用中文物违法案件的专项督察，加大对涉及"国保"单位、世界文化遗产等重大文物违法案件督察督办力度，坚决遏制各种文物违法

犯罪活动。

——要巩固深化党的群众路线教育实践活动成果，完善"务实、为民、清廉"长效机制。要针对文化文物工作中的"四风"问题，以建章立制为重点，全面整改，贯彻中央八项规定，贯彻中央关于厉行节约反对浪费条例，全面清理规章制度，清理整治办公用房、公务用车，严格管理出国出境活动，大幅压缩"三公"经费，整治文山会海，提高窗口单位便民利民服务水平。要巩固教育实践活动的积极成果，使之形成长效机制，使文物工作队伍始终保持良好的精神面貌、优良的传统作风、求真务实的工作态度，这是我们提高治理能力的关键。

党的十八届三中全会对全面深化改革的部署，为文物系统改革发展提出了要求，我们一定要更加紧密地团结在以习近平同志为总书记的党中央周围，继续发扬求真务实、真抓实干的作风，破除一切发展藩篱，坚定不移深化改革，扎实推进各项工作，为全面建成小康社会、建设社会主义文化强国、实现中华民族伟大复兴中国梦作出应有的贡献！

建设传承体系　保护文化遗产

中共国家文物局党组

文化是民族的血脉，是人民的精神家园。党的十八大报告明确指出：加强重大公共文化工程和文化项目建设，建设优秀传统文化的传承体系，弘扬中华优秀传统文化。认真学习、贯彻这一重要精神，对于我们加强文化遗产保护与传承，不断增强中华文化的创造力与凝聚力，推动当代中国文化大发展大繁荣，具有十分重要的意义。

充分认识文化遗产事业的重要地位和作用

文化遗产是民族历史的见证、民族智慧的结晶，是民族文化、民族精神的重要载体，是中华民族悠久历史和灿烂文化的重要组成部分。大力加强文化建设，保护好、传承好、利用好文化遗产，发展文化遗产事业，必须转变观念，以新的视角深刻认识文化遗产事业的重要地位和作用。随着经济社会的快速发展，文化遗产作为国家和民族弥足珍贵的文化资源，日益成为经济发展的基础资源、战略资源，渗透到经济社会发展的方方面面。文化遗产不仅具有重要的历史、艺术和科学价值，而且对文化产业、旅游产业等发展有着重要的促进作用。文化遗产作为人类社会进步的文明成果，作为国家的象征和民族精神的纽带，在维护国家安全、社会稳定，促进民族团结、祖国统一，提升国民道德素养，激发国民爱国主义情怀，建设社会主义和谐社会等方面发挥着重要作用，已经成为中华民族伟大复兴的巨大精神力量。

文化遗产事业的发展不仅关系中华文明的传承，而且直接关系民生幸福。人民是文化遗产的创造者，是文化遗产的所有者、传承者。从远古到现代，从蛮荒到文明，中华民族史上千千万万的文化遗产，无不浸透着人民的创造与智慧，无不与人民的生产生活息息相关、血脉相连。只有让人民群众更充分地享受文化遗产保护成果，更广泛地参与文化遗产保护，才能真正实现文化遗产的有效保护、合理利用、传承发展，才能更加自觉、更加主动地肩负起保护民族文化遗产、推动文化大发展大繁荣的历史重任。

文化遗产事业科学发展取得历史性成就

党的十六大以来，文化遗产事业深入贯彻落实科学发展观，取得了突出成绩。

文物保护责任进一步落实，文物基本状况明显改善。各级人民政府认真贯彻落实文物保护法，将文物事业纳入国民经济和社会发展计划，纳入城乡建设规划，纳入财政预算，纳入领导责任制，出台了一系列加强文物工作的政策措施，逐步形成了党委政府统一领导、文物部门主要负责、有关部门齐抓共管、全社会共同参与的局面。文物保护投入大幅增加，"十一五"期间，中央财政文物支出累计达183亿元，年增长40%；全国公共财政文物支出累计达572.5亿元，年增长38%。

形成了较为完备的文物保护法律制度。全国人大常委会修订《文物保护法》，国务院颁布《长城保护条例》《历史文化名城名镇名村保护条例》，基本形成了以《文物保护法》为核心，以行政法规、部门规章、规范性文件为支撑的文物保护法律法规体系。第三次全国文物普查全面完成，共调查登记各类不可移动文物近77万处；全国长城资源调查、大运河文化遗产资源调查、重点海域水下文化遗产专项调查圆满完成；第七批全国重点文物保护单位遴选、国有可移动文物普查扎实推进，为全面掌握我国文物资源状况、促进文化遗产事业科学发展奠定了良好基础。目前，全国已核定公布各级文物保护单位7万余处（其中全国重点文物保护单位2352处），国家历史文化名城119座，中国历史文化名镇名村350个，列入《世界遗产名录》43项。

"中华文明探源工程""文化遗产保护关键技术研究"等国家重大科研项目顺利实施。文化遗产保护科技创新体系和行业标准体系初步建立，文物保护科技实现跨越式发展。文物保护专业人才、管理人才教育培训力度不断加大，人才队伍素质稳步提升。文物安全与执法督察深入推进，多部门联合打击文物违法犯罪活动体制机制基本形成，文物盗窃、走私犯罪得到遏制，文物保护基础工作进一步加强，文化遗产事业发展能力持续跃升。

文物工作围绕大局、服务社会，为经济社会发展作出重要贡献。配合国家重大基本建设，圆满完成三峡文物保护工程以及西气东输、南水北调等阶段性文物保护任务。西藏重点文物、山西南部早期建筑、涉台文物等保护工程取得重要进展。汶川、玉树等灾后文物抢救保护工作基本完成，水下文化遗产保护实现突破，大遗址保护与国家考古遗址公园建设成果显现，社会文物流通日趋繁荣，以文物资源为依托的旅游、文化等相关产业快速发展，文物工作与经济建设的关联越来越紧密，与人民群众生产生活的改善越来越贴近，对经济社会发展的贡献越来越明显。

博物馆数量大幅增加，展示内容日益丰富，公共文化服务水平不断提高。截至2012年底，我国各类博物馆数量已达3589座，科技、艺术、自然、民族、民俗等专题性博物馆和生态、社区、数字等新形态博物馆竞相涌现，基本形成了门类较为完备、办馆主体更加多元，国有博物馆为主体、民办博物馆为补充的博物馆体系。全国博物馆每年举办陈列展览近万个。2008年，博物馆向全社会免费开放以来，观众成倍增长，年接待观众达到5.2亿人次。博物馆免费开放不仅有效满足了人民群众日益增长的精神文化需求，而且有力彰显了党和政府文化惠民的责任担当。

文物对外交流与合作不断深化，为推动中华文化走向世界发挥出重要作用。我国先后与美国、澳大利亚等15个国家签署了关于防止盗窃、盗掘和非法进出境文化遗产的双边协定，成功追回流失境外中国文物3000余件。中国对外援助项目——柬埔寨吴哥窟、蒙古国博格达汗宫等文物保护工程取得重要成果。文物出、入境展览大幅增加，"盛世华章""走向盛唐""山水合璧"等展览深受海内外观众欢迎，许多展览成为中外"交流年""友好年""文化年"等双边活动中不可或缺的内容。成功举办第28届世界遗产大会、国际博物馆协会第22届大会等重要国际会议，形成了一系列重要国际文件。文物的对外交流与合作，为传播中华文化、提升中华文化国际影响力发挥了独特作用。

总之，党的十六大以来的10年间，我国初步建立起较为完备的文物保护法律制度，基本形成了较为完善的文物保护体系，初步建立起政府主导、社会参与，适应社会主义市场经济发展要求的体制机制，走出了一条中国特色社会主义文物事业发展道路。之所以能够取得如此辉煌的成就，最为主要的就是"五个坚持"：坚持以马克思列宁主义、毛泽东思想、邓小平理论和"三个代表"重要思想为指导，深入贯彻落实科学发展观，始终把文物工作放到党和国家工作全局中来认识、来谋划、来推动；坚持"保护为主、抢救第一、合理利用、加强管理"的文物工作方针，正确处理保护与利用的关系，始终把文物保护作为前提和基础，在保护中利用，在传承中发展；坚持文物事业的公益属性，发挥政府的主导作用，正确处理事业与产业的关系，始终把社会效益放在首位，努力做到社会效益与经济效益有机统一；坚持服务社会、惠及民生，始终把文物保护人民参与、文物保护成果人民共享作为文物工作的出发点和落脚点；坚持改革创新，始终做好全局谋划、制度安排，以重点突破带动整体推进，不断深化理论创新、体制创新、科技创新。

进一步发挥文化遗产事业对经济社会发展的促进作用

当代中国进入了全面建成小康社会的关键时期和深化改革开放、加快转变经济发展方式的攻坚时期。在新的历史形势下，保护好、传承好、利用好文化遗产，必须大力推进观念创新、科技创新、展示方法创新、传播手段创新、保护和传承方式创新。

进一步实施重大项目带动战略。重大项目、重点工程是文物保护、成果惠民、文化传承的重要载体，是带动文化遗产事业发展、发挥文化遗产价值的重要举措。按照"十二五"规划，文化遗产工作要紧紧围绕"基本形成较为完善的文化遗产保护体系，具有历史、文化和科学价值的文化遗产得到全面有效保护，保护文化遗产深入人心，成为全社会的自觉行动"的总体目标，在考古发掘、文物保护、博物馆建设、公共文化服务、科学技术应用、文物安全防范等重点领域，实施一批具有示范效应和引领作用的重大文化遗产项目。如国有可移动文物普查，大运河、丝绸之路、茶马古道沿线文化遗产保护，工业遗产、古村落古民居抢救性保护工程等，以项目促保护、促利用，全面提高文化遗产保护利用水平。

进一步实施科技支撑战略。现代科学技术进步已成为推动文化遗产保护最直接、最重要的力量。文化遗产科技工作要继续围绕文化遗产保护科技体系建设的具体目标，以现代信息技术、数字技术、网络技术、新兴材料技术、遥感技术、生物技术等先进科学技术应用为核心，加快建立现代科技考古体系、现代文物保护修复体系、现代博物馆文化传播体系和现代文化遗产管理体系。以科技与文化遗产保护融合为主题，加快文化遗产跨学科建设，建立覆盖全国、联系世界的实验基地、学科基地、科研基地，建立资源共享、联合攻关的体制机制。以技术创新为突破，加强实验研究、材料研究、工艺研究，重点破解一批制约文化遗产保护的关键技术和瓶颈问题。

进一步实施人才培养战略。人才资源是文化遗产事业发展的第一资源。今后，文化遗产人才培养工作要继续按照文化遗产事业科学发展的要求，以培养拔尖人才、领军人才为核心，建立和完善有利于优秀人才健康成长、脱颖而出的体制机制。充分发挥高等院校、科研院所、科研基地、培训基地的优势，加强各种培训。以提高依法行政、依法保护文化遗产能力为重点，面向基层，大规模加强县级文物行政部门负责人、文物行政执法人员、西部和少数民族地区文博干部培训；以提高文化遗产管理水平为重点，大力加强世界文化遗产保护管理机构负责人、大遗址保护管理机构负责人、博物馆管理人员培训；以提高文化遗产保护利用专业水平为重点，大力加强文博专业技术人员培训等，努力形成多层次、多渠道、覆盖全员的文博教育培养工作新格局。

2013年《求是》杂志第4期

文化部副部长、国家文物局局长励小捷在国家文物局2013年局务扩大会议上的讲话

（2013年1月17日）

新年伊始，按照惯例，我们召开2013年局务扩大会议。今年的局务扩大会议时间有所提前，有所缩短，主要任务是总结工作，交流经验，进一步谋划部署新一年工作。

局机关各司室、各直属单位的负责同志作了简要汇报，内容丰富，工作扎实。保华、明康、玉才、新潮同志分别点评了分管部门和联系单位的年度工作，对2013年的工作提出了要求，很有针对性、很有指导性，我都赞同。我在全国文物局长会议上对2012年工作作了总结，对2013年工作进行了部署，不再重复。在此，再强调三点意见。

一、盘点

盘点什么？主要盘点2012年的工作亮点。2012年，各项工作有序推进，总体态势良好，既有出彩出新的地方，也有进步提高的地方。全年工作可用三句话概括总结。

第一句话：稳中求进、抓主抓重、做好事关全局的大事。2012年的"两件大事"都是历史性的，"两个重要文件"都是管用的国字头文件。"两件大事"，一是时隔十年再次召开的全国文物工作会议，二是配合全国人大常委会开展《文物保护法》颁布以来的第一次执法检查。"两个重要文件"，一是《国务院关于开展第一次全国可移动文物普查的通知》，二是《国务院关于进一步做好旅游等开发建设活动中文物保护工作的意见》。

第二句话：与时俱进，改革创新，积极应对面临的新事。针对社会关注、领导重视的文物市场"乱象"，研究制定了关于加强文物拍卖标的审核、文物鉴定类广播电视节目、古玩旧货市场文物经营活动管理等系列文件。本着转变职能、加强管理的出发点，开展了文博人才队伍建设、重点工作和重大项目绩效考评、文物保护工程审批机制改革、文物行业标准体系建设等四项课题研究。特别是在行政审批机制改革上，已经形成了一套思路和一个试行办法。

第三句话：保持连续性，不提新口号，继续夯实基础工作。文物保护项目有序开展，文物安全常抓不懈，不显山不露水的"四有"工作按部就班、继续推进，等等。

上述成绩的取得，应该说是全局上下包括各司室、各直属单位共同努力的结果。各司室、各直属单位的工作也呈现出新的态势和新的气象，具有四个特点：一是工作劲头更足、精神更振作，当然也就更辛苦；二是工作更主动积极，形成一种不满足现状、提高水平的普遍愿望；三是步调一致，顾全大局，工作协同性显著增强，一些画地为牢、利益固化的现象开始松动；四是重视制度建设，通过抓制度抓规范，不断提高工作的科学化水平。这些都是我们做好2012年工作的原因，也是在实践中形成的工作成果，为我们完成2013年的工作任务做好了思想观念、精神状态、工作作风上的准备。

2014
中国
文物年鉴

二、研判

所谓研判，就是要研究、判断、分析文物事业的发展形势。

2013年，是全面贯彻落实十八大精神的开局之年，是实施"十二五"规划的关键一年，也是困难很多、挑战很大的一年。国际经济形势依然错综复杂、充满变数，世界经济低速增长态势仍将延续。国内经济增长下行压力有所增加，经济发展中不平衡、不协调、不可持续的问题依然突出，有的还相当尖锐。

我们要辩证研判形势，既要看到国际国内形势好的一面，也要看到复杂严峻的一面，增强信心，应对挑战。在文物家底基本廓清、文物总量大幅度增长的新格局下，我们担负的文物保护任务十分之繁重；在加快推进工业化、城镇化的新形势下，我们承受的文物保护压力十分之巨大；在人民群众要求共享文物保护利用成果的新期待下，我们肩负的文物资源利用与传承的责任十分之重大。我们工作中还存在体制机制不顺、服务意识不强、工作效率不高等问题。这些客观上存在的矛盾和主观上产生的问题，需要我们认真思考，深入研究，积极应对。要立足当前，着力解决眼下急需解决、能够解决的突出问题。

三、要求

2013年的工作任务可以概括为"6+1"：在全国文物局长会议上布置的6项重点任务，再加上整体谋划2020年文物事业的发展目标，即抓实抓好重大项目，提升文物保护能力；提高文物利用水平，丰富人民精神文化生活；全面开展第一次全国可移动文物普查，廓清文物家底和保存状况；加强人才培养、科技创新，筑牢文物事业发展根基；推进改革创新，构建科学发展的体制机制；改进工作作风，推动工作落实；整体谋划2020年文物事业发展的总体目标。

为做好2013年的工作，结合深入学习贯彻十八大精神，在指导思想和工作基调的总体把握上，我再提三点要求：

一是自觉把握稳中求进的总基调。中央经济工作会议明确要求：继续把握好稳中求进的工作总基调，立足全局，突出重点，扎扎实实开好局。对于文物工作而言，所谓"稳"，就是工作目标要积极可行，宏观政策要稳定连续，保障措施要稳健扎实；不改频道，不换节目，不铺新摊子，一张蓝图绘到底。所谓"进"，就是要继续抓住和用好"黄金机遇期"，在文物保护、博物馆建设、文物安全防范上取得新成绩，在行政管理体制机制改革、行业标准体系建设上迈出新步伐，在推进社会参与、加强社会文物管理、文物利用、惠及民生上要有新探索。

二是自觉坚持改革创新的活力之源。习近平总书记在广东视察时，强调我国改革已经进入攻坚期和深水区，更加注重改革的系统性整体性协同性，更加注重坚定信心、凝聚共识、统筹谋划、协同推进。形势的发展，事业的开拓，人民的期待，都要求我们以发展为主题，扎实推进文物事业的改革创新。改革创新这篇大文章我们才刚刚破题，还有大量工作要做。

要把坚定信心、凝聚共识放在首位。改革开放是决定当代中国命运的关键一招，也是推动文物事业发展的关键一招。文物领域在改革问题上不是例外。我们要坚定这样的信念；同时求同存异，凝聚起文物系统内上上下下对这个问题的共识，找到最大公约数。没有多数人的共识，改革也难以推进。当然，文物工作也有改什么不改什么的问题。有些是不能改的，"保护为主、抢救第一、合理利用、加强管理"的方针不能改，依法保护、依法行政的原则不能改，政府主导、社会参与的体制不能改，该坚守的必须坚守；改的主要是体制机制障碍，改的主要是发展中的不平衡、不协调、不可持续的问题。推进改革要遵循文物工作规律，科学论证，反复比较，特别要重视文物的不可再生性，对重大的全国重点文物保护单位项目尤其要慎之又慎。改革，说到底是对利益格局的调整，是对用权行为的制约，因此不可能没有阻力。改革的决心必须坚定，改革的步伐要稳妥，脚踏实地、循序渐进，不刮台风、不下暴雨，但二三级风天天刮、毛毛细雨经常下。

其次，要解决统筹谋划和协同推进问题。统筹谋划，就是要加强改革的顶层设计，要在整体上谋划文物事业和文物系统的改革问题，鼓励探索，勇于开拓。我们2012年搞的几项改革，可以说是顺势而为，问题摆在那里，不改不行了，并不超前，也没有刻意。通过顶层设计，逐步解决体制机制与履行职责相协调、机构队伍与事业发展相协调、经费保障与文物保护需求相协调的问题。通过顶层设计，研究出台社会力量和社会资本参与文物保护利用的优惠政策和具体措施，研究非公有制文博单位职称评定、资格准入、人员培训、项目申报、表彰奖励的同等对待政策，研究文物系统外文物保护单位和个人产权文物保护单位的保护、维修、管理与使用政策，要从根本上解决管脚下和管天下的问题。协同推进，就是改革要分轻重缓急、有先有后，但在总体上应该改的都要改，不能在同一个改革项目上有的动有的不动，聚合各项相关改革协调推进的正能量。

局直属单位的改革，要按照中央部署，以深化体制机制改革为核心，分类指导，稳步推进。事业单位改革目的，不是要把局直属单位搞小、搞弱、搞消失，而是要增强发展的内生活力和整体实力。文物事业的发展，需要定位准确、人才密集、实力强大的直属事业单位和直属企业。事业发展这么快，我们那么多事情，怎么办？很多是需要直属单位帮我们做支撑，帮我们搞配套，帮我们搞服务的。但是目前距离改革目标的要求，我们还有差距，有的还是很大差距。我曾讲过"花钱养事不养人"的理念。因为通过养事来养人，你才能做实做大，你才能实现可持续发展；单纯养人，为养人才找事做，都不能说明你存在的价值，因此也是不可持续的。对此，要有清醒认识。

三是自觉加强作风建设。要切实贯彻中央政治局关于改进工作作风、密切联系群众的八项规定和我局制定的实施意见。改进作风，要与实际工作相结合，要通过工作的成效检验转变作风的成果。始终坚持面向基层、重心下移、求真务实，搞好服务。求真务实、真抓实干是加强和改进工作作风的关键。干事业、抓工作最重要的是付诸实践、见诸行动、取得实效。要切实抓好调研工作，始终围绕事关文物事业改革发展的重大问题和难点热点，拿出足够的时间深入文博基层单位和文物工作一线，特别是到文物工作中困难较多、情况复杂的地方去调研，真正做到解决问题、推动发展。要提高服务意识、问题意识、效率意识和责任意识，健全狠抓落实的工作机制，落实责任，加强监督，确保2013年各项重点工作任务的顺利完成。

文化部副部长、国家文物局局长励小捷在国家文物局2013年第二次局务扩大会议上的讲话

（2013年3月18日）

十二届全国人大一次会议、全国政协十二届一次会议日前胜利闭幕。我们召开局务扩大会议，传达"两会"精神，并就重点任务的贯彻落实作出部署。

"两会"几个报告在五年工作的回顾中，对文物工作都有涉及，譬如博物馆实现免费开放、文物保护和传承取得重要进展等写进了政府工作报告；《文物保护法》执法检查等写进了全国人大常委会工作报告；推动实施杭州西湖、大运河、蜀道文化线路保护与申遗、长城保护等重大文物保护工程写进了全国政协常委会工作报告。上述内容写入报告，既是对文物工作的肯定，也是对文物工作的重视。几个报告在今后工作的总体安排建议中，也对加强文化文物工作提出了新要求，要围绕建设社会主义文化强国，及时修改和制定相关法律，充分发挥法律的引领、推动和规范、保障作用；扎实推进文化建设，把文化改革发展纳入经济社会发展总体规划，列入各级政府效能和领导干部政绩考核体系；政府要履行好发展公益性文化事业的责任，加快推进重点文化惠民工程，完善公共文化服务体系。

在今年"两会"上，实现中国梦，道出了全国各族人民的心声，凝聚了全国各族人民的共识。习近平主席在十二届全国人大一次会议闭幕会上发表了重要讲话，深刻指出中国梦归根到底是每个中国人的梦，实现中国梦要走中国道路、弘扬中国精神、凝聚中国力量。局机关各部门、各直属单位要组织全体干部职工认真学习好这篇重要讲话，要结合事业发展、工作实际和个人梦想展开讨论。

这次"两会"的宣传力度大，透明度高，有关文件精神均见诸媒体。刚才，保华同志简要传达了"两会"的主要内容。在此，我重点就国家文物局贯彻"两会"精神，推进职能转变，谈几点意见。

深化机构改革、转变政府职能，是十二届全国人大一次会议的重要议程。我认为，这一重要议题，贯彻了习近平总书记关于转变工作作风的一系列重要讲话精神，体现了中央政府深化改革的决心，也是构建服务型政府的重要举措，任务艰巨，意义重大。

政府职能转变是行政体制改革的核心。总的要求是，按照建立中国特色社会主义行政体制目标，深入推进政企分开、政资分开、政事分开、政社分开，建设职能科学、结构优化、廉洁高效的服务型政府，真正做到该管的要管住管好，不该管的不管不干预，切实提高政府管理科学化水平。文物系统行政体制改革事关重大，要下决心真干、快干、干好。要切实把"两会"精神转化为推动文物事业发展的政策举措，推动各项工作落到实处。

经过2012年上半年调研和了解情况，我感到，"十二五"期间我们要"做什么"是非常清晰的，但在"怎么做成""如何做好"上还存在不少问题。像政府部门管得过多过细、职责交叉、推诿扯皮、抓大事管宏观不够等问题，在我局工作中都不同程度地存在。因此，2012年我们在业务工作上没有提新口号、铺新摊子，而是眼睛向内，着力破解体制机制障碍的问题。在2012年贯彻全国文物工作会议精神座谈会上，我提出了"更加注重观念更新、更加注重职能转变、更加注重制度设计、更加注重加强管理"的要求，并具体化为文物保护工程审批制度改革、文物行业标准体系建设、重点工作和重大项目绩效考核、文物人才队伍建设等四个课题的研究与实施。从工作进展的实际效果看，从地方基层的反应情况看，我们这样做的方向是正确的，取得了阶段性成果。当然，许多任务还在进行中，发展也不平衡。今后要继续加大力度。具体讲要做好七项工作。

第一项，关于深入推进简化行政事项审批、建立健全行业标准体系、加强项目资金绩效考核、建立人才培养体系等四项重大课题研究和相关成果转化。局机关各负责司室要严格按照既定的目标、相关的要求和规定的时限，高质量地如期完成任务。

第二项，关于减少和下放审批事项。《国务院机构改革和职能转变方案》要求，按照"谁投资、谁决策、谁收益、谁承担风险"的原则，最大限度地缩小审批、核准、备案范围，切实落实企业和个人投资自主权。抓紧修订政府核准投资项目目录。对确需审批、核准、备案的项目，要简化程序，限时办结。我局从2004年以来，经过五次行政审批事项调整，文物行政审批事项由51减到26项，减少事项接近原有审批事项的一半，成绩很大，效果明显。但是，26项审批事项还是比较多的，还有减少和下放的空间；有些确需保留的审批事项，也有一个简化程序、提高实效的问题。具体要求：

一是各业务主管司室要对现有26项审批事项进行认真梳理、逐项研究，根据实际情况提出减少、下放、合并或保留的意见。

二是依照法律法规规定设立、但已不适用实际情况确需减少的审批事项，在经过必要的论证和决策程序后列表上报国务院核定。待相关法律法规修改后取消。

三是不违背现行法律规定，可通过委托、授权等方式下放审批权限的，由各业务主管司室提出实施方案。譬如，2012年启动的文物保护、安全防范工程项目审批制度改革，要按照既定思路抓紧落实，同时可按照市场规则探索一套模拟运营的办法。其中，涉及公安、消防部门的安全防范工程项目，下放审批权限的力度应该更大些。但在坚决推进改革的同时，要特别注意两点：第一，按照文物工作规律，对于一批极为重要的、极有价值且修缮工程十分复杂的文物保护单位维修方案，经第三方技术审核后仍须报请国家文物局审批。文物保护与考古司要研究提出具体办法。第二，审批权下放要与预算审批密切配合，严格防止过度投资的倾向。如不加以注意，任其发展，带来的损失不仅是投资浪费，而且可能造成对文物新的破坏。

四是对确需保留的审批事项，要明确内容、简化程序、减少环节、提高效率。譬如，文物拍卖标的审批要继续减少环节；出境展览审批要解决内容过细、时间过长的问题，要做到该审的审，不该审的就让主办方管。

五是减少和下放文物行政审批事项的这项工作，各业务主管司室负责具体落实，政策法规司负责综合协调，按照国务院办公厅的时间要求上报。

第三项，关于减少资质资格许可和认定。文物行业具有特殊性，在某些领域有必要设立具备特殊信誉、特殊条件或特殊技能的行业、职业资质资格许可。减少文物行业资质资格许可和认定事项的基本原则是，一切从实际出发，按客观规律办事，具体情况具体分析；能够对市场、对社会放开的要进一步放开，同时在大原则中不同对象不同类型区别对待，不搞一刀切，在方式上要做出新的探索。比如，古建筑作为不可移动文物的一个类别，按照文物级别来规定保护修缮单位资质，"国保单位"古建筑就得一级保护修缮资质单位来设计。这个大的原则是对的。但在民族传统村落保护修缮方面，如果简单的加固维修按照原来的材料和样式来做，我觉得当地村民或者施工队伍也可以组织。这就需要既整体坚持也局部灵活掌握。

第四项，关于逐步推进行业协会与行政机关脱钩。《国务院机构改革和职能转变方案》要求，加快形成政社分开、权责明确、依法自治的社会组织体制。让人民群众依法通过社会组织实行自我管理、自我服务和参与社会事务管理。为解决成立社会组织门槛过高、社会组织未经登记开展活动较为普遍、一些社会组织行政化倾向明显等问题，除政治法律类、宗教类等社会组织以及境外非政府组织在华代表机构3类社会组织外，行业协会商会类、科技类、公益慈善类、城乡社区服务4类社会组织的成立，不再需要业务主管单位审查同意，直接向民政部门依法申请登记。同时逐步改变党政机关干部兼任社会组织领导职务的问题。

目前，我局管理或挂靠的行业协会共17个。这些协会与我们的工作关联程度高，有些还是国际有关协会的国家委员会，发挥着行业指导、自律、协调、监督、国际交流与合作的作用。下一步的工作重点，一要摸清文物社会组织的基本情况；二要鼓励和发挥社会组织的积极作用，逐步向社会组织释放、转移或委托相应的职能；三要探索一业多会，密切关注新成立的、体制外的文物社会组织；四要根据国务院的下一阶段实施意见，适时研究落实我局管理和挂靠的行业协会的逐步脱钩方案。

第五项，关于减少中央转移支付。改革要求完善财政转移支付制度，大幅度减少、合并中央对地方专项转移支付项目，增加一般性转移支付规模和比例。2012年中央文物保护转移支付资金128亿，其中博物馆免费开放资金30亿元，为一般性转移支付项目；其他文物保护专项资金98亿元，都是专项转移支付项目。

我们要在分清事权的基础上，认真研究。根据文物保护工作的复杂性和特殊规律，进一步强调中央财政文物保护专项资金的针对性；要在专项资金使用上实行专项办法管理，严格按规矩办事，严格按规定用途使用；要在机制建设上尽可能完整些，把用钱的权力放到制度的笼子里，搞好专项资金项目绩效评估，加强社会监督和信息公开。总之，要把钱管好用好，把钱花在刀刃上，不能"碎片化"，以收到事半功倍之效。

第六项，关于优化职能配置。这次国务院机构改革，虽然没有涉及我们局，但是我们自身也有一个优化职能配置的问题。局机关各司室要梳理尚有职责交叉、责权不匹配、责任不明确的事项，当然包括该管的尚未进入职责范围的事项，由人事司综合各司室意见报局党组研究决定。但这方面不会进行伤筋动骨式的调整，而是进行局部的微调。

第七项，关于转变作风，提高效率。中央对深化改革和作风建设的决心非常大，措施非常实。今年的工作任务相当重，日常工作没有减少，新的工作领域还需要开辟，比如第一次全国可移动文物普查的全面启动、即将公布的第七批"国保"单位的跟进管理。局机关各部门、各直属单位要充分认识这次改革的重要意义，适应职能转变的新要求，创新管理理念，改进工作方式，转变工作作风，干出精气神，提升工作效能和服务水平。要突出重点，抓主抓重，不面面俱到，不搞繁文缛节，不推诿扯皮，减少会议和应酬活动，逐步实现办公信息化、调研常态化。要改善和加强宏观管理，把更多精力集中到事关长远和全局的重大事项上来。

保护与利用，文化遗产事业永恒的主题

——文化部副部长、国家文物局局长励小捷 在2013年中国文化遗产保护无锡论坛上的讲话

（2013年4月10日）

保护和利用是文化遗产事业历久弥新的主题。无锡论坛首次就保护和利用这一主题展开讨论，深入研究保护与利用之间的辩证统一关系，探索不同类型文化遗产科学、合理、可持续的利用途径，很有必要，很有意义。我想利用无锡论坛这个平台，就如何在新形势下认识和处理文物保护与利用的关系作一个发言，求教于各位同行和专家。

在当前工业化、信息化、城镇化和农业现代化深度结合、同步发展的社会背景下，文物的保护与利用面临许多新情况和新问题，其中有挑战，也有机遇，需要坚守原则，也需要改革创新，需要理论上的深入探讨，也需要工作中的大胆实践。这不仅是进一步夯实文化遗产保护工作基础、实现文化遗产事业科学发展的正确选择；也是文化遗产事业发挥自身优势，积极参与"五位一体"总体布局建设，为实现全面建成小康社会的目标作贡献的必然要求。

一、关于文化遗产保护和利用的认识历程

文化遗产的保护和利用可以追溯至人类原始社会，主要体现在自然崇拜和多神崇拜时期对祭祀设施、崇拜物的保护和利用上。在西方国家早期历史上，文物保护和利用一直与统治阶层的地位、特权和财富相联系。例如，罗马的万神庙自7世纪以来不断得到保护和修缮，目的是确保历代教皇的使用，其间亚历山大七世及其家族甚至将其作为陵墓。此时文物尚未成为社会公共资源，而保护也主要是基于所有者的使用目的。资产阶级革命后，出于对古老建筑和园林艺术成就的崇尚，遗产保护成为新生资产阶级的一种共识。法国率先于1790年设立了遗产保护机构，并建立了遗产清单，在政府主导下开始了广泛意义上的文化遗产保护。两次世界大战导致欧洲和亚洲文物古迹遭受大规模破坏，甚至威胁到一些国家民族传统文化的延续。在战后重建过程中，各国进一步认识到文化遗产在推动文明进步和传承民族精神方面的重大意义。波兰首都华沙在第二次世界大战期间遭受严重破坏，战后按原样重建城市，在此过程中，保护和修复历史古迹的工作受到格外重视，战前市内900多座具有历史意义的建筑物，几乎都进行了修复和整饰。经过各国几十年的实践，一系列与文化遗产保护相关的国际文件应运而生。联合国教科文组织1964年通过的《威尼斯宪章》被公认为国际文化遗产保护事业的里程碑，其中不仅陈述了保护的基本概念、原则和方法，同时也首次提及利用的概念，并主张"为社会公用之目的的利用古迹始终有利于古迹的保护。"1972年《保护世界文化和自然遗产公约》诞生，迅速得到世界各国广泛拥护。《公约》以"展示"代替了"利用"这个词，

2014
中国
文物年鉴

将保护、保存和展示共同提升至国家责任的高度，规定三者缺一不可。在上述文件精神基础上，一些国际组织又陆续推出了针对不同类型、地域和主题的文化遗产保护的指导性文件，如《考古遗产保护与管理宪章》《奈良文件》《关于文化遗产地的阐释与展示宪章》等，当中对遗产保护与利用的关系问题有了越来越明确的阐述。"利用"最终被定义为一切有利于增进对文化遗产正确认识和深入理解的活动，同时这种利用被认为是一种极为重要且更加积极的保护方式。

在中国，文化遗产的保护与利用的雏形可以追溯至商周时期。《尚书》中有："七世之庙，可以观德。"商周贵族对宗庙建筑世代加以保护，用来缅怀先人之德，这代表了中国古代社会最为原始、最为朴素的文物保护与利用的意识。随着历史发展和进步，文物的数量和种类逐渐增多，保护的形式和利用的渠道也不断丰富。例如泰山岱庙和曲阜"三孔"，一个是历代帝王举行封禅大典的地方，象征着至高无上的皇权；另一个是封建社会尊崇儒学至上的场所。两处建筑群的保护和修缮得到历代帝王的高度重视，虽数次损毁，却总能得以修葺复建，增其旧制，规模不断壮大，盛况历经千年不衰。又如平遥古城和西递宏村，虽为民居遗产，但因其从未间断地为居者提供遮风挡雨、御盗避匪的居所，加之姓氏传承的因素，在百余代人的精心守护下同样完好地传承至今。再如广泛分布于各地的古塔名楼，在最初的功能隐去后，逐渐演变为风景名胜，使得文人骚客流连忘返，成就无数佳作传世。上述文物的保护与利用虽无刻意结合，但相互依存，浑然一体，都是在使用、利用中得到了保护传承。到了近代，康有为提出"古物存，可令国增文明，古物存，可知民效贤英，古物存，能令民心感兴"，高度概括了文物保护和利用在提升国格、纯洁世风、陶冶民心方面的重要作用。随着辛亥革命的爆发和民国的建立，文物保护开始成为政府行为。1916年颁布的《保存古物暂行办法》开启了政府保护文物的先河。但同1930年颁布的《古物保存法》一样，这两个民国时期的法规都仅就文物的保护作出原则性规定，均未提及利用问题。

新中国高度重视文物保护。一个多世纪的国家动荡造成了文物保护事业满目疮痍、百废待兴的状态，文物抢救保护成为首要任务。1961年公布了第一批全国重点文物保护单位，1982年颁布《文物保护法》。到了1992年，时任中央政治局常委、中央书记处书记的李瑞环同志在首次全国文物工作会议上发表讲话，强调文物保护"先救命，再治病"的急迫性，同时指出"合理、适度、科学的利用不仅不会妨碍保护，而且有利于保护"。1995年，时任中央政治局委员、国务委员的李铁映同志在第二次全国文物工作会上再次阐述了合理利用的重要性，提出保护与利用是辩证统一的关系，并指出文物利用应将社会效益——而非经济效益——作为首要目标。2002年《文物保护法》做了全面修订。在这次修订中，将十六字方针以法律的形式进一步加以明确。在去年召开的全国文物工作会议上，中央政治局委员、国务委员刘延东同志要求，进一步发挥文物资源优势，更多更好地服务社会、促进发展、惠及民生，展示了文物资源利用的更广阔前景。

回顾古今中外关于文化遗产保护与利用关系的认识历程，不难发现，保护和利用已成为文化遗产工作紧密相连、无法分割的两个方面。首先，文化遗产之所以需要保护，是因为其所具备的对于人类社会的重大价值。但保护不是最终目的，使这些价值能够为当代所共享，为后世所传承才是我们追求的目标。其次，保护作为基础和前提，应当对利用加以制约，但又不仅仅是制约，而应当从保护的过程中为利用创造条件，从利用的过程中为保护获得益处，进一步推动文物得到更好、更妥善的保护。

二、改革开放以来我国文化遗产保护与利用的实践

改革开放以来，我国的文化遗产保护工作得到不断深化和加强，保护和抢救了一大批濒于毁灭的古迹遗址，改善了文化遗产岌岌可危的保存状态，在此基础上开展了多种形式的文化遗产利用工作，在多方面取得了良好的社会效益和一定的经济效益。

（一）发挥教育功能，提高民族素质

在当今经济全球化的大背景下，社会思潮多元、多样、多变。弘扬社会主义核心价值体系，传承民族优秀传统文化，坚定不移地走有中国特色的社会主义道路显得尤为重要。多年来，各地根据文化遗产的实际情况和不同特点，通过博物馆免费开放、建设考古遗址公园、开展红色旅游、开办学生第二课堂等形式多样的开放、展示与利用途径，一方面充分发挥文化遗产的科学、艺术和社会价值，普及历史知识，提高全民族文化素养和道德水准；另一方面开展广泛的爱国主义教育，增强民族认同、文化认同感，激发民族自信心和凝聚力，为实现"中国梦"奠定思想基础。周口店北京人遗址、敦煌莫高窟、圆明园遗址、红岩革命纪念馆等等都是这方面成功的范例。

（二）助推经济发展，促进文化繁荣

随着经济的发展，文化遗产成为全面建设小康社会的一支不可或缺的重要力量。我国是世界上旅游业发展速度最快的国家之一，许多重要旅游景点是以文物资源为依托，吸引着大批海内外游客，文物旅游成为当地支柱产业。与此同时，文化遗产保护与利用也在促进社会主义文化建设过程中担负了极为重要的使命，成为推动文化大发展大繁荣的有生力量。通过对建筑遗产、大遗址、石窟寺等遗产本体的展示和博物馆建设等途径，充分发挥文物资源对于当代文化追根溯源、一脉相承的启示作用，催生先进的新生文化，进一步推动社会主义文化建设的蓬勃发展。例如世界文化遗产平遥古城在"2013平遥中国年"期间共接待中外游客82万人次，实现旅游综合收入8800万元。同时，通过对文物古迹和传统民俗的展示，生动再现了中原文化和晋商精神的博大精深。

（三）改善城乡环境，惠及人民生活

近年来，文化遗产保护与利用自觉与时代发展同步，主动与城乡建设结合，在保护传统特色建筑、丰富城市文化内涵、增强地域文化特色、美化人居环境、提升百姓生活品质等方面做了成功的探索。以考古遗址公园建设为例，在对遗址进行整体保护，全面展示遗址格局和各时期文化叠加，深入阐释遗址文化内涵的同时，突破传统模式，将开创城市公共文化空间的先进理念运用其中，增强了城市文化底蕴和文化美誉度，周边居民告别简陋居所，摆脱了城乡结合部的脏乱差。又如云南红河哈尼梯田文化景观，这一文化遗产保护的是传承千年的生产方式，突显的是哈尼人民艰苦劳作的精神，延续的是人与自然和谐共处的理念。这处文化遗产要得以延续，就要把相当一部分农民留在当地，才能传承一千年来的这种农作方式。要让农民留在当地，旅游收入就要足够补偿给农民。同时，当地政府还提出了生产性传承的任务，也就是提高哈尼梯田传统的无公害红米的附加值。

（四）扩大对外交流，彰显国家主权

建设文化强国，对内表现为文化的自信、自觉；对外则表现为增强文化影响力，提高中国的文化软实力。以文化遗产保护、展示和传播为主题开展国际民间互访、学术交流、技术合作，业已成为加强对话、推动外交、深化与各国传统友谊的重要手段。1985年我国加入《世界遗产公约》，迄今已有43处文化与自然遗产被列入《世界遗产名录》，其中文化遗产30处。被称作"中国脊梁"的长城、曾在数十个国家巡展的秦始皇兵马俑、承担了

2014
中国
文物年鉴

大量国宾接待任务的故宫等等，都已成为世界和各国人民认识中国的窗口。与此同时，水下遗产正在引起广泛关注，沿海沉船资源调查，"南海I号""南澳I号"的考古发掘，都起到了助推海洋大国建设、彰显国家主权的作用。

几十年来我们在文物保护和利用上做了大量的工作，进行了积极探索，取得了显著成绩。但是如果按照形成有中国特色的文化遗产保护与利用的发展道路、理论体系和制度安排这样的标准来衡量、审视，还需要解决很多问题，还需要走很长的路。这里既有保护的问题，也有利用的问题，我侧重谈一谈利用方面的问题。那么谈到利用问题，首先要澄清一个概念，就是对遗产本体的拆除、破坏，包括所谓维修性的、保护性的拆除，这种行为和利用无关。这是破坏，不是利用。这些问题需要靠严格执法、加大惩处力度来解决。不要把这些问题贴上利用不当的标签，也不应让这些问题的存在成为阻碍利用探索的理由。

文化遗产利用上存在的问题可以概括为两个方面，一个是利用不当，一个是利用不够。

先说利用不当，主要有三方面：

一是过度利用问题。文物的脆弱性要求我们在开发利用过程中，特别是对游客开放中，一定要以对文物的损害降低到最低程度为标准。但这一点往往被忽略，尤其是热门景点和中心城市的景点。如去年的"十一"，故宫一天最高的接待人数超过18万人次。又如敦煌莫高窟，它是一个以壁画和彩塑为主要展示资源的文化遗产。敦煌研究院和美国盖蒂保护所进行了多年的研究，科学地确定莫高窟日接待量不能超过3000人。但是，敦煌地处西北，旅游的淡旺季分明，冬天没人去，游客都集中在夏季的三四个月，高峰期日游客量超过5000人，对文物本体保护造成很大威胁。这个问题在国务院《关于进一步做好旅游等开发建设活动中文物保护工作的意见》里专门作为一个问题提出来，指导各文物景区制定日最大游客承载量，同时采取相应的管控措施。

二是缺少补偿机制，竭泽而渔。这也是一个突出问题。文物旅游开发，依靠的是文物资源，但是收入不能用到文物保护上。这既不符合文物保护的要求，也不符合旅游业发展的要求。旅游业发展的一个原则就是在旅游发展中必须保护好旅游资源，只有实现旅游收入对文物保护的反哺，才能保证对旅游资源的可持续利用，旅游发展才有后劲。这也是落实国务院文件需要解决的问题。

三是在利用上存在着趋利倾向。文物资源的利用能够带来一定的经济效益，但必须把发挥社会效益放在第一位，这是一个原则。在文物开发利用中，存在着重经济效益，忽视教育功能；重通过环境整治带来的地产开发等直接效益，忽视文化遗产"以文化人"的长期作用；能带来经济效益的就重视，带不来经济效益的或者说眼下带不来的就不重视等问题。在趋利思想主导下的文化遗产利用往往会是丢了西瓜捡芝麻，丢掉的是遗产的核心价值，捡起来的是短期的、局部的经济效益。

以上是文化遗产利用不当问题，接下来再谈谈利用不够问题，同样表现在三个方面：

一是认识上的片面性。我们文物部门在思想认识上或多或少存在一种顾虑，强调保护，再怎么强调也不会出问题，但强调利用，好像就会影响了保护，就会被说成重利用、轻保护。这就把利用和保护放到了对立的位置。体现在工作上，从上到下，文物系统没有专门负责文物利用的部门，似乎文物的利用只是博物馆的事情，在不可移动文物领域没有给予足够的重视。有一些古建筑由于地处偏远，维修之后铁将军把门，基本没有利用的途径。2010～2012这三年在文物保护专项经费中所列展示利用项目共47个，占项目数的1%，占资金额的4.8%。虽然统计不尽完整，项目口径也不尽一致，但仍能看出在展示利用上项目与投入偏少的问题。

二是在利用的内容上，对文化遗产的内涵缺乏深入研究和发掘，存在简单化，乃至庸俗化的现象。文物资源的利用不同于自然资源的开发利用。文物资源具有深厚的历史、科学和艺术价值，但在利用中，往往挖掘不够，流于肤浅表面。山西有个普救寺，俗称莺莺庙，据说是《西厢记》里张生和崔莺莺故事的发生地。普救寺的建筑非常有价值，但讲解员从头至尾就讲张生、崔莺莺的故事。为了证明张生跳墙是从哪下来的，还特意在墙根种了棵树。这种利用，我觉得是肤浅的、简单化的利用。它达不到让观众或是游客进一步加深对文化遗产的认知和理解的作用。而宁波的保国寺，是大木作的宋代建筑，这个寺早已没有宗教功能，文管处利用寺内附属房间举办了中国古建筑展览，成为十几所大学建筑专业的实践基地。我觉得这是充分利用古建筑本体价值的成功范例。

三是在利用形式上存在模式单一、缺乏创意的问题。文化遗产有多种类型，同一类型遗产的年代、所处区域也有所不同，其样式和保存程度都呈现多样化的特点，这就在客观上要求展示和利用应该是多角度、多种形式的。但现实情况是，一旦产生了某种利用形式，各地往往争相效仿，缺少自己的特色和创意。同旅游的结合也有这个问题。比如黄山的古村落，很多，很丰富，有西递、宏村、棠樾等，但是利用的手段和方式大体一个样。很多人下了车转一圈，有的连一圈都不转，就在牌坊那儿照张相就上车走了。如果上百处古村落的利用模式是单一的、雷同的，旅游肯定会产生同质化的问题。

在文化遗产利用上，既存在利用不当的问题，也存在利用不够的问题，两方面的问题既相互有区别，又相互联系。比如，单纯重视文物利用的经济效益，自然会影响对文物内涵的研究和挖掘，使文物展示仅限于迎合浅层次的旅游需求，同时对游客量也不会自觉加以控制，导致两方面问题同时存在。

三、如何做好文物资源利用的大文章

改革开放以来，文物工作长期处于抢救性保护的巨大压力之下。相当长时间里，我们保护的能力很单薄，抢救任务重，投入很有限，对文物的利用一时摆不上位，存在重视不够、研究不够、发展不够的问题。随着经济的发展，中央财政投入文物保护的资金大幅增加，各地对一大批省市级的文物保护单位也进行了修缮。在这种情况下，花这么多钱是为了什么、要起到怎样的作用的问题自然会引起重视。利用好文物资源越来越成为政府、社会和文物系统关注的大问题。文物资源的利用是一篇大文章，我们有实践探索，有经验积累，但总的讲还是初步的，不完善的。这里我总结近几年的实践，从宏观上谈几条文物利用的原则。

（一）围绕大局、服务大局

文化遗产的利用要坚持围绕大局、服务大局。要自觉坚持中国特色社会主义道路，自觉围绕"五位一体"建设总体布局，充分利用文物的多重价值，弘扬社会主义核心价值体系，弘扬民族优秀传统文化。让文物在教育青少年、提高各民族人民思想道德和科学文化素质方面充分发挥作用；让文物为增强民族认同感和民族向心力，培养全民的爱国主义情操充分发挥作用；同时还要为扩大中华文化影响力，显示国家主权做贡献。比如建设考古遗址公园、评博物馆十大精品陈列、对外文物展览，还有近代名人故居、工业遗产的利用等，这些都是在这方面行之有效的实践途径。

（二）保护与利用相统筹

保护利用不是截然分开的，它基于共同的工作对象，都是文物资源；基于共同的服务目的，都是为了民族优秀传统文化的传承和弘扬。因此在文物工作的顶层设计上，一定

要把保护和利用统筹起来。之所以这样说是因为以往我们统筹的不够。各级文物部门的大部分精力用在文物保护修缮上，这是对的；可是相当一部分修过的文物保护单位由于没有很好地用起来，闲置在那里，这也是事实。因此，具体到重点文物保护单位的保护修缮，在项目立项、制定规划、设计方案的时候，都应该做到保护和利用同时考虑；在制定保护方案时，要考虑利用的需求。应当深入研究各种类型文物的利用评价标准问题。不同类型的文物资源在利用上应该有不同的层次和不同的形式，怎么样叫利用得好，它包括哪些因素，评价标准也不能搞一刀切。江西赣南苏区存有大批红军时期的革命旧址，大量的是民居，有的还是土坯房、茅草顶，按照修旧如旧的原则，如果不和利用结合起来，维修后五六年还会出问题。再比如山西的古建保护问题。山西的古建筑资源太丰富了，全省28000多处，全国重点文物保护单位就有222处，元代前的建筑占了全国的70%。有些古建筑的修缮是抢救性的，因为有相当一部分已经濒危了，但是抢救性维修也要尽可能和利用结合起来。提倡吸引社会资金，能够按照文物保护要求来做，修好了由投资者使用，当然使用的具体功能要经过论证和批准。有些古建筑在农村偏远地区，可以用作公共文化设施，哪怕是小学生课外活动场所，或者村委会办公的地方，都可以考虑，有人用就有人承担安全保护的责任。总归是要尽可能地用起来，这本身也是保护的需要。

（三）社会效益和经济效益相统一，把社会效益放在首位

文物的利用有些能够带来经济效益，这是好事，但必须明确，文物利用的价值导向要突出社会效益。经济效益与社会效益相统一的，我们支持；一时带不来经济效益，但有良好的社会效益的，我们要更加重视。政府出点钱，社会捐赠点，要想办法让这些文物用起来。那些只顾经济效益而带来不良社会影响的，违背了文物保护与利用的初衷，要坚决制止。

（四）以人为本，共建共享

国有文物是公共资源，它的利用要面向社会、面向公众，就是《威尼斯宪章》那句话，"为社会公用之目的的利用"。不论是古建筑还是处于城市中心的近现代建筑，我是不赞成给私人当会所的，这就改变了文物作为公共资源的性质。当然并不是说所有文物保护单位都不允许搞经营，因为部分文物保护单位至今仍然是使用中的企事业单位，如天津的利顺德大酒店。坚持以人为本，共建共享，还需强调在文物资源的利用上，要尊重群众的主人翁地位。特别是像古街的开发、古村落的利用等，不能完全由文物部门或开发公司说了算，不能说搬迁就搬迁。文物场所用来做什么，以什么方式运营等等，应该采取多种形式听取居民等利益相关方的意见。我去年到香港考察古迹活化的项目，其中在闹市区有一个老药店，叫雷生春。这个药店是私人产权，但是房主愿意捐给政府使用。维修全是特区政府拿的钱。修好了怎么用，不是政府说了算，它有一个活化历史建筑咨询委员会，由文物保护方面的专业人士和各界代表组成，由这个委员会确定使用方向，然后向社会公开招标。竞标者众多，有的要开饭店，有的要作为商店。结果是香港浸会大学中医学院中标，还是卖中药，二楼有传统医学的诊室，如推拿，针灸，它从内容上就与原来的雷生春药店有一个传承。我觉得这是一种模式。今后重要文物资源的利用，当地群众居民要有声音，他们的意见要得到专业团队和行政部门的重视。

（五）突出特色，鼓励创新

文物资源有着多样性的特点，利用过程中同样要在方式方法上有所区别。要分门别类地开展研究探索，针对不同类型文物的特点寻找最适合的利用途径。我们有地上文物和考古遗址，有古代文物和近现代纪念建筑。对地上文物我们可以引导游客登临参观，对考古

遗址我们需要覆土后标识展示，对古代文物我们要将其本体与游客作适当隔离，但通过当代信息和数字化技术等多种手段，也可以让参观者见物见人、见物见史。对近现代建筑我们要充分活化利用，通过功能延续激发它的生命力。至于大运河这样历经千年仍在使用的文化遗产，以及水下文物的保护和利用，更是一个全新的领域，需要以新的理念和手段来开展有益的尝试。

科研上有句话是"鼓励创新，宽容失败"。因为文物资源有不可再生性，不能用"宽容失败"的话，但是应该讲"鼓励创新，允许试验"。在文物利用的创新上，包括理念创新、内容创新、形式创新、手段创新。既然是创新探索，就有它不成熟、不完善的一面。尤其是在利用上，我们的理论储备不足，我们的实践积累也不是很丰富，所以要鼓励探索。在试验的过程中，七嘴八舌、议论纷纷是正常的，要看一看，不要急于表态，特别是不要急于封杀。怎么叫好，怎么叫不好，有不同意见是肯定的，但一时很难说哪种意见绝对是正确的，哪种意见绝对是错的。因为我们正处在初创阶段，只要我们高度重视，重视理论探讨，重视实践检验，就能够逐步掌握文物利用的规律性，就能够不断写好文物利用这篇大文章。

（六）坚持与经济社会发展相协调

为什么要这么讲，是为了开拓文物利用的视野。现在讲文物保护和利用不只局限于单体文物，还包括大遗址、文化线路、文化景观等。这样的保护和利用必然要和当地的经济发展、土地使用、生态环境、人民生活发生密切的联系。这是文物工作进入到现阶段的一个新的特点。因此，在依法履行文物保护职责的过程中，视野要开阔一些，考虑的因素也要全面一些。在这里我重申四个结合，即文物保护利用与结构调整相结合，与城乡建设相结合，与生态环境建设相结合，与改善民生相结合。最近到西安开了汉长安城遗址保护领导小组会，陕西省委、省政府提出汉长安城大遗址的保护要与解决雾霾、改善生态环境相结合。因为汉长安城遗址及周边区域有75平方公里，核心区不到9平方公里，在核心区搞很多建筑是不行的，但也不能黄土见天，至少要给老百姓留一片绿地，这是一个思路。

文化部副部长、国家文物局局长励小捷
在《文物保护法》修订调研座谈会上的讲话

（2013年4月25日）

　　《文物保护法》自1982年颁布实施至今已超过30年，距离2002年修订也已经10年有余。这期间，随着我国经济社会发展进步，文物保护、管理、利用的理念不断创新，文物工作从领域、对象到方式、方法，都发生了很多变化。文物保护既面临重要机遇，也面临诸多挑战。现行《文物保护法》在一些方面与经济社会发展现实和文物工作实践已经不能完全适应，需要进行相应的调整、补充和完善。

　　一、《文物保护法》对文物事业发展发挥了重要的保障和促进作用

　　《文物保护法》颁布实施30年来，各级党委政府越来越重视文物工作，体制机制渐趋完善，机构队伍逐渐壮大，执法能力不断加强，经费投入逐年增长，文物保护状况明显改善；配套法规规章逐步健全，法制宣传教育不断拓展，全社会文物保护积极性普遍提高，依法保护文物意识日益深入人心，文物保护在服务经济社会发展、惠及民生方面的积极作用日益凸显。可以说，没有《文物保护法》保驾护航，就不会有文物事业取得的巨大成绩。

　　二、修订《文物保护法》具备现实必要性和可行性

　　2012年，全国人大常委会在全国范围开展了《文物保护法》执法检查，31个省、自治区、直辖市的地方政府及其文物行政部门都建议修改《文物保护法》，执法检查组提出了将修改《文物保护法》列入全国人大常委会立法规划的建议。近年来，全国人大代表、全国政协委员和社会各界人士多次呼吁修改《文物保护法》，引起社会高度关注。

　　实践中，《文物保护法》的一些内容已经不适应经济社会发展和文物工作需要。比如，文物保护规划、大遗址保护、世界文化遗产管理、考古遗址公园建设、传统村落保护利用、流失文物追索等创新实践，在现行法律中还没有得到体现和确认；文物所有权的保障、文物市场的监管、考古发掘管理等方面的法律规定还需要进一步健全；文物违法成本低，行政处罚力度不足，需要加大法律责任方面的规定；与其他法律之间不衔接、不协调的内容需要予以完善。文物保护中出现的许多新情况、新问题，涉及国家主权、公民权利、行政管理体制、文物所有权、行政处罚措施等内容，迫切需要法律作出相应调整。

　　今年，十二届全国人民代表大会批准了《国务院机构改革和职能转变方案》，《方案》中就行政管理体制、政府职能转变、行政审批制度改革，均提出了明确的原则和要求。国务院要求有关部门同步提出实施《方案》涉及的有关法律和行政法规的修订建议。现行文物保护法中的一些规定，与国家改革发展和行政管理体制改革的新要求不相适应，必须与时俱进地进行调整。还需要指出的是，文物工作中存在的问题有些与法律自身的缺欠有关，有些是执法不力造成的。

近年来，国家文物局围绕《文物保护法》的实施情况多次开展调研，法律及其实施中存在的主要问题基本清楚，解决问题的思路基本明确，管理部门之间的共识较多。文物系统拥有一批实践经验丰富的文物法制专家，科研院所、高等院校建立了一定规模的文物法制研究队伍，国内外文物法制研究成果比较丰富。这些都为修订《文物保护法》奠定了扎实的基础，目前有条件对《文物保护法》进行一次全面的修订。

三、关于修订的原则

一是围绕全面建成小康社会的目标，服从服务于工作大局。围绕政府行政体制改革的需要，体现机构改革和职能转变的要求；围绕文化强国建设的目标，体现文物事业科学发展的要求；围绕服务社会、惠及民生、共建共享的需要，体现文物在公共文化服务和经济社会发展中的积极作用。

二是坚持文物工作方针，以有利于文物保护与安全为核心。文物工作方针是长期工作实践经验的总结，反映了文物工作规律性和特殊性的本质要求。文物保护与安全是文物事业的生命线，是事业可持续发展的前提和基础。因此，所有法律条款的修改都要契合文物保护、利用、管理的客观需要，必须将文物保护与安全作为核心。

三是坚持开门立法，广泛听取各方面意见建议。要深入调研、科学论证，充分听取文物工作一线和立法机构、政府部门、科研院所、高等院校、专家学者、企业和社会公众的意见建议，广泛调动社会各界的积极性，积极吸收全社会的智慧。法律修订要充分反映文物事业发展的需要，不能只反映部门利益和需求，要使文物保护法的修订真正成为民主、科学立法的过程。

四是尊重文物工作实践，增强法律实施效力。一方面，各地在文物工作实践中不断积累了新的经验，对在实践中成功并被普遍认可的经验和做法，应当充分吸收，纳入法律修订视野。另一方面，法律修订要与法律的有效执行相结合，既要增强法律的刚性要求，也要增强法律的可操作性，法律条款该原则的原则，该具体的要具体。

四、关于修订的重点

修法要立足于法律的调整、补充和完善，重点是研究解决当前和今后一个时期文物保护、利用、管理中的实际问题。

（一）对与实际不相适应的规定进行调整

比如文物市场监管方面，现行《文物保护法》的规定和文物流通市场现状的反差很大，要从发展了的实际情况出发，对相关规定作出调整，以适应文物市场健康发展与规范管理的需要。长期以来，擅自拆除不可移动文物的事件屡有发生，法律规定的最高50万元的罚款，与开发商的巨额利润相比，已成为可以忽略不计的成本，难以起到应有的震慑作用，必须加大对文物违法行为的惩治力度。当前的法律涉及文物行政审批和许可的事项偏多，还没有完全转到通过制定规则、加强监管、实现宏观管理的路子上来。

（二）对缺失的法律制度予以补充

比如文物保护规划，是文物保护重要手段。世界文化遗产、大遗址保护和国家考古遗址公园建设，对保护文物、改善城乡环境和人居条件，促进经济社会发展发挥了突出作用。流失文物追索取得了可喜的成果，有力维护了我国文物主权和国家利益。这些行之有效的创新实践，目前还未上升为法律制度，法律的滞后已经影响了相关工作的深入开展。

（三）对法律不协调不衔接的内容进行完善

要将《文物保护法》作为一个整体，从结构上、体系上以及内外衔接上进行考量。

一是《文物保护法》的自身完善。比如法律规定了文物认定和定级制度，但却没有建立相应的降级和撤销制度，这不符合科学管理的要求，从制度安排上是不完整的。从立法规范性方面讲，现行法律的框架结构、逻辑关系、语言表述，存在不科学、不严谨、不明确的问题。二是与现行其他法律相协调。比如《文物保护法》与《民法》《刑法》《物权法》《行政处罚法》等之间，既有内容上的协调问题，也有适用上的协调问题，处理好法律之间的协调，可以为保护文物、惩治违法提供更多的方式和途径。三是与社会管理的大趋势相适应。文物保护管理既是国家行为也是全社会的责任，既要求政府做好该做的事情，也要求社会组织、公民个人参与其中，而现行《文物保护法》偏重政府行为，有关社会组织以及公民地位与作用的条款甚少。四是与有关国际公约、联合国文件相衔接。文物保护既是国家民族的事业，也是全人类的事业，《文物保护法》要与国际文物保护的趋势相适应，从国际视野推进我国的文物保护工作。

今年，我们要通过全面深入调研，广泛征询各方面意见建议，研究提出《文物保护法》修订的重点，在对一些不成熟或者存在争议的制度性问题进行专题研究基础上，拟订《文物保护法》修订草案大纲，同时报请将修订《文物保护法》纳入全国人大常委会立法规划。明年的工作重点是报请将修订《文物保护法》列入国务院立法工作计划，起草《文物保护法》修订草案稿，并按照立法程序，适时上报国务院审议。今明两年，国家文物局要加快工作进度，扎实做好修订研究和修订草案的起草工作，为顺利修订《文物保护法》奠定良好工作基础。

文化部副部长、国家文物局局长励小捷 在2013年全国文物局长座谈会上的讲话

（2013年7月11日）

这次全国文物局长座谈会时间紧凑，内容丰富，会议安排体现了转变会风的要求。同志们谈了上半年的工作体会，对2020年目标体系和申遗工作规程提出了修改意见，还结合国家文物局开展的党的群众路线教育实践活动提出了意见建议。会议达到了预期目的。刚才，保华、明康、玉才、新潮同志分别就所分管的工作讲了很好的意见，我都赞同，希望抓好落实。在此，我再讲两个方面的意见。

一、简要通报2013年上半年的工作

2013年是全面贯彻党的十八大精神的起步之年，是实施"十二五"规划承前启后的关键一年，是新一届党中央领导集体提出实现中华民族伟大复兴中国梦的开局一年。今年上半年，我们紧紧围绕十八大精神的贯彻和国务院重大决策的落实，按照全国文物工作会议及全国文物局长会议的总体安排，稳中求进，开拓创新，各项工作形成整体推进、重点突破的良好态势。

（一）贯彻中央八项规定

根据中央政治局八项规定，推进国家文物局系统的作风建设，局党组制定了贯彻落实的实施意见。召开以"贯彻落实十八大精神，切实改进工作作风，推进文物工作科学发展"为主题的民主生活会和2013年国家文物局党风廉政建设工作会议，抓好领导班子建设和干部队伍建设。印发《国家文物局机关督促检查暂行规定》和《国家文物局关于做好厉行节约反对浪费工作的意见》。上半年，国家文物局大力精简会议，严控出国访问考察活动；一些会议、调研大大压缩时间和规模，深入基层接地气，不搞形式求实效；突出主题内容，不搞奢华排场，精简高效办好文化遗产日、国际博物馆日和国际古迹遗址日活动。根据国家财政形势，调减今年局本级预算5%，压缩一般性支出和"三公"经费。自觉加强作风建设，把改进工作作风与取消或下放审批项目、简化审批程序、提高工作效率、服务基层群众结合起来，切实解决基层工作中的实际困难和突出问题。

四川雅安地震后，局领导在第一时间表示慰问、关注灾情；在四川调研的督察司同志立即随同省局领导深入灾区、了解实情；两位局领导分别到灾区实地考察，研究灾后文物修复工作。国家文物局于4月22日（震后第3天）就下达了80万元的救灾应急抢险经费，随后又从各司室预算中挤出200万元拨付四川作为灾后文物受损项目的前期费用。

（二）第一次全国可移动文物普查全面铺开

报请国务院召开第一次全国可移动文物普查领导小组第一次会议、全国电视电话会议和普查办主任会议。各地相继召开普查专题会议，印发普查文件，组建普查机构和普查队

2014
中国
文物年鉴

伍。目前正在进行国有可移动文物收藏单位调查。

普查办公室发布了《第一次全国可移动文物普查实施方案》，健全普查标准规范。举办了四期各省普查骨干培训班，完成400余人次普查骨干培训。

（三）对国务院63号文件落实情况进行督导检查

会同国家旅游局印发《关于贯彻落实〈国务院关于进一步做好旅游等开发建设活动中文物保护工作的意见〉的通知》，向国务院报送《关于各地贯彻落实国发[2012]63号文件开展自查自纠工作情况的报告》，督导工作方案和重点督察案件。召开全国文物安全部际联席会议第三次全体会议，开展文物安全监管平台建设试点，启动一批防盗报警、防火防雷设施建设。局领导带队赴四川、安徽、陕西、北京、湖南等5个省份进行实地检查，对山西、河南、浙江等6个省份开展重点督导。与国家宗教事务局对北京、山西联合开展涉及佛教寺庙、道教宫观的全国重点文物保护单位联合执法检查。

湖南、四川、云南、安徽等14个省级人民政府出台专门文件，对自查自纠工作提出具体要求。28个省的自查自纠检查报告已上报，各地上报文物保护单位涉嫌违法违规的76起。通过自查和督察，一些文物保护单位管理体制得到理顺，一批行政违法案件得到制止和纠正，有的历史遗留问题得到解决。

（四）积极推进职能转变，减少和下放行政审批事项

目前，经过国务院六轮行政审批制度改革，国家文物局行政审批事项由改革前的81项减少至26项，现行法律、法规和国务院规定赋予地方文物行政部门的行政审批事项也大幅度减少至27项。按照国务院部署，国家文物局认真梳理机构设置情况，加快转变部门职能，逐一研究现有行政审批事项，重点核实非行政许可类审批事项，加强与中央编办沟通协商，提出2013~2015年关于进一步精简行政审批事项的计划，拟取消3项、下放6项、保留17项行政审批事项，精简行政审批事项占比达到35%。研究设计减少和下放审批事项后的宏观管理和事中事后监管措施，推进相关行业组织培育和第三方机构的转企工作。

文物保护工程项目审批及内部机制的各项改革也在深入推进中。完成文物保护项目评审机制改革课题研究，印发《全国重点文物保护单位文物保护工程立项报告规范文本（试行）》《文物保护工程设计文件编制深度要求（试行）》。

（五）完善一批管理制度

发布《博物馆和文物保护单位安全防范系统要求》和《文物建筑防雷技术规范》，完成10项行业标准审核审查、13项行业标准立项、7项国家标准初审、5项标准宣传推广。与财政部共同修订《国家重点文物保护专项补助资金管理办法》，拓宽了专项资金使用范围，突出了专项资金使用效能；制定《国家重点文物保护专项补助资金预算绩效管理暂行办法》。与财政部公布《大遗址保护"十二五"专项规划》，以150处大遗址为支撑的大遗址保护格局得以落到实处。完成国家职业分类大典中的文物职业篇修订，新增文物修复师、考古技工职业。依托高等院校、高职院校和科研基地，实施文物行业急需人才培养资助项目。完成3期全国县级文物行政部门负责人培训。

（六）统筹推进不可移动文物的保护与利用

报请国务院核定公布第七批全国重点文物保护单位1943处，全国重点文物保护单位总数达到4295处；印发《关于加强第七批全国重点文物保护单位保护工作的通知》。启动平安故宫、应县木塔加固维修工程，推进山西省"国保"单位彩塑壁画保护工程。启动文物保护样板工程，开展古村落古民居展示利用试点。与住房和城乡建设部联合开展第六批历史文化名镇名村申报工作。

完成南水北调工程丹江口库区文物抢救保护项目蓄水前验收，推介"2012年度全国十大考古新发现"成果。印发《关于加强大遗址考古工作的指导意见》，完成第二批国家考古遗址公园申报工作。红河哈尼梯田文化景观成功申遗，大运河和丝绸之路申遗项目的遗产保护和环境整治做好了下半年迎检准备。开展历时20天的南沙海域水下考古和执法巡查，这是我国首次组织的远海水下考古调查，也是国家文物局水下文化遗产保护中心首次组织的南海之行，对于进一步理清我国水下文物工作思路、探索有干扰的领海及其他管辖海域的水下考古方式，都具有重要意义。南海基地建设用地指标获得批复；水下考古工作船开工建造。

（七）加强博物馆质量评估，提升社会服务水平

公布2011年度国家一级博物馆运行评估结果，初步形成博物馆等级能上能下的动态机制。发布第二批国家二、三级博物馆名单，新增52家国家二级博物馆、144家国家三级博物馆。推广2011～2012年度全国博物馆十大陈列展览精品，印发《国有博物馆对口支援民办博物馆管理试行办法》。

做好国家科技计划的绩效评估、项目储备。完成2013年度文物保护领域科学和技术研究一般课题申报工作。深化与中科院的合作，推动与敦煌研究院、中国文化遗产研究院建立合作科研机构并开展课题研究。与工业和信息化部合作推进文物保护与传承装备产业化和应用。加强可移动文物保护管理，修订《馆藏文物修复管理办法》。

开展文物拍卖市场专项治理行动，开展文物鉴定类广播电视节目监听监看工作，举办文物进出境责任鉴定员培训班及资格考试，促成法国皮诺家族捐赠圆明园鼠首、兔首铜像。

构建全面多元的对外文物交流合作机制。完成编制第三批禁止出境展览文物目录，批复22项进出境文物展览。赴意大利、土耳其、瑞典等国和台湾举办文物展览，开展驻华使节走进世界文化遗产活动。

（八）开展专项调研，服务重点工作

按照中宣部、文化部关于开展宣传思想文化系统大调研的工作部署，组织了《文物保护法》修订和2020年文物事业发展目标体系两项专题调研。在广泛征求31个省级文物部门、中央文博单位、专家学者和基层文物工作者对中长期事业发展意见建议的基础上，局领导率队赴江苏、浙江、辽宁、内蒙古、广东、广西、陕西、安徽等8个省份调研座谈，形成调研报告，提供中央决策参考。启动民办博物馆发展调研，完成水下文化遗产保护管理、文物司法鉴定和古玩旧货市场文物经营管理调研前期准备，编制文物统计指标体系。

二、谈谈工作中需要重视和加强的几个问题

按照惯例，年中的局长座谈会不部署工作，重在研究讨论与当前工作有关的问题，带有务虚性质。下面，我就事关全局、工作中需要重视和加强的几个问题谈一谈看法。

（一）夯实基础

强化基础，既是事业发展的基本要求，也是文物部门的职责所在。基础工作涉及方方面面，必须高度重视，常抓不懈。我到国家文物局工作一年半来，感到我们的基础工作有进展、有成效，同时也有差距、有薄弱环节。基础工作做不好，也不妨碍某一方面、某一阶段的工作很出彩儿，但是工作的整体效能、持续发展能力是很难或者讲是不可能达到高水平的。加强基础工作，这个提法谁也不会有不同看法，而且历来是这样讲的，但真正重视起来、真正下力量去抓、真正把法定的几项基础工作一件一件落实到位，并不是一件容易的事情。

2014
中国
文物年鉴

文物事业的基础工作有哪些？重要的有摸清家底，健全法律法规、标准体系和基本管理制度，经费投入与管理，人才培养等。由于时间关系，这里重点讲讲"四有"工作。"四有"在法律中规定得很清楚，要求明确，任务繁重，无疑是文物保护的一项基础工作。目前的情况是：第1～5批国保单位的"四有"工作基本完成，记录档案已报备；第6批国保单位"四有"工作从2006年启动，进展不平衡，目前还没有上报记录档案；第7批国保单位名单公布后，国家文物局印发通知要求尽快完成"四有"工作，法律规定的时限是名单公布后一年内完成。针对这一情况，总的要求是完善补充第1～5批、明年开始报备第6批、同时明年4月份要完成第7批的"四有"工作，并做好报备准备工作。

各级文物行政部门要把国保单位"四有"及其记录档案报备工作作为重中之重给予高度重视，投入必要的人力物力确保如期完成。希望各省也要按照这个要求抓好省保、市县保单位的"四有"工作。为提高"四有"基础数据的利用率，控制报备成本，国家文物局将进一步明确"四有"档案报备规范，第6～7批国保单位以数字化档案为主，大幅压缩纸质档案；对第1～5批国保单位的纸质档案逐步进行数字化。同时，要利用研发中的全国重点文物保护单位综合管理信息平台，通过专用软件随时检查和更新关联信息。在这方面，有的省工作走在了前面，已经把文物保护数据与地理信息系统结合起来，更方便查询、更直观准确。这是一项惠及长远的基础工作，做好了将大大提升文物保护工作的管理手段和监管水平。

在此，再强调一下第三次全国文物普查的后续工作。尚未完成公布不可移动文物名录的还有三四个省，所余工作量已经不太大，一定要在今年内完成三普名录公布工作，并核定公布各级文物保护单位。已完成三普名录公布的省，要健全信息管理系统，充分利用三普成果，促进文物工作，助力经济社会发展。

第一次全国可移动文物普查是国务院部署开展的重大项目，也是事关长远的基础工作，必须坚定信心、不打折扣，高质量地完成今年以及今后几年的普查任务。与此同时，要加快制定有关文保工程、博物馆项目、安消防项目的标准规范及其工作流程，深入研究文物保护单位分类分级管理措施，落实事前、事中、事后监督规程，加大督查力度。要强化制度的执行力，用严明的制度、严格的执行、严密的监督，真正实现基础工作的日常化、规范化和制度化。总之，要以踏石留印、抓铁有痕的劲头抓基础，不欠新账、多还老账，善始善终、善做善成。

（二）深化改革

改革已经进入深水区。深化行政管理体制改革，加快政府职能转变，是新一届中央政府开门要办的第一件大事。最近，国务院决定分三批取消和下放行政审批事项共计165项，下一步还要继续推进，后面的任务更加艰巨。文物系统要以职能转变作为重点，把行政审批制度改革作为突破口，扎扎实实地推进，进而带动其他方面的改革与创新。

一要坚定不移地推进改革。文物部门是政府职能部门，文物事业是公益性文化事业，同样需要进行行政管理体制改革，同样需要破解事业发展的体制机制障碍。市场能办的，多放给市场；社会可以做好的，就交给社会。该政府管的，必须管住、管好。努力做到政企分开、政事分开、政社分开。这是改革的方向，实施起来还需要一个过程，还需要一系列配套措施。改革要遵循文物工作规律，整体谋划，分类推动，循序渐进，干急需干的、能够干的事，一步一个脚印。

作为地方文物局，首先要把思想统一到国务院的改革部署上来；其次是结合各自实

2014
中国
文物年鉴

际确定改革的任务、路线图和时间表；再次是国家文物局下放的审批事项要认真负责地管好，不能不分事权，一味地层层下放、一放了之。

二要对决定取消、下放的审批事项，研究、制定并实施相应的监管措施。李克强总理强调，简政放权要啃两块硬骨头。放是一块硬骨头，管也是一块硬骨头。政府要营造公平环境，对我们来说，就是要加强对市场的监管、资质的监管、各类标准的制定，等等。事中、事后的监管不比事前的审批容易。在审批权下放后，要防止出现监管真空。

三要对确需保留的审批事项，明确内容、制定标准、优化流程、提高效率，严格控制审批自由裁量权，并及时向社会公示。这个方面我们该做的、能做的很多。譬如，文保单位的修缮立项、设计方案由对应的文物行政部门审批，这是根据各级政府的事权确定的，不能统统下放。但是审批标准如何更科学公平、审批程序如何更简化明晰、审批效率如何提高，都是需要我们进一步研究的问题。这些问题解决好了，才能说该管的管住管好了。

四要逐步推进文物行业协会与行政机关脱钩。注重发挥社会组织的作用和责任，向社会组织逐步释放、转移或委托更多的职能，待条件成熟时转移给相应的社会组织。

（三）加强管理

夯实基础、深化改革与加强管理，三个话题联系紧密，加强基础也是管理的一部分；深化改革是破除体制机制障碍，改革的成效体现在加强管理上。总之，管理工作林林总总，很难一言以蔽之。今天，择其要者，重点讲讲项目管理问题。

文保项目是文物系统各类项目的大头，是核心业务工作之一。在专项资金少的时候，各地也很重视这一块，但总是"广种薄收"，项目不是很多，管理问题不突出。现在，资金规模大了，项目多了，管理问题也凸显出来。管理上的问题，既存在于国家文物局的层面上，也反映在地方文物局的工作中。国家文物局的项目管理制度，有些已经出台，有些正在准备，有些明年正式实施，总的目标是要把住审批这一环节，进一步解决规范、科学、公平、效率的问题。

地方在项目管理上存在哪些问题呢？前不久，我看到一组统计数据。2010～2012年，国家重点文物保护专项补助资金的累计结存余额较高，部分项目进展没有完全达到预期要求。这个材料只是反映项目资金执行中的问题，在项目申报中也不同程度存在着诸如开大药方，不以急需抢救为优先条件，一味报大项目，项目准备大而化之，往往没有统筹考虑利用内容，缺少完成计划、进度和手段等等问题。当然，影响文物保护项目开工率、完工率及其他问题的原因很多。比如，专项资金到位滞后，招投标时间太长，有些修缮项目技术复杂、工期拉长，等等。但从主观上找原因，"重申报、轻执行"和"重审批、轻管理"一定是个重要原因。

解决项目管理问题要从解决思想问题入手。跑项目、争取资金是我们的责任，把钱用好、把文物保护好更是我们的责任。这次调研为了符合文物的特殊性，选取了连续三年的统计数据。如果评估我们这个专项，不能说是一个执行好、质量高的专项，这样下去会影响到中央财政继续增加资金。这不是一件小事。对此，我特别强调：第一，做好项目储备，优化项目申报，至少做到具备了开工条件的项目才申报。第二，处理好加强管理和提高效率的关系。有些地方中央财政专项资金到了，还要再审一次、再核一遍，从保证资金安全角度看是可以的，但是会影响资金到位率和执行率。第三，进一步放开市场，谁能干就让谁干，不要肥水不流外人田。第四，重视督查和监管，包括帮助项目主体及时解决工程中的困难和问题。

下一步，国家文物局也要统筹考虑项目管理问题。切实加强对重大项目实施和专项经费使用情况的监督、管理、评估和验收，把项目立项、预算审批与预算执行、完工项目的质量效益挂起钩来，形成一个平台、一个抓手，充分发挥中央财政专项资金的导向作用。要以文保项目管理为突破口，逐步推进博物馆免费开放补助机制、安消防项目、科技项目等的管理平台建设。总之，要逐步做到权责利相统一，审批与监督相结合，绩效评估与资金拨付相挂钩。

今年中央财政收入情况不理想，地方的情况好一些，但也存在增收趋缓的问题。中央国家机关今年预算压减5%的要求，也有可能对明年文保专项转移支付资金带来影响。要以"化危为机"的思维看待这个情况。中央财政专项资金连续两三年的大幅度增长给文物行业带来了重大机遇，同时也暴露了我们在制度安排、执行能力、人才队伍等方面的明显不足。与其继续"萝卜快了不洗泥"，不如抓住经费总规模暂不扩大的契机，认真把我们自己的事情理一理，该完善的完善，该建立的建立，该改一改的也要改一改，倒逼预算管理、审批制度、决策机制等方面的改革和创新，为迎接新的增长打牢制度基础。

（四）转变作风

群众路线是我们党的生命线和根本工作路线。开展以为民、务实、清廉为主题的党的群众路线教育实践活动，是党中央作出的重大部署。国家文物局及其直属单位是第一批开展群众路线教育实践活动的部门和单位，各省文物局也是今年第一批进行。我们要把开展好教育实践活动作为一项重大政治任务抓紧抓好抓实。国家文物局党组制定了教育实践活动方案，并于7月8日召开了动员会。希望各地的同志们在教育实践活动过程中多提宝贵意见，监督国家文物局改进作风的实效。同时希望各地文物局按照省委的部署，紧密结合文物工作实际，切实解决突出问题，认认真真地搞好本部门、本系统的群众路线教育实践活动。

首先，要领导带头，着力加强局司两级领导班子建设，对作风之弊、行为之垢来一次大排查、大检修、大扫除，提振精气神，拧成一股劲，树立风清气正、办实事、能干事的形象。第二，要从文物工作的实际出发，把改进作风与转变职能、深化改革结合起来，在谋大局当中抓重点，扎扎实实解决一些地方和基层反应强烈、迫切需要解决的突出问题。第三，要切实抓好调查研究，始终围绕事关文物事业改革发展的难点热点，拿出足够的时间深入文博基层单位和文物工作一线，丰富思路，学习经验，推动发展。第四，要提高服务意识和责任意识，把为基层服务能力提升作为检验这次主题教育实践活动成效的重要标准。第五，要着力形成实践成果、制度成果，用好的体制机制管人、管事、管权，从源头上力戒形式主义、官僚主义、享乐主义和奢靡之风，确保转变作风、服务基层的常态化长效化。以上是通报一下国家文物局群众路线教育实践活动的情况，也是在这里向大家表个态。

全国文物系统的教育实践活动，要结合文物工作实际，设计好自选动作。我觉得有两个问题要抓住：一是谋大事、抓重点；二是全局一盘棋，提高执行力。文物工作很实，各级文物部门的人手又很少。事务工作不做不行，陷入事务也不行，必须保证有足够的精力谋大事、抓重点，学会抓重点、带一般、促全面，学会伤其十指不如断其一指，改进工作方法和工作作风。提高执行力是我们从上到下共同的任务，改革与探索要充分发扬民主，广泛听取意见，但一经决策必须统一思想、统一行动，做到上下一条心、全局一盘棋。各行其是不行，上有政策、下有对策不行，会上表态支持、会下不去落实也不行。对事关文物事业改革发展的大事，我们都要积极参与、积极推进、积极做贡献。

上述几个问题，可以说是老生常谈，但我还是有的放矢，有感而发，供同志们参考。其他重点工作4位副局长讲了，关于修法、人才培养和文物利用问题，我在其他场合讲过，不再重复。

文化部副部长、国家文物局局长励小捷在第三次全国文化文物援疆工作电视电话会议上的讲话

（2013年10月21日）

今天，我们召开第三次全国文化文物援疆工作电视电话会议，主要任务是贯彻落实十八大精神和第四次全国对口支援新疆工作会议部署，总结工作，谋划未来，进一步开创文化文物援疆工作新局面。一会儿，蔡武部长将作重要讲话，我们要认真抓好贯彻落实。下面，我就文物系统对口支援新疆工作，讲几点意见。

新疆自古以来就是多民族聚居地区，长期共同在这片神奇魅力土地上劳动、生息、繁衍的各族人民，创造了具有鲜明特色、独特价值的地域文化和文物资源。这些珍贵文物是反映各族人民建设新疆、友好交往的真实写照，是体现中国历代中央政府对新疆实施有效管辖的历史见证，是彰显中华文化包容性、东西方文化融合的丰厚史料，也是支持新疆跨越式发展和长治久安的重要资源。加强文物援疆工作，保护好、利用好新疆文物，有利于巩固中华民族大家庭血脉相连、血浓于水的深厚情感，有利于增强各族人民的"三个离不开""四个认同"的思想意识，有利于发挥新疆文物资源的比较优势，为新疆与全国同步实现全面建设小康社会奋斗目标贡献积极力量，从而促进新疆各族人民共同富裕、社会稳定和安居乐业。

2010年中央新疆工作座谈会以来，文化部、国家文物局召开了两次文化文物援疆工作会议，国家文物局成为中央新疆工作协调小组成员单位，编制了《新疆文物保护"十二五"规划重点项目》。全国累计安排文物援疆项目328个，中央财政累计安排文物援疆补助资金10.2亿元，全国帮助新疆培训文博人才800人次。总的讲，在党中央、国务院的坚强领导下，在各援疆省市、中央相关部委的统筹协作下，全国文物系统弘扬"一盘棋"精神，有力有序有效地扎实推进文物援疆工作，取得了良好成效。

一是新疆重点文物保护工程持续开展。完成第三次全国文物普查和长城资源田野调查，公布9545处不可移动文物名录，新增第七批"国保"单位55处；启动新疆段长城烽燧保护工程。丝绸之路新疆段重点文物保护工程取得阶段性成果，成立中国、哈萨克斯坦、吉尔吉斯斯坦丝绸之路协调委员会，基本完成丝绸之路跨国申遗工作准备。大遗址抢救保护工程顺利推进，46处大遗址被列入大遗址保护项目库，4处大遗址被纳入《大遗址保护"十二五"专项规划》，北庭故城国家考古遗址公园开工建设。

二是博物馆建设和社会服务水平稳步提升。新疆博物馆体系日臻完善，博物馆总数78个，免费开放博物馆74个；年举办展览200个，年接待观众500万人次。对新疆博物馆纪

2014
中国
文物年鉴

念馆免费开放补助资金进行重点倾斜，2013年补助资金达6000万，比2010年增长3.7倍。克州、伊犁州、阿勒泰地区博物馆新建和塔城地区博物馆改扩建项目被列入《"十二五"全国地市级公共文化设施建设规划》，哈密地区、吐鲁番地区、巴州博物馆等相继建成开放。扶持自治区、吐鲁番地区和巴州博物馆，伊犁将军府修复一批可移动文物。赴美国、比利时、意大利、日本和台湾地区举办新疆文物精品展。

三是惠及民生日益凸显。服务新疆跨越式发展战略，加强基本建设的抢救性考古发掘；开展遗产地保护设施建设和环境整治，改善当地百姓生活条件。文物部门和施工单位在文物援疆工程中吸纳当地能工巧匠广泛参与，既传承传统技艺、确保工程质量，又"以工代赈"，创造就业机会，拓展增收途径。坎儿井保护工程就是顺应百姓所期所盼的惠民工程典范，为"地下运河"疏通血脉，保护的不仅是文物更是民生；当地农民参与其中并直接受益。2010年吐鲁番地区坎儿井掏捞加固后出水量和灌溉面积分别提高69%、83%。坎儿井所在地403名村民自愿组成掏捞队，用工4.9万人次，为当地百姓创收约300万元，人均增收7000元。吐鲁番地区累计完成三期72条坎儿井清淤加固，2012年启动哈密地区12条坎儿井保护工程。2011年全区参与文物保护工程的农民工达10万人次，现金收入5000万元以上。

四是对口援疆力度进一步加大。各对口支援单位累计落实文物援疆资金7000万元，其中黑龙江2200万元、江苏1600万、北京1200万元、湖北400万。浙江、中国国家博物馆、南京博物院、上海博物馆、中国文化遗产研究院、中国文物信息咨询中心、中国文物交流中心与新疆文博单位签署支援合作协议。中国文化遗产研究院、河北、江苏等完成一批规划编制、方案设计和民居修缮项目。黑龙江援建北屯市和福海县博物馆，江苏援建乌恰县柯尔克孜博物馆，北京改扩建兵团农十四师某团屯垦戍边纪念馆。故宫博物院、山西、湖南等帮扶一批自治区和兵团博物馆提升陈列展示水平。河南、辽宁、广东等与新疆文博单位合作办展。北京、黑龙江、湖北等捐赠一批设施设备和文物藏品。敦煌研究院、中国文化遗产研究院、南京博物院、中国丝绸博物馆与新疆合作建设壁画、纸质文物和纺织品文物修复工作站。陕西、湖北、中国文物信息咨询中心等选派专家进疆工作。福建、山东、吉林、江西、安徽、天津、深圳等19个援疆省市文物部门多渠道为新疆培训各类文博人员。

文物援疆工作成绩的取得，靠的是党中央、国务院的科学决策，靠的是文化部和中央相关部门的大力支持，靠的是自治区、兵团和19个援疆省市党委政府及文物部门的共同努力。在此，我谨代表国家文物局表示衷心感谢！

新一届党中央、国务院高度重视新疆工作。习近平总书记就全面推进新疆工作做出重要指示。今年9月，俞正声、张高丽同志在第四次全国对口支援新疆工作会议上全面部署了今后援疆工作的指导思想、主要任务和工作要求。文物战线要充分认识到援疆工作的战略意义，切实把思想和行动统一到中央的决策部署上来。

为贯彻落实中央整体安排，今年7月，国家文物局提前召开了全国文物援疆工作项目对接会；9月，国家文物局会同国家发展改革委、财政部进行了文物援疆联合调研，及早开展工作。国家文物局和各对口支援省市文物部门初步确立了一批文物援疆项目。根据新疆文物工作的形势和需求，在文物援疆工作中，要重点抓好以下几个方面：

一要在服务丝绸之路经济带建设国家战略方面有新思路。要胸怀大局、因势而谋，抓紧研究丝绸之路经济带的概念、定位以及新疆在其中的作用，抓紧研究丝绸之路经济带建设战略对新疆文物工作的影响以及文物工作在其中的作用，找准文物工作切入点和着力点，发挥文物资源推动发展、惠及民生作用，发挥文物资源向西开放文化桥头堡作用。做好2014年丝绸之路跨国联合申遗工作，擦亮东西方特别是中亚文化交流名片。推进文物与旅游深度融合，协调文物保护规划与旅游发展规划的衔接，加强对资源利用的分类指导与管理。

二要在重大项目规划实施方面取得新进展。重大项目是新疆文物工作的重要支撑和有力抓手。要配合国家发展改革委、财政部做好"十二五"援疆规划项目评估和调整，争取将文物援疆工作纳入国家援疆规划总盘子。要抓紧完善并颁布《新疆维吾尔自治区文物保护总体规划（2012～2020）》，增设兵团专章，在维修保护、安消防设施达标、科技创新、队伍建设等领域规划一批带动性强、利于长远的重大项目。完成新疆国保单位的"四有"工作，排除第七批国保单位险情隐患。调研新疆国保单位壁画彩塑和石窟寺石刻保存状况，加强项目储备。

三要在博物馆公共服务能力提升方面迈出新步伐。开展好第一次全国可移动文物普查工作，建立国有可移动文物管理服务信息平台。建设好自治区博物馆二期工程，发挥区域核心博物馆的辐射引领作用。支持克州、伊犁州、阿勒泰地区和塔城地区博物馆的规划设计、展陈方案的编制与实施。力争将地市级博物馆、文物大县博物馆、人口较少民族博物馆纳入公共文化服务体系建设，统筹规划、搞好试点。扶持基层博物馆陈列展览质量提升项目，开展援疆省市博物馆对口帮扶新疆地市级博物馆。加强革命文物保护，做好革命纪念馆的建设发展。举办中法建交50年丝绸之路文物展览，形成新疆文物出境展览精品系列。

四要在智力援助方面拓展新渠道。国家文物局、各支援省市文物部门要按照需求导向的原则，增强新疆文博人才培养的针对性，帮助新疆缓解规划方案编制、壁画修复、遗址考古、陈列展示、文物进出境鉴定等人才紧缺问题。支持西北大学等高等院校开展新疆在职文博人员学历教育。各支援单位要通过交流任职、在职培训、考察学习、工程实施、技术指导等方式，搭建新疆文博人才成长平台。各援助单位要做好援疆干部的选拔轮换，关心支持援疆人员的工作和生活。要充分发挥援疆人才的"传帮带"作用，为新疆培养一支带不走的高素质本地人才队伍。加强对新疆文物科研课题研究和文物科技保护的支持，进一步协调新疆文博单位、国内优质科技资源联合设立与管理科研工作站或科技保护中心，合作开展相关课题和关键技术的研究应用。

五要在基础条件改善方面跃上新台阶。各对口支援省市文物部门和文博单位要根据受援地区实际，开展对新疆基层文物部门和文博单位设施设备援助，夯实硬件保障条件。加强文物保护设施投入，支持安全防范系统、环境监测、看护用房和文物库房建设。沙漠无人区遗址巡查设备配置今年启动试点并逐步推广，研究探索沙漠无人区文物安全防范管理模式。联合自治区政府组建国家文物进出境审核新疆管理处；中国文物信息咨询中心支持筹建新疆文物信息中心。坚持"阳光援建"，严格执行项目、资金管理制度，确保援疆项目成为精品工程、廉政工程。

六要在推进兵团文物工作方面实现新突破。新疆兵团担负着中央赋予的屯垦戍边历史使命，兵团文物工作是新疆文物工作的重要组成部分。国家文物局将兵团文物工作与自治区文物工作一并纳入文物援疆盘子，加强与兵团文物工作直接对接。兵团文物保护资金由兵团文物局、财政局向国家文物局、财政部提出申请，单独测算，单独下达。2013年对兵团已按此政策执行。支持兵团辖区遗址类国保单位考古和屯垦历史博物馆建设，支持兵团文物保护设施建设，为兵团文物系统预留人员培训名额。兵团文物局要加强与自治区文物局的联系，自治区文物局要加强对兵团文物工作的技术指导和业务把关。

同志们，做好文物援疆工作，是一项繁重而光荣的任务。各地区各单位要进一步增强大局意识和责任意识，以踏石留印、抓铁有痕的务实作风，坚持高起点规划、高水平统筹和高效率推进，形成资金支持与智力支持并驾齐驱的对口支援工作格局。国家文物局机关及直属单位要"走在前、作表率"，做到有部署、有落实、有考核；要区分轻重缓急，把当地迫切需要、百姓热切期盼、条件基本具备的事情先干起来，让各族人民共享实惠。各对口支援单位要梳理援助项目，加强工作沟通，积极争取把文物援疆项目纳入各省市援疆规划及经费预算，把援疆任务落实到年度计划上，落实到具体项目上。自治区、兵团各受援单位要充分发挥主体作用，切实做好项目启动的前期基础工作，强化项目监管、检查、审计，切实提高援疆项目管理质量和资金使用效益。

文化部副部长、国家文物局局长励小捷在2013年全国文物局长会议上的讲话

（2013年12月27日）

2013年全国文物局长会议的主要任务是学习贯彻党的十八届三中全会、中央经济工作会议和城镇化工作会议精神，总结工作，部署任务，推动文物事业的改革与发展。

刚才，蔡武部长作了重要讲话，我们要认真学习贯彻。下面，我讲几点意见。

一、2013年文物工作回顾

2013年是全面贯彻十八大精神的开局之年,也是落实全国文物工作会议精神的起步之年。习近平总书记、李克强总理和刘延东副总理分别就文化传承、文物保护作出重要批示，国务院召开第一次全国可移动文物普查电视电话会议，充分体现了党和国家对文物工作的高度重视。全国文物系统紧紧围绕十八大精神的贯彻落实和党中央、国务院的决策部署，自觉把握稳中求进的总基调，谋大事、抓重点，深化改革、加强管理，全面完成年度任务，各项工作取得新进展。

（一）积极推进行政审批制度改革

按照国务院部署，国家文物局在梳理现有行政审批事项、核实非行政许可类审批事项的基础上，制定2013~2015年行政审批事项精简计划。今年已取消由政府出资修缮的非国有国保单位转让、抵押或者改变用途审批，境外机构和团体拍摄文物审批，处理有关可移动文物或标本许可等3项审批事项;下放考古发掘单位保留少量出土文物留作科研标本许可事项。

为提高行政审批效率，将国保单位维修及防雷项目立项审批与技术方案审核分开，引入市场主体承担技术方案审核任务；在保留立项审批的前提下，将国保单位防雷工程技术方案审核、馆藏珍贵文物保护修复项目方案审批和结项验收下放省级文物行政部门；将文物保护工程勘察设计、施工、监理甲级（一级）资质年检下放省级文物行政部门。

为加强文物保护工程、安消防工程的事中事后监管，制定了国保单位文物保护工程立项报告和设计文件编制、项目申报审批管理、防雷工程管理等6个规范性文件，为推进文物保护工程项目审批改革提供制度保障。省级文物行政部门为把下放、取消的审批项目接好管好，也制定了系列配套措施。

（二）全面展开第一次全国可移动文物普查

各地按照国务院的总体要求，进行动员部署，组建普查机构，落实普查经费，进行人员培训，宣传普查知识，各项工作稳步推进。国家文物局与教育部、民政部、财政部、文化部、新闻出版广电总局、国资委、档案局分别印发通知，推动普查开展；举办了5期普查骨干培训班。各地广泛开展省、市、县三级普查人员培训，全国完成1.5万余人次普查骨干

培训，1.6万余名普查员持证上岗。中央本级和28个省份普查经费基本落实。初步摸清系统外国有单位文物收藏情况，约2%的国有单位收藏有文物。山西、陕西、河南、四川等省份提前开展文物信息采集。

（三）切实加强不可移动文物保护

今年3月，国务院核定公布第七批国保单位1943处，国保单位总数达到4295处。一些地方政府相继核定公布了新一批省级、市县级文物保护单位，更多文物资源纳入依法保护范围。扎实推进各项基础性工作，"三普"不可移动文物名录公布任务基本完成，第七批国保单位"四有"工作完成50%。统筹实施一批文物本体修缮、保护设施建设和环境整治项目，及时消除文物险情和重大安全隐患。会同住建部报请国务院将泰州、会泽、烟台、青州公布为国家历史文化名城，开展第六批中国历史文化名镇名村评定工作。

落实第四次全国对口支援新疆工作会议精神，部署新一轮文物援疆工作，加强与兵团文物工作对接，畅通兵团文物保护资金渠道。西藏27处重点文物保护工程开工建设，累计下达资金4.4亿元，完成投资3亿元。承德避暑山庄、山西南部早期建筑等重点工程继续推进，平安故宫工程全面启动，彩塑壁画保存状况调查和保存环境评估有序展开。全面推进灾后文物保护抢险工作，及时下拨雅安地震、延安特大洪涝、岷县和漳县地震灾后文物保护应急抢险经费，玉树灾后文物抢救保护工程圆满收官。公布第二批12个国家考古遗址公园名单、31个国家考古遗址公园立项名单，推动汉长安城国家大遗址保护特区建设。完成南水北调东中线一期工程沿线文物保护项目田野考古、丹江口库区文物抢救保护项目蓄水前验收。赴南沙海域开展首次远海水下考古调查和执法巡查，完成天津、河北、辽宁沿海海域和江西鄱阳湖老爷庙水域的水下文物调查。红河哈尼梯田文化景观成功申遗，我国世界遗产总数达到45项，位居世界第二。完成大运河和丝绸之路申遗项目的前期准备和国际专家现场评估，确定土司遗址为2015年申遗项目。印发《世界文化遗产申报工作规程（试行）》，进一步指导、规范世界文化遗产申报工作。开展文物保护样板工程和安徽呈坎村、河北鸡鸣驿村等6处古村落保护利用综合试点。围绕不同类型文化遗产的可持续利用，在无锡、天津分别举办文化遗产保护论坛、海峡两岸及港澳地区建筑遗产再利用研讨会，探寻文化遗产保护与利用的平衡发展之路。

（四）着力提升博物馆社会服务水平

博物馆发展势头良好，南京博物院、天津博物馆、河北省博物馆和辽宁省博物馆等新馆相继落成，一批地市级博物馆新建和改扩建工程进展顺利。全国博物馆达到3866个，其中国有博物馆3219个，民办博物馆647个。编制博物馆免费开放绩效考评办法，推广全国博物馆十大陈列展览精品。全国博物馆举办展览2.2万个，年接待观众5.6亿人次。完成国家一级博物馆年度运行评估，初步形成博物馆等级管理动态机制。启动浙江、湖南、四川3省的国家二、三级博物馆年度运行评估试点。浙江、安徽、福建、广西、贵州开展生态博物馆示范点建设评估，促进博物馆业态发展与文化遗产及其环境保护有机结合。扶持民办博物馆发展，印发《关于推进国有博物馆对口支援民办博物馆工作的意见》。配合印发《中央补助地方博物馆纪念馆免费开放专项资金管理暂行办法》，中央财政为民办博物馆安排奖励资金1亿元。

加大馆藏珍贵文物修复力度，完成6000余件馆藏濒危文物保护修复，启动8000余件馆藏文物保护修复。开展可移动文物保存环境监测与控制培训。加强文物市场监管，完善文物拍卖标的备案制度和文物拍卖企业资质评审机制。促成法国皮诺家族捐赠圆明园鼠首、兔首铜像，协调美国政府移交查扣文物运输回国。推动公安、海关罚没文物移交工作，接收北京海关移交罚没文物1万余件（套）。

（五）加强人才培训和科技支撑

举办全国县级文物行政部门负责人、文物安全管理人员、考古领队、纺织品和石质文物修复，以及博物馆展览策划和文物保护标准等35个专题培训班，培训学员达2700余人。创新技能型人才培养模式，委托北京建筑大学、陕西文物保护专修学院举办全国文物保护规划与工程勘察设计、古建彩画保护修复培训班。编制文博人才培养中长期规划纲要，启动文博人才培养教育教学体系研究。文物修复师、考古发掘技工职业获得国家职业分类大典专家委员会原则通过。

加强协同创新，推动敦煌研究院、秦始皇帝陵博物院等文博机构与中科院建立合作科研机构，与工信部建立文物保护与传承装备产业化和应用协作机制。开展第五批国家文物局重点科研基地遴选。继续推进指南针计划专项和中华文明探源工程。完成科技援藏工作调研。完成"十一五"国家科技支撑计划项目科技成果推广应用情况跟踪调查，科技成果转化率达到44%。

（六）加强法制建设，完善制度体系

积极与全国人大、国务院立法机构沟通，将文物保护法修订列入全国人大五年立法规划和国务院立法工作计划。开展文物保护法修订前期研究，委托7省市文物部门开展修法调研，组织各方力量，完成文物保护补偿、文物影响评估、文物利用等25个涉及修法的课题研究，明确修法重点和草案框架。

加大文物保护标准制修订力度，组织完成文物保护标准体系框架构建，提出2014至2016年标准制修订计划；完成3项国家标准初审、16项行业标准审核。发布《博物馆和文物保护单位安全防范系统要求》和《文物建筑防雷技术规范》，完成《馆藏文物保护修复工作量清单计价规范》研究，开展文物保护工程北方定额标准试点。

与财政部修订《国家重点文物保护专项补助资金管理办法》，扩大资金支持范围，对文物系统外和非国有国保单位给予适当补助。加强经费使用绩效管理，制定《专项补助资金预算绩效管理暂行办法》。中央财政文物保护专项补助资金达到140亿元，比上年增长10%；其中，国家重点文物保护70亿元，博物馆免费开放30亿元。

围绕十八大提出的到2020年全面建成小康社会战略任务，制定2020年文物事业发展目标体系，从管理体系、保护效果、社会作用、国际地位、政策保障等5个方面构建事业发展中长期目标任务。组织完成"十二五"规划中期评估。成功举办咸阳文化遗产日主场城市、济南国际博物馆日主场城市和国际古迹遗址日活动。开展"寻找最美文物安全守护人"宣传活动和文物安全典型案例警示教育活动。做好文物信息公开和新闻发布工作，提高文物舆情监测、研判和网络事件处置能力，营造良好发展氛围。

（七）深化对外交流与合作

按照外联、外展、外援、外研四个方面统筹文物外事工作。与尼日利亚、瑞士和塞浦路斯签署关于防止盗窃、盗掘和非法进出境文化财产的政府间双边协定。与国际文化财产保护与修复研究中心签署联合培训合作协议。成功当选1970年公约首届附属委员会委员国，我国在国际文化遗产领域的影响力明显提升。国家博物馆举办列支敦士登王室珍藏展，土耳其首次来华举办安纳托利亚文明展，赴罗马尼亚、意大利、摩洛哥等举办华夏瑰宝展、中华文明系列展等，全年批复出入境展览64个。启动乌兹别克斯坦萨马尔罕古城和蒙古国辽代古塔修复援助项目，推进援柬二期茶胶寺修复工程。与台港澳地区的文物交流更加务实，举办第五届海峡两岸文化遗产保护论坛，"光照大千展"在台湾高雄引起良好反响。组织台湾青少年和中学教师中华历史文化研习营活动，支持澳门文物大使协会赴内地交流。

（八）扎实开展重点工作和文物安全专项督查

为督促落实年度重点工作，从11月起，国家文物局组成5个督查组，分赴10个省份开展以可移动文物普查、国保单位保护工程及专项补助资金使用和第七批国保单位"四有"工作落实情况为主要内容的专项督查。督查中发现一些省份市县级普查经费落实不到位、普查工作进展缓慢，文保工程开工率较低、资金使用不规范、文物保护与利用脱节，国保单位"四有"工作不规范等问题。其他省份围绕这三个方面也进行了自查，提交了自查报告。

为落实《国务院关于进一步做好旅游等开发建设活动中文物保护工作的意见》，各地对《意见》中提出的几个问题进行了自查自纠，28个省级人民政府向国务院上报了检查情况，查明文物保护单位违法违规行为126起，完成整改的59起，明确整改措施的67起。国家文物局会同国家旅游局组成督查组，对四川、安徽、陕西、湖南等11个省份进行重点督导。通过督察，一些文物保护单位管理体制得到理顺，一些行政违法行为得到纠正，部分历史遗留问题得到解决。

召开全国文物安全工作部际联席会议，持续推进文物安全协调机制。指导北京、内蒙古、重庆、西藏、陕西开展区域性打击文物犯罪专项行动。部署文物系统文物安全大检查，发现并整改安全隐患1万余项。开展文物行政执法和安全监管平台试点。与最高人民法院、司法部联合开展文物犯罪司法解释修订、文物司法鉴定管理调研，与监察部建立文物违法行为行政追责工作联系机制。

按照党中央的部署，我们扎实开展党的群众路线教育实践活动。局党组认真征求意见建议，深入查摆"四风"方面存在的问题，提出努力方向和整改措施，加强制度建设。群众路线教育实践活动从整体上增强了国家文物局工作中的大局意识、改革意识、问题意识、服务意识和狠抓落实意识，为完成今年各项任务提供了重要的思想作风保证。

上述工作成绩的取得，靠的是党中央、国务院的坚强领导，靠的是各级党委政府、相关部门、社会各界的大力支持，靠的是全体文物工作者的辛勤工作。在此，我谨代表国家文物局致以衷心感谢！

二、2014年文物工作的总体把握

2014年是贯彻落实党的十八大和十八届三中全会精神的重要一年，是完成"十二五"规划的关键一年。文物系统改革与发展的任务十分繁重，既面临着难得的机遇，也面临着一系列困难和挑战。

党的十八大以来，以习近平同志为总书记的党中央把握大势、顺应民心，提出实现中华民族伟大复兴中国梦的宏伟目标，全国各族人民形成了坚持中国道路、振奋中国精神、凝聚中国力量的正能量，极大地激发了文物系统干部职工共筑中国梦的巨大热情；党中央、国务院按照宏观政策要稳、微观政策要活、社会政策要托底的思路，切实加强领导，保持调控定力，经济社会发展稳中有进、稳中向好，为文物事业持续健康发展提供了坚实的物质保障；三中全会部署了全面深化改革任务，提出了一系列新观点、新论断、新思路、新举措，为各个领域的改革指明了方向，在文物系统进一步形成了深化改革的共识；

中央城镇化工作会议就实施新型城镇化战略作出全面部署，把文化传承作为城镇化建设的一项基本原则，把历史文化的保护与传承提到前所未有的高度，给文物事业发展带来了新的历史机遇；群众路线教育实践活动扎实开展，纠正"四风"方面的突出问题，促进了工作作风和思想作风的转变，文物系统干部职工精神更加焕发，工作更加务实，形成了改革创新、敢于担当的浓厚氛围。

同时，我们也清醒地认识到，我国的改革进入攻坚期和深水区，要冲破思想观念的障碍，突破利益固化的藩篱，难度相当之大；随着文物资源的增多、工作领域的拓展、社会需求的增长，要履职尽责、服务社会，任务相当之重；我们的工作中也存在着法规标准有缺失，职能转变不到位，执行能力不够强，管理体系不完善等问题，面临的难题相当之多。我们必须高度重视，深入研究，认真加以解决。

中央经济工作会议深刻分析了国际国内形势，提出了2014年经济工作的总体要求、主要任务，明确了明年工作总基调。按照这一要求，2014年文物工作的基本思路是：全面贯彻落实党的十八大和十八届三中全会精神，坚持稳中求进、改革创新的工作总基调，着力推进以项目审批制度综合改革为突破口的各项改革，着力增强以实施分类管理、精准管理为抓手的宏观管理能力，着力完善以文物保护法修订为核心的法规标准体系，着力提升以强化博物馆教育功能为重点的文博行业服务社会的水平，立足大局，因势而谋，应势而动，顺势而为，以奋发有为的精神状态全面推进各项工作。

三、全面深化文物系统改革

学习贯彻三中全会精神，就是要进一步增强深化改革的责任感和紧迫感，明确任务，突出重点，紧密结合文物工作的实际，确保改革取得实质性进展。

（一）充分认识深化文物系统改革的必要性

回顾35年的改革历程，文物事业一直是伴随着改革开放步伐前进的。1982年，是改革开放催生了文物保护法的颁布；1992年，改革春风再次吹遍祖国大地，也带来了文物保护专项资金首次突破亿元大关；对外开放使我国加入多个文化遗产国际组织和国际公约，不断增强国际话语权。毋庸置疑，改革开放给文物事业带来了新生和活力。

当前，体制机制障碍仍然制约着文物事业的发展，管理体系和管理能力也面临着严峻挑战，由此产生的种种问题，倒逼着我们必须以改革的思维破解难题、以改革的举措激发活力。深化改革既是全面建成小康社会的总体要求，也是文物事业自身发展的迫切需要。

必须看到，我们所处的不是一个守成的时代，不是已经万事俱备，不是可以坐享其成。那些观念保守、安于现状、满足于"小日子过得还不错"、不愿改革的观点，那些把改革与保护对立起来、认为一改就会影响保护、不敢改革的观点，显然是不正确的。尤其是抱住权力不放、固化部门利益的问题，不仅涉及思想观念，而且涉及利益调整。我们必须痛下决心，以壮士断腕的勇气突破改革的"雷区"。

（二）明确文物系统深化改革的主要任务

我们要认真贯彻三中全会精神，以深化改革统领全局工作，全面落实各项改革任务。

一要进一步简政放权。要减少审批事项，简化审批环节，提高审批效率，加强监管评估。要深化正在进行的文保工程项目、安消防和防雷工程项目审批制度改革。对纳入三年计划的行政审批事项要分年度如期推进。对基本建设考古、文保单位建控地带建设项目审批，资质资格认定以及文物拍卖标的备案等行政许可和非行政许可类审批事项，要纳入改革视野，逐项研究推进。对保留的行政审批事项要规范管理、提高效率、确保质量。对承担技术审核任务的第三方机构要规范合同关系，加强后续监管。抓紧制定相关技术标准，为第三方机构提供工作遵循。

二要推广政府购买服务。文物部门购买服务包括购买事务性服务和公共文化服务两个方面。这是确保文物部门集中精力抓宏观抓大事的重要保障，也是解决编制不足、人手不够等问题的有效措施。凡属事务性管理服务，原则上要逐步引入竞争机制，通过合同、委托、采购等方式向社会购买。文保项目方案和安消防工程技术审核、博物馆等级评估、资质资格年检、专项资金预算审核和绩效评估等属于事务性服务，要尽快制定向社会购买服务的目录，并建立健全购买服务机制和工作流程。关于购买公共文化服务，要按照公共文化服务标准化、均等化的要求，完善博物馆免费开放政策，研究提出新建公共博物馆享受免费开放补贴、保障农村群众特别是青少年文化鉴赏权益、将民办博物馆纳入公共文化服务采购范畴的政策建议。

要把购买服务落到实处，必须有符合条件的社会组织或市场主体来承接。要加快培育社会组织和市场主体，确定科学合理的准入条件，形成公平竞争的准入程序。鉴于目前适合承担文物工作事务服务的机构还不多，可适当降低准入门槛，吸引更多社会力量承担服务事项。鼓励文物系统经营性事业单位整体或部分剥离转企改制，作为第三方机构承担文物保护修复、咨询评估、信息服务等事项。去年组建的国文琰公司，今天揭牌的国文信公司，就是由事业单位部分剥离、组建的第三方机构。

三要切实履行部门管理职责。简政放权，就是要把该放的放到位，该管的管住管好。要看到，各级文物部门在履行宏观管理、制定规划和标准、提供公共服务、加强市场监管方面，既有不到位的问题，也有缺位的问题。要推动文物部门由办文物向管文物、由管微观向管宏观、由管脚下向管天下的转变。推进文物部门与其所属企事业单位理顺关系。要理顺中央和地方文物部门的事权关系，明晰各自责任，配套相应权利，发挥中央和地方两方面的积极性。要加强各级文物行政部门的效能建设，形成政令畅通、运转高效、协调有力的行政运转机制，确保各项工作落到基层、落到实处。

（三）文物系统深化改革要注意的几个问题

三中全会《决定》既阐释了全面深化改革的必要性和重要性，又强调了全面深化改革的复杂性和艰巨性，要求我们正确处理改革发展稳定的关系，胆子要大，步子要稳。贯彻好这一要求，对文物系统来说，要注意以下几个问题：

第一，把握文物系统改革的特点。一是基于文物是不可再生的宝贵资源，文物系统的各项改革措施必须有利于加强文物保护，而不能给文物保护带来负面影响。二是基于文物的多样性，文物系统的各项改革必须坚持因地制宜、分类指导，而不能一刀切、齐步走。三是基于文物事业的公益属性，文物系统的各项改革要始终把社会效益放在首位，让改革成果更多更好地惠及人民。四是基于文物工作分级负责、属地管理的体制，文物系统的改革必须充分听取地方和基层意见，注意保护和调动广大文博工作者的积极性、创造性。

第二，要慎重决策，大胆实施。任何一项改革决策要慎之又慎，发扬民主，达成共识，形成最大公约数。改革举措一经确定，就要明确目标、配置力量、落实责任、提出要求，以抓铁有痕、踏石留印的精神，切实抓出结果。

第三，要把顶层设计与摸着石头过河结合起来。改革要有整体谋划，增强协调性、关联性，不能零打碎敲、单兵冒进。同时，要允许试、提倡闯。对的继续坚持，不合适的改过来，不完善的加以完善。

文物系统的改革是一项长期任务，只有进行时，没有完成时。有些涉及改革的深层次问题还需要深入研究。比如，文物工作评价体系问题。三中全会提出，要纠正单纯以经济增长速度评定政绩的偏向，加大资源消耗、环境损害、生态效益等指标的权重。这对我们的启示是，我们虽然制定了2020年文物事业发展目标体系，但是还缺少年度考核评价指标，特别是尚未形成一个体现文物事业科学发展导向的、可考量的评价体系。再如，文物保护单位的确权问题。三中全会提出，要健全归属清晰、权责明确、保护严格、流转顺畅的现代产权制度。而文物产权的现实情况是，其中相当一部分文物部门管理的建筑类文物，产权登记在房管部门。一旦出现破坏文物的违法行为，承担保护责任的文物保护管理机构却不具备民事诉讼主体地位。诸如此类的问题，希望同志们认真思考，开展调研，提出建议。

四、做好新型城镇化中的文物保护工作

12月25日，我们在河北正定召开了古城保护现场会，会上我作了一个讲话。这里对主要观点和重点任务再作些强调。

（一）深刻认识传承文化在新型城镇化中的重要意义

中央城镇化工作会议，分析了城镇化的发展形势，明确了推进城镇化的指导思想、主要目标、基本原则和重点任务，并将传承文化作为新型城镇化必须把握的四项基本原则之一，要求提高历史文物保护水平，发展有历史记忆、地域特色、民族特点的美丽城镇，不能千城一面、万楼一貌。

中央城镇化工作会议，从战略和历史的高度深刻阐述了保护历史文化对于推进城镇化的重大意义，明确了传承文化、保护历史记忆是城镇化整体布局的重要组成部分，是实现城镇化发展目标的应有之义。讲话从根本上破解了以往古城保护与城镇化之间的种种矛盾，是做好新时期古城保护乃至文化遗产保护工作的行动指南和根本保证。我们深感提高历史文化保护水平责任之大、任务之重，一定要认真抓好贯彻落实。

文化是民族的血脉，文化是城市的灵魂。城市富含传统文化的历史记忆，又是承接现代文化和时代精神的重要载体。城市的历史记忆、地域特色和民族特点，反映着一方水土、一方民众的历史、社会和思想的变迁，建筑诗章、历史风貌、民族风情、市井民俗等传统文化，使得城市的记忆真实可触、家园多姿多彩。正是因为城市中有了文化的传承，才能让人们望得见历史的山水格局，留得下幽幽思乡之情。今天，我们讲的古城保护，对于推进新型城镇化战略无疑具有重要意义。

（二）树立正确的古城保护理念

保护古城的历史文化价值就是保护古城的根基，就是保护古城的未来。基于中华民族优秀传统文化的传承，基于社会主义核心价值体系的弘扬，基于人民群众世世代代的文化创造，要秉持正确的古城保护理念，切实保护好古城的历史文化价值，通过保护、利用和展示等途径，使之得到彰显和传承，这才是正确的古城保护发展之路。

一是坚持以人为本。要以人的生存需求、发展要求、公平诉求为导向，以和谐、包容、活力为目标，尊重公众对古城保护的知情权、参与权、监督权，不论是古城保护规划、古城保护改造方案，还是商业开发项目，都应充分听取公众特别是当地居民意见。要注重改善社区生态环境，提高居民生活质量，让古城具有现代"装备"，让居民在古城中住得方便、住得舒心。要在保护古城的前提下，发展适宜产业，增加居民就业。要探索建立对古城文物建筑和历史建筑所有权人的补偿机制，让老百姓在履行保护古城义务的同

2014
中国
文物年鉴

时，切实享受到古城保护的实惠。

二是注重整体保护。坚持保护古城与保护生态相结合。我国古城的兴起原因多种多样，有因商埠而兴、有因府衙而建、有因防御而设，但有一个共同的特点，都是借鉴古人"天人合一"的思想，依托自然山水环境，尊重自然、顺应自然。所以保护古城，不应肆意破坏自然环境，不应主观臆造人工景观；而要保护好其所依托的自然生态环境，让古城融入自然环境之中，实现人类生产生活与自然环境的和谐相处。杭州与西湖"三面云山一面城"的关系，就是其中典范。坚持保护物质文化遗产与保护非物质文化遗产相结合。要保护历史文化遗存、历史街区等物质载体，也要传承风土人情、生活习俗、传统技艺等文化生态。要通过保护传承，使古城内原住民既有居住活动场所，又有生产生活技能，实现传统文化生活的延续和古城文明的传承。要避免割裂古城文化遗存保护与文化生态保护之间的内在联系，单纯强调对古城的开发利用，而忽略了对原生态的文化保护。坚持保护与发展相结合。古城虽然是一种特殊类型的城市，也应符合一般城市的发展要求。要在保护、发展间综合考量，取得平衡，实现在发展中保护、在保护中发展。不能因为发展就忽略了保护，那样的古城只会成为过度商业化的牺牲品；也不能只讲保护不讲发展，那样的保护也难以持续，最终将使古城失去生命力。

三是突出古城特色。古城特色是因其年代、地域、民族及其经济、文化等因素的不同而形成的，是古城历史文化价值的具体体现，也是一座古城区别于其他城市、区别于其他古城的重要特征。比如，北京以明清皇家建筑而闻名于世，苏州以其园林和城市水系而著称，歙县的特色在于粉墙黛瓦的徽派建筑与青山绿水融为一体。保护古城，一定要以敬畏祖先、尊重历史的态度深入研究古城的历史文化价值，发掘和保护好每个古城自己的特色，而不能想当然地打造空头名片，在古城保护上搞单一模式的复制。在古城的开发利用上，也要防止开发模式雷同、商业布局雷同、甚至连销售的商品也雷同的现象。

四是遵循客观规律。古城的形成与变迁有其自身发展规律，是一个漫长的历史沉淀和文化积累过程。保护古城、传承文化不等于简单的复古，不等于古城规模的盲目扩大，不能脱离古城历史文化价值重塑古城辉煌。要尊重古城不同发展时期遗留下的重要历史记忆，进行分类保护。要通过古城保护，使公众能清晰地认知古城形成、发展的脉络，使古城的历史文脉得以延续和传承。古城保护不能一哄而上、急于求成，要循序渐进、顺势而为，保持足够的历史耐心。

五是体现城乡一体化的思想。城镇化是城乡协调发展的过程。作为有着几千年农耕文明历史的国家，可以说是农村的发展孕育了城市的形成。因此，在做好古城保护的同时，也要高度重视古镇古村的保护和发展。要按照城乡一体化的方针，把古城保护、古镇保护和古村落保护作为一个整体，用古城保护带动周边古镇古村落保护，形成三者相得益彰、协调发展的局面。推进城镇化不是把古镇、古村全都变成城市，不是把古民居全都变成楼群，而是要尽可能改善古镇、古村居民现有居住条件，再现"小桥流水人家""鸡犬之声相闻"的田园风光。

（三）认真履行古城保护的职责

做好古城保护工作，文物部门负有重要责任，要做好以下工作。

一是提升古城保护在文物工作中的地位。各级文物部门要进一步增强责任感和紧迫感，将古城保护工作放到文物工作的突出位置。要优先安排古城内的文物保护工程项目，加快保护规划和方案的审批，对古城保护给予更多资金支持。特别是对古城中濒危的和存在安全风险的文物建筑维修、安消防项目，要尽快编制方案，尽快安排。要制定完善古城保护中文保工程项目相关技术标准和规范，在总结试点的基础上，形成指导性文件。要以改革创新的精神，鼓励各地在古城保护利用上大胆探索、积累经验，通过古城保护工作带动辐射整个文物工作。

二是加强古城历史文化价值的研究。要开展古城文化遗产资源的全面普查，系统研究、理清古城历史发展脉络，充分发掘古城历史文化内涵和特色，全面客观地认识古城的历史文化价值和独特个性，正确定位古城的发展模式。要发挥牵头作用，吸纳各方面专业人才，加强与相关部门协作，对古城历史文化遗存进行仔细甄别和准确认知，在古城历史文化价值研究方面多出成果，为古城历史文化价值的传承提供历史依据和理论支撑。

三是科学编制规划。在充分研究认识古城历史文化价值的基础上，会同规划、国土、建设等部门共同制定古城保护规划。通过保护规划，明确古城保护原则和工作重点，合理划定保护区域，制定严格的保护措施和控制要求，确定古城空间发展方向。对保护范围和建控地带的确定，既要满足文物保护的需要，又要坚持节约使用土地的原则，兼顾必要性与可行性，实现古城保护与城市建设、居民生活改善的协调发展。注意加强古城保护规划、经济发展规划、土地利用规划、城市建设规划的统筹和衔接。

四是实行分层次、针对性保护。各级文物部门要针对古城内的文物保护单位、历史街区和古城整体格局的不同特点，统筹考虑点、线、面的保护，制定分层次、针对性的保护措施。特别是对仍在使用的古民居，要把居民生活的便利性作为制定保护措施的重要因素，根据不同情况分别提出整体保护、外观保护和局部保护的要求。要加强文物保护单位建控地带内建设项目的监管，切实保护好文物及其周边的环境风貌。文物部门要与规划、建设部门共同做好名城和历史街区的保护管理工作，保护好历史文化街区内各类历史文化遗存，保护好古城的历史格局、城市肌理、空间视廊。

五是认真履职，严格执法。要对破坏古城的违法行为采取更为严厉的惩罚措施。坚持执法必严、违法必究，及时发现问题，及时报告问题，及时提出整治措施。知情不报的，要追究文物部门的责任。对于文物本体的拆除与破坏、文物保护单位保护范围和建控地带内的违法建设、未经批准擅自改变国有文物保护单位用途等行为要坚决予以查处。要配合规划、建设、公安、消防等部门，共同做好与古城整体保护有关的各项监管。要通过修改文物保护法，进一步细化惩罚条则。

五、关于2014年重点工作

刚才讲的深化改革和新型城镇化中的文物保护工作，有对今后几年的要求，也有明年落实的任务。除此之外，2014年还有几项重点工作需要强调。

（一）全面落实文保工程项目审批综合改革任务

文物保护工程是文物系统的主体业务之一，项目审批改革是文物系统改革的首要任务。经过一年的准备，项目审批改革的顶层设计已经完成，相关管理制度相继出台，已经具备全面铺开的条件。

这项改革的主要任务是：国家文物局全面负责国保单位工程项目立项审批，并按程序在20个工作日内批复，专家咨询环节也要明确时限；工程项目技术方案审批权限全部下放到省级文物部门；统一委托第三方评估机构独立承担技术方案审核；全面施行工程项目立项、技术方案网报网审；通过的技术方案，统一由第三方评估机构独立进行预算审核；由国家文物局、财政部共同确定每个项目的预算控制数。

这项改革的思路是：把住立项审批和预算安排两头，放开中间环节，实现行政审批与技术审核相分离，立项、技术、预算方案随报随审，提高审批效率。

各地文物部门要支持和配合改革。要搞好项目储备，不断充实项目库，提高入库项目质量；要搞好项目立项预审，认真把关，不能遗漏重要、急需项目，也不能单纯为了要钱滥竽充数；不得干扰第三方评估机构独立出具专业评审意见；要进一步放开市场，引入竞争机制，让更多符合条件的机构承担项目规划和方案编制工作。总之，要以文物保护工程项目审批综合改革为突破口，取得实效，积累经验，带动文物系统其他方面的改革。

（二）完成《文物保护法》修订草案起草工作

2014年是《文物保护法》修订的攻坚年。在深入研究、充分吸纳各方意见建议的基础上，反复讨论、逐条推敲，完成《文物保护法》修订草案起草工作，力争年底向国务院正式呈报。要坚持开门立法，扩大社会各界参与文物立法途径，广泛征求各方面的意见建议。各地要积极研究本地区文物工作遇到的困难和问题，对需要通过立法予以解决或者确认的内容，及时向国家文物局反映。承担重点课题研究的省市要按时提交高质量的研究成果。加强与全国人大和国务院立法机构及有关部门的沟通，争取各方对修法工作的支持。

（三）加快推进第一次全国可移动文物普查

目前，全国还有一半以上的省份没有完成国有单位文物收藏情况调查，总体上亏了进度。尚未完成国有单位文物收藏情况调查的省份要加快进度，力争在2014年第一季度迎头赶上。已经完成的省份，要全面开展文物信息采集、登录。要制定可移动文物审核程序，完成对非文博单位申报文物的审核工作。运行全国可移动文物信息登录平台，将各类单位现有文物数据库数据批量导入信息平台。开放可移动文物信息服务系统，逐步向社会展示普查成果。全国可移动文物普查领导小组办公室要对进度缓慢的省份逐个督查指导。各省普查办要加强对本地区普查工作的组织领导。

（四）抓好世界文化遗产申报，推进文物保护重点工程

明年，大运河、丝绸之路申报世界文化遗产，这两个项目分量很重、意义很大，同时申遗、史无前例。各有关省份要高度重视，继续做好申遗相关工作。完成土司遗址文物保护、环境整治等申遗前期准备和迎检工作，召开哈尼梯田保护与展示国际研讨会，印发《中国世界文化遗产监测预警体系建设规划》。

推进应县木塔加固维修、芦山地震和延安洪涝灾后文物抢救保护、平安故宫等重点文物保护工程。推进呈坎村、黄田村和清西陵等文物保护样板工程，加强对古村落保护利用试点工作的指导。完成南水北调东中线一期工程文物抢救保护项目，开展大遗址保护项目检查及国家考古遗址公园运行评估。第一艘水下考古工作船将交付使用，要提早谋划首次远航巡查和西沙海域水下考古调查。加快南海基地建设工作，指导宁波、青岛、武汉基地建设。全面实施"南海I号"考古发掘保护工程。

（五）深化博物馆免费开放，加强社会文物管理

出台《博物馆免费开放绩效考评办法》，会同有关部门研究完善博物馆免费开放补助资金政策。修订博物馆评估办法和标准，开展央地共建博物馆和国家二、三级博物馆运行评估，规范民办博物馆建设，提升中小型博物馆陈列展示水平。

开展民间收藏文物鉴定试点，开展文物科技检测鉴定研究与应用。完善服务监管措施，促进文物市场健康发展。健全文物拍卖标的审核标准，启动文物拍卖标的网上备案系统试点。完善文物进出境审核信息管理系统，实行全国文物进出境网上申报审核。

（六）统筹保护与利用，拓展服务社会的空间

统筹文物保护与利用，高度重视并充分发挥文物资源在传承优秀传统文化、弘扬社会主义核心价值观、满足群众精神文化需求中的作用。要将文物利用摆在更加突出的位置，贯穿文物工作的全过程。发挥博物馆的教育功能，深入挖掘和充分阐释文物资源的历史、文化价值，推动形成系列反映民族历史、展现民族精神的优秀展览，形成系列宣传爱国主义、彰显时代精神的精品力作。要促进博物馆与学校教育相结合，会同有关部门推动建立中小学生定期参观博物馆的长效机制。开展博物馆青少年教育功能提升试点，促进博物馆开辟适合青少年参与互动的场地或设施。大遗址和国家考古遗址公园要扩大开放，发展旅游，同时要发挥改善环境、惠及民生、促进发展的作用。发布乡土建筑、工业遗产、名人故居保护利用导则，探索形成不同类型文物资源的多种利用方式。完善基本建设考古勘探管理，服务国家重大基本建设项目。发展与文物相关的文化创意产业，开发文物复仿制品等衍生产品，推出文物题材的影视精品和纪录片，应用移动网络、二维码、物联网等技术打造智慧博物馆，扩大信息消费。涉及产业的项目，要尊重和保护知识产权，引入市场主体，利用社会资金经营开发。

（七）加强人才队伍建设，增强科技支撑能力

发布《文博人才工作中长期规划纲要》，实施以加快培养四种急需人才为内容的"金鼎工程"，即文博领域领军人才、科技型专业技术人才、技能型职业技术人才、复合型管理人才。扩大培训数量，增加培训班次，优化梯次结构。加强与相关高校合作开展研究生等学历教育和专业培训，扩大与高职院校合作培养技能型人才规模。制定文物修复师、考古发掘技工和文物建筑修缮技工新增职业评价标准，推动纳入国家职业分类大典，初步建立文博技能型人才评价体系。

加强对国家科技计划的文博项目管理。稳步推进文物保护装备产业化及应用计划。实施文物保护科技优秀青年研究计划。探索建立实体研发组织与虚拟研发平台相结合的科技创新组织模式。继续推进与工信部、中科院等部门的科技协作。推动建立科技援藏工作机制。创新文物保护科技成果推广模式，逐步建立科技成果评价制度。完成国家文物局重点科研基地运行评估。

（八）加强行政执法督察，创新文物安全管理

开展古城保护中文物违法案件专项督察。加大重大文物违法犯罪案件督察督办力度。开展文物行政执法机制专项调研，推进执法监管领域信息技术应用试点。加强执法联动，完善文物违法犯罪案件行政责任、刑事责任、民事责任追究衔接机制；抓住典型案件，开展行政责任追究与社会监督。

出台文物建筑消防工程设计要求，修订博物馆、文物保护单位风险等级规定，调整一、二、三级风险单位界定标准；制定文物保护单位安全和文物博物馆单位安全技术防范系统的管理指南。以电气火灾防控、野外文物安全、博物馆安防监管为重点，组织先进适用技术的研发与推广，推动形成"管人、管设备、管系统"的综合安全监管模式。

（九）扩大对外交流合作，加强文物宣传工作

配合国家外交大局，举办好中法建交50周年、中坦建交50周年、中马建交40周年文物精品展。推动与有关国家商签防止盗窃、盗掘和非法进出境文物双边协定。举办好第四届文化财产返还国际专家大会，进一步形成文物返还的国际共识。做好赴台湾中小型文物展览、庆祝澳门回归15周年以及赴香港敦煌文物展。制定文物对外交流与合作重点项目奖励

办法，支持地方文物外展项目。

组织以景德镇为主场城市的文化遗产日和国际博物馆日、国际古迹遗址日等活动。开通国家文物局官方微博，完善政府网站，加强信息公开，回应社会关切。指导《中国文物报》全新改版。改进网络舆情监测工作，及时妥善处置网络舆情事件。

（十）巩固群众路线教育实践活动成果，形成作风建设的常态化机制

紧紧抓住"四风"不放，已经纠治的防反弹，承诺解决的要兑现，新出现的问题不放过，把作风建设不断引向深入。认真执行《党政机关厉行节约反对浪费条例》等各项规定，进一步建立健全密切联系群众、加强作风建设的各项制度。深入基层调查研究，重视总结地方经验。进一步减少会议、文件和活动，提高工作效率和工作质量。集中精力狠抓落实，各项工作都要有布置、有检查、有评估、有结果。要把作风建设纳入机关建设、纳入工作任务、纳入考评体系，努力实现作风建设的常态化，为全面深化改革、推进各项工作提供有力保证。

同志们，让我们紧密团结在以习近平同志为总书记的党中央周围，牢固树立进取意识、机遇意识、责任意识，团结一致，扎实工作，全面落实2014年工作任务，奋力谱写文物事业改革发展的新篇章！

国务院关于同意将江苏省泰州市列为国家历史文化名城的批复

国函〔2013〕26号

江苏省人民政府：

你省《关于申报泰州市为国家历史文化名城的请示》（苏政发〔2009〕110号）收悉。现批复如下：

一、同意将泰州市列为国家历史文化名城。泰州市历史悠久，遗存丰富，街区特色鲜明，文化底蕴丰厚，古城传统格局和风貌保存完整，城市历史地位突出。

二、你省及泰州市人民政府要根据本批复精神，按照《历史文化名城名镇名村保护条例》的要求，正确处理城市建设与保护历史文化遗产的关系，深入研究发掘历史文化遗产的内涵与价值，明确保护的原则和重点。编制好历史文化名城保护规划，并纳入城市总体规划，划定历史文化街区、文物保护单位、历史建筑的保护范围及建设控制地带，制定严格的保护措施。在历史文化名城保护规划的指导下，编制好重要保护地段的详细规划。在规划和建设中，要重视保护古城风貌，注重古城环境整治和历史建筑修缮，不得进行任何与历史文化名城环境和风貌不相协调的建设活动。

三、你省和住房城乡建设部、国家文物局要加强对泰州市国家历史文化名城规划、保护工作的指导、监督和检查。

国务院
2013年2月10日

国务院关于核定并公布第七批全国重点文物保护单位的通知

国发〔2013〕13号

各省、自治区、直辖市人民政府，国务院各部委、各直属机构：

国务院核定文化部确定的第七批全国重点文物保护单位（共计1943处）以及与现有全国重点文物保护单位合并的项目（共计47处），现予公布。

　　各地区、各部门要依照《中华人民共和国文物保护法》等法律法规和《国务院关于加强文化遗产保护的通知》（国发［2005］42号）的要求，进一步贯彻"保护为主、抢救第一、合理利用、加强管理"的工作方针，既要注重有效保护、夯实基础，又要注意合理利用、发挥效益，在保护利用中实现传承发展，认真做好全国重点文物保护单位的保护、管理和合理利用工作，努力开创文物工作新局面，为推进文化遗产强国、文化强国建设贡献力量。

国务院

2013年3月5日

第七批全国重点文物保护单位名单（1943处）

古遗址（516处）

序号	编号	名称	时代	地址
1	7-0001-1-001	延庆古崖居	明以前	北京市延庆县
2	7-0002-1-002	四方洞遗址	旧石器时代	河北省承德市鹰手营子矿区
3	7-0003-1-003	化子洞遗址	旧石器时代	河北省承德市平泉县
4	7-0004-1-004	孟家泉遗址	旧石器时代	河北省唐山市玉田县
5	7-0005-1-005	筛子绫罗遗址	新石器时代	河北省张家口市蔚县
6	7-0006-1-006	三各庄遗址	新石器时代	河北省沧州市任丘市
7	7-0007-1-007	哑叭庄遗址	新石器时代至东周	河北省沧州市任丘市
8	7-0008-1-008	万军山遗址	新石器时代、商	河北省唐山市迁安市
9	7-0009-1-009	庄窠遗址	新石器时代、商	河北省张家口市蔚县
10	7-0010-1-010	三关遗址	新石器时代、商、战国	河北省张家口市蔚县
11	7-0011-1-011	南城村遗址	新石器时代、商、汉	河北省邯郸市磁县
12	7-0012-1-012	涧沟遗址	新石器时代、商、汉	河北省邯郸市邯郸县
13	7-0013-1-013	补要村遗址	新石器时代、商、唐	河北省邢台市临城县
14	7-0014-1-014	顶子城遗址	夏至周	河北省承德市平泉县
15	7-0015-1-015	龟地遗址	夏至周	河北省唐山市丰润区
16	7-0016-1-016	北放水遗址	夏、东周、汉	河北省保定市唐县
17	7-0017-1-017	要庄遗址	商至周	河北省保定市满城县
18	7-0018-1-018	伏羲台遗址	商、周、汉	河北省石家庄市新乐市
19	7-0019-1-019	西张村遗址	西周	河北省石家庄市元氏县
20	7-0020-1-020	柏人城遗址	西周至东周	河北省邢台市隆尧县

续表

序号	编号	名称	时代	地址
21	7-0021-1-021	鹿城岗城址	东周	河北省邢台市邢台县
22	7-0022-1-022	固镇古城遗址	东周至东汉	河北省邯郸市武安市
23	7-0023-1-023	付将沟遗址	战国至汉	河北省承德市兴隆县
24	7-0024-1-024	东垣古城遗址	战国至汉	河北省石家庄市长安区
25	7-0025-1-025	武垣城址	战国至汉、隋唐	河北省沧州市肃宁县
26	7-0026-1-026	东黑山遗址	战国、汉	河北省保定市徐水县
27	7-0027-1-027	古宋城址	汉	河北省石家庄市赵县
28	7-0028-1-028	冀州古城遗址	汉	河北省衡水市冀州市
29	7-0029-1-029	后底阁遗址	北朝至唐	河北省邢台市南宫市
30	7-0030-1-030	临清古城遗址	北魏至金	河北省邢台市临西县
31	7-0031-1-031	隆化土城子城址	北魏至元	河北省承德市隆化县
32	7-0032-1-032	禅果寺遗址	南北朝	河北省邯郸市武安市
33	7-0033-1-033	沧州旧城	唐至宋	河北省沧州市沧县
34	7-0034-1-034	板厂峪窑址群遗址	明	河北省秦皇岛市抚宁县
35	7-0035-1-035	古交遗址	旧石器时代	山西省太原市古交市
36	7-0036-1-036	匼河遗址	旧石器时代	山西省运城市芮城县
37	7-0037-1-037	梁村遗址	新石器时代	山西省晋中市祁县
38	7-0038-1-038	坡头遗址	新石器时代	山西省运城市芮城县
39	7-0039-1-039	金胜庄遗址	新石器时代	山西省运城市芮城县
40	7-0040-1-040	东庄遗址	新石器时代	山西省运城市芮城县
41	7-0041-1-041	西王村遗址	新石器时代	山西省运城市芮城县
42	7-0042-1-042	周家庄遗址	新石器时代	山西省运城市绛县
43	7-0043-1-043	古魏城遗址	周	山西省运城市芮城县
44	7-0044-1-044	下阳城遗址	周	山西省运城市平陆县
45	7-0045-1-045	虞国古城遗址	周	山西省运城市平陆县
46	7-0046-1-046	虞坂古盐道	西周、明	山西省运城市平陆县
47	7-0047-1-047	程村遗址	东周	山西省运城市临猗县
48	7-0048-1-048	娄烦古城遗址	东周	山西省太原市娄烦县
49	7-0049-1-049	猗氏故城	西汉	山西省运城市临猗县
50	7-0050-1-050	玉壁城遗址	北朝	山西省运城市稷山县
51	7-0051-1-051	蘑菇山北遗址	旧石器时代	内蒙古自治区呼伦贝尔市满洲里市

2014
中国
文物年鉴

续表

序号	编号	名称	时代	地址
52	7-0052-1-052	金斯太洞穴遗址	旧石器时代、商	内蒙古自治区锡林郭勒盟东乌珠穆沁旗
53	7-0053-1-053	辉河水坝遗址	新石器时代	内蒙古自治区呼伦贝尔市 鄂温克族自治旗
54	7-0054-1-054	哈克遗址	新石器时代	内蒙古自治区呼伦贝尔市海拉尔区
55	7-0055-1-055	白音长汗遗址	新石器时代	内蒙古自治区赤峰市林西县
56	7-0056-1-056	兴隆沟遗址	新石器时代	内蒙古自治区赤峰市敖汉旗
57	7-0057-1-057	魏家窝铺遗址	新石器时代	内蒙古自治区赤峰市红山区
58	7-0058-1-058	富河沟门遗址	新石器时代	内蒙古自治区赤峰市巴林左旗
59	7-0059-1-059	寨子圪旦遗址	新石器时代	内蒙古自治区鄂尔多斯市准格尔旗
60	7-0060-1-060	草帽山遗址	新石器时代	内蒙古自治区赤峰市敖汉旗
61	7-0061-1-061	马架子遗址	新石器时代、夏、商、周	内蒙古自治区赤峰市喀喇沁旗
62	7-0062-1-062	三座店石城遗址	夏至商	内蒙古自治区赤峰市松山区
63	7-0063-1-063	二道井子遗址	夏至商	内蒙古自治区赤峰市红山区
64	7-0064-1-064	太平庄遗址群	夏至商	内蒙古自治区赤峰市松山区
65	7-0065-1-065	尹家店山城遗址	夏至商	内蒙古自治区赤峰市松山区
66	7-0066-1-066	南山根遗址	周	内蒙古自治区赤峰市宁城县
67	7-0067-1-067	奈曼土城子城址	战国至秦汉	内蒙古自治区通辽市奈曼旗
68	7-0068-1-068	云中郡故城	战国至隋唐	内蒙古自治区呼和浩特市托克托县
69	7-0069-1-069	浩特陶海城址	辽	内蒙古自治区呼伦贝尔市陈巴尔虎旗
70	7-0070-1-070	灵安州遗址	辽	内蒙古自治区通辽市库伦旗
71	7-0071-1-071	豫州城遗址及墓地	辽	内蒙古自治区通辽市扎鲁特旗
72	7-0072-1-072	韩州城遗址	辽	内蒙古自治区通辽市科尔沁左翼后旗
73	7-0073-1-073	饶州故城址	辽	内蒙古自治区赤峰市林西县
74	7-0074-1-074	武安州遗址	辽、金、元	内蒙古自治区赤峰市敖汉旗
75	7-0075-1-075	宁昌路遗址	辽、金、元	内蒙古自治区赤峰市敖汉旗
76	7-0076-1-076	吐列毛杜古城遗址	金	内蒙古自治区兴安盟科尔沁 右翼中旗
77	7-0077-1-077	四郎城古城	金、元、明	内蒙古自治区锡林郭勒盟正蓝旗
78	7-0078-1-078	燕家梁遗址	元	内蒙古自治区包头市九原区
79	7-0079-1-079	新忽热古城址	元、明	内蒙古自治区巴彦淖尔市乌拉特中旗
80	7-0080-1-080	前阳洞穴遗址	旧石器时代	辽宁省丹东市东港市
81	7-0081-1-081	后洼遗址	新石器时代	辽宁省丹东市东港市

2014
中国
文物年鉴

序号	编号	名称	时代	地址
82	7-0082-1-082	沙锅屯遗址	新石器时代	辽宁省葫芦岛市南票区
83	7-0083-1-083	小珠山遗址	新石器时代	辽宁省大连市长海县
84	7-0084-1-084	双砣子遗址	新石器时代至商	辽宁省大连市甘井子区
85	7-0085-1-085	五连城城址	夏至商	辽宁省朝阳市建平县
86	7-0086-1-086	团山遗址	春秋至战国	辽宁省铁岭市开原市
87	7-0087-1-087	永陵南城址	汉至魏晋	辽宁省抚顺市新宾满族自治县
88	7-0088-1-088	高俭地山城	汉至唐	辽宁省本溪市桓仁满族自治县
89	7-0089-1-089	高丽城山城	汉至唐	辽宁省营口市盖州市
90	7-0090-1-090	巍霸山城（含清泉寺）	汉至唐	辽宁省大连市普兰店市
91	7-0091-1-091	下古城子城址	汉至唐	辽宁省本溪市桓仁满族自治县
92	7-0092-1-092	燕州城山城	汉至唐	辽宁省辽阳市灯塔市
93	7-0093-1-093	邰集屯城址	汉、辽	辽宁省葫芦岛市连山区
94	7-0094-1-094	边牛山城址	汉、金	辽宁省本溪市溪湖区
95	7-0095-1-095	大黑山山城	魏晋至唐	辽宁省大连市金州区
96	7-0096-1-096	得利寺山城	魏晋至唐	辽宁省大连市瓦房店市
97	7-0097-1-097	城子山山城	唐至辽金	辽宁省铁岭市西丰县
98	7-0098-1-098	四面城城址	辽、金	辽宁省铁岭市昌图县
99	7-0099-1-099	江官屯窑址	辽、金	辽宁省辽阳市辽阳县
100	7-0100-1-100	八家子城址	辽至元	辽宁省朝阳市建平县
101	7-0101-1-101	东京城城址	明	辽宁省辽阳市太子河区
102	7-0102-1-102	石人沟遗址	旧石器时代	吉林省延边朝鲜族自治州和龙市
103	7-0103-1-103	新屯子西山遗址	旧石器时代	吉林省白山市抚松县
104	7-0104-1-104	寿山仙人洞遗址	旧石器时代	吉林省吉林市桦甸市
105	7-0105-1-105	向阳南岗遗址	新石器时代至战国	吉林省白城市镇赉县
106	7-0106-1-106	后太平遗址群	新石器时代、商至战国	吉林省四平市双辽市
107	7-0107-1-107	双塔遗址	新石器时代、战国	吉林省白城市洮北区
108	7-0108-1-108	余富遗址	周至汉	吉林省吉林市磐石市
109	7-0109-1-109	五家子遗址	东周	吉林省长春市双阳区
110	7-0110-1-110	大青山遗址	东周	吉林省四平市公主岭市
111	7-0111-1-111	龙岗遗址群	战国至汉	吉林省通化市通化县
112	7-0112-1-112	赤柏松古城址	西汉	吉林省通化市通化县

续表

序号	编号	名称	时代	地址
113	7-0113-1-113	萨其城址	唐	吉林省延边朝鲜族自治州珲春市
114	7-0114-1-114	温特赫部城址与裴优城址	唐、金	吉林省延边朝鲜族自治州珲春市
115	7-0115-1-115	春捺钵遗址群	辽	吉林省松原市乾安县
116	7-0116-1-116	石头城子古城址	辽、金	吉林省松原市扶余县
117	7-0117-1-117	嘎呀河城址	辽、金	吉林省吉林市舒兰市
118	7-0118-1-118	揽头窝堡遗址	金	吉林省长春市德惠市
119	7-0119-1-119	前进古城址	金	吉林省吉林市蛟河市
120	7-0120-1-120	五家子城址	金	吉林省四平市公主岭市
121	7-0121-1-121	乌拉街沿江古城址	金、明、清	吉林省吉林市龙潭区
122	7-0122-1-122	乌拉部故城址	明至清	吉林省吉林市龙潭区
123	7-0123-1-123	小拉哈遗址	新石器时代至战国	黑龙江省大庆市肇源县
124	7-0124-1-124	王脖子山遗址群	新石器时代至汉	黑龙江省哈尔滨市巴彦县
125	7-0125-1-125	老龙头遗址	西周至春秋	黑龙江省齐齐哈尔市富拉尔基区
126	7-0126-1-126	庆华古山寨遗址	战国至汉	黑龙江省哈尔滨市宾县
127	7-0127-1-127	团结遗址	战国至唐	黑龙江省牡丹江市东宁县
128	7-0128-1-128	中兴城址	辽、金	黑龙江省鹤岗市绥滨县
129	7-0129-1-129	土城子遗址	金	黑龙江省哈尔滨市依兰县
130	7-0130-1-130	郝家城子古城遗址	金	黑龙江省绥化市兰西县
131	7-0131-1-131	墨尔根至漠河古驿站驿道	清	黑龙江省大兴安岭地区呼玛县、塔河县、漠河县,黑河市嫩江县
132	7-0132-1-132	鄂伦春神泉祭坛遗址	清	黑龙江省黑河市逊克县
133	7-0133-1-133	宁古塔将军驻地旧城遗址	清	黑龙江省牡丹江市海林市
134	7-0134-1-134	崧泽遗址	新石器时代	上海市青浦区
135	7-0135-1-135	上海马桥遗址	新石器时代至商	上海市闵行区
136	7-0136-1-136	广富林遗址	新石器时代、东周	上海市松江区
137	7-0137-1-137	志丹苑元代水闸遗址	元	上海市普陀区
138	7-0138-1-138	中华曙猿化石地点	旧石器时代	江苏省常州市溧阳市
139	7-0139-1-139	青莲岗遗址	新石器时代	江苏省淮安市淮安区
140	7-0140-1-140	薛城遗址	新石器时代	江苏省南京市高淳县
141	7-0141-1-141	草鞋山遗址	新石器时代	江苏省苏州市吴中区

序号	编号	名称	时代	地址
142	7-0142-1-142	东山村遗址	新石器时代	江苏省苏州市张家港市
143	7-0143-1-143	赵陵山遗址	新石器时代	江苏省苏州市昆山市
144	7-0144-1-144	西溪遗址	新石器时代	江苏省无锡市宜兴市
145	7-0145-1-145	刘林遗址	新石器时代	江苏省徐州市邳州市
146	7-0146-1-146	城上村遗址	新石器时代至周	江苏省镇江市句容市
147	7-0147-1-147	梁王城遗址	新石器时代至战国	江苏省徐州市邳州市
148	7-0148-1-148	佘城遗址	夏至周	江苏省无锡市江阴市
149	7-0149-1-149	葛城遗址	西周至春秋	江苏省镇江市丹阳市
150	7-0150-1-150	晓店青墩遗址	西周、汉	江苏省宿迁市宿豫区
151	7-0151-1-151	阖闾城遗址	春秋	江苏省无锡市滨湖区，常州市武进区
152	7-0152-1-152	固城遗址	春秋至汉	江苏省南京市高淳县
153	7-0153-1-153	曲阳城遗址	汉	江苏省连云港市东海县
154	7-0154-1-154	铁瓮城遗址	东汉	江苏省镇江市京口区
155	7-0155-1-155	黄泗浦遗址	南朝至宋	江苏省苏州市张家港市
156	7-0156-1-156	大报恩寺遗址	东晋至清	江苏省南京市秦淮区
157	7-0157-1-157	泗州城遗址	唐至清	江苏省淮安市盱眙县
158	7-0158-1-158	宋元粮仓遗址	宋至清	江苏省镇江市京口区
159	7-0159-1-159	太仓海运仓遗址	元	江苏省苏州市太仓市
160	7-0160-1-160	大窑路窑群遗址	明至清	江苏省无锡市南长区
161	7-0161-1-161	蜀山窑群	明至清	江苏省无锡市宜兴市
162	7-0162-1-162	乌龟洞遗址	旧石器时代	浙江省杭州市建德市
163	7-0163-1-163	上马坎遗址	旧石器时代	浙江省湖州市安吉县
164	7-0164-1-164	七里亭遗址	旧石器时代	浙江省湖州市长兴县
165	7-0165-1-165	小古城遗址	新石器时代	浙江省杭州市余杭区
166	7-0166-1-166	田螺山遗址	新石器时代	浙江省宁波市余姚市
167	7-0167-1-167	鲻山遗址	新石器时代	浙江省宁波市余姚市
168	7-0168-1-168	曹湾山遗址	新石器时代	浙江省温州市鹿城区
169	7-0169-1-169	庄桥坟遗址	新石器时代	浙江省嘉兴市平湖市
170	7-0170-1-170	新地里遗址	新石器时代	浙江省嘉兴市桐乡市
171	7-0171-1-171	小黄山遗址	新石器时代	浙江省绍兴市嵊州市
172	7-0172-1-172	好川遗址	新石器时代	浙江省丽水市遂昌县

2014
中国
文物年鉴

续表

序号	编号	名称	时代	地址
173	7-0173-1-173	塔山遗址	新石器时代至周	浙江省宁波市象山县
174	7-0174-1-174	毘山遗址	新时器时代至周	浙江省湖州市吴兴区
175	7-0175-1-175	德清原始瓷窑址	商至战国	浙江省湖州市德清县
176	7-0176-1-176	大溪东瓯古城遗址	西汉	浙江省台州市温岭市
177	7-0177-1-177	城山古城遗址	东汉	浙江省湖州市长兴县
178	7-0178-1-178	凤凰山窑址群	三国至晋	浙江省绍兴市上虞市
179	7-0179-1-179	泗洲造纸作坊遗址	宋	浙江省杭州市富阳市
180	7-0180-1-180	天目窑遗址	宋至元	浙江省杭州市临安市
181	7-0181-1-181	小南海石室	宋至清	浙江省衢州市龙游县
182	7-0182-1-182	云和银矿遗址	明	浙江省丽水市云和县
183	7-0183-1-183	花岙兵营遗址	明至清	浙江省宁波市象山县
184	7-0184-1-184	毛竹山、官山遗址	旧石器时代	安徽省宣城市宁国市
185	7-0185-1-185	银山智人遗址	旧石器时代	安徽省合肥市巢湖市
186	7-0186-1-186	双墩遗址	新石器时代	安徽省蚌埠市淮上区
187	7-0187-1-187	禹会村遗址	新石器时代	安徽省蚌埠市禹会区
188	7-0188-1-188	石山孜遗址	新石器时代	安徽省淮北市烈山区
189	7-0189-1-189	小山口遗址	新石器时代	安徽省宿州市埇桥区
190	7-0190-1-190	古台寺遗址	新石器时代	安徽省宿州市埇桥区
191	7-0191-1-191	孙家城遗址	新石器时代至商	安徽省安庆市怀宁县
192	7-0192-1-192	张四墩遗址	新石器时代至周	安徽省安庆市宜秀区
193	7-0193-1-193	垓下遗址	新石器时代、汉	安徽省蚌埠市固镇县
194	7-0194-1-194	牯牛山城址	西周至春秋	安徽省芜湖市南陵县
195	7-0195-1-195	榉根关古徽道	唐至清	安徽省池州市石台县
196	7-0196-1-196	古井贡酒酿造遗址	宋至清	安徽省亳州市谯城区
197	7-0197-1-197	徽杭古道绩溪段和古徽道东线郎溪段	宋至民国	安徽省宣城市绩溪县、郎溪县
198	7-0198-1-198	莲花池山遗址	旧石器时代	福建省漳州市芗城区
199	7-0199-1-199	奇和洞遗址	旧石器至新石器时代	福建省龙岩市漳平市
200	7-0200-1-200	南山遗址	新石器时代至商周	福建省三明市明溪县
201	7-0201-1-201	池湖遗址	新石器时代、商周	福建省南平市光泽县

序号	编号	名称	时代	地址
202	7-0202-1-202	猫耳山遗址	商	福建省南平市浦城县
203	7-0203-1-203	庵山沙丘遗址	商至周	福建省泉州市晋江市
204	7-0204-1-204	海坛海峡水下遗址	五代至清	福建省福州市平潭县
205	7-0205-1-205	中村窑遗址	宋至明	福建省三明市三元区
206	7-0206-1-206	拾年山遗址	新石器时代	江西省新余市渝水区
207	7-0207-1-207	社山头遗址	新石器时代至周	江西省上饶市广丰县
208	7-0208-1-208	角山板栗山遗址	商	江西省鹰潭市月湖区
209	7-0209-1-209	界埠粮仓遗址	战国	江西省吉安市新干县
210	7-0210-1-210	鄡阳城遗址	汉	江西省九江市都昌县
211	7-0211-1-211	宝山金银矿冶遗址	唐	江西省抚州市金溪县
212	7-0212-1-212	银山银矿遗址	唐、宋	江西省上饶市德兴市
213	7-0213-1-213	七里镇窑址	唐至明	江西省赣州市章贡区
214	7-0214-1-214	包家金矿遗址	唐至明	江西省上饶市上饶县
215	7-0215-1-215	凤凰山铁矿遗址	唐至明	江西省新余市分宜县
216	7-0216-1-216	白舍窑遗址	宋	江西省抚州市南丰县
217	7-0217-1-217	蒙山银矿遗址	宋、元、明	江西省宜春市上高县
218	7-0218-1-218	华林造纸作坊遗址	宋、元、明	江西省宜春市高安市
219	7-0219-1-219	丽阳窑址	元至明	江西省景德镇市昌江区
220	7-0220-1-220	建新遗址	新石器时代	山东省枣庄市山亭区
221	7-0221-1-221	南王绪遗址	新石器时代	山东省烟台市蓬莱市
222	7-0222-1-222	野店遗址	新石器时代	山东省济宁市邹城市
223	7-0223-1-223	青堌堆遗址	新石器时代	山东省济宁市梁山县
224	7-0224-1-224	大朱家村遗址	新石器时代	山东省日照市莒县
225	7-0225-1-225	西朱封遗址	新石器时代至夏	山东省潍坊市临朐县
226	7-0226-1-226	史家遗址	新石器时代至商	山东省淄博市桓台县
227	7-0227-1-227	北沈遗址	新石器时代至战国	山东省淄博市淄川区
228	7-0228-1-228	北沟头遗址	新石器时代、周、汉	山东省临沂市临沭县
229	7-0229-1-229	西夏侯遗址	新石器时代、商	山东省济宁市曲阜市
230	7-0230-1-230	尚庄遗址	新石器时代、商、周、汉	山东省聊城市茌平县
231	7-0231-1-231	前掌大遗址	新石器时代、商至周、汉	山东省枣庄市滕州市

续表

序号	编号	名称	时代	地址
232	7-0232-1-232	双王城盐业遗址群	新石器时代、商、西周、金、元	山东省潍坊市寿光市
233	7-0233-1-233	嬴城遗址	新石器时代、商、汉	山东省莱芜市莱城区
234	7-0234-1-234	西皇姑庵遗址	新石器时代、西周	山东省青岛市胶州市
235	7-0235-1-235	西吴寺遗址	新石器时代、周	山东省济宁市兖州市
236	7-0236-1-236	赵家庄遗址	新石器时代、东周	山东省青岛市胶州市
237	7-0237-1-237	魏家庄遗址	新石器时代、东周	山东省潍坊市临朐县
238	7-0238-1-238	杭头遗址	新石器时代、春秋、战国、汉	山东省日照市莒县
239	7-0239-1-239	五村遗址	新石器时代、战国、汉	山东省东营市广饶县
240	7-0240-1-240	小谷城故城遗址	新石器时代、汉	山东省临沂市兰山区
241	7-0241-1-241	丰台盐业遗址群	周、汉、金	山东省潍坊市寒亭区
242	7-0242-1-242	照格庄遗址	夏、商	山东省烟台市牟平区
243	7-0243-1-243	大辛庄遗址	商	山东省济南市历城区
244	7-0244-1-244	南河崖盐业遗址群	商周	山东省东营市广饶县
245	7-0245-1-245	陈庄—唐口遗址	西周至战国	山东省淄博市高青县
246	7-0246-1-246	杨家盐业遗址群	周	山东省滨州市沾化县
247	7-0247-1-247	牟国故城遗址	周至汉	山东省莱芜市钢城区
248	7-0248-1-248	鄪国故城遗址	周、汉	山东省临沂市苍山县
249	7-0249-1-249	杞国故城遗址	春秋至汉	山东省潍坊市坊子区
250	7-0250-1-250	南武城故城遗址	春秋至南北朝	山东省临沂市平邑县
251	7-0251-1-251	费县故城遗址	春秋、汉、北魏	山东省临沂市费县
252	7-0252-1-252	西沙埠遗址	战国至汉	山东省青岛市莱西市
253	7-0253-1-253	琅琊台遗址	秦	山东省青岛市胶南市
254	7-0254-1-254	昌邑故城遗址	西汉	山东省菏泽市巨野县
255	7-0255-1-255	祓国都城遗址	汉	山东省青岛市胶州市
256	7-0256-1-256	青州龙兴寺遗址	南北朝至明	山东省潍坊市青州市
257	7-0257-1-257	磁村瓷窑址	唐至元	山东省淄博市淄川区
258	7-0258-1-258	板桥镇遗址	宋至清	山东省青岛市胶州市
259	7-0259-1-259	萧城遗址	宋	山东省聊城市冠县
260	7-0260-1-260	土桥闸遗址	明	山东省聊城市东昌府区
261	7-0261-1-261	七里坪遗址	旧石器时代	河南省洛阳市栾川县

序号	编号	名称	时代	地址
262	7-0262-1-262	北窑遗址	旧石器时代	河南省洛阳市瀍河回族区
263	7-0263-1-263	灵井"许昌人"遗址	旧石器时代	河南省许昌市许昌县
264	7-0264-1-264	杏花山与小空山遗址	旧石器时代	河南省南阳市南召县
265	7-0265-1-265	李家沟遗址	旧石器时代至新石器时代	河南省郑州市新密市
266	7-0266-1-266	尚岗杨遗址	新石器时代	河南省郑州市管城回族区
267	7-0267-1-267	后庄王遗址	新石器时代	河南省郑州市中原区
268	7-0268-1-268	青台遗址	新石器时代	河南省郑州市荥阳市
269	7-0269-1-269	秦王寨遗址	新石器时代	河南省郑州市荥阳市
270	7-0270-1-270	人和寨遗址	新石器时代	河南省郑州市新郑市
271	7-0271-1-271	土门遗址	新石器时代	河南省洛阳市伊川县
272	7-0272-1-272	桥北村遗址	新石器时代	河南省洛阳市嵩县
273	7-0273-1-273	西王村遗址	新石器时代	河南省洛阳市洛宁县
274	7-0274-1-274	白营遗址	新石器时代	河南省安阳市汤阴县
275	7-0275-1-275	不召寨遗址	新石器时代	河南省三门峡市渑池县
276	7-0276-1-276	徐堡古城址	新石器时代	河南省焦作市温县
277	7-0277-1-277	许由寨遗址	新石器时代	河南省许昌市鄢陵县
278	7-0278-1-278	刘庄遗址	新石器时代	河南省许昌市鄢陵县
279	7-0279-1-279	阿岗寺遗址	新石器时代	河南省漯河市舞阳县
280	7-0280-1-280	黄山遗址	新石器时代	河南省南阳市卧龙区
281	7-0281-1-281	太子岗遗址	新石器时代	河南省南阳市邓州市
282	7-0282-1-282	造律台遗址	新石器时代	河南省商丘市永城市
283	7-0283-1-283	董桥遗址	新石器时代	河南省驻马店市西平县
284	7-0284-1-284	台子寺遗址	新石器时代	河南省驻马店市驿城区
285	7-0285-1-285	天堂寺遗址	新石器时代	河南省驻马店市汝南县
286	7-0286-1-286	段寨遗址	新石器时代	河南省周口市郸城县
287	7-0287-1-287	西金城遗址	新石器时代	河南省焦作市博爱县
288	7-0288-1-288	李楼遗址	新石器时代至夏	河南省平顶山市汝州市
289	7-0289-1-289	花地嘴遗址	新石器时代至夏	河南省郑州市巩义市
290	7-0290-1-290	煤山遗址	新石器时代至夏	河南省平顶山市汝州市
291	7-0291-1-291	曲梁遗址	新石器时代至夏商、汉	河南省郑州市新密市

续表

序号	编号	名称	时代	地址
292	7-0292-1-292	商村遗址	新石器时代至商周	河南省焦作市武陟县
293	7-0293-1-293	娘娘寨遗址	新石器时代至周	河南省郑州市荥阳市
294	7-0294-1-294	段岗遗址	新石器时代至春秋	河南省开封市杞县
295	7-0295-1-295	小李庄遗址	新石器时代至南北朝	河南省平顶山市宝丰县
296	7-0296-1-296	稍柴遗址	新石器时代、夏	河南省郑州市巩义市
297	7-0297-1-297	大赉店遗址	新石器时代、商	河南省鹤壁市淇滨区
298	7-0298-1-298	西水坡遗址	新石器时代、东周、汉	河南省濮阳市濮阳县
299	7-0299-1-299	文集遗址	新石器时代、金、元	河南省平顶山市叶县
300	7-0300-1-300	八里桥遗址	夏	河南省南阳市方城县
301	7-0301-1-301	南洼遗址	夏商至唐宋	河南省郑州市登封市
302	7-0302-1-302	望京楼遗址	夏、商	河南省郑州市新郑市
303	7-0303-1-303	南顿故城	夏、商、汉	河南省周口市项城市
304	7-0304-1-304	柘城孟庄遗址	商	河南省商丘市柘城县
305	7-0305-1-305	琉璃阁遗址	商周至汉	河南省新乡市辉县市
306	7-0306-1-306	邘国故城	商、周、汉	河南省焦作市沁阳市
307	7-0307-1-307	蒋国故城	西周至战国	河南省信阳市淮滨县
308	7-0308-1-308	祭伯城遗址	周	河南省郑州市金水区
309	7-0309-1-309	濮阳卫国故城	周	河南省濮阳市濮阳县
310	7-0310-1-310	洛阳东周王城	东周	河南省洛阳市西工区、涧西区
311	7-0311-1-311	华阳故城	东周	河南省郑州市新郑市
312	7-0312-1-312	鄢国故城	东周	河南省许昌市鄢陵县
313	7-0313-1-313	十二连城	东周	河南省许昌市长葛市
314	7-0314-1-314	京城古城址	东周	河南省郑州市荥阳市
315	7-0315-1-315	新郑苑陵故城	东周、秦、汉	河南省郑州市新郑市
316	7-0316-1-316	父城遗址	东周、汉	河南省平顶山市宝丰县
317	7-0317-1-317	葛陵故城	东周、汉	河南省驻马店市新蔡县
318	7-0318-1-318	启封故城	春秋	河南省开封市开封县
319	7-0319-1-319	沈国故城	春秋至汉	河南省驻马店市平舆县
320	7-0320-1-320	刘国故城	春秋、汉	河南省洛阳市偃师市
321	7-0321-1-321	舞钢冶铁遗址群	战国至汉	河南省平顶山市舞钢市
322	7-0322-1-322	宜阳韩都故城	战国、秦、汉	河南省洛阳市宜阳县

续表

序号	编号	名称	时代	地址
323	7-0323-1-323	汉霸二王城	秦	河南省郑州市荥阳市
324	7-0324-1-324	新安函谷关	西汉	河南省洛阳市新安县
325	7-0325-1-325	铁生沟冶铁遗址	汉	河南省郑州市巩义市
326	7-0326-1-326	芒砀山汉代礼制建筑基址	汉	河南省商丘市永城市
327	7-0327-1-327	柘城故城	汉	河南省商丘市柘城县
328	7-0328-1-328	汉魏许都故城	汉、魏	河南省许昌市许昌县
329	7-0329-1-329	沙门城址	汉、宋、金	河南省新乡市延津县
330	7-0330-1-330	大运河商丘南关码头遗址	隋至宋	河南省商丘市睢阳区
331	7-0331-1-331	邓窑遗址	唐至元	河南省南阳市内乡县
332	7-0332-1-332	密县瓷窑遗址	唐、宋	河南省郑州市新密市
333	7-0333-1-333	宋陵采石场	北宋	河南省洛阳市偃师市
334	7-0334-1-334	严和店窑址	宋	河南省平顶山市汝州市
335	7-0335-1-335	长阳人遗址	旧石器时代	湖北省宜昌市长阳土家族自治县
336	7-0336-1-336	梅铺猿人遗址	旧石器时代	湖北省十堰市郧县
337	7-0337-1-337	黄龙洞遗址	旧石器时代	湖北省十堰市郧西县
338	7-0338-1-338	桂花树遗址	新石器时代	湖北省荆州市松滋市
339	7-0339-1-339	叶家庙遗址	新石器时代	湖北省孝感市孝南区
340	7-0340-1-340	城河遗址	新石器时代	湖北省荆门市沙洋县
341	7-0341-1-341	龙王山遗址	新石器时代	湖北省荆门市东宝区
342	7-0342-1-342	大路铺遗址	新石器时代、商、周	湖北省黄石市阳新县
343	7-0343-1-343	七里河遗址	新石器时代、周、汉	湖北省十堰市房县
344	7-0344-1-344	毛家咀遗址	西周	湖北省黄冈市蕲春县
345	7-0345-1-345	安居遗址	周、汉	湖北省随州市随县
346	7-0346-1-346	草店坊城遗址	周、汉	湖北省孝感市孝昌县
347	7-0347-1-347	郭家岗遗址	东周	湖北省襄阳市宜城市
348	7-0348-1-348	孙郭胡城址	战国	湖北省咸宁市咸安区
349	7-0349-1-349	南襄城遗址	战国至汉	湖北省宜昌市远安县
350	7-0350-1-350	新店土城遗址	战国、西汉	湖北省咸宁市赤壁市
351	7-0351-1-351	郢城遗址	秦、汉	湖北省荆州市荆州区
352	7-0352-1-352	吴王城遗址	三国	湖北省鄂州市鄂城区

续表

序号	编号	名称	时代	地址
353	7-0353-1-353	南漳山寨群	明至清	湖北省襄阳市南漳县
354	7-0354-1-354	李来亨抗清遗址	明至清	湖北省宜昌市兴山县
355	7-0355-1-355	虎爪山遗址	旧石器时代	湖南省常德市津市市
356	7-0356-1-356	鸡公垱遗址	旧石器时代	湖南省常德市澧县
357	7-0357-1-357	十里岗遗址	旧石器时代	湖南省常德市澧县
358	7-0358-1-358	汤家岗遗址	新石器时代	湖南省常德市安乡县
359	7-0359-1-359	三元宫遗址	新石器时代	湖南省常德市澧县
360	7-0360-1-360	孙家岗遗址	新石器时代	湖南省常德市澧县
361	7-0361-1-361	鸡叫城遗址	新石器时代	湖南省常德市澧县
362	7-0362-1-362	丁家岗遗址	新石器时代	湖南省常德市澧县
363	7-0363-1-363	划城岗遗址	新石器时代	湖南省常德市安乡县
364	7-0364-1-364	涂家台遗址	新石器时代	湖南省益阳市南县
365	7-0365-1-365	皂市遗址	新石器时代至商、周	湖南省常德市石门县
366	7-0366-1-366	不二门遗址	商、周	湖南省湘西土家族苗族自治州永顺县
367	7-0367-1-367	铜鼓山遗址	商、春秋	湖南省岳阳市云溪区
368	7-0368-1-368	申鸣城遗址	东周	湖南省常德市临澧县
369	7-0369-1-369	罗子国城遗址	东周	湖南省岳阳市汨罗市
370	7-0370-1-370	四方城遗址	战国至汉	湖南省湘西土家族苗族自治州保靖县
371	7-0371-1-371	采菱城遗址	战国至汉	湖南省常德市桃源县
372	7-0372-1-372	春陵侯城遗址	秦至汉	湖南省永州市宁远县
373	7-0373-1-373	泠道故城遗址	西汉	湖南省永州市宁远县
374	7-0374-1-374	魏家寨古城遗址	汉	湖南省湘西土家族苗族自治州保靖县
375	7-0375-1-375	里耶大板遗址与墓群	汉	湖南省湘西土家族苗族自治州龙山县
376	7-0376-1-376	索县汉代城址	汉	湖南省常德市鼎城区
377	7-0377-1-377	衡州窑	唐至宋	湖南省衡阳市珠晖区
378	7-0378-1-378	云集窑	唐至元	湖南省衡阳市衡南县
379	7-0379-1-379	允山玉井古窑址	宋	湖南省永州市江永县
380	7-0380-1-380	羊峰古城遗址	宋	湖南省湘西土家族苗族自治州永顺县
381	7-0381-1-381	鬼崽岭遗址	宋至清	湖南省永州市道县
382	7-0382-1-382	水口山铅锌矿冶遗址	宋至清	湖南省衡阳市常宁市

序号	编号	名称	时代	地址
383	7-0383-1-383	羊舞岭古窑址	宋至清	湖南省益阳市赫山区
384	7-0384-1-384	醴陵窑	宋至民国	湖南省株洲市醴陵市
385	7-0385-1-385	茶陵古城墙	南宋至清	湖南省株洲市茶陵县
386	7-0386-1-386	大矶头遗址	清	湖南省岳阳市云溪区
387	7-0387-1-387	独石仔洞穴遗址	旧石器时代至新石器时代	广东省阳江市阳春市
388	7-0388-1-388	古椰贝丘遗址	新石器时代	广东省佛山市高明区
389	7-0389-1-389	蚝岗贝丘遗址	新石器时代	广东省东莞市
390	7-0390-1-390	柳城巨猿洞	旧石器时代	广西壮族自治区柳州市柳城县
391	7-0391-1-391	布兵盆地洞穴遗址群	旧石器时代	广西壮族自治区百色市田东县
392	7-0392-1-392	那赖遗址	旧石器时代	广西壮族自治区百色市田阳县
393	7-0393-1-393	晓锦遗址	新石器时代	广西壮族自治区桂林市资源县
394	7-0394-1-394	大浪古城遗址	汉	广西壮族自治区北海市合浦县
395	7-0395-1-395	草鞋村遗址	汉	广西壮族自治区北海市合浦县
396	7-0396-1-396	越州故城	南朝	广西壮族自治区钦州市浦北县
397	7-0397-1-397	中和窑址	宋	广西壮族自治区梧州市藤县
398	7-0398-1-398	信冲洞遗址	旧石器时代	海南省昌江黎族自治县
399	7-0399-1-399	珠崖岭城址	汉至唐	海南省海口市琼山区
400	7-0400-1-400	华光礁沉船遗址	宋至清	海南省三沙市
401	7-0401-1-401	天生城遗址	南宋至清	重庆市万州区
402	7-0402-1-402	老鼓楼衙署遗址	南宋至清	重庆市渝中区
403	7-0403-1-403	重庆冶锌遗址群	明至清	重庆市丰都县、石柱土家族自治县
404	7-0404-1-404	哈休遗址	新石器时代	四川省阿坝藏族羌族自治州马尔康县
405	7-0405-1-405	罕额依新石器时代文化遗址和汉代石棺葬墓群	新石器时代、汉	四川省甘孜藏族自治州丹巴县
406	7-0406-1-406	雒城遗址	汉	四川省德阳市广汉市
407	7-0407-1-407	江南馆街街坊遗址	唐至宋	四川省成都市锦江区
408	7-0408-1-408	玉堂窑址	唐、北宋	四川省成都市都江堰市
409	7-0409-1-409	神臂城遗址	南宋	四川省泸州市合江县
410	7-0410-1-410	永平堡古城	明	四川省绵阳市北川羌族自治县
411	7-0411-1-411	五粮液老窖池遗址	明至清	四川省宜宾市翠屏区
412	7-0412-1-412	龙广观音洞遗址	旧石器时代至新石器时代	贵州省黔西南布依族苗族自治州安龙县

2014
中国
文物年鉴

续表

序号	编号	名称	时代	地址
413	7-0413-1-413	普安铜鼓山遗址	战国至西汉	贵州省黔西南布依族苗族自治州普安县
414	7-0414-1-414	元谋古猿化石地点	旧石器时代	云南省楚雄彝族自治州元谋县
415	7-0415-1-415	大河遗址	旧石器时代	云南省曲靖市富源县
416	7-0416-1-416	玉水坪遗址	旧石器至新石器时代	云南省怒江傈僳族自治州兰坪白族普米族自治县
417	7-0417-1-417	大墩子遗址	新石器时代	云南省楚雄彝族自治州元谋县
418	7-0418-1-418	海门口遗址	新石器时代至夏、商、周	云南省大理白族自治州剑川县
419	7-0419-1-419	银梭岛遗址	新石器时代至商	云南省大理白族自治州大理市
420	7-0420-1-420	玉溪窑址	元至明	云南省玉溪市红塔区
421	7-0421-1-421	小恩达遗址	新石器时代	西藏自治区昌都地区昌都县
422	7-0422-1-422	皮央和东嘎遗址	宋至明	西藏自治区阿里地区札达县
423	7-0423-1-423	洛南盆地旧石器地点群	旧石器时代	陕西省商洛市洛南县
424	7-0424-1-424	龙王辿遗址	旧石器时代	陕西省延安市宜川县
425	7-0425-1-425	杨家坟山遗址	旧石器时代	陕西省延安市黄龙县
426	7-0426-1-426	何家湾遗址	新石器时代	陕西省汉中市西乡县
427	7-0427-1-427	杨官寨遗址	新石器时代	陕西省西安市高陵县
428	7-0428-1-428	鱼化寨遗址	新石器时代	陕西省西安市雁塔区
429	7-0429-1-429	南沙遗址	新石器时代至商	陕西省渭南市华县
430	7-0430-1-430	碾子坡遗址	新石器时代至西周	陕西省咸阳市长武县
431	7-0431-1-431	紫荆遗址	新石器时代至西周	陕西省商洛市商州区
432	7-0432-1-432	水沟遗址	新石器时代至战国	陕西省宝鸡市凤翔县
433	7-0433-1-433	宝山遗址	新石器时代、商	陕西省汉中市城固县
434	7-0434-1-434	益家堡遗址	新石器时代、商	陕西省宝鸡市扶风县
435	7-0435-1-435	古邰国遗址	新石器时代、商、周	陕西省咸阳市杨陵区,宝鸡市扶风县
436	7-0436-1-436	桥镇遗址	新石器时代、西周	陕西省宝鸡市陈仓区
437	7-0437-1-437	西峪遗址	新石器时代、秦汉	陕西省西安市周至县
438	7-0438-1-438	下河西遗址	新石器时代、汉	陕西省渭南市白水县
439	7-0439-1-439	郑家坡遗址	商	陕西省咸阳市武功县
440	7-0440-1-440	赵家台遗址	商、西周	陕西省宝鸡市岐山县
441	7-0441-1-441	茹家庄遗址	西周	陕西省宝鸡市渭滨区
442	7-0442-1-442	十二连城烽火台遗址	东周至明	陕西省渭南市潼关县

序号	编号	名称	时代	地址
443	7-0443-1-443	徵邑漕仓遗址	春秋至西汉	陕西省渭南市蒲城县
444	7-0444-1-444	刘家营遗址	战国至秦、汉	陕西省安康市汉滨区
445	7-0445-1-445	秦直道起点遗址	秦	陕西省咸阳市淳化县
446	7-0446-1-446	秦直道遗址延安段	秦	陕西省延安市黄陵县、富县、甘泉县、志丹县
447	7-0447-1-447	祋祤宫遗址	秦至西汉	陕西省铜川市耀州区
448	7-0448-1-448	成山宫遗址	秦、汉	陕西省宝鸡市眉县
449	7-0449-1-449	沙河古桥遗址	秦、汉	陕西省咸阳市秦都区
450	7-0450-1-450	银州故城	秦、汉、唐	陕西省榆林市横山县
451	7-0451-1-451	建章宫遗址	西汉	陕西省西安市未央区
452	7-0452-1-452	圜丘遗址	唐	陕西省西安市雁塔区
453	7-0453-1-453	潼关故城	唐至明	陕西省渭南市潼关县
454	7-0454-1-454	尧头窑遗址	唐至清	陕西省渭南市澄城县
455	7-0455-1-455	铁边城遗址	北宋	陕西省延安市吴起县
456	7-0456-1-456	安仁瓷窑遗址	宋至元	陕西省咸阳市旬邑县
457	7-0457-1-457	代来城城址	宋、明、清	陕西省榆林市榆阳区
458	7-0458-1-458	牛角沟遗址	旧石器时代	甘肃省平凉市泾川县
459	7-0459-1-459	狼叫山遗址	旧石器时代、新石器时代	甘肃省天水市武山县
460	7-0460-1-460	半山遗址	新石器时代	甘肃省临夏回族自治州广河县
461	7-0461-1-461	然闹遗址	新石器时代	甘肃省甘南藏族自治州迭部县
462	7-0462-1-462	磨沟遗址（含墓群）	新石器时代至商	甘肃省甘南藏族自治州临潭县
463	7-0463-1-463	新庄坪遗址	新石器时代至商	甘肃省临夏回族自治州积石山保安族东乡族撒拉族自治县
464	7-0464-1-464	边家林遗址	新石器时代至商	甘肃省临夏回族自治州康乐县
465	7-0465-1-465	西山遗址	新石器时代至商	甘肃省平凉市灵台县
466	7-0466-1-466	缸缸洼遗址	新石器时代、夏、商	甘肃省酒泉市金塔县
467	7-0467-1-467	火石梁遗址	新石器时代、商	甘肃省酒泉市金塔县
468	7-0468-1-468	李崖遗址	新石器时代、商、周、汉	甘肃省天水市清水县
469	7-0469-1-469	石沟坪遗址	新石器时代、西周、春秋、汉	甘肃省陇南市礼县
470	7-0470-1-470	桥村遗址	新石器时代、西周、汉	甘肃省平凉市灵台县
471	7-0471-1-471	马家塬遗址	新石器时代、战国	甘肃省天水市张家川回族自治县

续表

序号	编号	名称	时代	地址
472	7-0472-1-472	砂锅梁遗址	夏、商	甘肃省酒泉市玉门市
473	7-0473-1-473	东灰山遗址	夏、商	甘肃省张掖市民乐县
474	7-0474-1-474	辛店遗址	商周	甘肃省定西市临洮县
475	7-0475-1-475	三角城遗址	西周至春秋	甘肃省金昌市金川区
476	7-0476-1-476	秦直道遗址庆阳段	秦	甘肃省庆阳市正宁县、宁县、合水县、华池县
477	7-0477-1-477	成纪故城遗址	秦至宋	甘肃省平凉市静宁县
478	7-0478-1-478	六工城遗址	汉至唐	甘肃省酒泉市瓜州县
479	7-0479-1-479	草沟井城址	汉至明	甘肃省张掖市肃南裕固族自治县
480	7-0480-1-480	宗日遗址	新石器时代	青海省海南藏族自治州同德县
481	7-0481-1-481	塔里他里哈遗址	商至周	青海省海西蒙古族藏族自治州都兰县
482	7-0482-1-482	虎台遗址	十六国	青海省西宁市城西区
483	7-0483-1-483	门源古城	宋	青海省海北藏族自治州门源回族自治县
484	7-0484-1-484	贡萨寺旧址与宗喀巴大殿	清	青海省玉树藏族自治州治多县
485	7-0485-1-485	页河子遗址	新石器时代	宁夏回族自治区固原市隆德县
486	7-0486-1-486	固原古城遗址	汉至清	宁夏回族自治区固原市原州区
487	7-0487-1-487	省嵬城址	宋	宁夏回族自治区石嘴山市惠农区
488	7-0488-1-488	七营北嘴城址	宋至明	宁夏回族自治区中卫市海原县
489	7-0489-1-489	柳州城址	宋至明	宁夏回族自治区中卫市海原县
490	7-0490-1-490	大营城址	宋至明	宁夏回族自治区固原市原州区
491	7-0491-1-491	兴武营城址	明	宁夏回族自治区吴忠市盐池县
492	7-0492-1-492	骆驼石旧石器遗址	旧石器时代	新疆维吾尔自治区塔城地区和布克赛尔蒙古自治县
493	7-0493-1-493	岳公台—西黑沟遗址群	春秋至战国	新疆维吾尔自治区哈密地区巴里坤哈萨克自治县
494	7-0494-1-494	龟兹故城	西汉至宋	新疆维吾尔自治区阿克苏地区库车县
495	7-0495-1-495	石人子沟遗址群	汉	新疆维吾尔自治区哈密地区巴里坤哈萨克自治县
496	7-0496-1-496	营盘古城及古墓群	汉至晋	新疆维吾尔自治区巴音郭楞蒙古自治州尉犁县
497	7-0497-1-497	喀拉墩遗址	汉至南北朝	新疆维吾尔自治区和田地区于田县
498	7-0498-1-498	乌什喀特古城遗址	汉至唐	新疆维吾尔自治区阿克苏地区新和县
499	7-0499-1-499	石城子遗址	东汉	新疆维吾尔自治区昌吉回族自治州奇台县

续表

序号	编号	名称	时代	地址
500	7-0500-1-500	达玛沟佛寺遗址	南北朝	新疆维吾尔自治区和田地区策勒县
501	7-0501-1-501	克斯勒塔格佛寺遗址	唐	新疆维吾尔自治区阿克苏地区柯坪县
502	7-0502-1-502	兰城遗址	唐	新疆维吾尔自治区巴音郭楞蒙古自治州和硕县
503	7-0503-1-503	唐王城遗址	唐	新疆维吾尔自治区阿克苏地区库车县
504	7-0504-1-504	阿萨古城遗址	唐至宋	新疆维吾尔自治区吐鲁番地区鄯善县
505	7-0505-1-505	达勒特古城遗址	唐至元	新疆维吾尔自治区博尔塔拉蒙古自治州博乐市
506	7-0506-1-506	唐朝墩古城遗址	唐至元	新疆维吾尔自治区昌吉回族自治州奇台县
507	7-0507-1-507	夏塔古城遗址	唐至元	新疆维吾尔自治区伊犁哈萨克自治州昭苏县
508	7-0508-1-508	昌吉州境内烽燧群	唐至清	新疆维吾尔自治区昌吉回族自治州木垒哈萨克自治县、奇台县、吉木萨尔县、阜康县、昌吉市、呼图壁县、玛纳斯县
509	7-0509-1-509	古代吐鲁番盆地军事防御遗址	唐至清	新疆维吾尔自治区吐鲁番地区吐鲁番市、托克逊县、鄯善县
510	7-0510-1-510	哈密境内烽燧遗址	唐至清	新疆维吾尔自治区哈密地区哈密市、巴里坤哈萨克自治县、伊吾县
511	7-0511-1-511	柳中古城遗址	唐至清	新疆维吾尔自治区吐鲁番地区鄯善县
512	7-0512-1-512	道尔本厄鲁特森木古城遗址	明	新疆维吾尔自治区塔城地区和布克赛尔蒙古自治县
513	7-0513-1-513	惠远新、老古城遗址	清	新疆维吾尔自治区伊犁哈萨克自治州霍城县
514	7-0514-1-514	阔纳齐兰遗址	清	新疆维吾尔自治区阿克苏地区柯坪县
515	7-0515-1-515	伊犁清代卡伦遗址	清	新疆维吾尔自治区伊犁哈萨克自治州霍城县、察布查尔锡伯自治县
516	7-0516-1-516	茶马古道	唐至民国	四川省、云南省、贵州省

古墓葬（186处）

序号	编号	名称	时代	地址
517	7-0517-2-001	林村墓群	战国至汉	河北省邯郸市邯郸县
518	7-0518-2-002	无极甄氏墓群	东汉至南北朝	河北省石家庄市无极县
519	7-0519-2-003	赞皇李氏墓群	北朝	河北省石家庄市赞皇县
520	7-0520-2-004	宋祖陵	五代、宋	河北省保定市清苑县
521	7-0521-2-005	王处直墓	五代	河北省保定市曲阳县
522	7-0522-2-006	石羊石虎墓群	辽至金	河北省承德市平泉县
523	7-0523-2-007	杨赟家族墓地	元至清	河北省张家口市蔚县

续表

序号	编号	名称	时代	地址
524	7-0524-2-008	冯古庄墓地	西周	山西省运城市新绛县
525	7-0525-2-009	山王墓地	西周	山西省运城市河津市
526	7-0526-2-010	横北倗国墓地	西周	山西省运城市绛县
527	7-0527-2-011	西周黎侯墓群	西周至春秋	山西省长治市黎城县
528	7-0528-2-012	羊舌墓地	周	山西省临汾市曲沃县
529	7-0529-2-013	薛嵩墓	唐	山西省运城市夏县
530	7-0530-2-014	东龙观墓群	宋、金、元	山西省吕梁市汾阳市
531	7-0531-2-015	南宝力皋吐古墓地	新石器时代	内蒙古自治区通辽市扎鲁特旗
532	7-0532-2-016	小黑石沟墓群	西周至战国	内蒙古自治区赤峰市宁城县
533	7-0533-2-017	团结墓地	东汉	内蒙古自治区呼伦贝尔市海拉尔区
534	7-0534-2-018	和林格尔东汉壁画墓	东汉	内蒙古自治区呼和浩特市和林格尔县
535	7-0535-2-019	谢尔塔拉墓地	唐至五代	内蒙古自治区呼伦贝尔市海拉尔区
536	7-0536-2-020	奈林稿辽墓群	辽	内蒙古自治区通辽市库伦旗
537	7-0537-2-021	耶律祺家族墓	辽	内蒙古自治区赤峰市阿鲁科尔沁旗
538	7-0538-2-022	耶律琮墓	辽	内蒙古自治区赤峰市喀喇沁旗
539	7-0539-2-023	沙日宝特墓群	辽	内蒙古自治区赤峰市阿鲁科尔沁旗
540	7-0540-2-024	砧子山古墓群	元	内蒙古自治区锡林郭勒盟多伦县
541	7-0541-2-025	恩格尔河墓群	元	内蒙古自治区锡林郭勒盟苏尼特左旗
542	7-0542-2-026	和硕端静公主墓	清	内蒙古自治区赤峰市喀喇沁旗
543	7-0543-2-027	四平山积石墓地	新石器时代	辽宁省大连市甘井子区
544	7-0544-2-028	马城子墓地	夏至西周	辽宁省本溪市本溪满族自治县
545	7-0545-2-029	东山大石盖墓	夏、商	辽宁省丹东市凤城市
546	7-0546-2-030	石棚沟石棚	夏、商	辽宁省大连市普兰店市
547	7-0547-2-031	岗上楼上墓地	西周至春秋	辽宁省大连市甘井子区
548	7-0548-2-032	东大杖子古墓群	战国	辽宁省葫芦岛市建昌县
549	7-0549-2-033	望江楼墓地	西汉至东汉	辽宁省本溪市桓仁满族自治县
550	7-0550-2-034	营城子汉墓群	汉	辽宁省大连市甘井子区
551	7-0551-2-035	辽阳苗圃汉墓群	汉、魏	辽宁省辽阳市太子河区
552	7-0552-2-036	雅河流域墓群	汉至唐	辽宁省本溪市桓仁满族自治县
553	7-0553-2-037	冯家堡子墓地	汉至唐	辽宁省本溪市桓仁满族自治县

序号	编号	名称	时代	地址
554	7-0554-2-038	施家沟墓地	汉至唐	辽宁省抚顺市顺城区
555	7-0555-2-039	喇嘛洞墓地	三国至晋	辽宁省朝阳市北票市
556	7-0556-2-040	龙岗墓群	辽	辽宁省锦州市北镇市
557	7-0557-2-041	关山辽墓	辽	辽宁省阜新市阜新蒙古族自治县
558	7-0558-2-042	东京陵	明	辽宁省辽阳市太子河区
559	7-0559-2-043	小西山石棺墓群	商至周	吉林省吉林市磐石市
560	7-0560-2-044	鸭绿江上游积石墓群	汉至唐	吉林省白山市浑江区、江源区、临江市、长白朝鲜族自治县
561	7-0561-2-045	江沿墓群	汉至唐	吉林省通化市东昌区、通化县
562	7-0562-2-046	友谊村墓群	金	吉林省四平市梨树县
563	7-0563-2-047	金坛土墩墓群	商周	江苏省常州市金坛市
564	7-0564-2-048	春城土墩墓群	商周	江苏省镇江市句容市
565	7-0565-2-049	烟墩山墓地	西周	江苏省镇江市丹徒区
566	7-0566-2-050	尹湾汉墓	汉	江苏省连云港市东海县
567	7-0567-2-051	三庄墓群	汉	江苏省宿迁市泗阳县
568	7-0568-2-052	庙山汉墓	汉	江苏省扬州市仪征市
569	7-0569-2-053	上坊孙吴墓	三国	江苏省南京市江宁区
570	7-0570-2-054	仙鹤观六朝墓地	三国、晋、南北朝	江苏省南京市栖霞区
571	7-0571-2-055	顾炎武墓及故居	清	江苏省苏州市昆山市
572	7-0572-2-056	绍兴越国贵族墓群	春秋至战国	浙江省绍兴市绍兴县
573	7-0573-2-057	长安画像石墓	汉至三国	浙江省嘉兴市海宁市
574	7-0574-2-058	吕祖谦及家族墓	宋	浙江省金华市武义县
575	7-0575-2-059	宋六陵	南宋	浙江省绍兴市绍兴县
576	7-0576-2-060	赵孟頫墓	元	浙江省湖州市德清县
577	7-0577-2-061	吴镇墓	元	浙江省嘉兴市嘉善县
578	7-0578-2-062	建平镇土墩墓群	西周至战国	安徽省宣城市郎溪县
579	7-0579-2-063	双墩春秋墓	春秋	安徽省蚌埠市淮上区
580	7-0580-2-064	六安汉代王陵墓地	西汉	安徽省六安市金安区
581	7-0581-2-065	淮南王刘安家族墓地	汉	安徽省六安市寿县
582	7-0582-2-066	古城汉墓	东汉	安徽省淮北市濉溪县
583	7-0583-2-067	程端忠墓	宋	安徽省六安市金寨县

2014
中国
文物年鉴

续表

序号	编号	名称	时代	地址
584	7-0584-2-068	化明塘严氏墓	明	安徽省蚌埠市五河县
585	7-0585-2-069	汤和墓	明	安徽省蚌埠市龙子湖区
586	7-0586-2-070	张廷玉墓	清	安徽省安庆市桐城市
587	7-0587-2-071	浦城土墩墓群	西周至春秋	福建省南平市浦城县
588	7-0588-2-072	陈政墓和陈元光墓	唐至宋	福建省漳州市云霄县、芗城区
589	7-0589-2-073	李洲坳东周墓葬	东周	江西省宜春市靖安县
590	7-0590-2-074	吴平墓群	西汉至隋	江西省宜春市樟树市
591	7-0591-1-517	紫金城城址与铁河古墓群	汉	江西省南昌市新建县
592	7-0592-2-076	吉水东吴墓	三国	江西省吉安市吉水县
593	7-0593-2-077	文天祥墓	元	江西省吉安市青原区
594	7-0594-2-078	谭纶墓	明	江西省抚州市宜黄县
595	7-0595-2-079	朱权墓与乐安王墓	明	江西省南昌市新建县
596	7-0596-2-080	明益藩王墓地	明	江西省抚州市南城县
597	7-0597-1-518	村里集城址及墓群	西周至战国	山东省烟台市蓬莱市
598	7-0598-2-082	临淄墓群	周至汉	山东省淄博市临淄区
599	7-0599-2-083	防山墓群	周、汉	山东省济宁市曲阜市
600	7-0600-2-084	孟母林墓群	东周至清	山东省济宁市曲阜市
601	7-0601-2-085	程家沟古墓	战国	山东省潍坊市青州市
602	7-0602-2-086	定陶王墓地（王陵）	汉	山东省菏泽市定陶县
603	7-0603-2-087	安丘董家庄汉画像石墓	东汉	山东省潍坊市安丘市
604	7-0604-2-088	留村石墓群	元	山东省威海市荣成市
605	7-0605-2-089	明德王墓地	明	山东省济南市长清区
606	7-0606-2-090	宋庄东周贵族墓地	东周、汉	河南省鹤壁市淇县
607	7-0607-2-091	固岸墓地	战国至宋	河南省安阳市安阳县
608	7-0608-2-092	苌村汉墓	汉	河南省郑州市荥阳市
609	7-0609-2-093	刘崇墓	汉	河南省周口市淮阳县
610	7-0610-2-094	后士郭壁画墓	东汉	河南省郑州市新密市
611	7-0611-2-095	徐堌堆墓群	东汉	河南省商丘市梁园区
612	7-0612-2-096	洛南东汉帝陵	东汉	河南省洛阳市偃师市
613	7-0613-2-097	安阳高陵	东汉	河南省安阳市安阳县

序号	编号	名称	时代	地址
614	7-0614-2-098	汉献帝禅陵	东汉	河南省焦作市修武县
615	7-0615-2-099	魏明帝高平陵	三国	河南省洛阳市汝阳县
616	7-0616-2-100	后晋显陵	五代	河南省洛阳市宜阳县
617	7-0617-2-101	后汉皇陵	五代	河南省许昌市禹州市
618	7-0618-2-102	程颐、程颢墓	北宋	河南省洛阳市伊川县
619	7-0619-2-103	许衡墓	元	河南省焦作市中站区
620	7-0620-2-104	明周王墓	明	河南省许昌市禹州市
621	7-0621-2-105	苏家垄墓群	东周	湖北省荆门市京山县
622	7-0622-2-106	安乐堰墓群	东周	湖北省襄阳市南漳县
623	7-0623-2-107	马山墓群	东周	湖北省荆州市荆州区
624	7-0624-2-108	霸王坟墓群	战国	湖北省襄阳市老河口市
625	7-0625-2-109	腰子仑春秋墓群	东周	湖南省益阳市桃江县
626	7-0626-2-110	网岭墓群	东周至汉晋	湖南省株洲市攸县
627	7-0627-2-111	九里楚墓群	战国	湖南省常德市临澧县
628	7-0628-2-112	里耶麦茶战国墓群	战国	湖南省湘西土家族苗族自治州龙山县
629	7-0629-2-113	骑龙岗古墓群	战国至汉	湖南省张家界市慈利县
630	7-0630-2-114	义帝陵	秦	湖南省郴州市北湖区
631	7-0631-2-115	马王堆汉墓	西汉	湖南省长沙市芙蓉区
632	7-0632-2-116	汉代长沙王陵墓群	汉	湖南省长沙市岳麓区、望城区
633	7-0633-2-117	青山崖墓群	汉晋	湖南省常德市临澧县
634	7-0634-2-118	南禅湾晋墓群	西晋	湖南省常德市安乡县
635	7-0635-2-119	龙窑山堆石墓群	隋至明	湖南省岳阳市临湘市
636	7-0636-2-120	张南轩墓（含张浚墓）	宋	湖南省长沙市宁乡县
637	7-0637-2-121	陶澍墓	清	湖南省益阳市安化县
638	7-0638-2-122	曾国藩墓	清	湖南省长沙市岳麓区
639	7-0639-2-123	隋谯国夫人冼氏墓	隋	广东省茂名市电白县
640	7-0640-2-124	清真先贤古墓	唐	广东省广州市越秀区
641	7-0641-2-125	唐氏墓群	宋至清	广东省湛江市雷州市
642	7-0642-2-126	凤腾山古墓群	清	广西壮族自治区河池市环江毛南族自治县
643	7-0643-2-127	荆竹坝岩棺群	战国至汉	重庆市巫溪县

2014
中国
文物年鉴

续表

序号	编号	名称	时代	地址
644	7-0644-2-128	汇南墓群	汉至六朝	重庆市丰都县
645	7-0645-2-129	青川郝家坪战国墓群	战国	四川省广元市青川县
646	7-0646-2-130	河边九龙山崖墓群	汉	四川省绵阳市涪城区
647	7-0647-2-131	合江崖墓群	东汉	四川省泸州市合江县
648	7-0648-2-132	顺河崖墓群	东汉	四川省内江市东兴区
649	7-0649-2-133	铁佛寺崖墓群	东汉	四川省资阳市安岳县
650	7-0650-2-134	七个洞崖墓群	东汉	四川省宜宾市长宁县
651	7-0651-2-135	罗盘嘴墓群	宋	四川省泸州市泸县
652	7-0652-2-136	南广河流域崖墓群及石刻	明	四川省宜宾市高县
653	7-0653-2-137	务川大坪墓群	汉	贵州省遵义市务川仡佬族苗族自治县
654	7-0654-2-138	兴义万屯墓群	东汉	贵州省黔西南布依族苗族自治州兴义市
655	7-0655-2-139	平坝棺材洞	唐至民国	贵州省安顺市平坝县
656	7-0656-2-140	惠水仙人桥洞葬	明至清	贵州省黔南布依族苗族自治州惠水县
657	7-0657-2-141	黔南水族墓群	明至清	贵州省黔南布依族苗族自治州三都水族自治县、荔波县
658	7-0658-2-142	小冲墓群	明至民国	贵州省六盘水市盘县
659	7-0659-2-143	明十八先生墓	清	贵州省黔西南布依族苗族自治州安龙县
660	7-0660-2-144	万家坝古墓群	周	云南省楚雄彝族自治州楚雄市
661	7-0661-2-145	金莲山、学山遗址群	春秋至汉	云南省玉溪市澄江县
662	7-0662-2-146	罗汉山古墓群	东汉至唐	云南省曲靖市麒麟区
663	7-0663-2-147	瓦石悬棺	唐	云南省昭通市威信县
664	7-0664-2-148	顺荡火葬墓群	明	云南省大理白族自治州云龙县
665	7-0665-2-149	窦皇后陵	西汉	陕西省西安市灞桥区
666	7-0666-2-150	凤栖原西汉家族墓地	西汉	陕西省西安市长安区
667	7-0667-2-151	汉云陵	西汉	陕西省咸阳市淳化县
668	7-0668-2-152	走马梁汉墓群	汉	陕西省榆林市榆阳区
669	7-0669-2-153	薄太后陵	汉	陕西省西安市灞桥区
670	7-0670-1-519	杨桥畔汉代城址与墓地	汉	陕西省榆林市靖边县

序号	编号	名称	时代	地址
671	7-0671-2-155	商洛崖墓群	汉至清	陕西省商洛市商州区、洛南县、镇安县、柞水县、丹凤县、商南县、山阳县
672	7-0672-2-156	永垣陵	晋	陕西省渭南市白水县
673	7-0673-2-157	北周成陵	南北朝	陕西省渭南市富平县
674	7-0674-2-158	李重俊墓	唐	陕西省渭南市富平县
675	7-0675-2-159	唐惠陵	唐	陕西省渭南市蒲城县
676	7-0676-2-160	兴宁陵	唐	陕西省咸阳市渭城区
677	7-0677-2-161	永康陵	唐	陕西省咸阳市三原县
678	7-0678-2-162	李茂贞墓	五代	陕西省宝鸡市金台区
679	7-0679-2-163	蓝田吕氏家族墓地	北宋	陕西省西安市蓝田县
680	7-0680-2-164	宁强羌人墓地	宋至清	陕西省汉中市宁强县
681	7-0681-2-165	李氏家族墓地	清	陕西省渭南市大荔县
682	7-0682-2-166	磨咀子和五坝山墓群	新石器时代、汉、晋	甘肃省武威市凉州区
683	7-0683-2-167	放马滩墓群	战国至西汉	甘肃省天水市麦积区
684	7-0684-2-168	甲子墩墓群	汉至魏晋	甘肃省张掖市甘州区
685	7-0685-2-169	旱滩坡墓群	汉至晋	甘肃省武威市凉州区
686	7-0686-2-170	踏实墓群	东汉至唐	甘肃省酒泉市瓜州县
687	7-0687-2-171	高昌王和西宁王墓	元	甘肃省武威市凉州区
688	7-0688-2-172	杂涅墓群	唐	青海省玉树藏族自治州玉树县
689	7-0689-2-173	玉树古墓群	唐	青海省玉树藏族自治州治多县、玉树县、称多县
690	7-0690-2-174	街子拱北	清	青海省海东地区循化撒拉族自治县
691	7-0691-2-175	固原北朝隋唐墓地	北朝至唐	宁夏回族自治区固原市原州区
692	7-0692-2-176	窨子梁唐墓	唐	宁夏回族自治区吴忠市盐池县
693	7-0693-2-177	小河墓地	公元前2000年～公元前1500年	新疆维吾尔自治区巴音郭楞蒙古自治州若羌县
694	7-0694-2-178	阔科克古墓群	青铜时代	新疆维吾尔自治区阿勒泰地区布尔津县
695	7-0695-2-179	拜其尔墓地	青铜时代	新疆维吾尔自治区哈密地区伊吾县
696	7-0696-2-180	大喀纳斯景区墓葬群	青铜时代至铁器时代	新疆维吾尔自治区阿勒泰地区布尔津县
697	7-0697-2-181	赛里木湖古墓群	青铜时代、汉至唐	新疆维吾尔自治区博尔塔拉蒙古自治州博乐市
698	7-0698-2-182	阿日夏特科克石围及石堆墓群	春秋至战国	新疆维吾尔自治区博尔塔拉蒙古自治州温泉县

2014
中国
文物年鉴

续表

序号	编号	名称	时代	地址
699	7-0699-2-183	阿敦乔鲁石栅古墓群及岩画群	春秋至战国	新疆维吾尔自治区博尔塔拉蒙古自治州温泉县
700	7-0700-2-184	库车友谊路墓群	晋、十六国	新疆维吾尔自治区阿克苏地区库车县
701	7-0701-2-185	小洪纳海石人墓	隋、唐	新疆维吾尔自治区伊犁哈萨克自治州昭苏县
702	7-0702-2-186	默拉纳额什丁麻扎	明	新疆维吾尔自治区阿克苏地区库车县

古建筑（795处）

序号	编号	名称	时代	地址
703	7-0703-3-001	良乡多宝佛塔	辽	北京市房山区
704	7-0704-3-002	镇岗塔	金	北京市丰台区
705	7-0705-3-003	灵岳寺	元至清	北京市门头沟区
706	7-0706-3-004	万松老人塔	元、清	北京市西城区
707	7-0707-3-005	明北京城城墙遗存	明	北京市东城区、西城区
708	7-0708-3-006	姚广孝墓塔	明	北京市房山区
709	7-0709-3-007	摩诃庵	明	北京市海淀区
710	7-0710-3-008	琉璃河大桥	明	北京市房山区
711	7-0711-3-009	慈寿寺塔	明	北京市海淀区
712	7-0712-3-010	文天祥祠	明至清	北京市东城区
713	7-0713-3-011	普度寺	清	北京市东城区
714	7-0714-3-012	克勤郡王府	清	北京市西城区
715	7-0715-3-013	蓟县白塔	辽至清	天津市蓟县
716	7-0716-3-014	天后宫	明至清	天津市南开区
717	7-0717-3-015	天尊阁	清	天津市宁河县
718	7-0718-3-016	李纯祠堂	清至民国	天津市南开区
719	7-0719-3-017	张家口堡	汉、魏晋南北朝、唐、明、清	河北省张家口市桥西区
720	7-0720-3-018	南贾乡石塔	唐	河北省邢台市邢台县
721	7-0721-3-019	佛真猞猁迤逻尼塔	辽	河北省张家口市宣化县
722	7-0722-3-020	大辛阁石塔	辽	河北省廊坊市永清县
723	7-0723-3-021	永安寺塔	辽	河北省保定市涿州市
724	7-0724-3-022	伍侯塔	辽	河北省保定市顺平县
725	7-0725-3-023	澍鹫寺塔	金至元	河北省张家口市阳原县

序号	编号	名称	时代	地址
726	7-0726-3-024	玉泉寺大殿	金至元	河北省邯郸市涉县
727	7-0727-3-025	开化寺塔	金至明	河北省石家庄市元氏县
728	7-0728-3-026	双塔庵双塔	金至明	河北省保定市易县
729	7-0729-3-027	皇甫寺塔	金至明	河北省保定市涞水县
730	7-0730-3-028	半截塔	元	河北省承德市围场满族蒙古族自治县
731	7-0731-3-029	金山寺舍利塔	元	河北省保定市涞水县
732	7-0732-3-030	天宁寺前殿	元	河北省邢台市桥东区
733	7-0733-3-031	常乐龙王庙正殿	元	河北省邯郸市涉县
734	7-0734-3-032	平乡文庙大成殿	元至明	河北省邢台市平乡县
735	7-0735-3-033	金河寺悬空庵塔群	元至明	河北省张家口市蔚县
736	7-0736-3-034	定州清真寺	元至清	河北省保定市定州市
737	7-0737-3-035	九江圣母庙	元至清	河北省邯郸市武安市
738	7-0738-3-036	灵寿石牌坊	明	河北省石家庄市灵寿县
739	7-0739-3-037	蔚县关帝庙	明	河北省张家口市蔚县
740	7-0740-3-038	天齐庙	明	河北省张家口市蔚县
741	7-0741-3-039	蔚州古城墙	明	河北省张家口市蔚县
742	7-0742-3-040	故城寺	明	河北省张家口市蔚县
743	7-0743-3-041	重光塔	明	河北省张家口市赤城县
744	7-0744-3-042	永平府城墙	明	河北省秦皇岛市卢龙县
745	7-0745-3-043	下胡良桥	明	河北省保定市涿州市
746	7-0746-3-044	普彤塔	明	河北省邢台市南宫市
747	7-0747-3-045	滏阳河西八闸	明	河北省邯郸市永年县
748	7-0748-3-046	天青寺大殿	明	河北省邯郸市武安市
749	7-0749-3-047	保定钟楼	明	河北省保定市南市区
750	7-0750-3-048	正定城墙	明	河北省石家庄市正定县
751	7-0751-3-049	宣化柏林寺	明至清	河北省张家口市宣化县
752	7-0752-3-050	卜北堡玉泉寺	明至清	河北省张家口市蔚县
753	7-0753-3-051	方顺桥	明至清	河北省保定市满城县
754	7-0754-3-052	登瀛桥	明至清	河北省沧州市沧县
755	7-0755-3-053	洗马林城墙	明至清	河北省张家口市万全县
756	7-0756-3-054	黄粱梦吕仙祠	明至清	河北省邯郸市邯郸县

2014
中国
文物年鉴

续表

序号	编号	名称	时代	地址
757	7-0757-3-055	井陉旧城城墙	明至清	河北省石家庄市井陉县
758	7-0758-3-056	沙子坡老君观	明至清	河北省张家口市蔚县
759	7-0759-3-057	蔚县重泰寺	明至清	河北省张家口市蔚县
760	7-0760-3-058	定州文庙	清	河北省保定市定州市
761	7-0761-3-059	衡水安济桥	清	河北省衡水市桃城区
762	7-0762-3-060	凤山关帝庙	清	河北省承德市丰宁满族自治县
763	7-0763-3-061	淮军公所	清	河北省保定市南市区
764	7-0764-3-062	清河道署	清	河北省保定市南市区
765	7-0765-3-063	深州盈亿义仓	清	河北省衡水市深州市
766	7-0766-3-064	郎寨砖塔	唐	山西省临汾市安泽县
767	7-0767-3-065	先师和尚舍利塔	唐	山西省长治市屯留县
768	7-0768-3-066	小张碧云寺大殿	宋	山西省长治市长子县
769	7-0769-3-067	北阳城砖塔	宋	山西省运城市稷山县
770	7-0770-3-068	巷口寿圣寺砖塔	宋	山西省运城市芮城县
771	7-0771-3-069	闫原头永兴寺塔	宋	山西省运城市临猗县
772	7-0772-3-070	张村圣庵寺塔	宋	山西省运城市临猗县
773	7-0773-3-071	万荣稷王山塔	宋	山西省运城市万荣县
774	7-0774-3-072	中里庄八龙寺塔	宋	山西省运城市万荣县
775	7-0775-3-073	万荣旱泉塔	宋	山西省运城市万荣县
776	7-0776-3-074	南阳村寿圣寺塔	宋	山西省运城市万荣县
777	7-0777-3-075	运城太平兴国寺塔	宋	山西省运城市盐湖区
778	7-0778-3-076	河底成汤庙	宋至清	山西省晋城市泽州县
779	7-0779-3-077	布村玉皇庙	宋至清	山西省长治市长子县
780	7-0780-3-078	高都景德寺	宋至清	山西省晋城市泽州县
781	7-0781-3-079	大周村古寺庙建筑群	宋至清	山西省晋城市高平市
782	7-0782-3-080	上贤梵安寺塔	宋、明	山西省吕梁市文水县
783	7-0783-3-081	冠山天宁寺双塔	宋、明至清	山西省阳泉市平定县
784	7-0784-3-082	韩坊尧王庙大殿	金	山西省长治市长子县
785	7-0785-3-083	长子崔府君庙大殿	金	山西省长治市长子县
786	7-0786-3-084	麻衣寺砖塔	金	山西省临汾市安泽县

序号	编号	名称	时代	地址
787	7-0787-3-085	灵光寺琉璃塔	金	山西省临汾市襄汾县
788	7-0788-3-086	浑源圆觉寺塔	金	山西省大同市浑源县
789	7-0789-3-087	繁峙正觉寺大雄宝殿	金	山西省忻州市繁峙县
790	7-0790-3-088	襄垣永惠桥	金	山西省长治市襄垣县
791	7-0791-3-089	高平嘉祥寺	金至清	山西省晋城市高平市
792	7-0792-3-090	尹西东岳庙	金至清	山西省晋城市泽州县
793	7-0793-3-091	西顿济渎庙	金至清	山西省晋城市泽州县
794	7-0794-3-092	李庄文庙	金至民国	山西省长治市潞城市
795	7-0795-3-093	义合三教堂	金至民国	山西省长治市长子县
796	7-0796-3-094	下霍护国灵贶王庙	金、清	山西省长治市长子县
797	7-0797-3-095	北马玉皇庙	金、清	山西省晋城市陵川县
798	7-0798-3-096	宋村永兴寺	金、清	山西省运城市垣曲县
799	7-0799-3-097	三王村三嵕庙	金、清	山西省晋城市高平市
800	7-0800-3-098	坛岭头岱庙	金、清	山西省晋城市泽州县
801	7-0801-3-099	苇则寿圣寺	元	山西省晋中市左权县
802	7-0802-3-100	寺坪普照寺大殿	元	山西省晋中市左权县
803	7-0803-3-101	帖木儿塔	元	山西省太原市阳曲县
804	7-0804-3-102	前万户汤王庙	元	山西省长治市长子县
805	7-0805-3-103	庄头天仙庙	元	山西省长治市壶关县
806	7-0806-3-104	东许三清庙献殿	元	山西省临汾市曲沃县
807	7-0807-3-105	襄陵文庙大成殿	元	山西省临汾市襄汾县
808	7-0808-3-106	大同关帝庙大殿	元	山西省大同市城区
809	7-0809-3-107	中漳伏羲庙	元、明	山西省长治市长子县
810	7-0810-3-108	襄垣昭泽王庙	元、明	山西省长治市襄垣县
811	7-0811-3-109	长宁大庙	元至清	山西省长治市黎城县
812	7-0812-3-110	南涅水洪教院	元至清	山西省长治市沁县
813	7-0813-3-111	良户玉虚观	元至清	山西省晋城市高平市
814	7-0814-3-112	南庄玉皇庙	元至清	山西省晋城市高平市
815	7-0815-3-113	川底佛堂	元至清	山西省晋城市泽州县
816	7-0816-3-114	马厂崇教寺	元至清	山西省长治市郊区
817	7-0817-3-115	长春观	元至清	山西省运城市绛县

2014
中国
文物年鉴

续表

序号	编号	名称	时代	地址
818	7-0818-3-116	南林交龙泉寺	元至清	山西省临汾市曲沃县
819	7-0819-3-117	武乡真如寺	元至清	山西省长治市武乡县
820	7-0820-3-118	襄垣五龙庙	元至清	山西省长治市襄垣县
821	7-0821-3-119	董峰万寿宫	元至清	山西省晋城市高平市
822	7-0822-3-120	建南济渎庙	元至清	山西省晋城市高平市
823	7-0823-3-121	史村东岳庙	元至清	山西省晋城市泽州县
824	7-0824-3-122	河津台头庙	元至清	山西省运城市河津市
825	7-0825-3-123	南柳泰山庙	元至清	山西省运城市绛县
826	7-0826-3-124	律吕神祠	元至清	山西省大同市浑源县
827	7-0827-3-125	南召文庙	元至清	山西省晋城市陵川县
828	7-0828-3-126	水东崔府君庙	元至清	山西省晋城市泽州县
829	7-0829-3-127	薛庄玉皇庙	元至清	山西省晋城市泽州县
830	7-0830-3-128	辛村天齐王庙	元至清	山西省长治市黎城县
831	7-0831-3-129	上冯圣母庙	元至清	山西省运城市夏县
832	7-0832-3-130	南阳法王庙	元至清	山西省运城市稷山县
833	7-0833-3-131	洪洞关帝庙	元、明至清	山西省临汾市洪洞县
834	7-0834-3-132	柏草坡龙天土地庙	元至民国	山西省吕梁市汾阳市
835	7-0835-3-133	孝义三皇庙	元至民国	山西省吕梁市孝义市
836	7-0836-3-134	大中汉三嵕庙	元、清	山西省长治市长子县
837	7-0837-3-135	孝义天齐庙	元、清	山西省吕梁市孝义市
838	7-0838-3-136	北和炎帝庙	元、清	山西省长治市长治县
839	7-0839-3-137	北社三嵕庙	元、清	山西省长治市平顺县
840	7-0840-3-138	北社大禹庙	元、清	山西省长治市平顺县
841	7-0841-3-139	北甘泉圣母庙	元、清	山西省长治市平顺县
842	7-0842-3-140	李庄武庙	元、清	山西省长治市潞城市
843	7-0843-3-141	石末宣圣庙	元、清	山西省晋城市高平市
844	7-0844-3-142	关村炎帝庙	元、清至民国	山西省长治市郊区
845	7-0845-3-143	夏县文庙大成殿	明	山西省运城市夏县
846	7-0846-3-144	永和文庙大成殿	明	山西省临汾市永和县
847	7-0847-3-145	泉掌关帝庙	明	山西省运城市新绛县
848	7-0848-3-146	阳曲大王庙大殿	明	山西省太原市阳曲县

序号	编号	名称	时代	地址
849	7-0849-3-147	隰县鼓楼	明	山西省临汾市隰县
850	7-0850-3-148	交城玄中寺	明至清	山西省吕梁市交城县
851	7-0851-3-149	原平惠济寺	明至清	山西省忻州市原平市
852	7-0852-3-150	石室蓬莱宫	明至清	山西省长治市屯留县
853	7-0853-3-151	洪洞商山庙	明至清	山西省临汾市洪洞县
854	7-0854-3-152	绛县文庙	明至清	山西省运城市绛县
855	7-0855-3-153	襄垣慈胜寺	明至清	山西省晋中市平遥县
856	7-0856-3-154	后土圣母庙	明至清	山西省吕梁市石楼县
857	7-0857-3-155	薛瑄家庙及墓地	明至清	山西省运城市万荣县
858	7-0858-3-156	介休城隍庙	明至清	山西省晋中市介休市
859	7-0859-3-157	新村妙觉寺	明至清	山西省晋中市太谷县
860	7-0860-3-158	范村圆智寺	明至清	山西省晋中市太谷县
861	7-0861-3-159	太原大关帝庙	明至清	山西省太原市迎泽区
862	7-0862-3-160	太原清真寺	明至清	山西省太原市迎泽区
863	7-0863-3-161	太原纯阳宫	明至清	山西省太原市迎泽区
864	7-0864-3-162	前斧柯悬泉寺	明至清	山西省太原市阳曲县
865	7-0865-3-163	藏山祠	明至清	山西省阳泉市盂县
866	7-0866-3-164	灵空山圣寿寺	明至清	山西省长治市沁源县
867	7-0867-3-165	西青北大禹庙	明至清	山西省长治市平顺县
868	7-0868-3-166	陈廷敬故居	明至清	山西省晋城市阳城县
869	7-0869-3-167	运城关王庙	明至清	山西省运城市盐湖区
870	7-0870-3-168	池神庙及盐池禁墙	明至清	山西省运城市盐湖区
871	7-0871-3-169	仙翁庙	明至清	山西省晋城市高平市
872	7-0872-3-170	干坑南神庙	明至清	山西省晋中市平遥县
873	7-0873-3-171	黎城城隍庙	明至清	山西省长治市黎城县
874	7-0874-3-172	罗睺寺	明至清	山西省忻州市五台县
875	7-0875-3-173	辛庄开化寺	明至清	山西省太原市阳曲县
876	7-0876-3-174	浑源文庙	明至清	山西省大同市浑源县
877	7-0877-3-175	太山龙泉寺	明至清	山西省太原市晋源区
878	7-0878-3-176	坪上汤帝庙	明至清	山西省晋城市泽州县
879	7-0879-3-177	静升文庙	明至清	山西省晋中市灵石县

续表

序号	编号	名称	时代	地址
880	7-0880-3-178	云峰寺石佛殿	明至清	山西省晋中市介休市
881	7-0881-3-179	北依涧永福寺过殿	明至清	山西省晋中市平遥县
882	7-0882-3-180	崇善寺大悲殿	明至清	山西省太原市迎泽区
883	7-0883-3-181	唱经楼	明至清	山西省太原市杏花岭区
884	7-0884-3-182	晋源阿育王塔	明至清	山西省太原市晋源区
885	7-0885-3-183	晋源文庙	明至清	山西省太原市晋源区
886	7-0886-3-184	清徐尧庙	明至清	山西省太原市清徐县
887	7-0887-3-185	绛州文庙	明至清	山西省运城市新绛县
888	7-0888-3-186	北池稷王庙	明至清	山西省运城市新绛县
889	7-0889-3-187	玄帝庙	明至清	山西省运城市河津市
890	7-0890-3-188	石四牌坊和木四牌坊	明至清	山西省临汾市翼城县
891	7-0891-3-189	樊店关帝庙	明至清	山西省临汾市翼城县
892	7-0892-3-190	孝义慈胜寺	明至清	山西省吕梁市孝义市
893	7-0893-3-191	净石宫	明至民国	山西省临汾市洪洞县
894	7-0894-3-192	梁家滩白云寺	明至民国	山西省晋中市平遥县
895	7-0895-3-193	玉虚宫下院	清	山西省吕梁市柳林县
896	7-0896-3-194	古交千佛寺	清	山西省太原市古交市
897	7-0897-3-195	太原文庙	清	山西省太原市迎泽区
898	7-0898-3-196	平遥惠济桥	清	山西省晋中市平遥县
899	7-0899-3-197	雷履泰旧居	清	山西省晋中市平遥县
900	7-0900-3-198	平遥市楼	清	山西省晋中市平遥县
901	7-0901-3-199	南樊石牌坊及碑亭	清	山西省运城市绛县
902	7-0902-3-200	乔寺碑楼	清	山西省运城市绛县
903	7-0903-3-201	郭家庄仇氏石牌坊及碑亭	清	山西省运城市闻喜县
904	7-0904-3-202	府城关帝庙	清	山西省晋城市泽州县
905	7-0905-3-203	冠山书院	清	山西省阳泉市平定县
906	7-0906-3-204	大同观音堂	清	山西省大同市南郊区
907	7-0907-3-205	介休源神庙	清	山西省晋中市介休市
908	7-0908-3-206	南政隆福寺	清	山西省晋中市平遥县
909	7-0909-3-207	闫景李家大院	清至民国	山西省运城市万荣县

序号	编号	名称	时代	地址
910	7-0910-3-208	准格尔召	明	内蒙古自治区鄂尔多斯市准格尔旗
911	7-0911-3-209	乌素图召	清	内蒙古自治区呼和浩特市回民区
912	7-0912-3-210	席力图召及家庙	清	内蒙古自治区呼和浩特市玉泉区
913	7-0913-3-211	奈曼蒙古王府	清	内蒙古自治区通辽市奈曼旗
914	7-0914-3-212	寿因寺大殿	清	内蒙古自治区通辽市库伦旗
915	7-0915-3-213	梵宗寺	清	内蒙古自治区赤峰市翁牛特旗
916	7-0916-3-214	荟福寺	清	内蒙古自治区赤峰市巴林右旗
917	7-0917-3-215	法轮寺	清	内蒙古自治区赤峰市宁城县
918	7-0918-3-216	赤峰清真北大寺	清	内蒙古自治区赤峰市红山区
919	7-0919-3-217	四子王旗王府	清	内蒙古自治区乌兰察布市四子王旗
920	7-0920-3-218	巴丹吉林庙	清	内蒙古自治区阿拉善盟阿拉善右旗
921	7-0921-3-219	沙日特莫图庙	清	内蒙古自治区鄂尔多斯市杭锦旗
922	7-0922-3-220	呼和浩特清真大寺	清至民国	内蒙古自治区呼和浩特市回民区
923	7-0923-3-221	八棱观塔	辽	辽宁省朝阳市龙城区
924	7-0924-3-222	白塔峪塔	辽	辽宁省葫芦岛市兴城市
925	7-0925-3-223	班吉塔	辽	辽宁省锦州市凌海市
926	7-0926-3-224	东平房塔	辽	辽宁省朝阳市龙城区
927	7-0927-3-225	东塔山塔	辽	辽宁省阜新市阜新蒙古族自治县
928	7-0928-3-226	广胜寺塔	辽	辽宁省锦州市义县
929	7-0929-3-227	黄花滩塔	辽	辽宁省朝阳市龙城区
930	7-0930-3-228	金塔	辽	辽宁省鞍山市海城市
931	7-0931-3-229	磨石沟塔	辽	辽宁省葫芦岛市兴城市
932	7-0932-3-230	青峰塔	辽	辽宁省朝阳市朝阳县
933	7-0933-3-231	双塔寺双塔	辽	辽宁省朝阳市朝阳县
934	7-0934-3-232	塔营子塔	辽	辽宁省阜新市阜新蒙古族自治县
935	7-0935-3-233	无垢净光舍利塔	辽	辽宁省沈阳市皇姑区
936	7-0936-3-234	妙峰寺双塔	辽	辽宁省葫芦岛市绥中县
937	7-0937-3-235	银塔	辽至明	辽宁省鞍山市海城市
938	7-0938-3-236	沙锅屯石塔	金	辽宁省葫芦岛市南票区
939	7-0939-3-237	千山古建筑群	明至清	辽宁省鞍山市千山区
940	7-0940-3-238	银冈书院	清	辽宁省铁岭市银州区

2014
中国
文物年鉴

续表

序号	编号	名称	时代	地址
941	7-0941-3-239	农安辽塔	辽	吉林省长春市农安县
942	7-0942-3-240	延吉边务督办公署旧址	清	吉林省延边朝鲜族自治州延吉市
943	7-0943-3-241	乌拉街清代建筑群	清	吉林省吉林市龙潭区
944	7-0944-3-242	阿城清真寺	清	黑龙江省哈尔滨市阿城区
945	7-0945-3-243	嘉定孔庙	明至清	上海市嘉定区
946	7-0946-3-244	海春轩塔	唐	江苏省盐城市东台市
947	7-0947-3-245	文通塔	宋	江苏省淮安市淮安区
948	7-0948-3-246	甲辰巷砖塔	宋	江苏省苏州市姑苏区
949	7-0949-3-247	思本桥	宋	江苏省苏州市吴江区
950	7-0950-3-248	东庙桥	宋	江苏省苏州市吴江区
951	7-0951-3-249	月塔	宋	江苏省淮安市涟水县
952	7-0952-3-250	聚沙塔	宋	江苏省苏州市常熟市
953	7-0953-3-251	兴国寺塔	宋、明	江苏省无锡市江阴市
954	7-0954-3-252	甘露寺铁塔	宋、明	江苏省镇江市京口区
955	7-0955-3-253	万佛石塔	元	江苏省苏州市虎丘区
956	7-0956-3-254	七桥瓮	明	江苏省南京市秦淮区
957	7-0957-3-255	蒲塘桥	明	江苏省南京市溧水县
958	7-0958-3-256	开元寺无梁殿	明	江苏省苏州市姑苏区
959	7-0959-3-257	玉燕堂	明	江苏省苏州市昆山市
960	7-0960-3-258	秦峰塔	明	江苏省苏州市昆山市
961	7-0961-3-259	慈云寺塔	明	江苏省苏州市吴江区
962	7-0962-3-260	广教禅寺	明至清	江苏省南通市崇川区
963	7-0963-3-261	周王庙及碑刻	明至清	江苏省无锡市宜兴市
964	7-0964-3-262	日涉园	明至民国	江苏省泰州市海陵区
965	7-0965-3-263	隆昌寺	明至民国	江苏省镇江市句容市
966	7-0966-3-264	浏河天妃宫遗迹	清	江苏省苏州市太仓市
967	7-0967-3-265	朝天宫	清	江苏省南京市秦淮区
968	7-0968-3-266	近园	清	江苏省常州市天宁区
969	7-0969-3-267	杨柳村古建筑群	清	江苏省南京市江宁区
970	7-0970-3-268	苏州织造署旧址	清	江苏省苏州市姑苏区

序号	编号	名称	时代	地址
971	7-0971-3-269	卫道观前潘宅	清	江苏省苏州市姑苏区
972	7-0972-3-270	杨氏宅第	清	江苏省苏州市张家港市
973	7-0973-3-271	燕园	清	江苏省苏州市常熟市
974	7-0974-3-272	敬业堂	清	江苏省苏州市昆山市
975	7-0975-3-273	先蚕祠	清	江苏省苏州市吴江区
976	7-0976-3-274	耕乐堂	清	江苏省苏州市吴江区
977	7-0977-3-275	学政试院	清	江苏省泰州市海陵区
978	7-0978-3-276	适园	清	江苏省无锡市江阴市
979	7-0979-3-277	史可法墓祠	清	江苏省扬州市邗江区
980	7-0980-3-278	汪氏盐商住宅	清	江苏省扬州市广陵区
981	7-0981-3-279	贾氏盐商住宅	清	江苏省扬州市广陵区
982	7-0982-3-280	卢氏盐商住宅	清	江苏省扬州市广陵区
983	7-0983-3-281	逸圃	清	江苏省扬州市广陵区
984	7-0984-3-282	扬州重宁寺	清	江苏省扬州市邗江区
985	7-0985-3-283	如皋公立简易师范学堂旧址	1903年	江苏省南通市如皋市
986	7-0986-3-284	上池斋药店	清至民国	江苏省泰州市兴化市
987	7-0987-3-285	汪氏小苑	清至民国	江苏省扬州市广陵区
988	7-0988-3-286	瑞隆感应塔	五代	浙江省台州市黄岩区
989	7-0989-3-287	灵隐寺石塔和经幢	五代、北宋	浙江省杭州市西湖区
990	7-0990-3-288	保俶塔	五代、明、民国	浙江省杭州市西湖区
991	7-0991-3-289	二灵塔	宋	浙江省宁波市鄞州区
992	7-0992-3-290	国安寺塔	宋	浙江省温州市龙湾区
993	7-0993-3-291	观音寺石塔	宋	浙江省温州市瑞安市
994	7-0994-3-292	护法寺桥和塔	宋	浙江省温州市苍南县
995	7-0995-3-293	东化成寺塔	宋	浙江省绍兴市诸暨市
996	7-0996-3-294	龙德寺塔	宋	浙江省金华市浦江县
997	7-0997-3-295	南峰塔和福印山塔	宋	浙江省台州市仙居县
998	7-0998-3-296	乐清东塔	宋	浙江省温州市乐清市
999	7-0999-3-297	八卦桥和河西桥	宋	浙江省温州市瑞安市
1000	7-1000-3-298	栖真寺五佛塔	宋	浙江省温州市平阳县

续表

序号	编号	名称	时代	地址
1001	7-1001-3-299	西山桥	南宋	浙江省杭州市建德市
1002	7-1002-3-300	真如寺石塔	元	浙江省温州市乐清市
1003	7-1003-3-301	普庆寺石塔	元	浙江省杭州市临安市
1004	7-1004-3-302	千佛塔	元	浙江省台州市临海市
1005	7-1005-3-303	金昭牌坊和宪台牌坊	明	浙江省温州市永嘉县
1006	7-1006-3-304	七家厅	明	浙江省金华市婺城区
1007	7-1007-3-305	关西世家	明	浙江省衢州市龙游县
1008	7-1008-3-306	绍衣堂和横山塔	明	浙江省衢州市龙游县
1009	7-1009-3-307	西姜祠堂	明	浙江省金华市兰溪市
1010	7-1010-3-308	楠溪江宗祠建筑群	明至清	浙江省温州市永嘉县
1011	7-1011-3-309	寺平村乡土建筑	明至清	浙江省金华市婺城区
1012	7-1012-3-310	狭獭湖避塘	明至清	浙江省绍兴市绍兴县
1013	7-1013-3-311	鸡鸣山民居苑	明至清	浙江省衢州市龙游县
1014	7-1014-3-312	南坞杨氏宗祠	明至清	浙江省衢州市江山市
1015	7-1015-3-313	河阳村乡土建筑	明至清	浙江省丽水市缙云县
1016	7-1016-3-314	潘公桥及潘孝墓	明至清	浙江省湖州市吴兴区
1017	7-1017-3-315	玉岩包氏宗祠	明至清	浙江省温州市泰顺县
1018	7-1018-3-316	华堂王氏宗祠	明至清	浙江省绍兴市嵊州市
1019	7-1019-3-317	世德堂	明至清	浙江省金华市兰溪市
1020	7-1020-3-318	上族祠	明至清	浙江省金华市兰溪市
1021	7-1021-3-319	积庆堂	明至清	浙江省金华市兰溪市
1022	7-1022-3-320	余庆堂	明至清	浙江省金华市兰溪市
1023	7-1023-3-321	吴氏宗祠	明至清	浙江省衢州市衢江区
1024	7-1024-3-322	三槐堂	明至清	浙江省衢州市龙游县
1025	7-1025-3-323	新叶村乡土建筑	明至民国	浙江省杭州市建德市
1026	7-1026-3-324	兰亭	清	浙江省绍兴市绍兴县
1027	7-1027-3-325	林宅	清	浙江省宁波市海曙区
1028	7-1028-3-326	雪溪胡氏大院	清	浙江省温州市泰顺县
1029	7-1029-3-327	陈阁老宅	清	浙江省嘉兴市海宁市
1030	7-1030-3-328	双林三桥	清	浙江省湖州市南浔区

序号	编号	名称	时代	地址
1031	7-1031-3-329	舜王庙	清	浙江省绍兴市绍兴县
1032	7-1032-3-330	马上桥花厅	清	浙江省金华市东阳市
1033	7-1033-3-331	周宣灵王庙	清	浙江省衢州市柯城区
1034	7-1034-3-332	北二蓝氏宗祠	清	浙江省衢州市柯城区
1035	7-1035-3-333	三门源叶氏民居	清	浙江省衢州市龙游县
1036	7-1036-3-334	西洋殿	清	浙江省丽水市庆元县
1037	7-1037-3-335	普陀山普济寺	清	浙江省舟山市普陀区
1038	7-1038-3-336	泰顺土楼	清至民国	浙江省温州市泰顺县
1039	7-1039-3-337	黄山登山古道及古建筑	唐至民国	安徽省黄山市黄山区
1040	7-1040-3-338	黄金塔	宋	安徽省芜湖市无为县
1041	7-1041-3-339	太平塔	宋	安徽省安庆市潜山县
1042	7-1042-3-340	天寿寺塔	宋	安徽省宣城市广德县
1043	7-1043-3-341	长庆寺塔	宋	安徽省黄山市歙县
1044	7-1044-3-342	仙人塔	宋	安徽省宣城市宁国市
1045	7-1045-3-343	程大位故居	明	安徽省黄山市屯溪区
1046	7-1046-3-344	黄村进士第	明	安徽省黄山市休宁县
1047	7-1047-3-345	法云寺塔	明	安徽省安庆市岳西县
1048	7-1048-3-346	桐城文庙	明至清	安徽省安庆市桐城市
1049	7-1049-3-347	洪氏宗祠	明至清	安徽省黄山市歙县
1050	7-1050-3-348	奕世尚书坊和胡炳衡宅	明至清	安徽省宣城市绩溪县
1051	7-1051-3-349	寿县孔庙	明至清	安徽省六安市寿县
1052	7-1052-3-350	寿县清真寺	明至清	安徽省六安市寿县
1053	7-1053-3-351	太平山房	明至清	安徽省池州市青阳县
1054	7-1054-3-352	棠樾古民居	明至民国	安徽省黄山市歙县
1055	7-1055-3-353	九华山祇园寺	明至民国	安徽省池州市青阳县
1056	7-1056-3-354	上庄古建筑群	明至民国	安徽省宣城市绩溪县
1057	7-1057-3-355	九华山化城寺	清	安徽省池州市青阳县
1058	7-1058-3-356	九华山月身殿	清	安徽省池州市青阳县
1059	7-1059-3-357	安庆南关清真寺	清	安徽省安庆市迎江区
1060	7-1060-3-358	济阳曹氏宗祠	清	安徽省池州市青阳县
1061	7-1061-3-359	上章李氏宗祠	清	安徽省池州市青阳县

2014
中国
文物年鉴

续表

序号	编号	名称	时代	地址
1062	7-1062-3-360	九华山百岁宫	清	安徽省池州市青阳县
1063	7-1063-3-361	旌德文庙	清	安徽省宣城市旌德县
1064	7-1064-3-362	北岸吴氏宗祠	清	安徽省黄山市歙县
1065	7-1065-3-363	员公支祠	清	安徽省黄山市歙县
1066	7-1066-3-364	昌溪周氏宗祠	清	安徽省黄山市歙县
1067	7-1067-3-365	北岸廊桥	清	安徽省黄山市歙县
1068	7-1068-3-366	兴村程氏宗祠	清	安徽省黄山市黄山区
1069	7-1069-3-367	南京巷钱庄	清	安徽省亳州市谯城区
1070	7-1070-3-368	太白楼	清	安徽省马鞍山市雨山区
1071	7-1071-3-369	汀州城墙	唐至民国	福建省龙岩市长汀县
1072	7-1072-3-370	龙江桥	宋	福建省福州市福清市
1073	7-1073-3-371	五塔岩石塔	宋	福建省泉州市南安市
1074	7-1074-3-372	龙华双塔	宋、清	福建省莆田市仙游县
1075	7-1075-3-373	宁海桥	元	福建省莆田市涵江区
1076	7-1076-3-374	罗星塔	明	福建省福州市马尾区
1077	7-1077-3-375	镇海卫城址	明	福建省漳州市龙海市
1078	7-1078-3-376	云峰寺大殿	明	福建省南平市浦城县
1079	7-1079-3-377	观音亭寨	明至清	福建省宁德市霞浦县
1080	7-1080-3-378	惠安青山宫	明至清	福建省泉州市惠安县
1081	7-1081-3-379	林公忠平王祖殿	明至清	福建省宁德市周宁县
1082	7-1082-3-380	安海龙山寺	明至清	福建省泉州市晋江市
1083	7-1083-3-381	大田土堡群	明至清	福建省三明市大田县
1084	7-1084-3-382	古田临水宫	明至清	福建省宁德市古田县
1085	7-1085-3-383	清水岩寺	清	福建省泉州市安溪县
1086	7-1086-3-384	平和城隍庙	清	福建省漳州市平和县
1087	7-1087-3-385	平海天后宫	清	福建省莆田市秀屿区
1088	7-1088-3-386	漈下建筑群	清	福建省宁德市屏南县
1089	7-1089-3-387	蓝廷珍府第	清	福建省漳州市漳浦县
1090	7-1090-3-388	九头马民居	清	福建省福州市长乐市
1091	7-1091-3-389	亭店杨氏民居	清	福建省泉州市鲤城区
1092	7-1092-3-390	南安林氏民居	清	福建省泉州市南安市

续表

序号	编号	名称	时代	地址
1093	7-1093-3-391	南安中宪第	清	福建省泉州市南安市
1094	7-1094-3-392	李光地宅和祠	清	福建省泉州市安溪县
1095	7-1095-3-393	玉井坊郑氏大厝	清	福建省三明市尤溪县
1096	7-1096-3-394	仙游文庙	清	福建省莆田市仙游县
1097	7-1097-3-395	建瓯文庙	清	福建省南平市建瓯市
1098	7-1098-3-396	官田李氏大宗祠	清	福建省龙岩市上杭县
1099	7-1099-3-397	凤岐吴氏大宅	清	福建省宁德市柘荣县
1100	7-1100-3-398	乘广禅师塔和甄叔禅师塔	唐	江西省萍乡市上栗县
1101	7-1101-3-399	石钟山古建筑及石刻	唐至民国	江西省九江市湖口县
1102	7-1102-3-400	槎滩陂	五代	江西省吉安市泰和县
1103	7-1103-3-401	永福寺塔	宋	江西省上饶市鄱阳县
1104	7-1104-3-402	逢渠桥	宋	江西省宜春市宜丰县
1105	7-1105-3-403	马祖塔亭	宋	江西省宜春市靖安县
1106	7-1106-3-404	大胜塔	宋至明	江西省九江市浔阳区
1107	7-1107-3-405	万安城墙	宋至明	江西省吉安市万安县
1108	7-1108-3-406	紫阳堤	南宋	江西省九江市星子县
1109	7-1109-3-407	龙虎山古建筑群	南宋、元、清	江西省鹰潭市贵溪市
1110	7-1110-3-408	明园	明	江西省景德镇市昌江区
1111	7-1111-3-409	锁江楼塔	明	江西省九江市浔阳区
1112	7-1112-3-410	庐山赐经亭	明	江西省九江市庐山区
1113	7-1113-3-411	景贤贾氏宗祠	明	江西省宜春市高安市
1114	7-1114-3-412	三清山古建筑群	明	江西省上饶市玉山县、德兴市
1115	7-1115-3-413	龙图学士和刺史传芳牌楼门	明至清	江西省抚州市乐安县
1116	7-1116-3-414	白鹭洲书院	明至清	江西省吉安市吉州区
1117	7-1117-3-415	万年桥和聚星塔	明至清	江西省抚州市南城县
1118	7-1118-3-416	羊角水堡	明至清	江西省赣州市会昌县
1119	7-1119-3-417	龙溪祝氏宗祠	明至清	江西省上饶市广丰县
1120	7-1120-3-418	庐山御碑亭	明、民国	江西省九江市庐山区
1121	7-1121-3-419	安福孔庙	清	江西省吉安市安福县
1122	7-1122-3-420	太平桥	清	江西省赣州市龙南县

续表

序号	编号	名称	时代	地址
1123	7-1123-3-421	羽琌山馆和云亭别墅	清	江西省南昌市进贤县
1124	7-1124-3-422	永镇桥	清	江西省赣州市安远县
1125	7-1125-3-423	玉带桥	清	江西省赣州市信丰县
1126	7-1126-3-424	龚氏宗祠两牌楼及浣纱记石雕	清	江西省上饶市上饶县
1127	7-1127-3-425	抚州玉隆万寿宫	清	江西省抚州市临川区
1128	7-1128-3-426	驿前石屋里民宅	清	江西省抚州市广昌县
1129	7-1129-3-427	赣州文庙	清	江西省赣州市章贡区
1130	7-1130-3-428	凤山查氏宗祠	清	江西省上饶市婺源县
1131	7-1131-3-429	新源俞氏宗祠	清	江西省上饶市婺源县
1132	7-1132-3-430	浒崦名分堂戏台	清	江西省景德镇市乐平市
1133	7-1133-3-431	镇窑	清	江西省景德镇市昌江区
1134	7-1134-3-432	东生围	清	江西省赣州市安远县
1135	7-1135-3-433	金口坝	南北朝至明	山东省济宁市兖州市
1136	7-1136-3-434	永丰塔	宋	山东省菏泽市巨野县
1137	7-1137-3-435	重兴塔	宋	山东省济宁市邹城市
1138	7-1138-3-436	兴国寺塔	宋	山东省聊城市高唐县
1139	7-1139-3-437	太子灵踪塔	宋	山东省济宁市汶上县
1140	7-1140-3-438	兴隆塔	宋至清	山东省济宁市兖州市
1141	7-1141-3-439	伏羲庙	宋至清	山东省济宁市微山县
1142	7-1142-3-440	宁阳颜子庙和颜林	元	山东省泰安市宁阳县
1143	7-1143-3-441	崂山道教建筑群	元至清	山东省青岛市崂山区
1144	7-1144-3-442	龙泉塔	明	山东省枣庄市滕州市
1145	7-1145-3-443	光善寺塔	明	山东省济宁市金乡县
1146	7-1146-3-444	平阴永济桥	明	山东省济南市平阴县
1147	7-1147-3-445	四世宫保坊	明	山东省淄博市桓台县
1148	7-1148-3-446	衡王府石坊	明	山东省潍坊市青州市
1149	7-1149-3-447	翠屏山多佛塔	明至清	山东省济南市平阴县
1150	7-1150-3-448	周公庙	明至清	山东省济宁市曲阜市
1151	7-1151-3-449	戚继光祠堂及戚继光墓	明至清	山东省烟台市蓬莱市

续表

序号	编号	名称	时代	地址
1152	7-1152-3-450	大汶口古石桥	明至清	山东省泰安市岱岳区
1153	7-1153-3-451	巨野文庙大成殿	明至清	山东省菏泽市巨野县
1154	7-1154-3-452	青城文昌阁	清	山东省淄博市高青县
1155	7-1155-3-453	青州真教寺	清	山东省潍坊市青州市
1156	7-1156-3-454	慈孝兼完坊	清	山东省济宁市市中区
1157	7-1157-3-455	百寿坊及百狮坊	清	山东省菏泽市单县
1158	7-1158-3-456	青山寺	清至民国	山东省济宁市嘉祥县
1159	7-1159-3-457	五龙口古代水利设施	秦至清	河南省济源市
1160	7-1160-3-458	正阳石阙	东汉	河南省驻马店市正阳县
1161	7-1161-3-459	阳台寺双石塔	唐	河南省安阳市林州市
1162	7-1162-3-460	少林寺	唐至清	河南省郑州市登封市
1163	7-1163-3-461	兴国寺塔	宋	河南省许昌市鄢陵县
1164	7-1164-3-462	千尺塔	宋	河南省郑州市荥阳市
1165	7-1165-3-463	寿圣寺双塔	宋	河南省郑州市中牟县
1166	7-1166-3-464	凤台寺塔	宋	河南省郑州市新郑市
1167	7-1167-3-465	五花寺塔	宋	河南省洛阳市宜阳县
1168	7-1168-3-466	玲珑塔	宋	河南省新乡市原阳县
1169	7-1169-3-467	广唐寺塔	宋	河南省新乡市延津县
1170	7-1170-3-468	大兴寺塔	宋	河南省安阳市内黄县
1171	7-1171-3-469	兴阳禅寺塔	宋	河南省安阳市安阳县
1172	7-1172-3-470	香山寺大悲观音大士塔及碑刻	宋至清	河南省平顶山市宝丰县
1173	7-1173-3-471	秀公戒师和尚塔	金	河南省驻马店市平舆县
1174	7-1174-3-472	清凉寺	金至清	河南省郑州市登封市
1175	7-1175-3-473	灵山寺	金至清	河南省洛阳市宜阳县
1176	7-1176-3-474	天王寺善济塔	元	河南省新乡市辉县市
1177	7-1177-3-475	药王庙大殿	元	河南省焦作市山阳区
1178	7-1178-3-476	坡街关王庙大殿	元	河南省许昌市禹州市
1179	7-1179-3-477	玄天洞石塔	元至明	河南省鹤壁市淇滨区
1180	7-1180-3-478	韩王庙与昼锦堂	元至清	河南省安阳市文峰区
1181	7-1181-3-479	显圣王庙	元、清	河南省焦作市孟州市

2014
中国
文物年鉴

续表

序号	编号	名称	时代	地址
1182	7-1182-3-480	浚县古城墙及文治阁	明	河南省鹤壁市浚县
1183	7-1183-3-481	卢氏城隍庙	明	河南省三门峡市卢氏县
1184	7-1184-3-482	襄城文庙	明	河南省许昌市襄城县
1185	7-1185-3-483	襄城城墙	明	河南省许昌市襄城县
1186	7-1186-3-484	高贤寿圣寺塔	明	河南省周口市太康县
1187	7-1187-3-485	碧霞宫	明至清	河南省鹤壁市浚县
1188	7-1188-3-486	襄城乾明寺	明至清	河南省许昌市襄城县
1189	7-1189-3-487	永济桥	明至清	河南省信阳市光山县
1190	7-1190-3-488	南岳庙	明至清	河南省郑州市登封市
1191	7-1191-3-489	陕县安国寺	明至清	河南省三门峡市陕县
1192	7-1192-3-490	郑州城隍庙（含文庙大成殿）	明至清	河南省郑州市管城回族区
1193	7-1193-3-491	登封城隍庙	明至清	河南省郑州市登封市
1194	7-1194-3-492	朱仙镇岳飞庙（含关帝庙）	明至清	河南省开封市开封县
1195	7-1195-3-493	高阁寺	明至清	河南省安阳市文峰区
1196	7-1196-3-494	彰德府城隍庙	明至清	河南省安阳市文峰区
1197	7-1197-3-495	林州惠明寺	明至清	河南省安阳市林州市
1198	7-1198-3-496	寨卜昌村古建筑群	明至清	河南省焦作市博爱县
1199	7-1199-3-497	天宝宫	明至清	河南省许昌市许昌县
1200	7-1200-3-498	临沣寨	明至清	河南省平顶山市郏县
1201	7-1201-3-499	郑州清真寺	清	河南省郑州市管城回族区
1202	7-1202-3-500	密县县衙	清	河南省郑州市新密市
1203	7-1203-3-501	相国寺	清	河南省开封市鼓楼区
1204	7-1204-3-502	青龙宫	清	河南省焦作市武陟县
1205	7-1205-3-503	西关清真寺	清	河南省焦作市博爱县
1206	7-1206-3-504	许昌关帝庙	清	河南省许昌市魏都区
1207	7-1207-3-505	镇平菩提寺	清	河南省南阳市镇平县
1208	7-1208-3-506	邓城叶氏庄园	清	河南省周口市商水县
1209	7-1209-3-507	郏县山陕会馆	清	河南省平顶山市郏县
1210	7-1210-3-508	西蒋村马氏庄园	清至民国	河南省安阳市安阳县
1211	7-1211-3-509	庙上村地坑窑院	清至民国	河南省三门峡市陕县

续表

序号	编号	名称	时代	地址
1212	7-1212-3-510	双城塔	宋	湖北省黄冈市红安县
1213	7-1213-3-511	无影塔	宋	湖北省武汉市武昌区
1214	7-1214-3-512	胜像宝塔	元至明	湖北省武汉市武昌区
1215	7-1215-3-513	郑公塔	元至明	湖北省黄冈市武穴市
1216	7-1216-3-514	槐山矶驳岸	明	湖北省武汉市江夏区
1217	7-1217-3-515	白龙寺	明	湖北省天门市
1218	7-1218-3-516	禹稷行宫	清	湖北省武汉市汉阳区
1219	7-1219-3-517	杨家湾老屋	清	湖北省宜昌市夷陵区
1220	7-1220-3-518	百宝寨岩屋	清	湖北省宜昌市当阳市
1221	7-1221-3-519	甘氏宗祠	清	湖北省十堰市竹溪县
1222	7-1222-3-520	大丰仓	清	湖北省十堰市郧县
1223	7-1223-3-521	上津古城	清	湖北省十堰市郧西县
1224	7-1224-3-522	万年台戏台	清	湖北省黄冈市浠水县
1225	7-1225-3-523	沈鸿宾故居	清	湖北省咸宁市咸安区
1226	7-1226-3-524	王明璠府第	清	湖北省咸宁市通山县
1227	7-1227-3-525	彭家寨古建筑群	清	湖北省恩施土家族苗族自治州宣恩县
1228	7-1228-3-526	湘桂古道永州段	战国至民国	湖南省永州市道县、江华瑶族自治县、江永县
1229	7-1229-3-527	慈氏塔	宋	湖南省岳阳市岳阳楼区
1230	7-1230-3-528	花瓦寺塔	宋	湖南省常德市澧县
1231	7-1231-3-529	宝庆府古城墙	宋至清	湖南省邵阳市大祥区
1232	7-1232-3-530	武冈城墙	宋至清	湖南省邵阳市武冈市
1233	7-1233-3-531	绣衣坊（含范氏家庙和中丞公祠）	明	湖南省郴州市汝城县
1234	7-1234-3-532	廻龙塔	明	湖南省永州市零陵区
1235	7-1235-3-533	云龙坊与王氏虚堂	明	湖南省永州市宁远县
1236	7-1236-3-534	天心阁古城墙	明	湖南省长沙市天心区
1237	7-1237-3-535	大渔村王氏宗祠	明至清	湖南省衡阳市衡南县
1238	7-1238-3-536	普光禅寺古建筑群	明至清	湖南省张家界市永定区
1239	7-1239-3-537	龙溪李家大院	明至清	湖南省永州市祁阳县
1240	7-1240-3-538	涧岩头周家大院古建筑群	明至清	湖南省永州市零陵区
1241	7-1241-3-539	夹山寺	明至清	湖南省常德市石门县

2014
中国
文物年鉴

续表

序号	编号	名称	时代	地址
1242	7-1242-3-540	濂溪故里古建筑群	明至清	湖南省永州市道县
1243	7-1243-3-541	荆坪村古建筑群	明至清	湖南省怀化市中方县
1244	7-1244-3-542	澧州文庙	明至清	湖南省常德市澧县
1245	7-1245-3-543	澧州古城墙	明至清	湖南省常德市澧县
1246	7-1246-3-544	龙家大院	明至民国	湖南省永州市新田县
1247	7-1247-3-545	黔城古建筑群	明至民国	湖南省怀化市洪江市
1248	7-1248-3-546	汝城古祠堂群	明至民国	湖南省郴州市汝城县
1249	7-1249-3-547	洞口宗祠建筑群	明至民国	湖南省邵阳市洞口县
1250	7-1250-3-548	星子宫古建筑群	清	湖南省常德市桃源县
1251	7-1251-3-549	芷江天后宫	清	湖南省怀化市芷江侗族自治县
1252	7-1252-3-550	荫家堂	清	湖南省邵阳市邵东县
1253	7-1253-3-551	新化北塔	清	湖南省娄底市新化县
1254	7-1254-3-552	浏阳文庙	清	湖南省长沙市浏阳市
1255	7-1255-3-553	湘阴文庙	清	湖南省岳阳市湘阴县
1256	7-1256-3-554	北五省会馆	清	湖南省湘潭市雨湖区
1257	7-1257-3-555	岁圆楼古建筑群	清	湖南省永州市双牌县
1258	7-1258-3-556	零陵文武双庙	清	湖南省永州市零陵区
1259	7-1259-3-557	乾州文庙	清	湖南省湘西土家族苗族自治州吉首市
1260	7-1260-3-558	恭城书院	清	湖南省怀化市通道侗族自治县
1261	7-1261-3-559	芙蓉楼	清	湖南省怀化市洪江市
1262	7-1262-3-560	兵书阁与文星桥	清	湖南省怀化市通道侗族自治县
1263	7-1263-3-561	广利桥	清	湖南省永州市东安县
1264	7-1264-3-562	久安背翰林祠	清	湖南省永州市宁远县
1265	7-1265-3-563	白衣观	清	湖南省怀化市通道侗族自治县
1266	7-1266-3-564	王船山故居及墓	清	湖南省衡阳市衡阳县
1267	7-1267-3-565	田家大院	清	湖南省张家界市永定区
1268	7-1268-3-566	安化风雨桥	清、民国	湖南省益阳市安化县
1269	7-1269-3-567	石堰坪古建筑群	清、民国	湖南省张家界市永定区
1270	7-1270-3-568	南粤雄关与古道	唐至明	广东省韶关市南雄市
1271	7-1271-3-569	文光塔	宋至清	广东省汕头市潮阳区

2014
中国
文物年鉴

序号	编号	名称	时代	地址
1272	7-1272-3-570	父子进士牌坊	明	广东省梅州市大埔县
1273	7-1273-3-571	五仙观及岭南第一楼	明至清	广东省广州市越秀区
1274	7-1274-3-572	潮州老城古民居建筑群	明至清	广东省潮州市湘桥区
1275	7-1275-3-573	镇海楼与广州明城墙	明至民国	广东省广州市越秀区
1276	7-1276-3-574	南海神庙	清	广东省广州市黄埔区
1277	7-1277-3-575	古榕武庙	清	广东省揭阳市榕城区
1278	7-1278-3-576	揭阳学宫	清	广东省揭阳市榕城区
1279	7-1279-3-577	清晖园	清	广东省佛山市顺德区
1280	7-1280-3-578	长围村围屋	清	广东省韶关市始兴县
1281	7-1281-3-579	茶东陈氏宗祠群	清	广东省中山市
1282	7-1282-3-580	大湾古建筑群	清、民国	广东省云浮市郁南县
1283	7-1283-3-581	湘山寺塔群与石刻	宋至清	广西壮族自治区桂林市全州县
1284	7-1284-3-582	永宁州城城墙	明	广西壮族自治区桂林市永福县
1285	7-1285-3-583	大芦村古建筑群	明至清	广西壮族自治区钦州市灵山县
1286	7-1286-3-584	富川瑶族风雨桥群	明至清	广西壮族自治区贺州市富川瑶族自治县
1287	7-1287-3-585	伏波庙	清	广西壮族自治区南宁市横县
1288	7-1288-3-586	和里三王宫	清	广西壮族自治区柳州市三江侗族自治县
1289	7-1289-3-587	惠爱桥	清	广西壮族自治区北海市合浦县
1290	7-1290-3-588	西林岑氏家族建筑群	清	广西壮族自治区百色市西林县
1291	7-1291-3-589	斗柄塔	明至清	海南省文昌市
1292	7-1292-3-590	文昌学宫	清	海南省文昌市
1293	7-1293-3-591	崖城学宫	清	海南省三亚市
1294	7-1294-3-592	独柏寺正殿	元	重庆市潼南县
1295	7-1295-3-593	重庆古城墙	明	重庆市渝中区
1296	7-1296-3-594	彭氏宗祠	清	重庆市云阳县
1297	7-1297-3-595	双桂堂	清	重庆市梁平县
1298	7-1298-3-596	离堆	秦至清	四川省乐山市市中区
1299	7-1299-3-597	灵岩寺及千佛塔	唐至清	四川省成都市都江堰市

续表

序号	编号	名称	时代	地址
1300	7-1300-3-598	丹棱白塔	宋	四川省眉山市丹棱县
1301	7-1301-3-599	旧州塔	宋	四川省宜宾市翠屏区
1302	7-1302-3-600	卓筒井	宋	四川省遂宁市大英县
1303	7-1303-3-601	中江北塔	宋	四川省德阳市中江县
1304	7-1304-3-602	广安白塔	宋	四川省广安市广安区
1305	7-1305-3-603	三江白塔	宋	四川省乐山市井研县
1306	7-1306-3-604	荣县镇南塔	宋	四川省自贡市荣县
1307	7-1307-3-605	白玉嘎托寺	宋至元	四川省甘孜藏族自治州白玉县
1308	7-1308-3-606	报恩塔	南宋	四川省泸州市江阳区
1309	7-1309-3-607	龙护舍利塔	元	四川省德阳市旌阳区
1310	7-1310-3-608	拉日马石板藏寨	元至民国	四川省甘孜藏族自治州新龙县
1311	7-1311-3-609	楞严寺	明	四川省宜宾市屏山县
1312	7-1312-3-610	乡城夯土碉楼	明	四川省甘孜藏族自治州乡城县
1313	7-1313-3-611	阆中观音寺	明	四川省南充市阆中市
1314	7-1314-3-612	龙居寺中殿	明	四川省德阳市广汉市
1315	7-1315-3-613	甘泉寺	明至清	四川省眉山市仁寿县
1316	7-1316-3-614	开禧寺	明至清	四川省绵阳市安县
1317	7-1317-3-615	大藏寺	明至清	四川省阿坝藏族羌族自治州马尔康县
1318	7-1318-3-616	甲扎尔甲山洞窟壁画	明至清	四川省阿坝藏族羌族自治州马尔康县
1319	7-1319-3-617	慧严寺大殿	明至清	四川省遂宁市蓬溪县
1320	7-1320-3-618	慧剑寺	明至清	四川省德阳市什邡市
1321	7-1321-3-619	泸县龙桥群	明至清	四川省泸州市泸县
1322	7-1322-3-620	鱼泉寺	明至清	四川省绵阳市游仙区
1323	7-1323-3-621	潼川古城墙	明至清	四川省绵阳市三台县
1324	7-1324-3-622	云台观	明至清	四川省绵阳市三台县
1325	7-1325-3-623	尊胜寺	明至清	四川省绵阳市三台县
1326	7-1326-3-624	饶益寺	明至清	四川省遂宁市射洪县
1327	7-1327-3-625	南溪城墙	明至清	四川省宜宾市南溪区
1328	7-1328-3-626	尧坝镇古建筑群	明至清	四川省泸州市合江县
1329	7-1329-3-627	西充文庙	明至清	四川省南充市西充县

续表

序号	编号	名称	时代	地址
1330	7-1330-3-628	长青春科尔寺	清	四川省甘孜藏族自治州理塘县
1331	7-1331-3-629	圣水寺	清	四川省内江市市中区
1332	7-1332-3-630	噶丹·桑披罗布岭寺	清	四川省甘孜藏族自治州乡城县
1333	7-1333-3-631	马鞍寺	清	四川省绵阳市游仙区
1334	7-1334-3-632	宜宾大观楼	清	四川省宜宾市翠屏区
1335	7-1335-3-633	蓬溪奎塔	清	四川省遂宁市蓬溪县
1336	7-1336-3-634	八邦寺	清	四川省甘孜藏族自治州德格县
1337	7-1337-3-635	青林口古建筑群	清	四川省绵阳市江油市
1338	7-1338-3-636	盐神庙	清	四川省内江市资中县
1339	7-1339-3-637	巴巴寺	清	四川省南充市阆中市
1340	7-1340-3-638	曾达关碉	清	四川省阿坝藏族羌族自治州金川县
1341	7-1341-3-639	筹边楼	清	四川省阿坝藏族羌族自治州理县
1342	7-1342-3-640	沃日土司官寨经楼与碉	清	四川省阿坝藏族羌族自治州小金县
1343	7-1343-3-641	灌口城隍庙	清	四川省成都市都江堰市
1344	7-1344-3-642	奎光塔	清	四川省成都市都江堰市
1345	7-1345-3-643	寿安陈家大院	清	四川省成都市温江区
1346	7-1346-3-644	真佛山庙群	清	四川省达州市达县
1347	7-1347-3-645	渠县文庙	清	四川省达州市渠县
1348	7-1348-3-646	川北道贡院	清	四川省南充市阆中市
1349	7-1349-3-647	名山文庙	清	四川省雅安市名山县
1350	7-1350-3-648	九襄石牌坊	清	四川省雅安市汉源县
1351	7-1351-3-649	自贡桓侯宫	清	四川省自贡市自流井区
1352	7-1352-3-650	青城山古建筑群	清至民国	四川省成都市都江堰市
1353	7-1353-3-651	达扎寺	清至民国	四川省阿坝藏族羌族自治州若尔盖县
1354	7-1354-3-652	泸县屈氏庄园	清至民国	四川省泸州市泸县
1355	7-1355-3-653	高峰山古建筑群	清至民国	四川省遂宁市蓬溪县
1356	7-1356-3-654	鲍家屯水利工程	明	贵州省安顺市西秀区
1357	7-1357-3-655	镇远城墙	明至清	贵州省黔东南苗族侗族自治州镇远县
1358	7-1358-3-656	安顺武庙	明至清	贵州省安顺市西秀区
1359	7-1359-3-657	隆里古建筑群	明至清	贵州省黔东南苗族侗族自治州锦屏县

续表

序号	编号	名称	时代	地址
1360	7-1360-3-658	石阡府文庙	明至清	贵州省铜仁市石阡县
1361	7-1361-3-659	榕江大利村古建筑群	明至清	贵州省黔东南苗族侗族自治州榕江县
1362	7-1362-3-660	楼上村古建筑群	明至民国	贵州省铜仁市石阡县
1363	7-1363-3-661	岩门长官司城	清	贵州省黔东南苗族侗族自治州黄平县
1364	7-1364-3-662	锦屏飞山庙	清	贵州省黔东南苗族侗族自治州锦屏县
1365	7-1365-3-663	高阡鼓楼	清	贵州省黔东南苗族侗族自治州从江县
1366	7-1366-3-664	宰俄鼓楼	清	贵州省黔东南苗族侗族自治州从江县
1367	7-1367-3-665	金勾风雨桥	清	贵州省黔东南苗族侗族自治州从江县
1368	7-1368-3-666	鲁屯牌坊群	清	贵州省黔西南布依族苗族自治州兴义市
1369	7-1369-3-667	复兴江西会馆	清	贵州省遵义市赤水市
1370	7-1370-3-668	三门塘古建筑群	清至民国	贵州省黔东南苗族侗族自治州天柱县
1371	7-1371-3-669	可渡关驿道	秦至清	云南省曲靖市宣威市
1372	7-1372-3-670	弘圣寺塔	唐至宋	云南省大理白族自治州大理市
1373	7-1373-3-671	陆良大觉寺	元、明	云南省曲靖市陆良县
1374	7-1374-3-672	大觉宫壁画	明	云南省丽江市古城区
1375	7-1375-3-673	德丰寺	明	云南省楚雄彝族自治州姚安县
1376	7-1376-3-674	等觉寺	明	云南省大理白族自治州巍山彝族回族自治县
1377	7-1377-3-675	勐旺塔及西北塔	明	云南省临沧市临翔区
1378	7-1378-3-676	楚雄文庙	明至清	云南省楚雄彝族自治州楚雄市
1379	7-1379-3-677	诺邓白族乡土建筑群	明至清	云南省大理白族自治州云龙县
1380	7-1380-3-678	侬氏土司衙署	明至清	云南省文山壮族苗族自治州广南县
1381	7-1381-3-679	景谷傣族佛寺建筑群	明至清	云南省普洱市景谷傣族彝族自治县
1382	7-1382-3-680	沘江古桥梁群	明至民国	云南省大理白族自治州云龙县
1383	7-1383-3-681	景风阁古建筑群	清	云南省大理白族自治州剑川县
1384	7-1384-3-682	来鹤亭	清	云南省红河哈尼族彝族自治州石屏县
1385	7-1385-3-683	云南驿古建筑群	清	云南省大理白族自治州祥云县
1386	7-1386-3-684	大观楼	清	云南省昆明市西山区
1387	7-1387-3-685	绮罗文昌宫	清	云南省保山市腾冲县
1388	7-1388-3-686	景东文庙	清	云南省普洱市景东彝族自治县

序号	编号	名称	时代	地址
1389	7-1389-3-687	星宿桥和丰裕桥	清	云南省楚雄彝族自治州禄丰县
1390	7-1390-3-688	郑氏宗祠	清	云南省红河哈尼族彝族自治州石屏县
1391	7-1391-3-689	建水朱家花园	清	云南省红河哈尼族彝族自治州建水县
1392	7-1392-3-690	曼春满佛寺	清	云南省西双版纳傣族自治州景洪市
1393	7-1393-3-691	南诏镇古建筑群	清	云南省大理白族自治州巍山彝族回族自治县
1394	7-1394-3-692	团山民居建筑群	清至民国	云南省红河哈尼族彝族自治州建水县
1395	7-1395-3-693	石屏文庙建筑群	清至民国	云南省红河哈尼族彝族自治州石屏县
1396	7-1396-3-694	丽江普济寺	清至民国	云南省丽江市古城区
1397	7-1397-3-695	红河县东门楼及迤萨民居	清至民国	云南省红河哈尼族彝族自治州红河县
1398	7-1398-3-696	仲嘎曲德寺	宋、明	西藏自治区山南地区隆子县
1399	7-1399-3-697	拉隆寺	明	西藏自治区山南地区洛扎县
1400	7-1400-3-698	拉让宁巴	明	西藏自治区拉萨市城关区
1401	7-1401-3-699	昌都强巴林寺	明	西藏自治区昌都地区昌都县
1402	7-1402-3-700	邦达仓	明至清	西藏自治区拉萨市城关区
1403	7-1403-3-701	贡嘎曲德寺	明至清	西藏自治区山南地区贡嘎县
1404	7-1404-3-702	桑珠颇章	清	西藏自治区拉萨市城关区
1405	7-1405-3-703	帕巴寺	清	西藏自治区日喀则地区吉隆县
1406	7-1406-3-704	冲赛康	清	西藏自治区拉萨市城关区
1407	7-1407-3-705	拉鲁颇章	清	西藏自治区拉萨市城关区
1408	7-1408-3-706	喜德寺	清	西藏自治区拉萨市城关区
1409	7-1409-3-707	达杰林寺	清至民国	西藏自治区山南地区乃东县
1410	7-1410-3-708	门孜康	1916年	西藏自治区拉萨市城关区
1411	7-1411-3-709	法源寺塔	唐	陕西省渭南市富平县
1412	7-1412-3-710	慧彻寺南塔	唐	陕西省渭南市蒲城县
1413	7-1413-3-711	净光寺塔	唐	陕西省宝鸡市眉县
1414	7-1414-3-712	开元寺塔	唐	陕西省延安市富县
1415	7-1415-3-713	罗山寺塔	唐	陕西省渭南市合阳县
1416	7-1416-3-714	清梵寺塔	唐	陕西省咸阳市兴平市
1417	7-1417-3-715	报本寺塔	宋	陕西省咸阳市武功县
1418	7-1418-3-716	柏山寺塔	宋	陕西省延安市富县

2014
中国
文物年鉴

续表

序号	编号	名称	时代	地址
1419	7-1419-3-717	崇寿寺塔	宋	陕西省渭南市蒲城县
1420	7-1420-3-718	重兴寺塔	宋	陕西省铜川市印台区
1421	7-1421-3-719	大象寺塔	宋	陕西省渭南市合阳县
1422	7-1422-3-720	福严院塔	宋	陕西省延安市富县
1423	7-1423-3-721	敬德塔	宋	陕西省西安市户县
1424	7-1424-3-722	万凤塔	宋	陕西省延安市洛川县
1425	7-1425-3-723	延昌寺塔	宋	陕西省铜川市耀州区
1426	7-1426-3-724	汉中东塔	南宋	陕西省汉中市汉台区
1427	7-1427-3-725	韩城九郎庙	元	陕西省渭南市韩城市
1428	7-1428-3-726	鸿门寺塔	元	陕西省榆林市横山县
1429	7-1429-3-727	良马寺觉皇殿	元	陕西省汉中市洋县
1430	7-1430-3-728	庆善寺大佛殿	元	陕西省渭南市韩城市
1431	7-1431-3-729	紫云观三清殿	元	陕西省渭南市韩城市
1432	7-1432-3-730	智果寺	元、明至清	陕西省汉中市洋县
1433	7-1433-3-731	合阳文庙	明	陕西省渭南市合阳县
1434	7-1434-3-732	慧照寺塔	明	陕西省渭南市临渭区
1435	7-1435-3-733	七星庙	明	陕西省榆林市府谷县
1436	7-1436-3-734	武功城隍庙	明	陕西省咸阳市武功县
1437	7-1437-3-735	北杜铁塔	明	陕西省咸阳市渭城区
1438	7-1438-3-736	大学习巷清真寺	明至清	陕西省西安市莲湖区
1439	7-1439-3-737	金台观	明至清	陕西省宝鸡市金台区
1440	7-1440-3-738	勉县武侯祠	明至民国	陕西省汉中市勉县
1441	7-1441-3-739	骡帮会馆	清	陕西省商洛市山阳县
1442	7-1442-3-740	桥上桥	清	陕西省渭南市华县
1443	7-1443-3-741	瓦房店会馆群	清	陕西省安康市紫阳县
1444	7-1444-3-742	毓秀桥	清	陕西省渭南市韩城市
1445	7-1445-3-743	绥德党氏庄园	清至民国	陕西省榆林市绥德县
1446	7-1446-3-744	塔儿庄塔	五代	甘肃省庆阳市宁县
1447	7-1447-3-745	栗川砖塔	宋	甘肃省陇南市徽县

序号	编号	名称	时代	地址
1448	7-1448-3-746	白马造像塔	宋	甘肃省庆阳市华池县
1449	7-1449-3-747	脚扎川万佛塔	宋	甘肃省庆阳市华池县
1450	7-1450-3-748	环县塔	宋	甘肃省庆阳市环县
1451	7-1451-3-749	肖金塔	宋	甘肃省庆阳市西峰区
1452	7-1452-3-750	塔儿湾造像塔	宋	甘肃省庆阳市合水县
1453	7-1453-3-751	双塔寺造像塔	宋	甘肃省庆阳市华池县
1454	7-1454-3-752	崆峒山古建筑群	宋、明至清	甘肃省平凉市崆峒区
1455	7-1455-3-753	周旧邦木坊	明	甘肃省庆阳市庆城县
1456	7-1456-3-754	洮州卫城	明至清	甘肃省甘南藏族自治州临潭县
1457	7-1457-3-755	威远楼	明至清	甘肃省定西市陇西县
1458	7-1458-3-756	兴隆山古建筑群	明至清	甘肃省庆阳市环县
1459	7-1459-3-757	青城古民居	明至民国	甘肃省兰州市榆中县
1460	7-1460-3-758	五泉山建筑群	明至民国	甘肃省兰州市城关区
1461	7-1461-3-759	海藏寺	明至民国	甘肃省武威市凉州区
1462	7-1462-3-760	圣容寺	明至民国	甘肃省武威市民勤县
1463	7-1463-3-761	酒泉鼓楼	清	甘肃省酒泉市肃州区
1464	7-1464-3-762	兰州府城隍庙	清	甘肃省兰州市城关区
1465	7-1465-3-763	金天观	清	甘肃省兰州市七里河区
1466	7-1466-3-764	夏琼寺	元至清	青海省海东地区化隆回族自治县
1467	7-1467-3-765	文都寺及班禅大师故居	元至清	青海省海东地区循化撒拉族自治县
1468	7-1468-3-766	旦斗寺	明至清	青海省海东地区化隆回族自治县
1469	7-1469-3-767	佑宁寺	明至清	青海省海东地区互助土族自治县
1470	7-1470-3-768	洪水泉清真寺	明至清	青海省海东地区平安县
1471	7-1471-3-769	保安古屯田寨堡古建筑群	明至清	青海省黄南藏族自治州同仁县
1472	7-1472-3-770	东关清真大寺	明至民国	青海省西宁市城东区
1473	7-1473-3-771	赛宗寺	明至民国	青海省海南藏族自治州兴海县
1474	7-1474-3-772	文昌庙	清	青海省海南藏族自治州贵德县
1475	7-1475-3-773	珍珠寺	清	青海省海南藏族自治州贵德县
1476	7-1476-3-774	拉加寺	清	青海省果洛藏族自治州玛沁县
1477	7-1477-3-775	石藏寺	清	青海省海南藏族自治州同德县

续表

序号	编号	名称	时代	地址
1478	7-1478-3-776	阿河滩清真寺	清	青海省海东地区化隆回族自治县
1479	7-1479-3-777	撒拉族清真寺古建筑群	清	青海省海东地区循化撒拉族自治县
1480	7-1480-3-778	湟源城隍庙	清至民国	青海省西宁市湟源县
1481	7-1481-3-779	宏佛塔	宋	宁夏回族自治区银川市贺兰县
1482	7-1482-3-780	康济寺塔	宋、明	宁夏回族自治区吴忠市同心县
1483	7-1483-3-781	鸣沙洲塔	明	宁夏回族自治区中卫市中宁县
1484	7-1484-3-782	银川玉皇阁	清	宁夏回族自治区银川市兴庆区
1485	7-1485-3-783	纳家户清真寺	清	宁夏回族自治区银川市永宁县
1486	7-1486-3-784	田州塔	清	宁夏回族自治区石嘴山市平罗县
1487	7-1487-3-785	平罗玉皇阁	清至民国	宁夏回族自治区石嘴山市平罗县
1488	7-1488-3-786	中卫高庙	清至民国	宁夏回族自治区中卫市沙坡头区
1489	7-1489-3-787	巴仑台黄庙古建筑群	清	新疆维吾尔自治区巴音郭楞蒙古自治州和静县
1490	7-1490-3-788	拜吐拉清真寺宣礼塔	清	新疆维吾尔自治区伊犁哈萨克自治州伊宁市
1491	7-1491-3-789	哈纳喀及赛提喀玛勒清真寺宣礼塔	清	新疆维吾尔自治区塔城地区塔城市
1492	7-1492-3-790	惠远钟鼓楼	清	新疆维吾尔自治区伊犁哈萨克自治州霍城县
1493	7-1493-3-791	库车大寺	清	新疆维吾尔自治区阿克苏地区库车县
1494	7-1494-3-792	纳达齐牛录关帝庙	清	新疆维吾尔自治区伊犁哈萨克自治州察布查尔锡伯自治县
1495	7-1495-3-793	莎车加满清真寺	清	新疆维吾尔自治区喀什地区莎车县
1496	7-1496-3-794	伊宁陕西大寺	清	新疆维吾尔自治区伊犁哈萨克自治州伊宁市
1497	7-1497-3-795	乌鲁木齐陕西大寺大殿	清	新疆维吾尔自治区乌鲁木齐市天山区

石窟寺及石刻（110处）

序号	编号	名称	时代	地址
1498	7-1498-4-001	朱山石刻	汉、唐	河北省邯郸市永年县
1499	7-1499-4-002	封龙山石窟	南北朝至明	河北省石家庄市元氏县
1500	7-1500-4-003	水浴寺石窟	南北朝至明	河北省邯郸市峰峰矿区
1501	7-1501-4-004	八会寺刻经	隋	河北省保定市曲阳县
1502	7-1502-4-005	邢台道德经幢	唐	河北省邢台市桥东区

序号	编号	名称	时代	地址
1503	7-1503-4-006	卧佛寺摩崖造像	北宋	河北省保定市唐县
1504	7-1504-4-007	法华洞石窟	宋至清	河北省邯郸市武安市
1505	7-1505-4-008	瑜伽山摩崖造像	宋、明	河北省石家庄市平山县
1506	7-1506-4-009	木兰围场御制碑、摩崖石刻	清	河北省承德市围场满族蒙古族自治县、隆化县
1507	7-1507-4-010	开河寺石窟	南北朝至隋	山西省阳泉市平定县
1508	7-1508-4-011	石马寺石窟	南北朝至唐	山西省晋中市昔阳县
1509	7-1509-4-012	七里脚千佛洞石窟	南北朝至唐	山西省临汾市隰县
1510	7-1510-4-013	南涅水石刻	南北朝至宋	山西省长治市沁县
1511	7-1511-4-014	桌子山岩画群	新石器时代	内蒙古自治区鄂尔多斯市鄂托克旗，乌海市海勃湾区、海南区
1512	7-1512-4-015	克什克腾岩画群	新石器时代至南北朝	内蒙古自治区赤峰市克什克腾旗
1513	7-1513-4-016	曼德拉山岩画群	新石器时代至清	内蒙古自治区阿拉善盟阿拉善右旗
1514	7-1514-4-017	广化寺造像	明至清	内蒙古自治区呼和浩特市土默特左旗
1515	7-1515-4-018	庆云摩崖石刻	金	吉林省通化市梅河口市
1516	7-1516-4-019	清追封和硕忠亲王碑	清	吉林省松原市前郭尔罗斯蒙古族自治县
1517	7-1517-4-020	东连岛东海琅琊郡界域刻石	汉	江苏省连云港市连云区
1518	7-1518-4-021	惠山寺经幢	唐、宋	江苏省无锡市北塘区
1519	7-1519-4-022	郁林观石刻群	唐至清	江苏省连云港市新浦区
1520	7-1520-4-023	第一山题刻	宋至民国	江苏省淮安市盱眙县
1521	7-1521-4-024	阳山碑材	明	江苏省南京市江宁区
1522	7-1522-4-025	仙居古越族岩画群	春秋、战国	浙江省台州市仙居县
1523	7-1523-4-026	南明山摩崖题刻	晋至民国	浙江省丽水市莲都区
1524	7-1524-4-027	大佛寺石弥勒像和千佛岩造像	南北朝	浙江省绍兴市新昌县
1525	7-1525-4-028	石门洞摩崖题刻	南北朝至民国	浙江省丽水市青田县
1526	7-1526-4-029	龙兴寺经幢	唐	浙江省杭州市下城区
1527	7-1527-4-030	惠力寺经幢	唐	浙江省嘉兴市海宁市
1528	7-1528-4-031	柯岩造像及摩崖题刻	宋、清	浙江省绍兴市绍兴县
1529	7-1529-4-032	南山造像	元	浙江省杭州市余杭区
1530	7-1530-4-033	琅琊山摩崖石刻及碑刻	唐至民国	安徽省滁州市南谯区

2014
中国
文物年鉴

续表

序号	编号	名称	时代	地址
1531	7-1531-4-034	浮山摩崖石刻	唐至民国	安徽省安庆市枞阳县
1532	7-1532-4-035	齐山摩崖石刻	唐至民国	安徽省池州市贵池区
1533	7-1533-4-036	黄山摩崖石刻群	唐至中华人民共和国	安徽省黄山市黄山区
1534	7-1534-4-037	仙字潭摩崖石刻	新石器时代至周	福建省漳州市华安县
1535	7-1535-4-038	乌石山、于山摩崖石刻及造像	唐至中华人民共和国	福建省福州市鼓楼区
1536	7-1536-4-039	西资寺石佛造像	宋	福建省泉州市晋江市
1537	7-1537-4-040	南天寺石佛造像和摩崖石刻	宋、明	福建省泉州市晋江市
1538	7-1538-4-041	罗田岩石刻	北宋至民国	江西省赣州市于都县
1539	7-1539-4-042	南岩石窟	宋	江西省上饶市弋阳县
1540	7-1540-3-043	皇圣卿阙、功曹阙	汉	山东省临沂市平邑县
1541	7-1541-4-044	丈八佛	南北朝	山东省滨州市博兴县
1542	7-1542-4-045	长清莲花洞石窟造像	南北朝至唐	山东省济南市长清区
1543	7-1543-4-046	棘梁山石刻	南北朝至宋	山东省泰安市东平县
1544	7-1544-4-047	景灵宫碑	宋	山东省济宁市曲阜市
1545	7-1545-4-048	大泽山石刻及智藏寺墓塔林	宋至民国	山东省青岛市平度市
1546	7-1546-4-049	萧大亨墓地石刻	明	山东省泰安市岱岳区
1547	7-1547-4-050	水泉石窟	南北朝	河南省洛阳市偃师市
1548	7-1548-4-051	万佛山石窟	南北朝	河南省洛阳市吉利区
1549	7-1549-4-052	田迈造像	南北朝	河南省鹤壁市淇县
1550	7-1550-4-053	禅静寺造像碑	南北朝	河南省许昌市长葛市
1551	7-1551-4-054	洪谷寺塔与千佛洞石窟	南北朝至明	河南省安阳市林州市
1552	7-1552-4-055	香泉寺石窟	南北朝至清	河南省新乡市卫辉市
1553	7-1553-4-056	窄涧谷太平寺石窟	南北朝至清	河南省焦作市沁阳市
1554	7-1554-4-057	尊胜陀罗尼经幢	唐	河南省新乡市卫滨区
1555	7-1555-4-058	陀罗尼经幢	五代	河南省新乡市卫辉市
1556	7-1556-4-059	大宋新修会圣宫铭碑	北宋	河南省洛阳市偃师市
1557	7-1557-4-060	新乡文庙大观圣作之碑	北宋	河南省新乡市红旗区
1558	7-1558-4-061	佛沟摩崖造像	宋	河南省南阳市方城县

序号	编号	名称	时代	地址
1559	7-1559-4-062	水南关清真寺阿文碑	元	河南省焦作市沁阳市
1560	7-1560-4-063	慈云寺石刻	元至清	河南省郑州市巩义市
1561	7-1561-4-064	赤壁摩崖石刻	宋、明、清	湖北省咸宁市赤壁市
1562	7-1562-4-065	李曾伯纪功铭	南宋	湖北省襄阳市襄城区
1563	7-1563-4-066	侍郎坦摩崖石刻群	南北朝至清	湖南省郴州市永兴县
1564	7-1564-4-067	南岳摩崖石刻	南北朝至民国	湖南省衡阳市南岳区
1565	7-1565-4-068	朝阳岩石刻	唐至民国	湖南省永州市零陵区
1566	7-1566-4-069	苏仙岭摩崖石刻群	唐至民国	湖南省郴州市苏仙区
1567	7-1567-4-070	禹王碑	宋	湖南省长沙市岳麓区
1568	7-1568-4-071	淡岩石刻	宋至民国	湖南省永州市零陵区
1569	7-1569-4-072	龙龛岩摩崖石刻	唐、清、民国	广东省云浮市罗定市
1570	7-1570-4-073	丹霞山摩崖石刻	宋至民国	广东省韶关市仁化县
1571	7-1571-4-074	百寿岩石刻	宋至民国	广西壮族自治区桂林市永福县
1572	7-1572-4-075	会仙山摩崖石刻	宋至民国	广西壮族自治区河池市宜州市
1573	7-1573-4-076	石门大佛寺摩崖造像	宋至元	重庆市江津区
1574	7-1574-4-077	瞿塘峡摩崖石刻	南宋至民国	重庆市奉节县
1575	7-1575-4-078	弹子石摩崖造像	元至清	重庆市南岸区
1576	7-1576-4-079	北周文王碑及摩崖造像	南北朝至清	四川省成都市龙泉驿区
1577	7-1577-4-080	鹤鸣山道教石窟寺及石刻	南北朝至民国	四川省广元市剑阁县
1578	7-1578-4-081	睏佛寺摩崖造像	隋至宋	四川省资阳市乐至县
1579	7-1579-4-082	冲相寺摩崖造像	隋至清	四川省广安市广安区
1580	7-1580-4-083	郑山、刘嘴摩崖造像	唐	四川省眉山市丹棱县
1581	7-1581-4-084	碧水寺摩崖造像	唐	四川省绵阳市游仙区
1582	7-1582-4-085	禹迹山摩崖造像	唐	四川省南充市南部县
1583	7-1583-4-086	半月山摩崖造像	唐	四川省资阳市雁江区
1584	7-1584-4-087	白乳溪石窟	唐	四川省巴中市通江县
1585	7-1585-4-088	能仁寺摩崖造像	唐至宋	四川省眉山市仁寿县
1586	7-1586-4-089	穆日玛尼石经墙	唐至清	四川省甘孜藏族自治州石渠县
1587	7-1587-4-090	中岩寺摩崖造像	唐至清	四川省眉山市青神县
1588	7-1588-4-091	大像山摩崖造像	唐至清	四川省南充市阆中市

续表

序号	编号	名称	时代	地址
1589	7-1589-4-092	翔龙山摩崖造像	唐至民国	四川省内江市市中区
1590	7-1590-4-093	玉蟾山摩崖造像	宋至明	四川省泸州市泸县
1591	7-1591-4-094	冒水村摩崖造像	宋至清	四川省眉山市仁寿县
1592	7-1592-4-095	清凉洞摩崖造像	明	四川省泸州市叙永县
1593	7-1593-4-096	敖氏和罗氏墓群石刻	清	贵州省毕节市金沙县
1594	7-1594-4-097	金沙江岩画	旧石器至新石器时代	云南省迪庆藏族自治州香格里拉县，丽江市玉龙纳西族自治县
1595	7-1595-4-098	大王岩岩画	新石器时代至周	云南省文山壮族苗族自治州麻栗坡县
1596	7-1596-4-099	观音阁石刻造像	北宋、清	云南省丽江市永胜县
1597	7-1597-4-100	其多山洞穴岩画	新石器时代至唐	西藏自治区那曲地区班戈县
1598	7-1598-4-101	宜君石窟群	南北朝至唐	陕西省铜川市宜君县
1599	7-1599-4-102	清凉山万佛洞石窟及琉璃塔	宋、元、明	陕西省延安市宝塔区
1600	7-1600-4-103	大黑沟岩画	战国至汉	甘肃省酒泉市肃北蒙古族自治县
1601	7-1601-4-104	黑山岩画	战国至明	甘肃省嘉峪关市
1602	7-1602-4-105	石拱寺石窟	北魏至隋	甘肃省平凉市华亭县
1603	7-1603-4-106	五个庙石窟	南北朝、五代、宋	甘肃省酒泉市肃北蒙古族自治县
1604	7-1604-4-107	石空寺石窟	宋至明	甘肃省庆阳市镇原县
1605	7-1605-4-108	和日寺石经墙及和日寺	清	青海省黄南藏族自治州泽库县
1606	7-1606-4-109	康家石门子岩雕刻画	周	新疆维吾尔自治区昌吉回族自治州呼图壁县
1607	7-1607-4-110	伯西哈石窟	唐至宋	新疆维吾尔自治区吐鲁番地区吐鲁番市

近现代重要史迹及代表性建筑（329处）

序号	编号	名称	时代	地址
1608	7-1608-5-001	东堂	清	北京市东城区
1609	7-1609-5-002	基督教中华圣公会教堂	清	北京市西城区
1610	7-1610-5-003	京张铁路南口段至八达岭段	清至民国	北京市昌平区、延庆县
1611	7-1611-5-004	通州近代学校建筑群	清至民国	北京市通州区
1612	7-1612-5-005	西交民巷近代银行建筑群	清至民国	北京市西城区
1613	7-1613-5-006	辅仁大学本部旧址	清至民国	北京市西城区

特辑

续表

序号	编号	名称	时代	地址
1614	7-1614-5-007	盛新中学与佑贞女中旧址	民国	北京市西城区
1615	7-1615-5-008	四九一电台旧址	1918年	北京市朝阳区
1616	7-1616-5-009	李大钊旧居	1920～1924年	北京市西城区
1617	7-1617-5-010	长辛店"二七"大罢工旧址	1923年	北京市丰台区
1618	7-1618-5-011	基督教中华圣经会北京分会旧址	1928年	北京市东城区
1619	7-1619-5-012	北京大学地质学馆旧址	1935年	北京市东城区
1620	7-1620-5-013	焦庄户地道战遗址	1943年	北京市顺义区
1621	7-1621-5-014	梅兰芳旧居	1951～1961年	北京市西城区
1622	7-1622-5-015	北洋水师大沽船坞遗址	清	天津市滨海新区
1623	7-1623-5-016	塘沽火车站旧址	清	天津市滨海新区
1624	7-1624-5-017	北洋大学堂旧址	1902年	天津市红桥区
1625	7-1625-5-018	马可·波罗广场建筑群	1908～1924年	天津市河北区
1626	7-1626-5-019	天津西站主楼	1910年	天津市红桥区
1627	7-1627-5-020	天津五大道近代建筑群	民国	天津市和平区
1628	7-1628-5-021	谦祥益绸缎庄旧址	1917年	天津市红桥区
1629	7-1629-5-022	黄海化学工业研究社旧址	1922年	天津市滨海新区
1630	7-1630-5-023	天津工商学院主楼旧址	1924年	天津市河西区
1631	7-1631-5-024	马厂炮台	清	河北省沧州市青县
1632	7-1632-5-025	开滦唐山矿早期工业遗存	清	河北省唐山市路南区
1633	7-1633-5-026	滦河铁桥	清	河北省唐山市滦县
1634	7-1634-5-027	察哈尔民主政府旧址	清至民国	河北省张家口市宣化区
1635	7-1635-5-028	直隶审判厅旧址	清至民国	河北省保定市北市区
1636	7-1636-5-029	秦皇岛港口近代建筑群	清至民国	河北省秦皇岛市海港区
1637	7-1637-5-030	光园	民国	河北省保定市南市区
1638	7-1638-5-031	正丰矿工业建筑群	民国	河北省石家庄市井陉矿区
1639	7-1639-5-032	大名天主堂	1921年	河北省邯郸市大名县
1640	7-1640-5-033	耀华玻璃厂旧址	1922年	河北省秦皇岛市海港区
1641	7-1641-5-034	光明戏院	1934年	河北省沧州市河间市

续表

序号	编号	名称	时代	地址
1642	7-1642-5-035	晋冀鲁豫边区政府旧址	1942～1945年	河北省邯郸市涉县
1643	7-1643-5-036	晋察冀军区司令部旧址	1945～1946年	河北省张家口市桥东区
1644	7-1644-5-037	中国人民银行总行旧址	1948年	河北省石家庄市新华区
1645	7-1645-5-038	山西铭贤学校旧址	清至民国	山西省晋中市太谷县
1646	7-1646-5-039	山西大学堂旧址	1904年	山西省太原市迎泽区
1647	7-1647-5-040	太原天主堂	1905年	山西省太原市杏花岭区
1648	7-1648-5-041	阎家大院	民国	山西省忻州市定襄县
1649	7-1649-5-042	中共太原支部旧址	1924年	山西省太原市迎泽区
1650	7-1650-5-043	孔家大院	1925年	山西省晋中市太谷县
1651	7-1651-5-044	南茹八路军总部旧址	1937年	山西省忻州市五台县
1652	7-1652-5-045	太岳军区司令部旧址	1940～1942年	山西省长治市沁源县
1653	7-1653-5-046	大寨人民公社旧址	1966年	山西省晋中市昔阳县
1654	7-1654-5-047	呼和浩特天主教堂	1924年	内蒙古自治区呼和浩特市回民区
1655	7-1655-5-048	侵华日军阿尔山要塞遗址	1935～1944年	内蒙古自治区兴安盟阿尔山市
1656	7-1656-5-049	巴彦汗日本毒气实验场遗址	1940年	内蒙古自治区呼伦贝尔市鄂温克族自治旗
1657	7-1657-5-050	中国共产党内蒙古工作委员会办公旧址	1947年	内蒙古自治区兴安盟乌兰浩特市
1658	7-1658-5-051	本溪湖工业遗产群	清至民国	辽宁省本溪市溪湖区
1659	7-1659-5-052	南子弹库旧址	1884年	辽宁省大连市旅顺口区
1660	7-1660-5-053	旅顺船坞旧址	1890年	辽宁省大连市旅顺口区
1661	7-1661-5-054	老铁山灯塔	1893年	辽宁省大连市旅顺口区
1662	7-1662-5-055	甲午战争田庄台遗址	1895年	辽宁省盘锦市大洼县
1663	7-1663-5-056	关东州总督府旧址	1899年	辽宁省大连市旅顺口区
1664	7-1664-5-057	旅顺红十字医院旧址	1900年	辽宁省大连市旅顺口区
1665	7-1665-5-058	营口俄国领事馆旧址	1900年	辽宁省营口市站前区
1666	7-1666-5-059	关东州厅旧址	1906年	辽宁省大连市旅顺口区
1667	7-1667-5-060	元帅林	民国	辽宁省抚顺市抚顺县

序号	编号	名称	时代	地址
1668	7-1668-5-061	沈阳天主堂	1912年	辽宁省沈阳市沈河区
1669	7-1669-5-062	沈阳中山广场建筑群	1913～1937年	辽宁省沈阳市和平区
1670	7-1670-5-063	侵华日军关东军司令部旧址	1919年	辽宁省大连市旅顺口区
1671	7-1671-5-064	辽宁总站旧址	1930年	辽宁省沈阳市和平区
1672	7-1672-5-065	奉海铁路局旧址	1931年	辽宁省沈阳市大东区
1673	7-1673-5-066	沈阳二战盟军战俘营旧址	1942～1945年	辽宁省沈阳市大东区
1674	7-1674-5-067	抗美援朝下河口公路断桥遗址	1950年	辽宁省丹东市宽甸满族自治县
1675	7-1675-5-068	雷锋墓和雷锋纪念碑	1964年	辽宁省抚顺市望花区
1676	7-1676-5-069	宝泉涌酒坊	清	吉林省通化市通化县
1677	7-1677-5-070	吉长道尹公署旧址	1909年	吉林省长春市南关区
1678	7-1678-5-071	吉林天主教堂	1926年	吉林省吉林市船营区
1679	7-1679-5-072	吉海铁路总站旧址	1929年	吉林省吉林市船营区
1680	7-1680-5-073	吉林大学教学楼旧址	1929年	吉林省吉林市船营区
1681	7-1681-5-074	辽源矿工墓	1931年	吉林省辽源市西安区
1682	7-1682-5-075	伪满皇宫及日伪军政机构旧址	1932～1945年	吉林省长春市宽城区、朝阳区
1683	7-1683-5-076	通化葡萄酒厂地下贮酒窖	1937～1983年	吉林省通化市东昌区
1684	7-1684-5-077	伪满洲国中央银行旧址	1938年	吉林省长春市朝阳区
1685	7-1685-5-078	长春电影制片厂早期建筑	1939年	吉林省长春市朝阳区
1686	7-1686-5-079	长春第一汽车制造厂早期建筑	1956年	吉林省长春市绿园区
1687	7-1687-5-080	马迭尔宾馆	1906年	黑龙江省哈尔滨市道里区
1688	7-1688-5-081	哈尔滨犹太人活动旧址群	1909～1949年	黑龙江省哈尔滨市南岗区、道里区
1689	7-1689-5-082	黑龙江督军署旧址	1912年	黑龙江省齐齐哈尔市建华区
1690	7-1690-5-083	黑龙江省图书馆旧址	1930年	黑龙江省齐齐哈尔市龙沙区
1691	7-1691-5-084	伪满洲国哈尔滨警察厅旧址	1933年	黑龙江省哈尔滨市南岗区
1692	7-1692-5-085	东北民主联军前线指挥部旧址	1946年	黑龙江省哈尔滨市双城市

2014
中国
文物年鉴

续表

序号	编号	名称	时代	地址
1693	7-1693-5-086	铁人一口井井址	1960年	黑龙江省大庆市红岗区
1694	7-1694-5-087	杨树浦水厂	1883年	上海市杨浦区
1695	7-1695-5-088	佘山天文台	1900年	上海市松江区
1696	7-1696-5-089	提篮桥监狱早期建筑	1903年	上海市虹口区
1697	7-1697-5-090	徐家汇天主堂	1910年	上海市徐汇区
1698	7-1698-5-091	中国共产党第二次全国代表大会会址	1922年	上海市静安区
1699	7-1699-5-092	黄山炮台旧址	明至民国	江苏省无锡市江阴市
1700	7-1700-5-093	小娄巷建筑群	明至民国	江苏省无锡市崇安区
1701	7-1701-5-094	金陵刻经处	清	江苏省南京市秦淮区
1702	7-1702-5-095	刘氏兄弟故居	清	江苏省无锡市江阴市
1703	7-1703-5-096	东吴大学旧址	清至民国	江苏省苏州市姑苏区
1704	7-1704-5-097	金陵兵工厂旧址	清至民国	江苏省南京市秦淮区
1705	7-1705-5-098	浦口火车站旧址	清至民国	江苏省南京市浦口区
1706	7-1706-5-099	韩公馆	1906年	江苏省南通市海安县
1707	7-1707-5-100	孙中山临时大总统府及南京国民政府建筑遗存	1912~1949年	江苏省南京市玄武区
1708	7-1708-5-101	无锡县商会旧址	1915年	江苏省无锡市崇安区
1709	7-1709-5-102	秦邦宪旧居	1916~1921年	江苏省无锡市崇安区
1710	7-1710-5-103	通崇海泰总商会大楼	1920年	江苏省南通市崇川区
1711	7-1711-5-104	北极阁气象台旧址	1928年	江苏省南京市玄武区
1712	7-1712-5-105	中央陆军军官学校旧址	1928年	江苏省南京市玄武区
1713	7-1713-5-106	励志社旧址	1929~1931年	江苏省南京市玄武区
1714	7-1714-5-107	国民政府中央广播电台旧址	1932年	江苏省南京市鼓楼区
1715	7-1715-5-108	国立中央研究院旧址	1933~1935年	江苏省南京市玄武区
1716	7-1716-5-109	拉贝旧居	1934~1938年	江苏省南京市鼓楼区
1717	7-1717-5-110	天香小筑	1935年	江苏省苏州市姑苏区
1718	7-1718-5-111	新四军江南指挥部旧址	1939年	江苏省常州市溧阳市

续表

序号	编号	名称	时代	地址
1719	7-1719-5-112	黄桥战斗旧址	1940年	江苏省泰州市泰兴市
1720	7-1720-5-113	美国驻华使馆旧址	1946年	江苏省南京市鼓楼区
1721	7-1721-5-114	英国驻华使馆旧址	1946年	江苏省南京市鼓楼区
1722	7-1722-5-115	茂新面粉厂旧址	1946年	江苏省无锡市南长区
1723	7-1723-5-116	国民党江阴要塞司令部旧址	1947年	江苏省无锡市江阴市
1724	7-1724-5-117	乍浦炮台	清	浙江省嘉兴市平湖市
1725	7-1725-5-118	春晖中学旧址	清至民国	浙江省绍兴市上虞市
1726	7-1726-5-119	仓前粮仓	清至中华人民共和国	浙江省杭州市余杭区
1727	7-1727-5-120	尊德堂	1877年	浙江省湖州市南浔区
1728	7-1728-5-121	嘉兴文生修道院与天主堂	1903年、1930年	浙江省嘉兴市南湖区
1729	7-1729-5-122	锦堂学校旧址	1909年	浙江省宁波市慈溪市
1730	7-1730-5-123	浙江兴业银行旧址	1923年	浙江省杭州市上城区
1731	7-1731-5-124	坎门验潮所	1929年	浙江省台州市玉环县
1732	7-1732-5-125	红十三军军部旧址	1930年	浙江省温州市永嘉县
1733	7-1733-5-126	曹娥庙	1936年	浙江省绍兴市上虞市
1734	7-1734-5-127	浙江大学龙泉分校旧址	1939年	浙江省丽水市龙泉市
1735	7-1735-5-128	李氏家族旧宅	清	安徽省合肥市庐阳区
1736	7-1736-5-129	洪家大屋	清	安徽省黄山市祁门县
1737	7-1737-5-130	芜湖天主堂	清至民国	安徽省芜湖市镜湖区
1738	7-1738-5-131	英驻芜领事署旧址	清至民国	安徽省芜湖市镜湖区
1739	7-1739-5-132	安徽大学红楼及敬敷书院旧址	清至民国	安徽省安庆市大观区
1740	7-1740-5-133	安庆天主堂	1893年	安徽省安庆市迎江区
1741	7-1741-5-134	怀远教会建筑旧址	1903年、1909年	安徽省蚌埠市怀远县
1742	7-1742-5-135	王稼祥故居	1906年	安徽省宣城市泾县
1743	7-1743-5-136	圣雅各中学旧址	1910~1936年	安徽省芜湖市镜湖区
1744	7-1744-5-137	岩寺新四军军部旧址	1938年	安徽省黄山市徽州区
1745	7-1745-5-138	侵华日军淮南罪证遗址	1938~1943年	安徽省淮南市大通区
1746	7-1746-5-139	陈独秀墓	1947年	安徽省安庆市大观区
1747	7-1747-5-140	安徽省博物馆陈列展览大楼	1956年	安徽省合肥市庐阳区

续表

序号	编号	名称	时代	地址
1748	7-1748-5-141	亭江炮台	清	福建省福州市马尾区
1749	7-1749-5-142	林则徐宅与祠	清	福建省福州市鼓楼区
1750	7-1750-5-143	福建戍守台湾将士墓群	清	福建省宁德市福鼎市，福州市马尾区，漳州市东山县
1751	7-1751-5-144	临江楼	1929年	福建省龙岩市上杭县
1752	7-1752-5-145	闽西工农银行旧址	1930年	福建省龙岩市新罗区
1753	7-1753-5-146	毛泽东才溪乡调查旧址群	1933年	福建省龙岩市上杭县
1754	7-1754-5-147	红九军团长征出发地	1934年	福建省龙岩市长汀县
1755	7-1755-5-148	永安抗战旧址群	1938～1945年	福建省三明市永安市
1756	7-1756-5-149	五更寮土高炉群	1958年	福建省漳州市南靖县
1757	7-1757-5-150	同文书院	清至民国	江西省九江市浔阳区
1758	7-1758-5-151	陈宝箴、陈三立故居	1831年	江西省九江市修水县
1759	7-1759-5-152	盛公祠	1898年	江西省萍乡市安源区
1760	7-1760-5-153	总平巷矿井口	1898年	江西省萍乡市安源区
1761	7-1761-5-154	湘赣边界秋收起义前敌委员会旧址	1927年	江西省宜春市铜鼓县
1762	7-1762-5-155	东固平民银行旧址	1928～1930年	江西省吉安市青原区
1763	7-1763-5-156	君埠红一方面军总司令部旧址	1929年	江西省吉安市永丰县
1764	7-1764-5-157	富田村诚敬堂	1929～1931年	江西省吉安市青原区
1765	7-1765-5-158	渼陂红四军总部旧址	1930年	江西省吉安市青原区
1766	7-1766-5-159	"二七"陂头会议旧址	1930年	江西省吉安市青原区
1767	7-1767-5-160	寻乌调查旧址	1930年	江西省赣州市寻乌县
1768	7-1768-5-161	中共苏区中央局旧址	1931年	江西省赣州市宁都县
1769	7-1769-5-162	中华苏维埃共和国中央革命军事委员会旧址	1931～1932年	江西省赣州市瑞金市
1770	7-1770-5-163	瑞金中央工农红军学校旧址	1932年	江西省赣州市瑞金市
1771	7-1771-5-164	瑶里改编旧址	1938年	江西省景德镇市浮梁县
1772	7-1772-5-165	上高会战遗址	1941年	江西省宜春市上高县
1773	7-1773-5-166	邓小平旧居与劳动车间	1969～1972年	江西省南昌市新建县

序号	编号	名称	时代	地址
1774	7-1774-5-167	淄博矿业集团德日建筑群	清至民国	山东省淄博市淄川区
1775	7-1775-5-168	烟台西炮台	1876年	山东省烟台市芝罘区
1776	7-1776-5-169	猴矶岛灯塔	1882年	山东省烟台市长岛县
1777	7-1777-5-170	坊子德日建筑群	1898～1945年	山东省潍坊市坊子区
1778	7-1778-5-171	威海英式建筑	1900年、1901年	山东省威海市环翠区
1779	7-1779-5-172	兖州天主教堂	1901年	山东省济宁市兖州市
1780	7-1780-5-173	济南纬二路近现代建筑群	1901～1932年	山东省济南市市中区
1781	7-1781-5-174	原胶济铁路济南站近现代建筑群	1904～1915年	山东省济南市天桥区
1782	7-1782-5-175	张裕公司酒窖	1905年	山东省烟台市芝罘区
1783	7-1783-5-176	原齐鲁大学近现代建筑群	1905～1924年	山东省济南市历下区
1784	7-1784-5-177	济南泺口黄河铁路大桥	1912年	山东省济南市天桥区
1785	7-1785-5-178	徂徕山抗日武装起义旧址	1938年	山东省泰安市岱岳区
1786	7-1786-5-179	新四军军部暨华东军区、华东野战军诞生地旧址	1946～1947年	山东省临沂市河东区
1787	7-1787-5-180	莱芜战役指挥所旧址	1947年	山东省莱芜市钢城区
1788	7-1788-5-181	袁寨古民居	清	河南省周口市项城市
1789	7-1789-5-182	张祜庄园	清至民国	河南省郑州市巩义市
1790	7-1790-5-183	鸡公山近代建筑群	1903～1949年	河南省信阳市浉河区
1791	7-1791-5-184	刘镇华庄园	民国	河南省郑州市巩义市
1792	7-1792-5-185	洛阳西工兵营	1914年	河南省洛阳市西工区
1793	7-1793-5-186	袁林	1918年	河南省安阳市北关区
1794	7-1794-5-187	天主教河南总修院旧址	1932年	河南省开封市顺河回族区
1795	7-1795-5-188	河朔图书馆旧址	1935年	河南省新乡市卫滨区
1796	7-1796-5-189	国共黄河归故谈判旧址	1946年	河南省开封市禹王台区
1797	7-1797-5-190	豫陕鄂前后方工作委员会旧址	1947年	河南省平顶山市鲁山县

续表

序号	编号	名称	时代	地址
1798	7-1798-5-191	商丘淮海战役总前委旧址	1948年	河南省商丘市睢阳区
1799	7-1799-5-192	洛阳涧西苏式建筑群	1954年	河南省洛阳市涧西区
1800	7-1800-5-193	古德寺	1877年	湖北省武汉市江岸区
1801	7-1801-5-194	起义门	1911年	湖北省武汉市武昌区
1802	7-1802-5-195	京汉铁路总工会旧址	1923年	湖北省武汉市江岸区
1803	7-1803-5-196	汉口中共中央宣传部旧址	1927年	湖北省武汉市江岸区
1804	7-1804-5-197	中共中央领导人汉口住地旧址	1927年	湖北省武汉市江岸区
1805	7-1805-5-198	中国共产党第五次全国代表大会旧址	1927年	湖北省武汉市武昌区
1806	7-1806-5-199	武汉中央军事政治学校旧址	1927年	湖北省武汉市武昌区
1807	7-1807-5-200	武汉中共中央机关旧址	1927年	湖北省武汉市江岸区
1808	7-1808-5-201	湖北省立图书馆旧址	1936年	湖北省武汉市武昌区
1809	7-1809-5-202	汉口新四军军部旧址	1937～1938年	湖北省武汉市江岸区
1810	7-1810-5-203	八路军武汉办事处旧址	1937～1938年	湖北省武汉市江岸区
1811	7-1811-5-204	中共豫鄂边区委员会旧址	1940～1942年	湖北省荆门市京山县
1812	7-1812-5-205	华新水泥厂旧址	1946～2005年	湖北省黄石市黄石港区
1813	7-1813-5-206	向阳湖文化名人旧址	中华人民共和国	湖北省咸宁市咸安区
1814	7-1814-5-207	武汉长江大桥	1957年	湖北省武汉市武昌区、汉阳区
1815	7-1815-5-208	渌江书院	清	湖南省株洲市醴陵市
1816	7-1816-5-209	何叔衡故居	1876年	湖南省长沙市宁乡县
1817	7-1817-5-210	谢觉哉故居	1884年	湖南省长沙市宁乡县
1818	7-1818-5-211	林伯渠故居	1886年	湖南省常德市临澧县
1819	7-1819-5-212	徐特立故居	1889年	湖南省长沙市长沙县
1820	7-1820-5-213	李达故居	1890年	湖南省永州市冷水滩区
1821	7-1821-5-214	左文襄公祠	1892年	湖南省岳阳市湘阴县
1822	7-1822-5-215	邓中夏故居	1894年	湖南省郴州市宜章县

序号	编号	名称	时代	地址
1823	7-1823-5-216	李立三故居	1899年	湖南省株洲市醴陵市
1824	7-1824-5-217	蔡和森、蔡畅故居	1899年	湖南省娄底市双峰县
1825	7-1825-5-218	岳州关	1901年	湖南省岳阳市岳阳楼区
1826	7-1826-5-219	信义校会建筑群	1904～1924年	湖南省益阳市赫山区、资阳区
1827	7-1827-5-220	岳阳教会学校	1910年	湖南省岳阳市岳阳楼区
1828	7-1828-5-221	爱晚亭	1913～1918年	湖南省长沙市岳麓区
1829	7-1829-5-222	罗荣桓故居	1914年	湖南省衡阳市衡东县
1830	7-1830-5-223	胡耀邦故居	1915年	湖南省长沙市浏阳市
1831	7-1831-5-224	新民学会旧址	1918年	湖南省长沙市岳麓区
1832	7-1832-5-225	湘南学联旧址	1919年	湖南省衡阳市珠晖区
1833	7-1833-5-226	湖南大学早期建筑群	1920～1950年	湖南省长沙市岳麓区
1834	7-1834-5-227	渌江桥	1924年	湖南省株洲市醴陵市
1835	7-1835-5-228	中共平江县委旧址	1927～1928年	湖南省岳阳市平江县
1836	7-1836-5-229	湘南起义旧址群	1928年	湖南省郴州市汝城县、嘉禾县、宜章县、永兴县、桂阳县、安仁县、资兴市，衡阳市耒阳市，株洲市炎陵县
1837	7-1837-5-230	中国工农红军第七军指挥所旧址	1930年	湖南省邵阳市绥宁县
1838	7-1838-5-231	湖南省苏维埃政府旧址	1930年	湖南省长沙市浏阳市
1839	7-1839-5-232	红二、六军团长征出发地旧址	1935年	湖南省张家界市桑植县
1840	7-1840-5-233	红二军团长征司令部旧址	1935年	湖南省娄底市新化县
1841	7-1841-5-234	黄埔军校第二分校旧址	1938年	湖南省邵阳市武冈市
1842	7-1842-5-235	大云山三战三捷摩崖石刻	1942年	湖南省岳阳市岳阳县
1843	7-1843-5-236	厂窖惨案遗址	1943年	湖南省益阳市南县
1844	7-1844-5-237	丁氏光禄公祠	1878年	广东省揭阳市榕城区
1845	7-1845-5-238	崎碌炮台	1879年	广东省汕头市金平区
1846	7-1846-5-239	人境庐和荣禄第	1881年、1884年	广东省梅州市梅江区
1847	7-1847-5-240	广州湾法国公使署旧址和法军指挥部旧址	1903年、1905年	广东省湛江市霞山区

续表

序号	编号	名称	时代	地址
1848	7-1848-5-241	谢晋元故居	1905年	广东省梅州市蕉岭县
1849	7-1849-5-242	三灶岛侵华日军罪行遗迹	民国	广东省珠海市金湾区
1850	7-1850-5-243	广九铁路石龙南桥	1911年	广东省东莞市
1851	7-1851-5-244	中国共产党第三次全国代表大会会址	1923年	广东省广州市越秀区
1852	7-1852-5-245	国民革命军东征军总指挥部、政治部旧址	1925年	广东省汕头市金平区
1853	7-1853-5-246	顺德糖厂早期建筑	1934年	广东省佛山市顺德区
1854	7-1854-5-247	中山纪念中学旧址	1936年	广东省中山市
1855	7-1855-5-248	梧州近代建筑群	清至民国	广西壮族自治区梧州市万秀区、蝶山区
1856	7-1856-5-249	谢鲁山庄	1920年	广西壮族自治区玉林市陆川县
1857	7-1857-5-250	越南共产党驻龙州秘密机关旧址	1926年	广西壮族自治区崇左市龙州县
1858	7-1858-5-251	柳州旧机场及城防工事群旧址	1929年	广西壮族自治区柳州市柳南区
1859	7-1859-5-252	南宁育才学校旧址	1951年	广西壮族自治区南宁市西乡塘区
1860	7-1860-5-253	临高角灯塔	清	海南省临高县
1861	7-1861-5-254	琼海关旧址	1937年	海南省海口市龙华区
1862	7-1862-5-255	韩家宅	1938年	海南省文昌市
1863	7-1863-5-256	刘伯承故居	1897年	重庆市开县
1864	7-1864-5-257	聂荣臻故居	1899年	重庆市江津区
1865	7-1865-5-258	嘉陵江三峡乡村建设旧址群	民国	重庆市北碚区
1866	7-1866-5-259	特园	1931～1946年	重庆市渝中区
1867	7-1867-5-260	世界佛学苑汉藏教理院旧址	1932年	重庆市北碚区
1868	7-1868-5-261	南腰界红三军司令部旧址	1934年	重庆市酉阳土家族苗族自治县
1869	7-1869-5-262	国民政府立法院、司法院及蒙藏委员会旧址	1937～1946年	重庆市渝中区
1870	7-1870-5-263	国民政府军事委员会政治部旧址	1938～1945年	重庆市沙坪坝区

续表

序号	编号	名称	时代	地址
1871	7-1871-5-264	国民政府外交部旧址	1938～1946年	重庆市渝中区
1872	7-1872-5-265	重庆抗战金融机构旧址群	1938～1946年	重庆市渝中区
1873	7-1873-5-266	国民参政会旧址	1938～1946年	重庆市渝中区
1874	7-1874-5-267	林园	1938～1946年	重庆市沙坪坝区
1875	7-1875-5-268	国民政府军事委员会政治部第三厅暨文化工作委员会旧址	1938～1946年	重庆市渝中区、沙坪坝区
1876	7-1876-5-269	重庆黄山抗战旧址群	1938～1946年	重庆市南岸区
1877	7-1877-5-270	同盟国驻渝外交机构旧址群	1938～1946年	重庆市南岸区、渝中区
1878	7-1878-5-271	南泉抗战旧址群	1938～1946年	重庆市巴南区
1879	7-1879-5-272	国民政府行政院旧址	1938～1947年	重庆市渝中区
1880	7-1880-5-273	重庆抗战兵器工业旧址群	1939～1945年	重庆市江北区、沙坪坝区、九龙坡区、大渡口区、綦江区
1881	7-1881-5-274	同盟国中国战区统帅部参谋长官邸旧址	1942～1944年	重庆市渝中区
1882	7-1882-5-275	保卫中国同盟总部旧址	1942～1945年	重庆市渝中区
1883	7-1883-5-276	重庆谈判旧址群	1945年	重庆市渝中区
1884	7-1884-5-277	抗战胜利纪功碑暨人民解放纪念碑	1947年	重庆市渝中区
1885	7-1885-5-278	重庆市人民大礼堂	1954年	重庆市渝中区
1886	7-1886-5-279	吉成井盐作坊遗址	清	四川省自贡市大安区
1887	7-1887-5-280	丁氏庄园	1925年	四川省南充市仪陇县
1888	7-1888-5-281	东源井古盐场	1892年	四川省自贡市贡井区
1889	7-1889-5-282	平安桥天主教堂	1904年	四川省成都市青羊区
1890	7-1890-5-283	四川大学早期建筑	1913～1954年	四川省成都市武侯区
1891	7-1891-5-284	张伯卿公馆	1923年	四川省自贡市贡井区
1892	7-1892-5-285	新场川王宫	1926年	四川省成都市大邑县
1893	7-1893-5-286	列宁街石牌坊及红军标语	1933年	四川省达州市达县
1894	7-1894-5-287	曾家园	1937年	四川省眉山市洪雅县

2014 中国 文物年鉴

续表

序号	编号	名称	时代	地址
1895	7-1895-5-288	尚稽陈玉璧祠	清	贵州省遵义市遵义县
1896	7-1896-5-289	兴义刘氏庄园	清至民国	贵州省黔西南布依族苗族自治州兴义市
1897	7-1897-5-290	茅台酒酿酒工业遗产群	清至民国	贵州省遵义市仁怀市
1898	7-1898-5-291	王若飞故居	1896年	贵州省安顺市西秀区
1899	7-1899-5-292	述洞独柱鼓楼	1922年	贵州省黔东南苗族侗族自治州黎平县
1900	7-1900-5-293	福林堂	1857年	云南省昆明市五华区
1901	7-1901-5-294	熊庆来故居	1893年	云南省红河哈尼族彝族自治州弥勒县
1902	7-1902-5-295	碧色寨车站	1909年	云南省红河哈尼族彝族自治州蒙自市
1903	7-1903-5-296	滇西军都督府旧址及叠园集刻	1911年	云南省保山市腾冲县
1904	7-1904-5-297	宝丰隆商号	1916年	云南省红河哈尼族彝族自治州个旧市
1905	7-1905-5-298	周家宅院	1916年	云南省红河哈尼族彝族自治州蒙自市
1906	7-1906-5-299	糯福教堂	1921年	云南省普洱市澜沧拉祜族自治县
1907	7-1907-5-300	龙氏家祠	1930年	云南省昭通市昭阳区
1908	7-1908-5-301	文兴祥商号旧址	1934年	云南省玉溪市红塔区
1909	7-1909-5-302	丹桂村中央红军总部驻地旧址与金沙江皎平渡口	1935年	云南省昆明市寻甸回族彝族自治县、禄劝彝族苗族自治县
1910	7-1910-5-303	陇西世族庄园	1938年	云南省玉溪市新平彝族傣族自治县
1911	7-1911-5-304	扎木中心县委红楼	1953年	西藏自治区林芝地区波密县
1912	7-1912-5-305	帕拉庄园	1955年	西藏自治区日喀则地区江孜县
1913	7-1913-5-306	中央人民政府驻藏代表办公处旧址	1965年	西藏自治区拉萨市城关区
1914	7-1914-5-307	青木川老街建筑群	清	陕西省汉中市宁强县
1915	7-1915-5-308	青木川魏氏庄园	1927～1934年	陕西省汉中市宁强县
1916	7-1916-5-309	陕甘边照金革命根据地旧址	1932年	陕西省铜川市耀州区
1917	7-1917-5-310	杨虎城旧居	1934年	陕西省渭南市蒲城县
1918	7-1918-5-311	安吴堡战时青年训练班革命旧址	1936～1940年	陕西省咸阳市泾阳县
1919	7-1919-5-312	宏道书院	1938年	陕西省咸阳市三原县
1920	7-1920-5-313	南梁陕甘边区革命政府旧址	1934～1935年	甘肃省庆阳市华池县
1921	7-1921-5-314	榜罗镇会议旧址	1935年	甘肃省定西市通渭县

序号	编号	名称	时代	地址
1922	7-1922-5-315	八路军兰州办事处旧址	1937~1943年	甘肃省兰州市城关区
1923	7-1923-5-316	玉门油田老一井	1939年	甘肃省酒泉市玉门市
1924	7-1924-5-317	临夏东公馆与蝴蝶楼	1947年	甘肃省临夏回族自治州临夏市
1925	7-1925-5-318	天佑德酒作坊	清	青海省海东地区互助土族自治县
1926	7-1926-5-319	青藏公路建设指挥部旧址（将军楼）	1956年	青海省海西蒙古族藏族自治州格尔木市
1927	7-1927-5-320	新疆第一口油井	1909年	新疆维吾尔自治区克拉玛依市独山子区
1928	7-1928-5-321	于田艾提卡清真寺	民国	新疆维吾尔自治区和田地区于田县
1929	7-1929-5-322	吐尔迪·阿吉庄园	1915年	新疆维吾尔自治区和田地区皮山县
1930	7-1930-5-323	满汗王府	1919年	新疆维吾尔自治区巴音郭楞蒙古自治州和静县
1931	7-1931-5-324	八路军驻新疆办事处旧址	1937~1942年	新疆维吾尔自治区乌鲁木齐市天山区
1932	7-1932-5-325	三区革命政府旧址	1944~1949年	新疆维吾尔自治区伊犁哈萨克自治州伊宁市
1933	7-1933-5-326	小李庄军垦旧址	1953年	新疆维吾尔自治区昌吉回族自治州玛纳斯县
1934	7-1934-5-327	克拉玛依一号井	1955年	新疆维吾尔自治区克拉玛依市克拉玛依区
1935	7-1935-5-328	新疆人民剧场	1956年	新疆维吾尔自治区乌鲁木齐市天山区
1936	7-1936-5-329	红山核武器试爆指挥中心旧址	1966年	新疆维吾尔自治区巴音郭楞蒙古自治州和硕县

其他（7处）

序号	编号	名称	时代	地址
1937	7-1937-6-001	稷山大佛	金、元	山西省运城市稷山县
1938	7-1938-6-002	西湖十景	南宋至清	浙江省杭州市西湖区
1939	7-1939-6-003	洋浦盐田	宋至中华人民共和国	海南省儋州市
1940	7-1940-6-004	重安江水碾群	明	贵州省黔东南苗族侗族自治州黄平县
1941	7-1941-6-005	景迈古茶园	东汉至唐	云南省普洱市澜沧拉祜族自治县
1942	7-1942-6-006	红河哈尼梯田	唐至中华人民共和国	云南省红河哈尼族彝族自治州元阳县
1943	7-1943-6-007	芒康县盐井古盐田	唐至中华人民共和国	西藏自治区昌都地区芒康县

与现有全国重点保护单位合并的项目（共计47处）

古遗址（12处）

序号	编号	名称	时代	地址	备注
1944	7-1944-1-001	房山大白玉塘采石场遗址	隋至清	北京市房山区	归入第一批全国重点文物保护单位房山云居寺塔及石经
1945	7-1945-1-002	宋辽边关地道	宋、辽	河北省保定市雄县	归入第六批全国重点文物保护单位边关地道遗址
1946	7-1946-1-003	"驸马城"遗址	金	黑龙江省哈尔滨市阿城区	归入第二批全国重点文物保护单位金上京会宁府遗址
1947	7-1947-1-004	小城子遗址	金	黑龙江省哈尔滨市阿城区	归入第二批全国重点文物保护单位金上京会宁府遗址
1948	7-1948-1-005	刘秀屯宫殿基址	金	黑龙江省哈尔滨市阿城区	归入第二批全国重点文物保护单位金上京会宁府遗址
1949	7-1949-1-006	半拉城遗址	金	黑龙江省哈尔滨市阿城区	归入第二批全国重点文物保护单位金上京会宁府遗址
1950	7-1950-1-007	元上都遗址（扩展项目）	元	内蒙古自治区锡林郭勒盟正蓝旗	归入第三批全国重点文物保护单位元上都遗址
1951	7-1951-1-008	功臣寺遗址	唐、五代	浙江省杭州市临安市	与第五批全国重点文物保护单位功臣塔合并。名称：功臣塔及功臣寺遗址
1952	7-1952-1-009	白洋湖、里杜湖越窑遗址	唐至北宋	浙江省宁波市慈溪市	归入第三批全国重点文物保护单位上林湖越窑遗址
1953	7-1953-1-010	上垟窑址	北宋至元	浙江省丽水市庆元县	归入第三批全国重点文物保护单位大窑龙泉窑遗址
1954	7-1954-1-011	锁阳城古渠道遗址	唐	甘肃省酒泉市瓜州县	归入第四批全国重点文物保护单位锁阳城遗址
1955	7-1955-1-012	泸州老窖窖池群及酿酒作坊	明、清	四川省泸州市江阳区	归入第四批全国重点文物保护单位泸州大曲老窖池

古墓葬（9处）

序号	编号	名称	时代	地址	备注
1956	7-1956-2-001	丛葬墓群	战国	河北省保定市易县、定兴县	归入第一批全国重点文物保护单位燕下都遗址
1957	7-1957-2-002	代王城墓群	战国至汉	河北省张家口市蔚县	归入第五批全国重点文物保护单位代王城遗址
1958	7-1958-2-003	东门里壁画墓	东汉	辽宁省辽阳市文圣区	归入第一批全国重点文物保护单位辽阳壁画墓群
1959	7-1959-2-004	北园二号墓	汉魏	辽宁省辽阳市白塔区	归入第一批全国重点文物保护单位辽阳壁画墓群
1960	7-1960-2-005	南郊路壁画墓	汉魏	辽宁省辽阳市文圣区	归入第一批全国重点文物保护单位辽阳壁画墓群
1961	7-1961-2-006	三道壕三号墓	魏晋	辽宁省辽阳市白塔区	归入第一批全国重点文物保护单位辽阳壁画墓群
1962	7-1962-2-007	龙山越国贵族墓群	春秋、战国	浙江省湖州市安吉县	与第六批全国重点文物保护单位递铺城址合并。名称：安吉古城遗址、龙山越国贵族墓群
1963	7-1963-2-008	东钱湖墓群	宋、明	浙江省宁波市鄞州区	与第五批全国重点文物保护单位东钱湖石刻合并。名称：东钱湖墓葬群
1964	7-1964-2-009	八卦营墓群	汉	甘肃省张掖市民乐县	归入第六批全国重点文物保护单位八卦营城址

古建筑（9处）

序号	编号	名称	时代	地址	备注
1965	7-1965-3-001	德清古桥群	宋、元、明	浙江省湖州市德清县	与第六批全国重点文物保护单位寿昌桥合并。名称：德清古桥群
1966	7-1966-3-002	绍兴古桥群	元至民国	浙江省绍兴市绍兴县	与第五批全国重点文物保护单位八字桥合并。名称：绍兴古桥群
1967	7-1967-3-003	处州廊桥	明至民国	浙江省丽水市庆元县、龙泉市、景宁畲族自治县、青田县、松阳县	与第五批全国重点文物保护单位如龙桥合并。名称：处州廊桥

2014
中国
文物年鉴

序号	编号	名称	时代	地址	备注
1968	7-1968-3-004	呈坎村古建筑群（扩展项目）	明至民国	安徽省黄山市徽州区	归入第五批全国重点文物保护单位呈坎村古建筑群
1969	7-1969-3-005	福建土楼（扩展项目）	明至中华人民共和国	福建省漳州市南靖县、华安县，龙泉市永定县	归入第五批全国重点文物保护单位福建土楼
1970	7-1970-3-006	三坊七巷古民居建筑	清	福建省福州市鼓楼区	归入第六批全国重点文物保护单位三坊七巷和朱紫坊建筑群
1971	7-1971-3-007	药草台寺	明至清	青海省海东地区乐都县	归入第二批全国重点文物保护单位瞿昙寺
1972	7-1972-3-008	长城	汉、魏晋南北朝、唐、明	北京市、河北省、辽宁省、吉林省、青海省、宁夏回族自治区	归入第五批全国重点文物保护单位长城
1973	7-1973-3-009	大运河	春秋至中华人民共和国	北京市、天津市、河北省、浙江省、江苏省、安徽省、山东省、河南省	与第六批全国重点文物保护单位京杭大运河合并。名称：大运河

石窟寺及石刻（3处）

序号	编号	名称	时代	地址	备注
1974	7-1974-4-001	云门山石窟及石刻	隋至清	山东省潍坊市青州市	归入第三批全国重点文物保护单位驼山石窟
1975	7-1974-4-002	千佛寺摩崖石刻造像	唐至元、明	重庆市潼南县	归入第六批全国重点文物保护单位潼南大佛寺摩崖造像
1976	7-1974-4-003	文殊山后山千佛洞、古佛洞	南北朝至宋	甘肃省张掖市肃南裕固族自治县	归入第五批全国重点文物保护单位文殊山石窟

近现代重要史迹及代表性建筑（14处）

序号	编号	名称	时代	地址	备注
1977	7-1977-5-001	侵华日军第七三一细菌部队安达特别实验场遗址	1941年	黑龙江省绥化市安达市	归入第六批全国重点文物保护单位侵华日军第七三一部队旧址

序号	编号	名称	时代	地址	备注
1978	7-1978-5-002	丽则女学校旧址	1911年	江苏省苏州市吴江区	归入第五批全国重点文物保护单位退思园
1979	7-1979-5-003	南通大生第三纺织公司旧址	1919年	江苏省南通市海门市	与第六批全国重点文物保护单位大生纱厂合并。名称：大生纱厂。将"大生纱厂"从南通博物苑中分出
1980	7-1980-5-004	莫干山别墅群（扩展项目）	清至民国	浙江省湖州市德清县	归入第六批全国重点文物保护单位莫干山别墅群
1981	7-1981-5-005	浙东沿海灯塔	民国	浙江省舟山市定海区，宁波市镇海区、北仑区、象山县	与第五批全国重点文物保护单位花鸟灯塔合并。名称：浙东沿海灯塔
1982	7-1982-5-006	鼓浪屿近代建筑群（扩展项目）	清至民国	福建省厦门市思明区	归入第六批全国重点文物保护单位鼓浪屿近代建筑群
1983	7-1983-5-007	湘鄂西革命根据地早期旧址	1927～1932年	湖北省荆州市江陵县	归入第三批全国重点文物保护单位湘鄂西革命根据地旧址
1984	7-1984-5-008	谭嗣同墓与谭嗣同祠	1901年、1913年	湖南省长沙市浏阳市	与第四批全国重点文物保护单位谭嗣同故居合并。名称：谭嗣同故居及墓祠
1985	7-1985-5-009	翰林院子和蚕房院子	清	四川省广安市广安区	归入第五批全国重点文物保护单位邓小平故居
1986	7-1986-5-010	巴中红军石刻标语群	1933～1934年	四川省巴中市巴州区、通江县、南江县、平昌县	归入第六批全国重点文物保护单位通江红军石刻标语群
1987	7-1987-5-011	红军飞夺泸定桥战前动员会旧址	1935年	四川省甘孜藏族自治州泸定县	归入第一批全国重点文物保护单位泸定桥
1988	7-1988-5-012	古蔺县红军四渡赤水战役遗址	1935年	四川省泸州市古蔺县	归入第六批全国重点文物保护单位红军四渡赤水战役旧址
1989	7-1989-5-013	白求恩国际和平医院旧址	1943～1947年	陕西省延安市宝塔区	归入第一批全国重点文物保护单位延安革命遗址
1990	7-1990-5-014	中东铁路建筑群（扩展项目）	清至民国	内蒙古自治区、辽宁省、吉林省、黑龙江省	归入第六批全国重点文物保护单位中东铁路建筑群

2014
中国
文物年鉴

国务院关于同意将云南省会泽县列为国家历史文化名城的批复

国函〔2013〕59号

云南省人民政府：

你省《关于申报会泽古城为国家历史文化名城的请示》（云政发〔2010〕49号）收悉。现批复如下：

一、同意将会泽县列为国家历史文化名城。会泽县历史悠久，遗存丰富，街区集中成片，古城传统格局和风貌保存完整，历史地位突出。

二、你省及会泽县人民政府要根据本批复精神，按照《历史文化名城名镇名村保护条例》的要求，正确处理城市建设与保护历史文化遗产的关系，深入研究发掘历史文化遗产的内涵与价值，明确保护的原则和重点。编制好历史文化名城保护规划，并纳入城市总体规划，划定历史文化街区、文物保护单位、历史建筑的保护范围及建设控制地带，制定严格的保护措施。在历史文化名城保护规划的指导下，编制好重要保护地段的详细规划。在规划和建设中，要重视保护古城风貌，注重古城环境整治和历史建筑修缮，不得进行任何与历史文化名城环境和风貌不相协调的建设活动。

三、你省和住房城乡建设部、国家文物局要加强对会泽县国家历史文化名城规划、保护工作的指导、监督和检查。

国务院
2013年5月18日

国务院关于同意将山东省烟台市列为国家历史文化名城的批复

国函〔2013〕83号

山东省人民政府：

你省《关于申请将烟台市列为国家历史文化名城的请示》（鲁政呈〔2012〕55号）收悉。现批复如下：

一、同意将烟台市列为国家历史文化名城。烟台市历史悠久，遗存丰富，文化底蕴深厚，名胜古迹众多，近代建筑集中成片，街区特色鲜明，城区传统格局和风貌保存完好，具有重要的历史文化价值。

二、你省及烟台市人民政府要根据本批复精神，按照《历史文化名城名镇名村保护条例》的要求，正确处理城市建设与保护文化遗产的关系，深入研究发掘文化遗产的内涵与价值，明确保护的原则和重点。编制好历史文化名城保护规划，并将其纳入城市总体规划，划定历史文化街区、文物保护单位、历史建筑的保护范围及建设控制地带，制定严格的保护措施。在历史文化名城保护规划的指导下，编制好重要保护地段的详细规划。在规划和建设中，要重视保护城市格局，注重城区环境整治和历史建筑修缮，不得进行任何与名城环境和风貌不相协调的建设活动。

三、你省和住房城乡建设部、国家文物局要加强对烟台市国家历史文化名城规划、保护工作的指导、监督和检查。

国务院

2013年7月28日

国务院关于同意将山东省青州市列为国家历史文化名城的批复

国函〔2013〕120号

山东省人民政府：

你省《关于申请将青州市列为国家历史文化名城的请示》（鲁政呈〔2012〕30号）收悉。现批复如下：

一、同意将青州市列为国家历史文化名城。青州市历史悠久，遗存丰富，文化底蕴深厚，名胜古迹众多，街区特色鲜明，城区传统格局和风貌保存完好，具有重要的历史文化价值。

二、你省及青州市人民政府要根据本批复精神，按照《历史文化名城名镇名村保护条例》的要求，正确处理城市建设与保护历史文化遗产的关系，深入研究发掘历史文化遗产的内涵与价值，明确保护的原则和重点。编制好历史文化名城保护规划，并将其纳入城市总体规划，划定历史文化街区、文物保护单位、历史建筑的保护范围及建设控制地带，制定严格的保护措施。在历史文化名城保护规划的指导下，编制好重要保护地段的详细规划。在规划和建设中，要重视保护城市格局，注重城区环境整治和历史建筑修缮，不得进行任何与名城环境和风貌不相协调的建设活动。

三、你省和住房城乡建设部、国家文物局要加强对青州市国家历史文化名城规划、保护工作的指导、监督和检查。

国务院

2013年11月18日

国务院第一次全国可移动文物普查小组办公室关于发布《第一次全国可移动文物普查实施方案》的通知

文物普查发 ［2013］6号

各省、自治区、直辖市文物局（文化厅）：

为贯彻落实《国务院关于开展第一次全国可移动文物普查的通知》（国发 ［2012］54号），科学、规范、有序、高质量地完成普查工作，国务院第一次全国可移动文物普查领导小组办公室制定了《第一次全国可移动文物普查实施方案》，经普查领导小组第一次会议审议通过，现予发布，请参照执行。

国务院第一次全国可移动文物普查领导小组办公室

2013年3月12日

第一次全国可移动文物普查实施方案

第一次全国可移动文物普查是继第三次全国文物普查（不可移动文物部分）之后在文化遗产领域开展的又一重大国情国力调查，是一项旨在全面掌握我国文物资源、加强文物保护、建设文化遗产强国的国家工程。根据《文物保护法》《物权法》《国家"十二五"时期文化改革发展规划纲要》《国务院关于开展第一次全国可移动文物普查的通知》（国发 ［2012］54号），为科学、规范、有序、高质量地完成普查工作，制定本实施方案。

一、普查的意义

我国可移动文物种类丰富、数量庞大、价值突出，是中华民族历史文化和民族精神的实物见证。开展全国可移动文物普查，有利于准确掌握和科学评价我国文物资源情况和价值，建立文物登录备案机制，健全文物保护体系，加大保护力度，扩大保护范围，保障文物安全。有利于进一步促进文物资源整合利用，丰富公共文化服务内容，有效发挥文物在国民经济和社会发展总体布局中的积极作用。

二、普查的目标

通过普查，全面掌握我国现存国有可移动文物的数量分布、保存状况、保管权属和使用管理等情况；总体评价可移动文物保护现状，为科学制定保护政策和规划提供依据；建立、完善可移动文物认定体系；建立、完善可移动文物档案和可移动文物名录；建立、完善基于现代信息技术的可移动文物信息管理平台，为标准化、动态化管理创造基础条件；建立可移动文物信息的知识产权保护制度，实现文物信息资源的整合与合理利用。普查不改变文物权属现状。

三、普查的范围和内容

本次普查的范围是我国境内（不包括港澳台地区，下同）各级国家机关、事业单位、国有企业和国有控股企业、中国人民解放军和武警部队等各类国有单位法人所收藏保管的可移动文物，包括普查前已经认定和在普查中新认定的国有可移动文物。

普查的文物包括：1949年（含）以前，历史上各时代珍贵的艺术品、工艺美术品；历史上各时代重要文献资料以及具有历史、艺术、科学价值的手稿和图书资料等；反映历史上各时代、各民族社会制度、社会生产、社会生活的代表性实物。由博物馆、纪念馆收藏登记的1949年后的藏品。列入国家文物局公布1949年后已故著名书画家作品限制出境鉴定标准》范围的作品。具有科学价值的古脊椎动物化石和古人类化石。

普查登录的主要内容是：文物名称、类别、级别、年代、质地、外形尺寸、质量、完残程度、保存状态、包含数量、来源方式、入藏时间、藏品编号、收藏单位名称等14项基本指标项，11类附录信息、照片影像资料以及收藏单位主要情况。

四、普查的技术路线

按照属地调查与行业调查相结合、单位自查申报与集中调查相结合、传统调查方法和新技术应用相结合的原则，确定可移动文物普查技术路线。

（一）统一规划、分级负责

普查按照全国统一规划、统一部署、各相关部门共同参与、县级以上地方各级人民政府分级负责、国有单位全面参加的方式实施。由国务院第一次全国可移动文物普查领导小组（以下简称国务院普查领导小组）发布《第一次全国可移动文物普查工作实施方案》；县级以上各级人民政府按照普查方案的要求，制定本行政区域的普查方案和工作计划，按全国统一的标准和规范组织实施。

（二）统一标准、规范登记

普查工作规范和技术标准统一制定，实行标准化管理。国务院普查领导小组办公室统一制定普查工作规范和技术标准，开发普查数据处理软件。主要包括以下五个方面：

1. 《第一次全国可移动文物普查单位登记表》和《第一次全国可移动文物普查文物登记表》及其著录说明。

2. 第一次全国可移动文物普查文物登录标准。根据《馆藏文物登录规范》制定文物认定、分类、定名、年代、计量等普查标准及程序。

3. 第一次全国可移动文物普查文物名录编制规范、文物收藏单位名录编制规范、工作报告编制规范、建档备案工作规范。

4. 第一次全国可移动文物普查文物和文物收藏单位编码规范、信息采集技术要求和规范、文物数据汇总规范、电子数据处理工作规范、数据移植规范等。

5. 第一次全国可移动文物普查信息采集软件、信息登录系统、单位信息管理系统、数据管理系统、数据应用服务系统。

（三）统一平台、联网直报

普查实施统一平台、联网直报、一次入库、分级审核、动态管理。充分利用现代信息技术，信息上报和管理在国家统一平台上集中进行。国务院普查领导小组办公室建立全国可移动文物信息登录平台，统一管理平台上的信息，建立动态运行的数据库系统。各国有单位在统一平台上注册本单位专有账号，按照统一规范进行文物信息登录。各级普查机构分配专门审核账号，依照权限在平台上对登录信息逐级审核。

（四）属地管理、县为基础

普查以县域为基本单元。普查工作的组织实施，包括国有单位普查登记，文物信息采集、登录和文物认定，普查档案建立、可移动文物名录编制等，均以县域为基础。县级普查机构负责建立本行政区域纳入各级普查范围的全部国有单位清单。

中国人民解放军及武警部队可移动文物普查由解放军总政治部组织开展，普查结果统一汇总至国务院普查领导小组办公室。

（五）信息整合、资源统筹

普查信息数据库建设以现有条件为基础，充分利用现有成果，科学整合现有资源。本次普查前已经建档且已经完成信息化的文物数据，可根据统一技术标准，批量导入可移动文物普查数据库，以提高工作效率，保证普查质量。

五、普查的组织

根据全国统一领导、部门分工协作、地方分级负责、各方共同参与的原则确定普查的组织方式。

（一）中央普查组织机构

国务院成立第一次全国可移动文物普查领导小组，负责普查工作的组织和领导，协调解决重大问题。普查领导小组组长由国务院领导同志担任。普查领导小组成员单位包括：中央党史研究室、发展改革委、教育部、民政部、财政部、国土资源部、文化部、人民银行、国资委、统计局、宗教局、档案局、文物局、总政治部宣传部、中国科协。

国务院普查领导小组办公室设在国家文物局，负责普查工作的日常组织和具体协调。根据需要设立普查组织宣传、文物认定、信息登录和数据管理等工作组。主要职责是：

1. 组织制定《第一次全国可移动文物普查实施方案》并组织实施。

2. 组织制定普查的各项规范和技术标准。

3. 制定和执行普查各阶段工作计划。

4. 组织举办全国普查业务骨干和师资培训班，指导各省普查培训。

5. 对各省普查工作进行指导、督促、检查和质量控制；协调相关部门做好普查工作。

6. 开展普查档案的建档备案工作，建立普查数据库，建立全国可移动文物信息登录平台。

7. 汇总、审核、验收各省普查数据，核定各省普查信息发布。

8. 编制并向国务院普查领导小组提交《第一次全国可移动文物普查工作报告》，编制《第一次全国可移动文物普查文物名录》，公布普查成果。

9. 编制普查经费预算，管理并执行中央财政预算，督促落实地方财政预算。

10. 组织开展普查宣传工作。

（二）地方普查组织机构

县级以上各级地方人民政府按照《国务院关于开展第一次全国可移动文物普查的通知》要求，分级组织实施本行政区域的可移动文物普查。

1. 设立本级文物普查领导小组，成立普查机构，组建普查队伍，指导检查本行政区域各级普查机构的普查工作。

2. 根据国务院普查领导小组发布的实施方案、标准规范及有关规定，制定本行政区域的普查工作方案和相关制度。

3. 负责组织实施本行政区域的可移动文物普查认定、登录，完成普查数据的汇总、审核、上报和成果发布。

4. 落实普查经费，分别列入地方相应年度的财政预算。

5. 各国有单位按照统一要求和本级普查机构的部署，建立专门的普查工作队伍，按照普查工作规范和技术标准，做好文物普查认定、信息采集登录及其他相关工作。其中，中央及省属国有单位文物普查工作在省级普查机构完成，地市属国有单位文物普查工作在地市级普查机构完成，其他国有单位文物普查工作在所在地县级普查机构完成。

（三）部门职责

在国务院普查领导小组的领导下，各成员单位、各有关部门各司其职，通力协作，共同做好普查工作。

1. 根据国务院通知精神，积极动员、组织本部门本系统各有关单位，做好普查工作。

2. 提出本部门本系统参加文物普查的工作方案和具体措施。

3. 落实本部门本系统普查工作经费。

4. 协助文物行政部门研究解决普查中涉及本部门本系统的重要问题。

5. 积极提供本部门本系统管辖范围内的文物线索，配合普查机构进行普查登记和登录工作。文物数量较大的行业系统，应建立普查机制。

6. 财政部门负责普查预算审核、安排，及时拨付使用；制定普查经费管理办法，做好监督、审计工作。

7. 解放军总政治部按照国务院普查领导小组的统一部署，负责解放军和武警部队的可移动文物普查。普查结果统一汇总至国务院普查领导小组办公室，以保证全国普查数据的完整性。

六、普查的时间与实施步骤

（一）普查的时间和标准时点

第一次全国可移动文物普查从2012年10月开始，2016年12月结束。

普查的标准时点是2013年12月31日。

（二）普查的实施步骤

普查分为工作准备、普查实施和验收汇总三个阶段。

第一阶段：2012年10月至2012年12月。主要任务是制定普查实施方案，发布规范和标准，组织培训。

1. 成立普查机构。县级以上地方各级人民政府成立本行政区域的普查领导机构，并设立普查组织、文物认定、信息登录等专门职能机构和相应专家库。重点的文物收藏单位、收藏文物相对集中的行业和国有单位应成立专门工作机构。

2. 编制普查实施方案。各省根据国务院普查领导小组统一要求，制定本省普查实施方案，并报国务院普查领导小组办公室备案。

3. 编制并落实经费预算。各级普查机构、国有单位编制本地区、本单位普查经费预算。

4. 制定颁布可移动文物工作规范与技术标准，制定普查文物认定程序，编印普查工作手册。

5. 组建各级普查队伍，编印普查教材，开展各级普查培训。

6. 制定普查宣传方案，开展普查宣传。

第二阶段：2013年1月至2015年12月。主要任务是以县域为基础，开展文物普查认定和信息数据登录。普查数据资料采取采集、建档、报送、审核、登录同步开展的方式。

1. 各级普查机构制定本行政区域文物认定程序，开展国有单位收藏保管文物情况摸底排查。有关单位开展文物清库，完善相关档案记录，按要求登记申报。

2. 各级普查机构对各单位文物申报信息进行核查认定，经认定收藏有文物的单位列入登记范围。

3．建设运行全国可移动文物信息登录平台。

4．收藏有文物的单位根据国家统一规范和技术标准，开展文物测量、拍摄、信息数据资料采集和登记，将文物信息通过全国可移动文物信息登录平台联网上报。也可用纸质或者离线电子数据方式将文物信息报送各地普查机构，由普查机构统一汇总上报。

5．各级普查机构依权限组织专家对上报的文物信息进行网上审核和现场复核。

6．各级普查机构向上级普查机构按季度报送普查进展情况报告。

第三阶段：2016年1月至12月。主要任务是进行普查资料的整理、汇总和发布普查成果。

1．公布可移动文物名录和可移动文物收藏单位名录。

2．建立可移动文物编码系统及可移动文物收藏单位编码系统。

3．建立可移动文物信息管理系统和社会服务系统。

4．编制可移动文物普查档案。

5．编制普查工作报告。

6．完成项目的结项评估和审计工作。

七、普查数据管理和成果应用

普查数据和资料，由各国有单位调查、采集，在全国可移动文物信息登录平台上登录；各级普查管理机构按照权限对已登录信息数据逐级进行审核；国务院普查领导小组办公室负责普查数据库建设和管理。

凡在我国境内收藏保管有可移动文物的国有单位，都必须按照有关规范和标准，如实、准确地填报普查信息，确保基础数据的完整性、真实性和准确性。参与普查的地方、部门、单位和个人有虚报、瞒报、拒报、迟报等行为的，或伪造、篡改普查资料和数据的，由县级以上人民政府普查机构责令改正，予以通报批评；情节较重的，县级以上人民政府可以对负有直接责任的主管人员和其他直接责任人员依法给予行政处分。

普查中登记的可移动文物受《文物保护法》的保护，任何部门、单位和个人不得做出有损文物安全的行为。各单位要严格按照相关操作规程进行文物信息的提取，并做好各项安全预防措施，防止在普查登记中造成文物损坏。普查中涉及的国家秘密，必须履行保密义务。

各级普查机构对第一次全国可移动文物普查数据、资料、电子档案实行备份管理，确保安全。各省公布普查数据，需报经国务院普查领导小组办公室同意；全国文物普查数据由国务院普查领导小组办公室审核，报经国务院普查领导小组同意后正式发布。

国家建立数据维护专门机制，制定制度，对各单位报送的文物数据严格管理，确保收藏单位的合法权益。符合法律规定的文物可依法流通；对文物收藏相对集中的国有单位，可在文物保护修复、文物安全保障等方面给予技术和政策支持。

八、普查的经费

第一次全国可移动文物普查所需经费由中央和县级以上地方各级人民政府分别负担，并分别列入中央和地方相应年度的财政预算。

根据《文物保护法》第八条"地方各级人民政府负责本行政区域内的文物保护工作"和第十条"县级以上人民政府应当将文物保护事业纳入本级国民经济和社会发展规划，所需经费列入本级财政预算"的规定，各地文物普查所需经费应主要由文物所在地政府解决，列入相应年度的财政预算，按时拨付使用。中央财政经费主要用于全国性普查组织宣传、文物认定、人员培训、质量检查控制、信息登录平台开发建设和数据管理等项目。地方经费主要用于区域性普查组织宣传、单位调查、文物认定、人员培训、质量检查控制、信息采集和数据管理以及普查机构运行等项目。各级普查领导小组及其办公室要按照国家财政制度规定，加强经费管理，专款专用，厉行节约，反对浪费，确保资金使用的规范、安全、有效。同时，加强普查设备的登记、使用与管理，防止国有资产流失。

九、普查的宣传

国务院普查领导小组办公室制定全国普查的宣传方案，并组织实施。各省级普查领导小组办公室制定本省的宣传方案并组织实施。

各级普查机构要把普查作为本行政区域内重点文化建设工作进行宣传，根据普查的不同阶段分别确定相应的重点内容。第一阶段，重点宣传开展普查的目的意义、对象范围、内容方法、程序步骤等。第二阶段，集中宣传与普查有关的法律法规、普查标准规范、普查工作进展、普查先进事迹等。第三阶段，追踪宣传普查数据处理进展情况，发布普查成果，报道文物事业在增强文化软实力、构建和谐社会、推动社会经济发展方面的积极作用。

普查宣传建立国家和省级新闻发布制度。普查宣传覆盖报纸、杂志、广播、电视、网络、移动传媒等各类媒体。

十、普查的总结

县级以上地方各级人民政府应对普查组织、前期调研、业务培训、单位排查、文物调查与认定、数据登录、成果整合等工作进行全面总结，并根据规范要求，编写本行政区域的《普查工作报告》。国务院普查领导小组办公室编制《第一次全国可移动文物普查工作报告》。

为发扬成绩、鼓励先进、总结经验，国务院普查领导小组办公室汇总各省情况，召开第一次全国可移动文物普查工作总结大会。县级以上地方各级人民政府适时召开本行政区域总结会。

国家文物局、国家旅游局关于贯彻落实《国务院关于进一步做好旅游等开发建设活动中文物保护工作的意见》的通知

文物政发〔2013〕1号

各省、自治区、直辖市文物局（文化厅）、旅游局（委）：

为切实加强旅游等开发建设活动中的文物保护工作，国务院近日印发了《关于进一步做好旅游等开发建设活动中文物保护工作的意见》（国发〔2012〕63号）（以下简称《意见》）。现就贯彻落实《意见》通知如下：

一、认真学习贯彻《意见》精神。各地文物、旅游部门要认真学习、深刻领会《意

见》的重大意义，切实把思想和行动统一到《意见》的部署和要求上来，正确处理旅游等开发建设活动与文物保护的关系，紧紧依靠当地党委政府，充分发挥有关部门作用，努力破解文物保护、利用面临的新问题，推动文物保护与旅游业全面协调可持续发展。

二、摸清情况，自查自纠。各地文物、旅游部门要督促各文物旅游景区按照《意见》要求，制定具体工作方案，对照《意见》指出的五种违法违规行为，逐项进行自查。对于自查中发现的问题，要提出明确的处理意见和整改措施。能够立即纠正的问题，应当立即依法纠正。需要其他部门协调处理的问题，要在当地人民政府的统一领导和组织协调下限期纠正。

三、开展《意见》落实情况的检查和督察。2013年4月底前，省级文物、旅游部门要对照《意见》各项具体要求，联合检查各地旅游等开发建设活动中相关法律和规定的落实情况，并将检查结果汇总报送国家文物局和国家旅游局。国家文物局、国家旅游局等部门将适时组织联合检查组，赴重点省份开展实地检查，对重点案件进行督察（检查工作的具体方案另行通知）。

四、抓紧研究制定文物旅游景区游客承载标准。以古遗址、古建筑、石窟寺等易损文物为核心的景区，要根据文物保存状况及文物保护要求、游客安全需要、游客停留时间和人均开放空间面积等，科学测算游客最大承载量，通过听证、公示等方式，认真听取、吸纳公众意见，研究提出游客承载标准，报请当地人民政府核定公布。省级文物、旅游部门要对文物旅游景区游客承载标准的研究制订工作给予协调和指导。

五、着力做好文物保护规划与旅游发展规划的编制、衔接和落实工作。要把文物和游客的安全放在首位，确保文物保护规划和旅游发展规划的科学性、权威性。对于已开放为旅游景区的文物保护单位，各地文物、旅游部门要对文物保护规划和旅游发展规划的编制、衔接和执行情况进行监督检查；编制涉及文物的旅游规划，要与文物保护规划相衔接，要有文物保护章节或相关内容。

六、切实加强对文物旅游的监督管理。各级文物部门要加强对文物旅游活动的指导和监督，对不落实文物保护与安全管理规定，造成文物破坏、损毁的，要依法追究相关单位和人员的责任。各级旅游部门要把依法保护文物、确保文物安全作为文物旅游景区评级、达标和监管的刚性要求，对达不到文物保护要求的旅游景区要通报批评，并降低或取消旅游景区质量等级。各地文物、旅游部门要按照《意见》要求，研究提出文物旅游景区经营性收入用于文物保护的具体比例，报请同级人民政府确定。同时，各地文物、旅游部门要建立和完善文物旅游突发事件应急预警机制、巡视检查制度、专家咨询制度等管理规范，切实提高景区的文物保护和旅游发展水平。

国家文物局
国家旅游局
2013年1月23日

国家文物局、国家档案局关于积极做好档案系统第一次全国可移动文物普查工作的通知

文物普查发〔2013〕8号

各省、自治区、直辖市文物局（文化厅）、档案局：

2012年10月8日《国务院关于开展第一次全国可移动文物普查的通知》（以下简称《通知》）印发后，各级文物、档案部门积极开展相关准备工作，各项工作顺利推进。2013年4月18日，国务院召开第一次全国可移动文物普查电视电话会议，对普查工作进行了部署。为进一步加强统筹，共同做好第一次全国可移动文物普查工作，现通知如下：

一、提高认识，高度重视

第一次全国可移动文物普查（以下简称普查）是建国60多年来首次针对可移动文物开展的普查，是继第三次全国文物普查（不可移动文物部分）之后在文化遗产领域开展的又一重大国情国力调查，是一项旨在全面掌握我国文物资源、加强文物保护、建设文化遗产强国的国家工程，并已列入《国家"十二五"时期文化改革发展规划纲要》。我国各级档案馆保管着数量丰富的历史档案和文献资料，具有极高的文物和科研价值，是中华民族文化遗产的重要组成部分，是弘扬中国优秀传统文化和开展爱国主义教育的重要资源。各级文物、档案部门要认真学习《通知》精神，充分认识开展本次普查的重要性和紧迫性，以对国家和民族负责的态度，切实履行自身职责，积极推进本次文物普查工作。

二、认真做好档案系统的普查登记工作

全国各级综合档案馆收藏的具有文物价值的非纸质实物档案列入所在地普查登记范围。各级文物、档案部门要联合组织专家鉴定小组，对非纸质实物档案的文物价值做出鉴定，以确定其是否纳入普查范围。全国各级综合档案馆收藏的纸质档案文献（含手稿、字画等）的普查由国家档案局按系统组织开展，其著录项目以现有项目为基础，成果统一汇总后交国务院第一次全国可移动文物普查领导小组办公室，包括我国各级综合档案馆保存的1949年以前重要历史档案的统计管理数据，以及列入《中国档案文献遗产名录》的档案文物信息。

各级档案部门要依据国务院《通知》精神，积极动员、组织各级综合档案馆，做好普查工作；并由各级档案部门负责同志担任同级人民政府普查领导小组的成员，会同文物行政部门解决研究普查中涉及档案系统的重要问题，且要根据《第一次全国可移动文物普查实施方案》，提出本系统内各级综合档案馆参加文物普查的工作方案和具体措施。

三、加强协作，广泛动员

各级文物、档案部门要根据《第一次全国可移动文物普查宣传方案》，提出具体

的宣传方案和具体宣传措施。并以此动员广大国有单位和社会公众主动支持、配合和参与可移动文物普查工作，为普查机构和人员提供必要的工作便利，按时、如实地填报可移动文物普查信息。要做好各级综合档案馆的普查培训，对管辖范围内的可移动文物普查工作予以人才和技术支持，且要积极提供管辖范围内的文物线索，协助各级档案馆将其保管的具有文物价值的实物档案在所在地普查机构进行登记。各级文物部门、档案部门要在加强规范藏品管理和登录体系建设的同时，做好可移动文物的保护工作。对于在各级普查机构完成登录的实物档案，各级文物部门应当在文物保护修复等方面给予积极支持。

特此通知。

国家文物局
国家档案局
2013年5月24日

国家文物局、财政部关于印发《大遗址保护"十二五"专项规划》的通知

文物保发〔2013〕11号

各省、自治区、直辖市文物局（文化厅）、财政厅（局）：

为妥善处理大遗址保护与国家经济社会发展之间的关系问题，进一步加大投入、加强引导，全面推进大遗址保护工作，国家文物局和财政部共同研究编制了《大遗址保护"十二五"专项规划》，经财政部、国家文物局领导批准，现印发给你们，请认真贯彻执行。

国家文物局
财政部
2013年5月27日

大遗址保护"十二五"专项规划

大遗址是中华民族文明发展史最具代表性的综合物证和弥足珍贵的文化遗产。大遗址保护既是一项文化工程，也是一项惠民工程，有利于促进优秀传统文化传承体系建设、美化城乡环境、推动经济社会协调可持续发展。"十一五"时期，在党中央、国务院的高度重视和国家有关部门的大力支持下，大遗址保护工作取得了令人瞩目的历史性成就：启动100处大遗址保护工程，殷墟遗址、元上都遗址成功列入《世界遗产名录》；建成一批大遗址保护展示

示范区，有效保护遗址本体及其环境风貌；国家设立大遗址保护专项资金，出台一系列专门性法规，初步建立大遗址保护管理体系；全面完成《"十一五"期间大遗址保护总体规划》的目标任务，基本构建以"三线两片"为核心、100处大遗址为支撑的大遗址保护格局。

"十二五"时期，是全面建成小康社会的关键时期。在推进经济建设、政治建设、文化建设、社会建设、生态文明建设五位一体总体布局的进程中，大遗址保护既具备加快发展的良好机遇，也面临一些新情况新问题。大遗址保护投入持续稳定增长，各级党委、政府大力支持，社会参与大遗址保护的热情日益高涨，将为大遗址保护提供更加坚实的物质保障和广阔的发展空间。同时，我们还必须看到，大规模城镇化建设和新农村建设、频发的自然灾害和自然腐蚀等对大遗址的破坏威胁依然存在，伤害文物本体、占压大遗址的现象时有发生，经费投入存在不足，文物本体安全形势依然严峻，大遗址保护基础工作依然薄弱等。加强大遗址保护刻不容缓。为协调大遗址保护与国家经济社会发展之间的关系，进一步强化责任、加大投入、加强引导，全面推进大遗址保护工作，特制定本规划。

一、规划范围

"十二五"时期大遗址保护项目库的150处重要大遗址（名单附后）。

二、指导思想和原则

（一）指导思想

以邓小平理论、"三个代表"重要思想和科学发展观为指导，深入贯彻《中华人民共和国文物保护法》，坚持"保护为主，抢救第一，合理利用，加强管理"的文物工作方针，推进大遗址的保护利用和传承发展，充分发挥大遗址在弘扬传统文化、传承中华文明、维护中华民族多元一体和国家文化安全等方面独特的、不可替代的重要作用，推动文物事业全面协调可持续发展，为社会主义文化大发展大繁荣、建设社会主义文化强国作出更大贡献。

（二）基本原则

1. 坚持中央主导，属地管理，保护为主，惠及民众的原则。

2. 坚持着眼宏观，全面布局，规划先行，和谐发展的原则。

3. 坚持集中投入，注重实效，突出重点，分步实施的原则。

三、总体目标和主要任务

（一）总体目标

以实施重大保护示范项目、建设大遗址保护示范园区为着力点，构建"六片、四线、一圈"为重点、150处大遗址为支撑的大遗址保护新格局。充分发挥专项资金使用的综合效益，加强大遗址保护管理能力建设，提高大遗址保护展示水平，提升大遗址服务社会的能力，实现大遗址保护与生态文明建设、经济建设紧密结合，社会效益与经济效益协调统一，使大遗址成为推动区域经济社会和谐发展的积极力量，使广大民众充分分享受大遗址保护的成果。以大遗址保护为突破口，探索创新符合我国国情的文物事业发展道路，为努力建设文化遗产强国作出更大贡献。

（二）主要任务

1. 加强大遗址考古工作，完成新增50处重要大遗址测绘工作，加强大遗址基础数据信息化工作，初步建立大遗址文物信息平台。

2. 编制大遗址保护与发展战略规划和大遗址保护片区规划。150处大遗址保护规划编制完成率达到90%。

2014
中国
文物年鉴

3．深化西安片区和洛阳片区的整体保护工作，重点推进荆州片区、曲阜片区、郑州片区和成都片区的遗址保护工作，持续开展长城、大运河和丝绸之路的保护工作，形成规模和联动效应。

4．实施大遗址保护重点工程。开展150处大遗址保护工程，完成牛河梁遗址、良渚遗址、铜官窑遗址、扬州城遗址、御窑厂遗址、秦咸阳城遗址、南宋临安城遗址、老司城遗址、古蜀国遗址、西夏王陵等25项重点保护展示工程。

5．推进大遗址保护展示示范园区和遗址博物馆建设。建成15个具有典型作用和示范意义的大遗址保护展示示范园区，以及一批特色鲜明、具有较高展示水平的遗址博物馆。

6．建设大遗址安防设施。提高大遗址保护展示示范园区和重要田野墓葬群的安防水平。

7．创新管理机制，完善大遗址保护网络。建立健全大遗址保护工作的各项管理制度、技术规范和监测机制。加强大遗址保护的多学科、跨行业协作，提高大遗址保护、展示科技水平。

四、实施步骤和阶段成果

（一）2011年至2013年

1．基础工作：收集30处大遗址的航片卫片资料；结合大遗址保护开展50个重点考古项目，完成30处重要大遗址测绘；启动大遗址文物信息数据库建设工作；完成扬州城遗址、秦咸阳城遗址、赵邯郸故城等30处重要大遗址保护规划编制；推动长城保护总体规划大纲、大运河各级保护规划编制工作。

2．管理体系：完成《大运河遗产保护管理办法》《邙山陵墓群保护条例》等5～8处大遗址专项法律法规的制定；规范大遗址保护工程监理、检查、验收等各环节工作；组织有关大遗址保护和管理培训。

3．重点工程：完成大运河、牛河梁遗址、良渚遗址、楚纪南故城、铜官窑遗址、隋唐洛阳城宫城遗址、北庭故城、南越国宫署遗址、御窑厂遗址等遗址核心区保护展示项目；启动荆州、曲阜、成都、郑州片区大遗址保护项目，继续开展西安、洛阳片区、丝绸之路和高句丽、渤海大遗址保护项目。

4．大遗址保护展示示范园区、遗址博物馆建设：完成牛河梁遗址、大地湾遗址、铜官窑遗址、周口店遗址等5～10处高质量的遗址博物馆建设；牛河梁遗址、铜官窑遗址、汉魏洛阳故城、里耶古城遗址、曲阜鲁国故城、楚纪南故城、御窑厂遗址等10处大遗址保护展示示范园区建设项目初具规模。

5．2013年，开展阶段性成果检查和中期评估，形成中期评估报告，并根据评估结果和实际效果对规划项目实施计划和重点进行调整。

（二）2014年至2015年

1．推动大遗址保护基础工作，收集20处大遗址的航片卫片资料；大遗址保护规划编制完成率达到90%；完成大遗址保护与发展战略规划编制工作；完成5～10处大遗址保护管理办法制定。

2．建成北庭故城、汉魏洛阳故城、钓鱼城遗址、偃师商城遗址、老司城遗址、渤海中京城遗址等10处大遗址保护展示示范园区；完成30个安防技防项目（大遗址保护展示示范园区和重要墓葬群）。

五、项目组织管理和保障措施

为积极推进大遗址保护工作的顺利开展，保证大遗址保护工作质量，确保专项资金使用的规范性、安全性和有效性，根据相关经费管理办法和财务制度，大遗址保护工作在组织上实行国务院文物主管部门和财政主管部门、省级文物主管部门和财政主管部门及项目单位三级管理。大遗址保护实行项目管理制度。逐步完善大遗址保护项目管理体系，建立相关标准规范，明确管理方式，加强项目检查及阶段性评估。

（一）组织保障。国家文物局与大遗址所在地各省级人民政府签订工作协议，强化责任，保障大遗址保护工作顺利推进。

（二）经费保障。财政部、国家文物局将根据事业发展与财力可能，按照中央与地方投入责任、按经费使用范围等确定大遗址的经费投入。加强对重点大遗址的集中投入。加强经费使用情况的监督，建立大遗址保护经费使用绩效评价制度，完善激励、奖励机制。积极引导地方政府增加大遗址保护经费投入，努力拓宽大遗址经费渠道。对进展顺利、成效突出的大遗址保护项目，采取以奖代补的形式加大支持力度。

（三）理论保障。深化大遗址考古、规划、保护、展示、利用、安防、监测、管理等基础研究，完善大遗址保护和遗址博物馆等理论支撑，加强大遗址保护总体规划和顶层设计，指导大遗址保护实践。

（四）人才保障。加强能力建设，健全培训机制，充实培训内容，形成一支组织体系完备、地域分布合理、专业结构齐全的高素质大遗址保护人才队伍。

"十二五"期间重要大遗址（150处）

一、各省、自治区、直辖市

1．北京：周口店遗址、圆明园遗址、琉璃河遗址

2．河北：赵邯郸故城、定窑遗址、邺城遗址（含河南安阳高陵）、燕下都遗址、泥河湾遗址群、磁县北朝墓群、元中都遗址、中山古城遗址

3．山西：陶寺遗址、侯马晋国遗址、曲村－天马遗址、晋阳古城遗址、蒲津渡与蒲州故城遗址

4．内蒙古：辽上京遗址、元上都遗址、辽陵及奉陵邑、居延遗址（内蒙古、甘肃）、辽中京遗址、和林格尔土城子遗址、二道井子遗址

5．辽宁：牛河梁遗址、姜女石遗址（含河北北戴河秦行宫遗址）、高句丽遗址（凤凰山山城、五女山山城、燕州城山城、石台子山城）、金牛山遗址

6．吉林：高句丽遗址（洞沟古墓群、丸都山城与国内城、罗通山城、自安山城）、渤海遗址（西古城遗址、八连城遗址、龙头山古墓群、六顶山古墓群、苏密城）、万发拨子遗址、帽儿山墓地、龙潭山城

7．黑龙江：渤海国上京龙泉府遗址、金上京会宁府遗址

8．上海：福泉山遗址

9．江苏：扬州城遗址、鸿山墓群、徐州汉墓群（含徐州汉代采石场）、淹城遗址、阖闾城遗址、南朝陵墓群

10．浙江：良渚遗址、上林湖越窑遗址、大窑龙泉窑遗址、临安城遗址、马家浜遗址

11．安徽：尉迟寺遗址、凌家滩遗址、六安王陵、寿春城遗址、明中都皇故城及皇陵石刻

12．福建：万寿岩遗址、城村汉城、昙石山遗址、德化窑遗址

13．江西：吴城遗址（含筑卫城遗址）、湖田窑遗址、御窑厂遗址（含高岭瓷土矿）、吉州窑遗址、牛头城址、铜岭铜矿遗址

14．山东：临淄齐国故城、两城镇遗址、城子崖遗址（含东平陵故城）、桐林遗址、曲阜鲁国故城（含邾国故城、汉鲁王墓群、明鲁王墓）、薛城遗址、大汶口遗址

15．河南：二里头遗址、偃师商城遗址、汉魏洛阳故城、隋唐洛阳城遗址、殷墟、郑韩故城、古城寨城址、北阳平遗址、郑州商代遗址、宋陵、清凉寺汝官窑遗址、邙山陵墓群、三杨庄遗址、城阳城址、仰韶村遗址、北宋东京城遗址

16．湖北：石家河遗址、楚纪南故城、盘龙城遗址、龙湾遗址、擂鼓墩古墓群、铜绿山遗址、屈家岭遗址、唐崖土司城址和容美土司遗址

17．湖南：里耶古城遗址、铜官窑遗址、城头山遗址（含八十垱遗址、彭头山遗址）、老司城遗址、炭河里遗址、汉代长沙王陵墓群

18．广东：南越国宫署遗址、笔架山潮州窑遗址

19．广西：靖江王府及王陵、合浦汉墓群、甑皮岩遗址

20．重庆：钓鱼城遗址

21．四川：三星堆遗址、金沙遗址（含十二桥遗址）、邛窑、成都平原史前城址、明蜀王陵墓群、罗家坝遗址

22．贵州：可乐遗址、海龙屯

23．云南：太和城遗址、石寨山古墓群

24．西藏：古格王国遗址、藏王墓、卡若遗址

25．陕西：秦咸阳城遗址、周原遗址、阿房宫遗址、汉长安城遗址、大明宫遗址、秦始皇陵、秦雍城遗址、西汉帝陵、唐代帝陵、统万城遗址、黄堡镇耀州窑遗址、丰镐遗址、龙岗寺遗址、石峁遗址

26．甘肃：大地湾遗址、许三湾城及墓群、锁阳城遗址、骆驼城遗址、大堡子山遗址

27．青海：喇家遗址、热水墓群

28．宁夏：西夏陵、水洞沟遗址、开城遗址

29．新疆：北庭故城遗址、坎儿井

二、跨省、自治区、直辖市

长城（北京、天津、河北、山西、内蒙古、辽宁、吉林、山东、陕西、甘肃、宁夏、青海、新疆、河南、黑龙江）

丝绸之路（新疆、甘肃、青海、宁夏、陕西、河南）

大运河（北京、天津、河北、江苏、浙江、安徽、山东、河南）

秦直道（内蒙古、陕西、甘肃）

茶马古道（云南、四川、西藏、贵州、青海、甘肃、陕西）

明清海防（辽宁、河北、天津、山东、江苏、上海、浙江、福建、广东、广西、海南）

蜀道（陕西、四川、重庆）

国家文物局、教育部
关于积极做好教育系统第一次全国
可移动文物普查工作的通知

文物普查发 [2013] 9号

各省、自治区、直辖市文物局（文化厅）、教育厅（教委）：

2012年10月8日《国务院关于开展第一次全国可移动文物普查的通知》（以下简称《通知》）印发后，各级文物、教育部门积极开展相关准备工作，各项工作顺利推进。2013年4月18日,国务院第一次全国可移动文物普查领导小组召开第一次全国可移动文物普查电视电话会议，对普查工作进行全面部署。为进一步加强统筹，共同做好教育系统第一次全国可移动文物普查工作，现将有关事项通知如下：

一、提高认识，高度重视

第一次全国可移动文物普查（以下简称普查）是建国60多年来首次针对可移动文物开展的普查，是继第三次全国文物普查（不可移动文物部分）之后在文化遗产领域开展的又一重大国情国力调查，是一项旨在全面掌握我国文物资源、加强文物保护、建设文化遗产强国的国家工程，并已列入《国家"十二五"时期文化改革发展规划纲要》。各级文物、教育部门要认真学习《通知》精神，充分认识开展本次普查的重要性和紧迫性，以对国家和民族、对历史和未来高度负责的态度，积极推进本次文物普查工作。

二、认真做好教育系统普查登记工作

本次普查范围包含所有收藏保管文物的教育机构和科研机构。普查的文物包括1949年（含）以前，历史上各时代珍贵的艺术品、工艺美术品；历史上各时代重要文献资料以及具有历史、艺术、科学价值的手稿和图书资料等；反映历史上各时代、各民族社会制度、社会生产的代表性实物；由博物馆、纪念馆收藏登记的1949年后的藏品；列入国家文物局公布的1949年后已故著名书画家作品限制出境鉴定标准范围的作品；具有科学价值的古脊椎动物化石和古人类化石。在普查过程中，应重点普查各高校所属的博物馆、图书馆、展览馆、陈列馆、标本馆、资料室和校史馆等。

三、加强普查工作的组织领导

各级教育部门要依据国务院《通知》精神，积极动员、组织各教育机构和科研机构，做好普查工作；由各级教育部门负责同志担任同级人民政府普查领导小组的成员，会同文物行政部门研究解决普查中涉及教育系统的重要问题。列入普查范围的各教育机构和科研机构要按照属地管理的原则，完成本单位可移动文物的普查登记,并指定专人作为联络员，负责与属地普查办的联络和协调。各级教育部门要根据《第一次全国可移动文物普查实施方案》，提出本级教育机构和科研机构参加文物普查的工作方案和具体措施。各教育机构和科研机构要开展自查申报，做好文物普查认定、信息采集登录等相关工作。中央及省属教育机构和科研机构的文物普查工作在省级普查机构完成，地市级教育机构和科研机构的文物普查工作在地市级普查机构完成，其他教育机构和科研机构的文物普查工作在所在地县级普查机构完成。

收藏可移动文物相对集中的教育机构和科研机构，要建立专门的工作机构和普查机制。

四、加强协作，广泛动员

各级文物、教育部门要根据《第一次全国可移动文物普查宣传方案》，提出具体的宣传方案和宣传措施，把本次普查工作作为开展爱国主义教育宣传的重要契机，并以此动员广大教育机构、科研机构和社会公众主动支持、配合和参与可移动文物普查工作，为普查机构和人员提供必要的工作便利，按时、如实地填报可移动文物普查信息。各级文物、教育部门要组织好所属教育机构和科研机构的普查培训，并对管辖范围内的可移动文物普查工作予以人才和技术支持，指导、协助各级教育机构和科研机构将其保管的可移动文物在所在地普查机构进行登记。各级文物、教育部门要在规范藏品管理和加强登录体系建设的同时，做好可移动文物的保护工作。

特此通知。

国家文物局

教育部

2013年5月30日

财政部、国家文物局关于印发《国家重点文物保护专项补助资金管理办法》的通知

财教〔2013〕116号

各省、自治区、直辖市、计划单列市财政厅（局）、文物局，新疆生产建设兵团财务局、文化广播电视局：

为规范国家重点文物保护专项补助资金管理，提高资金使用效益，根据《中华人民共和国预算法》、《中华人民共和国文物保护法》等法律法规和财政管理有关规定，结合文物保护工作实际，我们制定了《国家重点文物保护专项补助资金管理办法》。现印发你们，请遵照执行。

附件：国家重点文物保护专项补助资金管理办法

财政部

国家文物局

2013年6月9日

附件

国家重点文物保护专项补助资金管理办法

第一章　总则

第一条　为了规范和加强国家重点文物保护专项补助资金（以下简称"专项资金"）

的管理与使用，提高资金使用效益，根据《中华人民共和国预算法》《中华人民共和国文物保护法》等法律法规和财政管理有关规定，结合文物保护工作的实际，制定本办法。

第二条 专项资金是中央财政为支持全国重点文物保护工作、促进文物事业发展而设立的具有专门用途的补助资金。专项资金的年度预算，根据国家重点文物保护工作总体规划、年度工作计划及中央财政财力情况确定。

第三条 专项资金的管理与使用坚持"规划先行、保障重点、中央补助、分级负责"的原则。专项资金用于补助地方的，适当向民族地区、边远地区、贫困地区倾斜。

第四条 专项资金实行项目管理。财政部和国家文物局共同建立专项资金项目库。

第五条 专项资金的管理和使用应当严格执行国家法律法规和财务规章制度，并接受财政、审计、文物等部门的监督和检查。

第二章 补助范围和支出内容

第六条 专项资金的补助范围主要包括：

（一）全国重点文物保护单位保护。主要用于国务院公布的全国重点文物保护单位的维修、保护与展示，包括保护规划和方案编制，文物本体维修保护，安防、消防、防雷等保护性设施建设，陈列展示，维修保护资料整理和报告出版等。对非国有的全国重点文物保护单位，可在其项目完成并经过评估验收后，申请专项资金给予适当补助。

（二）大遗址保护。主要用于国家文物局、财政部批准的大遗址保护项目，包括大遗址保护的前期测绘、考古勘查和规划设计方案编制，本体或载体的维修保护，安防、消防、防雷等保护性设施建设，文物本体保护范围内的保存环境治理，陈列展示，维修保护资料整理和报告出版以及保护管理体系建设等。

（三）世界文化遗产保护。主要用于列入联合国教科文组织世界文化遗产名录项目的保护，包括世界文化遗产的文物本体维修保护，安防、消防、防雷等保护性设施建设，陈列展示以及世界文化遗产监测管理体系建设等。

（四）考古发掘。主要用于国家文物局批准的考古（含水下考古）发掘项目，包括考古调查、勘探和发掘，考古资料整理以及报告出版，重要考古遗迹现场保护以及重要出土（出水）文物现场保护与修复等。

（五）可移动文物保护。主要用于国有文物收藏单位馆藏一、二、三级珍贵文物的保护，包括预防性保护，保护方案设计，文物技术保护（含文物本体修复），数字化保护，资料整理以及报告出版等。

（六）财政部和国家文物局批准的其他项目。

第七条 专项资金支出内容包括：

（一）文物维修保护工程支出，主要包括勘测费、规划及方案设计费、材料费、燃料动力费、设备费、施工费、监理费、劳务费、测试化验加工费、管理费以及资料整理和报告出版费等。

（二）文物考古调查、发掘支出，主要包括调查勘探费、测绘费、发掘费、发掘现场安全保卫费、青苗补偿费、劳务费、考古遗迹现场保护费、出土（出水）文物保护与修复费以及资料整理和报告出版费等。

（三）文物安防、消防及防雷等保护性工程支出，主要包括规划及方案设计费、材料

2014
中国
文物年鉴

费、设备费、劳务费、施工费、监理费以及资料整理和报告出版费等。

（四）文物技术保护支出，主要包括方案设计费、测试化验加工费、材料费、设备费、劳务费、专家咨询费以及资料整理和报告出版费等。

（五）文物陈列布展支出，主要包括方案设计费、材料费、设备费、劳务费、施工费、监理费、专家咨询费以及资料整理和报告出版费等。

（六）文物保护管理体系建设支出，主要包括规划及方案设计费、专项调研费等。

（七）其他文物保护支出。

第八条　专项资金补助范围不包括征地拆迁、基本建设、日常养护、应急抢险、超出文物本体保护范围的环境整治支出、文物征集以及中央与地方共建国家级重点博物馆的各项支出。

第九条　专项资金不得用于支付各种罚款、捐款、赞助、投资等支出，不得用于各种工资福利性支出，不得用于偿还债务，不得用于国家规定禁止列入的其他支出。

第三章　申报与审批

第十条　专项资金申报与审批实行项目库管理制度。项目库分为三类，即总项目库、备选项目库和实施项目库。

纳入国家中长期文物保护规划或年度计划，并按照规定由国家文物局同意立项或批复保护方案的项目构成总项目库。

总项目库中已经申报专项资金预算并通过财政部和国家文物局预算控制数评审的项目列入备选项目库。

备选项目库中财政部批复下达专项资金预算并予以实施的项目列入实施项目库。

第十一条　列入总项目库的项目实施单位应当按照属地管理的原则，根据文物行政部门批复意见制定或者修改完善保护方案并组织开展文物保护工作。资金筹集确有困难的，可以按照本办法规定申报专项资金预算。

第十二条　项目实施单位应当按照要求填报《国家重点文物保护专项补助资金申请书》（见附件一）和文物保护项目预（概）算文本，根据行政隶属关系和规定程序逐级申报。其中：

（一）项目实施单位隶属于中央部门的，应当逐级报送至中央主管部门审核同意后，报财政部和国家文物局。

（二）项目实施单位隶属于地方的，应当逐级报送至省级财政部门和省级文物行政部门共同进行审核汇总后，报财政部和国家文物局。项目实施单位主管部门属于非文物系统的，应当由其主管部门审核同意后报同级财政部门和文物部门，由财政部门和文物部门逐级上报。

（三）项目实施单位为非国有的，应当逐级报送至所在地方省级财政部门和省级文物行政部门，由省级财政部门联合省级文物行政部门对文物保护项目完成情况进行评估验收后，报财政部和国家文物局。

凡越级上报的一律不予受理。

第十三条　中央有关部门、省级财政部门和省级文物行政部门应当认真审核填报《国家重点文物保护专项补助资金申报汇总表》（见附件二），将专项资金预算申请材料报送财政部和国家文物局。

如项目涉及国土资源、城乡规划、环境保护、水利及产业发展规划的，报送前应当获得相关部门批准。

第十四条 财政部和国家文物局负责组织项目资金预算控制数指标评审工作，具体评审工作由双方共同委托第三方中介机构或专家组开展。评审过程中可以根据需要对项目实施单位申报信息进行现场核查。

第十五条 财政部和国家文物局对中介机构或专家组提交的项目资金预算控制数指标评审意见进行审核确认，将审核通过的项目列入备选项目库，并通知中央有关部门、省级财政部门和省级文物行政部门。

第十六条 中央有关部门、省级财政部门和文物行政部门应当对列入备选项目库的项目按照重要性和损毁程度，区分轻重缓急进行排序，根据项目预算控制数指标评审意见，填报《20××年度国家重点文物保护专项补助资金申请表》（见附件三）并提交申请报告，于每年4月30日前报送财政部和国家文物局。

第十七条 国家文物局依据国家有关方针政策和项目的轻重缓急，结合有关部门和地方文物保护工作情况，对申报项目进行合理排序，提出纳入实施项目库的项目建议报财政部。

第十八条 财政部根据国家文物局建议，综合考虑年度专项资金预算情况、项目预算控制数指标评审情况、部门和地方专项资金申请情况及其财力状况，审核确定当年专项资金预算分配方案，按照规定分别下达中央有关部门和省级财政部门并抄送国家文物局，同时会同国家文物局将相关项目列入实施项目库。

第四章 资金管理

第十九条 中央有关部门和省级财政部门收到财政部下达的专项资金预算通知后，应当及时将专项资金预算逐级下达至项目实施单位，地方财政部门应当及时将预算下达情况抄送同级文物行政部门和相关主管部门。

第二十条 专项资金支付应当按照国库集中支付有关规定执行。

第二十一条 项目实施单位应当严格按照批准的专项资金补助范围和支出内容安排使用专项资金。如遇特殊情况，需要调整补助范围和支出内容的，应当逐级报送至中央有关部门、省级财政部门和省级文物行政部门审核同意后，报财政部和国家文物局批准。

第二十二条 专项资金的各项支出应当严格执行国家有关财务规章制度规定的开支范围及开支标准。

第二十三条 专项资金支出过程中按照规定需要实行政府采购的，按照《政府采购法》等有关规定执行。

第二十四条 专项资金的结转和结余管理，按照财政部关于财政拨款结转和结余管理规定执行。已纳入实施项目库的项目，从专项资金下达之日起超过两年仍未实施的，财政部和国家文物局应当对该项目予以注销，收回已拨付资金或者调整用于其他文物保护项目。

第二十五条 国有项目实施单位使用专项资金形成的资产属于国有资产，其管理、使用和处置按照国家国有资产管理的有关规定执行。知识产权、专利等无形资产的管理，应当按照国家相关知识产权和专利法律法规执行。专项研究成果（含专著、论文、研究报告、总结、鉴定证书及成果报道等），均应注明"国家重点文物保护专项补助资金项目"和项目编号。

第二十六条 专项资金实行年度财务报告制度。项目实施单位在项目实施年度终了后，应当按照规定程序向中央有关部门、省级财政部门和文物行政部门报送《20××年度国家重点文物保护专项补助资金项目决算表》（见附件四）。中央有关部门、省级财政部门和文物行政部门对专项资金决算进行审核、汇总，于每年3月31日前，将上年度《20××年度国家重点文物保护专项补助资金项目决算汇总表》（见附件五）分别报送财政部和国家文物局。

第二十七条 专项资金实行结项财务验收制度。项目实施完毕后，项目实施单位应当按照要求编制《国家重点文物保护专项补助资金结项财务验收表》（见附件六）和项目决算报告，在6个月内向中央有关部门、省级财政部门和文物行政部门提出财务验收申请，经中央有关部门、省级财政部门和文物行政部门审核后，分别报送财政部和国家文物局备案。中央有关部门、省级财政部门和文物行政部门应当组织专家或委托第三方机构对项目进行财务验收。财务验收可以结合工程验收一并进行。

涉及国家文化安全或具有重大社会影响和示范价值的重点项目，财政部和国家文物局可以直接组织专家或委托第三方机构进行财务验收。

第二十八条 对于未通过财务验收的项目，项目实施单位应当根据财务验收意见进行整改，在一个月内重新提出财务验收申请，按规定程序再次报请验收。如再次不能通过，中央有关部门、省级财政部门和文物行政部门应当报告财政部和国家文物局按照有关规定进行处理。

第二十九条 项目通过财务验收后，项目实施单位应当在一个月内及时办理财务结账手续。

第五章 监督检查

第三十条 财政部、国家文物局负责对专项资金管理使用情况进行监督检查和绩效评价，必要时可以委托财政部驻各地财政监察专员办事处或中介机构实施。检查或评价结果作为以后年度专项资金预算安排的重要参考依据。

第三十一条 中央有关部门、地方各级财政部门和文物行政部门应当按照各自职责，建立健全专项资金管理使用的监督检查机制和绩效评价制度。项目实施单位应当建立健全内部监督约束机制，确保专项资金管理和使用安全、规范。

第三十二条 凡有下列行为之一，财政部和国家文物局给予通报批评、停止拨款、暂停核批新项目、收回专项资金等处理，并依照《财政违法行为处罚处分条例》等国家有关规定追究法律责任。涉嫌犯罪的，依法移送司法机关处理。

（一）编报虚假预算，套取国家财政资金。

（二）截留、挤占、挪用专项资金。

（三）违反规定转拨、转移专项资金。

（四）提供虚假财务会计资料。

（五）擅自变更补助范围和支出内容。

（六）未按规定处理专项资金购置的固定资产和成批施工材料。

（七）因管理不善，给国家财产和资金造成损失和浪费。

（八）不按期报送专项资金年度决算、财务验收报告和报表。

（九）其他违反国家财经纪律的行为。

第六章 附则

第三十三条 本办法自发布之日起实施。财政部和国家文物局制定发布的《国家重点文物保护专项补助经费使用管理办法》（财教〔2001〕351号）和《大遗址保护专项经费管理办法》（财教〔2005〕135号）同时废止。

附件：一、国家重点文物保护专项补助资金申请书（略）

　　　二、国家重点文物保护专项补助资金申报汇总表（略）

　　　三、20××年度国家重点文物保护专项补助资金申请表（略）

　　　四、20××年度国家重点文物保护专项补助资金项目决算表（略）

　　　五、20××年度国家重点文物保护专项补助资金项目决算汇总表（略）

　　　六、国家重点文物保护专项补助资金结项财务验收表（略）

国家文物局、民政部
关于积极做好民政系统第一次全国
可移动文物普查工作的通知

文物普查发〔2013〕13号

各省（自治区、直辖市）文物局、民政厅（局）、新疆生产建设兵团民政局：

2012年10月8日《国务院关于开展第一次全国可移动文物普查的通知》（以下简称《通知》）印发后，各级文物、民政部门积极开展相关准备工作，各项工作顺利推进。2013年4月18日,第一次全国可移动文物普查电视电话会议召开,对普查工作进行全面部署。为进一步加强统筹，共同做好第一次全国可移动文物普查工作，现通知如下：

一、提高认识，高度重视

第一次全国可移动文物普查（以下简称普查）是新中国成立60多年来首次针对可移动文物开展的普查，是继第三次全国文物普查（不可移动文物部分）之后在文化遗产领域开展的又一重大国情国力调查，是一项旨在全面掌握我国文物资源、加强文物保护、建设文化遗产强国的国家工程，并已列入《国家"十二五"时期文化改革发展规划纲要》。我国民政系统的国有单位保存着数量丰富的可移动文物，是国家重要的文化财富和国有资产。各级文物、民政部门要认真学习《通知》精神，充分认识开展本次普查的重要性和紧迫性，以对国家和民族负责的态度，积极推进本次文物普查工作。

二、认真做好国有单位的普查登记

本次普查的文物包括1949年（含）以前，历史上各时代珍贵的艺术品、工艺美术品；历史上各时代重要文献资料以及具有历史、艺术、科学价值的手稿和图书资料等；反映历史上各时代、各民族社会制度、社会生产的代表性实物；由博物馆、纪念馆收藏登记的1949年后的藏品；列入国家文物局公布的1949年后已故著名书画家作品限制出境鉴定标准范围的作品。在普查过程中，应重点关注烈士纪念设施保护单位保存的可移动文物。

三、加强普查工作的组织领导

各级民政部门要依据国务院《通知》精神，积极动员、组织所属各国有单位，做好普查工作，并由各级民政部门负责同志担任同级人民政府普查领导小组的成员，会同文物行政部门解决研究普查中涉及民政系统的重要问题。列入普查范围的各民政系统所属单位要按照属地管理的原则，完成本单位可移动文物的普查登记，并指定一名专人作为联络员，负责与属地普查机构的联络和协调。对文物收藏相对集中的烈士纪念设施保护单位等，可在文物保护修复、文物安全保障等方面给予技术和政策支持。

各级民政部门要根据《第一次全国可移动文物普查实施方案》，提出本系统内各级国有单位参加文物普查的工作方案和具体措施。民政系统所属的各国有单位要按照国家统一的标准规范及属地普查机构的要求，开展自查申报，做好文物普查认定、信息采集登录及其他相关工作。收藏可移动文物相对集中的烈士纪念设施保护单位等，要建立专门的工作机构和普查机制。

四、加强协作，广泛动员

各级文物、民政部门要组织好所属各国有单位的普查培训，对可移动文物普查工作给予人才和技术支持，为普查机构和人员提供必要的工作便利；要积极指导、协助民政系统各国有单位按时、如实地填报可移动文物普查信息；要共同加强普查文物的规范管理，做好文物保护工作。

各级文物、民政部门要根据《第一次全国可移动文物普查宣传方案》，提出具体的宣传方案和措施，充分运用报纸、广播、电视和互联网等传统与现代传媒，配合各类专题宣传活动等，广泛深入地宣传、动员广大国有单位和社会公众，关注、支持和参与可移动文物普查工作。

特此通知。

国家文物局
民政部
2013年6月18日

文化部、国家文物局
关于积极做好文化系统第一次全国
可移动文物普查工作的通知

文物普查发 [2013] 15号

各省、自治区、直辖市文化厅（局）、文物局：

2012年10月8日《国务院关于开展第一次全国可移动文物普查的通知》（以下简称《通知》）印发后，各级文化、文物部门积极开展相关准备工作，各项工作顺利推进。2013年4月18日,第一次全国可移动文物普查电视电话会议召开，对普查工作进行了全面部署。为进一步加强统筹，共同做好第一次全国可移动文物普查工作，现通知如下：

一、提高认识，高度重视

第一次全国可移动文物普查（以下简称普查）是新中国成立60多年来首次针对可移动文物开展的普查，是继第三次全国文物普查（不可移动文物部分）之后在文化遗产领域开展的又一重大国情国力调查，是一项旨在全面掌握我国文物资源、加强文物保护、建设文化遗产强国的国家工程，并已列入《国家"十二五"时期文化改革发展规划纲要》。我国文化系统保存着数量丰富的具有重要历史、艺术、科学价值的可移动文物，是国家重要的文化财富和国有资产。各级文化、文物部门要认真学习《通知》精神，充分认识开展本次普查的重要性和紧迫性，以对国家和民族负责的态度，积极推进本次文物普查工作。

二、认真做好文化部门和文化机构的可移动文物普查登记工作

本次普查将文化系统的各级文化部门和文化机构列入普查范围。普查的文物包括1949年（含）以前，历史上各时代珍贵的艺术品、工艺美术品；历史上各时代重要文献资料以及具有历史、艺术、科学价值的手稿和图书资料等；反映历史上各时代、各民族社会制度、社会生产的代表性实物；由博物馆、纪念馆、美术馆收藏登记的1949年后的藏品；列入国家文物局公布的1949年后已故著名书画家作品限制出境鉴定标准范围的作品；具有科学价值的古脊椎动物化石和古人类化石。在普查过程中，应重点普查文化系统所属的各级图书馆、美术馆、博物馆等。

三、加强普查工作的组织领导

各级文化、文物部门要依据国务院《通知》精神，积极动员、组织辖区内各类国有单位，做好普查工作。各级文化、文物系统的国有单位要根据《第一次全国可移动文物普查实施方案》开展自查申报，做好文物普查认定、信息采集登录及其他相关工作。中央及部省属国有单位文物普查工作在省级普查机构完成，地市级国有单位的文物普查工作在地市级普查机构完成，其他国有单位的文物普查工作在所在地县级普查机构完成。收藏可移动文物相对集中的国有单位，要建立专门的工作机构和普查机制。特别要加强对现有项目和资源的整合，充分利用"全国古籍普查""文物调查和数据库建设"等已有项目成果，提高工作效率，避免重复劳动。

四、加强协作，广泛动员

各级文化、文物部门要根据《第一次全国可移动文物普查宣传方案》，提出具体的宣传方案和具体宣传措施，并以此动员广大文化部门、文化机构和社会公众主动支持、配合和参与可移动文物普查工作，为普查机构和人员提供必要的工作便利，按时、如实地填报可移动文物普查信息。各级文化、文物部门要组织好所属文化机构的普查培训，并对管辖范围内的可移动文物普查工作予以人才和技术支持，结合"全国古籍普查登记工作""全国美术馆藏品普查"等重大项目进行工作，指导、协助各级文化部门和文化机构将其保管的可移动文物在所在地普查机构进行登记。其中，各图书馆收藏的文物实物和美术馆收藏的藏品，按照属地管理原则，纳入各级普查机构普查范围；参加"全国古籍普查登记工作"的各类古籍收藏单位将信息提交至国家古籍保护中心，由国家古籍保护中心将信息统一汇总至国家文物局可移动文物普查办公室，进行数据转换，导入平台；参加"全国美术馆藏品普查"的美术馆应当按照可移动文物普查和美术馆藏品普查的相关要求同步采集藏品信息，并将普查数据分别报送属地文物普查机构和全国美术馆藏品普查工作办公室；国家文物局可移动文物普查通过其他途径收集古籍和美术藏品的信息，由国家文物局可移动文物普查办公室将信息统一汇总，分别转送至国家古籍保护中心和全国美术馆藏品普查工作办公室，实现"国有可移动文物普查"与"全国古籍普查""全国美术馆藏品普查"的数据共享。

各级文化、文物部门要在加强规范藏品管理和登录体系建设的同时，做好可移动文物的保护工作。

特此通知。

文化部

国家文物局

2013年7月18日

2014

中国

文物年鉴

国家文物局、国务院国有资产监督管理委员会关于积极做好国资系统第一次全国可移动文物普查工作的通知

文物普查发〔2013〕16号

各省、自治区、直辖市、计划单列市、新疆生产建设兵团文物局（文化厅）、国资委，各中央企业：

2012年10月8日《国务院关于开展第一次全国可移动文物普查的通知》（以下简称《通知》）印发后，各级文物、国资部门积极开展相关准备工作，各项工作顺利推进。2013年4月18日，国务院第一次全国可移动文物普查领导小组召开第一次全国可移

动文物普查电视电话会议，对普查工作进行全面部署。为进一步加强统筹，共同做好第一次全国可移动文物普查工作，现将有关事项通知如下：

一、提高认识，高度重视

第一次全国可移动文物普查（以下简称普查）是建国60多年来首次针对可移动文物开展的普查，是继第三次全国文物普查（不可移动文物部分）之后在文化遗产领域开展的又一重大国情国力调查，是一项旨在全面掌握我国文物资源、加强文物保护、建设文化遗产强国的国家工程，并已列入《国家"十二五"时期文化改革发展规划纲要》。我国国有企业保存着数量丰富，具有重要历史、艺术、科学价值的可移动文物，是国家重要的文化财富和国有资产。对国有企业收藏保管的可移动文物进行系统登记，是保障文物安全，加强国有资产管理的重要工作。各级国资部门及国有企业要认真学习《通知》精神，充分认识开展本次普查的重要性和紧迫性，以对国家和民族、对历史和未来高度负责的态度，积极推进本次文物普查工作。

二、明确普查登记范围

本次普查将按《中华人民共和国企业法人登记管理条例》规定登记注册的所有国有企业列入普查范围（包括国有及国有控股企业）。普查的文物包括1949年（含）以前，历史上各时代珍贵的艺术品、工艺美术品；历史上各时代重要文献资料以及具有历史、艺术、科学价值的手稿和图书资料等；反映历史上各时代、各民族社会制度、社会生产的代表性实物；由博物馆、纪念馆收藏登记的1949年后的藏品；列入国家文物局公布的1949年后已故著名书画家作品限制出境鉴定标准范围的作品；具有科学价值的古脊椎动物化石和古人类化石。在普查过程中，应重点普查各国有企业所属博物馆、纪念馆、美术馆，以及档案室、图书资料室等场所保管的藏品。

三、加强普查工作的组织领导

各级文物、国资部门要依据国务院《通知》精神，积极动员、组织各国有企业，做好普查工作；由各级国资部门负责同志担任同级人民政府普查领导小组的成员，会同文物行政部门研究解决普查中涉及国有企业的重要问题。列入普查范围的各国有企业要按照属地管理的原则，完成本单位可移动文物的普查登记,并指定专人作为联络员，负责与属地普查办的联络和协调。各级国资部门要根据《第一次全国可移动文物普查实施方案》，对所监管企业参加可移动文物普查工作提出明确要求，做好督导工作。各国有企业要认真组织自查申报，做好文物普查认定、信息采集登录等相关工作。中央及省属国有企业的文物普查工作在省级普查机构完成，地市级国有企业的文物普查工作在地市级普查机构完成，其他国有企业的文物普查工作在所在地县级普查机构完成。收藏可移动文物相对集中的国有企业，要建立专门的工作机构和普查机制。本次普查不改变文物的权属。符合法律规定的文物可依法流通。对于文物收藏相对集中的国有企业，各级文物部门应当在文物保护修复、文物安全等方面给予技术和政策支持。

四、广泛动员，加强协作

各级文物、国资部门要根据《第一次全国可移动文物普查宣传计划》，提出具体的宣传方案和宣传措施，把本次普查工作作为开展爱国主义教育和企业文化建设的重要契机，动员广大国有企业和社会公众主动支持、配合和参与，为普查机构和人员提供必要的工作便利，按时、如实地填报可移动文物普查信息。要组织好所属国有企

2014
中国
文物年鉴

业的普查人员培训，并对管辖范围内的可移动文物普查工作予以人才和技术支持，指导、协助各级国有企业将其保管的可移动文物在所在地普查机构进行登记。各级国资部门要加强与文物部门的协作，在规范藏品管理和建设文物登录体系的同时，促进做好国有企业可移动文物的保护工作。

国家文物局

国务院国有资产监督管理委员会

2013年7月21日

财政部、国家文物局 关于加强第一次全国可移动文物 普查经费保障与管理的通知

财教〔2013〕228号

各省、自治区、直辖市、计划单列市财政厅（局）、文物局，新疆生产建设兵团财务局、文化广播电视局：

《国务院关于开展第一次全国可移动文物普查的通知》（国发〔2012〕54号，以下简称《通知》）印发后，各级文物等相关部门积极行动，各项工作有序开展。2013年4月，国务院召开了第一次全国可移动文物普查电视电话会议，对普查工作进行了全面部署。为贯彻落实《通知》和国务院会议精神，加强经费保障与管理，现通知如下：

一、提高认识，高度重视可移动文物普查工作

第一次全国可移动文物普查（以下简称"普查"）是建国60多年来首次针对可移动文物开展的普查，是全面掌握我国文物资源、健全国家文物保护体系的重点基础工作，已列入《国家"十二五"时期文化改革发展规划纲要》。通过普查，可以加强文物系统的国有资产登记监管，建立覆盖全国的文物保护体系。同时，能够全面掌握我国国有可移动文物的保存状况和保护需求，引导文化遗产资源和要素合理流动和优化配置。各级财政、文物部门要统一思想、提高认识，把普查工作作为一项重点工作来抓，以对国家和民族、对历史和未来高度负责的态度，确保普查工作顺利进行。

二、统筹协调，加强可移动文物普查经费保障

各地方财政部门要按照《通知》中"普查所需经费由中央和地方分别负担"的要求，担负起相应的支出责任，切实保障普查经费，重点支持普查组织动员和人员培训、国有单位文物调查、信息采集和数据审核处理等工作。省级财政部门应当做好统筹协调工作，确保本地普查经费的落实。要将普查经费列入年度财政预算，专项安排，及时、足额拨付到位。尚未安排普查经费的省市要尽快落实经费，并将经费安排

情况报送财政部。财政、文物部门将对各地经费保障情况进行督查，对经费保障水平高、安排速度快，普查工作任务完成优质高效的省市，中央财政将在安排文物专项转移支付资金时给予适当倾斜。

三、加强管理，提高资金使用的规范性、安全性和有效性

这次普查涉及范围广、参与单位多、延续时间长，各地财政、文物部门要合理安排预算，建章立制，加强管理，专款专用，规范资金支出渠道和开支范围，把资金管好用好，确保每一分钱都用在刀刃上。在普查工作中，应充分利用现有成果和条件，在已有文物数据中心的统一平台上完成各项技术工作。要按照中央八项规定和厉行节约、反对浪费的要求，在确保普查任务完成的同时，避免重复建设、资源浪费。同时，各地财政部门要切实加强文物普查资金使用情况的监管，加强普查中的国有资产管理，防止国有资产流失，提高资金使用的安全性和有效性。

特此通知。

财政部
国家文物局
2013年8月8日

国家文物局关于加强大遗址考古工作的指导意见

文物保函〔2013〕39号

各省、自治区、直辖市文物局（文化厅）：

为进一步加强考古工作在大遗址保护中的基础地位和引领作用，推动文物事业与考古学科建设协调发展，现就大遗址考古工作提出如下意见：

一、正确认识考古工作在大遗址保护中的作用和地位

大遗址考古是大遗址保护工作的重要内容，是开展大遗址保护、展示、利用的科学依据和基础。应通过审慎的、持续的考古工作，不断发掘、研究、阐释大遗址的重要内涵和价值，指导大遗址保护和国家考古遗址公园建设，传承弘扬中华民族优秀传统文化。同时，大遗址考古也是考古学研究体系的核心和重点。深入开展大遗址考古工作，必将有力推动考古学及相关学科的发展，促进我国考古学整体水平不断提高。

各级文物行政部门、大遗址管理机构和考古单位，应进一步统一思想、提高认识，明确考古工作在大遗址保护中的重要地位和作用，把加强大遗址考古工作作为当前和今后一个时期的重要任务，通过开展系统、科学、规范的考古工作，确保我国大遗址保护工作和文化遗产保护事业的健康、可持续发展。

二、明确大遗址考古工作的任务和要求

大遗址考古工作应坚持以下工作思路和原则：

（一）坚持考古先行原则。根据大遗址保护展示和学科发展的需要，科学编制、实施考古工作计划。通过长期、主动、专门的考古和研究工作，确定遗址概况，评估保存现状，认定遗址价值，为划定保护区划、编制保护规划、实施保护展示工程和建设考古遗址公园提供科学依据。

（二）考古工作必须贯穿于大遗址保护与考古遗址公园建设始终。在大遗址保护规划、方案中应包括考古工作思路和相应保障措施；在大遗址保护展示工程施工和监理中应将考古与文物保护作为重要工作内容；在考古遗址公园建设可行性研究中应充分体现考古工作的深度和广度；在大遗址保护规划编制和保护展示工程文物影响评估中应将确保考古工作的持续开展作为重要内容。

（三）牢固树立课题意识和科技意识。尊重考古学科自身规律，根据城址、墓群、聚落、窑址等不同类型的遗址特点，确定有针对性的技术路线，制订各阶段课题目标。将大遗址考古工作与推动学科进步相结合，开展多学科综合研究，积极推动现代科学技术的运用和科技成果的应用，以技术创新和科技进步提升大遗址考古工作水平和质量。

（四）切实提高保护意识。大遗址考古的核心是保护，应尽可能不发掘或仅进行小面积发掘来解决学术问题。应将文物保护作为考古工作计划和工作方案的必要内容，确保重要遗迹和出土文物在第一时间获得妥善保护。应充分考虑大遗址整体保护和科学展示的需要，按照最小干预和永续保护原则开展考古工作。应根据考古工作进展情况，及时提出遗址保护、展示的意见和建议。

（五）高度重视考古研究和成果转化。加强考古资料整理和报告出版，推进大遗址内涵研究和价值阐释。加强公众考古，推动大遗址考古成果惠及民众。有条件的地方可以适当开放考古工地，通过向公众展示大遗址考古工作的过程和成果，积极普及文化遗产保护知识，充分发挥考古工作的教育与社会服务功能，不断增强大遗址考古工作的社会影响力，促进当地文化发展。

三、建立健全大遗址考古工作机制

（一）大遗址考古实施项目管理，严格执行资质管理和领队管理制度，严格履行立项、审批、检查、验收等相关程序，实现大遗址考古项目管理的科学化。

大遗址考古项目应该由具有考古发掘资质、科研力量雄厚、文物保护设施完备的单位负责实施。承担大遗址考古项目的领队应具有高级职称，主持过主动性考古发掘项目，具备丰富的大遗址考古经验，并主持编写过考古发掘报告。

申请大遗址考古项目，应提交大遗址考古工作计划和省级文物行政部门的立项申请，并按年度上报考古工作方案，涉及考古发掘的应同时填报考古发掘申请书。

（二）国家文物局负责大遗址考古项目的审批，省级文物行政部门负责本辖区内大遗址考古项目的组织、管理。跨省域的大遗址考古项目，由项目所在地的省级文物行政部门联合组织实施。大遗址考古项目，应由省级文物行政部门委托具有考古发掘资质的单位负责监理。

（三）完善合作机制，鼓励不同部门、不同单位开展跨地区、跨行业、跨领域合作。合作部门或单位应签订具体协议或项目合同，明确责权利。大遗址管理机构应加强与考古单位的合作，统筹考虑遗址博物馆、考古工作站、文物标本库的建设。

（四）考古单位应加强内部管理，建立健全工作程序和管理制度，规范考古调查、勘探和发掘行为。遇有重大考古发现，应按规定及时上报。加强考古发掘经费的使用管理，严格财务审计制度，提高资金使用效率和使用效益。

四、创新举措，完善大遗址考古工作保障体系

（一）省级文物行政部门应积极协调相关部门和地方人民政府为大遗址考古顺利开展创造条件，在政策、经费、人员方面给予重点支持。规划和设计单位应联合考古单位共同编制大遗址保护规划和保护展示方案，考古单位应积极参与遗址保护规划编制、保护方案制订、保护和展示工程实施、考古遗址公园建设和管理的全过程，在诠释遗址内涵、认定遗址价值、评估遗址保存和保护现状、划定遗址保护区划、选择遗址保护和展示方式、确定遗址展示对象和展示方法等方面提供专业意见。

（二）大遗址所在地文物部门及大遗址管理机构应主动加强与考古单位的合作，在大遗址保护和考古遗址公园日常管理中，支持考古单位严格执行大遗址考古工作计划。大遗址管理机构应委托考古单位在有关工程施工现场进行考古监理，确保文物安全。施工单位应配合做好工程前期考古和工程施工过程中的考古监理和文物保护工作。施工结束后，考古单位应向大遗址管理机构和省级文物行政部门提交考古监理报告，内容包括施工时间、施工区域、文物保护措施执行情况、现场新发现文物情况和处理措施等。考古监理报告应作为工程监理报告的一部分，并作为工程验收的重要依据。

（三）加强科技和设施保障。推进大遗址考古的数字化和标准化建设，建立大遗址考古数据库和科研平台；不断改善大遗址考古工作条件，逐步建设完善文物标本库、考古工作站等基础设施。

（四）加大投入力度。在充分保障连续性大遗址考古工作经费的同时，大遗址管理机构还应将结合遗址本体保护和环境整治工程开展的考古、调查、发掘和出土文物保护，以及工程文物影响评估和工程施工考古监理等工作所需费用列入工程预算。

（五）加强大遗址考古专业人才的培养、培训和引进，提升从业人员的整体素质和专业水平。努力创造条件，保持专业队伍的相对稳定。积极吸纳文物保护、科技等方面的人才参与大遗址考古工作，提高工作的科学性。

（六）国家文物局和省级文物行政部门加强大遗址考古工作的指导、监督、检查与验收，检查、验收结果作为项目考核的重要指标。对拒不执行有关规定的相关单位和个人，国家文物局将视情节，给予通报批评、暂停或终止大遗址保护项目的立项和审批，或取消相关资质。

结合本指导意见精神，为进一步规范大遗址考古工作程序，提高考古工作水平，我局还组织制定了《大遗址考古工作要求》。现一并印发，请你局（厅）组织、指导考古单位和大遗址管理机构认真学习、贯彻执行。

附件：大遗址考古工作要求

国家文物局

2013年1月8日

附件

大遗址考古工作要求

大遗址是中国古代文明的高度凝聚体，是中华民族历史传承最直接、最主要的见证。大遗址考古肩负着揭示遗址重要内涵和价值、发掘中华民族辉煌历史、传承民族优秀文化、建设共有精神家园和推动考古学学科进步的重任。大遗址考古是在严格遵守

2014
中国
文物年鉴

《中华人民共和国文物保护法》和《田野考古工作规程》的基础上，主动调整工作方式和方法、更新保护技术和理念、创新管理机制和模式的文化遗产保护实践。为规范大遗址考古工作程序，特制定以下工作要求。

一、基本方针、主要任务和工作目的

大遗址考古的基本方针是以科学发展观为指导，贯彻"保护为主，抢救第一，合理利用，加强管理"的文物工作方针，坚持考古调查、发掘和保护并举，坚持科学研究与促进当地社会发展共赢。

大遗址考古的主要任务是通过创新考古工作理念和方法，科学揭示大遗址的分布范围、文化内涵、组合构成、布局及演进等，科学评估遗址价值。

大遗址考古的主要目的是支撑遗址保护，促进有序利用；加强考古学科建设，推动学科进步；服务遗址管理和展示，支持考古遗址公园建设；改善遗址环境，造福当地民众。

二、基本原则

考古先行、全程参与、科研为主、保护第一，是现阶段大遗址考古工作的基本原则。大遗址考古是遗址保护工作的基础。考古工作应贯穿遗址保护规划、保护和展示工程、考古遗址公园建设和管理的始终。大遗址考古是实践大遗址保护理念，解决重大学术课题，推动现代文物保护科学技术，创新文化遗产管理体制的有效手段。大遗址考古始终把保护放在第一位，在选择工作地点、工作面积和工作方式时首先考虑对遗址的保护，做到对遗址最小干预，应尽量不发掘或仅进行小面积发掘来解决学术问题。

三、工作程序

（一）省级文物行政部门负责委托具有考古发掘资质的单位制定大遗址考古工作计划，并在初步审核后报经国家文物局批准立项。

考古工作计划的主要内容包括：遗址基本信息，保存现状，遗址保护工作概况，以往考古工作总结评估，遗址保护、科研和发展等方面需求与压力评估，近期（3～5年）、中期（5～10年）和远期考古工作计划等。

考古工作计划应遵循考古学科自身规律，立足大遗址保护和管理需求，适应当地经济社会发展要求，要体现新理念、新方法、新技术；要做到任务目标具体、明确，技术路线科学、清晰，保障措施到位、有效。

（二）已经立项的大遗址考古项目，考古资质单位应按照工作计划分年度上报考古工作方案和考古发掘申请书，经国家文物局批准后实施，并按年度向省级文物行政部门和国家文物局提交年度工作报告。

考古工作方案是考古单位按照已批准的大遗址考古工作计划制订的年度考古工作方案。内容包括：遗址概况，发掘目的和任务，发掘地点和面积，发掘地点遗存预测分析，队伍构成，多学科合作机制，技术路线，遗址和出土文物保护，经费预算和分配，器材设备，保障措施，公众宣传等。考古工作方案附图应清晰、准确，包括遗址位置图、遗址平面图和拟工作区域位置图，其中拟工作区域位置图比例尺精度应不低于1：1000。

年度工作报告内容包括：项目名称，工作时间，队伍和人员组成，工作方案执行情况，工作结果，经费使用情况，存在问题和下一阶段工作建议等。

因特殊原因需对工作计划和工作方案进行调整，须由省级文物行政部门正式向国家文物局申报，并提交以下材料：项目概况，计划（或方案）调整原因，拟调整内容，省级文物行政部门的初步审核意见等。调整后的工作计划和工作方案经国家文物局批准同意后方可执行。

（三）省级文物行政部门负责委托具有考古发掘资质的单位对大遗址考古项目进行监理，根据项目进展情况适时组织检查和验收，并将检查和验收结果上报国家文物局备案。备案内容包括：项目基本情况，工作计划或工作方案执行情况，经费使用情况，省级文物行政部门的检查和验收意见等。国家文物局酌情组织对大遗址考古项目进行抽查。

（四）跨省域大遗址考古项目，由项目所在地的省级文物行政部门联合组织实施，由国家文物局组织开展相关检查和验收工作。

四、机构和队伍

（一）承担大遗址考古工作的考古单位应符合以下条件：

1. 具有考古发掘资质；

2. 承担过重要大遗址的主动性考古发掘工作；

3. 科研力量雄厚，拥有考古、出土文物保护、科技考古等方面的专业人员，能够建立较为稳定的大遗址考古队伍；

4. 拥有文物保护实验室、文物整理场地等基础设施和相关专业设备。

（二）承担大遗址考古项目的领队应符合以下条件：

1. 具有考古发掘领队资格；

2. 具有高级职称；

3. 主持过主动性考古发掘项目，大遗址考古经验丰富，在相关学术领域有重要研究成果；

4. 主持编写过考古发掘报告或专刊，或者是主要撰写人员。

（三）承担大遗址考古工作的单位负责组建大遗址考古工作队，并保持主要人员相对稳定。考古工作队人员构成主要包括考古、文物保护、科技考古、现代信息技术等方面的专业人员或专家。对于十分重要的遗存，如重要古建筑（群）、大型墓葬、重要手工业作坊等的发掘，考古队人员构成须具备多学科背景，各项技术保障须落实到单位和个人。

大遗址考古工作队负责起草或制定考古工作计划、考古工作方案、考古发掘现场重要遗迹保护预案、考古发掘现场重要文物和脆弱文物保护预案等，并对大遗址保护规划编制、保护和展示方案制定、考古遗址公园建设等提供专业意见和咨询评估。

（四）大遗址考古是一项长期、复杂、持续的考古工作。大遗址管理机构应设立专门的大遗址考古工作站。考古工作站应具有考古研究、文物保护、资料整理和修复、标本展示和保管、交通通讯和安防消防等设施设备。考古工作站应制定内部管理制度。

五、主要工作内容

大遗址考古工作计划应在全面评估遗址各项压力的基础上，以廓清遗址分布范围、辨识文化内涵和时代，掌握遗址主要遗存分布及保存状况，明晰遗址各要素的组合构成，厘清遗址布局及演变轨迹等为重点，逐步开展考古工作。

古城址应该明确城址与自然环境（地形、地貌、水系等）的关系；城墙围合状况、城门设置、路网与水系格局等及其自身形制；主要遗存如大型建筑基址群、作坊、墓地等主体功能区的空间分布状况，以及各主体功能区内部的空间布局、形制和性质。并应逐步梳理出不同时间和空间尺度下，遗址形态、布局和性质等的变迁状况。

古聚落遗址类似于古城址，在掌握总体布局的同时，更应侧重于明确各时空尺度下，聚落的形态与平面布局状况，明晰聚落形成、发展与变迁轨迹。

2014
中国
文物年鉴

　　墓地与墓群，应在了解总体分布状况与时间跨度的前提下，重点研究墓葬的群组关系及其排列规律。对于墓地中的大型墓葬或者性质比较明确的王侯等高等级墓葬等，应充分考虑是否存在墓（陵）园遗存，墓（陵）园布局则主要是要理清地面遗存与地下遗存的空间分布关系。地面遗存如封土、围墙或围沟、门（阙）址、道路、陵寝等各类建筑遗存、祭祀遗存等；地下遗存如各类墓穴（地宫）、各类陪葬坑、各类祭祀坑等。

　　具有一定规模的手工业作坊遗址，在逐步明确其时空布局即功能分区，如生产（加工、贮存）区、生活居住区和墓地等的总体目标下，应充分考虑研究、揭示代表其生产和工艺流程全过程的产业布局与结构状况。

　　（一）考古测绘

　　大遗址考古测绘要充分运用现代测绘技术，采用国家地理坐标进行控制测量和细部测量，同时建立覆盖遗址的坐标网络系统，将考古工作中获取的信息和数据加载其中，最终建立符合国家标准的考古地理信息系统。遗址范围应绘制精度不低于1∶1000比例的地形图，遗址核心区域应绘制精度不低于1∶200比例的地形图。提倡和鼓励搭建覆盖遗址及周边一定环境范围的数字化地理模型，服务于遗址的各项工作。

　　（二）考古调查

　　考古调查是大遗址考古工作的基础。考古调查工作应以掌握遗址布局、规模和基本内涵为目的，应采用全方位（空间、地面、地下等），多手段（航空观测、地面踏查、断面采集、文献检索等），高精度（测绘、记录）的调查工作思路。

　　考古调查应全面搜集有关遗址历史、地理、环境、水文以及考古等方面的资料，重点围绕系统掌握遗址范围、布局、文化层埋深、重要遗迹分布及保存状况等开展工作。同时，应积极开展区域系统调查，加强对遗址周边地理环境和相关历史文献的研究。

　　（三）考古勘探

　　考古勘探是了解、掌握大遗址宏观布局、整体结构、堆积层次和保存状况的关键手段。考古勘探工作应在对遗址全面、细致、深入地前期调查研究的基础上有目的、有计划地逐步展开，应采取一般地区普探、重点地区详探、敏感地区精探的不同方式进行。勘探孔网应基于覆盖遗址的坐标网络系统，要求探孔定位精准，记录详细规范。

　　常规方法的考古勘探应根据不同遗址的性质、规模及其结构布局采取不同的布孔方式及布孔间距，尽可能减少对遗址的干扰。全程跟踪测绘记录应贯穿于勘探工作的始终，提倡和鼓励构建整个遗址地下环境状况与遗存内涵的数字化地理模型，深化遗址的考古研究工作。

　　在运用常规勘探方法的同时，应加强自然科学技术在考古勘探中的应用，积极主动地探索物理探测、化学探测、航空航天影像分析、数字化测量技术等现代科技手段的应用和集成，提倡和鼓励采用无损、微损方法进行勘探实验。

　　（四）考古发掘

　　考古发掘地点和面积的确定，一般严格按照已批准的考古工作计划和工作方案。应针对大遗址保护、展示和解决重大学术问题的需要，充分考虑大遗址整体保护的要求，尽量减少对遗址本体和景观风貌的干预。面临消失的濒危地点应优先发掘保护。

　　正确处理考古工作中考古发掘具体操作与出土文物保护的关系，应优先考虑出土文物尤其是重要脆弱文物的妥善保护。若发现需要保护展示的重要遗存，应及时调整工作目标。加强考古发掘过程中，发现与判断、分析与决策、处置与保护、记录与描述等的科学性和规范化，应积极主动地引入自然科学技术手段，进行定量、定性分析和科学表述。强化信息记录手段，重要考古发掘过程的信息采集记录，除常规文字、测绘和影像外，要进行多阶段三维数字扫描建模，精度不得低于5毫米。

考古发掘中要做好人工遗物和自然遗存采集工作，同时应重视对遗址所处区域现代自然与人文信息的搜集；所有发掘出土遗物，都必须分类妥善保管，不得丢弃；应积极研究田野考古数字信息采集系统，运用多学科先进技术，探索更加快捷、高效、准确、全面的考古信息采集技术方法。

（五）考古发掘现场文物保护

考古单位在制定考古工作方案时，同时应制定考古发掘现场重要遗迹保护预案、考古发掘现场出土文物保护预案、考古发掘现场突发事件安全应急预案。考古发掘现场文物保护费用列入该项目总经费预算。

考古发掘现场重要遗迹保护预案主要内容包括：重要遗迹预判与分析、遗迹信息采集与分析、遗迹保存状况与价值评估、现场保护与处理方法、出土环境（指文物埋藏环境和发掘工作环境）检测与控制、复杂遗迹的整体提取、实验室清理与保护等。

考古发掘现场出土文物保护预案主要内容包括：出土文物预判及分析、文物保存状况及埋藏环境评估、保存环境检测与控制、分析样品采集及检测、现场临时保护处理方法、现场提取、包装与运输、实验室保护处理等。

考古发掘现场突发事件安全应急预案主要用于预防和应对发生于考古现场，影响人员、文物和设施（备）安全的突发事件，主要内容包括安全防范制度和措施，预警、处置或抢救程序和方法、责任和保障落实等。

考古发掘现场应搭建临时性保护设施和工作用房，配备水、电设施，监控设施，环境和卫生设施等。考古发掘工作结束后，发掘单位应对发掘现场及时保护处理，提出保护、展示建议。对于暂时不具备展示条件的遗迹，立即采取临时性保护措施。大遗址管理机构根据保护展示建议，组织制定保护与展示方案。省级文物行政部门负责对考古发掘工作结束后的现场妥善处置进行督促和检查。

（六）考古发掘现场组织管理与环境建设

考古发掘现场应加强工作场所的环境建设，积极创造人性化的、良好的工作环境，规范管理，树立良好的行业形象。

考古发掘现场应边界清晰，围合和出入引导等设施安全，标志醒目，标示清晰。除保护设施和工作用房外，发掘现场应设置人性化的环境和卫生设施，要求整洁和卫生。现场各类工作人员，尤其主要业务人员着装应分类明显、整齐一致。

加强考古发掘现场管理，制定和完善各类规章制度，细化各项责任制并落实到人。同时，应将其制作成标牌等，在显要位置公示或悬挂，并组织全体工作人员学习。

（七）考古资料整理与保管

考古单位应系统整理田野考古资料，按要求及时完成年度考古报告和考古专刊等的编写出版。考古单位要及时总结不同类型大遗址考古的理念、方法和技术，推动考古学科的发展。资料整理中要注重不同学科的结合，全面科学地利用多学科成果促进考古科研水平，解决重大学术课题。

考古发掘出土的各种文物标本，须及时登记、保护处置、入库，并注意选择使用合适的包装材料，创造适宜的保存环境。对于易劣化的、脆弱的文物，应及时交由文物保护专业人员采取相应保护措施。

　　大遗址考古所获科研标本，应全部保存。已鉴定的人类遗骸、动植物标本等，整理、拼对后剩余的陶片、瓷片、砖瓦等，均应全部收存。对于数量较多、品类重复的标本，可通过交流或交换，用于国内相关科研机构和教育机构的研究、教学。

　　大遗址考古资料归国家所有。所有纸质资料必须电子化，纸质和电子资料一式两份，分别由考古单位和大遗址管理机构妥善保管，完善相关保密制度。应设立专门的考古资料保管部门和资料整理场所，制定相关制度，确保考古资料和出土文物的安全。考古资料应及时完成数字化工作，建立大遗址考古资料数据库。数据库要保证其安全性，及时备份，并做好保密工作。田野考古资料要及时纳入大遗址文物保护单位记录档案。

　　六、公众宣传

　　（一）应高度重视大遗址考古工作的资料整理和报告出版工作，应严格按照《考古发掘管理办法》的规定，考古项目结束三年内必须发表报告或简报。应从考古学研究和遗址保护的角度，完善考古报告的内容、体例，实现图、表、文字等各类记录方式的标准化，积极探索多媒体和电子出版物等成果形式。

　　（二）大遗址管理机构应建立公众考古相关制度，尊重广大公众对考古和文物保护的知情权和参与权，自觉接受广大民众的监督。在取得较为重要的考古发现，并对其性质内涵有初步结论时，应及时、主动地将考古信息向社会发布，提高公众参与的针对性和时效性。

　　（三）考古单位应创造条件促进考古工作成果社会化，将开展公众考古列入日常工作。有条件的地方可以适当对公众开放考古工作过程，在确保人员安全和文物安全的前提下，通过严谨而生动的形式与公众开展互动，使公众了解考古工作的过程和意义，增强文化认同感和自豪感，支持和参与大遗址考古和保护工作。使考古工作在服务公众的过程中进一步实现自身的社会价值。

　　（四）文物行政部门、大遗址管理机构和考古单位要广泛采取广播电视、报纸杂志、网络多媒体、讲座论坛、模拟考古、虚拟重建等多种方式和手段，普及考古与文物保护知识。大遗址管理机构应将出版科普图书列入考古资料整理计划，组织编辑出版相关考古科普读物。

关于2012年度文物行政执法与安全监管工作情况的通报

文物督函〔2013〕126号

各省、自治区、直辖市文物局（文化厅）：

　　2012年度，各级文物行政部门认真实施执法巡查和安全检查工作，加大文物案件督察、督办力度，取得了较好成效。现将有关情况通报如下：

　　一、执法巡查与安全检查情况

　　（一）执法巡查：据各省上报，2012年度全国省、市、县级文物行政部门开展执法巡查136793次，检查发现违法行为625起，已调查处理完毕585起。其中，各级文物行政部门对全国重点文物保护单位巡查12580次，发现违法行为54起，调查处理54起；对列为一级风险单位的文物收藏单位巡查737次，发现违法行为11起，已调查处理完毕11起。

（二）安全检查：据各省上报，2012年度全国各省、市、县级文物行政部门开展安全检查185854次，发现各类安全隐患16577项，督促整改完毕14510项，整改率87.5%。其中，对全国重点文物保护单位检查20416次，发现各类安全隐患1188项，督促整改完毕1027项，整改率86.4%；对核定为一级风险单位的文物收藏单位检查2303次，发现安全隐患179项，督促整改完毕158项，整改率88.3%。另，在"2012文物安全隐患排查整治专项行动"中，全国文物、博物馆单位自查安全隐患15300余项，已整改完毕1万余项。

二、行政违法与安全案件情况

（一）文物行政违法案件：2012年度，国家文物局接报全国文物、博物馆单位发生行政违法案件317起，当地文物行政部门均进行了调查处理，责令改正违法行为260起，实施行政处罚135起。其中，全国重点文物保护单位发生行政违法案件42起，已制止或者责令改正违法行为的39起，已拆除保护范围或者建设控制地带违法建设的有9处，实施罚款等行政处罚的15起，尚在调查处理的3起。省级文物保护单位共发生文物行政违法案件38起，实施罚款等行政处罚的15起，责令改正违法行为的36起。

（二）文物安全案件：2012年度，国家文物局接报全国文物、博物馆单位发生文物安全案件307起，其中文物火灾案件16起，文物被盗窃、盗抢案件61起，古遗址、古墓葬被盗掘案件198起，文物安全责任事故6起，其他文物安全案件26起。全国重点文物保护单位共发生文物安全案件28起，其中古遗址、古墓葬被盗掘案件13起，古塔地宫被盗掘案件2起，文物保护单位被盗窃案件8起，火灾事故4起。博物馆发生安全案件6起，其中被盗案件4起，因展览和保管设备事故造成文物损失的2起。

三、文物行政违法和安全案件信息监控工作情况

2012年度，国家文物局继续开展文物行政违法和安全案件信息监控工作，从新闻媒体和网络渠道，共收集文物行政违法与安全案件信息1408条，通过"文物安全与行政执法管理信息系统"及时告知各地文物行政部门，并对其中47起重点案件进行了督察督办。

四、文物安全与行政执法信息上报及公告制度实施情况

2012年度，大部分省份认真开展文物安全与行政执法信息上报及公告工作，及时上报文物案件信息，按时限要求汇总报送文物安全与行政执法工作情况，河北、山西、吉林、山东、湖北、湖南、四川、陕西、新疆等省份表现突出。但也有部分省份尚未全面实施此项工作，未明确专人负责，不能及时收集汇总文物安全检查与执法巡查工作情况，个别省份尚存在虚报、迟报、不报等问题。

五、文物安全形势分析

（一）2012年度，全国未发生特别重大文物安全案件（事故），文物安全形势总体平稳。一是强化隐患排查和整治，文物火灾防范能力日益增强。省级以上文物保护单位发生的7起火灾均为轻微初起火情，由于及时发现并有效灭火，未对文物本体造成大的损坏。二是文物安全长效机制发挥重要作用，打击防范文物犯罪成效明显。世界文化遗产地、帝王陵寝被盗掘盗窃案件有所减少，发生的1起案件迅速破案并追回了被盗文物。各地加强安全巡查，落实文物保护机构和文物保护员的安全职责，连续挫败、制止多起企图盗窃盗掘文物案件，仅当场抓获盗掘省级以上文物保护单位犯罪嫌疑人的就有9起。文物犯罪案件立案率和破案率

继续提高，公安机关对省级以上文物保护单位被盗窃盗掘案件立案率达到100%，破案率达到52%，较往年有大幅度提高。三是博物馆未发生馆藏一级文物被盗抢案件，4起博物馆被盗案件中共有10件文物被盗，已侦破1起，追回三级文物3件。

但是，从国家文物局接报的文物案件总数（307起）和各地上报的文物案件情况看，盗窃、盗掘文物犯罪活动仍时有发生，文物犯罪对象和范围有所扩展，三普登记的文物点、未知地下文物遭盗窃、盗掘案件发案较多（有184起）。除田野古墓葬、石刻外，古塔地宫也成为犯罪分子侵害的重点（有3起），文物安全形势仍不容乐观。

（二）2012年度，全国文物行政执法案件依然以涉及文物保护单位的违法建设行为为主，古遗址、古墓葬保护范围和建设控制地带内违法建设尤为突出。在国家文物局接报或直接督办的42起涉及全国重点文物保护单位的行政违法案件中，涉及在古遗址、古墓葬保护范围和建设控制地带内违法建设的为22起，占全部数量的52%。这反映出城乡结合部和农村的生产生活与文物保护的矛盾比较突出。对此，各地认真实施《文物保护单位执法巡查办法》，加大巡查力度，强化事前监管，提升执法效能，此类案件基本得到妥善处理。因此，全面开展执法巡查是文物行政执法工作实现监管视角前移的重要保障。

六、下一阶段工作要求

（一）全面增强行政执法能力。各地要认真落实国家文物局《关于加强文物行政执法工作的指导意见》，坚决杜绝有案不查处、查处不彻底情况，认真履行文物行政执法法定职能，严肃查办违法案件。彻底改变有法不依、执法低效的状况，严格依法执法，遵循执法程序，提高执法效能。进一步规范执法行为，做好文物行政处罚案卷，建立执法巡查档案，提升执法水平。

（二）切实强化文物安全责任。各地要认真贯彻落实文物安全工作部际联席会议联合印发的《关于加强和改进文物安全工作的指导意见》各项要求，结合本地实际明确文物安全目标，编制中长期工作规划，制订具体落实措施，不断健全、完善文物安全责任体系和文物安全防控体系，全方位落实安全责任，增强安全防范能力。

（三）严格实施巡查检查。各地要将执法巡查与安全检查作为一项基本工作职责和重要基础工作，纳入议事日程，形成工作制度，扩大范围、增加频次，实现规范化、网络化和精细化，达到全覆盖。通过执法巡查检查，制止和查处违法行为，发现和整治安全隐患，将各类违法行为和安全危害有效控制在萌芽期，避免文物损失。春节临近，文物盗窃盗掘案件和火灾事故易发高发，各地要对照国家文物局加强节日期间文物安全工作的通知要求，全面加强安全管理基础工作，确保文物安全。

（四）协调打击文物犯罪。各地要参照公安部、国家文物局建立的打击和防范文物犯罪联合长效工作机制，建立、完善本地区公安、文物部门打击文物犯罪联合工作机制，并制订具体落实措施，协调推动公安机关将文物犯罪列入日常重点打击范围，文物犯罪多发地区要继续开展专项打击行动，始终保持对文物犯罪的打击力和威慑力。

附件：一、2012年度全国文物安全与行政执法工作情况统计表（略）
二、2012年度全国重点文物保护单位和博物馆安全案件统计表（略）
三、2012年度全国重点文物保护单位行政违法案件统计表（略）

国家文物局

2013年1月23日

关于做好公安、海关罚没文物移交工作的通知

文物博函 [2013] 120号

各省、自治区、直辖市文物局（文化厅）：

近年来，各地文物部门与公安、海关等部门密切合作，根据我局与公安部、海关总署等部门联合发布的《关于印发〈依法没收、追缴文物的移交办法〉的通知》要求，认真完成了大量罚没、追缴文物的移交工作，为保护文化遗产、丰富人民群众精神文化生活发挥了重要作用，社会反响良好。

但是，由于种种原因，个别地方公安、海关部门未及时将没收、追缴文物移交文物部门，许多文物被搁置在临时库房，保管条件差，因自然等原因对文物造成了损害；同时，个别地方文物部门对文物移交工作缺乏重视，影响了工作的正常开展。

为进一步做好公安、海关等部门没收、追缴文物的移交工作，现将有关事项通知如下：

一、省级文物行政部门要切实重视没收、追缴文物移交工作，主动与公安、海关、财政等部门联系，努力协商落实文物移交相关事宜。

二、省级文物行政部门应积极承担移交文物的鉴定、登记和定级工作，加强管理，确保文物点交符合程序，手续完备。

三、省级文物行政部门应及时将移交文物纳入当地国有博物馆馆藏；经鉴定不属于文物的，可作研究标本之用，妥善处置。

四、省级文物行政部门应承担移交文物鉴定、运输以及修复等费用。

专此。

国家文物局

2013年1月25日

国家文物局关于2011年度国家一级博物馆运行评估结果的通报

文物博函 [2013] 143号

各省、自治区、直辖市文物局（文化厅）：

根据《国家一级博物馆运行评估规则》，受我局委托，中国博物馆协会于2012年8月至2012年12月，开展了2011年度国家一级博物馆运行评估工作，并于2013年1月对初评结果

进行了公示。现将2011年度国家一级博物馆运行评估结果通报如下:

一、总分为60分（含）以上的上海博物馆等70家博物馆的2011年度运行评估结果为"合格"。

二、总分低于60分、但高于50分（含）的西柏坡纪念馆等13家博物馆的2011年度运行评估结果为"基本合格"。

三、各有关博物馆特别是评估结果为"基本合格"的博物馆，应结合2011年度运行评估中发现的问题，积极采取有针对性的改进措施，力争薄弱环节尽快取得明显提高；有关整改措施及执行效果应及时通过省级文物行政部门上报我局备案。

四、对于2010年、2011年连续两次运行评估结果为"基本合格"的北京天文馆、抗美援朝纪念馆、厦门华侨博物院、中国海军博物馆、西藏博物馆和延安革命纪念馆，相关省级文物行政部门应切实指导和督促加强整改。我局将委托中国博物馆协会于2013年3～4月对上述博物馆重新组织定级评估。经定级评估仍未能达到相应标准的，将依据《国家一级博物馆运行评估规则》取消其一级博物馆等级。

附件：一、2011年度国家一级博物馆运行评估结果

二、2011年度国家一级博物馆运行评估得分详表（略）

国家文物局

2013年2月1日

附件一

2011年度国家一级博物馆运行评估结果

博物馆名称	总分	定性总分	定量总分	评估结果
故宫博物院	75.0899	76.4189	71.9891	合格
中国人民革命军事博物馆	61.6692	60.2844	64.9003	合格
中国科学技术馆	71.8555	72.6378	70.0303	合格
中国地质博物馆	64.5921	66.0256	61.2472	合格
中国航空博物馆	65.8864	66.8489	63.6405	合格
首都博物馆	73.5768	77.4000	64.6561	合格
中国人民抗日战争纪念馆	63.4677	64.9889	59.9181	合格
北京自然博物馆	72.5035	73.8067	69.4629	合格
北京天文馆	58.2192	58.0156	58.6945	基本合格
北京鲁迅博物馆	63.0194	65.0644	58.2477	合格
周口店北京人遗址博物馆	68.1760	70.8267	61.9910	合格
天津博物馆	64.4858	67.2078	58.1344	合格
天津自然博物馆	64.2626	67.4056	56.9290	合格
周恩来邓颖超纪念馆	59.0918	60.0044	56.9623	基本合格
河北省博物馆	62.2633	64.4600	57.1377	合格

博物馆名称	总分	定性总分	定量总分	评估结果
西柏坡纪念馆	59.8954	60.9867	57.3490	基本合格
山西博物院	72.8972	76.1944	65.2037	合格
中国煤炭博物馆	57.4134	57.7967	56.5190	基本合格
八路军太行纪念馆	60.9167	62.7556	56.6262	合格
内蒙古博物院	67.8691	70.8967	60.8047	合格
辽宁省博物馆	71.2468	73.3800	66.2694	合格
沈阳"九·一八"历史博物馆	61.1864	61.7456	59.8816	合格
抗美援朝纪念馆	54.1934	53.9044	54.8677	基本合格
旅顺博物馆	63.8433	67.1111	56.2183	合格
吉林省自然博物馆	63.4511	65.8267	57.9082	合格
东北烈士纪念馆	59.3481	61.2522	54.9053	基本合格
大庆铁人王进喜纪念馆	62.4695	63.2278	60.7003	合格
爱辉历史陈列馆	63.5901	66.4447	56.9295	合格
上海博物馆	77.6807	81.2744	69.2954	合格
上海鲁迅纪念馆	66.4422	70.1789	57.7234	合格
中共一大会址纪念馆	63.0315	64.5178	59.5636	合格
南京博物院	75.7002	78.6822	68.7422	合格
侵华日军南京大屠杀遇难同胞纪念馆	64.4360	64.4489	64.4058	合格
南通博物苑	60.2801	61.3333	57.8225	合格
苏州博物馆	70.0311	74.8233	58.8494	合格
扬州博物馆	65.1576	65.5322	64.2834	合格
浙江省博物馆	69.8820	73.0050	62.5952	合格
安徽博物院	63.6081	65.3589	59.5229	合格
福建博物院	67.9413	70.7400	61.4110	合格
厦门华侨博物院	57.9291	59.2089	54.9430	基本合格
中国闽台缘博物馆	64.1219	66.6567	58.2074	合格
泉州海外交通史博物馆	61.4019	63.8422	55.7077	合格
古田会议纪念馆	62.4810	62.7533	61.8456	合格
江西省博物馆	63.3531	64.4211	60.8610	合格
南昌八一起义纪念馆	63.6648	65.9611	58.3067	合格
井冈山革命博物馆	64.3640	65.2389	62.3227	合格
瑞金中央革命根据地纪念馆	60.0443	61.7922	55.9658	合格
青岛市博物馆	61.3873	63.0178	57.5828	合格
中国海军博物馆	58.0151	58.5522	56.7617	基本合格
中国甲午战争博物馆	60.1814	62.1544	55.5778	合格

续表

博物馆名称	总分	定性总分	定量总分	评估结果
青州市博物馆	63.0399	65.0167	58.4274	合格
河南博物院	73.3050	76.6567	65.4844	合格
郑州博物馆	61.6863	63.1033	58.3800	合格
洛阳博物馆	63.3628	65.3578	58.7078	合格
南阳汉画馆	60.7466	62.9344	55.6416	合格
湖北省博物馆	70.7250	73.3200	64.6700	合格
武汉市博物馆	63.6503	66.0044	58.1573	合格
荆州博物馆	64.3563	66.7189	58.8435	合格
湖南省博物馆	74.1485	77.8300	65.5583	合格
韶山毛泽东同志纪念馆	62.6334	64.1511	59.0922	合格
刘少奇同志纪念馆	63.1797	64.3811	60.3765	合格
广东省博物馆	72.0423	74.7811	65.6518	合格
西汉南越王博物馆	63.9048	66.8900	56.9395	合格
孙中山故居纪念馆	68.1603	69.9922	63.8859	合格
广西壮族自治区博物馆	65.0268	65.4844	63.9589	合格
重庆中国三峡博物馆	72.4797	76.0056	64.2526	合格
广汉三星堆博物馆	64.2496	67.6522	56.3101	合格
邓小平故居陈列馆	58.7247	59.1800	57.6622	基本合格
自贡恐龙博物馆	63.4282	64.6667	60.5384	合格
成都武侯祠博物馆	64.6678	66.1500	61.2094	合格
成都杜甫草堂博物馆	64.4941	65.6322	61.8386	合格
遵义会议纪念馆	60.4260	61.5111	57.8940	合格
云南省博物馆	62.5192	64.7700	57.2673	合格
云南民族博物馆	56.5408	56.1567	57.4371	基本合格
西藏博物馆	54.4312	54.1367	55.1185	基本合格
陕西历史博物馆	70.7607	74.1344	62.8887	合格
秦始皇兵马俑博物馆	69.2186	74.8700	56.0321	合格
延安革命纪念馆	59.8614	60.6289	58.0707	基本合格
西安碑林博物馆	62.4145	65.0367	56.2962	合格
西安半坡博物馆	63.3024	66.2333	56.4637	合格
汉阳陵博物馆	61.7022	64.4689	55.2466	合格
固原博物馆	57.3425	58.6056	54.3952	基本合格
新疆维吾尔自治区博物馆	61.7140	63.7844	56.8828	合格

国家文物局关于发布《1949年后已故著名书画家作品限制出境鉴定标准（第二批）》的通知

文物博发〔2013〕3号

各省、自治区、直辖市文物局（文化厅），各国家文物进出境审核管理处：

为加强我国近现代著名书画家作品保护，我局曾于2001年颁发《一九四九年后已故著名书画家作品限制出境的鉴定标准》，各地文物进出境审核管理机构严格执行标准，规范作品审核和出境限制，阻止了珍贵近现代书画作品流失。

2001年以后，一些著名书画家先后逝世。为加强对这些书画家作品的保护，我局在征求文物、文化、美术界专家意见的基础上，拟定增补了相关出境鉴定标准。

现将《1949年后已故著名书画家作品限制出境鉴定标准（第二批）》印发给你们，请遵照执行。

国家文物局
2013年2月4日

1949年后已故著名书画家作品限制出境鉴定标准（第二批）

为了保护国家文化遗产，加强管理，下列已故著名书画家相关作品列入文物出境限制范围，作为对2001年颁发的《一九四九年后已故著名书画家作品限制出境的鉴定标准》的补充：

一、作品一律不准出境者（1人）

吴冠中

二、作品原则上不准出境者（2人）

关山月　陈逸飞

三、代表作不准出境者（21人）

于希宁　王朝闻　白雪石　亚　明　刘旦宅　刘炳森　许麟庐
启　功　张　仃　宗其香　郑乃珖　彦　涵　娄师白　黄苗子
萧淑芳　崔子范　程十发　蔡若虹　黎雄才　潘絜兹　魏紫熙

关于公示考古发掘资质及领队资格的通知

文物保函 [2013] 138号

根据2012年度考古发掘资质和领队资格评审会评审结果，国家文物局拟授予中国人民大学等4家单位考古发掘资质，授予冯双元等78人考古发掘领队资格。现将名单公示，公示期20天。有异议者可以通过电子邮件、电话、来信等形式向我局反映。我局将依法予以核查、处理。

联 系 人：王 铮
电　　话：010-56792078
传　　真：010-56792133
电子邮箱：kaoguchu@sach.gov.cn
通讯地址：北京市东城区北河沿大街83号国家文物局文物保护与考古司考古处
邮　　编：100009
附件：获2012年度考古发掘资质单位和领队资格人员名单

国家文物局
2013年2月6日

附件

获2012年度考古发掘资质单位名单（共4家）

北　京：中国人民大学
江　苏：徐州博物馆
浙　江：杭州市文物考古研究所
广　州：珠海市博物馆

获2012年度考古发掘领队资格人员名单（共78人）

北　京：冯双元　丁利娜　杜水生　陈悦新
天　津：甘才超　刘　健　张　瑞
河　北：石　磊　王法岗　石从枝
山　西：裴静蓉
内蒙古：杨星宇
辽　宁：樊圣英　沈彤林
吉　林：梁会丽　徐　坤　余　静
黑龙江：李有骞
江　苏：陈　刚　李　翔　马　涛　孙明利　王　霞

浙　江：罗　鹏

安　徽：罗　虎

福　建：余生富　唐宏杰　张红兴

山　东：何　利　张子晓

河　南：吴　倩　张鸿亮　卢青峰　陈良军　冯春艳
　　　　陈钦龙　魏继印　袁俊杰

湖　北：张成明　陶　洋　田　勇　朱江松

湖　南：张兴国　杨志勇

广　东：刘志远　覃　杰

广　西：潘晓军　周　海

海　南：陈　江

重　庆：汪　伟　燕　妮

四　川：刘志岩　杨占风　易　立　张雪芬　王建华

云　南：孙　健

陕　西：段　毅　王　东　张鹏程　袁　明　翟霖林

甘　肃：夏朗云

宁　夏：王仁芳

新　疆：胡望林　闫雪梅

中国国家博物馆：游富祥　王力之

中国社会科学院考古研究所：仝　涛　陈　凌　常怀颖

中科院古脊椎动物与古人类研究所：张颖奇

中国文化遗产研究院：周春水

吉林大学：井中伟　王春雪

中山大学：谢　肃

四川大学：张长虹

西北大学：王　振

关于开展2013年度文物保护领域科学和技术研究一般课题申报工作的通知

文物博函　[2013]　170号

各省、自治区、直辖市文物局（文化厅），各有关单位：

为促进文物保护领域科技进步与创新，充分发挥科学技术对文物事业的支撑和引领作用，现就2013年度文物保护领域科学和技术研究一般课题（以下简称课题）的申报工作通知如下：

一、各地各单位要根据《国家文物保护科学和技术发展"十二五"规划（2011～2015年）》（以下简称《规划》）的要求，切实做好课题申报的组织和管理工作，严格把关，保证课题申报质量，切勿盲目追求申报数量。

二、课题申报单位应认真阅读《文物保护科学和技术研究课题管理办法》《规划》和《课题指南》（详见附件），着眼于推进文物保护行业创新体系建设和全面提升科学和技术创新能力，以解决文物事业发展的重点、难点和瓶颈问题为出发点，自拟研究题目，开展战略研究、基础研究、科技基础性工作、共性和关键技术研发，以及重大科学技术问题的预研究，提倡研究中加强多学科交叉和技术集成。

三、人文社会科学类课题补助经费每项一般不超过10万元，自然科学、工程和技术科学类课题补助经费每项一般不超过30万元。课题经费预算总额不受限制，鼓励课题自筹经费。课题申请单位和课题申请人需符合《文物保护科学和技术研究课题管理办法》的有关要求。课题负责人只能申报承担1项，已承担国家文物局资助课题且尚未结项者，原则上不得作为申请人申报新课题；课题组成员参与的课题一般不能超过2项。凡被撤销课题的负责人3年内不得申请新课题。严禁同一课题多头申报。

四、各省级文物行政部门和国家文物局科研课题管理办公室（以下简称"课题办"）作为本次申报工作的组织单位，各省级文物行政部门负责本行政区内有关单位课题申请书的审核推荐工作；课题办负责国家文物局直属单位，以及中央和国家机关、全国人大、全国政协等有关单位课题申请书的审核推荐工作。各组织单位要对所报课题申请书，特别是课题提出的必要性，课题设计的科学性、可行性和创新性，课题组是否具有完成研究任务的充分条件等方面进行认真审核，并签署明确意见。课题办负责课题申报和立项评审的组织工作。

五、本年度课题采取网上申报形式，本通知及附件均同时在文化遗产保护科技平台（以下简称"科技平台"，网址：www.chst.cn或kj.sach.gov.cn）上发布，申报者可直接上网查询和下载。请各组织单位、课题申请单位和申请人认真阅读《文物保护领域科学和技术研究一般课题申报流程》，做好申报工作。具体程序安排如下：

（一）课题申请单位及申请人自4月30日至5月30日（17时止）可登录科技平台，进入"文物保护科学和技术研究课题管理系统"（以下简称"管理系统"），按程序进行注册、填报；

（二）组织单位在网上对课题进行审核，通过审核后于5月31日17时前报送课题办；

（三）课题办组织有关专家对课题申请书进行函审，结果将在科技平台上予以公布；

（四）通过函审的申报课题，根据专家函审意见对申请书进行修改完善后，打印一式七份，经报课题申请单位和组织单位审核签字盖章后寄至课题办；

（五）课题立项专家评审会由我局组织召开，具体时间另行安排。评审结果将在科技平台上公示，公示期15天。

六、其他事项

受理单位：国家文物局科研课题管理办公室

联 系 人：刘 刚 于丹华

联系电话：010-84642070、84631969

地 　　址：北京市朝阳区北四环东路高原街甲2号文博大厦1314室

邮 　　编：100029

电子邮箱：ktb@sach.gov.cn

附件：一、文物保护科学和技术研究课题管理办法（略）

二、文物保护领域科学和技术研究课题指南（2011～2015年）（略）

三、文物保护领域科学和技术研究课题汇编（2001～2012年）（略）

四、文物保护领域科学和技术研究课题申请书（略）

五、文物保护领域科学和技术研究一般课题申报流程（略）

国家文物局

2013年2月22日

关于印发《国家文物局 2013年工作要点》的通知

文物政发〔2013〕4号

局机关各部门：

《国家文物局2013年工作要点》已经第2次局务会议审议通过，现印发给你们，请结合实际，抓好落实，确保各项任务全面完成。

特此通知。

附件：国家文物局2013年工作要点

国家文物局

2013年2月26日

附件

国家文物局2013年工作要点

一、抓实抓好重大项目，提升文物保护能力

1. 报请国务院核定公布第七批全国重点文物保护单位名单，督促完善"四有"工作，及时划定保护范围和建设控制地带，落实保护维修经费和相关保障措施，适时开展检查；完善全国重点文物保护单位管理办法，继续督促公布第三次全国文物普查不可移动文物名录，核定公布相应级别文物保护单位。（文物保护与考古司、办公室）

2. 实施山西南部早期建筑、山西彩塑壁画、承德避暑山庄及周围寺庙、嘉峪关、涉台文物、重要石窟寺、重要革命旧址等文物保护工程和西藏、新疆重点文物保护工程，启动应县木塔加固维修、平安故宫工程，做好文物保护项目储备工作。（文物保护与考古司督察司、博物馆与社会文物司）

3. 指导做好西气东输三线、中南成品油管道一期等大型基本建设工程考古和文物保护工作，完成南水北调工程文物保护项目田野工作。（文物保护与考古司）

4. 引导和规范大遗址保护、考古遗址公园建设，评定公布第二批国家考古遗址公园

名单。（文物保护与考古司）

5．推进国家文物局水下文化遗产保护中心组建完善工作，加快南海水下文化遗产保护基地及西沙考古工作站建设、水下考古工作船建造；组织开展重点海域调查、巡查和重大水下文化遗产保护项目。（办公室、文物保护与考古司、督察司、人事司）

6．做好红河哈尼梯田文化景观申遗工作；开展大运河、丝绸之路申遗项目的文物保护和环境整治工作。推进2015年申遗项目申报准备工作。（文物保护与考古司）

7．印发《中国世界文化遗产监测预警体系建设规划》，开展10处世界文化遗产地监测试点；指导各地做好长城保护维修和"四有"基础工作。（文物保护与考古司）

8．加强历史文化名城名镇名村保护管理工作，会同住房和城乡建设部开展第六批中国历史文化名镇名村评选。（文物保护与考古司）

9．做好《国务院关于进一步做好旅游等开发建设活动中文物保护工作的意见》落实情况的检查和督察，督促制定文物旅游景区游客承载标准，加强对文物旅游活动的指导和监督。（督察司、文物保护与考古司、博物馆与社会文物司、政策法规司）

10．召开全国文物安全部际联席会议第三次全体会议，开展涉及佛教寺庙、道教宫观的全国重点文物保护单位的联合执法检查。（督察司）

11．推进文物博物馆风险单位安防设施达标建设，开展文物安全防护典范工程试点，建成一批古遗址、古墓葬、石窟寺防盗报警设施和古建筑防火、防雷设施。（督察司）

12．实施一批可移动文物保存环境监测与控制等预防性保护项目，完成一批濒危文物修复，支持示范性文物修复报告的编撰出版。（博物馆与社会文物司）

二、提高文物利用水平，丰富人民精神文化生活

13．启动古村落保护与利用综合试点，推进官式建筑等样板工程，拓宽文物保护单位服务社会、惠及民生的途径。（文物保护与考古司、办公室）

14．开展博物馆免费开放绩效考评试点，完善博物馆免费开放管理办法；公布第二批国家二、三级博物馆名单，开展国家二、三级博物馆运行评估试点。（博物馆与社会文物司）

15．加强分类指导，发挥中央地方共建国家级博物馆和国家一级博物馆的示范引领作用；印发《国有博物馆对口支援民办博物馆管理办法》。（博物馆与社会文物司）

16．开展生态（社区）博物馆示范点建设评估和经验推广，推动博物馆与遗产及其环境整体保护有机结合；开展全国博物馆陈列展览精品推介，推进博物馆文化创意产品开发，拓展博物馆教育传播职能。（博物馆与社会文物司）

17．加强文物市场监管制度建设，推进文物流通领域管理，开展文物拍卖市场治理，健全国家文物鉴定委员会机制，试点运行文物进出境审核信息系统。（博物馆与社会文物司）

18．构建全面多元的对外文物交流合作机制，做好柬埔寨、肯尼亚、摩洛哥、缅甸等文物援助项目；争取与欧盟有关国家签署防止盗窃、盗掘和非法进出境文化财产的双边协定；推出一批具有中国内涵、国际表达的对外文物展览。（办公室、文物保护与考古司、博物馆与社会文物司）

19．深化与台港澳地区的文物交流与合作，积极推动海峡两岸商签文物交流协议，举办两岸及港澳地区建筑遗产再利用研讨会，实施中小型文物展览入岛项目，举办台湾青少年和中学教师中华历史文化研习营活动。（办公室）

三、全面开展第一次全国可移动文物普查，廓清文物家底和保存状况

20．落实全国可移动文物普查领导小组第一次会议精神，召开全国电视电话会议，公

布第一次全国可移动文物普查实施方案。（普查办、博物馆与社会文物司）

21．联系教育、财政、国土、国资委、宗教、档案等有关部门，建立普查协调机制和经费保障机制；建设普查信息登录平台，健全普查标准规范，组建普查机构和普查队伍，出版普查工作手册，开展普查人员培训，启动普查宣传。（普查办、博物馆与社会文物司办公室、人事司、政策法规司）

22．指导督察全国普查工作的组织实施，完成收藏保管有可移动文物的国有单位调查。（普查办、博物馆与社会文物司）

四、加强人才培养、科技创新，筑牢文物事业发展根基

23．制定《文博人才工作中长期规划纲要》，搭建技能型人才培养平台，与相关高等院校、高职院校、科研基地联合，举办规划编制、工程方案编制、壁画彩绘、考古技工等急需人才专业培训；委托开展文博人才培养教育教学体系研究。（人事司）

24．配合有关部门修订《中华人民共和国职业分类大典》中的文物职业篇，推动建立文物修复师职业资格制度；继续做好全国县级文物行政部门负责人培训工作。（人事司）

25．根据中组部、国务院扶贫办部署，完成援藏、扶贫干部选派工作。（人事司）

26．深化文物保护科技领域技术路线图研究，继续推进中华文明探源工程、指南针计划等国家级重大科技项目。实施文物保护关键技术提升计划、基础研究推进计划、科技成果推广计划，争取国家相关科技计划项目的支持，促进区域创新联盟、技术创新联盟和科研基地建设，组织第五批行业重点科研基地的遴选。（博物馆与社会文物司）

27．深化文博单位与中国科学院、高等院校的协同创新，组织开展微生物技术、空间信息技术及博物馆陈列展示适宜技术的需求调研与种子项目凝练。（博物馆与社会文物司）

28．推进遗产地、大遗址和重点文物保护单位卫星遥感技术监测管理项目。（办公室、督察司、文物保护与考古司、博物馆与社会文物司）

五、推进改革创新，构建科学发展的体制机制

29．开展《文物保护法》修订前期调研，完成修订草案大纲；推动出台《博物馆条例》；启动欧美国家有关文物法律制度研究；完成《国家文物博物馆事业发展"十二五"规划》中期评估。（政策法规司、办公室）

30．完成文博行业标准体系框架课题研究，制定文物保护标准制修订中长期工作计划；启动《文物保护工程设计方案编写规范》《博物馆陈列工程施工规范》《博物馆突发事件应急预案编制规范》等13个行业标准的编制工作；做好文物保护工程北方定额标准试点工作。（博物馆与社会文物司、文物保护与考古司）

31．推进文物保护工程审批机制改革，印发《文物保护工程立项报告》（范本）以及《文物保护工程方案编制深度要求》《文物保护工程项目申报审批管理暂行办法》《文物保护工程咨询评估机构管理办法》《文物建筑防雷技术规范》《文物建筑消防工程技术要求》，探索建立文物保护工程行政审批与技术审核相分离、分层次的审核制度，初步形成第三方机构独立承担技术审核工作机制。开展可移动文物保护修复方案审批办法改革。（文物保护与考古司、督察司、博物馆与社会文物司）

32．执行《国家重点文物保护专项补助资金管理办法》，细化项目结构，制定《国家重点文物保护专项补助经费预算绩效管理办法》《文物保护项目预算编制工作规范与预算控制数审核要求》，做好专项补助资金绩效管理；加强部门预算编制、管理和绩效考评，确保预算执行进度；完善文物工作统计指标体系设计并组织实施。（办公室）

2014

中国

文物年鉴

33．与媒体合作，策划推出文物宣传和知识普及精品栏目；办好文化遗产日、国际博物馆日、国际古迹遗址日等活动。（政策法规司、博物馆与社会文物司、文物保护与考古司）

34．按照中央关于分类推进事业单位改革工作的部署，适时组织开展直属单位分类工作。（人事司）

六、加强调查研究，推进科学决策

35．开展文物管理体制、促进文物利用的政策措施调研，确立到2020年文物事业发展总体目标，争取出台关于加强新时期文物工作的政策性文件。（政策法规司）

36．开展促进民办博物馆发展专题调研；开展水下文化遗产保护管理工作调研。（博物馆与社会文物司、文物保护与考古司）

七、改进工作作风，推动工作落实

37．出台《国家文物局机关督促检查工作暂行规定》；建成运行视频会议系统，提高工作效率；做好政务公开、信息公开工作。（办公室）

38．深入学习贯彻十八大精神；开展以"为民、务实、清廉"为主题的群众路线实践教育活动；落实《中共国家文物局党组关于落实〈十八届中央政治局关于改进工作作风、密切联系群众的八项规定〉的实施意见》；加强党风廉政建设，倡导厉行节约，扎实推进反腐倡廉工作。（机关党委）

国家文物局政府信息公开工作2012年度报告

文物办函〔2013〕331号

根据《中华人民共和国政府信息公开条例》要求，特向社会公布2012年国家文物局政府信息公开工作年度报告。本年报包括概述、主动公开政府信息情况、依申请公开政府信息情况等方面内容。数据统计期限自2012年1月1日起至2012年12月31日止。国家文物局政府网站（www.sach.gov.cn）上可查阅本报告。如对本年报有疑问，请与国家文物局办公室秘书处联系（地址：北京市北河沿大街83号，邮编10009；电话：010-56792211，电子邮箱：mishuchu@sach.gov.cn）。

一、概述

2012年，国家文物局根据党中央、国务院关于政府信息公开的工作部署，认真贯彻落实全国政府信息公开工作电视电话会议精神和国办印发《2012年政府信息公开重点工作安排》，充分利用政府门户网站、新闻发布会等多种形式，及时主动向社会公布文物博物馆领域相关政策和信息，在增强公开意识，突出公开重点，拓展公开内容、完善公开配套工作等方面取得了新进展。

我局高度重视政府信息公开工作，政府信息公开工作机制运转良好。2012年1月，因局领导变更，由文化部副部长、局党组书记、局长励小捷任局信息公开工作领导小组组长，局党组副书记、副局长董保华任副组长，局党组成员、副局长童明康、顾玉才、宋新潮任成员。小组办公室设在局办公室，局办公室主任、副主任兼任正、副主任。各部门主要负责同志为本部门政府信息公开工作第一责任人。各部门负责各自业务范围内应公开信息的收集、报审、申请受理工作；办公室及纪委分别负责对信息公开工作的保密审查和监督；政策法规司依照新闻发布制度规定的程序，协调、组织通过新闻媒体发布政府信息事宜；中国文物信息咨询中心负责提供、维护局政府网站有关栏目作为政府信息公开平台，做好政府信息的网上发布、更新工作，提供信息公开工作年度报告中有关统计数据。

二、政府信息主动公开情况

（一）公开的主要内容

根据文物博物馆工作特点，我局严格按照法律法规和有关政策规定，对各类文物行政管理和公共服务事项，除涉及国家秘密和依法受到保护的商业秘密、个人隐私之外，都如实公开。2012年，国家文物局发文共3262件，主动公开1556件、依申请公开958件、不予公开748件，主动公开文件占已发文总数的48%，主动公开率同2011年度大致持平；政府网站主动公开信息发布的全文电子化率为100%。

依照事务类别分为：政策法规108条，机关政务11条，预算财务3条，调研宣传7条，保护工程479条，考古发掘211条，世界遗产301条，博物馆管理50条，保护科技186条，社会文物151条，交流合作3条，教育培训1条，执法督察4条，安全监管40条，人事信息1条。机构设置及其他重要栏目共更新80条。

（二）公开形式

1．政府门户网站。2012年，我局门户网站主站全年信息上载量5807条，比2011年增加1811条，日均新增信息量7.2条。截至2012年12月31日，门户网站主站总信息量36024条。通过政府门户网站信息公开专栏查阅政府信息约1550万人次，比2011年度增加6.5%，日均访问量4.25万人次。2012年我局大力推进政务信息化业务子系统的建设工作，新开通政府门户网站子系统4个：分别是国家文物进出境审核信息管理系统、全国博物馆年检管理信息系统、全国博物馆评估管理系统——一级博物馆定级评估子系统和全国博物馆评估管理系统——一级博物馆运行评估子系统。在2012年度中国政府网站绩效评估中，国家文物局门户网站在中央国家机关网站排名第38位。

2．公共查阅点。2012年10月我局搬迁新办公楼，继续在办公场所设立全国重点文物保护单位信息查阅系统方便公众查阅。

3．新闻发布会和其他媒体。通过新闻发布会，及时向社会宣传文化遗产事业发展成就，对群众普遍关心的重大文物保护热点问题进行良好的沟通。2012年我局召开新闻发布会、通气会7次，分别是年度重点工作暨文化遗产日郑州主场城市活动新闻发布会、国际博物馆日南宁主场城市活动新闻通气会、出台社会文物管理有关文件新闻通气会、元上都申遗实地采访新闻通气会、国际古迹遗址理事会顾问委员会和执行委员会会议新闻通气会、华夏瑰宝展赴土耳其开幕新闻通气会和中国与苏格兰清东陵数字保存项目新闻通气会。

三、依申请公开政府信息情况

2012年我局收到依申请公开政府信息申请11件，均依法按时予以了答复。其中受理1件，已在法定时限内回复申请人；其中7件不属于国家文物局工作职责，已告知申请人不予受理，请其向相关部门申请；其中3件属于已主动公开信息，已告知申请人通过政府门户网站查阅。

四、咨询处理情况

国家文物局共接受公众有关信息公开咨询3111次，其中现场咨询11人次，电话咨询2528人次，网上咨询（包括局长信箱、留言板等）572人次。其中留言板公开回复103条，邮件回复229条。

五、复议、诉讼和申诉情况

国家文物局2012年收到政府信息公开行政复议申请1件，内容是公民对地方文物行政部门申请信息公开决定有异议，已及时予以了办理和答复。全年未发生政府信息公开应诉案件。

六、工作人员和政府支出情况

1. 国家文物局从事政府信息公开工作的兼职人员为12人。

2. 2012年国家文物局用于政府信息公开相关工作经费32万元（其中政府网站子站维护20万、网站宣传主题费用12万元）。

3. 2012年度国家文物局对依申请公开的政府信息没有收费。

七、主要问题和改进措施

2012年，我局在推进政府信息公开工作方面取得了新的进展，但工作中也存在公开内容有待拓展、规章制度有待健全、业务在线开展较少的问题。2013年，我局将根据党中央、国务院关于政府信息公开的工作部署做好政府信息公开工作，转变工作作风，进一步提高文物保护工作领域政策信息的透明度。工作重点主要是：（1）大力推进政务信息化建设，提高政务服务信息化水平。完善局政务信息化系统，制订政务信息化系统建设方案。（2）不断深化公开意识，拓展信息公开内容，切实提高局机关干部对政府信息公开工作重要性的认识，提高公开时效和主动公开率。（3）抓好重点领域信息公开，积极推进财政预算信息公开，健全完善财政信息发布制度。（4）全面加强政府门户网站建设，加快信息公开更新时间，整合文博系统网上资源，增强公开效果，升级查询系统，增加快速查询功能，进一步提升实用性。

国家文物局

2013年3月15日

关于组织开展第五批国家文物局 重点科研基地申报工作的通知

文物博函 [2013] 561号

各省、自治区、直辖市文物局（文化厅），各有关单位：

根据《国家文物保护科学和技术发展"十二五"规划（2011～2015年）》和《国家文物局重点科研基地管理办法（试行）》（以下简称《管理办法》）的有关要求，经研究，我局决定组织开展第五批国家文物局重点科研基地（以下简称"科研基地"）的申报工作。现将有关事项通知如下：

一、申报类别

科研基地实行分类建设管理，按建设发展目标分为以下3类：

（一）应用基础类：以提升文物博物馆行业科技创新能力为目标，主要开展高水平基础研究、应用基础研究和学科发展前沿的创新性研究。

（二）工程技术类：以提升文物博物馆行业技术供给能力为目标，主要开展工程技术研究开发、设计和试验，以及成果转化推广。

（三）管理科学类：以提升文物博物馆行业科技管理决策支撑能力为目标，主要开展规划战略、科技政策、科技情报研究。

二、申报条件

（一）依托单位应为文博单位、高等院校、科研院所和其他具有原始创新能力的机构。

（二）具备固定的科学研究场所和一定规模的研究实验条件，以及支持科研基地建设发展必要的资金配套能力。

（三）所报研究方向符合文化遗产保护领域的重大需求。

（四）在所申报的研究方向有1至2名学术水平较高、学风严谨、开拓创新精神强的学术带头人。

（五）在最近5年中，承担过至少3项省部级以上（含省部级）相关科研项目（课题）。

（六）与国内外相关文博单位、科研院所、高等院校建立了较为紧密的合作关系，并取得相应合作研究成果。

（七）具备建立"开放、流动、联合、竞争"运行机制的良好条件。

三、申报方式

按照《管理办法》的有关规定，由依托单位提出申请，填写《国家文物局重点科研基地申请书》（以下简称《申请书》），并报组织单位。组织单位对申报材料进行审核后，择优推荐，上报国家文物局。

各省级文物行政主管部门负责本辖区内有关单位的申报审核和推荐工作；国家文物局重点科研基地管理办公室负责中央、国家机关直属单位的申报审核和推荐工作。

四、申报要求

（一）请按规定格式填写《申请书》（见附件二），打印后由依托单位和组织单位按程序填写相关意见，负责人签字，并加盖公章。书面文件一式十份（原件1份、复印件9份），采用A4纸印刷，普通纸质材料作为封面，不采用胶圈、文件夹等带有突出棱边的装订方式；同时提供电子文档（doc格式）光盘1张。

（二）本年度拟遴选的科研基地原则上不超过9家，请组织部门和依托单位对照申报条件认真衡量、严格把关，切勿盲目申报。依托单位在一个研究方向上只能选择申报一家科研基地，多报无效。

（三）申报工作结束后，科研基地管理办公室即依照《管理办法》有关规定启动评选程序。评选以申报基地汇报演示答辩和现场考察等方式进行。要求全面展示申报基地的环境条件状况，请预先做好准备工作。

五、申报受理

（一）申报受理工作由科研基地管理办公室负责。

（二）请于2013年7月31日16：00前（以邮戳为准）将申报材料纸质文件和光盘寄（送）至科研基地管理办公室，同时发送电子文档至科研基地管理办公室电子邮箱，逾期和不符合条件的申报材料将不予受理。

六、联系方式

联系地址：北京市朝阳区北四环东路高原街2号文博大厦1314室　国家文物局重点科研基地管理办公室

邮政编码：100029

联 系 人：于丹华

电　　话：010-84631969（传真）

电子邮箱：kyjd@sach.gov.cn

附件：一、国家文物局重点科研基地管理办法（试行）（略）

　　　二、国家文物局重点科研基地申请书（格式）（略）

　　　三、前四批科研基地名单（略）

国家文物局

2013年4月12日

国家文物局关于做好第七批
全国重点文物保护单位保护工作的通知

文物保发〔2013〕7号

各省、自治区、直辖市文物局（文化厅）：

2013年3月，国务院印发了《关于核定并公布第七批全国重点文物保护单位的通知》（国发〔2013〕13号），核定公布了第七批全国重点文物保护单位1943处，另有47处项目与现有全国重点文物保护单位合并。截至目前，我国共有全国重点文物保护单位4295处。公布第七批全国重点文物保护单位是国务院在文化遗产保护工作方面做出的重大决策，对于继承和发扬民族优秀文化传统，弘扬爱国主义精神，提升国家文化软实力，建设文化遗产强国，都具有十分重要的意义。为贯彻落实国务院通知精神，做好第七批全国重点文物保护单位的保护工作，现将有关事项通知如下：

一、高度重视第七批全国重点文物保护单位保护工作。各级文物行政部门要站在传承和弘扬传统文化的战略高度，充分认识到保护第七批全国重点文物保护单位的重要意义，进一步增强紧迫感和责任感，紧紧依靠当地党委政府，密切配合各有关部门，切实加强对第七批全国重点文物保护单位保护工作的组织领导，积极争取各级财政加大文物保护经费支持力度，不断提升文物保护单位的管理能力和水平。

二、扎实推进第七批全国重点文物保护单位的各项基础性工作。尽快完善"四有"

工作，会同有关部门及时划定、公布保护范围和建设控制地带，建立完善记录档案，设立保护标志和必要的保护机构，明确保护责任，实现保护管理工作的日常化、规范化和制度化。加强对不同类型、不同管理体制的全国重点文物保护单位的分析研究，积极探索工业遗产、乡土建筑、文化景观等新型文化遗产科学有效的保护与管理手段。

三、统筹规划第七批全国重点文物保护单位的保护维修工作。在全面摸清第七批全国重点文物保护单位保存状况的基础上，尽快编制文物保护规划，统筹安排文物本体维修保护、基础设施建设、环境整治等项目，集中力量实施一批文物保护重点工程。对第七批全国重点文物保护单位中保存状况较差、险情严重的文物，要抓紧组织相关单位编制、报批抢救性保护方案并尽快予以实施，及时消除文物险情和重大安全隐患，切实改善文物保护状况和保存环境。

四、不断强化第七批全国重点文物保护单位的安全防护工作。要与公安、国土、规划、建设等部门密切配合，通力协作，严厉打击文物违法犯罪活动，依法查处各类破坏全国重点文物保护单位的行为。要根据第七批全国重点文物保护单位的实际情况，明确安全责任主体，健全安全保卫队伍，完善安全管理制度，针对风险组织实施一批安全防护工程，增强防范能力，有效预防文物被盗抢、破坏和火灾等安全事故，确保文物安全。

五、切实加强高素质人才队伍建设。第七批全国重点文物保护单位公布后，文物保护管理工作任务繁重，对人才队伍建设的需求更加迫切。各地要积极创造条件，根据全国重点文物保护单位保护工作的具体需求，依托高等院校、科研院所等单位，结合工作实践和文物保护工程项目的实施，培养造就高素质的文物保护管理人才和专业技术队伍，为文物保护提供人才支撑。

六、积极推动第七批全国重点文物保护单位的宣传展示利用工作。积极宣传文物保护法律法规，提高社会各界的文物保护意识，使文物保护成为社会自觉和主动的行为。通过开展形式多样的展示利用活动，使其成为宣传、展示中华民族传统文化，对公众进行爱国主义、革命传统教育的重要阵地。妥善处理文物保护与旅游等开发建设活动、经济发展的关系，使第七批全国重点文物保护单位成为促进地方经济社会发展、改善人民生活的积极力量，推动我国文物保护工作的健康持续发展。

国家文物局

2013年4月28日

国家文物局关于发布第二批
国家二级、三级博物馆名单的通知

文物博函〔2013〕558号

各省、自治区、直辖市文物局（文化厅）：

为全面、充分反映近年来博物馆事业进步成果，健全博物馆质量评价体系，根据《全国博物馆评估办法》，国家文物局于2012年12月至2013年4月组织开展了第二批国家二级、三级博物馆评估工作。经过博物馆自评申报，省级博物馆评估委员会提出评定意见，全国博物馆评估委员会组织专家备案复核，国家文物局同意恭王府博物馆等52家博物馆为国家二级博物馆、廊坊博物馆等144家博物馆为国家三级博物馆。

附件：第二批国家二级、三级博物馆名单

国家文物局

2013年5月2日

附件

第二批国家二级博物馆名单（52家）

北京市

恭王府博物馆

河北省

石家庄市博物馆

内蒙古自治区

阿拉善博物馆、鄂尔多斯博物馆、呼伦贝尔民族博物院

辽宁省

锦州市博物馆、沈阳新乐遗址博物馆

吉林省

白城市博物馆、四平战役纪念馆、伪满皇宫博物院

黑龙江省

伊春市博物馆、侵华日军虎头要塞博物馆

江苏省

无锡博物院

安徽省

淮北市博物馆、淮南市博物馆、皖西博物馆

福建省

长乐市博物馆、上杭县博物馆

江西省

江西客家博物院

山东省

淄博市博物馆、东营市历史博物馆、泰安市博物馆、临沂市博物馆、诸城市博物馆、莒县博物馆

河南省

南阳市博物馆、许昌市博物馆

湖北省

恩施土家族苗族自治州博物馆、十堰市博物馆、武当山旅游经济特区博物馆、武汉市中山舰博物馆、襄阳市博物馆

湖南省

岳阳博物馆

广东省

潮州市博物馆、东莞展览馆、广东海上丝绸之路博物馆、广东中医药博物馆、惠州市博物馆、江门市博物馆、韶关市博物馆、云浮市博物馆、中山大学生物博物馆

广西壮族自治区

广西民族博物馆、广西壮族自治区自然博物馆

贵州省

贵州省博物馆、贵州省民族博物馆、黔东南州民族博物馆

陕西省

西安大唐西市博物馆

甘肃省

敦煌研究院、和政古动物化石博物馆、临夏回族自治州博物馆

青海省

青海省博物馆

第二批国家三级博物馆名单（144家）

河北省

廊坊博物馆、承德县博物馆、峰峰磁州窑历史博物馆、河北海盐博物馆、平泉县博物馆

山西省

侯马晋国古都博物馆、马邑博物馆、运城市盐湖区博物馆

内蒙古自治区

科尔沁右翼前旗博物馆、科尔沁右翼中旗博物馆、满洲里市扎赉诺尔区博物馆、乌兰察布市博物馆、兴安盟博物馆

辽宁省

本溪市博物馆、辽阳博物馆、凌海市萧军纪念馆

吉林省

白山市长白山满族文化博物馆、抚松人参博物馆、靖宇火山矿泉群地质博物馆、镇赉县博物馆

黑龙江省

鹤岗市博物馆、黑河博物馆、北大荒博物馆、大庆油田历史陈列馆、哈尔滨市钱币博物馆、黑河知青博物馆、黑龙江流域博物馆、哈尔滨市阿城区金上京历史博物馆、侵华日军第七三一部队罪证陈列馆、绥化市博物馆、孙吴日本侵华罪证陈列馆、伊春森林博物馆、远东林木博物馆

江苏省

南京市江宁区博物馆、苏州碑刻博物馆、镇江博物馆、镇江焦山碑刻博物馆

浙江省

奉化市溪口博物馆、海宁市博物馆、杭州市萧山区博物馆、江山市博物馆、龙泉市博物馆、杭州市西溪湿地博物馆

安徽省

马鞍山市博物馆、宿州市博物馆、铜陵市博物馆、池州市秀山门博物馆、广德县博物馆、萧县博物馆、黄山区博物馆、淮北市刘开渠纪念馆

福建省

福建闽越王城博物馆、莆田市博物馆、福建省昙石山遗址博物馆、邵武市博物馆、武平县博物馆、安溪县博物馆

江西省

九江市博物馆、抚州市博物馆、南昌县博物馆、萍乡博物馆、秋收起义铜鼓纪念馆、湘鄂赣革命纪念馆

山东省

菏泽市博物馆、章丘市博物馆、胶州市博物馆、曲阜市孔子博物院、文登市博物馆

河南省

新乡市博物馆、安阳博物馆、偃师商城博物馆、汝州市汝瓷博物馆、固始县博物馆、光山茶具博物馆、光山县佛教艺术博物馆

湖北省

赤壁市博物馆、丹江口市博物馆、湖北明代藩王博物馆、黄冈市博物馆、潜江市博物馆、咸宁市博物馆、孝感市博物馆、宜城市博物馆、郧阳博物馆、枝江市博物馆、中南民族大学民族学博物馆、秭归县屈原纪念馆

湖南省

郴州市博物馆、益阳市博物馆、临澧县博物馆、攸县博物馆

广东省

雷州市博物馆、深圳古生物博物馆、深圳（宝安）劳务工博物馆、博罗县博物馆、大埔县博物馆、丁日昌纪念馆、台山市博物馆、广州市花都区洪秀全纪念馆、海丰县博物馆、惠东县博物馆、江门市新会区博物馆、南雄市博物馆、新兴县博物馆

广西壮族自治区

贺州市博物馆、梧州市博物馆、容县博物馆、田东县博物馆、合浦县博物馆

重庆市

重庆市北碚区博物馆、聂荣臻元帅陈列馆

四川省

内江市张大千纪念馆、射洪书画博物馆、渠县历史博物馆、四川省建川博物馆、成都川菜博物馆、成都华通博物馆、成都华希昆虫博物馆、四川易园园林艺术博物馆、荥经县博物馆

贵州省

遵义市博物馆

云南省

保山市博物馆、丽江市博物院、广南县民族博物馆

陕西省

凤翔县博物馆、蒲城县博物馆、绥德县博物馆、铜川市玉华博物馆、西安唐皇城墙含光门遗址博物馆

甘肃省

敦煌市博物馆、庆阳市博物馆、高台县博物馆、会宁县博物馆、靖远县博物馆、静宁

县博物馆、庆城县博物馆、镇原县博物馆、庄浪县博物馆

　　青海省

　　海南藏族自治州民族博物馆、黄南藏族自治州民族博物馆、互助土族自治县博物馆

　　宁夏回族自治区

　　西北农耕博物馆、回族博物馆

　　新疆维吾尔自治区

　　巴音郭楞蒙古自治州博物馆

国家文物局关于推进国有博物馆对口支援民办博物馆工作的意见

文物博函［2013］818号

各省、自治区、直辖市文物局（文化厅）：

　　为贯彻落实国家文物局、民政部、财政部、国土资源部、住房和城乡建设部、文化部、国家税务总局《关于促进民办博物馆发展的意见》（文物博发［2010］11号）精神，帮助民办博物馆提高专业化水平，现就推进国有博物馆对口支援民办博物馆工作提出以下意见：

　　一、充分认识推进国有博物馆对口支援民办博物馆工作的重要性

　　推进国有博物馆对口支援民办博物馆工作，提高民办博物馆质量和服务能力，是贯彻落实科学发展观、促进博物馆事业全面协调可持续发展的必然要求，是深化博物馆体制改革的重要内容，是落实《博物馆事业中长期发展规划纲要（2011～2020年）》"民办博物馆帮扶工程"的重要举措。各级文物行政部门、博物馆要全面理解和把握支援民办博物馆工作的现实意义和深远的历史意义，统一认识，高度重视，加强领导，精心组织，积极推进，确保国有博物馆对口支援民办博物馆工作不断取得新的成效。

　　二、国有博物馆对口支援民办博物馆工作目标

　　完善国有博物馆对口支援民办博物馆工作制度，践行国有博物馆的社会责任，国有博物馆发挥资源优势，以自愿、无偿的方式，"一对一"的持续（一般不应短于三年）帮扶民办博物馆的藏品保护、陈列展览、科学研究、人才培养等业务活动和规范化管理，争取受援民办博物馆达到或接近国家三级博物馆的水平，培育一批法人治理结构规范、专业水平高、社会影响力大的优质民办博物馆。并积极推动民办博物馆与国有博物馆在合作中相互借鉴，共同进步，在竞争中优势互补，相互促进。

　　三、国有博物馆对口支援民办博物馆实施范围

　　凡依照《博物馆管理办法》登记注册，法人治理结构基本规范，藏品体系健全且产权明晰，展示服务工作基础较好，在本地区具有一定代表性，正常运行三年以上且年检合格的民办博物馆，可列入国有博物馆对口支援范畴。优先对口支援具有门类特点、行业个性

或地域文化、民族（民俗）文化代表性的民办博物馆，以及致力于抢救濒危文化遗产、填补某领域文化空白的民办博物馆。

鼓励国家一级博物馆和省级博物馆等专业力量雄厚的国有博物馆与具备发展潜力的民办博物馆结成长期稳定的对口支援和协作关系，中央地方共建国家级博物馆在完成本省（自治区、直辖市）范围内对口支援任务的同时，承担一定的支援其他地区民办博物馆的任务。

四、国有博物馆对口支援民办博物馆工作内容

国有博物馆针对民办博物馆的实际需求，开展人才支援和技术支援。

以选派中级职称和副高级职称为主的经验丰富的专业人员定期到民办博物馆驻点指导民办博物馆业务和管理工作为主要形式，组织开展藏品清库、鉴定、定级、建账、建档、养护、修复、陈列内容设计和艺术设计、教育项目策划、文化产品开发等业务活动示范、专题讲座、技术培训，帮助民办博物馆提升藏品保护、完善展示服务，健全工作制度和技术操作规程，培养一批业务骨干和学术带头人，提高博物馆运行水平。

国有博物馆可以同时采取免费接收民办博物馆专业人员进修、培训等形式，对民办博物馆进行支援。

鼓励中央地方共建国家级博物馆、省博物馆等实力雄厚的国有博物馆通过托管、连锁合作等形式加强与民办博物馆合作，探索长效机制，推动优质博物馆资源辐射，促进民办博物馆能力建设。

五、国有博物馆对口支援民办博物馆工作要求

加强业务指导。省级文物行政部门要积极协调符合条件的国有博物馆和民办博物馆建立对口支援协作关系，组织双方协商制定切实可行的对口支援实施方案和年度计划，明确支援目标、项目内容、支援方式、工作任务和保障措施；签订协议书，明确双方职责，保证任务落实。国有博物馆对口支援民办博物馆的实施方案和协议草案，应当经主管的文物行政部门初审后，报省级文物行政部门组织评估、核准，并以适当方式向社会公开。

强化责任意识。对口支援双方都应确定负责对口支援工作的馆领导和组织机构，加强沟通协调，做到人员落实、任务落实和经费落实，认真组织实施对口支援的各项具体工作。国有博物馆要建立派驻人员管理制度，加强对派驻人员支援绩效的考核，确保受援单位长期有派驻人员帮助工作并真正发挥作用。民办博物馆应根据工作需要，为对口支援创造必要的支撑条件，确保对口支援工作顺利开展；要以对口支援为契机，更新思想观念，调动员工积极性，全面推动博物馆的各项工作，不断提高办馆实力和办馆效益。

受援民办博物馆要模范遵守博物馆法规和职业道德，不断完善法人治理结构，扩大博物馆理事会成员社会人士代表的比例；制定、公布藏品征集、保护、管理、处置的政策、标准，区分藏品等级，建立规范的藏品总账、分类账和藏品档案，并报主管的文物行政部门备案；无正当理由，全年向公众开放时间不得少于8个月；制定、公布中长期发展规划和年度工作计划；如博物馆终止，藏品优先转让给其他博物馆。

做好督查考核。省级文物行政部门要会同相关部门建立健全国有博物馆对口支援民办博物馆工作协调管理制度，定期对对口支援工作进行督导检查和绩效考核，对工作完成较好的单位，总结推广经验。主管的文物行政部门要将对口支援工作纳入国有博物馆目标责

任制，加强对口支援工作的日常监督管理，定期向省级文物行政部门报告工作进展，并开展新闻宣传工作。国家文物局将对口支援纳入博物馆评估定级以及国家一级博物馆、中央与地方共建国家级博物馆的年度运行评估考核指标范畴。

落实保障措施。省级文物行政部门要抓住文化体制改革的机遇，坚持政府支持、统筹规划、提升能力、共同发展的原则，将对口支援纳入博物馆事业发展规划，制定对口支援的具体实施办法和计划。要积极争取各级政府的财政支持，积极争取将对口支援工作列入各级政府的民办博物馆发展专项资金优先支出范畴。鼓励公平竞争，政府委托民办博物馆承担有关遗产保护、研究、展示任务，拨付项目经费。同时积极鼓励社会力量捐助国有博物馆对口支援民办博物馆工作。

国家文物局

2013年6月5日

国家文物局关于落实文物保护单位游客承载量相关工作的通知

文物保函〔2013〕943号

各省、自治区、直辖市文物局（文化厅）：

近年来，依托文物资源的旅游业发展迅猛，对促进区域经济社会全面发展起到了不可替代的重要作用，但同时也不可避免地给文物保护带来巨大挑战。为推动文物旅游的健康、可持续发展，以敦煌研究院为代表的文物保护管理机构长期以来开展了大量研究和实践。自2001年起，敦煌研究院连续十余年致力于游客承载量研究，取得了重要成果，为石窟类文物的合理利用提供了科学依据，也为文物保护单位游客管理提供了宝贵经验。为进一步贯彻落实国务院《关于进一步做好旅游等开发建设活动中文物保护工作的意见》（国发〔2012〕63号）关于合理确定文物景区游客承载标准等要求，切实加强文物旅游管理工作，现将敦煌研究院有关敦煌莫高窟游客承载量研究的材料转发你局（厅），请认真组织学习，指导各文物保护单位管理机构，结合自身特点和实际情况，做好游客管理工作，并于8月15日之前将本省（自治区、直辖市）落实措施和相关工作计划上报国家文物局。具体意见如下：

一、凡对公众开放的文物保护单位均应开展文物资源和旅游发展状况评估，分析旅游对文物保护的影响和作用，研究制订有效措施，提升游客管理水平，尽可能降低旅游带给文物保护的风险和不利影响，确保文物安全。

二、以下几种类型开放的文物保护单位，应在评估工作基础上，重点开展游客承载量研究，合理确定游客最大日容量、最大瞬时容量等游客承载量控制指标，向社会公布并在日常管理中切实执行。

（一）世界文化遗产。

（二）文物本体较为脆弱的，如土遗址、壁画类文物保护单位；或所处生态环境较为脆弱的，如高原、沙漠地区的文物保护单位。

（三）游览空间为封闭或半封闭的，如石窟、古地道、古塔等类型文物保护单位。

（四）重要或热门旅游景点，或原址开放为博物馆、纪念馆的。

三、应通过文物保护单位保护规划编制工作，研究确定游客承载量控制指标，明确预约参观、错峰参观等相关管控措施，并制订应急预案。规划完成审批后，应抓紧按程序颁布实施，确保游客管理相关措施得以有效落实。

四、在重要节假日等旅游高峰期间，属于热点景区的文物保护单位应就游客量的控制措施及应急预案等主动向地方人民政府报告，报请地方人民政府统筹协调各部门，统一部署，落实各项措施，确保文物和游客安全。

五、各地应就文物旅游管理进一步建立、健全相关法律和规章制度。对于旅游发展较快、游客压力较大的重要文物保护单位，应通过地方性法规明确游客承载量控制指标和相关管控措施，依法开展游客管理。

附件：敦煌莫高窟游客承载量研究（略）

国家文物局
2013年6月13日

2014
中国
文物年鉴

国家文物局关于开展文物系统安全大检查的通知

文物督发〔2013〕12号

各省、自治区、直辖市文物局（文化厅）：

为贯彻落实《国务院办公厅关于集中开展安全生产大检查的通知》（国办发明电〔2013〕16号），加强文物安全工作，现就开展文物系统安全大检查有关事项通知如下：

一、总体要求和目标

全面贯彻落实国务院通知要求，把集中开展安全大检查作为文物系统当前首要任务，以"安全第一、预防为主、综合治理"方针为指导，按照"全覆盖、零容忍、严执法、重实效"的总体要求，全面排查和彻底整治文物安全隐患，落实安全责任，堵塞安全监管漏洞，强化安全生产措施，坚决预防和遏制文物安全事故发生，确保文物、博物馆单位的安全与稳定。

二、检查时间和范围

检查时间为2013年6月到9月。检查范围包括：各级文物保护单位和尚未公布为文物保护单位的不可移动文物，博物馆、纪念馆等文物收藏单位，文物科研机构、文物商店及其他文物机构，文物保护工程和考古发掘工地等。同时，将文物保护单位安防、消防和防雷等文物安全防护工程实施情况纳入本次检查范围。

三、检查内容和重点

（一）检查内容

安全大检查部署落实情况；文物安全工作组织领导和安全责任制落实情况；文物安全机构和人员管理情况；文物安全制度建立和执行情况；文物安全巡查、检查工作情况；文物防火、防盗设施设备建设和使用情况；易燃、易爆等危险物品管理情况；预防火灾、盗抢和自然灾害等突发事件工作预案的制定和演练情况；相关人员的安全措施等。

（二）检查重点

1. 人员安全：以文物开放单位、文物保护工程工地、考古发掘工地为重点，着重检查参观游览人员疏散引导措施、施工人员安全保障条件等。

2. 消防安全：以古建筑、博物馆、文物保护工程工地等为重点，着重检查消防责任制落实情况，日常防火检查巡查情况，消防设施设备效能，应急疏散预案制定及演练情况等。

3. 盗抢防范：以博物馆和古墓葬、古塔地宫、石窟寺、石刻为重点，着重检查安全责任单位和责任人落实情况，专职工作人员和群众文物保护员巡查值守情况，技防手段或者物防措施落实情况等。

4. 安全防护工程：以全国重点文物保护单位安防、消防、防雷工程项目为重点，着重检查工程实施进展情况、工程质量和实施效果等。

5. 自然灾害防范：以文物保护单位为重点，着重检查洪灾、泥石流、雷电、台风等重大自然灾害的防范措施，尤其是2013年汛期文物安全防范措施落实情况等。

6. 安全事故查处：着重检查发生安全案件或者安全事故后是否按要求报告，是否按照"四不放过"原则依法依规查处，以及事故责任追究和整改措施落实等情况。

四、检查方式

（一）自查。各文物、博物馆单位要按国务院部署和本通知要求认真开展自查自纠，全面检查事故易发多发场所、要害部位、关键环节，排查出的隐患、问题要列出清单，建立台账，限期整改，并据此对本单位安全状况进行全面评估，有针对性的采取安全措施。

（二）督查。各级文物行政部门要按照谁主管谁负责的原则，对直接管理的文物、博物馆单位，要做到全覆盖、查彻底；对辖区内其他部门或者单位管理使用的文物、博物馆单位，要强化执法督查、监管到位。

五、工作要求

（一）加强领导，精心组织安排。各级文物行政部门和文物、博物馆单位要始终将文物安全放在首位，高度重视，严密组织，大力督导，明确责任，尽快制定具体实施方案，迅速部署落实。

（二）真查实改，务求取得实效。安全大检查要切实做到不留死角、不遗盲区、不漏细节、不走过场。对查出的安全隐患，要断然采取强效措施整改。对重大安全隐患要向当地政府报告，实施挂牌督办，跟踪督查，一盯到底。

（三）全面总结，强化安全管理。大检查结束后，各地要将好经验、好做法提炼固化为规章制度，尤其要研究建立横向到边、纵向到底、贯穿于安全管理始终、细化到具体岗位的隐患排查整改制度，着力提升安全保障水平。

各省级文物行政部门要将本省开展大检查情况的总结报告于9月20日前报送国家文物局督察司。国家文物局将适时对各地进行抽查。凡抽查发现不按要求开展大检查，虚张声势走过场的，一律予以通报批评。

电话：010-56792065

传真：010-56792132

邮箱：aqjgc@sach.gov.cn

国家文物局

2013年6月20日

关于国家文物进出境审核信息
管理系统试点运行的函

文物博函〔2013〕987号

海关总署：

为进一步提升文物进出境管理信息化水平，我局组织开发了国家文物进出境审核信息管理系统（下简称"系统"）。决定在天津市、浙江省、广东省开展系统试点运行工作，现将有关事项函告如下：

一、"系统"实现了文物进出境申请以及文物进出境审核机构受理、分办、登记、鉴定、查验、审批等功能，采用电子标签作为文物进出境标识。

二、2013年8月31日前为"系统"试点运行过渡期。过渡期内，经以上3省（市）进出境的文物可通过"系统"进行申报、审核，亦可按原有方式至所在地文物进出境审核管理机构现场申报。

三、从2013年9月1日起，凡经上述3省（市）进出境的文物均须通过"系统"进行申报、审核。通过"系统"申报的进出境文物除加盖火漆标识外，还将粘贴电子标签（电子标签样式附后）。

四、"系统"在上述3省（市）正式试点运行后，文物出境时，当地海关凭文物出境许可证、文物出境火漆标识和"出"字电子标签放行，文物复仿制品凭文物复仿制品证明、文物复仿制品出境标识和"仿"字电子标签放行。

五、请你署将"系统"试点运行相关事项通知上述3省（市）海关，做好"系统"运行衔接工作。

专此函告。

附件：电子标签样式

附件

国家文物局
2013年6月21日

2014
中国
文物年鉴

国家文物局关于改进可移动文物
保护修复项目审批管理工作的通知

文物博函 [2013] 982号

各省、自治区、直辖市文物局（文化厅）：

为提高国家重点文物保护专项的可移动文物保护修复项目管理效率，充分发挥省级文物行政部门的属地监管职能作用，激励文物收藏单位和保护修复机构的积极性、主动性，切实提高可移动文物保护水平，现就改进可移动文物保护修复项目审批管理有关事项通知如下：

一、自本通知下发之日起，国家文物局将文物收藏单位委托故宫博物院、中国国家博物馆等包括文物保护相关国家文物局重点科研基地在内的首批22家高水平的可移动文物保护修复优质服务机构（附件）编制的可移动文物保护修复方案，委托文物收藏单位所在省级文物行政部门审批，通过的可报国家文物局予以立项；修复馆藏一级文物的，依据《中华人民共和国文物保护法实施条例》仍应当经省级文物行政部门审核后报国家文物局批准。上述22家之外的保护修复机构受托编制的保护修复方案，仍由文物收藏单位所在省级文物行政部门初审通过后报国家文物局审批立项。

可移动文物保护修复项目的结项验收一并委托省级文物行政部门负责实施。

二、省级文物行政部门要根据上述事权转变，不断完善管理机制，切实做好可移动文物保护修复项目方案审批和实施管理工作。要进一步加强可移动文物保护管理专门机构建设，配备专职人员具体负责项目监管。要建立健全保护修复方案评审、项目实施、验收等管理制度与标准，充分发挥专家咨询作用。方案审批、结项验收结果应及时主动公开，并报国家文物局备案。要提高服务意识，积极指导文物收藏单位遴选高水平的保护修复机构编制方案、开展保护修复工作，并按照有关技术标准及时编制保护修复报告，建立详细的文物修复档案。每年3月1日前，编制本地区上一年度可移动文物保护修复工作报告（含年度修复文物目录清单）报国家文物局备案。

三、国家文物局不断健全相关制度，加强宏观管理和督导。一是组织专家或委托第三方机构，对各省可移动文物保护修复方案审批、项目执行、经费使用等进行定期检查和抽查，检查结果将进行公示，并作为相关省份可移动文物保护修复项目中央财政专项安排的重要依据。二是继续培育、发布高水平的可移动文物保护修复优质服务机构，建立可移动文物修复资质单位运行评估制度，完善资质单位的管理和退出机制。三是进一步完善可移动文物保护修复管理办法、标准体系，为积极促进可移动文物保护管理工作的科学化、规范化和高效性提供更好制度保障，并为逐步实现全面下放保护修复方案审批权进一步积累条件。

特此通知。

附件：首批可移动文物保护修复优质服务机构名单

国家文物局
2013年6月24日

附件

首批可移动文物保护修复优质服务机构名单

1．故宫博物院
2．中国国家博物馆
3．敦煌研究院
4．湖北省博物馆
5．荆州文物保护中心
6．秦始皇帝陵博物院
7．陕西省文物保护研究院
8．上海博物馆
9．中国丝绸博物馆
10．陕西省考古研究院
11．中国文化遗产研究院
12．中国社会科学院考古研究所
13．辽宁省博物馆
14．南京博物院
15．陕西历史博物馆
16．首都博物馆

17. 重庆中国三峡博物馆
18. 广东省博物馆
19. 山西博物院
20. 湖南省博物馆
21. 河南博物院
22. 浙江省博物馆

国家文物局关于加强汛期文物安全工作的紧急通知

文物督函 [2013] 1074号

各省、自治区、直辖市文物局：

当前全国已进入汛期，多数省份出现强降雨过程，部分地区发生较为严重的洪涝或滑坡、泥石流等地质灾害，对文物安全造成极大威胁，部分文物、博物馆单位遭受不同程度的损害。为加强汛期文物安全，现将有关事宜通知如下：

一、提高认识，及时部署。洪涝及其次生灾害是危害文物安全的重要因素，各地要高度重视，将汛期文物安全工作作为一项重要任务，务必抓紧抓好。要吸取往年经验教训，增强预警能力，及时与当地气象、国土等部门保持密切沟通与联系，高度关注气象和地质灾害预报，及时对防汛减灾工作做出安排部署，对地处灾区或者可能遭受洪灾的文物、博物馆单位要进行风险评估，明确应对策略，将防灾措施做到前头、落到实处、保证实效。

二、认真排查，全力防灾。请各地文物行政部门对本行政区内的文物、博物馆单位防灾减灾工作情况，组织开展拉网式排查，全面排查洪涝灾害险情。各文物、博物馆单位要切实增强防灾减灾意识，制订应对重大洪涝灾害预案并组织演练，增强应对突发性灾情的能力。对已存在险情的，要采取有效的遮盖、加固、支顶、围挡、排水、防渗等排险措施，确保人员和文物安全。

三、加强值守，及时反应。各级文物行政部门及各文物、博物馆单位在汛期要加强应急指挥和值班值守，一线值守人员要坚守岗位，确保通讯畅通。发生灾情，要迅速启动应急预案，采取强效措施组织抢险救灾，科学处置，将损失降低到最低程度。文物、博物馆单位发生重大险情，要按相关规定及时报告当地政府及上级文物部门。

四、全面汇总，按时上报。在做好抢险救灾工作的同时，各级文物行政部门要及时统计汇总本地区文物、博物馆受灾情况，总结开展抢险救灾工作的主要做法和成功经验，以及文物保护工程、保护性设施建设等在抗灾或者缓解文物险情中所起的重要作用等，认真填写《文物、博物馆单位遭受洪涝灾害情况统计表》（附件一），于2013年9月1日前书面报国家文物局。

附件：一、文物、博物馆单位遭受洪涝灾害情况统计表（略）

二、文物、博物馆单位受损程度评估分类对照表（略）

国家文物局

2013年7月2日

关于请支持开展民办博物馆规范化建设评估工作的通知

文物博函〔2013〕1141号

各省、自治区、直辖市文物局（文化厅）：

　　为完善促进民办博物馆发展政策措施，国家文物局将开展民办博物馆专题调研列入2013年工作要点。在各地大力支持下，各地书面调研报告和问卷调查表已经汇总。经初步梳理发现，民办博物馆行为规范化是当前亟待解决的问题。经研究，国家文物局决定于今年7～8月委托中国博物馆协会和中国文物报社开展民办博物馆规范化建设评估。现将有关事项通知如下：

　　一、民办博物馆规范化建设评估，对于系统掌握民办博物馆法人治理、业务建设、社会作用等管理运行情况，准确判断民办博物馆发展水平具有重要意义，请各地务必高度重视，积极配合评估机构扎实完成相关评估工作。

　　二、请各地组织辖区内各类民办博物馆依据《民办博物馆规范化建设评估得分表》认真自评，填报"自评分"和编制自评报告（含附件材料），省级文物行政部门审核填写"省局评分"，并于8月1日前将《民办博物馆规范化建设评估得分表》连同各馆自评报告（含附件材料）报送中国文物报社。

　　三、中国博物馆协会和中国文物报社将组织专家依据各地报送的民办博物馆评估材料进行复核评分（并视情况组织专家小组进行现场调查）和深入分析，编制民办博物馆规范化建设评估报告并报送国家文物局。

　　四、为加强沟通协调，请各省级文物行政部门确定一名评估工作联络员并将名单及联系方式于7月15日前报中国文物报社。

　　评估具体事宜请径与中国文物报社联系。

　　联 系 人：王　超

　　　　　　　张俊梅

　　传　　真：010-84079560

　　邮　　箱：wangchao@sach.gov.cn

　　地　　址：北京市东城区东直门内北小街2号楼中国文物报社

　　邮政编码：100007

特此通知。

附件：一、民办博物馆规范化建设评估得分表（略）

二、民办博物馆规范化建设评估报告（格式）（略）

国家文物局

2013年7月4日

国家文物局关于印发2012年度全国博物馆名录的通知

文物博函 [2013] 1257号

各省、自治区、直辖市文物局（文化厅）：

依据《博物馆管理办法》，我局对各省（自治区、直辖市）文物行政部门报送备案的2012年度博物馆年检材料完成了汇总工作。全国备案博物馆3866家，其中国有博物馆3219家（文物行政部门管理的国有博物馆2560家，其他行业性国有博物馆659家），民办博物馆647家。

为服务社会公众，现将其中专业化程度较高、功能比较完善、社会作用比较明显的3322家博物馆编制成2012年度全国博物馆名录予以发布，包括国有博物馆2843家（文物行政部门管理的国有博物馆2292家，其他行业性国有博物馆551家），民办博物馆479家。

特此通知。

附件：2012年度全国博物馆名录（略）

国家文物局

2013年7月19日

国家文物局关于发布
《第三批禁止出境展览文物目录》的通知

文物博函〔2013〕1320号

各省、自治区、直辖市文物局（文化厅）：

为加强文物出境展览的规范管理，切实保证珍贵文物尤其是一级文物中的孤品和易损品安全，2002、2012年我局先后公布了第一、二批共计101件（组）禁止出境展览的一级文物名单。

为适应出境展览文物安全工作的新形势和新要求，现发布第三批禁止出境展览文物目录（含青铜器、陶瓷、玉器、杂项等四类），列入目录的94件（组）一级文物自即日起禁止出境展出。

附件：第三批禁止出境展览文物目录

国家文物局
2013年7月31日

附件

第三批禁止出境展览文物目录

器类	序号	名称	时代	收藏单位	备注
青铜器类	1	商子龙鼎	商	中国国家博物馆	
	2	商四羊方尊	商	中国国家博物馆	1938年湖南宁乡月山铺出土
	3	商龙纹兕觥	商	山西博物院	1959年山西石楼桃花庄出土
	4	商大禾方鼎	商	湖南省博物馆	1959年湖南宁乡出土
	5	商铜立人像	商	广汉三星堆博物馆	1986年四川广汉三星堆遗址2号祭祀坑出土
	6	西周天亡簋	西周	中国国家博物馆	
	7	西周伯矩鬲	西周	首都博物馆	1975年北京房山琉璃河燕国墓地251号墓地出土

器类	序号	名称	时代	收藏单位	备注
青铜器类	8	西周晋侯鸟尊	西周	山西博物院	1992年山西曲沃北赵村晋侯墓地114号墓出土
	9	西周害夫簋	西周	周原博物馆	1978年陕西扶风法门镇齐村出土
	10	西周逨盘	西周	宝鸡青铜器博物院	2003年陕西眉县杨家村窖藏出土
	11	春秋越王勾践剑	春秋	湖北省博物馆	1965年湖北江陵望山出土
	12	战国商鞅方升	战国	上海博物馆	
	13	战国错金银镶嵌丝网套铜壶	战国	南京博物院	1982年江苏盱眙南窑庄出土
	14	西汉诅盟场面贮贝器	西汉	中国国家博物馆	云南晋宁石寨山出土
	15	西汉彩绘人物车马镜	西汉	西安博物院	1963年陕西西安红庙坡出土
	16	西汉杀人祭柱场面贮贝器	西汉	云南省博物馆	云南晋宁石寨山出土
陶瓷类	1	新石器时代仰韶文化彩陶人面鱼纹盆	新石器时代	中国国家博物馆	1955年陕西西安半坡遗址出土
	2	新石器时代马家窑文化彩陶舞蹈纹盆	新石器时代	中国国家博物馆	1973年青海大通上孙家寨出土
	3	新石器时代马家窑文化彩陶贴塑人纹双系壶	新石器时代	中国国家博物馆	1974年青海乐都柳湾墓葬出土

续表

器类	序号	名称	时代	收藏单位	备注
陶瓷类	4	新石器时代仰韶文化彩陶网纹船形壶	新石器时代	中国国家博物馆	1958年陕西宝鸡北首岭遗址出土
	5	新石器时代龙山文化彩绘蟠龙纹陶盘	新石器时代	中国社会科学院考古研究所	1980年山西襄汾陶寺遗址第3072号墓出土
	6	新石器时代仰韶文化彩陶人形双系瓶	新石器时代	甘肃省博物馆	1973年甘肃秦安邵店大地湾出土
	7	新石器时代大汶口文化彩陶八角星纹豆	新石器时代	山东省文物考古研究所	1974年山东泰安大汶口遗址出土
	8	吴"永安三年"款青釉堆塑谷仓罐	三国吴	故宫博物院	1935年浙江绍兴出土
	9	吴"赤乌十四年"款青釉虎子	三国吴	中国国家博物馆	1955年江苏省南京赵士岗吴墓出土
	10	吴青釉褐彩羽人纹双系壶	三国吴	南京市博物馆	1983年江苏南京雨花区长岗村出土
	11	西晋青釉神兽尊	西晋	南京博物院	1976年江苏宜兴周处家族墓出土
	12	北齐青釉仰覆莲花尊	北齐	中国国家博物馆	1948年河北景县封氏墓群出土
	13	北齐白釉绿彩长颈瓶	北齐	河南博物院	1971年河南安阳范粹墓出土
	14	隋白釉龙柄双联传瓶	隋	天津博物馆	
	15	唐青釉凤首龙柄壶	唐	故宫博物院	
	16	唐鲁山窑黑釉蓝斑腰鼓	唐	故宫博物院	
	17	唐代陶骆驼载乐舞三彩俑	唐	中国国家博物馆	1957年西安鲜于庭海墓出土
	18	唐长沙窑青釉褐蓝彩双系罐	唐	扬州博物馆	1974年江苏扬州石塔路出土
	19	唐越窑青釉褐彩云纹五足炉	唐	临安市文物馆	1980年浙江临安水邱氏墓出土

2014
中国
文物年鉴

特辑

器类	序号	名称	时代	收藏单位	备注
陶瓷类	20	唐长沙窑青釉褐彩贴花人物纹壶	唐	湖南省博物馆	1973年湖南衡阳出土
	21	唐三彩骆驼载乐俑	唐	陕西历史博物馆	1959年陕西西安中堡村唐墓出土
	22	五代耀州窑摩羯形水盂	五代	辽宁省博物馆	1971年辽宁北票水泉辽墓出土
	23	五代越窑莲花式托盏	五代	苏州博物馆	1956年江苏苏州虎丘云岩寺塔出土
	24	五代耀州窑青釉刻花提梁倒流壶	五代	陕西历史博物馆	1968年陕西彬县出土
	25	北宋汝窑天青釉弦纹樽	北宋	故宫博物院	
	26	北宋官窑弦纹瓶	北宋	故宫博物院	
	27	北宋钧窑月白釉出戟尊	北宋	故宫博物院	
	28	北宋定窑白釉刻莲花瓣纹龙首净瓶	北宋	定州市博物馆	1969年河北定县净众院塔基地宫出土
	29	北宋官窑贯耳尊	北宋	吉林省博物院	
	30	宋登封窑珍珠地划花虎豹纹瓶	宋	故宫博物院	
	31	元青花萧何月下追韩信图梅瓶	元	南京市博物馆	江苏南京印堂村观音山沐英墓出土
	32	元蓝釉白龙纹梅瓶	元	扬州博物馆	
玉器类	1	新石器时代红山文化玉龙	新石器时代	中国国家博物馆	1971年内蒙古翁牛特旗赛沁塔拉村出土
	2	新石器时代良渚文化神人兽面纹玉钺	新石器时代	浙江省博物馆	1986年浙江余杭反山12号墓出土
	3	夏七孔玉刀	夏	洛阳博物馆	1975年河南偃师二里头遗址出土
	4	西周晋侯夫人组玉佩	西周	山西博物院	1992年山西曲沃M63墓（晋穆侯次夫人墓）出土

续表

器类	序号	名称	时代	收藏单位	备注
玉器类	5	战国多节活环套练玉佩	战国	湖北省博物馆	1978年湖北随县曾侯乙墓出土
	6	西汉"皇后之玺"玉玺	西汉	陕西历史博物馆	1968年陕西咸阳汉高祖长陵附近发现
	7	东汉镂雕东王公西王母纹玉座屏	东汉	定州市博物馆	1969年河北定州中山穆王刘畅墓出土
	8	西晋神兽纹玉樽	西晋	湖南省博物馆	1991年湖南安乡西晋刘弘墓出土
	9	元"统领释教大元国师之印"龙钮玉印	元	西藏博物馆	
杂项类	1	商太阳神鸟金箔片	商	成都金沙遗址博物馆	2001年四川成都金沙遗址出土
	2	商金杖		广汉三星堆博物馆	
	3	战国包金镶玉嵌琉璃银带钩	战国	中国国家博物馆	1951年河南辉县固围村5号战国墓出土
	4	西汉"滇王之印"金印	西汉	中国国家博物馆	1956年云南晋宁石寨山古墓群出土
	5	西汉错金银镶松石狩猎纹铜伞铤	西汉	河北省文物研究所	
	6	唐龟负论语玉烛酒筹鎏金银筒	唐	镇江博物馆	1982年江苏丹徒丁卯桥唐代窖藏出土
	7	战国彩绘乐舞图鸳鸯形漆盒	战国	湖北省博物馆	1978年湖北随县曾侯乙墓出土
	8	西汉识文彩绘盝顶长方形漆奁	西汉	湖南省博物馆	1973年湖南长沙马王堆3号墓出土
	9	西汉黑漆朱绘六博具	西汉	湖南省博物馆	1973年湖南长沙马王堆3号墓出土
	10	吴彩绘季札挂剑图漆盘	三国吴	安徽省文物考古研究所	1984年安徽马鞍山三国吴朱然墓出土
	11	吴皮胎犀皮漆鎏金铜釦耳杯（2件）	三国吴	安徽省文物考古研究所	1984年安徽马鞍山三国吴朱然墓出土
	12	北宋木雕真珠舍利宝幢（含木函）	北宋	苏州博物馆	1978年江苏苏州瑞光寺塔出土

器类	序号	名称	时代	收藏单位	备注
杂项类	13	新石器时代大汶口文化象牙梳	新石器时代	山东省博物馆	1959年山东泰安大汶口遗址出土
	14	新石器时代河姆渡文化双鸟朝阳纹象牙雕刻器	新石器时代	浙江省博物馆	1977年浙江余姚河姆渡遗址出土
	15	隋绿玻璃盖罐	隋	中国国家博物馆	1957年陕西西安李静训墓出土
	16	隋绿玻璃小瓶	隋	中国国家博物馆	1957年陕西西安李静训墓出土
	17	汉红地对人兽树纹罽袍	汉	新疆维吾尔自治区文物考古研究所	1995年新疆尉犁营盘遗址墓地出土
	18	北魏刺绣佛像供养人	北魏	敦煌研究院	1965年甘肃敦煌莫高窟出土
	19	北朝方格兽纹锦	北朝	新疆维吾尔自治区博物馆	1968年新疆吐鲁番阿斯塔那北区99号墓出土
	20	北宋灵鹫纹锦袍	北宋	故宫博物院	1953年新疆阿拉尔出土
	21	战国石鼓（1组10只）	战国	故宫博物院	
	22	唐昭陵六骏石刻（什伐赤、白蹄乌、特勒骠、青骓4幅）	唐	西安碑林博物馆	1950年原陕西历史博物馆移交
	23	宋拓西岳华山庙碑册（华阴本）	宋	故宫博物院	
	24	明曹全碑初拓本（"因"字不损本）	明	上海博物馆	
	25	唐写本王仁煦《刊谬补缺切韵》	唐	故宫博物院	
	26	北宋刻开宝藏本《阿惟越致经》（1卷）	北宋	中国国家图书馆	
	27	北宋刻本《范仲淹文集》（30卷）	北宋	中国国家图书馆	
	28	唐章怀太子墓壁画马球图（1组）	唐	陕西历史博物馆	

续表

器类	序号	名称	时代	收藏单位	备注
杂项类	29	唐章怀太子墓壁画狩猎出行图（1组）	唐	陕西历史博物馆	
	30	唐懿德太子墓壁画阙楼图（1组）	唐	陕西历史博物馆	
	31	唐永泰公主墓壁画宫女图（1组）	唐	陕西历史博物馆	
	32	战国简《金縢》	战国	清华大学	
	33	战国郭店楚简《老子（甲、乙、丙）》	战国	荆门市博物馆	
	34	战国楚简《孔子诗论》	战国	上海博物馆	
	35	秦云梦睡虎地秦简《语书》	秦	湖北省博物馆	
	36	秦简《数》	秦	湖南大学	
	37	西汉马王堆汉墓帛书《周易》	西汉	湖南省博物馆	

国家文物局关于印发《世界文化遗产申报工作规程（试行）》的通知

文物保函〔2013〕1595号

各省、自治区、直辖市文物局（文化厅、文管会）：

为加强协调指导，进一步规范世界文化遗产申报工作，我局制订了《世界文化遗产申报工作规程（试行）》，明确了申报相关各方的责任、权利和义务，申报项目应具备的条件和所需开展的工作，以及申报程序等。现予以印发，请遵照执行。

国家文物局

2013年8月26日

世界文化遗产申报工作规程

第一章 总则

第一条 为规范世界文化遗产申报工作，促进文化遗产保护管理，依据《中华人民共和国文物保护法》、文化部《世界文化遗产保护管理办法》和国家文物局《世界文化遗产申报审核管理规定》，参照联合国教科文组织《保护世界文化和自然遗产公约》、《实施世界遗产公约操作指南》（以下简称《操作指南》）及世界遗产委员会咨询机构和世界遗产中心《世界遗产资源手册——世界遗产申报准备》等，制订本规程。

第二条 本规程主要适用于已列入《中国世界遗产预备名单》并在联合国教科文组织备案，拟申报列入联合国教科文组织《世界遗产名录》的文化遗产项目，以及文化和自然双重遗产项目中的文化遗产部分。

第三条 开展世界文化遗产申报工作（以下简称"申报工作"），应当遵循加强领导、明确职责、分级负责、各司其职、分阶段推进的原则，各级政府、文物主管部门，有关管理机构，利益相关者，专业单位、专业咨询机构和专家，应当在申报工作中承担相应的责任、权利和义务。世界文化遗产申报项目所在地地方人民政府（以下简称"所在地地方政府"）是申报工作的责任主体。

第四条 申报工作应当树立正确理念，以加强保护为最终目标，以揭示和宣传文化遗产的突出普遍价值为基本要求，不断提高文化遗产保护管理水平，力求发挥文化遗产在提升人与社会综合文明素质中的积极作用。

世界文化遗产申报涉及遗产地环境建设与居民生活。既要以申报工作为契机，善于解决遗产保护与环境协调方面存在的历史遗留问题，使申报同时变为环境和谐、家园美化的过程；又要立足国情，尊重合理的历史沿革，准确解读并把握国际理念、规则和应用尺度，勤俭节约，量力而行，避免奢华之风、过度拆迁和利益相关者纷争。

第五条 围绕申报开展的保护、展示、监测和环境整治等工作，应在深入开展申报项目的突出普遍价值、真实性、完整性研究的基础上，按照"不改变文物原状"原则，最小干预，因地制宜，确保文化遗产的真实性、完整性和展示利用的可持续性。遗址保护与展示，一般不支持、不提倡复建历史上已毁损无存的文物古迹。如确有必要，需经充分论证和依法报批。

第六条 申报工作应当建立有效的宣传、教育和社会沟通渠道，鼓励遗产地开展多种形式的宣传教育活动，确保当地群众特别是利益相关者的知情权、参与权和监督权，使申报工作达成社会共识。宣传教育应注重对文化遗产的认识、保护管理、环境协调和可持续发展，并遵守相关国际规则。

第二章 相关方的责任和义务

第七条 国家文物局负责全国世界文化遗产申报工作的项目审核、指导监督和宏观管理，并承担相应的涉外沟通工作责任。

第八条 省级人民政府负责本行政区域内申报工作的组织、领导和协调。

省级文物行政部门负责本行政区域内申报工作的项目审核和指导监督，督促所在地地方政府，制定申报工作实施计划和时间表，落实责任人、工作经费，确保各项工作如期完成。

第九条　所在地地方政府是申报工作的责任主体，负责申报工作的具体实施和工作推进，组建申报专门机构，制定相关地方规章，协调利益相关者，保证申报工作有序开展。

申报项目保护管理机构负责依法做好相关遗产的保护、管理、研究工作。

第十条　所在地地方政府应依据相关法律法规的要求，经过履行相关程序，委托具备相关专业资质和世界文化遗产保护领域从业经历的专业单位，承担申报文本和保护管理规划编制、补充和修改等工作。

第十一条　受所在地地方政府委托负责编制申报文本和保护管理规划的专业单位，应根据委托协议（合同），在约定时间内完成编制任务，并根据申报工作的阶段性进展，特别是相关国际组织的反馈要求，完成申报文本、保护管理规划的修改完善工作。

所在地地方政府和受委托的专业单位可在委托协议（合同）中，在满足申报时间和程序要求的前提下，规定双方责任、义务、工作完成时限及费用支付方式。协议（合同）双方可在出现国际咨询机构和世界遗产委员会对申报项目的评估或审议结论为"登录""补报""重报"和"不予登录"等不同情况时，约定各自相应的职责、义务和费用。

第十二条　受国家文物局委托的专业咨询机构负责按照《保护世界文化和自然遗产公约》及其《操作指南》等国际公约和相关国内法律法规的要求，开展申报项目专业评估工作。

申报项目评估实行专家评审制度。参与项目评审的专家从中国世界文化遗产专家委员会和专家库中随机产生。专家遴选应坚持回避原则。参与每个项目评审的专家人数不得少于5人。

第十三条　受所在地地方政府或各级文物行政部门委托，中国世界文化遗产专家委员会和专家库中的专家依照《中国世界文化遗产专家咨询管理办法》开展申报咨询工作，供所在地地方政府或主管部门行政决策参考。

第三章　申报准备和条件

第十四条　鼓励和提倡有申报潜力和申报意向的所在地地方政府组织开展申报前期准备工作，可以包括国内外咨询、研讨活动；充分的社会动员协调，与相关部门、机构、社团组织和利益相关者达成共识；立法和规划前期工作；经费筹措；人员培训等。

第十五条　具备以下第十六条至第二十七条所列全部条件的，可以向国家文物局提交申报申请文件。如有第二十八条至三十条所列情况，应做好相关工作。

第十六条　文化遗产或其组成要素被公布为省级及以上文物保护单位，依法完成"四有"工作（划定必要的保护范围，作出标志说明，建立记录档案，并区别情况分别设置专门机构或者专人负责），并通过验收。

第十七条　开展文化遗产基础研究、价值研究和比较分析，提炼出具有说服力的突出普遍价值，包括申报列入《世界遗产名录》的适用标准、真实性、完整性及有效的保护管理体系等。

第十八条　划定申报世界遗产所必需的遗产区和缓冲区。遗产区应当包含体现突出普遍价值的所有组成要素，包括历史建筑（群）、遗址、历史街区等人文要素，以及地形、地貌、生态环境等自然要素；缓冲区应当包括与遗产紧密相关的环境，为遗产区保护提供保障，并向非遗产区协调过渡。遗产区和缓冲区的划定应关注到特有的景观特征和传统内涵。

遗产区和缓冲区区划应与文物保护单位保护范围和建设控制地带区划相衔接；因遗产区和缓冲区保护管理的要求，需要对文物保护单位保护范围和建设控制地带进行调整的，应依法履行程序。

第十九条 颁布实施文化遗产保护的地方专项法规和规章。

按照世界文化遗产保护管理要求，编制文化遗产保护管理规划，明确遗产保护管理、协调机制、阐释展示、旅游开发压力应对、风险防范、监测预警、利益相关者协调等规划内容，并已经相关地市级以上人民政府颁布实施。

第二十条 设立文化遗产保护管理专门机构，人员、经费、办公场所配备到位，并且拥有一定数量的文化遗产保护专业人员，能够保持机构良性运转。

第二十一条 文化遗产所在县级以上人民政府建立遗产保护、申遗领导和工作机制，并设立必要的办事机构。

第二十二条 开展必要的文化遗产专题研究、考古调查发掘、勘察测绘等基础工作，对遗产的发展脉络、价值特征和文化内涵有较全面、系统和清晰的了解；相关研究和考古等成果已经发表或出版。

第二十三条 除有可能同时申报列入《世界遗产名录》和《濒危世界遗产名录》的项目之外，一般申报项目均应已排除文化遗产本体明显的安全隐患，近期无需开展大规模修缮工作。

制定遗产风险防范和灾害防护的有效措施和相关规划，能够有效应对遗产面临的各种威胁。

近三年内，拟申报的遗产区和缓冲区范围内未发生损毁遗产本体、破坏遗产风貌和环境景观的事件。

第二十四条 按照相关要求和标准，设立完备的遗产监测体系、数据库和有效反应机制。

第二十五条 有基本准确、全面、恰当、生动的阐释与展示体系和设施，能够有针对性地阐释遗产特征、价值、保护现状和历史沿革等；合理设定游客承载量，并制订相应的游客管理和服务措施。

第二十六条 近三年内，拟申报的遗产区和缓冲区范围内未新增明显影响遗产真实性、完整性和环境景观的不协调建（构）筑物；原有不协调建（构）筑物已经拆除或得到有效整治；相关规划中无新建不协调建（构）筑物的计划。

第二十七条 在文化遗产的项目申报、规划编制、保护管理、展示服务、环境整治等工作中，进行必要性和可行性论证，全面评估历史发展沿革，充分考虑当地实际情况，周密测算和评判拟采取措施可能对地方政治、经济、社会等产生的影响，以公示、听证等方式征求申报项目所有利益相关者的意见。相关项目实施前应依法履行审批手续。

第二十八条 如果属于活态遗产类型的申报项目，应有确保遗产可持续保护和利用，并能保持其原有主要特征、功能、传统与活力的策略及保障机制。

第二十九条 涉及多个省、自治区、直辖市的申报项目，由相关省级人民政府协商一致后，建立省际联合申报协商工作机制，并确定牵头单位。涉及一个省、自治区、直辖市行政区域内多个市、县的，由省级人民政府建立联合申报工作机制。

第三十条 涉及外交、民族、宗教、历史疆界、国家统一等方面重大问题的申报项目，须由相关省级人民政府会商国家相关部门，并征求相关专业咨询机构意见，必要时可由国家文物局协助与国家相关部门进行会商。

第四章 工作方法和程序

第三十一条 国家文物局每年3月31日前受理省级文物行政部门提交的以下申报材料：

相关省级人民政府对申报项目的支持意见；

按照《操作指南》规范要求编制的申报文本及相关省级文物行政部门初审意见；

文化遗产保护地方专项法规、规章及颁布实施文件；

文化遗产保护管理规划等相关规划及所在地地方政府颁布实施文件；

所在地地方政府关于利益相关者协调情况说明；

涉及外交、民族、宗教、历史疆界、国家统一等方面重大问题的申报项目会商相关部门文件。

上述材料需提交纸质件、电子件各一式三份。

第三十二条 受国家文物局委托开展评估工作的专业咨询机构，在收到国家文物局转来的相关申报材料后10个工作日之内，对申报材料是否完整、是否符合本规程确定的申报条件等提出审核意见，并告国家文物局。

第三十三条 国家文物局根据专业咨询机构的审核意见，确定待考察评估项目，并委托相关专业咨询机构，组织中国世界文化遗产专家委员会和专家库专家，按照《操作指南》及本规程要求，对待考察评估项目进行现场考察和书面评估。现场考察应重点考察申报项目的保护管理情况，书面评估应重点对申报项目是否具备突出普遍价值进行评估。

专业咨询机构根据专家现场考察和书面评估意见，组织中国世界文化遗产专家委员会和专家库专家进行集体评审，形成第三年度申报项目的初审意见，并对申报文本和保护管理规划提出具体修改意见。专业咨询机构于当年5月31日前将申报项目初审意见和相关修改意见以书面文件形式提交国家文物局。

第三十四条 国家文物局于当年6月15日前，对专业咨询机构的初审意见进行研究审议，形成第三年度中国世界文化遗产申报项目的终审意见。并将终审意见及申报工作建议函告相关省级文物行政部门，由其向省级人民政府报告。

第三十五条 申报项目所在地省级人民政府研究接受国家文物局对申报项目的终审意见和工作建议后，应正式提出申报申请，并由国家文物局函商中国联合国教科文组织全国委员会。

第三十六条 所在地地方政府根据国家文物局终审意见和工作建议，组织修改完善申报文本和保护管理规划，经相关省级文物行政部门审核后，于当年8月15日前报国家文物局审核。

第三十七条 国家文物局于当年9月30日前商请中国联合国教科文组织全国委员会将申报文本提交世界遗产中心初审。

第三十八条 国家文物局在收到世界遗产中心对申报文本的初审意见后，立即通知相关省级文物行政部门，请其指导、督促所在地地方政府组织相关专业单位，根据世界遗产中心初审意见对申报文本进行必要的修改完善及英文文本核校工作。

第三十九条 相关省级文物行政部门于次年1月5日前，将修改完善后的中英文申报文本终稿（包括保护管理规划、地图、光盘、幻灯片等资料）报送国家文物局，并须附相关专业咨询机构审核意见和3名以上专家对申报文本英文终稿审校一致的意见。

第四十条 国家文物局于次年1月10日前，将申报文本中、英文终稿送达中国联合国教科文组织全国委员会；经国务院批准后，正式提交联合国教科文组织世界遗产中心。

第四十一条 国家文物局在收到世界遗产中心关于世界文化遗产申报文本终稿格式审核意见后，告知相关省级文物行政部门。

第四十二条 国家文物局指导、督促有关地方各级政府及文物行政部门，以专业准备为主，做好接受世界遗产委员会国际咨询机构对申报项目现场考察评估相关工作。

第四十三条 在世界遗产委员会国际咨询机构集体评估形成初审意见需补充材料的情

况下，所在地地方政府应组织相关专业单位，按照国际咨询机构的要求完成补充材料，经相关省级文物行政部门初审后，报请国家文物局提交国际咨询机构。

第四十四条 当世界遗产委员会会议对申报项目审议决议为"补报"时，所在地地方政府应组织相关专业单位，在规定时限内完成补充材料，经相关省级文物行政部门初审后，报请国家文物局提交世界遗产中心；当世界遗产委员会决议为"重报"或"不予登录"时，所在地地方政府应组织相关专业单位，根据决议要求开展后续工作，并明确有关各方责任与义务。

第五章 其他事项

第四十五条 申报材料中涉密数据的申请、解密、公开等事宜，由所在地地方政府依法履行相关审批程序；相关涉密数据的使用、管理，应遵守国家保密法律法规。

第四十六条 申报工作所需经费原则上由所在地地方政府承担。整治、拆迁、考古、测绘、文物保护等工作所需费用可根据现行相关标准掌握；编制申报文本和相关规划等，应既保证相关专业单位获得合理报酬，又避免过高收费。

第四十七条 在申报工作中一旦出现违法行为，或引发利益相关者强烈不满造成重大负面社会影响，或未按照规定时间节点完成申报工作且持续推进不力，国家文物局将商相关省级人民政府同意后，中止或推迟申报。

第四十八条 申报文本、保护管理规划等相关申报资料和成果归委托协议（合同）双方共同所有，并报国家文物局指定的专业咨询机构备份存档；其保存、管理和使用，须遵守相关法律法规。

第四十九条 对于涉及国家领土主权、文化安全以及跨国申报等文化遗产项目，在特定情况下，国家文物局经商相关省级人民政府及国家有关部门同意后，报经国务院批准，可直接指定世界文化遗产申报项目。有关协调工作机制另行确定。

第六章 附则

第五十条 本规程自发布之日起施行。

国家文物局关于发布
《出境展览文物安全规定(试行)》的通知

文物博函〔2013〕1612号

各省、自治区、直辖市文物局（文化厅）：

为了加强出境展览文物安全管理，确保文物安全，根据《中华人民共和国文物保护法》等法律法规，我局制定了《出境展览文物安全规定（试行）》。现印发给你们，请遵照执行。

特此通知。

附件：《出境展览文物安全规定（试行）》

国家文物局

2013年8月27日

附件

出境展览文物安全规定（试行）

第一条 为了提高文物安全管理水平，有效防范出境展览文物安全事故，根据《中华人民共和国文物保护法》等法律法规，制定本规定。

第二条 本规定适用于博物馆等文物出境展览承办单位举办出境展览的文物安全工作。

文物出境展览承办单位应切实履行职责，积极会同相关文物收藏单位等境内外合作机构落实文物安全责任制，确保文物安全。

第三条 各级文物行政主管部门及有关部门或机构，文物出境展览承办单位、文物收藏单位的负责人和工作人员，对本辖区、本单位出境展览文物安全事故的防范、发生，负有领导责任或者直接责任。

第四条 文物出境展览承办单位应优选具有良好资信的境外博物馆作为合作伙伴，首次举办中国文物展览或距最近一次举办中国文物展览三年以上的境外展场，必须通过现场评估确保展场设施条件符合文物陈列的安全要求。

第五条 出境展览文物遴选，必须严格遵照国家有关法律法规，坚持以我为主，现状不能保证安全的文物一律不得申报出境展览。

第六条 文物收藏单位必须建立健全文物借展制度，对拟出境展览文物组织文物、展览、科技保护等领域专家，结合文物（修复）档案，对文物本体连接的牢固性、腐蚀度、外表装饰脱落程度、脆弱性，以及是否能够经受移动和长途运输等进行严格的安全状况评估，专家署名的书面意见应作为文物出境展览项目申报文本的附件。

文物出展前，文物收藏单位应再次核查参展文物安全状况并进行必要保养加固。

文物收藏单位对文物安全状况评估意见的真实性负全责。

第七条 省级文物行政主管部门应严格履行文物安全监管核报职责，针对本辖区拟出境展览的文物的安全状况组织专家核查论证，专家署名的书面意见应作为出境展览项目初审意见的附件。

第八条 必须为出境展览的文物购买墙对墙保险，险种至少应包括财产一切险和运输一切险。

第九条 出境展览文物的点交必须由文物出境展览承办单位与境外合作方直接进行，并严格执行《馆藏文物展览点交规范（WW/T 0019-2008）》。点交现场应符合文物安全保管条件并采取有针对性的安全保卫措施。点交记录应详尽准确，至少包括以下内容：
（一）文物基本信息；（二）文物修复情况及有伤部位；（三）拿持、包装、运输文物的注意事项；（四）文物陈列要求。

第十条　出境展览文物的包装、运输须遵循《文物运输包装规范（GB/T 23862－2009）》。

出境展览文物的包装、运输由第三方提供服务的，文物出境展览承办单位应当或要求境外合作方通过公开招标方式，优选具有良好资信的包装、运输服务商。

包装、运输合同须详尽载明文物包装质量、安全运达要求及违约赔偿责任，违约赔偿责任应包括验收合格方能支付运输合同尾款（不低于总款30%）；如因包装、运输不当造成文物损毁，除按规定扣除合同尾款外，由文物出境展览承办单位联合文物收藏单位和境外合作方与包装、运输服务商共同委托专家对文物价值及损失情况进行评估，提出损失金额，包装、运输服务商应据此在1个月内给予赔偿。

文物出境展览承办单位应监督和指导文物包装、运输服务商制定和落实科学严密的包装、运输（含通关）方案，包装、运输方案应符合文物收藏单位的专业技术要求和标准；对重要和结构复杂的易损文物，还应要求包装、运输服务商采取有针对性的特殊包装、运输措施，最大限度降低风险。

第十一条　文物出境展览承办单位应委派熟悉展览及出展文物的高级专业人员为组长的工作组，全程监督和指导进行文物布撤展，布撤展方案应符合文物收藏单位的专业技术要求和标准；对重要和结构复杂的易损文物布撤展，应安排文物收藏单位的专业人员特别加强操作监管。

第十二条　文物出境展览承办单位与境外合作方签署的展览协议，须详尽载明文物展出及保存的安全要求及违约赔偿责任和金额。文物出展受损，除赔偿修复费用外，须同时赔偿文物的减值损失。

第十三条　出境展览突发文物安全事故，须立即将受损文物从展览撤出并妥善保存，做好详细受损情况记录并由现场第一负责人在第一时间向文物出境展览举办单位汇报并附书面受损报告。

文物出境展览举办单位和文物收藏单位确认文物受损后，按程序上报省级文物行政部门和国家文物局，并按实际情况和文物损坏程度向有关机构索赔。

受损文物的修复，须按国家有关规定执行。

第十四条　违反本规定，有下列情形之一的，分别给予处罚：

（一）文物出境展览承办单位未落实安全管理责任，监管不力造成文物安全事故的，追究单位负责人和直接责任人的责任。

（二）文物收藏单位、省级文物行政部门未按规定对文物安全状况进行评估、核查，造成文物安全事故的，追究单位负责人和直接责任人的责任。

（三）文物收藏单位未按规定对文物包装、运输、布撤展提出专业技术要求和标准并配合抓好落实，造成文物安全事故的，追究单位负责人和直接责任人的责任。

（四）凡对文物安全事故不按规定上报或隐瞒不报、谎报、拖延报告或者阻挠事故查处的，追究单位负责人的责任。

（五）对发生文物安全事故的包装、运输服务商，在其完成彻底整改前不得与其合作，事故记录作为其今后服务申请审查的依据；2年内发生2起以上文物安全事故的，自最近事故之日起三年内不得与其合作。

（六）对发生文物安全事故的文物出境展览承办单位、文物收藏单位、省级文物行政部门，国家文物局视情节轻重给予警告、通报批评、暂停文物出境展览等处罚，暂停文物出境展览最短时间为1年。

　　第十五条　本规定自发布之日起施行。

国家文物局关于2012年度
国家一级博物馆运行评估结果的通报

文物博函 [2013] 1837号

各省、自治区、直辖市文物局（文化厅）：

　　根据《国家一级博物馆运行评估规则》，受我局委托，中国博物馆协会于2013年1月至2013年7月，开展了2012年度国家一级博物馆运行评估工作，并于2013年8月28日～9月6日对初评结果进行了公示。现将2013年度国家一级博物馆运行评估结果通报如下：

　　一、总分为60分（含）以上的上海博物馆等89家博物馆的2012年度运行评估结果为"合格"。

　　二、总分低于60分、但高于50分（含）的汉阳陵博物馆、中国甲午战争博物馆、固原博物馆等6家博物馆的2012年度运行评估结果为"基本合格"。

　　三、相关省级文物行政部门应切实指导各有关博物馆特别是评估结果为"基本合格"的博物馆，结合运行评估中发现的问题加强整改，整改情况及时上报我局备案。对于2011年、2012年连续两次运行评估结果为"基本合格"的博物馆，将由中国博物馆协会于2014年3～4月重新组织定级评估。

　　附件：一、2012年度国家一级博物馆运行评估结果
　　　　　二、2012年度国家一级博物馆运行评估得分详表（略）

国家文物局

2013年9月23日

附件一

2012年度国家一级博物馆运行评估结果

单位名称	总分	定性分	定量分	结论
故宫博物院	78.2286	81.5622	64.8942	合格
中国国家博物馆	77.0201	77.9011	73.4962	合格
北京自然博物馆	74.2084	75.6667	68.3753	合格
首都博物馆	72.3616	74.7478	62.8169	合格
中国科学技术馆	68.8090	70.6567	61.4183	合格
中国农业博物馆	68.6249	70.2100	62.2844	合格

单位名称	总分	定性分	定量分	结论
周口店北京人遗址博物馆	66.7035	65.9522	69.7085	合格
中国航空博物馆	65.8153	66.3789	63.5608	合格
中国地质博物馆	64.5527	65.2111	61.9189	合格
中国人民抗日战争纪念馆	64.3457	64.8622	62.2794	合格
北京鲁迅博物馆	62.4940	64.2444	55.4925	合格
天津博物馆	67.1854	68.9167	60.2606	合格
天津自然博物馆	64.3945	66.1544	57.3546	合格
周恩来邓颖超纪念馆	61.0933	61.8700	57.9867	合格
西柏坡纪念馆	62.2239	63.4211	57.4350	合格
河北省博物馆	61.3032	62.9311	54.7917	合格
山西博物院	71.8606	73.7878	64.1519	合格
八路军太行纪念馆	61.7723	63.0878	56.5103	合格
中国煤炭博物馆	60.0384	60.5311	58.0678	合格
内蒙古博物院	67.1604	69.4667	57.9355	合格
辽宁省博物馆	70.8832	73.2933	61.2429	合格
旅顺博物馆	63.3507	65.1900	55.9937	合格
沈阳"九·一八"历史博物馆	60.0013	61.2565	54.9803	合格
吉林省博物院	68.3293	69.5000	63.6464	合格
吉林省自然博物馆	65.0145	67.5244	54.9747	合格
黑龙江省博物馆	66.0460	65.3922	68.6611	合格
大庆铁人王进喜纪念馆	63.6602	65.1644	57.6433	合格
东北烈士纪念馆	61.4648	61.3756	61.8219	合格
爱辉历史陈列馆	60.0020	61.1274	55.5006	合格
上海博物馆	78.2648	81.8278	64.0129	合格
上海科技馆	71.3203	73.1778	63.8901	合格
上海鲁迅纪念馆	63.8614	65.4844	57.3693	合格
中共一大会址纪念馆	60.7452	61.3356	58.3838	合格
南京博物院	74.7397	76.7756	66.5963	合格
苏州博物馆	73.2139	75.9858	62.1262	合格
扬州博物馆	64.8551	64.3867	66.7290	合格
南通博物苑	64.1434	65.8767	57.2105	合格

续表

单位名称	总分	定性分	定量分	结论
侵华日军南京大屠杀遇难同胞纪念馆	63.5651	65.2933	56.6523	合格
浙江省博物馆	73.3343	74.4206	68.9892	合格
中国丝绸博物馆	71.8232	75.1622	58.4669	合格
浙江自然博物馆	65.8220	65.8467	65.7231	合格
宁波博物馆	61.7485	62.7122	57.8937	合格
安徽博物院	65.3073	66.9544	58.7186	合格
福建博物院	66.8824	68.2644	61.3542	合格
古田会议纪念馆	62.7256	63.3544	60.2103	合格
中国闽台缘博物馆	61.9420	62.9400	57.9498	合格
泉州海外交通史博物馆	60.0047	61.3600	54.5833	合格
江西省博物馆	65.5531	65.9922	63.7967	合格
井冈山革命博物馆	64.0266	63.4167	66.4665	合格
南昌八一起义纪念馆	61.0194	62.2722	56.0080	合格
瑞金中央革命根据地纪念馆	59.8705	61.6511	52.7482	基本合格
山东博物馆	68.1274	69.3433	63.2639	合格
青岛市博物馆	67.7918	69.8978	59.3678	合格
青州市博物馆	65.1529	66.4289	60.0488	合格
中国甲午战争博物馆	57.8589	58.5760	54.9903	基本合格
河南博物院	70.4443	71.4345	66.4838	合格
洛阳博物馆	63.6397	65.3667	56.7318	合格
郑州博物馆	63.2086	64.6500	57.4428	合格
南阳汉画馆	60.0304	61.4167	54.4851	合格
湖北省博物馆	72.4660	73.7656	67.2675	合格
荆州博物馆	65.1531	67.5422	55.5966	合格
武汉市博物馆	64.2415	66.3444	55.8299	合格
湖南省博物馆	73.0445	74.9367	65.4758	合格
刘少奇同志纪念馆	64.4216	66.1844	57.3702	合格
韶山毛泽东同志纪念馆	62.8217	63.9744	58.2109	合格
广东省博物馆	71.5652	73.4045	64.2081	合格

单位名称	总分	定性分	定量分	结论
深圳博物馆	67.1382	68.9756	59.7887	合格
孙中山故居纪念馆	63.7841	65.2678	57.8493	合格
西汉南越王博物馆	61.7611	63.8144	53.5480	合格
广西壮族自治区博物馆	65.4968	64.9800	67.5640	合格
海南省博物馆	63.8016	64.2822	61.8789	合格
重庆中国三峡博物馆	71.2126	72.8367	64.7161	合格
重庆红岩革命历史博物馆	61.2845	62.0222	58.3338	合格
四川博物院	68.9468	70.6067	62.3072	合格
成都金沙遗址博物馆	67.4723	70.1611	56.7171	合格
成都武侯祠博物馆	65.1586	66.6611	59.1485	合格
成都杜甫草堂博物馆	63.7706	64.1422	62.2844	合格
自贡恐龙博物馆	63.5135	65.5333	55.4343	合格
广汉三星堆博物馆	63.0120	65.2122	54.2110	合格
邓小平故居陈列馆	58.8373	59.3758	56.6833	基本合格
遵义会议纪念馆	56.8390	57.0722	55.9064	基本合格
云南省博物馆	64.4917	65.0967	62.0717	合格
云南民族博物馆	60.1076	60.7211	57.6536	合格
西藏博物馆	62.1042	61.8856	62.9788	合格
陕西历史博物馆	73.6380	74.3856	70.6478	合格
秦始皇兵马俑博物馆	70.2145	73.7811	55.9483	合格
西安博物院	66.1956	68.7544	55.9603	合格
西安半坡博物馆	63.8121	65.6767	56.3536	合格
延安革命纪念馆	62.7746	63.4178	60.2021	合格
西安碑林博物馆	61.4474	62.8744	55.7392	合格
汉阳陵博物馆	57.8020	59.0758	52.7068	基本合格
甘肃省博物馆	60.2465	61.5889	54.8767	合格
宁夏回族自治区博物馆	65.3098	66.9489	58.7534	合格
固原博物馆	58.2284	59.5444	52.9640	基本合格
新疆维吾尔自治区博物馆	63.3213	64.4322	58.8774	合格
平均分	65.4253	66.7818	59.9996	

2014
中国
文物年鉴

国家文物局关于印发
《2020年文物事业发展目标体系》的通知

文物政发〔2013〕17号

各省、自治区、直辖市文物局（文化厅），新疆生产建设兵团文物局，局机关各部门，各直属单位：

为贯彻落实党的十八大提出的到2020年全面建成小康社会目标任务，全面推进文物保护利用和传承发展，国家文物局研究制定了《2020年文物事业发展目标体系》。现予印发，请结合实际，认真贯彻落实。

附件：2020年文物事业发展目标体系

国家文物局
2013年11月7日

附件

2020年文物事业发展目标体系

一、文物管理体系建立健全

1．中国特色文物保护利用、传承发展理论体系基本建立

——对文物工作、文物事业基本内涵、基本规律的认识和把握不断深化。

——文物保护利用、传承发展的基本理念、理论体系初步建立。

——形成文物、考古、博物馆等系列科学研究成果。

2．法律制度全面建立

——形成以新修订的《文物保护法》为核心，行政法规、部门规章和地方性法规相配套，与刑事、民事等法律相衔接的文物、博物馆法律制度体系。

——初步建立国家标准、行业标准、地方标准、企业（单位）标准相互补充、结构合理、满足急需、适应文物资源多样性的文博标准体系。

3．政府主导、社会参与的体制机制基本确立

——建立权责一致、运转高效的文物行政管理体制。

——建立健全文物、博物馆单位的法人治理结构。

——建立政社分开、权责明确、依法自治的文博行业社会组织。

——建立健全社会力量参与文物保护利用的激励机制，保护文物成为全社会的自觉行动。

二、各类文物得到全面有效保护

1．文物资源状况全面廓清

——建立文物调查、登录制度，实现文物名录、档案动态更新和规范管理。

——全面掌握文物保护单位、馆藏珍贵文物的保存状况和保护需求。全国重点文物保护单位记录档案完成率达到100%，建立全国重点文物保护单位基本信息管理平台。完成国

有博物馆文物藏品和民办博物馆珍贵文物藏品登记、建档，建成全国博物馆藏品和国有单位收藏文物数据库。

——开展水下文物普查，基本掌握我国海域和内水水域水下文物整体分布和保存状况。

——开展民间收藏文物调查、登录试点，为摸清民间珍贵文物收藏保存状况奠定基础。

——开展流失海外文物调查，基本摸清流失海外中国文物总体情况。

2．文物保护水平显著提升

——文物保护单位保存状况全面改善，保护管理水平显著提升。世界文化遗产、第1至7批全国重点文物保护单位"四有"工作、150处大遗址保护规划编制全面完成，文物保护工程重点项目每年开工达到300个以上。涉及世界文化遗产和全国重点文物保护单位的重点文物保护工程合格率达到100%，重大险情排除率达到100%。各级文物保护单位抢救性保护、预防性保护实现常态化。

——完成远海考古研究船、水下文物保护基地、水下考古工作站及出水文物库房建设，水下文物保护装备和科技水平达到世界先进水平。

——馆藏文物保存环境全面改善。珍贵文物保护修复重点项目每年实施达到200个以上。涉及一、二级文物的修复合格率达到100%。漆木器、丝织品、青铜器、古书画等门类文物和自然标本的腐蚀损失状况基本得到遏制。一、二、三级博物馆和地市级以上博物馆等重点文物收藏单位藏品保存环境全部达标。

3．文物安全形势明显好转

——完善全国文物安全工作部际联席会议制度，健全与公安、海关、建设、工商、旅游等部门联动的文物执法与安全保障机制。推动建立国家文物督察制度。

——文物执法效能全面提升。文物保护单位执法巡查实现全覆盖；文物行政违法案件查处率达到100%。盗窃、盗掘和破坏文物的违法犯罪行为得到有效遏制。

——文物安全责任体系基本建立。政府属地管理职责、相关部门法定职责、文物部门监管职责有效落实。文物、博物馆单位（所有人和使用人）主体责任及岗位责任层层落实，严格文物安全责任追究。

——健全文物安全评价与达标机制，文物保护单位、国有博物馆风险等级重新评定工作全面完成。风险突出的文物、博物馆单位安全防范设施基本达标，一级风险单位达标率达到100%。文物安全监管平台初步搭建，文物监测与违法预警系统基本建成。

三、在"五位一体"建设中发挥重要作用

1．文物的价值得到充分挖掘，成为构建优秀传统文化传承体系的重要内容

——文物的历史、科学、艺术价值和作用充分彰显，将文物开放单位、博物馆建设成为优秀传统文化挖掘整理、宣传展示、普及弘扬、对外传播的中心，为实现中华民族伟大复兴的"中国梦"做出重要贡献。

——形成系列文物知识普及读物、影视动漫作品，建成一批传统技艺传习基地，将文物开放单位、博物馆建设成为爱国主义教育、思想道德培育和科学知识普及的重要阵地。

——形成传承优秀传统文化、弘扬爱国主义和改革创新精神的文物展览精品系列，将文物开放单位、博物馆建设成为国民教育的重要课堂。

——开展文物领域重要文化典籍建设，完成《中国文物志》《新中国文物事业70年》等编纂出版工作，将文物开放单位、博物馆建设成为优秀传统文化荟萃的高地。

2．文物、博物馆宣传教育功能得到充分发挥，成为公共文化服务体系的重要支撑

——符合条件的公共博物馆全部实行免费开放，国有、民办有机结合，综合、专题门类结构优化，面向城乡、服务公众的博物馆体系基本完备。

——博物馆公共文化服务人群覆盖率从40万人拥有1个博物馆发展到25万人拥有1个博物馆。年举办陈列展览2万个以上，接待观众7亿人次以上。

——文物开放单位、博物馆服务水平显著提升，公共安全制度建立健全，设施设备规范完善，参观文物开放单位、博物馆成为广大公众重要的文化体验。

3．文物保护与城乡建设有机结合，成为建设美丽中国的积极力量

——建成50个以上生态博物馆和社区博物馆，30个考古遗址公园，推出一批古村落保护利用试点项目和文物保护样板工程，优化人居环境，提升城镇品质。

——大遗址、古村落、古民居等保护利用纳入城乡建设和新农村建设总体布局，成为生态文明建设的新亮点。

4．文物市场有序发展，搭建收藏鉴赏平台，满足公众需求

——建立完善的文物市场监管服务体系和文物经营资质管理制度，形成依法经营、诚信自律的文物市场经营环境。

——建立健全文物鉴定评估管理制度，有效服务文物司法鉴定、博物馆收藏、文物市场监管、公共收藏、文物鉴赏电视节目等公益文化活动。

——文物造假售假行为得到遏制，文物复仿制品生产制作、古玩旧货市场管理进一步规范。

——文物进出境审核管理实现标准化、信息化，文物进出境活动更加规范，非法流失现象明显减少。

5．文物事业在经济社会发展中彰显突出价值，为全面建成小康社会做出重要贡献

——形成若干世界文化遗产、文化景观、文物片区、文物线路、名城街区、博物馆群和红色旅游、文化旅游示范园区，文物资源成为文化、旅游等相关产业发展的重要支撑，对经济社会发展的促进作用明显提升。

——文物事业服务社会、惠及民生的作用充分发挥，推动发展、彰显国家主权的功能显著增强。

四、在国际文化遗产领域的影响力显著提升

1．中国特色文物保护理念、制度和技术在国际上得到广泛认同，对推动人类文化遗产保护产生重要影响

——形成系列国际化表达的中国文化遗产保护实践与理论研究成果。

——在世界遗产申报与管理、水下文化遗产保护、打击文化财产非法贩运及促进返还原属国等领域发挥建设性作用。

2．在国际文化遗产事务中发挥积极作用，参与双边、多边以及区域性交流与合作的能力显著增强

——扩大与文化遗产领域主要国际组织间的项目合作，与更多文物主要流入国（地区）签署防止盗窃、盗掘和非法进出境文化财产双边协定，形成以政府间交流为主、民间交流为辅的双边、多边文化遗产合作机制。

——文物对外交流、援助的国家和地区更加广泛，参与文化遗产国际事务的广度和深度进一步拓展，服务国家外交大局的能力显著提高。

3．文物对外展示传播渠道更加畅通，为中华文化走向世界做出更大贡献

——建立外交、外宣、文化、文物等多部门联动的对外文物交流机制，文物出展国家、出展地区进一步扩大，渠道和方式更加多元。

——形成中国内涵、国际表达的对外文物展览系列，建立文物出入境展览新格局。

五、政策保障切实有力

1．制度建设和政策保障基本完善

——建立健全文物保护责任制度和责任追究制度，文物工作纳入各级政府及文物部门领导责任制，纳入科学发展考核评价体系。

——形成完整、配套的文物保护利用财税、金融、土地、知识产权以及鼓励社会资金投入文物事业、鼓励个人收藏文物捐赠给博物馆的有关税收减免政策。

2．资金保障机制建立健全

——完善中央、地方财政共担经费保障机制，公共财政对文物事业投入的增长幅度高于财政经常性收入增长幅度。

——形成多元化的文物保护利用资金渠道，社会资金投入、社会捐赠大幅增加。

——完善专项资金使用监督检查制度和财政投入绩效评价制度，资金使用效益显著提升。

3．科技支撑作用显著增强

——科技创新能力不断提升。文物保护科学技术和装备取得重要突破，遥感、物探、卫星影像数据分析等现代科学技术在考古、大遗址保护中广泛应用；文物风险预控和古代壁画、饱水漆木器、古代书画、丝织品等保护技术达到世界先进水平。

——文物数字化保存与利用能力明显加强。基本实现一二三级博物馆和世界文化遗产、全国重点文物保护单位的数字化，推进智慧博物馆建设。

——形成实体研发机构与虚拟研发组织相结合的组织创新体系，组建30个行业重点科研基地、10~15个行业科技协同创新平台。

4．人才队伍建设全面提升

——文物保护力量得到加强，实现文物保护机构、人员与职责任务相匹配。

——形成规模适度、结构优化、素质优良的人才队伍。文物行业从业人员规模达到13万人，专业技术人员所占比例达到45%以上，高中初级专业技术人才比例达到2:3:5，科研机构专业技术人员所占比例达到75%以上。

——建立符合事业发展需要，多层次、多方位的文博人才培养体系。高等教育专业设置更加完备，高等职业技术教育形成规模，在职培训人员每年达到1.5万人次，文物保护与修复等技术人才短缺现象明显缓解。

综述篇

【概述】

2013年是全面贯彻十八大精神的开局之年，也是落实全国文物工作会议精神的起步之年。习近平总书记、李克强总理和刘延东副总理等中央领导同志分别就文化传承、文物保护作出重要批示，国务院召开第一次全国可移动文物普查电视电话会议，充分体现党和国家对文物工作的高度重视和殷切关怀。

全国文物系统紧紧围绕十八大精神的贯彻落实和党中央、国务院的决策部署，自觉把握稳中求进的总基调，谋大事、抓重点，深化改革、加强管理，全面完成年度任务，各项工作取得新进展。

一、积极推进行政审批制度改革

按照国务院部署，国家文物局在梳理现有行政审批事项、核实非行政许可类审批事项的基础上，制定2013～2015年行政审批事项精简计划。全年取消由政府出资修缮的非国有全国重点文物保护单位转让、抵押或者改变用途审批及境外机构和团体拍摄文物审批、处理有关可移动文物或标本许可等3项审批事项，下放考古发掘单位保留少量出土文物留作科研标本许可事项。

为提高行政审批效率，国家文物局将全国重点文物保护单位维修及防雷项目立项审批与技术方案审核分开，引入市场主体承担技术方案审核任务；在保留立项审批的前提下，将全国重点文物保护单位防雷工程技术方案审核、馆藏珍贵文物保护修复项目方案审批和结项验收下放省级文物行政部门；将文物保护工程勘察设计、施工、监理甲级（一级）资质年检下放省级文物行政部门。

为加强文物保护工程、安消防工程的事中事后监管，制定了全国重点文物保护单位文物保护工程立项报告和设计文件编制、项目申报审批管理、防雷工程管理等6个规范性文件，为推进文物保护工程项目审批改革提供制度保障。省级文物行政部门为把下放、取消的审批项目接好管好，也制定了系列配套措施。

二、全面展开第一次全国可移动文物普查

各地按照国务院的总体要求，进行动员部署，组建普查机构，落实普查经费，进行人员培训，宣传普查知识，各项工作稳步推进。国家文物局与教育部、民政部、财政部、文化部、新闻出版广电总局、国资委、档案局分别印发通知，推动普查开展；举办了5期全国文物普查骨干培训班。各地广泛开展省、市、县三级普查人员培训，全国完成1.5万余人次普查骨干培训，1.6万余名普查员持证上岗。中央本级和28个省份普查经费基本落实。初步摸清系统外国有单位文物收藏情况，约2%的国有单位收藏有文物。山西、陕西、河南、四川等省份提前开展文物信息采集。

三、切实加强不可移动文物保护

2013年3月，国务院核定公布第七批全国重点文物保护单位1943处，全国重点文物保护单位总数达到4295处。一些地方政府相继核定公布了新一批省级、市县级文物保护单位，更多文物资源纳入依法保护范围。扎实推进各项基础性工作，"第三次全国文物普查"不可移动文物名录公布任务基本完成，第七批全国重点文物保护单位"四有"工作完成50%。统筹实施一批文物本体修缮、保护设施建设和环境整治项目，及时消除文物险情和重大安全隐患。会同住建部报请国务院将泰州、会泽、烟台、青州公布为国家历史文化名城，开展第六批中国历史文化名镇名村评定工作。

2014
中国
文物年鉴

落实第四次全国对口支援新疆工作会议精神，部署新一轮文物援疆工作，加强与兵团文物工作对接，畅通兵团文物保护资金渠道。西藏27处重点文物保护工程开工建设，累计下达资金4.4亿元，完成投资3亿元。承德避暑山庄、山西南部早期建筑等重点工程继续推进，平安故宫工程全面启动，彩塑壁画保存状况调查和保存环境评估有序展开。全面推进灾后文物保护抢险工作，及时下拨雅安地震、延安特大洪涝、岷县和漳县地震灾后文物保护应急抢险经费，玉树灾后文物抢救保护工程圆满收官。

公布第二批12个国家考古遗址公园名单、31个国家考古遗址公园立项名单，推动汉长安城国家大遗址保护特区建设。完成南水北调东中线一期工程沿线文物保护项目田野考古、丹江口库区文物抢救保护项目蓄水前验收。赴南沙海域开展首次远海水下考古调查和执法巡查，完成天津、河北、辽宁沿海海域和江西鄱阳湖老爷庙水域的水下文物调查。

红河哈尼梯田文化景观成功申遗，我国世界遗产总数达到45项，位居世界第二。完成大运河和丝绸之路申遗项目的前期准备和国际专家现场评估，确定土司遗址为2015年申遗项目。印发《世界文化遗产申报工作规程（试行）》，进一步指导、规范世界文化遗产申报工作。

开展文物保护样板工程和安徽呈坎村、河北鸡鸣驿村等6处古村落保护利用综合试点。围绕不同类型文化遗产的可持续利用，在无锡、天津分别举办文化遗产保护论坛和海峡两岸及港澳地区建筑遗产再利用研讨会，探寻文化遗产保护与利用的平衡发展之路。

四、着力提升博物馆社会服务水平

博物馆发展势头良好，南京博物院、天津博物馆、河北省博物馆和辽宁省博物馆等新馆相继落成，一批地市级博物馆新建和改扩建工程进展顺利。全国博物馆达到3866个，其中国有博物馆3219个、民办博物馆647个。编制博物馆免费开放绩效考评办法，推广全国博物馆十大陈列展览精品评述。全国博物馆举办展览2.2万个，年接待观众5.6亿人次。

完成国家一级博物馆年度运行评估，初步形成博物馆等级管理动态机制。启动浙江、湖南、四川3省的国家二、三级博物馆年度运行评估试点。浙江、安徽、福建、广西、贵州开展生态博物馆示范点建设评选，促进博物馆业态发展与文化遗产及其环境保护有机结合。

扶持民办博物馆发展，印发《关于推进国有博物馆对口支援民办博物馆工作的意见》。配合印发《中央补助地方博物馆纪念馆免费 开放专项资金管理暂行办法》，中央财政为民办博物馆安排奖励资金1亿元。

加大馆藏珍贵文物修复力度，完成6000余件馆藏濒危文物保护修复，启动8000余件馆藏文物保护修复。开展可移动文物保存环境监测与控制培训。

加强文物市场监管，完善文物拍卖标的备案制度和文物拍卖企业资质评审机制。促成法国皮诺家族捐赠圆明园鼠首、兔首铜像，协调美国政府移交查扣文物运输回国。推动公安、海关罚没文物移交工作，接收北京海关等移交罚没文物1万余件（套）。

五、加强人才培训和科技支撑

举办全国县级文物行政部门负责人、文物安全管理人员、考古领队、纺织品和石质文物修复以及博物馆展览策划和文物保护标准等35个专题培训班，培训学员达2700余

2014
中国
文物年鉴

人。创新技能型人才培养模式，委托北京建筑大学、陕西文物保护专修学院举办全国文物保护规划与工程勘察设计、古建彩画保护修复培训班。编制文博人才培养中长期规划纲要，启动文博人才培养教育教学体系研究。文物修复师、考古发掘技工职业获得国家职业分类大典专家委员会原则通过。

加强协同创新，推动敦煌研究院、秦始皇帝陵博物院等文博机构与中国科学院建立合作科研机构，与工业和信息部建立文物保护与传承装备产业化和应用协作机制。开展第五批国家文物局重点科研基地遴选。继续推进指南针计划专项和中华文明探源工程。完成科技援藏工作调研。完成"十一五"国家科技支撑计划项目科技成果推广应用情况跟踪调查，科技成果转化率达到44%。

六、加强法制建设，完善制度体系

积极与全国人大、国务院立法机构沟通，将文物保护法修订列入全国人大五年立法规划和国务院立法工作计划。开展文物保护法修订前期研究，委托7省市文物部门开展修法调研，组织各方力量，完成文物保护补偿、文物影响评估、文物利用等25个涉及修法的课题研究，明确修法重点和草案框架。

加大文物保护标准制修订力度，组织完成文物保护标准体系框架构建，提出2014～2016年标准制修订计划，完成3项国家标准初审、16项行业标准审核。发布《博物馆和文物保护单位安全防范系统要求》和《文物建筑防雷技术规范》，完成《馆藏文物保护修复工作量清单计价规范》研究，开展文物保护工程北方定额标准试点。

与财政部修订《国家重点文物保护专项补助资金管理办法》，扩大资金支持范围，对文物系统外和非国有全国重点文物保护单位给予适当补助。加强经费使用绩效管理，制定《专项补助资金预算绩效管理暂行办法》。中央财政文物保护专项补助资金达到140亿元，比上年增长10%，其中国家重点文物保护70亿元、博物馆免费开放30亿元。

围绕十八大提出的到2020年全面建成小康社会战略任务，制定2020年文物事业发展目标体系，从管理体系、保护效果、社会作用、国际地位、政策保障等五个方面构建事业发展中长期目标任务。组织完成"十二五"规划中期评估。

成功举办咸阳文化遗产日主场城市、济南"5·18"国际博物馆日主场城市和国际古迹遗址日活动。开展"寻找最美文物安全守护人"宣传活动和文物安全典型案例警示教育活动。做好文物信息公开和新闻发布工作，提高文物舆情监测、研判和网络事件处置能力，营造良好发展氛围。

七、深化对外交流与合作

按照外联、外展、外援、外研四个方面统筹文物外事工作。与尼日利亚、瑞士和塞浦路斯签署关于防止盗窃、盗掘和非法进出境文化财产的政府间双边协定。与国际文化财产保护与修复研究中心签署联合培训合作协议。成功当选1970年公约首届附属委员会委员国，在国际文化遗产领域的影响力明显提升。国家博物馆举办"列支敦士登王室珍藏展"，土耳其首次来华举办"安纳托利亚文明展"，赴罗马尼亚、意大利、摩洛哥等举办"华夏瑰宝展""中华文明系列展"等，全年批复出入境展览64个。启动乌兹别克斯坦萨马尔罕古城和蒙古国辽代古塔修复援助项目，推进援柬二期茶胶寺修复工程。

与台港澳地区的文物交流更加务实，举办第五届海峡两岸文化遗产保护论坛，"光照大千展"在台湾高雄引起良好反响。组织台湾青少年和中学教师中华历史文化研习营活动，支持澳门文物大使协会赴内地交流。

八、扎实开展重点工作和文物安全专项督查

为督促落实年度重点工作，从2013年11月起，国家文物局组成5个督查组，分赴10个省份开展以可移动文物普查、全国重点文物保护单位保护工程及专项补助资金使用和第七批全国重点文物保护单位"四有"工作落实情况为主要内容的专项督查。督查中发现一些省份市县级普查经费落实不到位、普查工作进展缓慢，文保工程开工率较低、资金使用不规范、文物保护与利用脱节以及全国重点文物保护单位"四有"工作不规范等问题。其他省份也围绕这三个方面进行了自查，提交了自查报告。

为落实《国务院关于进一步做好旅游等开发建设活动中文物保护工作的意见》，各地对《意见》中提出的几个问题进行了自查自纠，28个省级人民政府向国务院上报了检查情况，查明文物保护单位违法违规行为126起，完成整改的59起，明确整改措施的67起。国家文物局会同国家旅游局组成督查组，对四川、安徽、陕西、湖南等11个省份进行重点督导。通过督查，一些文物保护单位管理体制得到理顺，一些行政违法行为得到纠正，部分历史遗留问题得到解决。

召开全国文物安全工作部际联席会议，持续推进文物安全协调机制。指导北京、内蒙古、重庆、西藏、陕西开展区域性打击文物犯罪专项行动。部署文物系统文物安全大检查，发现并整改安全隐患1万余项。开展文物行政执法和安全监管平台试点。与最高人民法院、司法部联合开展文物犯罪司法解释修订、文物司法鉴定管理调研，与监察部建立文物违法行为行政追责工作联系机制。

按照党中央的部署，扎实开展党的群众路线教育实践活动。局党组认真征求意见建议，深入查摆"四风"方面存在的问题，提出努力方向和整改措施，加强制度建设。群众路线教育实践活动从整体上增强了国家文物局工作中的大局意识、改革意识、问题意识、服务意识和狠抓落实意识，为完成今年各项任务提供了重要的思想保证。

【第一次全国可移动文物普查】

第一次全国可移动文物普查电视电话会议

4月18日，国务院在北京召开第一次全国可移动文物普查电视电话会议，中共中央政治局委员、国务院副总理、第一次全国可移动文物普查领导小组组长刘延东出席会议并作重要讲话。国务院副秘书长江小涓主持会议，中宣部副部长翟卫华参加会议，国务院可移动文物普查领导小组副组长、文化部副部长、国家文物局局长励小捷就可移动文物普查情况作说明，财政部副部长张少春代表国务院可移动文物普查领导小组成员单位讲话，北京市副市长鲁炜代表地方政府发言。

刘延东强调，要贯彻落实党的十八大精神，以建设社会主义文化强国为目标，科学、规范、有序、高质量做好可移动文物普查工作，为保护祖国珍贵文化遗产作贡献。第一次全国可移动文物普查是落实国家"十二五"时期文化改革发展规划纲要任务，由国务院部署开展的文化遗产领域的一项国情国力调查，计划到2016年底完成对全国（不含港澳台地区）各类国有单位收藏保管的国有可移动文物的全面普查。

刘延东指出，可移动文物作为中华文化的实物见证，是开展爱国主义教育、传播先进文化、构建社会主义和谐社会的宝贵资源。依法开展文物普查，是建设文化强国、增强国家软实力的重大文化工程，对于提升公共服务能力、保障人民群众基本文化权益，加强国有文物监管、健全国家文物保护和利用体系，弘扬中华优秀传统文化、维护国家文化安全具有重要意义。可移动文物开展普查在我国尚属首次，要借鉴以往不可移动文物普查的成功经验，依法严格按照普查实施方案精心组织，统一标准规范，加强质量监控，确保基础数据的完整、真实、准确。要加强文化与科技的融合，充分运用信息技术实现数字化管理。要通过翔实准确的普查数据为科学制定文物保护政策和规划提供依据，创新展示传播功能，实现文化遗产资源信息共享。各地各有关部门要加强组织领导，落实保障措施，加强人员培训，动员全社会积极参与文化遗产保护事业，确保如期完成普查任务。

第一次全国可移动文物普查领导小组成员单位、中央有关国家机关，全国县级以上人民政府负责同志及相关部门在分会场收听收看会议。会后，分管可移动文物普查工作的省级人民政府负责同志对贯彻落实全国会议精神作出安排，按照国务院和省政府的要求，扎实做好本地区可移动文物普查工作。

普查组织体系和协作机制构建

2013年1月，国务院第一次全国可移动文物普查领导小组第一次会议召开，会议通过《第一次全国可移动文物普查实施方案》，要求普查领导小组各成员单位、各有关部门通力协作、密切配合，共同做好普查工作，并加强普查的各项保障措施。

国家文物局与国家档案局、教育部、民政部、文化部、国资委、财政部、国家新闻出版广电总局等部门沟通联系，联合印发普查通知，对各部门、各系统的普查工作做出统一安排。国家文物局指导北京市与中央驻京单位建立联系机制，走访全国人大机关、全国政协机关、各民主党派中央和全国工商联、中共中央直属机关事务管理局、国务院机关事务管理局、国家新闻出版广电总局，以及中国社会科学院、国家博物馆、故宫博物院等重点文物收藏单位，指导各单位建立专门普查机制。全国政协将普查与中国政协文史馆建设、文物移交相结合；国管局率先开展局属单位书画作品普查，制定发布《国务院机关事务管理局局属单位书画作品管理办法》；新闻出版总署把文物普查作为新闻出版博物馆建设基础，中国社会科学院将普查纳入"中国社会科学院哲学社会科学创新工程"。

各省（自治区、直辖市）结合地方实际，联合印发普查通知，共同部署推进普查任务。内蒙古、吉林、安徽、福建、江西、河南、湖南、湖北、云南、贵州等省（自治区、直辖市）文物局分别与本省相关部门联合印发通知，共同召开会议，部署普查工作。四川省、山西省省财政厅与省文物局联合印发通知，保障普查经费落实。浙江省文物局与省统计局联合发文，要求做好普查资料提供和业务指导工作。西藏自治区文物局与统战、民宗、宗教办联合印发通知，督促各部门统一认识，团结协作，全力配合普查工作。随着普查工作的深入开展，联系协调机制作用日益显现，各有关单位更加重视并支持普查工作，普查影响力日益扩大。

普查技术标准规范制定

国家文物局普查办制订了各项普查标准规范，修订并发布行业标准《馆藏文物登录规范》。组织印发普查调查表、登记表、汇总表，编辑出版《第一次全国可移动文物普查工作手册》，翻译出版《法国文化遗产普查的原则、方法和实施》。各省结合本省情况制定了各项普查工作细则和实施标准。

普查员队伍培训

全国各级普查人员队伍基本建立。普查员实行统一登记，持证上岗，分级管理。全国已申报普查员24930名，其中省级普查员1576名、地市级普查员5283名、区县级普查人员

2014
中国
文物年鉴

18071名。江苏省、湖北省、广西壮族自治区、安徽省、湖南省、重庆市等地招募培训志愿者，充实普查队伍。2013年国家文物局普查办举办了5期全国普查骨干培训班，为各省培训业务骨干及师资力量600余人；协助北京市普查办为中共中央直属机关事务管理局在京单位和国务院机关事务管理局在京单位培训普查工作人员近200人。各省（自治区、直辖市）分片区、分级对来自各行业的普查工作人员进行培训，全年共培训近7万人。

国有单位文物收藏情况调查基本完成

全国已有28个省（自治区、直辖市）完成国有单位文物收藏情况摸底调查工作（北京市中央驻京单位普查工作加紧推进，天津市已进入收尾阶段，山东省已进入资料核对阶段）。

全国28个省（自治区、直辖市）共向920683家单位发放《国有单位文物收藏情况调查登记表》，调查覆盖率达98.2%；反馈有文物的单位为13343家，占全部国有单位的1.5%，其中博物馆、纪念馆、美术馆、图书馆等专业文物收藏单位4345家，占反馈有文物国有单位总数的32.6%；文物系统外国有单位8998家，占67.4%。从反馈有文物的国有单位行业分布上看，文化文物、体育和娱乐业，公共管理和社会组织以及教育这三个行业的国有单位占总数的89.6%。

【法治建设】

《文物保护法》修订研究

开展《文物保护法》修订调研。赴7省区开展《文物保护法》修订专题调研，撰写专题调研报告；在京召开两次《文物保护法》修订征求意见座谈会，集中听取部分省市文物部门和部分在京文博单位、专家学者的意见；向社会各界发放调查问卷1640份，回收有效问卷1411份，汇总归纳各方面意见建议215条。

开展《文物保护法》修订专项研究。制订《文物保护法》修订研究工作方案，委托有关单位对涉及法律修订的25个重点难点问题开展专题研究并提交研究成果；召开文物利用座谈会并开展专题调研，推进文物利用管理专题研究。

推动纳入立法规划。加强与全国人大教科文卫委员会、国务院法制办公室的沟通，《文物保护法》修订列入十二届全国人大常委会立法规划和国务院2014年立法工作计划。

在前期广泛听取意见建议和深入研究的基础上，初步确立修法框架思路，起草完成《文物保护法》修订草案框架。

立法工作

推进《博物馆条例》立法进程。配合国务院法制办，就外资设立博物馆事宜进行认真研究，组织中宣部、外交部、商务部、文化部等部委赴四川省开展专题调研，组织相关部门和专家召开座谈会，妥善研讨解决外资设立博物馆问题。

文物安全违法犯罪惩罚机制研究

致函全国人大法工委刑法室，建议修订文物犯罪部分条款。协调最高人民法院研究室，调研起草完成《关于办理文物犯罪案件具体应用法律若干问题的解释》（初稿）。会商监察部，初步建立重大文物违法案件行政追责工作联系机制。

全国人大建议和全国政协提案办理

国家文物局全年负责办理完成全国人大建议、全国政协提案共166件。制订《国家文物局办理人大建议和政协提案工作规定》，提高办理工作的制度化、规范化水平。

【确立"2020年文物事业发展目标体系"】

制定背景

党的十八大明确提出到2020年实现全面建成小康社会目标，努力推进文化建设与经济建设、政治建设、社会建设、生态文明建设协调发展，建设优秀传统文化传承体系，弘扬中华优秀传统文化，建设社会主义文化强国。

在2012年全国文物工作会议上，中共中央政治局委员、国务委员刘延东同志着重强调全面推进文物保护利用和传承发展，努力建设与我国丰厚文化遗产资源相匹配、与社会主义文化大发展大繁荣相适应、与建设社会主义现代化国家目标相承接的文化遗产强国。

围绕2020年这个时间节点，整体谋划文物事业发展目标体系，既是深入贯彻落实党的十八大精神，明确文物事业在全面建成小康社会中定位和任务的时代要求，也是深化改革，加强文物事业宏观思考、顶层设计，进一步凝聚共识、坚定信心、不断增强做好文物工作自觉和自信的重要过程。

专题调研

为深入贯彻党的十八大精神，全面落实全国文物工作会议精神，明确2020年文物事业发展目标体系，按照中央关于开展宣传思想文化系统大调研工作的总体部署，2013年3～5月，国家文物局组织开展了"2020年文物事业发展目标体系"专题调研。在向31个省（自治区、直辖市）文物部门、7个直属单位以及故宫博物院、中国国家博物馆发出征求意见问卷的基础上，实地考察了江苏、浙江、辽宁、内蒙古、广东、广西、陕西、安徽等8个省份，分别召开了省、市、县三级文物行政、文博单位负责人参加的座谈会，走访了50多家基层文博单位，就确立"2020年文物事业发展目标体系"作了深入调研，听取了各方意见建议。

体系构成

围绕十八大提出的到2020年全面建成小康社会战略任务，制定"2020年文物事业发展目标体系"，从管理体系、保护效果、社会作用、国际地位、政策保障等5个方面构建文物事业发展中长期目标任务，即文物管理体系建立健全、各类文物得到全面有效保护、在"五位一体"建设中发挥重要作用、在国际文化遗产领域的影响力显著提升、政策保障切实有力。

【文物宣传】

重要节庆活动宣传

成功组织2013年文化遗产日咸阳主场城市活动，确定景德镇为2014年文化遗产日主场城市。配合做好国际古迹遗址日、国际博物馆日活动的宣传报道，与央视科教频道合作完成国际博物馆日大型媒体行动和文化遗产日《中国记忆》特别节目。

重点工作宣传

协调完成凤凰卫视《问答神州》节目对励小捷局长的专访。与央视新闻中心策划年度宣传重点，协调"南海I号"发掘、湖北叶家山曾侯墓考古发掘、宁波保国寺千年大典等大型直播，共同策划实施"走进国家重点实验室""中华文明探源工程"等项目报道。组

2014
中国
文物年鉴

织第七批"国保"公布、全国可移动文物普查电视电话会议、云南红河哈尼梯田申遗、皮诺家族捐赠圆明园文物、海峡两岸及港澳地区建筑遗产再利用研讨会、正定古城保护现场会、全国文物局长会议等专题报道。

做好常规宣传项目的组织实施。支持中国文化报社、中国文物报社做好第五届中国历史文化名街评选推介。协调中国文物报社做好红楼橱窗展示和《文物工作》改版出刊。组织完成中国文物报社新闻采编人员岗位培训。审发《文物要情》18期，受理拍摄许可80余份，审核《中国文物报》等刊物重要稿件200余篇。

舆情监测与应对

印发《中共国家文物局党组关于深入学习贯彻全国宣传思想工作会议精神的意见》和《国家文物局关于进一步加强政府信息公开和新闻发布工作的意见》，指导开展文物宣传工作。协调中国文物信息咨询中心对接人民网舆情监测室，做好全年文物舆情专报。出台《国家文物局文物舆情突发事件应对工作流程》，有效应对陕西兴教寺、四川芦山地震、国家一级博物馆降级等突发舆情。

【执法督察】

专项督察

深入贯彻落实《国务院关于进一步做好旅游等开发建设活动中文物保护工作的意见》是2013年文物行政执法专项督察重点工作内容。全年组织各地自查自纠，会同国家旅游局对11个省份重点督察，29个省份向国务院上报检查情况，查明文物违法违规行为126起，其中整改完毕59起、明确整改措施67起。通过专项督察，理顺了一些文物保护单位管理体制，集中纠正了一批违法行为，切实提高了各级政府各有关部门的文物保护意识。

案件督办

2013年，全国文物安全形势平稳。全国范围立案查处文物行政违法案件236起，较2012年（317起）减少了81起，同比下降25.6%；接报文物安全案件227起，较2012年（307起）减少了80起，同比下降26.1%，重大案件明显减少。文物安全形势总体平稳，并出现企稳向好趋势。

执法巡查

全年开展执法巡查15.35万次，检查发现违法行为1339起，调查处理完毕1291起，整改率96.4%；开展安全检查共18.98万次，发现安全隐患36334项，整改完毕30170项，整改率83.1%。

联合执法

召开全国文物安全工作部际联席会议第三次全体会议。与公安部共同落实两部门打击和防范文物犯罪长效机制，支持西安文物犯罪信息中心升级改造，指导北京、内蒙古、重庆、西藏、陕西组织开展区域性打击文物犯罪专项行动，仅陕西"猎鹰"行动即破获文物犯罪案件699起、抓获犯罪嫌疑人385人、追缴文物1188件。会同公安部督导西藏寺庙文物安全保护，自治区政府列专款解决全区246处野外文物点看护经费。与中国海监研拟联合执法工作规程，组织部分沿海省份开展重点海域文化遗产执法巡查。协同国家宗教事务局对涉及佛教寺庙、道教宫观的国保单位进行联合执法检查。

【文物安全】

文物安全行政审批制度改革

文物安全防范领域审批制度改革全面启动并稳步推进。完成《文物安全防范设施方案审批改革研究报告》，按照全面改革、综合配套的思路，形成《督察司安全防护工程审批改革工作方案》。会同中国气象局出台强制性行业标准《文物建筑防雷技术规范》，招标遴选安全防护工程第三方评估机构，印发《关于改革全国重点文物保护单位防雷工程管理工作的通知》，下放防雷工程方案审批权限。

文物安全防护工程

2013年，审核安全防护工程方案和立项报告555项，批准280余项，开展河北、山西、安徽、甘肃、湖南等省安防工程工地检查，在项目安排中优化安防、消防、防雷工程占比，完成项目结构调整。

文物系统安全大检查

部署开展文物系统安全大检查，各级文物行政部门检查文物博物馆单位9.9万余处，整改安全隐患1.9万余项。指导各地加强汛期文物安全，汛期有24省（市、区）的3203处不可移动文物、73座博物馆受灾，但灾情损失明显较2012年减少。

文物行业安防、消防标准体系研究

完成《文物保护行业消防标准体系研究》和《文物安全技术防范标准体系研究》，编制文物消防、安防标准体系表。组织起草《文物建筑消防工程技术要求》《文物保护单位安全管理指南》《文博单位安防系统管理使用指南》初稿。委托完成文物行政执法、文物安全管理修法研究和2010～2012年度文物行政执法案例研究，开展文物保护单位中寺庙道观沿革及保护利用情况调研。

文物安全防范科技支撑

加大文物安全防范科技支撑相关投入力度。研发"全国重点文物保护单位安全管理数据库"并投入运行，实现工程方案、安全案件、自然灾害数据的智能化管理与有机更新。针对文物消防中的电气火灾风险，组织完成河北省"文物建筑电气火灾智能防控"试点，成功研发适用技术与装备。针对文物系统人员不足、监管手段落后的能力短板，完成山西省"文物安全巡查人员一键报警系统"试点、安徽省"博物馆安防系统远程监管平台"试点和北京市"区域性文物安全监管平台"试点，向精细化管理要安全，向信息化手段要编制，效果显著。针对各地瞒报不报文物案件的被动局面，完成文物行政执法监测管理平台河南、浙江两省试点，实现通过卫星遥感技术对文物保护单位周边建设情况的主动有效监管。

文物安全专题宣传

编印《文物安全典型案例警示教育材料》，委托中国文物报社开展"平凡中的坚守——寻找最美文物安全守护人"宣传报道活动，在基层文物部门引起强烈反响。

【考古工作】

基本建设工程中考古和文物保护

积极与国务院三峡办等部门沟通，确保三峡库区消落区文物保护工作的顺利开展。配合三建委三峡工程整体竣工验收工作，委托中国文物信息咨询中心开展文物保护专题验收的前期准备工作，初步完成验收大纲的编写。

2014
中国
文物年鉴

联合国务院南水北调办对南水北调丹江口水库大坝加高工程文物保护工作进行蓄水前终验，对涉及河南和湖北两省的274个项目（其中地下文物考古发掘项目239项，含河南114项、湖北125项；地面文物保护项目35项，含河南13项、湖北22项）进行检验，同时组织编纂完成《中国南水北调·文物保护卷》初稿。

不断加强对国家原油及成品油管网建设、高速公路、铁路等国家重大基本建设工程以及各地城市建设中的考古项目的审批和指导。浙江龙游荷花山遗址、湖南益阳兔子山遗址、江苏扬州隋炀帝墓、四川成都老官山墓地、贵州遵义杨氏土司墓群等遗址和墓葬的考古工作抢救保护了一批珍贵文物，确保了城乡建设和文物保护的双利双赢。

考古研究

各地积极组织实施了一系列主动性考古工作，有力推动了各项文保工程的开展。河南洛阳汉魏洛阳城4号殿、湖北恩施唐崖土司、湖南永顺老司城、贵州遵义海龙囤等遗址的考古发掘，进一步理清了遗址内涵，深入发掘了文化价值，夯实了世界文化遗产申报基础。河南洛阳邙山陵墓群、西藏琼结藏王墓、陕西岐山周原、甘肃临洮马家窑等遗址的考古工作，为遗址规划的科学编制提供了更丰富的基础数据。北京圆明园、河北邯郸赵王城、山西运城蒲津渡与蒲州故城、安徽含山凌家滩、江西吉安吉州窑等遗址的考古工作，确保了遗址环境整治、保护展示方案的科学实施。

在对辽宁北镇辽代帝陵和黑龙江齐齐哈尔洪河、山东临淄齐故城冶铁作坊、江苏泗洪顺山集、云南宾川白羊村、陕西南郑龙岗寺、新疆阿敦乔鲁等遗址的考古发掘中积极运用了全新的工作理念和研究方法，获得了一系列重要成果，有力地推进了学术研究和考古学科的发展。

国家文物局先后批复河北张北元中都遗址、山东章丘城子崖遗址、陕西西安西汉帝陵、湖南宁乡炭河里遗址等数十项中长期大遗址考古工作计划，指导相关遗址考古、保护和建设工作的开展。

考古管理

5月，国家文物局正式推出"考古发掘电子审批系统（2.0版）"，进一步严格考古发掘项目审批程序，对发掘项目实施过程动态管理。

国家文物局委托编制《考古发掘资质单位管理要求》，对考古发掘资质单位的资质管理、工作管理、考古工作关键点管理、考古监理和公众考古、资质单位动态管理系统、资质单位内部管理等方面提出相应的规范性要求。组织编写《考古发掘单位文物标本库房建设管理规范》，明确库房建设的相关标准。

考古工作会议和学术研讨会

3月，国家文物局召开主动性考古发掘项目咨询会，对各地上报的125项主动性考古发掘项目进行评审，确保各项工作科学、有序开展。

10月24～27日，中国考古学会第十六次年会暨第六次全体代表大会在西安召开，选举第六届中国考古学会的理事长、常务理事、理事人选。王巍、童明康、赵辉、李季等分别担任理事长和副理事长。

考古报告出版

国家文物局全年批准山西、安徽、四川、湖南、浙江等省上报的《蚌埠禹会村》《云冈石窟》《安阳大司空》等30部考古报告出版计划。为宣传我国考古工作最新成果，推动考古和文物工作服务社会，国家文物局组织出版《2012中国重要考古发现》，共有43项年度重要考古成果入选。

2012年度全国十大考古新发现

4月，2012年度全国十大考古新发现评选活动在北京举行，入选的10个项目分别为河南栾川孙家洞旧石器遗址、江苏泗洪顺山集新石器时代遗址、四川金川刘家寨新石器时代遗址、陕西神木石峁遗址、新疆温泉阿敦乔鲁遗址与墓地、山东定陶灵圣湖汉墓、河北内丘邢窑遗址、内蒙古辽上京皇城西山坡佛寺遗址、重庆渝中区老鼓楼衙署遗址、贵州遵义海龙囤遗址。

考古资质资格

经国家文物局研究批准，故宫博物院、大同市考古研究所、河南大学等3家单位获得考古发掘资质，北京市文物考古研究所孙勐等71人获得考古发掘领队资格。

合作考古

国家文物局全年受理中外合作考古研究项目7项，其中中加合作开展秦始皇帝陵陪葬坑出土兵马俑制陶工艺研究，中日合作开展小珠山遗址动物考古学研究、河南新砦遗址出土动物标本出境检测分析、新疆出土文物取样标本出境分析检测，中美合作开展云南大营庄遗址和西王庙遗址考古发掘和研究项目以及北京大学考古文博学院和中国人民大学历史学院留学生参加田野考古实习项目获得批复。

【文物保护维修】

第七批全国重点文物保护单位

3月，国务院印发《关于核定并公布第七批全国重点文物保护单位的通知》（国发〔2013〕13号），核定公布第七批全国重点文物保护单位1943处，另有47处项目与现有全国重点文物保护单位合并。全国重点文物保护单位共计4295处。

4月，国家文物局印发《关于加强第七批全国重点文物保护单位保护工作的通知》，要求各地贯彻落实国务院通知精神，做好第七批全国重点文物保护单位的保护工作。

5月，国家文物局制定《第一至七批全国重点文物保护单位统计资料指标体系》，编制印刷《第一至第七批全国重点文物保护单位统计资料简册》，为文物保护工作提供参考依据。

12月，国家文物局印发《关于印发第七批全国重点文物保护单位简介的通知》，明确了第七批全国重点文物保护单位的单体构成，为全国重点文物保护单位规范化管理奠定了基础。

重大文物保护工程

西藏文物保护工程。西藏"十二五"重点文物保护工程已开工建设27处，组织招投标9处，有7处项目处于方案报审阶段、3处项目组织开展前期工作。西藏"十二五"重点文物保护工程已累计下达资金43828万元，完成投资30393万元。

山西南部早期建筑保护工程。完成16项工程招投标工作，并顺利开工实施。6月22～25日，组织专家组对武乡洪济院、襄垣灵泽王庙、潞城东邑龙王庙、长子天王寺、西李门二仙庙等南部工程工地进行现场检查指导。

应县木塔保护工程。应县木塔保护方案编制和监测工作有序推进。9月28日，组织召开应县木塔第二、三层保护加固方案专家评审会，原则通过中国文化遗产研究院编制的《应县木塔严重倾斜部位及严重残损构件加固方案》，并根据专家意见进行修改和完善。

开展《应县木塔周边环境整治规划》的论证和批复工作。

四川芦山震后文物抢救保护工程。组织编制《芦山地震灾后文物抢救保护规划》，灾后文物保护抢救工作有序开展。芦山灾后文物抢救保护项目共186项，规划资金7.7亿元，全年启动灾后文物抢救保护项目78个，其中已开工6项、完成维修方案和保护规划批复16项、完成方案编制54项。6月9日和8月16日，国家文物局组织召开芦山地震文物保护工作指导协调小组全体会议，全面部署震后文物保护抢救工作。8月22日，在四川雅安、眉山同时举行·观音阁和三苏祠灾后抢救保护工程开工仪式，标志着四川芦山地震灾后文物抢救保护工程全面启动。

青海玉树震后文物抢救保护工程。2013年玉树震后文物抢救保护工程新开工项目13项，其中全国重点文物保护单位1项。截至2013年，玉树震后文物抢救保护工程基本结束，累计开工项目65项，竣工59项，其中全国重点文物保护单位保护工程4项，规划总投资5亿元，完成投资3.8亿元。

壁画彩塑保护专项工程。启动"全国重点文物保护单位壁画彩塑保护状况调研"项目，对第一至六批全国重点文物保护单位中彩塑和壁画的分布特征、保存状况、环境等进行调研评估，提出综合保护对策建议，初步搭建起国保单位中壁画彩塑资源的空间分布资源数据库。推进山西彩塑壁画专项保护规划和保护方案的编制和审批工作，批复隰县千佛庵、介休后土庙等10余个彩塑、壁画保护项目，安排专项补助经费3300余万元。启动壁画彩塑数字化项目，由中国文化遗产研究院及其所属北京国文琰文物保护发展有限公司组织实施文物三维激光扫描数字化试点工作，批复10处数字化试点项目。

山西南部早期木构建筑信息数字化研究项目。4月19日，清华大学建筑学院承担的"山西南部早期木构建筑信息数字化研究项目"2010～2011年度、2011～2012年度工作分别通过国家文物局组织的结项验收。6月，委托清华大学建筑学院承担2013～2014年度山西南部早期木构建筑信息数字化项目。

继续开展近现代重要史迹及代表性建筑中的全国重点文物保护单位的保护工程，重点指导开展赣南原中央苏区革命旧址保护、延安灾后文物抢救保护等工程。

文物保护样板工程

组织编制《国家文物局文物保护样板工程实施方案》，以安徽呈坎、黄田古建筑群和河北清西陵为试点，开展文物保护样板工程。6月6日，国家文物局和安徽省人民政府在呈坎村举行样板工程启动仪式。完成首批开展的29项样板工程方案和呈坎、黄田古建筑群二期维修目立项的编制和审批工作，圆满完成呈坎村环秀桥修缮工程，黄田敦睦堂、呈坎罗会度宅、清西陵崇陵等7处维修项目已完成施工前的各项准备工作。批复黄田村古建筑群文物保护规划，开展呈坎村古建筑群和清西陵文物保护规划的编制及修订工作，并在此基础上组织编制古村落保护利用实施规划。

文物保护工程项目审批制度改革

为规范和指导文物保护工程立项和设计方案的编制，提高方案编制水平和审批效率，2013年5月，国家文物局正式印发《文物保护工程立项报告编制规范文本（试行）》和《文物保护工程设计文件编制深度要求（试行）》。

为更好地适应文物保护工作的新形势，完善资质管理制度，4月28日发布《关于开展文物保护工程勘察设计甲级、施工一级和监理甲级资质年检工作的通知》（文物保函〔2013〕534号），将勘察设计甲级和施工一级的资质年检工作明确下放由省级文物行政部门开展，提高实际管理效率；下半年启动文物保护工程勘察设计、施工、监理等三项资质管理办法修订工作。

历史文化名城名镇名村保护管理

经国家文物局与住建部联合考察并报经国务院同意，2013年，江苏泰州、云南会泽、山东烟台和青州被国务院公布为国家历史文化名城。截至2013年，国家历史文化名城数量已达123座。

文物合理利用工作

4月，国家文物局与江苏省人民政府在无锡组织召开以"文化遗产保护与利用——发展中的平衡"为主题的文化遗产保护无锡论坛，研究、交流和探索在新形势下实现文化遗产保护和利用的最佳途径，促进文物工作在经济社会发展中发挥积极作用。

为加强古村落的保护利用工作，9月，国家文物局印发《关于开展古村落保护利用综合试点工作的通知》，制定古村落保护利用综合试点方案，选取浙江、安徽、陕西、河北、山西和贵州等地6处古村落，积极开展古村落保护利用综合试点工作。

古城保护正定现场会

12月25日，为贯彻落实中央城镇化工作会议精神，学习贯彻中央领导同志的重要批示，树立正确的古城保护理念，宣传推广正定古城保护经验，国家文物局、住房和城乡建设部、河北省人民政府联合召开正定古城保护现场会。河北省省长张庆伟，文化部副部长、国家文物局局长励小捷出席会议并讲话，住建部规划司司长孙安军发言，石家庄市副市长、正定县委书记王韶华介绍正定古城保护经验，古城所在地方政府代表以及部分专家学者围绕古城保护发展主题作典型发言。与会同志实地考察了正定古城保护成果。与会古城政府代表共同发布了《古城保护正定宣言》。

国家发展和改革委员会、住房和城乡建设部、国家旅游局、国家文物局等有关部门负责人，各省（自治区、直辖市）文物行政部门负责人，全国29个古城政府代表和部分专家学者参加会议。

会议强调，古城保护要树立正确的保护理念，正确处理古城保护与城镇化建设的关系，把古城保护、文化传承作为城镇化发展中的"软实力"和"助推器"，为推进中国特色新型城镇化建设做出贡献。古城保护要坚持以人为本、整体保护、突出特色、体现城乡一体化理念，着力保护古城历史文化价值。认真履行文物部门职责，切实做好古城保护工作。提升古城保护在文物工作中的地位，加强古城历史文化价值研究，科学编制规划，实施分层次、有针对性的保护。要发挥政府在古城保护中的主导作用，重点保护好古城的历史文物，妥善慎重做好古城开发利用工作。在古城管理体制和决策机制中，充分发挥文物部门专业优势，多部门协作，共同做好古城保护工作。加大古城历史文物保护、基础设施建设、环境保护与整治等方面的资金投入，积极探索多元化投资渠道。要重视保护规划的制定和落实，合理规划好古城与新城的关系。认真履职，严格执法，对破坏古城的违法行为采取更为严厉的惩罚措施。

与会代表共同发布了《古城保护正定宣言》，全文如下：

我们，来自全国29个古城的代表齐聚正定，参加"正定古城保护现场会"，领略了正定独特的古城风貌和文化魅力，分享了古城保护与发展的成功经验。

古城保存的丰富历史文化资源，赋予了古城特有的文化身份和魅力。这些文化的和自然的、物质的和非物质的遗产，给予我们记忆和生活环境的延续感。在

2014
中国
文物年鉴

新型城镇化发展的进程中，保护和传承古城的历史文化价值，焕发古城活力，提高居民生活质量，是我们的历史责任。

我们看到，在应对人口变化、环境变迁、经济结构转型、旅游需求激增等问题时，古城的保护与发展正面临着前所未有的挑战；拆古建新、拆真造假、盲目拆建、破坏空间格局、改变山形水势、过度商业开发、过多外迁居民等错误倾向，正在威胁古城历史文化价值的保护与传承。

在实现中华民族伟大复兴"中国梦"的新时期，在推进新型城镇化建设的新形势下，为保护好古城，使其不仅利及当代，更能惠及子孙，我们在此郑重倡议：

保护古城，必须深入研究古城的历史文化价值，而不能只是研究其开发价值。保护古城的历史文化价值就是保护古城的根和魂。我们要全面普查古城历史文化遗产，系统研究、理清古城历史发展脉络，全面、科学、客观认识古城历史文化价值；正确定位古城发展模式，保护并延续古城的历史文化价值。

保护古城，必须坚持科学规划，严格执行规划，而不能违背规划，随意更改规划。科学规划是合理调配资源以实现可持续发展的重要保障。我们要根据古城定位，充分吸纳利益相关方的诉求，正确处理古城保护与发展的关系；充分发挥古城历史文化资源优势，着重发展文化创意产业，合理规划旅游规模，反对过度商业化、过度开发利用，实现可持续发展；建立由古城主要领导负责，各部门协调一致的规划实施保障体系，以及利益相关方参与、监督的体系，确保古城的未来按照规划的既定目标稳步实现。

保护古城，必须坚持整体保护的原则，而不能割裂各类历史文化遗产之间的内在联系。保护古城的历史文化遗产就是保护古城价值的载体和未来发展的基础。我们要加强法制建设，严惩破坏行为；建立健全管理、协调、监督机构及工作机制；加大投入力度，设立古城保护基金；按照规划要求保护好古城的各类文物、历史街区、格局肌理、风貌环境等；采用微循环和渐进式的模式推进古城保护与发展；注重保护和传承非物质文化遗产，弘扬优秀传统文化，延续古城的文脉。

保护古城，必须坚持以人为本，而不能违背古城居民意愿，损害古城居民的利益。古城是所有居民的物质和精神家园，保护古城是每个居民的责任和义务。我们要通过宣传让古城的历史文化价值深入人心，鼓励民众积极参与古城的规划和重大决策，为古城的发展出谋划策；依靠民众力量保持古城形象，维护古城风貌，并让民众共享古城保护和发展的成果，实现在保护中发展，在发展中保护。

我们坚信，我们的每一分热情都会激发全社会的保护意识；我们的每一分努力都会强化全社会的责任感；我们的每一分付出都会成就古城更加美好的明天。

参加"正定古城保护现场会"的全体古城代表

2013年12月25日于河北正定

【大遗址保护】

印发《大遗址保护"十二五"专项规划》

2013年6月，国家文物局、财政部联合印发《大遗址保护"十二五"专项规划》，提出以实施重大保护示范项目、建设大遗址保护示范园区为着力点，构建"六片、四线、一圈"为重点、150处大遗址为支撑的大遗址保护新格局；充分发挥专项资金使用的综合效益，加强大遗址保护管理能力建设，提高大遗址保护展示水平，提升大遗址服务社会的能力，实现大遗址保护与生态文明建设、经济建设紧密结合，社会效益与经济效益协调统一；逐步完善大遗址保护项目管理体系，建立相关标准规范，明确管理方式，加强项目检查及阶段性评估。

公布第二批国家考古遗址公园

国家文物局开展第二批国家考古遗址公园评定工作，共有23个省（区、市）、76家单位提交了申报材料。国家文物局对各地提交的申报材料进行初审，组织专家进行现场考察和评分，并于11月6～8日在京组织召开评议会，确定第二批国家考古遗址公园评定名单（12家）和立项名单（31家），并予以公布。

第二批国家考古遗址公园分别为：辽宁牛河梁国家考古遗址公园，吉林渤海中京国家考古遗址公园，黑龙江渤海上京国家考古遗址公园，江西御窑厂国家考古遗址公园，山东曲阜鲁国故城国家考古遗址公园、大运河南旺枢纽国家考古遗址公园，河南汉魏洛阳故城国家考古遗址公园，湖北熊家冢国家考古遗址公园，湖南长沙铜官窑国家考古遗址公园，广西甑皮岩国家考古遗址公园，重庆钓鱼城国家考古遗址公园，新疆北庭故城国家考古遗址公园。

第二批国家考古遗址公园立项名单为：河北元中都考古遗址公园、泥河湾考古遗址公园、赵王城考古遗址公园，山西蒲津渡与蒲州故城考古遗址公园，内蒙古辽上京考古遗址公园、萨拉乌苏考古遗址公园，辽宁金牛山考古遗址公园，吉林罗通山城考古遗址公园，黑龙江金上京考古遗址公园，江苏阖闾城考古遗址公园，安徽凌家滩考古遗址公园、明中都皇故城考古遗址公园，福建城村汉城考古遗址公园、万寿岩考古遗址公园，江西吉州窑考古遗址公园，山东临淄齐国故城考古遗址公园、城子崖考古遗址公园，河南郑韩故城考古遗址公园、偃师商城考古遗址公园、城阳城址考古遗址公园，湖北铜绿山考古遗址公园、龙湾考古遗址公园、盘龙城考古遗址公园，湖南炭河里考古遗址公园、城头山考古遗址公园，云南太和城考古遗址公园，陕西统万城考古遗址公园、龙岗寺考古遗址公园，甘肃大地湾考古遗址公园，宁夏西夏陵考古遗址公园，青海喇家考古遗址公园。

大遗址保护规划和重点工程

全年批复秦雍城遗址、邛窑遗址、宋陵、陶寺遗址、万发拨子遗址、齐国故城、乾陵、汉代长沙王陵墓群、合浦汉墓群等重要遗址保护规划；批准高昌故城、宋陵永昌陵、交河故城、雅儿湖石窟、海龙屯遗址、燕下都遗址、罗通山城、自安山城、老司城遗址、凌家滩遗址、邛窑十方堂遗址、御窑厂遗址、鲁国故城、唐崖土司遗址等重要遗址保护工程设计方案。

大遗址管理与研究

4月，国家文物局、陕西省人民政府召开合作共建汉长安城国家大遗址保护特区第二次会议。会议明确今后一个时期内特区建设的主要方向和工作思路，对全面推动汉长安城大遗址保护、国家考古遗址公园建设和未央宫申遗工作，起到了重要的促进作用。

国家文物局委托中国社会科学院考古研究所开展国家考古遗址公园运营评估。中国社会科学院考古研究所完成《国家考古遗址公园运营评估导则》初稿。

国家文物局委托中国信息咨询中心开展的大遗址保护工程检查制度预研究项目取得阶段性成果，初步构建检查制度的总体框架。

【水下文化遗产保护】

南沙海域水下文化遗产调查

国家文物局积极协调外交、海洋和总参、海军等有关部门，顺利完成南沙水下文化遗产调查项目的申报和审批工作。5月24日～6月5日，由国家文物局水下文化遗产保护中心、海南省文化广电出版体育厅和海南省三沙市社会管理局联合组成调查队，先后对南沙群岛的渚碧、永暑和美济礁的9处水下疑点进行了系统调查和核实，发现水下遗物点5处、沉船遗址1处，采集标本200余件。此次南沙水下文化遗产调查项目是我国第一次正式组织实施的远海水下文化遗产保护项目，对全面掌握我国南海水下文化遗产分布和保存状况，科学分析水下文化遗产保护形势，统筹规划今后一段时期内我国水下文化遗产保护工作的重点和方向，具有重要意义。

水下文化遗产专项调查

3月12～24日，国家文物局水下文化遗产保护中心组织开展鄱阳湖水下考古专项调查，实现在我国内陆水域开展水下考古调查工作零的突破，验证前期陆上调查与物探调查的相关线索，为今后相关工作的开展积累了经验。

国家文物局水下文化遗产保护中心与辽宁省文物考古研究所联合开展对辽宁省绥中海域水下文化遗产的调查，对目前已局部淹没于水中的"碣石"和"礁石通道"进行科学的水下调查和勘测，此项工作对于厘清海中"碣石"与陆上姜女石秦行宫遗址之间的关联，揭示姜女石秦行宫遗址全貌有着重要意义。

9月11日，天津、河北水下文化遗产重点调查工作现场总结会在天津顺利召开，两地调查工作圆满结束。通过此次调查，排除水下疑点7处，发现已被打捞沉船点4处；确认古代水下沉船遗址2处，初步判断其分别为清代晚期（河北）和民国时期（天津）。

"南海Ⅰ号"沉船考古发掘与保护项目

11月，国家文物局水下文化遗产保护中心、广东省文物考古研究所、广东省博物馆、广东海上丝绸之路博物馆联合承担的"南海Ⅰ号"沉船考古发掘与保护项目正式启动，沉船整体发掘的前期准备工作进展顺利。

水下考古工作船建造

重庆长航东风船舶工业公司负责施工建造的我国首艘水下考古工作船——"中国考古01号"完成分段制作和船台合拢工作，计划于2014年1月正式下水，进入水上舾装环节。

国家文物局水下文化遗产保护中心年会

3月，国家文物局水下文化遗产保护中心组织召开年会。与会代表围绕2012年我国水下考古的新进展和2013年全国水下考古工作计划展开热烈讨论，达成若干共识。此次年会是国家文物局水下文化遗产保护中心成立以来召开的第一次全国性水下考古会议，为全国水下考古工作者提供了交流和沟通的平台，促进各地更好地贯彻国家战略布局，将水下考古学研究和水下文化遗产保护工作引向深入。

水下考古交流

国家文物局水下文化遗产保护中心发挥水下文化遗产领域的沟通协调作用，组织赴越南、澳大利亚、泰国、塞舌尔等地进行工作访问并开展相关调研，派员参加第四届"2011水下公约组织会议"，开展相关水下考古技能培训及相关课题实验，组织编译《水下文化遗产行动手册：联合国教科文组织2001年〈保护水下文化遗产公约〉附件之指南》，举办一系列水下文化遗产保护讲座，取得良好的效果。

【世界文化遗产保护】

红河哈尼梯田文化景观成功申遗

6月22日，在柬埔寨金边举行的联合国教科文组织世界遗产委员会第37届会议上，红河哈尼梯田文化景观通过世界遗产委员会审议，顺利列入《世界遗产名录》，成为我国第31处世界文化遗产，保持我国连续11年成功申报世界文化遗产的良好势头。截至2013年，我国世界遗产总数达到45项，居世界第二位。

大运河保护与申遗

1月，将大运河申遗文本提交至联合国教科文组织世界遗产中心，《中国大运河遗产管理规划》正式公布实施。国家文物局印发《中国大运河遗产监测和档案系统建设工作指导意见》《中国大运河申报世界文化遗产界桩指导意见》以及大运河国际专家现场考察评估的工作总方案等指导性文件，多次召开相关工作推进会，继续指导、推动各地做好申遗点段保护展示、环境整治和国际专家现场考察评估准备工作。7月，开展现场考察预演。9月，大运河国际专家现场评估考察顺利完成，编制提交第一次补充材料；运河沿线城市代表专家出席在扬州召开的世界运河名城博览会。根据国际古迹遗址理事会要求，国家文物局组织开展大运河第二次补充材料编制工作。

丝绸之路跨国系列申遗

1月，中国、哈萨克斯坦、吉尔吉斯斯坦三国联合提交"丝绸之路：起始段和天山廊道的路网"项目的申遗文本。国家文物局与丝路沿线六省（自治区）人民政府间、六省（自治区）文物局之间《关于保护丝绸之路遗产的联合协定》正式签订，国家文物局印发《丝绸之路：起始段和天山廊道的路网中国部分展示标识系统指导意见》以及丝绸之路国际专家现场考察评估的工作总方案等指导性文件，并多次召开相关工作推进会，指导、推动各地做好申遗点段保护展示、环境整治、网络信息档案管理平台建设、丝路申遗工作简报编制和国际专家现场考察评估准备工作。7月，开展现场考察预演。10月，丝绸之路国际专家现场评估考察顺利完成。根据国际古迹遗址理事会要求，国家文物局组织开展丝绸之路补充材料编制工作。

土司遗址申遗项目前期准备

在土司遗址（老司城遗址、唐崖土司遗址、海龙屯遗址）被确定为2015年申报项目后，国家文物局多次召开相关会议、组织专家对土司遗址进行现场考察，指导、推动土司遗址相关立法、保护整治工作的开展，并组织编制申遗文本和管理规划。9月，土司遗址申遗文本报送至世界遗产中心预审，并在其后按照预审意见对文本进行修改完善。12月，国家文物局与湖南、湖北、贵州三省人民政府签订《关于保护土司遗产的联合协定》，完善土司遗址申遗和保护的协调机制。

印发《世界文化遗产申报工作规程（试行）》

为加强对世界文化遗产申报工作的指导，规范世界文化遗产申报准备、咨询等工作，8月，国家文物局印发《世界文化遗产申报工作规程（试行）》，明确申报相关各方的责任、权利和义务以及申报项目应具备的条件和所需开展的工作、申报程序等。12月，国家文物局举办《规程》专题研讨会，对该规程进行推广并展开相关培训。

2014
中国
文物年鉴

世界文化遗产监测与管理

2013年，国家文物局组织推动《中国世界文化遗产监测预警体系建设规划》编制工作，并征求各遗产地管理机构的意见。中国世界文化遗产监测预警国家总平台建设稳步推进，12处世界文化遗产地监测试点工作顺利开展。国家文物局多次赴各世界文化遗产地、世界文化遗产预备名单项目所在地进行监测巡视，推动各遗产地的保护管理和遗产监测工作。

1月，国家文物局组织编制并提交丽江古城、布达拉宫历史建筑群、澳门历史城区3处世界遗产的保护状况报告，其中丽江古城和布达拉宫历史建筑群（关于总体保护管理情况）的保护状况报告在世界遗产委员会第37届大会上表决通过。世界文化遗产武当山古建筑群将迎来国际组织的反应性监测，8月和11月国家文物局两次组织专家组赴现场开展国内的反应性监测，督促指导地方政府和文物部门做好迎检准备工作，并组织编写武当山古建筑群、拉萨布达拉宫历史建筑群（关于老城区改造工程）的保护状况报告。

5月，国家文物局派员出席联合国训练研究所世界遗产保护和管理系列培训。11月，国家文物局委托杭州市园林文物局召开系列遗产保护、管理与监测国际会议，国际国内专家对系列遗产的概念源起、申报、保护、监测和管理中存在的问题及解决方案进行了广泛深入的研讨，对我国系列遗产的申报保护起到了积极引导作用。

世界文化遗产保护工程

6月，国家文物局组织专家组赴承德避暑山庄及其周围寺庙对其保护工程进行工地检查，听取工程进展情况汇报，赴多处保护工程工地进行实地踏查，并召开意见反馈会，对后续工作提出指导意见。

千手观音造像修复工作初见成效，保护工程取得实质性进展。7月，举行大足石刻千手观音造像抢救性保护工程阶段性现场汇报会。9月，大足石刻保护修复国际学术研讨会召开，此次会议推动了中国与国际石质文物保护修复领域的交流与合作。

11月，国家文物局印发长城保护维修和长城"四有"工作指导意见，加强对长城保护工程的指导和检查，稳步推进工程进展，确保工程质量。同时，国家文物局还加强了对平安故宫、高句丽壁画等重大保护工程的现场指导和检查。

【博物馆建设】

博物馆年检备案

完成博物馆2012年检备案及名录公布。全国备案博物馆3866个，其中国有博物馆3219个，民办博物馆647个。

博物馆质量评估

编制完成中央地方共建国家级博物馆的运行评估办法和运行评估试点方案，提高央地共建博物馆运行管理水平。

完成2012年度国家一级博物馆运行评估，95家国家一级博物馆平均65.42分，比2011年度提升1.01分，体现了国家一级博物馆办馆水平的整体提升。完成2010、2011年度两次运行评估基本合格的6家博物馆整改和重新定级评估。

开展国家二、三级博物馆评估定级，新增恭王府博物馆等52家国家二级博物馆和丽江博物院等144家国家三级博物馆，其中民办博物馆8个（二级馆1个、三级馆7个）。

博物馆相关行政审批事项改革

取消局直属文物收藏单位处理不够入藏标准、无保存价值的文物或标本行政许可。印发《关于改进可移动文物保护修复项目方案审批管理工作的通知》，将部分馆藏珍贵文物保护修复项目方案审批、结项验收下放到省级文物行政部门审批。

博物馆免费开放

全国博物馆举办展览2.2万个，年接待观众5.6亿人次。组织完成博物馆免费开放绩效考评试点，编制博物馆免费开放绩效考评办法（含指标体系）草案，提高博物馆免费开放绩效。开展生态博物馆示范点建设评估。制定《全国博物馆十大陈列展览精品评选章程（试行）》，评选周期由两年改为一年，组织完成第十届全国博物馆十大陈列展览精品评选和推广。评选出"回望大明——走近万历朝"（首都博物馆）等2011年度全国博物馆十大陈列展览精品和"幽蓝神采——元代青花瓷器大展"（上海博物馆）等2012年度全国博物馆十大陈列展览精品。与山东省人民政府联合举办国际博物馆日济南主场城市活动，搭建博物馆与公众互动的桥梁。

馆藏珍贵文物保护

按照《国家重点文物保护专项补助资金管理办法》，组织各省编制项目计划，根据专家评审、择优入库的原则，确定300余项列入2013年项目库。完成六安双墩墓出土漆木器等120余项馆藏濒危文物保护修复项目，抢救性保护修复文物6000余件。启动160余项馆藏文物保护修复项目，针对8000余件馆藏文物开展保护修复工作。完成香山汉墓出土陶质彩绘文物、四神云气图壁画等2项保护修复报告编撰。组织馆藏微环境保存国家文物局重点科研基地（上海博物馆）举办可移动文物保存环境监测与控制培训班，确定四川、湖北、河南、江苏等省16家博物馆开展可移动文物保存环境监测与控制试点，推动馆藏文物保护由被动的抢救性保护向主动的预防性保护转变。

民办博物馆扶持

印发《关于推进国有博物馆对口支援民办博物馆工作的意见》，扶持民办博物馆发展。编制完成《民办博物馆设立标准（草案）》，开展民办博物馆规范建设评估试点，推动民办博物馆健康发展。中央财政为民办博物馆安排奖励资金1亿元。

【社会文物管理】

文物市场监管

进一步规范文物市场秩序，完善《文物拍卖许可证》审批工作。全年办理《文物拍卖许可证》申领审批事项66起，其中批复同意53起、不批准或暂不批准13起。新批准13家企业增加第一类文物拍卖经营资质。截至2013年，全国文物拍卖企业382家，其中具有第一类文物经营资质的企业129家。

加强文物拍卖专业人员考核，举办2013年度文物拍卖企业专业人员资格考试，参考人数686人，204人通过247个专业门类的考试。截至2013年，全国共有567人考取《文物拍卖企业专业人员资格证书》。

建立文物拍卖标的网上备案流程。全年共备案262家文物拍卖企业951个场次的634699件（套）标的，对不符合规定的8场拍卖会236件（套）标的进行了撤拍，其中省级文物行政部门共撤拍标的1109件（套）。据不完全统计，2013年全国文物艺术品拍卖实际成交额313.83亿元，同比增长11.67%。对社会文物管理网进行升级改版。

2014
中国
文物年鉴

加强文物鉴定类广播电视节目监听监看和动态管理，指导有关单位制定文物鉴定类广播电视节目监听监看细则，对全国11家电视台17档共384期节目实施常规监看，协调《天下收藏》《华夏夺宝》等不规范节目进行改版，遏制庸俗戏说、现场交易等行为，提升节目品质。

加强对无资质销售、拍卖文物活动的治理，规范上海自贸区内及佳士得、苏富比等外资机构在华拍卖活动管理。会同文化部文化市场司开展全国文物市场专项治理行动。

文物进出境审核管理

制定发布《1949年后已故著名书画家作品限制出境鉴定标准（第二批）》，将吴冠中等24人作品补充列入限制出境鉴定标准，防止珍贵作品流失。指导浙江、海南、安徽等地机构举办文物进出境审核人员玉器、陶瓷、杂项鉴定研修与培训，共培养鉴定骨干百余人。举办文物进出境责任鉴定员玉器、杂项资格考试，实际参考64人，共有23人次通过26科次考试。在天津、浙江、广东3地试行"文物进出境审核信息管理系统"，提升文物进出境管理标准化、信息化水平。

执法部门罚没文物移交机制

印发《关于做好公安、海关罚没文物移交工作的通知》，会同海关等部门大力推动罚没文物移交接收工作。2013年度，各级文物行政部门共接收北京、深圳、西安等地海关移交的15789件（套）罚没文物。

出入境展览及其文物管理

印发《出境展览文物安全规定（试行）》，对出境展览文物遴选评估、包装、运输、布撤展等事项予以重点规范。印发《第三批禁止出境展览文物目录》，新增禁止出境青铜器、陶瓷、玉器、杂项四类一级文物94件。全年受理各地申报出入境展览74项，其中出境展览50项，批复44项，入境展览24项、批复20项。

海外流失文物返还

促成法国皮诺家族将圆明园流失鼠首和兔首铜像以捐赠形式返还我国。协调美国政府移交查扣文物运输回国。

通过公开谴责、渠道协调等方式，有效遏制境外机构非法拍卖我流失文物的行为，致使相关拍卖均未实际成交。

国家文物鉴定委员会及相关工作

研究健全国家文物鉴定委员会工作机制，落实鉴委会秘书处办公用房。

会同司法部、最高人民法院开展文物司法鉴定管理调研，形成在新的司法鉴定管理体制下维护各级文物鉴定委员会法律地位的共识，探索推动文物民事司法鉴定科学管理的路径。

完成德国、意大利、希腊、澳大利亚等国政府有关部门查扣疑似中国文物鉴定、评估工作。完成大量民间信访及境外机构拟捐赠文物鉴定工作。指导各地开展涉案文物鉴定工作。

社会文物管理调研

委托并指导相关单位完成民间文物收藏与流通、海外流失文物追索等《文物保护法》修法相关调研工作，提出健全市场管理、规范文物鉴定、打击文物造假等方面的制度设计。

开展全国古玩旧货市场文物经营活动调研，指导各地加强古玩旧货市场文物经营活动监管，基本掌握主要省（区、市）古玩旧货市场文物经营活动审批监管情况。

【文物科技与信息化建设】

与中国科学院、工业和信息化部的战略合作

根据国家文物局局长励小捷与中科院院长白春礼正式签署的院局科技战略合作协议精神，进一步深化文物保护与科技交流、协作、融合，推动中科院上海高等研究院与敦煌研究院成立"文物保护联合实验室"，推动中科院微生物所、中国文化遗产研究院建立合作科研机构，推动中科院地球遥感所与国内文博单位开展研讨和合作，委托中科院上海高等研究院开展"基于物联网的中国智慧博物馆建设可行性研究"项目。"文化遗产空间观测机理与科学认知""珍贵石质和土质文物微生物病害及防治重要基础研究"作为2015年基础研究重点战略需求方向报送科技部。

与工业和信息化部合作推进文物保护与传承装备产业化和应用工作。加强先进制造业与文物、博物馆行业的合作，扭转长期以来文博行业装备适用性差、技术含量低、集成性低的现状，有效提升文物保护与传承的整体能力与水平。双方议定建立联合工作机制，联合印发指导性意见，组织有关部门和地方积极参与此项工作；联合制定文物保护与传承装备产业化和应用专项规划，明确近期、中期、远期目标，落实相关保障措施；联合编制2013年度项目申报指南，优先启动一批文物博物馆行业需求明确、用量大的重点项目。

科技项目管理

抓实抓好指南针计划专项和中华文明探源工程，积极促进文物保护与研究相结合、展示利用与教育传承相结合，全面提升文物保护研究、展示传播的整体水平。

加强国家科技计划项目的管理，做好国家科技计划项目储备、项目实施、项目检查和绩效评估等系列工作。完成3个国家科技计划备选项目的推荐工作。配合科技部，认真做好"十一五"国家科技支撑计划"中华文明探源及其相关文物保护技术研究"项目验收的准备工作，确保该项目顺利通过验收，为"中华文明探源工程（2013～2015）"（四期）奠定了坚实的基础。加强国家科技计划项目的进程管理工作。通过第三方咨询评估机构，加强课题执行进度、科研质量、组织管理和经费使用的评价，完成"中华文明探源及其相关文物保护技术研究（2013～2015）"等2个国家科技支撑计划项目的第三方评估单位遴选工作。

一般课题申报与管理

完成2013年度一般课题的评审工作，各地科研意识普遍加强，共收到来自30个省份的500余项课题申请，支持36个项目开展科学研究。上半年集中开展已立项课题的中期检查和结项验收工作。重点对立项4年以上尚未结题、立项2年以上尚未中期评审的课题进行清理整治。已完成66项课题的中期评审和结项验收工作，有4项课题未通过评审。

第五批国家文物局重点科研基地

开展第五批科研基地评审工作，共有45个单位申报，经专家评审、报局审定，共有5家单位成为国家文物局重点科研基地。

第五批国家文物局重点科研基地包括南京博物院纸质文物保护国家文物局重点科研基地、故宫博物院明清官式建筑保护研究国家文物局重点科研基地、东南大学传统木构建筑营造技艺研究国家文物局重点科研基地、吉林大学体质人类学与分子考古学国家文物局重点科研基地、北京化工大学文物保护领域科技评价研究国家文物局重点科研基地。

科技成果推广转化

委托陕西省文物保护研究院承担"石质文物表面物理清洗技术成果适用性示范研

究"。委托上海博物馆举办馆藏文物保存环境监测与调控技术成果推广班,参加人员130余名,使各地博物馆了解馆藏文物保存环境监测与调控技术最新成果,有力推动馆藏珍贵文物预防性保护工作。

为贯彻落实第四次全国文化文物援藏工作会议精神,组织来自6个国家文物局重点科研基地的专家赴西藏自治区进行文物保护科技工作调研,在加强西藏馆藏珍贵文物保护、促进相关技术成果转化、建立科技援藏机制等方面形成专题调研报告。

委托中国博物馆协会、中国文物保护技术协会和西北大学开展文物保护科技优秀青年研究计划,旨在通过创新体制机制、优化政策环境、强化保障措施,推进青年科技骨干成长,培养和造就一批高水平的文物保护科技青年领军骨干、优秀创新团队和创业群体,加强高层次创新型青年科技队伍建设,引领和带动文物保护科技研究的发展。

委托中国文物报社编制"中华文明探源工程对公众服务"项目实施方案,由中国文物报社联系相关平面媒体、电视媒体、网络媒体及时跟进报道中华文明探源工程的最新进展,形式多样,新闻报道、人物专访、深度通讯报道相结合。

文物保护标准化建设

开展文物保护标准体系框架研究。组织开展文物保护标准体系框架构建的研究工作。该课题通过对我国文物保护标准化工作的现状和问题进行系统梳理,与国际文化遗产保护标准构成情况进行比较研究,针对行业特点提出构建标准体系框架的方法与原则,分别提出截至2015年和2020年的中长期标准制修订计划建议。

加强标准制修订工作。完成《可移动文物病害评估技术规程 陶质文物》《古代陶瓷科技信息提取规范》等15项标准的审核、审查工作。完成《古代木构建筑保护工程施工工序记录规范》《博物馆突发事件应急预案编制规范》等13项行业标准的立项。完成拟向国家标准化管理委员会申报的《文物进出境标识使用规范》《古陶瓷化学组成无损检测EDXRF分析技术规范》等7项国家标准的咨询初审工作。支持开展地方标准、单位标准的制定工作,共收到28项单位标准、6项地方标准申报书。

完善组织机构布局。与工业和信息化信息部、中国博物馆协会藏品保护专业委员会、山西省文物局协商一致,着手申报筹建"文物保护专用设施分技术委员会""馆藏文物标准化分技术委员会"和"山西省文物保护标准化技术委员会"。推动筹建文化遗产保护国际标准化组织,推动与国家标准化管理委员会协商建立联合工作机制,向国际标准化组织申请成立文化遗产保护技术委员会,尽快成立申报工作筹备机构。

为推动标准的宣传推广与执行,委托陕西省考古研究院、河南省古代建筑保护研究所对《馆藏金属文物保护修复方案编写规范》《古建筑保护工程施工监理规范》等5项标准进行宣传与推广,并就标准化技术知识以及上述标准的理论、技术和操作展开培训。

信息化工作

科研项目管理信息系统升级。开展科研项目管理信息系统升级项目,科研课题、指南针计划项目、标准制修订项目的管理工作,实现网上申报、评审、监督、成果信息发布等一站式管理。一般课题网上申报模块已投入使用。

第三届文物保护领域物联网应用与发展研讨会暨文物保护领域物联网建设技术创新联盟理事会全体会议。在陕西西安召开。来自全国文博系统、高等院校、科研院所等34家单位近百名代表参加研讨会。与会人员交流了互联网技术在文博单位中的示范应用成果,并结合文物的保护、展示、管理,就物联网的应用与发展进行了充分讨论。

【对外交流与合作】

政府间交流与合作

7月10日，经国务院批准并授权，在国家主席习近平和尼日利亚总统古德勒克·乔纳森的见证下，文化部副部长、国家文物局局长励小捷与尼日利亚联邦旅游、文化和民族事务指导部部长埃德姆·杜克分别代表两国政府在北京人民大会堂签署中尼《关于防止盗窃、盗掘和非法进出境文化财产的协定》。

8月16日，经国务院批准并授权，文化部副部长、国家文物局局长励小捷与瑞士联邦委员兼内政部部长阿兰·贝尔塞特分别代表两国政府在北京签署中瑞《关于非法进出境文化财产及其返还的协定》。

9月10日，文化部副部长、国家文物局局长励小捷会见美国国务院教育与文化事务局文化遗产中心主任玛利亚·库鲁帕斯女士一行，商谈续签《中华人民共和国政府和美利坚合众国政府对旧石器时代到唐末的归类考古材料以及至少250年以上的古迹雕塑和壁上艺术实施进口限制的谅解备忘录》事宜。

10月，签署《中华人民共和国政府和塞浦路斯共和国政府关于防止盗窃、盗掘和非法进出境文化财产的协定》。

与国际组织的交流与合作

7月，在法国巴黎召开的联合国教科文组织《关于禁止和防止非法进出口文化财产和非法转让其所有权的方法的公约》（简称1970年公约）特别会议上，我国以亚太组别最高票当选1970年公约首届附属委员会委员国，任期两年。

10月，文化部副部长、国家文物局局长励小捷率团出席在希腊雅典召开的第三届文化财产返还专家国际大会，探讨现有国际公约体系下文化遗产返还的新思路和新做法。会议决定由中国政府承办2014年第四届大会。

11月，《国家文物局与国际文化财产保护与修复研究中心关于合作开展文化遗产保护国际培训的框架协议》签署，这对于借助该组织的平台作用来实现双方长期合作的机制化，增强中国文化遗产国际影响力具有重要作用。

与港澳台的交流与合作

1. 文物展览情况

举办"天朝衣冠——清代宫廷服饰展""东江纵队港九独立大队文物展""地下的中国——凤翥龙翔考展""辛亥革命在广东""岭南印记——粤港澳考古成果展"共5项赴香港文物展览；"景德镇官窑博物馆藏珠山明御厂出土成化官窑瓷器展""山水清晖——故宫、上博珍藏王鉴、王翚'虞山派'绘画精品展""盛唐回忆——洛阳博物馆唐三彩珍品展""清心妙契——中国茶艺文物展""岭南印记——粤港澳考古成果展"共5项赴澳门文物展览；"十全乾隆——清高宗的艺术品味展""光照大千——丝绸之路的佛教艺术展""古韵新风——河南朱仙镇木版年画展""溯源与拓展——岭南画派特展""天工开物——中国盐史展""梁庄王墓文物展""永远的孔子——走进衍圣公府展""中枢玄览——海峡两岸玄览堂珍籍展""丰子恺《护生画集》真迹展""佛国墨影——河南巩义石窟寺拓片展"共10个赴台展览。其中"十全乾隆——清高宗的艺术品位展""光照大千——丝绸之路的佛教艺术展"被列入国务院台湾事务办公室2013年对台重点交流项目，获得重点扶持。

2014
中国
文物年鉴

2. 学术交流情况

7月22～23日，海峡两岸及港澳地区建筑遗产再利用研讨会在天津举办，会议由国家文物局与台湾沈春池文教基金会、天津市人民政府、香港特区政府发展局、澳门特区政府社会文化司共同主办。该研讨会被列入国台办2013年对台重点交流项目。会议以"分享、交流、发展"为宗旨，集中展示了海峡两岸及港澳地区建筑遗产再利用的成果，探讨和交流了各自的实践经验。同时由大陆地区及台港澳地区共同举办文化遗产保护与利用方面的研讨会尚属首次，标志着两岸四地的文化交流向着更深入更务实的方向发展。

8月，国家文物局代表团赴台开展海峡两岸文博专业人员交流互访项目，与台湾文化资产主管部门就两岸文物保护法规的修订情况及双方在修法中存在的热点、难点问题进行了探讨和交流。

11月4～5日，第五届海峡两岸文化遗产论坛在台南市台湾文化资产保存中心举行。该论坛以"考古与遗产地管理"为主题，由国家文物局与台湾沈春池文教基金会联合主办。

3. 人员交流情况

11月11日，国家文物局与香港特区政府发展局、民政事务局、康乐及文化事务署在北京召开2013年度工作组会议。双方就展览交流、专业会议与人员培训、打击非法交易和走私文物等工作进行通报并商谈。

11月27～30日，应香港民政事务局、康乐及文化事务署、发展局邀请，文化部副部长、国家文物局局长励小捷参加香港"内地贵宾访港计划"，并于11月29日出席由香港发展局主办的"文物保育国际研讨会"。

8月5～11日，由国家文物局主办、陕西省文物交流协会承办的"台湾中华历史文化研习营"在陕西开营，邀请台湾中南部历史教师20人参加，研习活动主要包括实地参观与座谈交流两个部分。通过对文化遗产近距离的接触与体验，让台湾中南部历史教师切身感受中国历史的无穷魅力，增进对中华文化的理解与认同，为台湾青少年树立正确的历史观和大中国意识起到积极作用。

8月，国家文物局委托河南省文物考古研究院邀请台湾大学人类学系师生共5人在河南开展了为期4周的学术参访活动，为进一步增进海峡两岸考古工作者的相互了解，加强海峡两岸考古同行特别是青年学人之间的学术交流起到了积极作用。

对外文物保护援助项目

积极落实习近平主席访问中亚成果，开展乌兹别克斯坦萨马尔罕古城修复保护前期勘测、规划工作；与塞浦路斯就壁画与彩塑的科技保护开展前期联络工作；启动援助蒙古国辽代古塔的修复工作；配合文化部开展中共六大会址保护修复前期工作。

中国政府援助柬埔寨吴哥古迹二期茶胶寺保护修复工程进展顺利，已经开展9个子项共计12个点的维修工作，完成4个子项7个施工点的维修工作。赴柬埔寨检查茶胶寺修复项目进展情况。7月，中国文化遗产研究院与商务部国际经济合作事务局签署援柬二期茶胶寺项目的《第二阶段分年度（2013.3～2014.8）承包合同》以及工作计划。11月30日，应联合国教科文组织吴哥古迹保护与发展国际协调委员会要求，在中国援柬茶胶寺修复项目现场举办研讨会。

文物进出境展览

全年主办政府间大型文物展览4项，分别为中国·土耳其文化年的"安纳托利亚文明：从新石器时代到奥斯曼帝国展"、赴罗马尼亚"华夏瑰宝展"、赴意大利"早期中国——

2014
中国
文物年鉴

中华文明系列展I"、赴摩洛哥"斗品团香——中摩茶文化交流展"。

土耳其来华"安纳托利亚文明：从新石器时代到奥斯曼帝国展"由国家文物局、土耳其共和国文化旅游部主办，于2013年11月18日~2014年2月20日在上海博物馆展出。该展览是2013年中国·土耳其文化年的一项重要内容，系统展现从新石器时代到土耳其—奥斯曼时期5000余年的安纳托利亚文明精粹，是土耳其首次在中国举办文物展览，观众近5万人次。

赴罗马尼亚"华夏瑰宝展"由国家文物局、罗马尼亚文化部及驻罗马尼亚大使馆合作主办，于4月29日~8月14日在罗马尼亚国家历史博物馆展出。观众逾5万人，创造该馆临展观众人数最高纪录。

赴意大利"早期中国——中华文明系列展I"由国家文物局和意大利文化遗产与活动部主办，于2013年6月20日~2014年3月20日在意大利罗马威尼斯宫国立博物馆展出，全面展示了早期中华文明的灿烂和多元。

赴摩洛哥"斗品团香——中摩茶文化交流展"国家文物局、驻摩洛哥王国大使馆、摩洛哥王国文化部联合主办，于2013年11月25日~2014年7月15日在摩洛哥索维拉的穆罕默德·本·阿卜杜拉先生博物馆开幕。

【党的建设】

党的群众路线教育实践活动

根据党中央的统一部署，自2013年7月~2014年1月，国家文物局机关党的群众路线教育实践活动以"照镜子、正衣冠、洗洗澡、治治病"为总要求，以为民务实清廉为主线，以转变作风为核心，深入查摆和解决形式主义、官僚主义、享乐主义和奢靡之风问题，各项工作有序展开、扎实推进，取得重要阶段性成果。

局党组主要负责人和党组成员始终发挥模范带头作用，带头学习，带头征集意见，带头分析问题，带头开展批评和自我批评，带头落实整改措施，为教育实践活动提供了坚强的组织保障。教育实践活动过程中，共征集各类意见建议527条，召开各类会议51个，印发各类文件200余个，开展7个方面的专项整治工作，制定整改措施47条。通过教育实践活动，使局领导班子建设得到加强，干部队伍作风明显转变，勤政清廉机关形象进一步树立。另外，对局直属单位教育实践活动进行了认真督导。

中央第21督导组对局教育实践活动给予了高度评价：一是学习教育认真充分，二是征求意见广泛深入，三是谈心交心坦率真诚，四是对照检查严肃认真，五是专题民主生活会质量高、效果好，六是整改落实扎实有效。

党组中心组学习活动

全年党组中心组共学习10次，重点学习了习近平总书记等中央领导有关党的群众路线教育实践活动讲话精神，以及中央组织工作会议、中央宣传工作会议、全国宣传思想工作会议、党的十八届三中全会、中央经济工作会议和城镇化工作会议等讲话精神，切实解决好世界观、人生观、价值观这个总开关问题，不断加强局党组贯彻落实中央重大决定和部署的力度。

学习十八大精神培训班

5月15~17日，40名基层党支部书记参加"以十八大精神提升党支部工作"为主题的培训班，提高党支部书记的角色认知，充分发挥基层党支部的堡垒作用。

2014
中国
文物年鉴

基层党组织建设

指导中国文物报社党总支按规定程序进行增补选举。指导局直属单位党组织制定党员发展计划，加强党员发展工作的规范化管理。2013年新发展党员11名，预备党员按期转正5名。利用教育实践活动组织基层党支部书记和广大党员进行对照检查，开展批评与自我批评，及时抓好整改和提高。积极开展献爱心活动，向贫困地区捐款16000元。召开援藏援疆和扶贫工作座谈会，激励广大年轻干部深入一线、扎根基层，亲身感受国情、民情，砥砺品质、磨炼意志、锻炼才能。举办党内统计培训班，做好党员有关数据统计上报工作。加强学习型机关、学习型党组织建设，建立局机关学习制度，确定每个季度的最后一个周五为学习日，邀请局领导、文博专家开设专题讲座。

【廉政建设】

党风廉政建设精神学习贯彻

1月，召开2013年党风廉政建设工作会议，系统回顾总结2012年党风廉政建设工作，部署2013年党风廉政建设工作任务，明确要求，细化责任。

中央八项规定贯彻落实

制定并印发《中共国家文物局党组落实〈十八届中央政治局关于改进工作作风、密切联系群众的八项规定〉的实施意见》《关于贯彻厉行勤俭节约反对铺张浪费精神的通知》。抓住元旦、春节、"五一"、中秋、国庆等重要节点开展检查、抽查，明确禁止滥发津补贴，明确禁止用公款为职工购买"购书卡"、公园年票、年节礼物，以党风促进作风的转变。

廉政建设监督监察

认真落实党员领导干部个人有关事项报告制度、领导干部经济责任审计制度。对局机关干部选拔任用、公开招标、行政审批等重大事项进行全程监督，确保工作过程的公开、公平、公正。引进第三方进行文物保护工程技术方案预算审核，确保财政资金使用效益。直属机关纪委按照程序和规定对群众来信来访进行调查核实。

会员卡专项清退活动

在纪检监察系统开展会员卡专项清退活动，国家文物局纪检监察干部做到了"零持有、零报告"。

【人才队伍建设】

文博人才队伍培训

2013年全年完成36个培训班，共培训文物系统管理人员和专业技术人员2700余人。完成全国县级文物行政部门负责人培训班第11～16期，培训学员680人；完成了辽宁、云南、湖南、山东、宁夏、新疆、西藏等7个省（自治区）的文物安全管理轮训；委托中国文化遗产研究院举办纺织品文物保护修复技术培训、馆藏纸质文物保护修复培训、石质文物保护修复培训、现代分析技术在文物保护中的应用、中德合作皮革文物保护修复技术培训；以高等院校、职业院校为依托，借助高校人才多、学科建设强、教育资源聚集、培训模式成熟的优势，在北京建筑大学举办全国文物保护规划与工程勘察设计培训班，在陕西文物保护专修学院举办古建彩画保护修复培训班；落实中央对口支援新疆工作会议和第三次全国文化文物系统对口支援新疆工作电视电话会议精神，11月在陕西半坡博物馆举办新疆博物馆讲解员培训班；全国考古领队任前培训班、全国博物馆展览策划专题培训班和文化遗产创意产业专题培训班、全国民办博物馆馆长培训班顺利举办。

文物行政执法与安全管理人员培训。举办安徽、重庆、黑龙江、甘肃四省文物行政执法人员片区培训班，培训基层文物行政执法人员654人。组织"文物安全防范综合演练"，取得良好效果。国家文物局全年在辽宁、湖南、山东、西藏、新疆、云南、宁夏等7省区举办文物安全管理培训班，培训基层文物安全管理人员767人。

考古人才培训。国家文物局分别在陕西岐山双庵遗址和西安市组织开办田野考古培训班和新任领队岗前培训班，推广《田野考古工作规程》和新的考古、保护技术手段，提高一线人员综合素质和工作水平。国家文物局先后批准吉林大安后套木嘎、山东即墨北阡、甘肃甘谷毛家坪、河南荥阳官庄、福建武夷山竹林坑窑址、安徽固镇南城孜、谷阳城等结合学生实习开展主动性考古发掘项目，并从经费安排、统筹协调等方面给予有力支持。

在职人员培训

完成中组部干部调训工作，选派7位司局级领导干部参加中央党校、国家行政学院、中央组织干部学院培训，选派2位处级领导参加中央国家机关工委党校处级领导培训，努力提高干部的思想政治理论水平。选派11名机关和直属单位的司局级领导参加司局级干部自主选学。

文博高级职称评审

9月27日，增补北京鲁迅博物馆研究馆员杨阳同志为国家文物局文物博物馆高级职称评审委员会委员，任期为2013年9月27日～2015年11月30日。

完成2013年度高级职称评审。中国文化遗产研究院张秋艳获得古建高级工程师任职资格；中国文物信息咨询中心滕磊，中国文化遗产研究院乔云林、王元林，北京鲁迅博物馆何洪、葛涛，天津博物馆黄克力，天津市文物管理中心施俊获得研究馆员任职资格；中国文物信息咨询中心彭蕾、北京新文化运动纪念馆田丹获得副研究馆员；文物出版社陈峰、张晓曦、刘婕、李东、陈婧、冯冬梅、王哲、张晓悟，中国文物报社文冰、文丹、李耀申获得副编审任职资格。

职业分类大典修订

4月1日，经国家职业大典修订工作专家委员会评审，文物修复师、考古探掘师职业获得原则通过。

12月10日，考古专业人员、馆藏文物保护专业人员、文物藏品管理专业人员职业获得原则通过。

2012年度政府特殊津贴

根据人力资源和社会保障部《关于公布2012年享受政府特殊津贴人员名单的通知》（人社部函［2013］31号文件），中国文化遗产研究院詹长法、乔梁以及中国文物信息咨询中心常兴照3名同志被批准享受2012年政府特殊津贴。

【人事工作】

干部管理

1月，国家文物局党组任命郭俊英为北京新文化运动纪念馆馆长；任命李让为中国文物报社副总编辑；任命李学良为中国文物报社社长助理；任命王莉为博物馆与社会文物司

（科技司）巡视员；任命庆祝为文物保护与考古司（世界文化遗产司）副巡视员；任命尹建明为人事司副巡视员。

3月，免去刘殿林的文物出版社社长助理职务。

4月，任命陈红为办公室（外事联络司）副主任；任命唐炜为文物保护与考古司（世界文化遗产司）副司长。

7月，任命梁刚为中国文物信息咨询中心党总支书记、副主任。

8月，任命赵国顺为北京鲁迅博物馆党委书记；免去杨阳的北京鲁迅博物馆党委书记职务；任命李耀申为中国文物报社社长、党总支书记；免去彭常新的中国文物报社社长、党总支副书记职务；任命温大严为办公室（外事联络司）外事处处长；免去张和清的办公室（外事联络司）副巡视员、外事处处长职务。

9月，同意提名吴东风为北京国文信文物保护有限公司执行董事；提名刘小和为北京国文信文物保护有限公司监事；提名梁刚为北京国文信文物保护有限公司总经理、法定代表人。

11月，任命李游为办公室（外事联络司）主任，免去其机关服务中心（局）主任（局长）、北京文博大厦物业管理公司董事长（法人代表）职务；任命朱晓东为政策法规司司长，免去其办公室（外事联络司）主任职务；免去李耀申的政策法规司司长职务；任命邓超为督察司督察处处长；任命辛泸江为文物保护与考古司（世界文化遗产司）资源管理处处长；任命刘洋为文物保护与考古司（世界文化遗产司）世界遗产处处长；任命郑绍亮为办公室（外事联络司）预算处处长；任命刘大明为督察司安全监管处处长；任命凌明为文物保护与考古司（世界文化遗产司）文物保护处处长；任命张磊为文物保护与考古司（世界文化遗产司）考古处处长；任命郭长虹为博物馆与社会文物司（科技司）博物馆处处长；任命付红领为局直属机关纪委办公室主任。

12月，任命刘铭威为局直属机关党委专职副书记、免去其督察司副司长职务；任命金瑞国为博物馆与社会文物司（科技司）社会文物处处长；任命王大民为中国文化遗产研究院（国家文物局水下文化遗产保护中心）院长助理（挂职锻炼一年）；任命王金华为办公室（外事联络司）副主任（挂职锻炼一年）；任命范伊然为政策法规司新闻与宣传处处长（挂职锻炼一年）。

扶贫工作

按照《关于做好新一轮中央、国家机关和有关单位定点扶贫工作的通知》（国开办发〔2012〕78号）要求，选派博物馆与社会文物司（科技司）博物馆处副调研员支小勇赴国家文物局扶贫点河南省淮阳县挂职锻炼，任淮阳县人民政府副县长。

挂职锻炼

根据中组部《关于选派干部到西部地区、老工业基地和革命老区挂职锻炼的通知》（组通字〔2013〕31号）精神，选派国家文物局办公室（外事联络司）副主任闫亚林赴陕西省挂职锻炼，任西咸新区秦汉新城管委会副主任；选派文物保护与考古司（世界文化遗产司）考古处处长张磊赴江西省挂职锻炼，任宜黄县县委副书记、副县长。

根据中组部和人社部《关于做好第七批援藏干部人才和第二批援青干部选派工作有关问题的通知》（组通字〔2013〕12号）精神，选派中国文化遗产研究院文物修复与培训中心副研究馆员高峰为我局第七批援藏干部，任西藏自治区文物局文博处副处长。

按照《关于选派第九、十批中央和国家机关中青年干部到国家信访局挂职锻炼的通知》（组通字［2013］9号），选派政策法规司新闻与宣传处主任科员王汉卫赴国家信访局挂职锻炼。

社团管理

完成国家文物局主管的17家社会组织2012年年度检查材料的初审工作。

中国文物学会增设分支机构历史文化名街专业委员会。

10月28日，中国海外交通史研究会召开会员代表大会，谢必震当选会长。

2014
中国
文物年鉴

分
述

篇

北京鲁迅博物馆

【概述】

北京鲁迅博物馆是为了纪念和学习中华民族的思想文化巨人鲁迅先生而建立的社会科学类人物博物馆，是中央国家机关思想教育基地、北京市爱国主义教育基地。

博物馆现下设办公室（服务中心）、人事保卫处（党委办公室）、资产财务处、研究室（鲁迅研究中心）、文物资料保管部（信息中心）、陈列展览部、社会教育部。

【鲁迅研究】

2013年，北京鲁迅博物馆继续以《鲁迅研究月刊》为平台，展示鲁迅研究的新成果。由北京鲁迅博物馆承办的全国社科规划办审批立项的"《鲁迅手稿全集》文献整理与研究（A卷）"项目开始进行并取得了初步成果。完成了鲁迅创作集（五种）汇校的初校工作。3月，姜异新研究馆员的论文《翻译自主与现代性自觉——以北京时期的鲁迅为例》被收入《唐弢青年文学研究奖论文集》。

【文献整理与出版工作】

继2012年编辑出版《鲁迅著作初版精选集》28种，2013年又推出《鲁迅译作初版本精选集》30种。编辑出版《鲁迅编印美术辑存》13种以及《萧红诗稿》等。此外影印出版馆藏近代文献《胡适文存》14册、《独秀文存》4册、《海上述林》2册。与中央编译出版社合作，影印出版鲁迅藏百衲本二十四史（820册）。与湖南美术出版社合作，编辑出版《鲁迅藏外国版画》。北京鲁迅博物馆拟定出版一套自编全新版本的《鲁迅全集》，利用馆藏丰富资料，组织二十多人的队伍对《鲁迅全集》文本进行汇校，现在汇校工作已经初步完成，校勘成果初步显现。

【陈列展览】

2013年，北京鲁迅博物馆共举办临时展览13个，这些展览主要依托于北京鲁迅博物馆丰富的馆藏文物，对宣传展示鲁迅、研究鲁迅起到了积极的作用。

"鲁迅读书生活展"先后在安徽宣城、和县、定远以及山东滕州、江苏镇江博物馆巡回展出；6月和11月，"人间鲁迅展"在安徽黄山、云南玉溪市博物馆展出；5月和6月在北京鲁迅博物馆先后举办了"北京鲁迅博物馆馆藏美术精品展"和"丹麦哲学家克尔凯郭尔诞辰200周年纪念展"；9月，"钱玄同文物展"在浙江湖州展出。

8月，北京鲁迅博物馆与上海鲁迅纪念馆、日本和光学园、上海三新学校在上海共同举办了"中日儿童版画展"，并于10月14日赴日本展出；10月，"鲁迅生平展"在马来西亚吉隆坡展出；12月6日，"鲁迅生平与创作展览"在尼泊尔学院开幕。

2014
中国
文物年鉴

出国展览增进了北京鲁迅博物馆与国外文学界人员之间的交往，对中外文化交流与合作具有十分积极的意义。这在北京鲁迅博物馆的历史上是前所未有的。

【文物藏品】

不断丰富馆藏是北京鲁迅博物馆的一项长期重要工作。2013年，北京鲁迅博物馆征集了王观泉藏抗战版画原作24幅、野夫版画80余幅。

博物馆现有藏品、图书等81763件（套、册），其中文物藏品17301件（套）——一级藏品700件（套），未定级藏品16601件（套），主要包含鲁迅文物、鲁迅亲属文物、鲁迅同时代人的文物；一般藏品9617件（套），主要包含文化名人的手稿、照片、生平史料、藏书、藏画等藏品；新、旧图书54845册，主要包含鲁迅著译版本、鲁迅研究著作、新旧期刊、社科图书等。

【合作教学】

2013年北京鲁迅博物馆继续与青岛大学联合招收硕士研究生，指导1名硕士研究生毕业论文开题，并招收入学新生1名；与中国人民大学文学院合作招收博士生2名。

【社会教育】

北京鲁迅博物馆依托丰富的展板、图片和实物，努力构建博物馆与社会的文化沟通桥梁，向全社会宣传展示鲁迅文化和鲁迅精神。2013年，继续开展"走近鲁迅"馆校牵手校园行活动。5月，"馆校牵手校园行"平谷站活动走进平谷金海湖二小，举办了"走近鲁迅"展览，并向学校赠送了价值2000元的文体用品和部分图书音像制品。

主持北京八家名人故居联盟联展活动。策划开展了一系列展览活动。5~7月，"20世纪文化名人的中国梦"展览先后在南京东南大学艺术学院和秦皇岛市山海关长城博物馆展出，此次系列活动的内容紧扣时代主题，以习近平主席提出的"中国梦"为主线，展出了20世纪8位历史文化名人关于民族振兴、文化创新的种种探索，展示了8位名人的爱国主义精神、改革创新精神和实干兴邦精神。在中国科技馆召开的第37届"5·18"国际博物馆日北京地区宣传活动中"文化名人与文化创新"展开幕。9月，在北京鲁迅博物馆举办了"访文化名人　看传统老宅　赏古树名木——走进北京八家名人故居"展。10月，在福建省冰心文学馆举办八家名人故居联合展览。11月，"中华名人展"在巴基斯坦自然历史博物馆展出。

加大对外宣传力度。2013年，对外宣传的力度比往年有所提高。光明日报、中国文物报、北京晚报等多家媒体对八家名人故居联盟联展的活动进行了报道，北京城市服务广播电台直播介绍了八家名人故居联展的"20世纪文化名人的中国梦"。北京电视台"这里是北京"栏目拍摄了两集专题片《树在北京》，介绍了包括鲁迅手植丁香树在内的八家名人故居内的古树名木。

【文化交流】

2013年，邀请澳大利亚新南威尔士大学寇志明教授举办"英语国家的鲁迅研究"的学术讲座，印度尼赫鲁大学海孟德教授及上海鲁迅纪念馆、江西博物馆专家学者来访。与清华大学东亚文化讲座联合举办"小森阳一先生还历纪念及小森阳一先生著作《文学的形式与历史》汉译本出版研讨会"。北京鲁迅博物馆研究人员积极撰写研究论文,参加国内外学术会议7次。1月,戴晓云博士结束在费正清中国研究中心和哈佛大学艺术与建筑学院美术史系为期一年的访学、研究工作;4月4～6日,葛涛博士参加在哈佛大学费正清中国研究中心举行的"鲁迅与东亚"国际学术研讨会暨国际鲁迅研究会第三次学术论坛;6月14～16日,葛涛博士参加了在韩国外国语大学和全南大学举办的国际鲁迅研究会第四次学术论坛,做了《鲁迅书信附件考释》的会议发言。

【网络建设】

认真做好网络平台建设、内部设备维护工作,保证馆网站日常安全运转。注重动态新闻采编,及新闻的时效性,使网站真正成为及时反映北京鲁迅博物馆多方面工作的窗口。加强了学术版面,建立了多部门联系机制,全年发表各类文章200余篇。完成2013年度网站优秀作品评选。

中国文物信息咨询中心

【概述】

中国文物信息咨询中心（国家文物局数据中心）是国家文物局直属事业单位，主要职能包括：收集、整理、保管、利用与文物、博物馆事业相关的资料和信息，建立、管理、维护文物资料信息库，配合国家文物局对全国文物、博物馆事业信息化工作进行宏观管理和业务指导；承担文物保护工程、设施建设和博物馆维修、建设项目以及安防、消防、技防工程的咨询、招标、审核、监理工作；对历史文化名城和城市保护、发展、建设规划、方案进行咨询和评议；开展与文物、博物馆事业有关的调查、咨询、鉴定、培训等工作；对国内非文物系统的组织和个人收藏的文物进行调查登记，对文物拍卖单位的资格进行审核，对文物拍卖标的进行审核；搜集流失海外的中国文物有关资料，建立专门的信息数据库；管理、监督中国文物流通协会；承担国家文物局委托办理的其他事项。

【内部建设】

以教育实践活动为契机，扎实推进党建工作。信息中心党总支根据国家文物局直属机关党委工作安排，继续组织学习党的十八大会议精神；及时传达励小捷同志在传达党的十八届三中全会精神会议上的讲话精神，始终把思想和行动统一到中央精神上来，统一到国家文物局的决策部署上来。严格执行"八项规定"，扎实开展教育实践活动。班子集体认真布置并完成各环节的学习和总结，获得了单位职工的一致好评。

贯彻执行预决算制度，预算执行率达到100%。根据国家文物局对中心2013年预算批复，认真制订工作方案，对重点项目和工作的经费使用情况实行统一监督、管理，预算执行达到100%。

严格按照国家规定，做好人才培养引进。根据业务需求，引进2名文物保护专业人才。完成2013年度职称推荐报送工作，有2名同志获得高级职称任职资格。同时，在局人事司的大力支持下，解决了2名同志夫妻两地分居问题，解除了技术骨干的后顾之忧。

【改革创新】

认真贯彻落实党的十八大"加快行政审批制度改革"精神。响应国家文物局全国重点文物保护单位保护方案审批制度改革，成立适应市场竞争的第三方评估机构北京国文信文物保护有限公司。12月27日，北京国文信文物保护发展有限公司在京正式挂牌成立，文化部部长蔡武，文化部副部长、国家文物局局长励小捷为公司揭牌。公司正式运作后，文物保护方案审批工作基本实现了网报网审，简化了审批手续，缩短了审批时间，加快了审批效率。

2014
中国
文物年鉴

【国家文物局委托工作】

（一）服务局电子政务，维护国家文物局内外网系统和网站

维护国家文物局政府网站、OA系统、电子政务短信服务平台、财务专网等系统正常运行。

——设计开发文物保护方案网报网审系统。为确保2014年1月实现文物保护工程方案、规划、行政许可等网上申报审核，信息中心安排技术人员全力奋战，仅用3个月完成了在线审核系统研发和上线测试运行。

——研发"文物保护单位中寺庙道观建国以来历史沿革及保护现状"项目网络调研应用系统。

——启动国家文物局外网移动办公子系统、移动视频会议子系统需求调研、安全论证、技术方案编制工作，完成核心技术测试。

——开展国家文物局"三定"管理系统需求调研，编制系统设计方案。

——完成出入境展览电子审批系统主体功能研发。

——协助开展"国家文物局科研项目管理系统"研发、部署工作。

——完成博物馆年检、运行评估、定级评估3个子系统二期研发；为4700多家博物馆及省、市行政管理部门提供技术支持。

——协助国家文物进出境审核信息管理系统开发方进行系统修改，研发移动端APP、专用物联网手持机，组织试点省现场培训。

——开展国家文物考古发掘电子审批系统2.0版使用培训。

——日常维护文物安全与行政执法管理信息系统、长城资源管理应用系统、中国长城信息网、历史文化遗产保护领域科技平台。

（二）审核完成文物工程方案和行证许可项目1489项

组织完成审核文物保护工程方案、遗产监测方案、规划、行政许可、考古发掘项目等1489项，较2013年增加47%，有力保障了重大文物保护工程的顺利实施。

（三）完成相关课题调研9项

完成《国家文物局政务信息化规划总体方案》《国家文物局信息化建设中长期规划开题报告》《文物影响评价制度研究》《大遗址文物保护工程项目检查制度预研究》《三峡工程文物保护项目验收工作大纲》。

承担《博物馆藏品信息登记著录规范》《博物馆综合管理服务信息系统建设前期研究报告》《丝绸之路（中国段）文化遗产资源地理信息系统及文化旅游服务集成技术研发与应用示范》课题的评估等。

（四）开展文化遗产宣传项目3项

主办"第五届全国青少年文化遗产知识大赛"。摄制的宣传片《2013年"5·18"国际博物馆日主题》在"5·18"国际博物馆日主场城市播放后，受到了社会各界的广泛好评，应广大观众要求，已将2012、2013年相关宣传片正式出版。承担国家文物局委托的《中国文物宣传片》，目前正在后期制作中。

（五）完成2期资格考试，62万余件套标的审核备案

完成2012年度文物进出境责任鉴定员资格考试和文物拍卖企业专业人员资格考试工作。组织审核并备案了21个省报送的623706件套拍卖标的，工作量较2012年增长近一倍。

（六）文物鉴定类广播电视节目监听监看

制定《文物鉴定类广播电视节目监听监看细则》；对8档文物鉴定类电视节目进行监看，截至2013年12月底，共监看节目384期，时长14857余分钟，完成监听监看报告8期。

（七）配合第一次全国可移动文物普查做好服务

根据普查办需求，重点解决了软件集成的数据库兼容性问题。成立技术支持工作小组，负责普查采集软件下发、培训及技术支持，参与试点验收，协助开展普查信息登录平台建设。

启动166万余条馆藏文物数据转换工作，已完成转换工具研发、转换规则编制、预处理等工作。

【社会服务】

（一）编制完成13处国家考古遗址公园申报材料

完成金牛山、郑韩故城、福建城村汉城、泥河湾、赵王城、辽上京、盘龙城、铜绿山、山东南旺、青海喇家、庙底沟、中山古城、二道井子13处遗址的《国家考古遗址公园建设文物影响评估报告》《可行性研究报告》和《项目计划书》等立项文本。其中10处遗址成功列入第二批国家考古遗址公园立项名单。

（二）提供行业信息技术服务近20项

完成《成都市城市发展轴线文态建设规划设计》《"三峡数字博物馆建设项目"初步设计方案》《海淀博物馆城建设研究规划》《文物拍卖产业基地规划》初稿等十余个信息化规划、技术方案。

与国家海洋博物馆、吉林省博物院、中国美术馆普查办、天津文保中心、广东启智文化遗产保护研究院、国产软件厂商等开展科研合作。

为重庆市文化遗产研究院、安徽省考古所、江西省考古所、北京市文物局、广西民族博物馆、山西博物院等近30家单位提供技术支持。

文物出版社

【出版概况】

2013年，文物出版社共出版图书325种，其中新书287种、重印书38种；出版《文物》月刊12期，《书法丛刊》6期。《明蓟镇长城——1981～1987年考古报告系列（全十卷）》《2012中国重要考古发现》《俄罗斯滨海边疆区女真文物集粹（汉俄对照）》《钟离君柏墓（全三册）》《萨迦寺壁画保护修复工程报告》《贾文忠全形拓精选集（全二册）》《中国古代髹漆家具——十至十八世纪证据的研究》《线条艺术的遗产——唐乾陵陪葬墓石椁线刻画》《古迹新知——人文洗礼下的建筑遗产》《香缘——天然香料的制作和使用》《中国古代壁画经典高清大图系列（全30种）》等一系列涉及考古报告、课题研究、图录、大众通俗读物的精品图书以及复制作品陆续面市，为广大读者提供了丰富的精神食粮。

【年度精品】

2013年，持续编纂多年的《明蓟镇长城——1981～1987年考古报告系列（全十卷）》完成出版，是目前国内规模最大的单体报告。全套书共有240余万字，收录了2500多张实测图、3600多张图片，是首次对蓟镇长城进行全面、系统、科学地实地考古调查信息和数据的科学记录和总结，对长城所经地形、地貌、自然环境、人文环境、保存现状的翔实记录，以及对长城上每座敌楼、战台、墩台等附属建筑的实测图等都是蓟镇长城档案的第一手资料。这部报告记载的材料对今后长城的保护与维修有极大的参考价值。

【重大出版项目】

2013年，文物出版社《中国皮影戏全集》获得国家出版基金，《唐〈开成石经〉点校整理出版工程》获得古籍整理出版资助，《中国文化遗产多媒体资源库》项目获得财政部文化发展专项资金资助，3D制作系统建设项目获得发改委基本建设专项资金资助。现承担"十二五"国家重点图书、音像、电子出版物规划项目12项，2011～2020年国家古籍整理出版规划项目14项。截至2013年底，完成《草原金石录》一项古籍整理出版资助项目，完成《带你走进博物馆》丛书一项"十二五"国家重点图书出版规划项目。

【获奖情况】

2013年，文物出版社出版的图书在国内外各项评奖活动中继续获得丰收，有数十种图书荣获各种奖项。其中《中国法书全集》荣获第二届中国出版政府奖"图书奖"，同时《银雀山汉墓竹简（贰）》和《文物》月刊分别在此项评奖中获"图书提名奖"和"期刊提名奖"；《中国古代书画图目》《吐鲁番出土文书》《新中国出土墓志》《髹饰录解说》《中国版刻图录》入选国家新闻出版广电总局举办的"首届向全国推荐优秀古籍整理图书目录"；文物出版社推出的普及丛书《中华历史文化名楼（全11册）》荣获"向青少年推荐百种优秀图书"；《敦煌（英文版）》被评为"第四届中华优秀出版物奖（音像）"；在2013年中国文物报社主办的"2012年度文化遗产十佳图书评选"活动中，文物出版社《仰观集》《科技考古的方法与应用》《明长城》《元中都》《中国古代髹漆家具》《中华历史文化名楼丛书》6种被评为"十佳图书"，独占一半以上，另有《秦始皇帝陵出土一号青铜马车》《宋伯胤文集·民族调查卷》被评为"优秀图书"；在"2013年优秀古籍图书奖"评奖活动中《成都出土历史墓铭券文图录综释》荣获一等奖，《唐大明宫史料汇编》《苏州博物馆藏古籍善本》《古代铭刻论丛》获得二等奖；《西藏涌泉木刻浮雕唐卡》被列入"2013年向全国推荐百种优秀民族图书"，首次斩获该奖项；《"凿枘工巧"中国古卧具》被评为"中国最美的书"。此外，文物出版社主办的《文物》月刊获得了国家新闻出版广电总局全国"百强期刊"的称号，并且连年获得"中国最具国际影响力学术期刊·人文社会科学"称号。除国家级、省部级奖项外，文物出版社推出的许多图书在各地方的评奖活动中也大量获奖。

【业务往来】

文物出版社历来重视和文博行业、出版界相关单位的交流、沟通和业务合作。2013年，文物出版社的领导以及相关事务负责人与中国文化遗产研究院、科学出版社考古文物分社、南京博物院等众多相关单位的领导、业务人员就未来的合作方向、合作方式进行了深入的探讨和研究。文物出版社相关领导参加了国家出版基金工作会议等国家新闻出版总局召开的会议，深入学习了解出版行业今后的工作方向和政策变化，并派新编辑和专业编辑参加出版社编辑人员业务培训班、全国古籍整理出版编辑培训班、出版物（图书）质量管理与质量检查培训班等业务课程，大力支持编辑人员提高业务水平。2013年，文物出版社与长沙市文物考古所等单位举办了"长沙五一广场东汉简学术研讨会"；与四川雅安博物馆联合举办了"第九届中国书法史证研讨会"；举办了《仰观集》《古迹新知》《红酒能，普洱茶为什么不能》3次出版座谈会。

【机构及人员】

文物出版社下设中心及部室16个，现有在职职工共116人，管理人员33人，占28.4%，专业人员56人，占48.3%；获得高级职称人员17人，占14.7%，副高职称人员25人，占21.6%，中级职称人员14人，占12.1%。2013年新进职工6人。

【对外交流与合作】

作为版权输出先进单位，多年来，文物出版社始终关注海内外出版物市场，在国家新闻出版事业"走出去"旗帜的引领下，以自己的特色面对海外市场，迎难而上，以国际书展、学术交流为渠道，组织考察国外出版市场，在图书进出口和版权贸易业务中不断努力。本年度文物出版社组织编辑分别参加了第65届德国法兰克福书展，第32届伊斯坦布尔国际书展及澳、新中文图书巡回展，通过了解、学习各国出版行业知名机构、公司的先进理念和成熟经验，不断增强出版实力，丰富出版产品，抓住机遇，向海内外读者推荐传播优秀的文化遗产出版物。此外，文物出版社派出本社专家参加了第四届中国与中亚的东方教会国际会议、第四届新出简帛国际学术研讨会、考古与遗产地管理——第五届海峡两岸文化资产论坛等学术会议、大唐西市藏墓志国际学术研讨会，并多次通过书法文化活动，增强与国际研究领域精英之间的交流与沟通，向国外传播中国传统文化。

在学习和交流的同时，文物出版社2013年向日本成功输出《文物藏品定级标准图例（全6册）》日文版版权，取得了社会、经济效益"双丰收"。

中国文化遗产研究院（国家文物局水下文化遗产保护中心）

【概述】

2013年，全院在册职工144人，其中具有研究生以上学历者83人（博士31人、硕士52人），具有高级专业技术职称资格者71人（正高级17人、副高级54人），19人享受国务院政府特殊津贴，1人入选人力资源和社会保障部等七部委联合评选的"百千万工程"人选。

中国文化遗产研究院（国家文物局水下文化遗产保护中心）下设二级机构13个，即办公室（人事处、党委办公室）、科研与综合业务处、预算财务处、总工程师办公室（总修复师办公室）、文物研究所（古文献研究室）、文物保护工程与规划所（中国世界文化遗产监测中心）、文物修复与培训中心、国家水下文化遗产保护工作协调小组秘书处、装备与设备部、水下考古学研究所、出水文物保护研究所、图书馆、服务中心（安全保卫处）。

【重要专项和科研课题】

1. 南沙群岛海域水下文化遗产调查

经国家文物局批准，5月19日～6月5日，水下中心联合海南省文化广电出版体育厅共同组建"2013年南沙群岛海域水下文化遗产调查队"。5月13日，国家文物局局长励小捷亲自为调查队授旗，勉励调查队开拓进取、圆满完成任务。

本次工作先后对南沙群岛的渚碧、永暑和美济礁进行了水下文化遗产调查和相关线索的核实、确认。在海上前后历时13天，行程1500余海里，合计潜水67人次，潜水总时长5554分钟，水下人工搜索面积约54.29万平方米，调查水下文物疑点9处，确认水下遗存点6处（包括水下遗物点5处、沉船遗址1处），先后采集文物标本200余件、水环境样品20余份，同时对永暑礁1、3号等遗物点或周边海域进行了物理扫测，顺利完成了调查任务。

本次调查是我国首次由国家文物主管部门组织专业机构实施的南沙考古项目，填补了我国水下文化遗产调查的学科和区域空白，是我国文物考古工作、特别是水下考古工作一次具有里程碑意义的新突破、新收获。同时，本次采集的文物标本是我国文物宝库中第一批有准确出水地点的南沙文物，补充和印证了中国古代文献和民间史籍的记载，为南海维权提供了更多法理和历史依据，在宣示国家主权、捍卫我国文化安全方面具有重要意义。

2. 考古研究船建造

4月11日，我国第一艘考古研究船在重庆长航东风船厂正式开工建造。按照计划，该船将经过分段制作、船台合拢、下排、水上舾装等阶段的建造过程，于2014年春下水试航。考古工作船设计排水量为930吨，全长56米，型宽10.8米，型深4.8米，吃水2.6米，航速12节。其主要工作海域为我国沿海，可承担水下文化遗址的普查、专项调查及小型发掘工作。作为水下考古专业工作用船，该船具有水下考古专业设备多、后甲板作业面积大等特点，既能够保障水下遗存的测绘记录、摄影摄像等工作，也便于水下文物的提取和出水文物的现场保护。该船的建成使用，将大大提升我国海域近岸遗址的水下文化遗产保护工作能力。

3．"南海I号"沉船考古发掘

2013年6月，由水下中心和广东省文物考古研究所共同编制的《"南海I号"保护发掘方案（2013年工作计划）》获得国家文物局批准。7～9月，水下中心与广东省文物考古研究所合作对发掘方案进行了深入的讨论和细化，根据批复后的2013年度工作计划，考古队首先按照发掘需要于7月进行了场地平整、施工改造的工程，9月进入馆内施工，11月在保证不影响沉箱环境的前提下开始降低水位和天窗开口。在清理水晶宫底部沉沙淤泥与管系后，开始对沉箱加固、进行水电改造，已完成考古发掘必需的塔吊建设、天窗开口、发掘平台搭建、灯光布设、喷淋保湿系统等配合发掘工作的基建工程整备。

11月28日，"南海I号"保护发掘工作正式启动，标志着"南海I号"保护发掘工作进入新的历史阶段。考古队采用6米×6米的探方作为发掘的基本工作单位，根据施工进度安排，预计在2014年1月初开始考古发掘，发掘位置选择在南部（船艉）的两个探方。考古队将按照考古发掘的相关规程，结合沉船遗址发掘的具体特点，科学规范地组织发掘，全面系统地提取资料，做好文字、数据、影像及相关标本测试分析的材料的留存。在保护工作方面，已经完成了"南海I号"保护流程规范、保护手册编写，并将作为整个考古工作的规范要求实施；按照木质、陶瓷、金属、有机质等不同种类，分别制定了保护方案，为配合保护工作建造的脱盐池也已修建完成。

4．国家水下文化遗产保护基地建设

2013年，水下中心负责协助国家文物局办公室推进国家水下文化遗产保护南海基地的立项工作，并跟进可研报告的评审工作。南海基地用地96亩的选址意见已经获海南国际旅游岛先行试验区管理委员会发展局批准，国家发改委评审中心对南海基地建筑面积的审核确认工作也已完成，审核确认建筑面积30924平方米、室外训练泳池与潜水训练塔2900平方米。目前，南海基地建设工作稳步推进，其环境评估报告已经通过审核，有关部委正在进行其他审核程序。

西沙工作站建设项目，国家文物局已正式批准投资与规划方案，并将工程建设交与三沙市，现正在等待三沙市具体实施。

12月7日，文化部副部长、国家文物局局长励小捷一行调研国家水下文化遗产保护宁波基地建设情况。宁波基地与港口博物馆建设工程建筑面积40978平方米，其中基地建筑面积约11000平方米。工程主体结构已全部完工，开始进入内外装修与陈列布展阶段，预计2014年10月正式建成开放。

5．湖北丹江口库区古均州城水下考古调查

2013年5～6月，由水下中心牵头，与湖北省水下文化遗产保护基地合作开展了丹江口库区古均州城遗址的水下考古调查。

考古调查显示，现存的水下均州城的格局仍比较完整，城墙为夯土包砖的明代典型筑城形式，东西边长798米、南北边长1030米，雉堞等处的包砖在淹没前多被作为建筑材料拆走。水下均州城内东北方向高，最高在静乐宫底座附近；西南方向较低，最低在西门附近。从四周的城墙保留来看，整体轮廓清晰，东城墙的破损较为严重，部分地方有坍塌，两个水门均被破坏，形成长达30～40米的断裂缺口；各门及条石砌筑的门拱、门洞及边墙仍保存于水下，城墙底部宽度约为25米，顶部宽度约4米；北门存有瓮城，南门外存有石制步道、码头遗迹。城内单体建筑，城门楼及城墙上的奎星楼均已不存。城内淤积现象严重，最厚处超过两米。

考古队除完成均州城保存现状的全面调查外，还对上述遗迹进行了测量绘图，针对丹江口库区泥沙淤积状况，绘制了均州城、净乐宫、碑亭、城墙、门楼等区域、建筑的剖面图。考古队还对汉水河道下的沧浪亭、历代水下题刻进行了调查，精确定位了遗址坐标。为配合内水水下调查，考古队还开展了水下监控、干式潜服培训等工作。

通过本次考古调查，已基本掌握了均州城遗址的保存现状，并根据考古实测修正了现存的大量误差，为全面评估遗址打下了良好的基础。由于历史原因，我国存有大量的水下城池、建筑等历史文化遗产亟待调查与保护，此次水下考古调查是我国第一次开展针对城市遗址类的水下考古工作，在取得科研成果的同时，为今后全面摸清我国水下文化遗产家底、有效实施保护积累了经验，做出了有益的探索。

6. 中国世界文化遗产监测预警系统总平台建设

2013年，为充分发挥我国世界文化遗产监测、保护的国家研究中心和总平台作用，中国世界文化遗产监测中心重点开展了以下主要工作：建设中国世界文化遗产监测预警系统总平台；采集世界文化遗产地的卫星影像；编制2013年度中国世界文化遗产监测报告；编制世界文化遗产监测培训计划。

中国世界文化遗产监测预警系统总平台建设项目于4月正式启动。作为最核心的工作，该项全新类型、几乎白手起家的工作，对设于我院的中国世界文化遗产监测中心的建设有重要意义。因此，文物保护工程与规划所内4个三级机构、7个不同专业的十余名同事共同组建工作组，并聘请文物保护、信息化、系统开发、地理信息系统等多个相关专业领域的专家为项目建设提供长期咨询，组建了专家组。

在项目开展过程中，工作组坚持月报制度和专家咨询，遵循"处理好三个关系"的原则，即处理好与专家之间的关系，尊重专家；处理好与遗产地和合作单位的关系，珍惜机会；处理好团队内部的关系，精诚协作。利用信息系统收集、及时反映和选择性公开遗产地保护状况，通过信息化手段构建监测世界文化遗产保护管理状况和促进世界文化遗产保护管理水平提升的机制，促使各遗产地管理机构和地方行政主管部门加强对保护工作的重视。这个系统与其他文物行业的信息系统相比，最大的特点是以实时数据为突出标志，力求切实为决策提供重要依据。关于总平台监测数据、指标体系、业务流程等系统建设需求研究已取得初步成果，正在进行系统开发。

7. 中国政府援助柬埔寨茶胶寺修复项目

2013年，中国政府援柬茶胶寺修复项目的建筑本体维修施工、考古研究、须弥台石刻保护、国际合作与交流等各项工作进展顺利。

在建筑维修施工方面，现场维修施工项目组集中精力，狠抓现场施工管理，合理调配施工人员及机械，建筑本体维修施工进度明显，达到预期目标。截至2013年底，中国政府援柬茶胶寺修复项目第一阶段的南内塔门、东外塔门、二层台西南角及角楼、二层台东北角及角楼、二层台东南角及角楼、二层台西北角及角楼共六处维修项目已完工，工程施工符合设计图纸要求，各项保护工程施工技术措施合理，符合最小干预的原则和相关国际文化遗产保护公约，最大限度地保护了遗产的真实性和完整性。

第二阶段6处计划维修项目中，须弥台西南角已维修完毕，须弥台东南角、南藏经阁、北藏经阁3处维修项目施工工作正在进行中，已完成工程量达到第二阶段整体计划维修施工进度的50%。

在茶胶寺须弥台石刻保护工作方面，我院组织石刻专项保护工作组完成了现场病害调查、试验区域选定、样品采集、室内分析检测、现场试验（选取区域完成表面清洗试验、生物治理试验、加固封护试验、局部归位粘接试验、填充修补试验和灌浆修补试验）、气象监测等工作，完成了《茶胶寺石质文物基材分析研究报告》《茶胶寺须弥台砂岩雕刻病害调查与现状病害分级评估研究报告》和《茶胶寺石质文物保护前期研究报告》等研究成果。并与德国吴哥古迹保护工作队（GACP）的技术专家进行了现场技术交流与学术研讨。

在茶胶寺考古研究工作方面，2013年度中国文化遗产研究院、柬埔寨吴哥古迹保护与发展管理局（APSARA Authority）、金边皇家艺术大学（RUFA）考古研究人员联合组建茶胶寺考古工作队，实施了茶胶寺神道南侧、南池、东壕沟等区域的考古发掘工作。实际考古发掘面积500平方米，发现了神道南侧石砌筑台阶12层，石砌筑壕沟及排水管道1处，初步探清了这些建筑遗迹的构筑结构和工艺特征。在南池、神道南侧及壕沟南段堆积中出土了大量建筑构件、本地陶器和少量水晶、铁器及中国瓷器残片等，对进一步深入认识茶胶寺的建筑风格和兴废历史提供了重要的实物证据。

在国际合作与交流方面，3月5日，我院与法国远东学院共同举办"考古与柬埔寨吴哥遗址——法国远东学院历史照片特展"暨"吴哥古迹保护与研究论坛"。法国远东学院副院长帕耶·鲁斯卡出席开幕式并致辞，柬埔寨世界遗产国家委员会主席、柬埔寨吴哥古迹保护与发展管理局副局长罗斯·布拉出席活动。本次展览展出历史照片74幅，介绍百余年来法国远东学院在柬埔寨从事吴哥古迹历史研究、考古调查、保护修复的历程。在随后举办的"吴哥古迹保护与研究论坛"上，各位与会学者从考古学、建筑学、历史学等领域对吴哥古迹保护修复研究与实践进行了交流与讨论。4月26日，吴哥古迹保护与发展管理局班纳烈局长到我院进行友好访问。我院还于11月30日在茶胶寺维修施工现场组织召开了中国政府援助柬埔寨茶胶寺修复项目国际学术研讨会，围绕茶胶寺保护与研究项目的进展情况及其修复技术措施，探讨吴哥古迹保护工程的方法和理念。

8．大遗址保护行动跟踪研究

2013年，国家社科基金重大项目"大遗址保护行动跟踪研究"课题组围绕大遗址保护典型案例调研、国内外对比研究、子课题研究报告撰写等工作内容，精心组织，周密部署，继续扎实推进各项研究工作的深入开展。大遗址保护典型案例的调研主要选取了大遗址保护西安片区、荆州片区以及丝绸之路新疆段大遗址和燕下都遗址等，以实地查看、座谈会和问卷调查等多种形式，围绕大遗址保护的理论和实践、管理体制机制、文化建设和区域社会经济发展等内容，开展各项调研活动。

为了进行国内外同类工作的对比研究，11月中下旬，课题组赴日本开展了大遗址保护情况调研，与东京文化财研究所、奈良文化财研究所相关人员进行座谈交流，了解日本大遗址保护研究、管理、展示和利用等方面的情况，着重就日本考古遗址的展示和利用方式、史迹公园的管理和运营等内容进行了深入了解，并与相关科研机构建立起良好的合作交流机制。

各子课题在具体研究内容上也取得了若干重要进展：子课题一围绕大遗址和大遗址保护的概念及相关理论，追溯了大遗址保护的历史发展过程，讨论了大遗址的分类问题，采访了部分与大遗址保护行动相关的专家学者，统计分析了全国重点文物保护单位和第三次

2014
中国
文物年鉴

全国文物普查的具体数据；子课题二编制了大遗址相关规划和实施情况的对比表格，并与调研案例结合进行分析；子课题三以大遗址保护行动中较为突出的土地问题为重点，与国务院发展研究中心相关研究人员共同起草了有关大遗址土地政策的报告；子课题四通过对大遗址保护行动的经济和社会价值测算，以大遗址与自然保护区的横向对比为例，提出了提高大遗址保护行动经济和社会价值的政策建议设想和文化补偿标准思路；子课题五重点围绕大遗址文化内涵的挖掘、遗址阐释方式方法展开研究，以网上和网下结合的方式做了大遗址公众认知度调查问卷工作，并完成了初步分析报告。课题研究人员根据研究进度和任务要求，及时将研究过程中取得的阶段性成果发表在国内期刊杂志上。

意大利博洛尼亚大学LucaZan教授本年度3次来华开展课题指导，参与部分案例实地调研及调研报告、子课题研究报告提纲的讨论工作。

9. 《中国文物工作年度研究报告》编写

在整体框架和主要内容基本确定的基础上，2013年《中国文物工作研究报告》编写小组分工合作，4月份完成初稿。

国家文物局领导和我院领导高度重视《中国文物工作研究报告》编制工作，多次召开会议就报告编制工作进行研讨，使报告编制的目标更明确、思路更清晰。初稿形成后，广泛征求院领导、院内专家、国家文物局各司（室）以及业内外专家意见。编写小组根据上述意见多次对报告文本进行修改完善。经过修改，报告的特点更加鲜明，重点更加突出，论述更加严谨。

报告首次将文物工作作为研究对象，勾勒与解析文物工作的完整逻辑和内在联系，对文物工作进行总结、分析。运用管理学的理论和方法，纵向分析、横向比较，并借鉴国内其他行业和国外成功经验，提出有利于工作改进和事业发展的对策和建议。报告首次对文物工作进行点、面结合的整体观察和分析，从中央、地方和社会三个层面入手，全方位展现文物工作的新进展和新成就。报告尝试以丰富、准确的数据为支撑，以系统、完整的信息为基础，生动地再现2012年文物工作取得的成绩。

该报告是文物行业第一本系统的、以文物工作为特定对象的研究成果。通过编写，将文物工作进行了系统化归纳和梳理，进一步加深了对文物工作规律的认识和把握。

【重要工程项目】

1. 中国大运河申报世界文化遗产文件与管理规划编制

2011年，我院正式承担中国大运河申报世界文化遗产的相关文件编制工作。截至2013年底，该项目工作进展顺利，按计划完成提名文件（包括申报文本、图集、附件、管理规划等）的正式申报，配合国家文物局完成接待国际组织专家考察，按照国际组织要求编制并提交补充材料。中国大运河申遗项目预计将于2014年6月在第38届世界遗产大会上提交审议。

中国大运河申报遗产共包括3个遗产区，由27个河段和58个遗产点组成，地跨8个省级行政区，申报河道总长超过1000千米，遗产规模巨大，构成要素复杂，涉及管理机构众多，给申遗文本和管理规划的编制带来了巨大的挑战。

项目组总结已有申遗文本编制经验，以《大运河遗产保护与管理总体规划》编制项目为基础，对纷杂的基础资料进行总结综述，结合多次实地调研，深入挖掘大运河遗产的世界遗产价值，在相关专家、领导多次评审指导下不断精炼、总结，最终完成申遗文本37万

2014
中国
文物年鉴

余字，图纸800多张，获得国家文物局、联合国教科文组织世界遗产中心的高度认可。

此外，项目组根据《实施保护世界文化与自然遗产公约的操作指南》，结合国内相关法律法规，开创了与国家测绘局基础地理信息中心合作进行申报图纸绘制与审批的新方法，既满足了国际组织对申遗图纸的要求，又严格遵守国家地图保密法律法规，为世界文化遗产申报工作做出了有益的创新。

2. 应县木塔监测及底部三层结构加固设计

2013年，重点监测应县木塔局部结构和整体结构变形，以详细了解其变形变化的趋势和规律，为应县木塔结构修缮加固的实施、结构安全性评估等提供基础性的数据和依据。应县木塔监测的主要特点：一是长期连续性，这是掌握和分析监测指标的变化趋势和规律的必然要求；二是多学科综合性，应县木塔监测系统的设计与实施同时涉及古建筑保护、木结构工程、减灾防灾学和结构健康监测等学科，监测体系的设计、实施及监测数据的分析与评估是多学科综合的系统性工程；三是无先例、无标准，应县木塔是举世无双的高层木结构建筑遗产，结构体系复杂，结构病害特殊，监测方案设计和实施具有极高的技术难度和挑战性。

7月17日，山西省文物局在应县召开两次专家评审会，对我院提交的《应县木塔二、三层明层倾斜部位及丧失承载能力构件局部加固方案设计》方案修改稿进行评审，认为该设计方案在多年监测基础上，所提结构加固方案基本可行。9月28～29日，国家文物局组织专家评审，原则同意方案，同时提出修改意见。项目组消化理解专家意见，于11月8日将修改后的方案上报国家文物局。

本加固方案综合了应县木塔前期研究资料和我院监测数据的成果，既符合应县木塔保存的实际，又自成一套体系，具有可操作性。加固方案的最大特点是针对应县木塔结构体系当前主要病害，采用多次优化的技术方案，以最小的干预程度，逐步解决问题，确保应县木塔的安全。所有的加固措施均具有可逆性。

为研究、编制科学的技术方案，我院项目组结合应县木塔结构的特殊性，引入时变结构力学的概念，取得了应县木塔结构分析理论上的创新，为应县木塔结构倾斜变形机理、结构受力分析的有效推进奠定了基础。采取新技术、新材料与传统工艺相结合的方法，在技术上有所突破。依据加固方案，要求项目在实施加固工程的同时，开展相应的结构监测与安全性分析工作，以确保加固工程的可控，加固效果的可识别。

3. "红河哈尼梯田文化景观"成功申报世界遗产

6月22日，在柬埔寨金边举行的联合国教科文组织第37届世界遗产委员会会议上，"红河哈尼梯田文化景观"被批准列入《世界遗产名录》，成为我国第31处世界文化遗产和第45处世界遗产。

我院作为红河哈尼梯田文化景观申遗文本编制单位，承担了申遗准备工作中最关键、最艰巨的学术研究和专业咨询任务，自2009年正式开展项目后，每年都将该项目列入院重点工作，由院领导亲自督办。2011年9月提交了申遗文件预审稿，2012年1月提交了正式申遗文件，2012年9月配合国家文物局陪同国际古迹遗址理事会（ICOMOS）技术评估专家进行了现场考察和讲解，2013年初按照ICOMOS来函意见完成、提交了补充材料。

这是我院承担的第一个申遗文本项目，整个项目自始至终都是持续学习、艰苦创新的过程，包括对文化景观这类新型遗产内涵和特定价值的认识、对活态遗产保护原理和管理方式的探索、对世界遗产申报地现场整治目标和手段的思考等等。

2014
中国
文物年鉴

项目组通过实地访谈、地理分析、数据统计、对比研究等科研活动，深刻体会到哈尼梯田的人与自然之和谐、社会系统与梯田景观的联系。在整个文本编制和现场准备的过程中，确立了少干扰、低干预、有利于民生的策略，对于现实中存在的有些不美好的，如传统民居保存、环境卫生问题，没有为了申报而进行一刀切的整治，而是遵循遗产演进规律，采取了相对可行的、逐步实施的技术路线，在文本中不回避问题，但客观地指出这些现存问题在当前是可理解的，在今后将得到妥善解决；同时在遗产地现场选取局部作为改善的示例。事实证明这是可行的，也就是说，世界遗产地并非必须是处处完美的景象，而是以其内在的整体价值的存在和延续为依托的。

三年多坚持不懈、勇于创新的专业实践，为红河哈尼梯田文化景观的申遗成功提供了重要的学术和技术支撑，受到国家文物局、遗产地领导和公众、诸多领域专家的高度肯定和广泛认可。

4. 新疆库木吐喇石窟揭取壁画保护修复、新疆龟兹研究院馆藏彩绘泥塑保护修复项目

"新疆库木吐喇石窟揭取壁画保护修复"和"新疆龟兹研究院馆藏彩绘泥塑保护修复"项目由龟兹研究院委托我院承担。7月，修复工作正式启动。项目组对设计方案中的技术流程进行现场试验，根据实验结果确定了现场修复流程、工艺及材料配比等。在开展修复的同时，项目组关注新技术应用，尝试用激光技术对烟熏壁画进行清洗，取得了良好的效果；同时，针对颜料开展的检测分析发现了颜料变色的劣化机理。

国家文物局局长励小捷、副局长顾玉才和文化遗产研究院副院长马清林等亲临现场进行指导。截至2013年底，共修复完成壁画40幅，彩绘泥塑16件（套），并为龟兹研究院培养3名技术人员。10月，本项目顺利通过由龟兹研究院组织的新疆维吾尔自治区文物局有关领导及评审专家参加的中期评估，与会领导和专家对于项目组在路途遥远、条件艰苦、安全情况复杂、任务量大、施工难度大的情况下做出的努力给予了充分肯定。

5. 山东定陶汉墓保护项目

山东省定陶县灵圣湖遗址西汉大墓位于定陶县马集镇大李家村西北约2000米处。墓圹呈正方形，边长约28.3米；出土形制完整的"黄肠题凑"，边长约23米，是目前已出土的"黄肠题凑"中规模最大的一处。自2011年10月开始发掘，至今已经出土逾3年，木材受自然环境波动的影响，不断发生变化。

2013年，在院领导组织下，项目组进行了多方面工作：一是现场监测。开展了8批次现场考察、调研及取样监测工作，针对木材、水样、土、砂、微生物等300余个样品进行室内和现场的分析工作，初步掌握了汉墓的变化状态及病害原因。原址保护技术仍需继续探索。二是方案编制。在预研究基础上，编制《山东定陶灵圣湖汉墓抢救性保护方案》及《山东定陶灵圣湖汉墓前期勘查与保护研究方案》。根据国家文物局意见，修改并提交"抢救性保护方案"（修订版）。三是技术指导。编制"人工作业喷淋临时性保护方案"和"汉墓出入日常工作规范"，指导培训当地工作人员。四是水文地勘工作。开展"定陶汉墓水文地质勘查"项目，提交勘查报告。五是组织会议。项目组召开汉墓保护的不定期会议12次，不间断地与国家文物局、山东省文物局、定陶县政府以及院领导、咨询会保护专家等各方沟通，就保护思路、保护技术、勘察成果、喷淋系统可行性等听取建议。

目前汉墓保存情况暂时稳定。在水文地勘结果和专家评审基础上，项目组明确定陶汉墓"原址原位"的整体保护思路，并进一步细化，提出汉墓的防渗排水设计及展示、保护功能设施雏形，取得国家文物局和山东省文物局的初步认可。

6. 千手观音造像抢救性保护修复工程

千手观音造像抢救性保护修复工程是我院重点延续工作之一，工程的本体修复工作于2011年7月启动，计划2015年6月完成。2013年完成的工作包括：千手观音造像本体底层修复区域32平方米表层不稳定金箔揭取，裸露基岩脱盐，粉化基岩加固，局部补型；顶层及中层修复区域40平方米法器、背景云纹彩绘表面清洗，起甲彩绘回贴，粉化基岩加固，局部补型；顶层及中层东侧区域20平方米手精细修型；顶层修复区域15平方米手、佛像髹漆；顶层西侧5平方米试验区域的石质、贴金层、彩绘层修复。

工程在实施过程中注重修复与研究的结合，及时根据现场实际开展相关研究与探讨，开展了如下工作：大漆与本体加固补型使用的砂岩加固专用材料的兼容性试验研究；金箔回贴工艺研究和本体髹漆贴金试验；玻璃微珠在裂隙灌浆材料中应用条件评价试验；彩绘临摹纸本虚拟修复试验及1：1模拟石雕虚拟修复试验；本体加固效果回弹评估；红外热成像探测；阻尼抗钻强度检测；雕刻岩体稳定性X光探伤检测。

各项辅助工作环境监测、三维信息留取及虚拟修复、手印对比扫描研究、表面含水率检测、修复过程影像资料留存及修复效果跟踪、微生物检测分析及防治措施制定等持续开展。

此外，修复人员能力培养也是年度重点工作之一。9月，项目组以"大足石刻千手观音造像抢救性保护工程"专栏形式在《中国文物科学研究》杂志发表学术论文9篇。

7. 承德避暑山庄及周围寺庙石质文物科技保护设计与修复工程

2013年，承德避暑山庄及周围寺庙石质文物科技保护设计（含9个设计方案）项目完成了安远庙、溥仁寺、避暑山庄一期、普陀宗乘之庙、普乐寺5个保护方案，并通过了国家文物局的审批。目前正在对避暑山庄二期、普宁寺、殊像寺和须弥福寿之庙4个保护方案进行设计。

承德安远庙、溥仁寺的石质文物保护科技工程于5月进行招投标工作，6月正式施工。本工程项目是在前期特殊凝灰岩风化机理、保护加固材料研究以及对砂岩、凝灰岩采用激光清洗技术研究的基础上，将研究成果应用到实际项目的一项保护工程。6～9月，项目组对安远庙的山门、幢杆石、有序碑、香炉座、绿度母须弥座，以及溥仁寺的丹陛石等石质文物进行保护修复。10月28日，专家组对该工程进行中期验收，评审专家及承德市文物局对该工程给予了高度评价。

8. 西藏大昭寺、哲蚌寺壁画保护修复工程

受西藏自治区文物局委托，我院承担西藏大昭寺、哲蚌寺壁画保护修复工程。2013年，项目组完成了大昭寺蔡公堂寺一层大殿南壁西侧壁画空鼓灌浆、裂隙修补、表面清洗、表面起甲修复、壁画补绘等壁画保护修复示范工作，于9月22日通过了专家评审并获得大昭寺管委会的认可。同时，与西藏自治区文物局、拉萨市文物局、大昭寺管委会共同组织了大昭寺壁画保护修复工程壁画补绘画师遴选工作，建立了画师遴选评估机制；在与大昭寺管委会及僧侣代表充分沟通的基础上，开展并完成了大昭寺外转经廊北壁壁画及东壁部分壁画的裂隙修补、缺失修补、加固等壁画地仗层病害修复工作，以及颜料层广告色去除、起甲病害修复等壁画表面病害的修复工作，同时进行了壁画封护材料筛选试验。

11月4日，西藏自治区文物局组织工程年度验收会议，与会专家、领导一致认为项目组工作认真细致，保护修复原则正确，工艺、材料使用得当，同意该项目通过本年度验收。

2013年，项目组完成了西藏哲蚌寺措钦大殿龙布拉康殿、门庭四大天王、甘丹颇章阳光大厅壁画的保护修复，以及措钦大殿内转经廊西壁内墙44平方米壁画的揭取、修复、回

贴工作。

因哲蚌寺措钦大殿内转经廊西壁内墙变形严重，导致壁画出现地仗层大面积脱落、空鼓及开裂，颜料层起甲、粉化，画面灰尘覆盖、泥渍、水渍等多种病害。为长久保存壁画，须将壁画揭取后对墙体进行维修，以恢复墙体的稳定性，然后对壁画进行原位回贴。受操作空间、保存环境、壁画制作材料和工艺等多种因素的制约，使得壁画揭取与回贴工作的技术难度较大。为此，在壁画保存现状调查、保存环境监测、壁画制作材料工艺分析的基础上，项目组筛选了壁画揭取方法以及回贴材料，并应用三维激光扫描技术对墙体变形原因、程度进行了深入分析，据此制定了壁画揭取与原位回贴方案。

11月18日，西藏自治区和拉萨市文物局的领导、专家视察了哲蚌寺壁画保护修复工地，对工作给予充分肯定。

9. 重要文物保护规划编制工作

（1）大昭寺文物保护规划

2013年，根据《大昭寺文物保护规划》编制工作计划安排，项目组完成规划范围内134.4公顷的现状调查，重点调查了老城区内街巷格局的保存状况与历史建筑遗存的保存状况，结合历史文献与舆图资料，对老城区历史建筑进行了分类评估，在此基础上进行规划并提出保护要求与建议。配合调查的开展，区域内建筑高度、风貌协调程度等调查工作也同时展开。在此调查基础上，项目组提出了以修缮历史建筑、控制新建筑、整饬不协调建筑、整合人文环境为主线的保护规划要求与措施。此外，结合世界文化遗产关于遗产区与缓冲区的要求与《拉萨市总体规划纲要2007～2020》划定的历史城区保护范围，对大昭寺作为全国重点文物保护单位的保护区划进行了划定，并制定了保护要求。目前，《大昭寺文物保护规划》文本与图纸编绘已基本完成。

（2）武当山古建筑群保护与管理总体规划

本规划涉及范围大，涉及文化遗产类型丰富。在全面调查与评估的基础上，本规划明确武当山建筑群的遗产构成，明确遗产要素为62处古建筑群以及与古建筑密不可分的"七十二峰、三十六岩、二十四涧"环境景观。针对武当山古建筑的文化遗产类型及其综合属性，确定了"整体保护、和谐发展、价值优先、合理利用"规划原则。对遗产要素面临的本体保护压力、城市发展压力、建设开发压力、旅游压力、环境保护压力及遗产自身的管理需求建立了可操作的、互为支撑的遗产保护管理规划体系。本规划体现了我国文化遗产保护理念的创新，力争解决双重身份的文化遗产的保护管理问题，推动文化遗产范畴、类型和保护理念的探索与创新。为应对武当山古建筑群保护工作的急迫需要，我院已编制出规划大纲。

（3）洛阳龙门石窟保护管理规划

洛阳龙门石窟作为第一批全国重点文物保护单位，是我国古代佛教石窟艺术的三大宝库之一。2月，受洛阳龙门石窟研究院委托，中国文化遗产研究院承担了龙门石窟保护管理规划编制工作，该项目计划于2014年12月完成。

基于保护规划对本体保存状况、病害状况的评估需求，项目组与龙门石窟研究院对现场调查方式、方法进行了深入的交流和探讨，并确定了调研思路。经过3次现场踏勘工作，项目组已经完成了全部窟龛（2345个）信息及保存状况调查表，其中包括45个重点调查对象和2300个一般调查对象。通过对相关数据的分析，得出了龙门石窟的整体保存状况和病害状况的详细情况，并基本完成了现状评估的核心内容，为科学、合理、有效制定本体保护措施打下了坚实的基础。

除此以外，本项目还收集、整理了大量的基础资料，包括院图书馆珍藏的档案图纸、历史保护工程材料等，为进一步深化、完善龙门石窟保护管理规划的相关内容提供了有力支持。

10. 国家考古遗址公园规划编制与研究

12月17日，国家文物局下发了《关于公布第二批国家考古遗址公园名单和立项名单的通知》（文物保发［2013］19号），包括挂牌单位12家、立项单位31家共43家公园上榜，其中我院编制规划的牛河梁、汉魏洛阳故城、钓鱼城等3处成功挂牌，赵王城、辽上京、金牛山、城村汉城、郑韩故城、铜绿山等6处成功立项。

11. 清东陵古建筑群维修工程

清东陵古建筑群修缮保护工程为国家"十二五"重大文化遗产保护项目。2011年，中国文化遗产研究院受清东陵文物管理处委托，承接清东陵裕陵（乾隆陵墓）建筑维修工程。为确保高质量完成本项目，我院迅速组建了清东陵修缮保护项目组，以专业团队的方式，集中时间，集中精力，力争按时保质圆满完成设计任务。该工程已于2月完成施工图设计工作。

2013年底，清东陵文物管理处委托我院开展清东陵普陀峪定东陵等陵寝及附属建筑维修工程勘察方案等编制工作。为加快方案编制工作进度，项目组冒着严寒，两度前往清东陵进行现场测绘和勘察，目前基本完成了定妃园寝、景陵妃园寝的现场测绘和勘察工作。

■ 【人才培训】

2013年，共举办了7个培训班，培养专业技术人员150名。本年度培训班以修复技术为主，结合我国文化遗产保护中的重点和难点，并努力在培训内容和形式上创新。

1. 现代分析技术在文物保护中的应用培训班

为充分发挥现代仪器设备的各项功能，我院举办第二届"现代分析技术在文物保护中的应用"培训班。本次培训从仪器基本原理、操作使用方法、样品分析及数据解析等角度开展教学和实习。13名学员参加培训，6月24日开班，7月26日顺利结业。

2. 全国新任考古发掘领队岗前培训班

"2013年全国新任考古发掘领队岗前培训班"是自2007年以来的第七届专题培训班，参训学员共78人，是历年来参加人数最多的一次。该培训班于5月14～26日在西安举办，课程设置以理论学习、专题讲座、学员交流与考古工地现场调研相结合，充分调动学员的参与性和积极性。

3. 馆藏纸质文物保护修复技术培训班

本培训班为中国文化遗产研究院第七次举办针对纸质文物保护修复的专题培训，择优录取15名学员。教学时间为5月7日～9月18日，分两阶段开展，理论和实践结合。第一阶段理论课和新画装裱实践课在我院开展，装裱完成54件新画，包括35件挂轴、3件手卷、8件册页、8件镜片。第二阶段旧画修裱实习（文物病害调查、修复方案编制、修裱操作实践）在天津博物馆举行，共修复完成32件（套）字画文物，包括28件（套）纸本、4件（套）绢本。

4. 石质文物保护修复技术培训班

此次培训班是我院第三次举办针对石质文物保护修复的专题培训，共招收14名学员，课程采用基础理论教学与修复实践相结合的教学模式。通过承德现场实习等教学实践，学员们基本掌握了石质文物保护修复理论、技术及保护修复方法，完成了修复方案、修复档案、文物修复报告的编写等实习工作，共完成8件馆藏石质文物的保护修复工作。

5. 馆藏纺织品文物保护修复培训班

为期5个月的纺织品文物保护修复技术培训班，是中国文化遗产研究院第六次举办针对纺织品文物的专题培训，共招收14名学员。课程强调理论基础与专业实践紧密结合，通过在广西民族博物馆3个月的实习，学员完成并提交7份染色实验报告，14份修复方案，14份文物修复报告，14篇专业论文，手绘病害图及织物纹饰图数张，修复完成28件（套）出土/传世纺织品文物。

6. 中德合作皮革文物保护修复技术培训班

该培训项目是"丝路霓裳——中亚东部公元前十世纪至公元前后的服饰对话"国际合作项目2013年的工作任务之一，由国家文物局支持，中国文化遗产研究院自主承担，德国考古研究院提供师资和技术支持。有8名技术人员参训，8月20日～11月15日在我院举行皮革保护理论和实践等基础理论教学；11月18日～12月4日，学员赴德国波恩博物馆参加第二阶段的皮革文物保护修复实践课程，并在德国举办学术汇报会和结业仪式。该培训共完成实验报告2份、修复报告4份、学术论文8篇。

7. 苏州古旧字画保护修复技术培训班

该培训班由国家文物局支持，中国文化遗产研究院、苏州文物局和苏州工业园区职业技术学院共同承办，举办地在苏州，培训时间为9月10日～12月27日，共招收8名学员。中国文化遗产研究院主要负责和完成了该班的教学策划、教学手册编制、协助招生、修复实验室完善和师资联络等工作。

【其他】

1. 文物微生物研究及实验室建设

中国文化遗产研究院自主投入科研经费，开展文物微生物检测研究以及保护材料的抗菌性实验。通过这些研究，目前实现了3个技术、2个理念的更新与1个体系的构建，并完成了微生物实验室的基本建设，可以开展常规的文物微生物培养、DNA检测、抑菌剂筛选等工作。

在技术更新方面，以准确度更高的克隆文库、DGGE、宏基因组等分子生物学技术替代了传统的微生物分离培养检测法；优化了ATP生物发光法，使之可以在文物现场快速高效检测抑菌剂效力和药剂残留状况；在国内率先使用酶联免疫法（ELISA）检测壁画等彩绘颜料中的胶结材料。

在理念方面，首次提出应当重视文物保护行业抑菌剂滥用的问题，尤其是原址保护的文物不可大面积喷洒抑菌剂；研究、保护文物所在生态系统是防治文物微生物病害的根本途径。

通过上述研究，形成了包括微生物病害原因分析、环境控制、病害清除、长期监控和规范管理为一体的防治体系，为文物微生物问题的解决奠定了基础。

2013年起，中国文化遗产研究院大型仪器设备开始为院内外用户提供有偿分析测试服务，既为院内课题和文物保护项目提供支撑，同时为北京国文琰文物保护发展有限公司等单位提供了样品分析测试服务。

规章制度的建设为分析测试实验室的正常运转提供了依据和切实保障。同时，实验室组织采购了一批主要针对现场工作的小型仪器设备，完成了红外光谱仪校准。

2. 在职培训教育活动与学术讲座

为提高员工素质和治学水平，从2013年起，中国文化遗产研究院启动在职培训教育活动，每年安排20个学时左右的在职培训教育课程，培训情况记入员工绩效考核范围。

2013年，院职工在职培训教育活动共举办11次20个学时，内容广泛。既有探讨学术问题的"学术论文选题与写作规范""世界遗产的发展趋势及课题"，也有与业务实践紧密相关的"文物保护工程勘察设计文本编制深度要求""中国文化遗产研究院科研管理工作概况""我所认识的水下考古"等。同时，为了满足职工生活需要，也安排了诸如"摄影器械与技术""常见法律问题解析"等题目。

水下中心也举办了系列学术讲座。分别邀请了法国远东学院柯蓝教授、葡萄牙国家档案馆馆长迪亚士教授、北京外国语大学金国平教授、北京大学林梅村教授来院演讲，演讲主题涉及中国帆船史、外销瓷、航海图以及中葡海上交通史等领域，吸引了许多国内科研院所、高校、博物馆的学者前来听会，为构建一流的水下考古学术交流平台奠定了基础。

3. 出版《中央级公益性科研院所基本科研业务费专项成果丛书·2013年》

我院主持编写的《中央级公益性科研院所基本科研业务费专项成果丛书·2013年》系列专辑由文物出版社出版。丛书包括《社会科学类专辑（I）——考古调查与文献研究》《社会科学类专辑（II）——政策法规与综合研究》《文物保护科技专辑（I）——金属、陶瓷、颜料》《文物保护科技专辑（II）——岩土文物、岩画、彩画》《文物保护工程与规划专辑（I）——体系与方法》《文物保护工程与规划专辑（II）——技术与工程实例》，共三个系列专辑。丛书共收录了的2007～2011年中国文化遗产研究院中央级公益性科研院所基本科研业务费专项成果59篇。

为编辑本系列专辑，我院成立了审编委员会，包括文物保护科技、文物保护工程与规划、社会科学三个审编小组，各组分别由相关领域的院领导牵头，按照统一的编辑要求负责校稿修订工作。各篇课题报告分别由相关领域专家按照院专辑出版要求及阐述内容，在尊重课题立题与作者原意的前提下，进行了统一审校。并邀请院内外英语水平较高的业务人员对为本系列专辑英文部分进行了校对工作。

【国际合作与交流】

1. 赴柬埔寨参加援助柬埔寨吴哥古迹保护相关会议

中国文化遗产研究院作为中国政府援助柬埔寨吴哥古迹保护的代表，参加了"吴哥遗产区域保护与发展国际合作会议"（简称ICC国际会议），举办了茶胶寺现场保护研讨会，并陪同国家文物局代表团参加"第三届国际援助吴哥古迹及历史地域保护与可持续发展政府间会议"。

2. 推进"丝路霓裳——中亚东部公元前十世纪至公元前后的服饰对话"国际合作项目

4月11日，项目签字启动仪式在新疆博物馆顺利举行。院长刘曙光，新疆维吾尔自治区文物局局长盛春寿，德国考古研究院欧亚考古研究所副所长王睦分别代表项目三方签署合作协议。

4月，我院项目组先后在新疆维吾尔自治区博物馆、哈密地区博物馆、吐鲁番地区博物馆和新疆文物考古研究所进行文物筛选和取样，并进行研究和文物修复方案编制工作。

截至11月，我院项目组人员完成哈密博物馆、新疆博物馆样品的分析检测工作，为推动进一步国际合作与交流奠定基础。

8~12月，作为中德项目的重要合作内容，我院组织了皮革文物保护修复培训班，经过在北京和波恩两地的理论与实践的学习，我院项目组及学员组在德国柏林参加阶段性项目成果汇报和结业活动。培训班的成功举办，奠定了该合作项目进一步开展的良好基础。

3. 赴越南进行文化遗产保护与水下考古方面的调研和学术交流

3月10~15日，为推动中越两国在文化遗产保护与水下考古领域的合作，中国文化遗产研究院（国家文物局水下文化遗产保护中心）代表团一行4人对越南进行了学术访问。代表团与越南文博考古机构进行了广泛接触，探讨了开展学术合作的可能性，并通过实地考察了解越南文化遗产保护现状、水下考古新进展、海上丝绸之路考古新成果等，同时还就《水下文化遗产保护公约》的实施等相关问题与越南方面进行了沟通与交流。

4. 赴瑞士开展古代人工材料保护方面的学术交流

8月5~31日，根据国家"新世纪百千万人才工程"实施方案中支持"工程"人选开展国内外学术技术交流活动的要求，以及我院与瑞士高等理工大学（苏黎世）及瑞士苏黎世大学3年合作项目研究内容安排，我院马清林研究员赴瑞士苏黎世学术交流。在瑞士苏黎世大学无机化学研究所和瑞士高等理工大学无机化学实验室从事中国古代人工合成汉紫及相关材料的研究工作。利用LA-ICP-MS设备测试了主量、微量元素含量间的差别，初步开展了中国古代汉紫制品腐蚀产物与环境的作用机制研究。

5. 赴英国、法国参加世界运河大会及调研

9月11~20日，为推动中国大运河遗产价值的传播，配合大运河申遗工作，与国外同行广泛交流运河及其他世界文化遗产的保护管理成果与经验，应2013年世界运河大会组委会和英国格林威治世界遗产管理委员会的邀请，我院一行3人赴英国、法国参加世界运河大会并赴格林威治世界遗产地调研学习。我院代表在会上宣读了以中国大运河申遗文本为基础的专题报告。

6. 中肯合作拉穆群岛考古项目监理

根据2005年《中华人民共和国国家文物局和肯尼亚共和国国家遗产部关于在拉穆群岛开展合作考古的协议》，北京大学和中国国家博物馆于2013年继续开展拉穆群岛考古项目。我院作为本项目监理单位，选派乔梁和王元林赴肯尼亚对本年度考古发掘的进度、质量、经费、安全等问题同期开展了现场考古监理工作。

7. 参加第五届中日韩建筑文化遗产保护国际学术研讨会

11月12~16日，沈阳、肖东、党志刚一行3人赴日本奈良参加"第五届中日韩建筑文化遗产保护国际研讨会"并作发言。此次学术会议由日本奈良文化财研究所、中国文化遗产研究院、韩国国立文化财研究所共同举办。会议主题为"村落、街区的调查、保护及利用"，会议分为"村落、街区保护制度""村落、街区的保护实例"和"村落、街区的调查调查研究方法和实例"等单元，与会者围绕上述单元进行了深入的交流和讨论。

8. 英国学者来我院进行学术交流

8月29日，为构建一个有关水下考古与海洋史研究的学术交流平台，我院邀请英国杜伦大学（Durham University）德里克·肯尼特（Derek Kennet）教授发表题为《霍尔木兹港与波斯湾的中国陶瓷贸易》的学术演讲。肯尼特教授介绍了数量统计学方法在波斯湾地区考古学上的应用。通过对伊朗霍尔木兹港地区中国贸易瓷的定量研究，表明中国贸易的增长

对促进霍尔木兹本地的经济发展具有明显的作用。约40位来自中国科学院、北京大学、中国人民大学、首都师范大学、澳洲国立大学等学术机构的学者参加了此次学术交流。

9. 韩国国立文化财研究所学者来我院进行学术交流

8月30日，韩国国立文化财研究所建筑研究室金德汶先生一行4人赴我院进行学术交流，了解中国古代宫殿及佛寺修复和复原方面的案例情况，以期对韩国文化财研究所正在开展的韩国古代佛寺皇龙寺复原研究有所帮助。

【学术成果】

全院共发表各类论文128篇，正式出版著作22部。"中国羌族博物馆建筑设计"获中国建筑设计奖（建筑创作）金奖及教育部2013年度优秀工程勘察设计、优秀建筑工程设计一等奖；"潼南大佛本体保护修复工程""永顺县老司城遗址文物抢救性保护工程（第一期）"获2012年度全国十佳文物维修工程；《汶上南旺——京杭大运河南旺分水枢纽工程及龙王庙古建筑群调查与发掘报告》获山东省考古学第二十六次优秀成果一等奖、山东省第二十七次社会科学优秀成果三等奖。

中国文物报社

【概述】

2013年，中国文物报社在国家文物局党组的正确领导下，深入学习贯彻党的十八大、十八届三中全会和全国宣传思想工作会议精神，扎实开展党的群众路线教育实践活动，配合全国文物系统重点工作，按照不断推进文物宣传工作科学发展的思路，统筹开展各项采编业务和发行工作，发挥所属报、刊、网在保护传承文化遗产中的舆论导向作用，着力推进转企改制和自身建设，较为圆满地完成了各项工作任务。

【党的建设】

（一）深入学习贯彻党的十八大精神

按照国家文物局党组的要求和部署，中国文物报社成立机构，制定学习方案，掀起了学习高潮，牢牢把握正确舆论导向，增强了舆论引导能力。中国文物报社所属报、刊、网精心组织了一系列新闻宣传，精心策划、集中报道了文物系统广大党员干部在学习贯彻党的十八大精神过程中取得的新成效、新进展。

（二）扎实开展党的群众路线教育实践活动

7月～11月，按照中央的统一部署和国家文物局党组的安排，在国家文物局第一督导组的指导下，中国文物报社党总支按照教育实践活动"照镜子、正衣冠、洗洗澡、治治病"的总要求，以为民、务实、清廉为主要内容，以处级以上领导班子和领导干部为重点，切实加强全社党员马克思主义群众观点和党的群众路线教育；以贯彻落实中央八项规定精神为切入点，进一步突出作风建设，坚决反对形式主义、官僚主义、享乐主义和奢靡之风，按照学习教育、听取意见，查摆问题、开展批评，整改落实、建章立制三个环节，扎实开展全社教育实践活动，既解决思想问题，更解决实际问题，提高了报社领导班子做好新形势下群众工作的能力，在推动报社各项事业持续健康发展方面，取得了实实在在的效果。

（三）加强党的基层组织建设

中国文物报社党总支委员会得到了充实，委员从4人增补到6人；党总支领导机构更加健全，分工更加明确，上级任命了总支书记，补选了副书记、宣传委员和组织委员。申报了2名预备党员转正。

【培训学习】

深入开展马克思主义新闻观培训教育活动。根据中宣部等四部门《关于在新闻战线深入开展马克思主义新闻观培训的意见》，组织全社领导干部和新闻从业人员参加了马克思主义新闻观的培训学习，为全体人员购买了《新闻记者培训教材2013》，邀请中央主要新闻单位负责同志及资深新闻工作者来报社进行授课，组织观看讲座录像，引导全体采编人员更加自觉地坚持党性原则，牢固树立以人民为中心的新闻理念，牢牢把握正确舆论导向，遵守党的政治纪律、宣传纪律，恪守职业道德。

【机构建设】

重新组建总编室，赋予总编室新闻采编及报刊网业务协调、监管等工作职能。使总编室真正成为媒体业务协调枢纽。

设立新媒体部，承担国家文物局政府网、中国文物信息网的建设、运营和管理工作；牵头负责全社新媒体与数字化转型升级、媒体资源库与采编系统、OA系统的策划和建设等工作。

以原事业发展部为基础，经过人力资源整合，将其转换为综合服务部，负责中国文物报社办公场所的物业与安全管理、后勤保障与服务、设施设备的维护与更新、公务车辆和办公用品的采购与管理、固定资产的实物管理等；承担本社旗下报刊等出版物的征订、发行工作，做好报刊印制、邮寄、赠阅、递送等服务工作。

设立广告部，统筹负责本社旗下各媒体的广告业务；调研传媒业发展动态与营销策略，负责本社市场策划与产业研发等。

【制度建设】

中国文物报社领导班子在多次开展社内调查研究的基础上，对报社制度建设进行创新和完善。制定了《中国文物报社中长期发展规划纲要》，修订完善了党总支会、社务会、社长办公会和采编工作会议制度，制定了《中国文物报社官方微博管理办法》，拟定了《中国文物报社"三定"方案》《中国文物报对外服务项目管理办法》和《中国文物报社财务管理办法》《中国文物报社报道、评论类稿件评议奖励规定》等规章制度。建立决策过程的监督机制、重大决策的跟踪问效机制，建立多种形式参与制度，推进社务公开、财务公开，切实解决群众关心的实际问题。

【中国文物报】

《中国文物报》围绕国家文物局中心工作，弘扬主旋律，传播正能量，主动策划推出一系列有特色、有影响的专题系列报道和专刊特刊，圆满完成了采编工作。

2013年，《中国文物报》在版面定位上，突出行业报特点，加强指导性、注重思想性、提高针对性、突出专业性、丰富知识性、增强趣味性、考虑可读性；把全局决策的正确性和基层落实的示范性有机结合起来，处理好高层与基层的关系，宣传全局侧重"新"，报道基层注重"活"；把集中宣传的阶段性和延伸报道的连续性有机结合起来，处理好上篇与下篇的关系，既有阶段性的宣传声势，又有连续性的工作报道。对2013年全国两会、文化遗产日系列活动、寻找最美文物安全员、文物建筑保护与利用、第一次全国可移动文物普查等一些特色活动、重大事件、重点项目、重要会议，都作了精心策划，进行了重点宣传和深度报道。针对文化遗产日，还推出了特刊、专刊，成为报纸的亮点。

与新华社和甘肃省文物局合作，推出了"真爱敦煌——大型文化遗产宣传"活动。中国文物报记者与新华社、人民日报、光明日报等新闻单位的20余位记者一起，深入文物保护第一线，从甘肃最东边的麦积山走向西部，行程2000公里，先后考察了麦积山石窟、炳灵寺石窟、莫高窟等数十处文物保护单位以及十余个省级、地县博物馆和文物科研单位。活动中，本报记者先后撰写了数十篇有关文物保护的新闻作品，宣传了文物保护工作和文

2014
中国
文物年鉴

物保护工作者，在社会上产生了很大影响。

【网络建设】

全力做好国家文物局官网的接管和内容维护工作，不断提高网络信息传播能力建设，增强发展新媒体业务的实力。

（一）完成国家文物局官网交接工作

8月，国家文物局决定将局官方网站交由中国文物报社进行内容管理和维护，报社成立了专门工作机构，抽调精兵强将组建了由7人组成的新媒体部，负责接收工作的组织实施，并对人员进行管理系统和网站后台的技术培训。同时，组织召开了国家文物局政府网站改版座谈会和改版技术交流座谈会。

（二）中国文物信息网建设全新改版升级上线

2013年，中国文物报社继续探索从传统平面媒体向新型全媒体的转型发展，打造全媒体发展模式，建设新媒体文化遗产信息传播平台。自2012年改版后，中国文物信息网网站在国内文博网站的排名已由改版前的20名跃进到前10名，且排名位置稳定（Alexa排名，南京博物院翻译整理发布）。

（三）加强和规范了中国文物报社社内官方微博管理

出台了《中国文物报社官方微博管理办法》，加强了各微博刊发数量，规范了刊发内容和程序，增大了与粉丝的互动交流量。

【文物天地】

2013年，《文物天地》月刊坚持以学术引领收藏为办刊宗旨，紧密结合文博界和市场热点，精心策划了外销瓷、文玩、沉香与香具、楹联、古琴及年度和春季艺术品市场总结等专题。这些专题，首重学术性，其次关注收藏和市场动态，追踪和分析未来发展趋势，受到读者的欢迎。其中第一期和第二期的外销瓷专题就是配合中国国家博物馆的外销瓷大展而策划；第六期和第八期专门就"圆明园兽首回归"做了更为翔实、准确的信息报道；第十期和第十一期的古琴专题则配合深圳博物馆的巴渝古琴大展。2013年还与英国艺术亚洲公司合作，开辟了海外博物馆栏目，主要以推介海外博物馆收藏的中国文物和收藏中国文物的海外收藏家为导向，刊出了大维德收藏的中国瓷器。

【中国文化遗产】

2013年，《中国文化遗产》双月刊侧重在不可移动文物、世界文化遗产的价值认定和保护方面加大宣传，特别是通过设立"聚焦"和"关注"栏目，以专题策划的形式，对国家文物局重点工作及社会关注的文化遗产保护问题进行深度探讨。2013年的6期杂志，分别针对中东铁路、秦文化、咸阳古城、中国古建筑营造技艺、红河哈尼梯田文化景观、中国古代舟船文化、甘肃河西走廊文化遗产、中国传统村落的保护利用等进行了专题策划。受云南省文物局的委托，以增刊的形式编辑出版了《中国文化遗产增刊·红河哈尼梯田文化景观专刊》。

【文物工作】

《文物工作》月刊牢牢把握国家文物局机关刊物这一明确定位，着重突出其宏观指导性和政策性，2013年共编发12期。上半年，在国家文物局政策法规司的领导下，完善了

《文物工作》编辑委员会；下半年，在全国各省、市、自治区文物局（文化厅）的支持下，完成了对《文物工作》内部期刊免费赠阅对象系统库的重新登记和整理。

■【红楼橱窗】

红楼橱窗定期推出由国家文物局主办、中国文物报社承办的专题图片展，交流展示文物资源、行业动态、发展成果等，是颇具特色和影响的户外媒体。2013年，红楼橱窗共举办了6期展览：以生肖文化为纲、以蛇年为线索的"报春蛇——2013蛇年蛇文化展"；以中国古代的酒、漆器、茶、铜镜为历史内容的"惠世天工——中国古代发明创造"；以展现咸阳辉煌灿烂的历史和生机勃发的今天为内容的文化遗产日主场城市"咸阳文化遗产展"；"石刻宝库、艺术殿堂——西安碑林巡礼"；"华夏建筑意匠的传世绝响——清代样式雷建筑图档展"；展示甘肃省参与丝绸之路申遗的5处遗产点——麦积山石窟、炳灵寺石窟、锁阳城、玉门关、悬泉置遗址的"丝绸之路上的甘肃文化遗产"。正在陆续推出第一次全国可移动文物普查、全国博物馆十大陈列展览精品十届回顾、广西文博工作普查等专题展览。

■【评选活动】

2012年度全国十大考古新发现

评选结果于4月9日在北京揭晓。国家文物局副局长童明康在终评会开幕式致辞，充分肯定了评选活动，称其已成为大众和考古工作者之间交流的平台。

2012年度全国十大考古新发现分别为河南栾川孙家洞旧石器遗址、江苏泗洪顺山集新石器时代遗址、四川金川刘家寨新石器时代遗址、陕西神木石峁遗址、新疆温泉阿敦乔鲁遗址与墓地、山东定陶灵圣湖汉墓、河北内丘邢窑遗址、内蒙古辽上京皇城西山坡佛寺遗址、重庆渝中区老鼓楼衙署遗址、贵州遵义海龙囤遗址。

"第十届（2011～2012年）全国博物馆十大陈列展览精品"评选

在此次评选活动中，共89个博物馆的陈列展览项目获得参评资格。经过初、终评会，评选出了2011、2012两个年度共计20个精品奖项目、19个优秀奖。颁奖仪式于5月18日在济南举行，文化部部长蔡武，文化部副部长、国家文物局局长领导励小捷，国家文物局副局长宋新潮，山东省委副书记、代省长郭树清，山东省委常委、宣传部部长孙守刚，山东省副省长季缃绮等为获奖单位颁奖。

第十届（2011～2012年）全国博物馆十大陈列展览精品评选结果

序号	精品奖			
	2011年		2012年	
	项目	单位	项目	单位
1	回望大明——走近万历朝	首都博物馆	幽蓝神采——元代青花瓷器大展	上海博物馆
2	"人之子"——鲁迅生平陈列	上海鲁迅纪念馆	考古山东	山东博物馆、山东省文物考古研究所
3	唐代壁画珍品展	陕西历史博物馆	洪州窑青瓷展	南昌县博物馆（洪州窑青瓷博物馆）

续表

序号	精品奖			
	2011年		2012年	
	项目	单位	项目	单位
4	南湖革命纪念馆新馆基本陈列	嘉兴南湖革命纪念馆	惠世天工——中国古代发明创造文物展	浙江省博物馆
5	大海的方向——华光礁Ⅰ号沉船特展	海南省博物馆	许之昌——许昌历史文化陈列	许昌市博物馆
6	河洛文明	洛阳博物馆	寓情于史 以情传神——宋庆龄陈列	宋庆龄生平事迹陈列馆
7	东北第四纪哺乳动物陈列	大庆市博物馆	九派云横——九江历史文化陈列	九江市博物馆
8	钱塘匠心 天工集粹——杭州工艺美术精品陈列	杭州工艺美术博物馆	黑土军魂——东北抗日联军军史陈列	吉林省博物院
9	皖风徽韵——安徽历史文化陈列	安徽博物院	中华百年看天津	天津博物馆
10	中国铁路发展史陈列	中国铁道博物馆	和政四大古动物群化石展	和政古动物化石博物馆

2014
中国
文物年鉴

序号	优秀奖			
	2011年		2012年	
	项目	单位	项目	单位
1	中国消防博物馆基本陈列	中国消防博物馆	光辉典范——抗战时期中国共产党党风廉政建设展	中国人民抗日战争纪念馆
2	兰亭特展	故宫博物院	朝鲜族民俗展览	延边博物馆
3	魅力敕勒川——民俗文化展	敕勒川博物馆	珍藏杭州——杭州博物馆馆藏文物精品陈列	杭州博物馆
4	邮苑春秋——黑龙江邮政博物馆基本陈列	黑龙江省邮政公司、黑龙江邮政博物馆	两鹰上将国之勋臣——洪学智生平事迹陈列展览	金寨县革命博物馆

续表

序号	优秀奖			
	2011年		2012年	
	项目	单位	项目	单位
5	漕水转谷 千年载运	淮安市楚州博物馆	山东蓬莱古船博物馆基本陈列	蓬莱古船博物馆
6	虎门销烟	鸦片战争博物馆	龙兴寺佛教造像精品陈列	青州市博物馆
7	红色甘肃——走向一九四九	甘肃省博物馆	湖南省国土资源科普展	湖南省地质博物馆
8	文明序曲——大地湾遗址考古成果展	大地湾博物馆	柳州工业历史陈列	柳州工业博物馆
9	生命的形成和演化	甘肃地质博物馆	大美羌乡——北川羌族民俗博物馆基本陈列	北川羌族自治县羌族民俗博物馆
10			热血陇原——八路军驻甘办事处与甘肃抗日救亡	八路军兰州办事处纪念馆

全国十佳文物维修工程评选推介活动

该活动由中国文物报社于2011年发起主办，至今已连续举办3年，先后有30项文物维修工程入选。11月19日，2012年度的全国十佳文物维修工程授牌暨研讨会在山东曲阜召开。

2012年度全国十大文物维修工程：

1. 北京颐和园四大部洲修缮工程
2. 山西太原王家峰北齐徐显秀墓保护工程
3. 山东曲阜孔府西路建筑群修缮工程
4. 北京怀柔区怀北镇河防口段长城修缮工程
5. 江苏泰州周氏住宅修缮工程
6. 湖南永顺县老司城遗址文物抢救性保护工程（一期）
7. 重庆潼南大佛本体保护修复工程
8. 青海玉树藏娘佛塔及桑周寺和小经堂壁画抢险保护修复工程
9. 西藏拉萨色拉寺文物维修工程
10. 新疆克孜尔尕哈石窟抢险加固工程

2012年度全国文化遗产十佳图书评选推介活动

共有181本（套）图书被推荐参评。6月5日，评审会在仔细审阅参评图书样书的基础上，本着公平、公正的原则，经过实名投票，评选出年度十佳图书和优秀图书各10本

（套）。6月8日，在咸阳文化遗产日主会场，评选结果正式揭晓。7月19日，由中国文物报社、陕西省文物局主办，陕西历史博物馆、陕西省文物信息咨询中心承办的2012年度文化遗产十佳图书评选颁奖暨座谈会在西安市举办。

（一）2012年度全国文化遗产十佳图书评选结果

◆　十佳图书

1．《仰观集：古文物的欣赏与鉴定》，孙机著，文物出版社2012年6月出版；

2．《暗流：1949年之前安阳之外的中国考古学传统》，徐坚著，科学出版社2012年2月出版；

3．《科技考古的方法与应用》，中国社会科学院考古研究所著，文物出版社2012年6月出版；

4．《陕西第三次全国文物普查丛书（共107册）》，陕西省文物局编，陕西出版集团陕西旅游出版社2012年6月出版；

5．《明长城》，国家文物局编，文物出版社2012年8月出版；

6．《元中都：1998～2003年发掘报告》，河北省文物研究所编著，文物出版社2012年11月出版；

7．《中国古代髹漆家具——十至十八世纪证据的研究》，丁文父著，文物出版社2012年11月出版；

8．《中国古代猪类驯化、饲养与仪式性使用》，罗运兵著，科学出版社2012年12月出版；

9．《兰亭展事纪实》，故宫博物院编，故宫出版社2012年12月出版；

10．《中华历史文化名楼丛书（共10册）》，寇润平、陈先枢、虞浩旭等编著，文物出版社2012年9月出版。

◆　优秀图书

1．《秦始皇帝陵出土一号青铜马车》，秦始皇帝陵博物院编，文物出版社2012年8月出版；

2．《福建土楼建筑》，黄汉民、陈立慕著，福建科学技术出版社2012年2月出版；

3．《文物保护理论与方法》，李晓东著，故宫出版社2012年4月出版；

4．《故宫博物院诉讼案例选编》，故宫博物院编，故宫出版社2012年5月出版；

5．《南宗正脉：画坛地理学》，上海博物馆编，北京大学出版社2012年7月出版；

6．《萌芽·成长·融合——东周时期北方青铜文化臻萃》，秦始皇帝陵博物院编、曹玮主编，陕西出版集团三秦出版社2012年8月出版；

7．《让木乃伊跳舞：大都会艺术博物馆变革记》，（美）托马斯·霍文著、张建新译，译林出版社2012年8月出版；

8．《拾年》，王军著，生活·读书·新知·三联书店2012年8月出版；

9．《千秋金鉴：陕西历史博物馆藏铜镜集成》，陕西历史博物馆编，陕西出版集团三秦出版社2012年10月出版；

10．《宋伯胤文集·民族调查卷》，南京博物院编，文物出版社2012年11月出版。

【其他】

（一）召开中国文物报社通联工作会议

2013年中国文物报社通联工作会议于10月下旬在北京召开，报社同志和报社驻各省、自治区、直辖市和计划单列市通联负责人共聚一堂，报社领导对一年来的工作做了简要总结，就明年报社工作做了展望；报社编辑记者与地方通联员面对面交流意见，就做好文化遗产保护宣传工作进行了热烈的研讨，对报纸、期刊的编辑发行工作提出意见建议，会议取得圆满成功。

（二）组织2013年文化遗产日主题口号征集、评选、推介宣传

评选出的主题为"文化遗产与全面小康"。宣传口号5条，分别为：保护历史根脉、留住共同记忆；珍爱人类共同遗产、守护民族精神家园；一天的关注、一生的行动；文物家底有多少、普查一下就知道；相约古都咸阳、穿越周秦汉唐。

（三）组织召开"回眸·创新"全国博物馆陈列展览学术研讨会

研讨会由国家文物局指导，中国文物报社、中国博物馆协会共同主办，北京天图设计工程有限公司协办。研讨会对全国博物馆陈列展览精品工程的实施历程进行了系统回顾和梳理，围绕全国博物馆陈列展览十大精品的评选与推广、博物馆陈展理念与实践、创新与发展等展开深入探讨。

（四）承担2013年度文物拍卖专业人员资格考试相关工作

受博物馆司委托，报社承担了文物拍卖专业人员资格考试题库建设和考试试卷命题及印制工作。9月下旬，组织专家完成初步试卷命题工作。10月中旬，完成试卷审题并确定试题工作。10月下旬，完成试卷印刷工作。

中国文物交流中心

【概述】

2013年是中国文物交流中心全面贯彻十八大精神的开局之年，也是落实全国文物工作会议精神的起步之年，还是中心的"文物安全年"。中心全体同仁在国家文物局的正确领导下，围绕建设"国际知名、行业领先、工作规范、服务一流、形象良好的文物交流专业机构和文物外事服务机构"的奋斗目标，科学筹划，团结奋进，扩大对外交流与合作，为提高中华文化的国际影响力发挥了重要作用。

【文物展览】

2013年，中国文物交流中心在保障文物安全的基础上，顺利举办出境展览11项，来华展览1项，涉及亚、欧、非三大洲，包括土耳其、日本、意大利、罗马尼亚、英国、摩洛哥和香港、台湾地区。展览为配合外交外宣工作，展示中国文化遗产保护成果，促进中外文化交流，提高中华文化国际影响力发挥了积极作用。

出境展览一览表

序号	展览名称	展出国家（地区）	展览时间	展出地点	观众人数（万人次）
1	商王武丁与后妇好——殷商盛世文化艺术特展	台湾	2012.10.20～2013.02.19	台北故宫博物院	3.798
2	华夏瑰宝展	土耳其	2012.11.20～2013.02.20	伊斯坦布尔老皇宫博物馆	9.1
3	两宫藏藏传佛教及藏族文物珍品展	意大利	2012.10.19～2013.06.02	特拉维索市卡萨德——卡拉雷兹博物馆	2.8421
4	中华大文明展	日本	2012.10.05～2013.09.16	东京国立博物馆、神户市立博物馆、名古屋市博物馆和九州国立博物馆	36.3435
5	中国西域·丝路传奇展	日本	2013.02.08～2014.01.13	长崎孔子庙中国历代博物馆	13.8821

2014 中国 文物年鉴

续表

序号	展览名称	展出国家（地区）	展览时间	展出地点	观众人数（万人次）
6	华夏瑰宝展	罗马尼亚	2013.04.29～2013.08.14	罗马尼亚国家历史博物馆	5.0983
7	早期中国展	意大利	2013.06.20～2014.03.20	罗马威尼斯宫国立博物馆	——
8	光照大千——丝绸之路的佛教艺术展	台湾	2013.09.14～2014.03.24	佛光山佛陀纪念馆、台东市史前文化博物馆	72.6149
9	地下的中国——凤翥龙翔考展	香港	2013.10.25～2014.03.02	香港中文大学文物馆	——
10	中国古代绘画名品700～1900展	英国	2013.10.26～2014.01.19	伦敦维多利亚和阿尔伯特博物馆	3.7616
11	斗品团香——中摩茶文化交流展	摩洛哥	2013.11.25～2014.07.15	索维拉市默罕默德·本·阿卜杜拉先生博物馆	——

来华展览一览表

序号	展览名称	展出国家（地区）	展览时间	展出地点	观众人数（万人次）
1	安纳托利亚文明：从新石器时代到奥斯曼帝国展	中国	2013.11.18～2014.02.20	上海博物馆	4.8855

【对外交流合作与宣传】

中心积极配合国家外交外宣大局，广泛建立国际联系，促进国际与地区间交流合作、拓展合作渠道、优化合作模式，巩固和发展良好的合作关系，推动联合办展、人员互访、信息互通，发挥对外交流平台作用，努力向"国内外文博机构可依赖、可信赖的合作伙伴"的建设目标稳步前进。

（一）国际交流与合作

加强国际交流，拓展合作领域。与波兰克拉科夫国家博物馆、捷中友协、法国吉美博物馆、英国流浪者公司、澳大利亚文化交流中心、加拿大皇家安大略博物馆、美国芝加哥菲尔德博物馆及日本黄山美术社等建立友好合作关系。参加第23届国际博物馆协会大会暨博物馆博览会。

（二）与港台地区的交流与合作

推动两岸三地文博机构进行全方位、多层次的交流合作，首次与台东历史博物馆合作办展，扩大了展览在台湾东南部的影响。与台湾科技博物馆就共同推进两岸文物展览交流达成共识。巩固与香港中文大学考古艺术研究中心的合作关系，形成长期稳定的合作办展模式。

（三）对外宣传

编辑出版了《中国西域·丝路传奇》《早期中国》《光照大千》《斗品团香》，与展览合作方合作编辑出版了《商王武丁与后妇好——殷商盛世文化艺术》《华夏瑰宝展》《中华大文明》《中国古代绘画名品700～1900》等8部展览图录。

充分发挥中国博物馆协会展览交流专业委员的作用，建设"博物馆交流网"。2013年，中心在各类学术报刊上发表学术文章22篇。

【外事服务】

中国文物交流中心根据国家文物局的统一部署，加强组织领导，完善工作程序，通过参与国家文物局委托项目单一来源采购等形式，承担出入境展览初审、外事接待、出境团组护照签证、翻译、外事礼品以及承办外事会议活动等涉外工作事项，提升对外文物交流服务保障水平。

全年共完成国家文物局委托涉外展览项目（含港澳台）初审63项。共接待应国家文物局邀请来华访问的澳大利亚、韩国、斯里兰卡等国家，以及美国盖蒂保护所、国际古迹遗址理事会等国际组织的文物代表团7个25人次。为国家文物局系统办理出国（境）团组140个，办理签证471人次。另外，办理赴台湾团组11个，办理通行证55人次。共承担文件翻译、口译共计49项，并提供外事礼品服务。还承办了驻外文化参赞文物交流座谈会、2013年文物外事工作座谈会、驻华使节走进世界文化遗产活动。

【学术研究】

发挥中心组织文物展览的专业优势和专家资源平台作用，开阔思路，积极探索，完善机制，开拓创新中心业务领域，为对外文化交流提供更好的服务。

（一）专项研究

配合外事活动和出入境展览，组织学术团与文博同行进行学术交流，扩大展览影响，提升展览学术含量。对展览项目和相关文物学、博物馆学专业问题进行学术研究，组织学术考察与调研，形成课题研究成果。中心完成了国家文物局委托的修订《文物出境展览管理规定》项目。承担国家文标委《出境展览协议书范本》制订工作。向国家文物局申报了"国外文物保护比较研究项目"学术研究课题，取得阶段性成果。

（二）培训业务

通过组织博物馆展览策划专题培训班、文化遗产创意产业培训班等项目，开阔了展览策划工作思路，增强了中国文化遗产创意产业的驱动力和创造力，形成了具有中心特色的品牌服务。

1月6～12日，在云南昆明承办国家文物局委托的"博物馆展览策划专题培训班"，该班为国内首次举办以"博物馆展览策划"为主题的培训，全国文物系统博物馆主管展览陈列的馆领导或部门负责人等40余名学员参加培训。

10月27日～11月2日，在陕西西安承办国家文物局委托的"文化遗产创意产业培训班"，吸引来自全国文博系统从事文化创意产业相关工作的70名学员参加。

（三）文化创意合作

合理利用社会资源，拓宽合作渠道。在文创产品研发方面，与台湾时艺多媒体传播股份有限公司、陕西文化投资集团建立战略合作，在营销方面与北京水晶石数字科技股份有限公司、上海尚特文化传播有限公司、南京永银文化创意产业有限责任公司等达成合作意向。

【基础建设】

紧紧围绕安全工作中心任务，以落实"文物安全年"各项部署为抓手，进一步树立安全理念，细化措施，落实责任，2013年未发生重大展览文物安全责任事故。同时注重加强思想建设、队伍建设、制度建设等基础工作，努力提高中心的思想凝聚力、综合战斗力和社会影响力。

1. 思想政治建设

深入贯彻落实《中共中央关于在全党深入开展党的群众路线教育实践活动的意见》，按照中央及国家文物局对群众路线教育实践活动的部署和要求，分三个环节开展中心群众路线教育实践活动，顺利完成规定动作和自选动作，联系群众和转变作风建设取得新成效。

召开会议传达贯彻党的十八届三中全会精神，班子成员解读《中共中央关于全面深化改革若干重大问题的决定》，深刻领会《决定》对全面深化改革背景下推进文化机制创新的新要求，形成进一步解放思想，加快推动中心职能转变的共识。

2. 组织建设

坚持中心班子集体领导，全年召开中心办公会24次，主任办公会18次。

派员参加外交部举办的第31届护照签证专办员培训班、电子护照项目二期培训班、2013全国文物外事工作业务培训班、文物事业单位财务制度培训班以及英国大英博物馆策展人国际培训项目，提高职工专业水平和履职能力。

科学制定职工讲座计划，全年共举办各类讲座10场。

3. 廉政建设

坚持节俭办事，定期通报财务收支情况，增加财务透明度。贯彻中央"八项规定"，以及财政部、外交部出台的一系列出国、出差、会议等相关规定，严格控制"三公"经费支出；加强派出团组人员以及规章制度出台前的公示；选人用人、奖优评先坚持标准、公正公平；展览文物包装运输服务商、保险服务商的遴选、固定资产采购进行公开招标；重点项目和重要合作协议委托律师提出法律意见，增加法律约束，维护中心合法权益。

4. 文物安全建设

围绕"文物安全年"建设各项部署，加强培训，完善制度，明确责任，落实整改，全年未发生文物安全责任事故。编印《安全工作手册》，中心人员人手一册。建立日常安全值班制度，保证每日不少于3次安全巡查。建立安全顾问指导制度，在文物展品遴选、布展、撤展过程提供安全指导。中心办公区和公共场所全面禁烟。

5. 制度建设

落实2013中心"制度建设年"各项目标，组织建立、修订并颁布施行了10项规章制度，努力提高经营管理规范化水平。

6. 资产财务管理

根据2013年重点工作计划，完善预算编制程序，科学、有序安排财政经费支出。实行用款额度到账通知。科学安排与动态管理预算执行进度，保证项目预算执行率，2013年度中央财政部门预算执行率达到100%。积极配合审计署委托的经济工作检查，圆满完成经济工作检查任务，以此为契机，进一步规范财务支出审批程序，提升中心财务管理规范化水平。严格政府采购管理，加强外事礼品和固定资产盘点。

7. 文化生活

根据职工学习研究需求，增加阅览室图书报刊的种类和数量；组织第四届全体职工摄影比赛，丰富职工文化生活。

北京新文化运动纪念馆

【概述】

2013年，北京新文化运动纪念馆积极贯彻落实党的十八大精神，紧扣"树立宗旨意识、加强党风廉政建设，推动文物事业科学发展"主题，深入开展党的群众路线教育实践活动，认真贯彻落实博物馆工作的方针政策，加强队伍建设和提升展陈水平，使各项工作平稳有序推进，被评为北京市爱国主义教育基地示范单位。

【展览】

北京新文化运动纪念馆现有"新时代的先声——新文化运动陈列"主题展览和蔡元培、陈独秀两个专题展览，向观众全面展示新文化运动、五四运动和中国共产党诞生的历史。2013年，北京新文化运动纪念馆在做好基本陈列开放接待的同时，还通过举办临时展览、赴外省市巡回展览等形式，加强与全国各兄弟博物馆的广泛联系，不断丰富广大群众的精神文化生活。全年共接待观众485458人次。

2013年，北京新文化运动纪念馆先后举办了"贴得人间喜气来——晋江博物馆藏中国年画展""光辉的历程——中共一大至十八大图片展""风展红旗如画——纪念毛泽东诞辰120周年名家书画展""风雨中山舰""黑龙江省博物馆藏北大荒版画作品特别展""中央国家机关六部委老干部摄影展""领袖风采——纪念毛主席诞辰120周年钱嗣杰摄影展"7场临时展览。每一场展览均受到了社会各界的好评，北京电视台、北京日报、新华社等给予了专题报道。

"新时代的先声——五四新文化运动展览""回眸胡适""品味经典感受大师——中国新文学作家与作品展""胡适文物图片展""风展红旗如画——纪念毛泽东诞辰120周年名家画展"5个展览相继在武汉辛亥革命博物馆、黑龙江省博物馆、上海中共一大会址纪念馆、井冈山革命博物馆、福建晋江博物馆、中国人民大学博物馆等兄弟博物馆展出。

【基地教育活动】

北京新文化运动纪念馆作为爱国主义教育基地，与中央国家机关部委、学校、社区等几十家单位开展共建教育活动，其中外交部、文化部、北京市委、中央电视台、中央党校等单位多次在北京新文化运动纪念馆组织各种形式的基地教育活动。

3月，北京新文化运动纪念馆讲解员为来自民航局的30余名团员青年进行讲解培训和技能辅导，经过不断地学习和实践，团员青年们以饱满的热情投入到志愿讲解服务中，获得广大观众的欢迎和赞许。

与北京市第六十五中学第三年合作开展"小小讲解员"活动，对学生进行培训和辅导。"五四"前夕，东城区召开中学生"五四"表彰大会，东城教委组织全区40所中学的

80余名优秀学生来北京新文化运动纪念馆进行革命实践活动，六十五中学的志愿讲解员为学生们讲解展览。

2013年是"五四运动"94周年，为纪念这一光辉岁月，回顾热血青年的奋斗历史，北京新文化运动纪念馆联合中国文物保护基金会共同主办、北京市第六十五中学等9家共建单位联合协办的"青春的旗帜"——纪念"五四运动"94周年诗歌朗诵会于5月4日上午在北京市第六十五中学礼堂举行。本次活动受到学校、部队及社区观众的一致好评，当天，北京电视台以及北京日报、北京晚报、北京青年报等媒体对本次活动进行了报道。

5月18日是第37个国际博物馆日，今年的主题是"博物馆［记忆+创造力］=社会变革"。北京新文化运动纪念馆结合临时展览"光辉的历程——中共一大至十八大图片展"举办有奖知识竞答活动，并为观众准备竞答试卷和奖品，共发出试卷近200份。据统计，5月18日当天，近1000人来北京新文化运动纪念馆参观。

配合巡展、联合地方有关机构开展丰富多彩的教育活动是近年来北京新文化运动纪念馆的一大特色。北京新文化运动纪念馆与厦门市教育局、陈嘉庚纪念馆等单位合作，成功举办了"博物大观　文化校园"2012年厦门市中小学思想道德教育巡展活动，其中的"品味经典　感受大师——中国新文学作家与作品"在厦门80多所中学巡展，并开展征文评选活动，于7月出版《品味经典　感受大师——厦门中学生优秀作文选》。

【学术研究】

2013年，北京新文化运动纪念馆在筹备展览的同时，积极挖掘展览内容，配合展览的举办，出版具有一定学术价值的图书，提高业务人员的研究水平。2011年"胡适文物图片展"成功举办以来，得到社会积极反响。7月，北京新文化运动纪念馆出版《寻找、发现、还原：胡适速写》，以照片和文物展品为纲，从博物馆人的角度，深入挖掘每幅照片、文稿背后的故事，从而向读者展现一个真实的胡适。

【藏品管理和征集】

2013年，为加强对于藏品工作的管理，北京新文化运动纪念馆进一步修订《北京新文化运动纪念馆藏品管理制度》，使藏品管理工作更加科学化、规范化。2013年，北京新文化运动纪念馆完成文物库房的搬迁工作，对红楼地下一层的6间房屋进行装修改造，重新安装门窗，定制安装恒温恒湿柜和密集柜，并顺利完成文物的清点、盘库、包装以及运输工作，顺利完成所有藏品从鲁迅博物馆到北大红楼的搬迁，做到了万无一失。截至年底，北京新文化运动纪念馆藏品总计4500余件（套），其中国家一级文物59件（套）、二级文物198件（套）、三级文物931件（套）。

【对外交流与合作】

为纪念中法建交50周年，北京新文化运动纪念馆精心筹备"印记——法国文化在中国（1900～1949）展览"。5月21～31日，北京新文化运动纪念馆派工作人员赴法国，与法方洽商合作展览事宜，在法期间拜会了蒙达尔纪市市长，并赴蒙达尔纪档案馆、法国国家档案馆、法国外交部档案馆和里昂市立图书馆查阅了大量资料，为展览做了充分的准备工作。

5月30日～6月5日，北京新文化运动纪念馆派工作人员赴俄罗斯参加国际博物馆艺术节，并承担组织国内相关博物馆和专业人员参加艺术节等工作。

2014
中国
文物年鉴

北京市

【概述】

2013年，全市文博系统干部职工紧密围绕北京市委、市政府的中心工作，着力"人文北京"和"中国特色世界城市"建设，积极推进全市各项文博工作，制定了《北京市地下文物保护管理办法》，填补了我市地下文物保护立法的空白；联合公安刑侦部门开展打击文物犯罪行动，抓获盗窃文物犯罪嫌疑人10名，抓获盗窃古墓葬犯罪嫌疑人14名；完成了3840处不可移动文物认定公布工作；全市注册登记博物馆达到168家；编制了北京市第一次全国国有可移动文物普查工作方案，正式在全市启动了国有可移动文物收藏单位收藏情况调查工作；完成全市260场拍卖会185191件（套）文物标的依法审核工作及全市12家申请设立文物拍卖资质企业的初审工作。北京文博事业获得了新的发展。

【法规建设】

2013年，北京市政府审议通过了《北京市地下文物保护管理办法》，明确了市规划、国土等部门在地下文物保护方面的职责，填补了我市地下文物保护立法的空白。制定公布了《关于在北京市棚户区改造和环境整治中做好文物保护工作的指导意见》和《关于棚户区改造和环境整治项目进一步简化文物审批工作的意见》，提出了文物腾退纳入公益性项目房屋征收管理办法的相关支持政策意见。与市财政局联合制定了《北京市文物及历史文化保护区专项资金管理办法》。完成了《中华人民共和国文物保护法》的修改建议报告。

【执法督察和安全保卫】

2013年，全市文物行政执法人员对国保单位开展执法巡查658次，安全检查722次，发现隐患25次，责令整改25次；对市保单位开展执法巡查972次，安全检查925次，发现隐患31次，责令整改31次。接到举报、信访、上级督办事项76件，实施行政处罚3起共罚款70万元，责令改正55起，转区县文委行政执法队督办查处18起，有效遏制了文物违法行为的发生。联合公安刑侦部门开展打击文物犯罪行动，抓获盗窃文物犯罪嫌疑人10名，抓获盗窃古墓葬犯罪嫌疑人14名，配合公安机关协调文物鉴定专家为涉案文物鉴定29次计201件。

3月28～29日，北京市文物局举办全市文物行政执法人员培训班，围绕执法人员素质建设、《大运河遗产保护管理办法》等新颁布法规、规章、规范性文件进行专项培训，同时开展了执法证年审工作。

8月15日，北京市文物局与北京市消防局成立联合检查组，对拈花寺、真觉寺金刚宝座等重点文物保护单位开展安全检查。对发现的安全隐患，当场制发了《文物安全隐患整改通知书》，要求管理与产权单位采取有效措施，确保文物保护单位安全。

9月29日，北京市公安局破获"7·15"京郊文物盗窃案，打掉盗窃文物犯罪团伙两个，抓

2014
中国
文物年鉴

获犯罪嫌疑人10名，起获被盗的国家三级以上文物6件，其他石刻、瓷器等一般文物18件。

11月25日，北京市文物局会同西城区公安分局成立联合检查组，对白塔寺、广济寺等重点文物保护单位开展全面安全隐患排查。对检查中发现的安全隐患和违法建设问题，当场提出整改要求，并制发了《文物安全隐患整改通知书》。

【不可移动文物的保护和管理】

2013年，各区县政府依据北京市全国第三次文物普查工作成果，完成了3840处不可移动文物认定公布工作，不可移动文物名录已正式向社会公布，同时部分区县新公布了一批区级文物保护单位；启动了第五批地下文物埋藏区和第九批文物保护范围和建设控制地带划定工作；第八批市级文物保护单位标志牌安装、第七批全国重点文物保护单位标志牌制作、普查登记文物挂牌等工作基本完成；完成了《新编名胜古迹词典》《长城资源调查》初稿的编撰工作。

积极开展圆明园、周口店考古遗址公园建设工作。圆明园考古规划编制工作已经完成，大宫门、如园、桃花洞考古工作正在实施。配合房山区完成周口店北京人遗址博物馆迁建工程，实施原博物馆迁建后即遗址核心区环境整治和生态改善工程，启动周口店国家考古遗址公园专项规划编制工作；启动琉璃河、团河行宫、金陵等遗址的保护规划和考古遗址公园规划编制工作。

启动大运河遗产保护和环境整治工程，批准公布了北京段大运河遗产保护规划，完成了北玉河新建木桥拆除、通州北关闸泊岸修补工程，建立了大运河北京段监测平台，完成了联合国教科文组织对北京段大运河申遗项目现场考察评估的接待工作。

启动百余项文物保护工程，八达岭长城、河防口长城、香山寺等一批文物得到修复，从根本上扭转了文物建筑年久失修的被动局面。故宫慈宁宫和十三陵裕陵、长陵棱恩门等一批世界文化遗产保护工程修缮竣工。启动颐和园南湖岛及围墙修缮，启动延庆县四海镇九眼楼段长城、八达岭镇石峡关口段长城抢修及延庆四海镇火焰山营盘遗址保护工程。

【考古发掘】

2013年，共配合丰台区丽泽商务区、通州区国际旅游度假区等基本建设项目完成考古勘探工作57项，总勘探面积625.23万平方米；实施考古发掘44项，总发掘面积43395平方米。

6月22日，北京市文物局、房山区委区政府联合北京电视台对在房山区北京文化硅谷建设工程中发现的唐幽州卢龙节度使刘济墓进行了考古发掘现场直播，出土大型彩绘浮雕十二生肖描金唐代墓志等，具有重要的历史、艺术价值。

【博物馆与可移动文物】

（一）博物馆

1. 博物馆建设

2013年，新审批注册登记"铁道兵纪念馆"及"和苑博物馆"，全市共有注册登记博物馆168家。中国海关博物馆、园林博物馆已正式向社会开放；北京奥运博物馆场馆改造完成、陈列布展工作就绪，正逐步扩大接待范围，面向社会征求改进意见；徐悲鸿纪念馆改扩建工程正在按计划抓紧推进，场馆主体工程基本完成，展陈大纲论证及深化设计已经完成，展陈施工已经启动；北京地税博物馆、北京月季博物馆正在加紧建设，中国人民革命军事博物馆改扩建工作正在按计划推进。

2013年，北京市文物局组织编辑并印制了《走近博物馆——北京地区博物馆大全》170万册、《2013年北京文化旅游景点导览图》50万册，免费向全市中小学生、社区居民、外地旅游者及博物馆观众发放。

2013年，起草了《北京市文物征集专项经费使用管理若干原则及申报审批工作流程》和《北京市文物征集专项经费使用管理暂行办法》，进一步规范了藏品征集工作，加大了藏品征集经费管理力度。

4月1日，"徐悲鸿纪念馆新馆奠基仪式"举行。新馆占地面积5100平方米，总建筑面积10885平方米；建设规模地下两层，地上四层；展区分徐悲鸿生平展、国画展、油画展、速描和徐悲鸿藏画展五大板块。

2．重要陈列展览

7月4日，"丰腴之美——唐代仕女生活展"在北京艺术博物馆开幕。展览集中了西安博物院、陕西历史博物馆、新疆博物馆、扬州博物馆和镇江博物馆最为精美的唐代文物精品86件（套），以初唐至盛唐的仕女俑为主体，结合铜镜、粉盒、熏球等相关文物，反映了唐代仕女们日常起居的点滴细节。

8月20日，"永恒记忆——丝绸之路上的文明"在北京艺术博物馆开幕，共展出甘肃省博物馆藏青铜器、玉器、金银器、木器、石造像、丝织品等藏品149件（套），从多个角度反映了不同时期中西文化交流的印迹。

9月17日，"白山·黑水·海东青——纪念金中都建都860周年特展"在首都博物馆开幕。展览精心选取金银器、玉器、瓷器、铁器等221件（套），其中一级文物就多达45件（套）。

9月17日，"碧彩云天——辽代陶瓷展"在北京辽金城垣博物馆开幕。展览遴选出100余件辽宁省朝阳市出土的辽代陶瓷，旨在把以往鲜为人知的契丹民族所创造的陶瓷文化精髓专题化、系统化地传递给观众。

12月20日，"泉海撷珍——中国历代钱币精品展"在北京市古代钱币展览馆开幕。展览汇集了北京地区15位钱币收藏家的藏品，共展出金属铸币、花钱、金银币、纸币、钞版等钱币类文物500余件（套），其中包括中国最早的金属铸币"保德铜贝"，号称"中国青铜铸币的鼻祖"，距今已有3000余年的历史。

（二）第一次全国可移动文物普查

编制了北京市第一次全国国有可移动文物普查工作方案，组建了工作协调机构及专业机构，协商确定了中直管理局、国管局系统的普查工作方式，开展区县骨干师资培训、国有博物馆普查工作人员培训等，正式在全市启动了国有可移动文物收藏情况单位调查工作。

【社会文物管理】

2013年，共完成全市260场拍卖会185191件（套）文物标的依法审核工作，确定国家一级珍贵文物25件，三级文物1件，撤拍禁止拍卖类文物334件，拍卖总成交额达256.7亿元。完成全市12家申请设立文物拍卖资质企业的初审工作，10家企业经国家文物局批准获得文物拍卖资质，5家企业获得一类文物拍卖资质。继续试点开展在京文物拍卖企业专业人员聘用认证工作，据统计，北京市现有取得《文物拍卖企业专业人员资格证书》人员131人。

3月20日，"2013年北京市文物拍卖工作会议"在亚洲大酒店召开，中国嘉德、北京翰海、中国保利等全市115家有文物拍卖资质的拍卖企业负责人参会。会议对2012年北京市文物拍卖管理工作进行了总结，部署了2013年工作。

4月19日，北京市文物局与北京市商务委员会、北京市工商局联合召开拍卖监管联席会，通报了2011～2012年度文物拍卖企业年审情况及《国家文物局、公安部、海关总署、国家工商总局关于进一步加强文物经营活动管理工作的通知》要求，并就外资拍卖企业的监督管理、网络拍卖的监督管理以及如何有效利用北京市公共资源拍卖平台进行沟通研究。

9月11日，"金秋文物艺术品拍卖月"启动仪式在北京国际饭店会议中心举行。拍卖月期间，古籍善本、陶瓷、玉器、杂项、家具等五个大项、两万余件拍品亮相各拍卖现场。

11月14日，"2013北京·中国文物国际博览会"在全国农业展览馆新馆开幕。本届文博会以"文化引领城市发展，典藏促进世界交流"为主题，来自美国、英国、加拿大、日本、阿富汗等国家的国际展商以及多家知名拍卖公司，还有全国各地34家国有文物商店和来自中国香港、台湾、大陆的超过70家知名商家、收藏家参与其中。展会共接待观众15.2万人次，总成交额4.5亿元。

【科技与信息】

2013年，起草了《北京市文物局学术论文评比工作规则》和《评比标准》，修订了《北京市文物局局属单位学术带头人管理规定》，完成了《北京市文物局关于进一步加强局系统科研工作的指导意见》。首都博物馆《民国史地文丛》等7本书稿获得2014年度科研成果出版项目经费资助；组织在京科研院所、高等院校共80项课题申报国家文物局2013年度文物保护领域科学和技术研究一般课题，其中首都博物馆"生物技术在书画装裱中的应用研究"获准立项；首都博物馆"辽代金银器材质分析及工艺研究"、局安全保卫处"博物馆安全运行体系建设及示范应用"申报2013年市级科技计划绿色通道项目获得立项，得到资金支持共计255万元。北京文物研究所"北京地区辽代矿冶遗址调查与研究"立项为北京市哲学社会科学规划项目。

《古建筑结构安全性鉴定技术规范第1部分：木结构》和《文物艺术品数据元及数据格式》获得地方标准制定项目立项；完成了《文物建筑修缮工程操作规程：木作、油漆作、彩画作》3项地方标准的起草、征求意见、送审、报批工作；参与协调由市气象局组织编制的地方标准《文物建筑雷电防护技术规范：开放段长城》的相关工作；研究编制了《北京市文物保护标准化发展规划》。

【文博宣传与出版】

2013年，共举办各类新闻发布会、组织媒体记者集体采访、主动发放新闻宣传素材46次，接待境内记者采访38次、境外及港澳台记者采访4次。北京市文物局政务微博"@北京文博"发布552条信息，向社会展示了北京市文博行业取得的重要工作成果，并针对社会关注度高的敏感话题、突发事件等有效引导舆论。8月份，又在腾讯网、人民网分别开通了同名政务微博，截至年底，共发布信息208条。

5月17日，以"博物馆［记忆+创造力］=社会变革"为主题的"5·18国际博物馆日"主会场启动仪式在中国科技馆举办。活动以实现强国富民的"中国梦"为重点，推出了"20世纪文化名人的'中国梦'"巡展等一系列主题展览和活动，还有"我看博物馆——博物馆摄影大赛""博物馆系列文化讲座"及文物鉴定等公益性系列文化活动。

2013年，北京燕山出版社出版的《法典说略》《先秦诗经学史》两部图书在宁夏银川召开的古籍图书评奖会上获得"2013年度中华优秀古籍图书二等奖"。

【机构及人员】

北京市文物局机关内设办公室、政策法规处、文物保护处、博物馆处等9个职能处室，现有在职人员73人。另有局属事业单位32个，其中，文物保护机构1个、博物馆19个、文物商店1个、文物科研机构2个，截至2013年12月31日，32个局属事业单位实有岗位967个，在职人员913人。按学历情况划分：高中及以下53名；大专96名；大学本科661名；研究生157名，其中博士生30名、硕士生123名、研究生毕业（未取得相应学位）4名。按岗位等级划分：初级专业岗位201个；中级专业岗位164个；高级专业岗位56个，其中正高级专业技术岗位12个、副高级专业技术岗位44个。

【对外交流与合作】

10月31日，作为"2013北京－首尔友好交流年"的活动项目之一，由北京古代建筑博物馆制作的"中华牌楼"展在首尔中国文化中心开幕。这是北京市文物局在海外中国文化中心举办的第一次展览，使国外观众充分感受到了中国古建筑文化的精巧构思。

11月29日，首都博物馆制作的"包容的北京——一座城市的成长"展在韩国首尔历史博物馆展出。展览分"踞北方的都邑""契丹女真的国都"等五个部分，通过91件文物展示了北京地区历史文化的包容性、递升性和创造性。

【其他】

6月8日，"2013年文化遗产日宣传主题活动"在通州区大运河森林公园漕运码头举办。启动了"骑行京杭大运河"活动，大运河遗产保护志愿者沿京杭大运河进行千里骑行，宣传大运河保护与申遗工作。

11月5日，"博物馆与文创发展交流研讨会"在故宫博物院举办。结合"博物馆与文化产业发展""打造博物馆文创产业链"的主题，北京大学教授向勇、北京市文物局副局长于平、台湾龙华大学教授王永铭等分别做了发言。

11月12日，《2014年北京博物馆通票》首发式在中国科学技术馆举行。2014年的通票汇集了全市110家博物馆、科普教育基地和文化旅游景点，分历史、科技、艺术、名人故居、文化场馆旅游景点、免费开放博物馆共6大类。

天津市

【概述】

2013年是全面贯彻落实党的十八大精神的开局之年，是推进文化强市、美丽天津建设的重要一年。在中共天津市委、市政府的正确领导下，天津市文物局认真贯彻落实党的十八大，十八届二中、三中全会和市委十届二次、三次全会精神，认真贯彻落实国家文化遗产保护方针，文物博物馆工作取得了新进展、新成效。天津市第一次全国可移动文物普查工作顺利推进。大运河保护和申遗工作取得重要进展。完成天津自然博物馆搬迁改造和新馆布展。公共博物馆、纪念馆举办公益特色展览100余场，接待观众480余万人次。天津博物馆的基本陈列"中华百年看天津"荣获第十届全国博物馆十大陈列展览精品奖。

【执法督察与安全保卫】

2013年，天津市文化市场行政执法总队对华电水务（天津）有限公司未经考古调查、勘探或者发掘擅自开工建设，天津滨海北塘房地产开发经营有限公司擅自在文物保护单位的保护范围内进行建设工程，天津市规划局机关服务中心文物保护工程方案未经批准擅自从事文物修缮及天津海明市政工程有限公司未取得文物保护工程资质证书擅自从事文物保护单位修缮等四起文物违法案件进行了处罚。

【不可移动文物的保护和管理】

（一）文物保护单位

截至2013年底，天津市共有全国重点文物保护单位28处，省（直辖市）级文物保护单位216处。

1月，天津市人民政府公布了第四批天津市文物保护单位，包括大沽海神庙遗址、清代皇家园寝、泰山行宫、盘山摩崖石刻、百福大楼旧址、崔庄古枣园等共145处。

3月，国务院印发《关于核定并公布第七批全国重点文物保护单位的通知》，其中核定公布天津市第七批全国重点文物保护单位13处，分别是蓟县白塔、天后宫、天尊阁、李纯祠堂等古建筑4处，北洋水师大沽船坞遗址、塘沽火车站旧址、北洋大学堂旧址、马可·波罗广场建筑群、天津西站主楼、天津五大道近代建筑群、谦祥益绸缎庄旧址、黄海化学工业研究所旧址、天津工商学院主楼旧址等近现代重要史迹及代表性建筑9处。

2013年，天津市完成独乐寺、义和团吕祖堂坛口遗址、石家大院、大沽口炮台、北洋水师大沽船坞遗址等一批全国重点文物保护单位保护规划编制工作，完成全国重点文物保护单位广东会馆、独乐寺报恩院与天津市文物保护单位大悲禅院、于方舟故居等重点文物修缮工程。

（二）世界文化遗产

4月18日，天津市大运河保护和申遗工作领导小组第三次扩大会议召开，研究部署天津市大运河保护与申遗工作。副市长曹小红出席会议并讲话，对进一步做好大运河天津段保护和申遗工作提出5点要求：一是坚持政府主导，深化部门协作；二是夯实基础工作，完善监测档案；三是改善保护状况，加强专业指导；四是加大执法力度，确保文物安全；五是重视宣传教育，鼓励公众参与。

7月3日，由国家文物局文物保护与考古司副司长陆琼任组长的大运河申遗模拟国际专家检查组对天津市大运河申遗迎检准备工作进行了全面考察。模拟检查组重点考察了武清区筐儿港减河分水设施、红桥区三岔河口、西青区杨柳青镇3个遗产点，对天津市大运河保护和申遗工作的开展情况给予充分肯定。

9月18日，联合国教科文组织世界遗产委员会的咨询机构国际古迹遗址理事会（ICOMOS）委派的印度籍专家Rima Hooja女士对天津市大运河申遗河段——北、南运河天津三岔口段进行了现场考察评估，听取了关于北、南运河天津三岔口段的总体情况，三岔口作为河海漕运交汇转运点及其对天津城市发展变迁的意义，遗产现状及保护管理工作的介绍，对天津市申遗河段的现状保护管理情况给予充分肯定。

【考古发掘】

3~4月，完成蓟县峰景苑项目考古勘探工作，勘探出古代墓葬25座，其中汉代墓葬9座、明代墓葬16座；完成天津港——华北石化原油管道工程（天津段）田野考古调查工作，发现2处不可移动文物线索，根据遗迹、遗物初步推断为明清时期遗址和宋金至明清时期遗址。

4~7月，完成宝坻区歇马台遗址考古发掘工作，发掘各类遗址118处，其中水井5口、灰沟8条、灰坑69座、墓葬36座，出土铜、陶等质地的文物标本500余件（套），丰富了天津地区商周至战国时期考古学资料。

5月，完成天津华电武清燃气分布式能源站建设工程考古发掘工作，发掘墓葬10座。墓葬均为砖室墓，推断年代为汉魏时期，出土玉、水晶、铜、鎏金、陶等不同质地文物近百件。

7月中旬，完成陕京四线输气管道工程天津段田野考古调查工作，发现不可移动文物线索3处。根据地表采集的遗物推断，遗址年代为金元至明清时期。

7月，完成天津吴庄至静海500千伏输变电工程田野考古调查工作，发现不可移动文物线索2处。根据地表采集遗物，初步推断为金元至明清时期和明清时期。

12月，完成蓟县景华苑工程考古发掘工作，发掘汉代墓葬7座，出土文物30余件。

【博物馆与可移动文物保护】

（一）博物馆

1．博物馆建设

天津自然博物馆新馆布展工作被列入天津市2013年20项民心工程内容。在迁建布展过程中，天津自然博物馆严格遵守建设工程程序，实行招投标制、监理制，建立全面安全的质量保证体系。3月，天津自然博物馆新馆迁建项目工作组进驻天津自然博物馆新馆现场。5月1日，天津自然博物馆举行"我梦想的天津自然博物馆新馆"主题活动暨闭馆仪式，并于5月2日起停止对外开放。5月底完成老馆首批陈列标本的拆卸，开始将大型标本运往新馆。8月，完成新馆外檐改造、清洁工作。内装改造工程全面展开。9月，布展工程全面展开。年末，布展工作完成，一层为"家园·探索"展区，二层为"家园·生命"展区，三层为"家园·生态"展区。

10月12日，由天津博物馆承办的中国博物馆协会区域博物馆专业委员会2013年年会暨"新建（改扩建）博物馆发展研究"学术研讨会开幕。来自国内博物馆及高校的百余名馆院负责人、专家学者出席了此次会议，围绕新建（改扩建）博物馆在实际工作中遇到的问题和应对措施进行了深入研讨，在全国文博界影响广泛。

2．博物馆间的交流与合作

1月16日，由周恩来邓颖超纪念馆和中共二大会址纪念馆联合举办的"红色足迹——中国共产党党章历程展览"在周恩来邓颖超纪念馆展出，该展览展现了中国共产党的思想、理论和政治路线的发展轨迹，反映了中国革命、建设和改革事业的光辉进程。

1月30日，"领袖风范 人民公仆 廉政楷模——党和国家第一代领导人廉政勤政图片展"在平津战役纪念馆展出。展览由平津战役纪念馆与广州农讲所纪念馆共同举办，再现了毛泽东、周恩来、刘少奇、朱德等老一辈无产阶级革命家廉洁奉公、执政为民的光辉形象。

2月10日，由天津博物馆与天津沉香艺术博物馆共同举办的"天香飘渺——沉香及中国古代香器特展"在天津博物馆展出。该展览精选了从汉至明的珍贵古代香器以及珍稀沉香样本、沉香雕刻艺术品等百余件。

9月15日，为纪念丰子恺先生诞辰115周年，由李叔同故居纪念馆和浙江桐乡市丰子恺纪念馆联合举办的"有情世界——丰子恺书画艺术展"在李叔同故居纪念馆展出，展示了丰子恺先生80余幅作品。

9月27日，"鼎盛中华——中国鼎文化"展览在河南博物院开幕，天津博物馆一级文物"西周小克鼎"参展。

9月29日，"华枝春满——李叔同书法、信札展"在天津美术馆开幕。此次展览汇集了浙江省平湖市李叔同纪念馆、杭州李叔同弘一法师纪念馆、温州博物馆、天津博物馆等单位所藏96套190余件李叔同的书法、信札、条屏、对联等珍贵文物。

10月16日，故宫博物院"色彩绚烂——故宫博物院钧窑瓷器展"开幕，天津博物馆一级文物"宋钧窑盘"参展。

12月20日，天津博物馆的"京津画派书画展"在山西博物院开展，展品包括京津画派齐白石、于非闇等35位画家的89件（组）书画精品。

3．重要陈列展览

5月16～18日，由国家文物局指导，中国文物报社、中国博物馆协会主办的第十届（2011～2012年度）全国博物馆十大陈列展览精品评选终评会暨颁奖仪式，在2013年"5·18国际博物馆日"主场城市山东济南举行。天津博物馆的基本陈列"中华百年看天津"荣获2012年度精品奖。该展览以在天津发生的具有国家历史影响的事件和人物为主要素材，展示中华民族经历的半封建半殖民地的苦难历程，表现以生活在津沽大地的仁人志士为代表的中华儿女，为争取民族独立，实现国家富强而进行的浴血抗争和艰苦卓绝的探索、不屈不挠的奋斗。

1月15日，在天津解放64周年纪念日之际，"'纪念天津解放64周年 38军走出的两战友'——书法家杨炳南作品《入古出新》、张文波老照片《山水雪原》展"在平津战役纪念馆举办，展出杨炳南先生书法力作60余件及张文波摄影作品近80张。

2月3日，"中国年画齐荟萃　金蛇狂舞闹新春"主题特展在天津杨柳青木版年画博物馆举办，汇集了苏州桃花坞、河北武强、开封朱仙镇、山东杨家埠、四川绵竹5地的近200幅不同时期代表性的年画珍品。

2月28日，周恩来邓颖超纪念馆举办"建馆以来新征文物精品展"，展出该馆建馆以来新征集的143件（套）文物精品，其中不乏国家一级文物。

3月30日，"珍贵的瞬间——纪念周恩来诞辰115周年图片展"周恩来邓颖超纪念馆举办。展览通过一个个珍贵的历史瞬间，记录了周恩来总理在新中国建设历程中的历史性贡献，展示了周总理的领袖风采。

4月18日，"星云大师一笔字书法展——2013中国大陆巡回"天津展在天津美术馆开幕。展览展出展品150余件。这些作品凝聚着大师的辛勤，呈现出超脱世俗的心灵美感。

6月26日，"为民务实清廉——党风楷模周恩来"展览在周恩来邓颖超纪念馆举办。展览从"人民公仆""求真务实""清正廉洁"3个视角，展现了周总理始终与人民心连心、同呼吸、共命运，坚持实事求是、保持克己奉公的崇高情怀和价值追求。

7月9日，"中国梦·我的梦"大型图片展在平津战役纪念馆举办。展览回顾了鸦片战争以来，面对灭种亡国危机的中国各阶层人民在屈辱苦难中奋起抗争，为实现民族复兴而进行的种种探索，以及中国共产党领导全国各族人民争取民族独立、人民解放、国家富强和幸福生活的光辉历程。

8月6日，"含英咀华——当代中国美术史论名家文献墨迹展"在天津美术馆举办。此次展览共展出国内著名当代美术史论名家邵大箴、郎绍君等10位专家的书画作品100幅、文献资料200余件。参展的10位理论家均在中国美术史论界产生过重要影响。

10月13日，"走进津门百年记忆——百姓生活老物件互动展"在天津文庙博物馆举行。展览集中展示了自民国初年至20世纪90年代的各类老物件，"借物说事、借物说史、借物说文化"，回顾津门百年的百姓生活和发展历程。

11月25日，经过近一年的筹备，"红色经典——馆藏20世纪中国画展（1950～1979）"在天津美术馆开幕。展览分为"山河新貌""人物新容""花鸟新姿"三个章节，力图立体多维地呈现新中国成立后30年间中国画艺术家们在绘画主题、语言等方面的探索创新以及中国画与政治、社会、大众的关系。

（二）可移动文物保护

1. 藏品管理与保护

为进一步加强馆藏近现代文物的档案建设工作，系统掌握天津市近现代文物的基本情况，天津市文物局开展近现代文物定级工作，2013年对周恩来邓颖超纪念馆621件文物和天津市烈士陵园213件文物进行鉴定定级。

2013年，天津博物馆进行文物库房搬迁工作，将承德道、红星路和友谊路库房的文物与资料搬运至2012年开放的天津博物馆新馆。在文物搬迁工作中，该馆成立了搬迁工作组织机构，制定了搬迁工作流程、工作纪律、安全保卫方案、应急预案，并召开会议进行具体部署。搬迁工作有条不紊，安全有序。

2. 重要藏品的接收

7月，平津战役纪念馆接受历史文献资料《城市政策第二辑》和留声机两件文物捐赠。《城市政策第二辑》是我军在解放战争期间的城市政策汇编，留声机是参加过平津战役的68军参谋长宋学飞使用过的。两件文物均具有重要的研究和收藏价值。

11月17日,周恩来堂侄周保章同志文物捐赠仪式在周恩来邓颖超纪念馆举行。仪式上,周保章将珍藏了半个多世纪的65件(套)文物捐赠给纪念馆,主要包括书信、电报及衣物等,具有珍贵历史价值。

2013年,天津美术馆新增藏品48件,包括星云大师的书法"人我和敬 共生吉祥",饶宗颐的书法"弘扬艺道",冯一鸣的国画"雄狮",李雄的版画"高原彩云",赵铁军的水彩画"三人行",美国当代水彩画家盖瑞·布科夫尼克的水彩画"禁果""八盆君子兰"等。

(三)第一次全国可移动文物普查

4月18日,国务院召开第一次全国可移动文物普查电视电话会议,研究部署可移动文物普查工作。天津市设立分会场,并于会后立即召开了天津市第一次全国可移动文物普查领导小组扩大会议,贯彻落实国务院电视电话会议精神,启动天津市的可移动文物普查工作。天津市第一次全国可移动文物普查领导小组组长、副市长曹小红同志出席会议并讲话。天津市第一次全国可移动文物普查领导小组副组长、天津市文物局局长郭运德同志对《天津市第一次全国可移动文物普查实施方案》作说明并部署天津市普查工作。天津市第一次全国可移动文物普查领导小组成员单位和各区县政府、文物管理部门以及市属文博单位、天津图书馆等负责同志出席会议。

6月26日,《天津市人民政府办公厅关于我市开展第一次全国可移动文物普查的通知》印发,对全市第一次全国可移动文物普查工作进行部署。7月5日,天津市第一次全国可移动文物普查领导小组办公室于印发《天津市第一次全国可移动文物普查实施方案》。该实施方案从普查的意义、目标、范围和内容、组织、技术路线、时间与实施步骤、普查数据和资料管理及成果应用、经费、宣传、总结等10个方面对全市普查工作做出全面的安排。

10月29~31日,天津市文物局在武清区举办天津市第一次全国可移动文物普查培训班。天津市第一次全国可移动文物普查领导小组成员单位联络员、各区县普查办负责同志、市文物局属文博单位及部分行业博物馆的普查业务骨干100余人参加培训。培训班采取主题讲授、课堂演示和讨论交流相结合的方式,系统学习《第一次全国可移动文物普查实施方案》、可移动文物普查标准规范及工作流程。培训特邀首都博物馆、中国文物信息咨询中心及天津市的文物专家进行授课。这次培训班的举办为天津市普查工作奠定了人才基础,同时也标志着天津市的普查工作进入全面实施阶段。

【社会文物管理】

为促进天津市文物拍卖市场健康发展,天津市文物局于9月30日印发了《关于进一步做好我市文物拍卖标的审核工作的通知》,对文物拍卖企业启用新版《天津市文物拍卖标的审核申请表》及《天津市文物拍卖标的审核清单》做了说明,明确了不得上拍标的的范围,并于10月14日组织召开加强文物拍卖标的审核工作会议,对该通知进行解读。天津市文物拍卖企业负责同志、天津市文物局驻市行政许可中心及天津市文物管理中心进行标的审核的负责同志参加会议。

2013年审核拍卖标的物品18101件,撤拍11件;文物商店售前审核911件,确定不允许销售33件;审核出境文物及文物复仿制品811件,经审核禁止出境的文物23件,审核临时进境文物41件;受天津海关委托,现场鉴定疑似文物1565件,经鉴定禁止出境文物125件。

2014
中国
文物年鉴

【科技与信息】

7月15日，中国文化遗产研究院可移动文物保护修复培训基地在天津博物馆成立。该基地的首个培训项目"2013年全国纸质文物保护修复技术培训班"在天津博物馆开班，来自全国文博单位的近20名学员接受了两个月的专业训练，学习纸质类文物的保护修复基础理论和实践技术要领。

2013年，天津博物馆完成"天津博物馆可移动文物保存环境质量监控方案"，报经国家文物局批准。

【文博教育与培训】

（一）文博系列专业技术人员继续教育工作

天津市文化广播影视局（天津市文物局）历来重视专业技术人员的继续教育工作，于5月30日～6月10日举办2013年度文博系列专业技术人员继续教育，邀请众多名师进行授课，包括国家文物局博物馆司司长段勇主讲的"当前我国博物馆领域的几个热点问题"，中国文物报社总编辑曹兵武主讲的"什么是好的博物馆：博物馆评估问题"，南开大学历史学院教授黄春雨主讲的"博物馆的专业化与社会化"，湖南省博物馆馆长、中国博物馆学会副理事长陈建明主讲的"我国博物馆发展中的几个关键问题"等。400余名学员受益匪浅。

（二）举办2013年度"名师教室"系列讲座

天津市文博系统"名师教室"工程是天津市文化广播影视局（天津市文物局）实施"人才兴文"战略的举措。"名师教室"2013年的系列讲座分别于4、10月举办，内容包括中国社会科学院考古研究所研究员王仁湘主讲的"中国彩陶与文明起源"，北京大学教授荣新江主讲的"敦煌藏经洞文献的发现、流传——兼谈真伪辨别问题"，中央美术学院教授薛永年主讲的"中国古代绘画欣赏"等11讲。

（三）举办"博物馆陈列展览设计人员培训班"

为加强天津市博物馆陈列展览设计人员队伍建设，提高陈列展览的专业化水平，11月12～14日，由天津市文物局主办，天津市文物管理中心承办的"博物馆陈列展览设计人员培训班"在天津美术馆举办。来自天津市文博系统及行业、民办博物馆等单位的70余名学员参加学习。培训班邀请南京博物院、复旦大学、南开大学的专家学者授课，对博物馆的陈列展览工作具有切实的指导作用。

（四）举办"文物管理干部培训班"

11月26～28日，由天津市文物局主办、天津市文物管理中心承办的天津市"文物管理干部培训班"在蓟县举办。来自天津市16个区县的文物管理工作负责人和工作在一线的文物管理业务骨干近40人参加培训。培训班聘请国家文物局、中国文化遗产研究院、中国文物信息咨询中心、北京建筑大学的专家授课，以大量实例系统诠释了中外文化遗产保护的前沿理念和实务，使学员对国内外文物保护的理念、技术和实践有了更系统、更深层的认识。

【文博宣传与出版】

（一）文博宣传

1. "5·18"国际博物馆日宣传活动

5月18日，天津市文物局、天津日报社、北方网联合主办，天津市文物管理中心承办的

"我最喜爱的博物馆"评选活动,在天津文化中心天津博物馆馆前广场举行启动仪式,并进行了博物馆日现场宣传活动。宣传活动以展板形式,用文字和图片向人们介绍天津市50余家参展博物馆的风采,博物馆的工作人员还来到宣传现场进行演出。天津市文物局在博物馆日前后组织优秀讲解员,深入学校、社区等地,进行拓展社教,使博物馆走向人们身边。

2. 文化遗产日主题宣传活动

在我国第八个文化遗产日到来之际,由天津市文物局、红桥区人民政府、每日新报和天津网联合主办的文化遗产日"保护运河遗产 传承天津文脉"骑行宣传活动暨第七批全国重点文物保护单位授牌仪式在红桥区三岔河口思源广场举行,以配合大运河申遗活动,增强广大民众对天津大运河历史、现状以及运河文化遗产价值的了解。

(二)学术研究与出版

天津市文物公司编《春华秋实——天津市文物公司2012年度征集成果暨学术论文集》,于2013年1月由天津人民美术出版社出版。

天津市文化遗产保护中心编著《天津考古》(一、二),于2013年3月由科学出版社出版。

天津博物馆编《天津博物馆论丛(2012)》,于2013年5月由科学出版社出版。

刘佐亮著《传统与现代的交融》,于2013年7月由天津社会科学院出版社出版。

沈岩、戢范主编《华枝春满——李叔同书法、信札集》,于2013年10月由河北美术出版社出版。

【机构及人员】

2013年,天津市共有文博单位72个。其中文物保护管理机构8个,年检登记博物馆62个(文物系统博物馆26个、行业博物馆18个、民办博物馆18个),文物商店1个,文物科研单位1个。文物系统在编人员779人。

【对外交流与合作】

1月23日,"美国当代写实油画展"在天津美术馆举办,展出了52位美国当代优秀的写实主义艺术家的100幅油画作品,展示了当代写实油画艺术的神韵与精髓。

9月18日,"致命的美——中部非洲古代兵器艺术展"在天津博物馆举办,展品300余件,来自加蓬、刚果、苏丹、中非、安哥拉、赞比亚、卢旺达、布隆迪、乌干达、喀麦隆、肯尼亚和坦桑尼亚等非洲国家。

10月16日,"澳大利亚土著艺术展"在天津美术馆举办。作品包括油画作品、玻璃制品、纺织品等,全面展示澳大利亚土著艺术。

10月26日,由中国文物交流中心举办的"中国古代绘画名品700～1900"在英国维多利亚和艾尔伯特博物馆展出,天津博物馆部分书画精品参展。

12月4日,"西班牙何塞·马里亚·卡诺艺术大展"在天津博物馆举办,展出西班牙当代艺术大师何塞·马里亚·卡诺艺术精品84件。

12月18日,由乌克兰伟大卫国战争(1941～1945)国家历史博物馆与平津战役纪念馆共同举办的"战火中的乌克兰"展览,在平津战役纪念馆展出,该展览反映乌克兰军民在反法西斯战争中的感人故事,表现了乌克兰人民英勇不屈的精神。

河北省

【概述】

2013年，河北文物系统干部职工深入学习贯彻党的十八届三中全会、省委八届六次全会和全国文物局长会议精神，紧紧抓住机遇，积极组织力量，创新思路，认真谋划，全省文物保护事业得到进一步发展，取得明显成效，为经济社会又好又快发展注入新的活力。

【法规建设】

制定《河北省文物行政处罚裁量基准》《河北省文物局行政复议办案程序规定》并公布实行。

【执法督察与安全保卫】

田野文物安全技术防范系统投入运行。省、市两级财政投入经费，建设重点田野文物安全防范系统，涉及9个设区市33个县（市）的42处重点文物保护单位。省文物局组织有关市县全部完成项目的安装施工，并联合省公安厅对承德、衡水和石家庄市的项目进行验收。该系统运行状况良好，并成功防范两起盗掘古墓行为。

文物安全执法督查工作得到加强。召开全省文物安全工作电视电话会议，对文物安全工作进行了全面部署，开展火灾隐患排查整治、文物安全大检查和汛期文物安全隐患排查整治等活动。依法督查违法案件，督促做好整改工作。

【不可移动文物的保护和管理】

（一）概况

3月5日，国务院核定并公布了第七批全国重点文物保护单位，其中河北省占110处。至此，河北省国保单位数量达到278处，仍保持在全国各省市区第三位。

河北省级以上文物保护单位有930处。2013年，河北没有新增省级文物保护单位。

（二）大遗址保护

推进大遗址保护和考古遗址公园建设。实施元中都遗址中心大殿保护工程、燕下都老姆台等建筑基址保护工程。开展元中都遗址遥感测绘工作。泥河湾遗址群、赵王城遗址、元中都遗址获国家考古遗址公园立项。

泥河湾遗址群保护利用工作取得重要进展。泥河湾东方人类探源工程全面启动，在照坡遗址发现距今130多万年的人类活动面遗存；完成小长梁遗址保护工程木栈道铺设工程，启动侯家窑遗址保护工作。泥河湾国家考古遗址公园经国家文物局批复立项，泥河湾研究中心经省发改委批复立项。

（三）全国重点文物保护单位

1. 重要文物保护单位保护规划的编制和公布情况

报经国家文物局同意，省政府批准公布10处全国重点文物保护单位文物保护规划，分别是正定开元寺、正定广惠寺华塔、正定凌霄塔、正定府文庙、正定文庙大成殿、大唐清河郡王纪功载政之颂碑、赵邯郸故城遗址、元中都遗址、北戴河秦行宫遗址、平山中山古城遗址。

编制完成11处全国重点文物保护单位文物保护规划，分别是赵县安济桥、隆兴寺、临济寺澄灵塔、涉县娲皇宫及石刻、定州开元寺塔、定州大道观玉皇殿、磁县北朝墓群、梳妆楼元墓、大名府故城、邢窑遗址（临城部分）、刘伶醉酒窖池。

国家文物局批复8处全国重点文物保护单位保护规划编制立项工作，分别是献县汉墓群、黄骅海丰镇遗址、藁城台西遗址、满城张柔墓、景县封氏墓群、磁县磁州窑遗址、邯郸赵王陵墓群、正丰矿工业建筑群的段家楼等。

启动编制9处全国重点文物保护单位文物保护规划，分别是张家口堡、正丰矿工业建筑群、清西陵、正定古城墙、晋察冀边区政府及军区司令部旧址、沽源小宏城遗址、平泉会州城遗址、邢台东先贤遗址、邢国墓地。

2. 重要文物保护工程投入经费及重大工程项目情况

中央和省级财政对河北省文物工作支持大、投入多。2013年，河北省市两级财政投入5500多万元实施重点田野文物安全防范工程，省基建资金投入6000万元用于筹建泥河湾研究中心，省财政列入预算1000多万元用于第一次全国可移动文物普查工作。

正定古城文物保护工作全面展开。5月，省委书记周本顺、省长张庆伟到正定调研古城保护工作。周本顺提出了文物保护"四个转变"的理念，即从旧城改造转向古城保护、从单体保护转向整体保护、从文化造假转向修旧如旧、从两相对立转向两全其美；张庆伟省长在全省经济工作会议讲话和《政府工作报告》中，对文物保护提出具体指导意见，要求抓好重大文物保护项目。省政府多次召开常务会议、省长办公会议和专题会议，安排部署重点文物保护工程项目，全面推动文物保护工作落实。8月，中央有关领导对正定古城保护工作相继做出重要指示。9月，文化部副部长、国家文物局局长励小捷等领导到正定调研古城保护，标志着正定古城文物保护工作全面启动。12月，国家文物局联合住建部和河北省政府召开了"正定古城保护现场会"，张庆伟、励小捷出席会议并讲话，来自全国各地文物系统和古城所在地政府的180多名代表参加会议，会上发布了《古城保护正定宣言》。截至2013年底，正定文物保护资金已到位1.25亿元。

清代皇家建筑保护工程取得阶段性进展。自2010年8月承德避暑山庄及周围寺庙文化遗产保护工程全面启动以来，截至2013年底，共到位资金4.84亿元，已完成全部项目方案编制工作，其中通过国家文物局批复88项，开工69项，完工47项。清东陵和清西陵文物保护规划正在抓紧编制，清西陵泰东陵修缮工程正在实施，清东陵景陵圣德神功碑亭、裕陵和清西陵崇陵、崇妃园寝等维修方案得到国家文物局批复。

代表性长城段落等重要文物保护工程取得新进展。山海关镇东楼瓮城东墙维修加固工程、紫荆关长城（二期）维修工程已完工。涞源乌龙沟长城（一期）、迁西青山关长城修缮工程开工。

实施早期建筑、组群建筑保护工程。修德寺塔（宋）、幽居寺塔（唐）、涞水庆化寺塔（辽）、西岗塔（辽）、衡水宝云塔（宋）保护工程基本完工；响堂山石窟常乐寺塔（宋）塔基加固工程、常乐寺塔本体修缮工程开工；赞皇治平寺石塔（唐）方案在抓紧修改完善中；启动实施了蔚县古建筑保护工程，灵岩寺、真武庙保护工程已基本完工，华严寺、西古堡董家会馆维修已开工，常平仓维修工程方案报国家文物局待批；铁行会馆、行唐琉璃庙、涞水县娄村三义庙等6项省级文物保护单位维修工程正在实施。

3．规范文物保护工程项目管理

组织专家对国家文物局授权和省本级项目设计方案进行评审，通过的项目及时上网公示，并做好省保单位预算控制数审核和国保单位预算的初审。完成44家文物保护工程施工、设计和监理单位的资质年检工作。开展文物保护工程施工工地检查，对完工项目及时组织技术验收。

（四）世界文化遗产

大运河河北段申遗准备工作获世界遗产组织专家好评。河北省"两点一段"被确定为大运河申遗区域，即衡水市景县华家口夯土险工、沧州市东光县连镇谢家坝两个遗产点和沧州、衡水至德州段南运河河道。按照国家文物局要求，河北组织完成了申遗点和河道的环境整治工程，设置界桩和保护标志，编写大运河保护和申遗有关文件。7月，以河北省大运河保护和申遗市厅际领导小组办公室名义印发了《关于加强大运河河北段文化遗产保护工作的通知》，作为河北省大运河遗产保护的地方性法规文件。8月，两处遗产点本体保护工程通过省级专家技术验收，9月，接受世界遗产组织专家现场考察评估，并得到肯定。

为进一步加强南运河沧州－衡水－德州段文化遗产保护，促进中国大运河遗产申报和管理工作，9月7日，河北省文物局、山东省文物局、漳卫南运河管理局、河北省南运河河务管理处、沧州市文物局、衡水市文物管理处、德州市文广新出版局，在德州市召开南运河沧州－衡水－德州段遗产区申遗和保护工作省际会商会议。

【考古发掘】

（一）概况

考古工作不断取得新发现。内丘邢窑遗址考古发掘项目被评为"2012年度全国十大考古新发现"。邺城遗址东魏北齐佛寺遗迹和佛教造像埋藏坑被社科院考古研究所列入2012年重大考古新发现。开展邯郸赵王城、元中都遗址、曲阳田庄大墓、隆尧唐祖陵等考古发掘工作。完成南水北调配套工程主干渠、京港澳高速公路改扩建等工程的文物调查和考古发掘工作。加强水下文化遗产保护，编制了《河北省"十二五"水下文化遗产保护规划》，开展乐亭东坑坨1号沉船考古勘察工作。

此外，配合中科院、教育部、国家文物局遥感考古联合实验室对张北元中都、沽源小宏城、梳妆楼、九连城、满城汉墓、要庄遗址、张柔墓地、献县汉墓群等8处文化遗存进行了遥感考古，建立了地理信息系统，并提供了航拍片和矢量图，为河北省的大遗址保护工作提供了科学依据。

（二）重要考古项目

1．泥河湾遗址群考古调查、发掘

开展了旧石器专题调查，发现新的文化层和人类活动遗迹；先后对禾尧庄、三关南台子、三关下马碑遗址进行考古发掘。完成发掘面积105平方米，发现旧石器时代中期现代人类阶段文化遗物近3200余件。尤其是蔚县三关遗址发现的连续三个文化层，为研究三关一带旧石器时代晚期的文化演化及向新石器时代的过渡提供了完整文化序列。

2．邯郸赵王城西城门考古发掘

在西城门两侧发现阙台及护城壕等遗存。同时，在对城门解剖过程中，在阙台和护城壕之间，发现了排水管道等排水设施，在城墙的边缘新发现二层铺瓦遗迹。至此，完全弄清了赵王城西城门门址的结构及其城门、阙台、护城壕等文物遗存的相互关系。

3. 内丘邢窑遗址考古

2012年对内丘邢窑遗址进行了抢救性发掘，共发现窑炉11座、灰坑140座、灰沟6条、井34眼、墓葬22座，出土瓷器和窑具残片20余万件（片），完整和可复原器物超过2000件。2013年5月以来，主要对第一阶段发掘出的遗迹单位进行逐个梳理，对大量出土物进行器类、器形等方面的统计，共统计陶瓷片30余万片，从中挑选标本约1万件，完成了500个左右工地图的核对和定稿，同时配合图纸完成了200多个记录和表格等草稿的写作和电脑录入等工作，完成部分器物图绘制和照相、器物修复等工作。

4. 曲阳田庄大墓

继完成墓室、侧室考古发掘和墓道壁画揭取之后，2013年对田庄大墓的墓垣、神道进行探勘，在墓道的前方发现了主神道，并发掘出土石柱、石羊、石虎、石人等石像生。经推断，墓葬的年代为晚唐时期。

5. 曲阳修德寺遗址考古发掘、勘探工作

该遗址造像坑（H23）共出土北魏至唐代的汉白玉造像残件402件、残片220片，其中有题记的造像23件。通过对修德寺塔的塔基进行钻探与解剖，明确了修德寺塔建于北宋初期，上为八角形塔，下为八角形台基，金代八角形台基毁坏后，形成现长方形的台基，明清时期又有小规模修缮。在修德寺附近区域发现墓葬3座、灰坑3座、井1座。对修德寺的相关建筑基址进行了初步钻探。

6. 隆尧唐祖陵陵前双阙考古发掘及考古勘探

发掘面积300平方米，勘探16万平方米。双阙基本呈东西向分布，相距25米。单阙东西长16、宽4米，存高1米，为三出阙形制，外表包砖，四周分布砖铺散水。

7. 中山国灵寿城遗址保护工程张家庙台遗址调查勘探发掘

新发现遗址6个，为战国和新石器时代遗存。

■【博物馆与可移动文物保护】

（一）博物馆

1. 博物馆建设

对保定市博物馆新馆、唐县白求恩柯棣华纪念馆扩建新馆建筑设计方案进行论证；批准设立秦皇岛市玻璃博物馆、曲阳北岳庙博物馆、正定高远古家具博物馆、沽源县博物馆和邢台市郭守敬纪念馆；河北省国家二级博物馆增至13家，国家三级博物馆增至16家。

稳步推进博物馆免费开放工作，进一步完善服务设施，提高服务质量，全年举办陈列展览520多个，接待观众2000多万人次，充分发挥了社会教育功能。

2. 博物馆间交流与合作

10月23～25日，第六届晋陕豫冀四省博物馆理论与实践研讨会在山西大同召开，会议围绕"博物馆与公共服务"的会议主题开展。河北省共组织20名代表、16篇专业论文参会。

开展省内博物馆、纪念馆间以及与晋江、宁波、慈溪、包头、天津杨柳青木版年画博物馆等兄弟省市间互办展览、学术研讨等交流活动。邢台市与浙江省慈溪市联合举办"南青北白——越窑与邢窑瓷器展"。10月30日～11月3日，邢台市政府主管副市长史书娥率邢台市文物管理处等单位负责人，参加"中国古陶瓷学会2013年年会暨'南青北白'越窑与邢窑国际学术研讨会"。这是邢窑白瓷首次由邢台市政府组织到南方地区交流展出。

为上海博物馆"幽兰神采——元代青花瓷器大展"、河南博物院与北京大学文博学院合办的"鼎盛中华——中国鼎文化"、苏州博物馆"衡山仰止——吴门画派之文徵明特展"等提供文物展品。

3. 重要陈列展览

河北省博物馆新馆开馆。经过紧张筹备，自6月8日中国文化遗产日始，省博物馆新馆试运行，2013年，陆续向社会开放了"北朝壁画""名窑名瓷""曲阳石雕""大汉绝唱——满城汉墓"和"战国雄风——古中山国"5个基本陈列，展出文物3679件（套），接待观众17万多人次。其余展厅正在抓紧进行装修、布展等工作。

此外，河北省博物馆充分利用旧馆，举办"石家庄市容市貌综合整治十大工程成果档案图片展""河北邱县廉政漫画展""丰碑颂——纪念毛泽东诞辰120周年全国书画名家邀请展""心向中国梦——大型摄影作品联展"等15个临时展览，河北省民俗博物馆举办"岁月旧梦——馆藏老月份牌广告画作品展"。

（二）可移动文物保护

河北省文物研究所鹿泉文物资料整理基地建设进入收尾阶段，争取2014年春启用；河北古代建筑构件标本室已收集张家口、邢台等地代表性古代建筑构件、瓦件等百余件，整理完毕后供展示研究。

（三）第一次全国可移动文物普查

建立了省市县（区）三级普查机构和专家库，第一次全国可移动文物普查电视电话会议之后，河北省即召开了电视电话会议，对全省普查工作进行安排部署，印发了实施方案和宣传方案，召开了省直文博系统动员大会，举办了第一期培训班，2013年，完成了国有单位文物收藏情况调查。

【社会文物管理】

受国家文物局委托，审核鉴定拟出境物品四批共338件，其中许可出境文物231件，复仿制品（新工艺品）96件；审核河北海盐博物馆赴台湾展览出境复入境文物25件。

对河北省文物研究所拟赴日本大阪国立东洋陶瓷美术馆展览的定窑遗址发掘出土的66件文物标本进行了鉴定、定级及审核；对大马拍卖有限公司提交的两批艺术品拍卖标的进行了审核，共审核艺术品拍卖标的1365件，未发现违拍或禁拍物品。

完成了李大钊纪念馆以及乐亭、河间、赵县等文物系统收藏单位的新增的151件馆藏文物鉴定，60件确定为国家珍贵文物，其中一级文物2件、二级文物11件、三级文物47件。

完成了沧州、武安、峰峰、元氏等市、县（区）公安司法涉案文物鉴定，共鉴定涉案物品322件，其中二级文物1件、三级文物7件。

【科技与信息】

推进馆藏文物科技保护工作。完成28项文物科技保护修复方案编制工作，补充修改10项文物科技保护方案，启动编制《曲阳北岳庙石质文物保护方案》等6项文物科技保护方案。

组织完成河北省博物馆等4家单位300多件馆藏文物保护修复工作。

河北省古建资料信息管理信息库建设。古建资料数据库硬件采购已完成，正进行安装调试、软件开发、资料电子化处理。

【文博教育与培训】

举办河北省可移动文物普查第一期培训班，省第一次可移动文物普查领导小组成员单位联络员及省直各有关文物收藏单位，各设区市、定州市、辛集市普查办，省内重点收藏单位普查工作负责人或业务骨干共180人参加培训。

举办河北省文物保护项目管理工作培训班。来自全省各设区市和定州市文物局长、未设文物局的市文广新局分管负责同志，邢台等市文物管理处、有关县（市、区）文物管理机构以及省直相关文博单位负责人和业务人员等参加培训。

【文博宣传与出版】

组织举办形式多样的宣传活动。结合实施正定古城保护、承德避暑山庄及周围寺庙等文物保护工程，在《人民日报》《中国文物报》等广泛开展宣传报道，增强文物工作影响力。组织河北日报、河北工人报、燕赵都市报等省会主流媒体对运河沿线进行联合采访，让遗产点段沿线民众了解、参与申遗工作，让民众共享申遗成功带来的实惠与成果。

国际博物馆日前后，省民俗博物馆举办了"校园民俗文化节"；文化遗产日当天，在阳原泥河湾遗址举行了东方人类探源工程启动仪式和公众考古活动，全省114处文物单位减免费开放，向公众宣传、展示河北灿烂的文化遗产。

改版升级"河北文物"网站，全年刊登图文信息540多篇，编发《河北文物工作》6期。

《文物春秋》杂志是河北省唯一的文物、博物馆学术期刊，全年出刊6期，约70万字。同时，扩大网上宣传力度。

出版《新城开善寺》《大地守望》《发微求真 走进定窑：定窑考古全记录（2009～2011）》《蓟镇长城考古调查报告（1981～1987）（第一至九卷）》《中国文物地图集·河北分册（上、下册）》《河北省博物馆藏杜锡瑞书法作品》《河北省博物馆临时展览十年回眸》等专著。《元中都：1998～2003年发掘报告》出版并成功入选"2012年度全国文化遗产十佳图书"；《中国出土壁画全集》荣获第三届中国出版政府奖·图书奖。

【对外交流与合作】

河北文物系统派专家学者赴澳大利亚、韩国、日本、台湾、香港等国家和地区开展多个文化和学术交流活动。

河北省文物研究所组织"定窑·优雅洁白的世界——窑址发掘成果展"在日本大阪市展出，展期4个月。河北海盐博物馆"天工开物——中国盐史"展赴台湾，在台南市台湾盐博物馆展出，"以盐为媒、缔结友好"，两馆结为友好姐妹馆。

【其他】

5月，河北省文物局获悉国保单位赵王城遗址被毁建起生态园，立即派执法人员赴现场调查核实并督办处理。河北省政府、邯郸市政府高度重视，有关领导作出批示，提出要求。通过有关各方共同努力，8月底，违法建筑被拆除，遗址面貌得以恢复。

8月24日，中共中央总书记习近平、国务院副总理刘延东分别对国家文物局《关于正定古城保护的报告》作重要批示。

2014
中国
文物年鉴

山西省

【概述】

2013年，山西省文物局在山西省委省政府的正确领导和国家文物局的大力支持下，全面贯彻党的十八大、十八届三中全会和习近平总书记系列重要讲话精神，深入开展党的群众路线教育实践活动，不断优化文物工作保障条件，持续推进文物保护重点工程，努力提升博物馆公共文化服务水平，切实增强文物安全监管能力。一年来，山西省文物局先后荣获了山西省直机关第九套广播体操比赛金奖、山西省高速公路建设模范单位、首届山西文化产业博览交易会优秀展示奖等荣誉。直属的山西博物院不仅荣获了"全国最具创新力博物馆"称号，还与八路军太行纪念馆共同荣获了"山西省文化体制改革工作先进单位"称号。在2013年度山西省目标责任考核工作中，山西省文物局被评为良好。

2013年，国家文物局安排山西文物保护专项经费3.7亿元。山西省本级安排文物保护专项经费1亿元，较2012年增加3760万元。市、县两级文物保护经费较2012年均有不同程度的增加。

【法规建设】

山西现存古建筑28027处，被列入全国重点文物保护单位、省级文物保护单位的古建筑有490处，仅占现存古建筑总量的0.02%，其余是大量的市级、县级文物保护单位和尚未核定公布为文物保护单位的古建筑，保护任务重、难度大。为加快社会力量参与文物保护法制化进程，山西省人大常委会与山西省文物局结合我省社会力量参与文物保护实际，在前期调研、考察的基础上，制定了《山西省社会力量参与古建筑保护利用条例》并于2013年列入了全省五年立法规划项目。此外，《山西省文物建筑构件保护管理办法》印发实施。《北方地区文物保护工程预算定额》等行业标准编制完成。

【执法督察与安全保卫】

认真督察落实重点工作。为落实《国务院关于进一步做好旅游等开发建设活动中文物保护工作的意见》，山西省文物局与山西省旅游局组成联合检查组，对全省9个市18个县区的27个文物保护单位、历史文化名镇名村进行了重点检查，理顺了一些文物保护单位的管理体制，纠正了一些行政违法行为。山西省文物局还按照国家文物局的要求，开展了以可移动文物普查、国保单位保护工程及专项补助资金使用和第七批国保单位"四有"工作落实情况为主要内容的专项自查，督导有关工作顺利推进。

认真履行安全监管职责。山西省文物局组织开展了全国"两会"和清明、中秋、国庆、春节等重要节假日期间的文物安全检查活动和全省文物系统消防安全大排查大整治活动，召开了世界文化遗产地安全工作专题会议和全省文物安全工作座谈会，切实把文物安全的监管责任落到实处。全年共计检查文博单位15012个（次），发现火灾等安全隐患2665

处，整改1193处，下发隐患通知书987份。

严厉打击文物违法犯罪。2013年，山西省查处了柳林王玉宁拆毁文物建筑、洪洞县广胜寺交由民营企业管理以及交城县郑家庄煤矿建设、浑源县悬空寺附近采矿等10起涉及文物保护行政违法案件，协同公安部门破获了榆次区长凝镇盗掘古墓、神池县长畛乡盗掘文物、盂县侯村普济寺大铁钟被盗、太原市龙王庙彩塑被盗等7起文物犯罪案件，开展文物司法鉴定41起，涉案文物2550件，有效打击了文物行政违法和文物犯罪行为。

【不可移动文物的保护和管理】

（一）概况

山西是文物大省，现存不可移动文物53875处，其中古遗址13477处、古墓葬4298处、古建筑28027处、石窟寺及石刻1112处、近现代重要史迹及代表性建筑6715处、其他246处。截至2013年底，山西共有全国重点文物保护单位452处、省级文物保护单位309处、市级文物保护单位1249处、县级文物保护单位11217处；世界文化遗产3处；中国历史文化名城6座、名镇8个、名村32个，省级历史文化名城5座、名镇22个、名村74个；传统古村落70个。

（二）世界文化遗产

山西目前拥有平遥古城、云冈石窟、五台山3处世界文化遗产。应县木塔、解州关圣文化建筑群、丁村古建筑群和杏花村汾酒老作坊等4处文物保护单位于2012年被列入了中国世界遗产预备名单。

2013年，五台山菩萨顶等4处寺庙的维修设计方案编制和维修工程招投标工作完成，菩萨顶碑亭等12项子工程完工。云冈石窟五华洞第11～13窟岩体加固工程完工，窟檐建设木构件加工已完成90%，彩塑壁画抢险保护方案已获批复，第9、10窟加固方案已上报国家文物局审批。平遥古城6段内墙抢险修缮方案正在审批，3段墙体抢险维修工程正在组织实施，城墙岩土监测开始试运行。双林寺、镇国寺等文物保护规划、修缮设计方案报国家文物局审批。

（三）文物保护重点工程

1. 山西南部早期建筑保护工程

16处项目保护规划编制完成，16处项目维修方案获批复，20处项目开工，11处完工项目通过验收。截至年底，南部工程105处项目已有56处完工，目前有38处在建，整体进展顺利。

2. 太原西山文化带文物保护工程

晋阳古城考古遗址公园建设正在全力推进。窦大夫祠、净因寺、多福寺、晋祠舍利生生塔等维修工程完工，晋祠堡墙、唐叔虞祠大殿维修工程正在实施。天龙山石窟抢险加固保护工程设计方案、龙山石窟周边环境整治方案及保护加固维修工程设计方案编制完成。

3. 濒危木构古建筑及古村落保护工程

完成了100余处濒危文物建筑的抢险保护工作。湘峪村列入国家文物局古村落保护利用综合试点。

4. 彩塑壁画保护工程

6处修缮方案完成编制，4处数字化项目顺利立项，2处完成了招投标。

5. 长城与大遗址保护工程

明长城偏关寺沟段、繁峙平型关段保护工程开始施工。蒲津渡与蒲州故城遗址列入第二批国家考古遗址公园项目。陶寺遗址保护规划经省政府批准公布。

【考古发掘】

（一）概况

山西省文物局2013年配合全省重点工程建设项目受理文物保护事项14项，考古勘探面积280余万平方米，考古发掘面积23025平方米，发掘清理古墓葬367座，出土各类器物1400余件（套）。

（二）重要考古项目

1. 忻州九原岗北朝壁画墓

该墓位于山西省忻州市忻府区兰村乡下社村东北约600米。6月，经国家文物局批准，由山西省考古研究所与忻州市文物管理处组成联合考古队对其进行抢救性发掘。经发掘，该墓坐北朝南，由墓道、甬道、墓室三部分组成，南北总长约40米。墓道长31米，从地表向下逐渐延伸，底部深约6米，墓道两壁呈阶梯状，由上至下分为4层，每层均绘有壁画。墓道北壁绘一座规模宏大的木结构建筑，古建筑为庑殿顶，房屋的一砖一瓦都描绘的非常形象逼真，房屋的双柱式斗拱在我国是首次发现。该墓葬的发掘对研究北朝社会生活、绘画艺术以及我国古代建筑史都具有非常重要的意义。

2. 太原晋源区开化墓群

6月，在山西太原晋源区开化墓群陆续发现了汉、北齐、明清时期墓葬。其中汉墓规模之宏大、结构之复杂，在山西实属罕见。3座北齐墓共出土135件色泽鲜艳的釉彩陶俑。

3. 太原龙山童子寺佛阁遗址

12月，太原龙山童子寺佛阁遗址考古取得重大成果，新发现北齐佛龛和中原地区保存年代最早的唐代寺院壁画，揭示了佛阁布局。童子寺是现存中国最早的佛阁实例。其佛阁遗址内精美的北齐佛像、多个大佛头顶螺残件，以及从崖壁崩塌下来的大型佛龛造像，对于复原大佛及佛龛壁面具有重要意义。

【博物馆与可移动文物保护】

（一）博物馆

山西省文物局举办了首届全省文博系统书画摄影作品展。山西博物院策划举办了——"傅抱石画展""文明的足迹——中国社会科学院考古研究所优秀成果展""江山入画——钱松嵒画展""蛇国探奇春节特展""溢彩流光——贵州少数民族服饰艺术展""沧海观澜——刘海粟画展""美洲原住民摄影作品展""金陵画派书画展""陇右遗珍——甘肃汉晋木雕艺术展""关山月书画展""光辉典范——抗战时期中国共产党党风廉政建设展""中国梦·大美临汾——百名画家画汾河作品展""永乐宫元代壁画临摹作品展""京津画派书画展""海南华光礁一号沉船特展"等15个大型展览；"晋国遗珍——山西出土两周文物精华展"在广东、海南展出，"山西金代戏曲砖雕艺术展"在内蒙古博物院展出，"丝绸之路——虞弘墓石椁展"在澳大利亚国立新南威尔士艺术博物馆展出。山西省民俗博物馆推出了民间刺绣、木板年画、民间老油灯等8个民俗系列专题展。山西省艺术博物馆也举办了13个富有特色的专题展览。2013年全省各级博物馆共举办各类展览400余个，接待观众约2300余万人次。

2013年山西全省各级各类博物馆本着服务社会大众的理念，开展了多元化、多形式、多渠道的博物馆教育活动。山西博物院全年共开展动手体验活动、讲座、文化社区宣讲、小讲解员培训等各类社教活动501次，受众人数达51900余人次。全年共接待观众100余万人次，提供讲解服务5098批次，圆满完成了中央及省部级领导参观接待任务。山西省民俗博物馆开办了国学大讲堂、文庙道德讲堂，为市民讲授国学和精神文明道德规范等方面内容。八路军太行纪念馆被授予了首批"山西省党史教育基地"和全国文化系统"廉政文化教育基地"。侯马晋国古都博物馆、盐湖区博物馆和马邑博物馆晋级为国家三级博物馆。

（二）第一次全国可移动文物普查

4月，国务院安排部署了在全国范围内开展国有可移动文物普查工作。按照国务院安排部署和国家文物局工作要求，山西省成立了第一次可移动文物普查领导小组及办公室，印发了实施方案，组建了普查专家队伍，落实了普查经费，于4月18日召开了山西省第一次全国可移动文物普查电视电话会议。经过举办培训班、摸清全省普查单位情况并与重点收藏单位座谈后，先期在文物系统收藏单位开展了普查工作。截至年底，已登录文物4万余件（套）。国家文物局普查办对山西省的普查工作思路、做法和工作进展给予了充分肯定，认为我省为全国普查工作提供了许多经验。

（三）首届山西省文化产业博览会

为做好首届山西省文化产业博览会博物馆衍生品展区的组展、招展工作，山西省文物局选定了本土文创产品的优秀代表山西博物院、云冈石窟研究院、山西晋之源文化公司和山西新今鼎文化发展有限公司作为基础单位，同时引进上海博物馆、首都博物馆等国内一流博物馆文创企业，共同打造山西博物馆的文创板块。展区以"唐风晋韵"为参展主题，以"菊之语"为设计理念，中心花蕊为公共服务区，周边六瓣叶片分置参展商。参展商以不同的文创项目烘托主题，阐释博物馆与生活的精神内涵，共同搭建博物馆文创品牌。最终，博物馆衍生品展区荣获了7个优秀展示奖、1个优秀组织奖、4个优秀个人奖的好成绩。

【文博教育与培训】

2013年，山西省文物局举办了全省文物保护维修工程专业人员培训班，联合陕西省文物保护研究院举办了第二期彩塑壁画保护修复培训班。以山西博物院、山西省考古研究所等具备可移动文物保护资质的单位为基地，向国家文物局申报出土文物保护与市县可移动文物保护12项，申请立项和保护经费3000万元。山西省文物保护科学和技术研究课题征集工作启动后，共收到申报课题52项。

【机构及人员】

山西省文物局是山西省人民政府设置的主管全省文物工作的直属机构，正厅级建制。全省11个市全部成立了文物行政管理机构。其中，太原、大同、临汾、运城4个市为正处级建制的文物局；晋中市为副处级建制的文物局；吕梁、长治、晋城3个市为正处级建制的文物旅游局；朔州市、忻州市是文物局、文广新局两块牌子一套人员；阳泉市文物局为市文化局管辖的二级局。全省119个县（市、区）共设立独立的科级文物局或文物旅游局80个。

山西全省文物系统有在编职工4690名，其中省直431人，市县4259人。大学本科以上学历1486人，占32%；大专学历2275人，占49%。专业技术人员1964名，占42%，其中正高级职称29名，省直单位有19名，约为66%；副高级职称194名，省直单位有77名，占40%。

【其他】

　　山西省文物局按照中央部署和山西省委要求，认真扎实开展了党的群众路线教育实践活动。8月6日召开了动员大会，通过开展学习、深入基层专题调研、广泛征求有关意见等方式，认真查摆了"四风"方面的突出问题。10月10日，党组书记、局长王建武从怎样把握群众路线、怎样看待文物工作、文物工作如何贯彻落实好群众路线三个方面作了《文物工作与群众路线》专题党课活动。11月12日召开了专题民主生活会，班子成员认真进行了批评和自我批评，提出了努力方向、整改目标和整改措施。

　　在党的群众路线教育实践活动期间，由山西省纪律检查委员会、山西省委宣传部和山西省文物局主办、八路军太行纪念馆和中国人民抗日战争纪念馆承办的大型专题展览"光辉典范——抗战时期中国共产党党风廉政建设展"先后在八路军太行纪念馆和山西博物院展出。该展览主要内容分为"一诺千金、廉洁从政""以教倡廉、加强党建""以法保廉、从严治党""参政议政、民主典范""简政助廉、为民减负""整顿三风、惩前毖后""勤政为民、率先垂范""中外心声、喻示未来"等八个单元，展陈面积800平方米，展出图片280多幅，集中展现回顾了抗战时期中国共产党党风廉政建设的光辉成就，系统总结了抗战时期中国共产党开展党风廉政建设的理论和实践经验，是山西全省开展党的群众路线教育实践活动的生动教材。

内蒙古自治区

【概述】

2013年是全面贯彻十八大精神的开局之年，也是落实全国文物工作会议精神的起步之年，习近平总书记、李克强总理和刘延东副总理分别就文化传承、文物保护做出重要批示。内蒙古自治区政府向国务院专题报告了内蒙古文物保护和旅游开发等工作，受到了国务院领导的重视；首次以自治区人民政府的名义，召开了"全区文化文物工作会议"；召开了全区第一次全国可移动文物普查电视电话会议；自治区政府和自治区人事部门对在元上都遗址申遗工作中做出突出贡献的单位和个人，以及全区文物系统先进集体、先进工作者给予表彰奖励。

2013年，内蒙古自治区各级文化文物部门围绕贯彻党的十八大精神和自治区"8337"发展思路，谋大事、抓重点、破难点，特别是在打击文物犯罪、警民共建边境地区文物保护、第一次全国可移动文物普查、各级博物馆免费开放工作、文物保护行政法规建设工作等方面取得显著成效。

【法规建设】

2013年，内蒙古文化厅、文物局在各级文化、文物部门大力支持下，在党的群众路线教育实践活动中，深入基层开展调研工作，在为基层文化、文物部门解决困难方面，做出了积极努力，改善了基层文物、博物馆单位的工作条件。同时，按照内蒙古自治区党的群众路线教育实践活动领导小组要求，开展整章建制工作。制定、印发了《内蒙古自治区文物保护规划管理办法》《内蒙古自治区文物保护维修工程管理办法》《内蒙古自治区博物馆、纪念馆、展览馆陈列展览管理办法》《内蒙古自治区文物保护经费绩效考核责任状》等行政规章，与内蒙古财政厅联合转发了《国家重点文物保护专项补助资金管理办法》和《国家重点文物保护专项补助资金绩效管理暂行办法》，加强了全区文物、博物馆的制度建设工作。

【执法督察与安全保卫】

2013年7月，内蒙古自治区主席巴特尔、副主席刘新乐、副主席马明作出重要批示，要求全区各级文化、文物、公安部门采取有力措施，严厉打击文物犯罪活动。内蒙古公安厅、文化厅、文物局制定贯彻意见，公安、文化、文物部门共同开展了为期半年的严厉打击文物犯罪专项行动。由内蒙古公安厅、文化厅、文物局联合成立专项行动领导小组，下发《关于在全区开展严厉打击盗掘古遗址古墓葬倒卖文物等犯罪专项行动的通知》，以及《专项行动实施方案》，对全区各级公安、文化、文物部门做出明确部署。此次专项行动以"打团伙、挖根源、破大案"为重点，截至年底，全区各级公安机关共破获文物盗掘案件25起，抓获犯罪嫌疑人66人，收缴文物1899件套，专项行动取得了初步战果。

12月，内蒙古文化厅、文物局与内蒙古公安边防总队签订了《全区警民共建边境地区文化遗产保护"草原神鹰"合作协议书》。在全区7个盟市19个边境旗县36万平方公里的区域内，共同开展对古墓群、古文化遗址的巡查保护和对边境军民的文化慰问活动。这是内蒙古公安边防部门与文化文物部门共同保护文物的创新举措，在全国属首创。

2013年冬，锡林郭勒盟文物局在基层"马背文物保护队"配合下，会同正镶白旗公安、文化、文物部门在风雪中抢救了一具被盗的彩绘木棺。内蒙古文化厅、文物局向国家文物局报告后，将木棺运回锡林郭勒盟博物馆，开展了室内考古清理、文物保护工作。

2013年，全区各级文化、文物部门在内蒙古文化厅、文物局指导下，积极开展文物安全保护和消防检查工作，坚持严格要求、立行立改、杜绝隐患，实现了2013文物安全年。

【不可移动文物的保护和管理】

（一）概况

2013年，内蒙古文物局在全区大遗址保护、管理和利用工作方面取得重大推进，在国家、自治区财政的支持下，重点保护了一批文化遗址、少数民族建筑和近现代历史文物建筑。

内蒙古目前共拥有1处世界文化遗产（锡林郭勒盟元上都遗址），1座全国历史文化名城（呼和浩特市），还有2处全国历史文化名镇（赤峰市喀喇沁旗锦山镇、锡林郭勒盟多伦镇）、2个全国历史文化名村（包头市美岱召村、五当召村）。2013年5月，国务院公布了第七批全国重点文物保护单位名单，内蒙古自治区新增全国重点文物保护单位62处，总数上升为141处；自治区重点文物保护单位319处，盟市、旗县级重点文物保护单位700余处。内蒙古文化厅、文物局组织开展了"第五批自治区重点文物保护单位"的申报工作，全区各地申报的单位达近400处，经专家委员会初步评审，全区共有245处文物保护单位进入自治区重点文物保护单位初选名录，目前正在等待自治区政府批准公布。

在自治区党委、政府的大力支持下，内蒙古文化厅、文物局会同呼伦贝尔市委市政府及中国社科院、内蒙古文物考古部门，正式启动了"蒙古族源与元朝帝陵研究"项目，在考古调查与发掘、保护规划方案编制、专题博物馆建设等方面取得了一定成绩。

2013年，内蒙古自治区共向国家文物局申报了108项文物专项资金补助项目，国家在年终补助自治区文物保护维修、文物安防等专项资金近3亿元，自治区财政安排全区文物专项经费5000余万元，内蒙古文化厅、文物局自筹资金4000万元用于全区文物保护维修、项目编制、安防工程等项目。

（二）大遗址保护

2013年，国家文物局批准自治区赤峰市"辽上京遗址"、鄂尔多斯市"萨拉乌苏遗址"两处大遗址列入国家考古遗址公园立项名单。

6月初，内蒙古文物局报请自治区人民政府，批准公布了由国家文物局审核通过的内蒙古应昌路遗址等一批全国重点文物保护单位的文物保护规划。自治区人民政府在通知中要求地方政府对以上重点文物的保护开展工作，由自治区文化厅文物局负责实施，各有关地区和部门要大力配合。

在国家文物局和自治区党委政府的关心支持下，内蒙古文化厅、文物局会同通辽市委政府，启动了"僧格林沁王府保护修复工作"。

2014
中国
文物年鉴

（三）全国重点文物保护单位

为贯彻执行《国家重点文物保护单位专项补助资金管理办法》，配合国家文物局开展全国文物保护项目库建设工作，全面推进内蒙古文物保护事业发展，内蒙古文化厅、文物局开展了文物保护项目库的建设。内蒙古自治区境内的141处全国重点文物保护单位，将逐步列入项目库，分批保护、维修。

（四）世界文化遗产

1. 世界文化遗产项目的申报、评审

自治区人民政府继续支持赤峰市政府和巴彦淖尔市政府，启动并开展了"辽代大遗址群""红山文化遗址群""阴山岩刻遗址群"申报世界文化遗产的相关工作。

2. 世界文化遗产保护管理情况

元上都遗址申遗成功后，内蒙古文物局在元上都遗址设立了文物保护工作站。正蓝旗、多伦县人民政府加强了对元上都遗址的保护、管理工作，制定了元上都遗址监测、防沙、治沙工作方案，设立了环境保护监测站，根据国家"京津风沙源治理工程整体方案"，开展围封转移、草蓄平衡等工作，进一步对元上都遗址保护区土地沙漠化现象进行了治理和改善。2013年，元上都遗址周边草场沙漠化得到了有效控制，受到了当地干部和牧民群众的好评。经过治理，元上都遗址所在的浑善达克沙地南缘一带，现已形成长420公里、平均宽3公里，乔灌草木相结合的防护林体系，植被盖度达到70％以上，有效地阻止了浑善达克沙地的南移扩展，逐步实现元上都遗址保护的可持续发展。

【考古发掘】

（一）概况

2013年，内蒙古文物考古研究所会同中国社科院考古研究所，发掘了辽上京皇城寺院遗址，出土辽代塑像等一批珍贵文物，此项工作于4月被评为"2012年度全国十大考古新发现"。

2013年，内蒙古文物考古部门对呼和浩特大窑遗址、锡林郭勒盟金斯泰旧石器遗址、通辽市哈民遗址、杭锦旗霍洛柴登古城铸钱作坊遗址、辽上京南山窑址、库伦旗西孤家子、小奈林稿遗址、和林格尔县盛乐古城周边墓葬、集宁路古城遗址等十余处遗址进行考古发掘，出土了一大批不同时代的文物，成果丰硕，为探索草原文明的起源提供了珍贵实物资料。另外，内蒙古对外合作考古调查发掘研究也取得了新成果，内蒙古文物考古部门在蒙古国德力格尔汗山地区进行了考古调查，总行程1500余公里，调查文化遗存10余处，成果引人注目。

（二）重要考古项目

1. 哈民遗址考古

哈民遗址位于通辽市科尔沁左翼中旗舍伯吐镇东偏南20公里，7～9月，内蒙古文物考古研究所对遗址进行第4次抢救性发掘，发掘面积1350平方米，清理房址14座、墓葬1座，出土陶器、石器、玉器、骨蚌器等500余件，其中小玉球和玉管为该遗址首次发现。哈民遗址此次发掘更加证明了遗址是因为突发事件而造成短时间内的毁灭，遗物和人骨绝大多数较好地保存在房址内。

2. 孤家子遗址考古

孤家子遗址位于通辽市库伦旗孤家子村西北1公里处，4～6月，为了配合库伦至平安地一级公路工程建设，内蒙古文物考古研究所对遗址进行了抢救性发掘。发掘面积2300平方米，共清理墓葬64座、灰坑46座、沟10条、房址1座。孤家子遗址的发现为内蒙古地区首次发掘大面积高台山文化遗存，该遗址的发现对研究高台山文化的分布以及北方早期青铜文化有着重大意义。

3. 霍洛柴登古城考古

霍洛柴登古城位于鄂尔多斯市杭锦旗锡尼镇浩绕柴达木嘎查北1.5公里，8～10月对这里进行了第二次发掘，发掘面积300余平方米。此次发掘在铸钱作坊遗址内新发现铸币窑址2座，在窑室及附近文化层中新出土了50余块钱范（陶母范），其他陶范20余块，此外还出土有较多古钱币、陶器、铜器、铁器、石器及大量铜铁炼渣、动物骨骼等。此次发现的钱范为新莽时期钱范，均为陶质，有正范和背范，钱文主要有"大泉五十""小泉直一"。这次考古发掘还出土了2块有确切纪年的钱范，上有文字"始建国元年三月"。始建国是王莽年号，始建国元年为公元9年。这次考古发掘发现的铸钱作坊遗址及在附近发现的钱币窖藏、出土的有确切纪年文字的钱范等，对于研究我国西汉及新莽时期的货币制度、铸币工艺等都有重要的意义。

4. 集宁路古城遗址考古项目

为了配合乌兰察布市集宁路文化产业园区——集宁路古城遗址公园建设，6～10月，内蒙古文物考古研究所对集宁路古城遗址进行了又一次较大面积的考古发掘，揭露面积2800余平方米。本次发掘主要是了解地下遗迹分布情况，因此大部分探方只发掘了一部分。本年度发掘发现了元代城址的西城垣，并发掘房址2座（组）、窖藏1个、灰坑8座、灰沟7条，出土了少量陶、瓷、铜、铁、石、骨器等遗物。2013年度考古发掘最大的收获是确定了元代城址的西城垣，基本搞清了其形制、规模及走向，另外还发现了元代城址南城垣的大体位置，为进一步认识集宁路古城遗址的布局提供了实证和新的线索。

5. 中蒙合作项目

7～8月，内蒙古文物考古研究所继续在蒙古国境内实施"蒙古国境内古代游牧民族文化遗存考古调查及发掘研究"项目。中蒙联合考古队主要对德力格尔汗山地区进行了考古调查，调查总行程约1500公里，调查了新石器时代、青铜时代、匈奴、突厥、契丹和蒙元时期的文化遗存十余处。德力格尔汗山是蒙古国东部地区各个时期考古学文化遗存较为集中分布的区域，这里分布着新石器时代到蒙元时期的许多文化遗存，它们既具有蒙古草原游牧文化的共同特点也存在着一些独特性。通过此次考古调查，对德力格尔汗山地区各时期考古学遗存的分布规律、文化特征及属性有了较深的认识。

【博物馆与可移动文物保护】

（一）博物馆

全区博物馆发展势头良好，截至年底，全区经过自治区文化厅（文物局）、民政厅注册登记的博物馆总数为183家。其中国有博物馆135家、行业博物馆11家、民办博物馆37家。博物馆免费开放被内蒙古自治区人民政府列为"全区十大民生工程"。2013年，中央财政安排自治区博物馆、纪念馆免费开放经费6300万元，自治区本级财政安排3000余万元。

2013年，全区共有112个国有博物馆、纪念馆及16个民办博物馆向社会免费开放，全区博物馆举办展览500余个，年接待观众600余万人次。各级博物馆不断提高服务水平，改善服务条件，开展丰富多彩的社会教育活动。全区博物馆、纪念馆免费开放绩效考评工作不断深化，极大地调动了各级各类博物馆、纪念馆的积极性。按照国家文物局的要求，完成了全区国家二、三级博物馆评估工作。至此，自治区已有国家一级博物馆1个、二级博物馆9个、三级博物馆16个。

2013年，内蒙古博物院分别在湖北博物馆、安徽博物院、伊犁州博物馆举办了"黄金草原——中国古代北方草原游牧文化展""神秘的契丹——辽代文物精品展""游牧时代的草原文化"等展览。同时，引进了"莱茵河畔风情""大美无疆——日本江户名瓷伊万里展""星云大师一笔字书法展""生死同乐——山西金代戏曲砖雕艺术展""潘玉良作品展""伊犁草原文化——寻找游牧人的历史轨迹""草原杂技成就展""人民科学家钱学森图片展"等重要展览，为馆际交流做出了贡献。此外，鄂尔多斯博物馆、阿拉善博物馆、呼伦贝尔民族博物院等也分别与区外博物馆进行了交流展览，效果良好。

内蒙古博物院和呼伦贝尔民族博物院合作举办了"达斡尔、鄂温克、鄂伦春、俄罗斯民族民俗展览"，较为集中、全面地展示了"四少民族"的民俗风情；内蒙古博物院展出了以蒙医药文化为题材的专题陈列"天人一脉——蒙医药文化巡礼"，在南京博物院展出了汇集内蒙古、陕西、湖北、云南和江苏五地最重要的金器考古发现展览"金色中国"。

（二）可移动文物保护

1. 文物数量、登记等基本情况

全区文物总数50万件（套），其中一级文物1790件（套）、二级文物4052件（套）、三级文物6545件（套）。

2. 可移动文物保护修复基地建设情况

内蒙古博物院馆藏文物保护修复取得新进展。一是继续开展与瑞士阿贝格基金会关于内蒙古博物院院藏代钦塔拉辽墓出土纺织品保护修复合作项目；二是开展院藏文物囊匣制作项目，完成囊匣制作300余件，进行院藏纺织、皮毛类文物健康调查项目，已完成出土纺织品的健康档案制作，且正在进行文物病害图绘制及显微镜拍照工作；三是结合院藏纺织、皮毛类文物健康调查项目及同瑞士阿贝格基金会关于纺织品保护修复合作项目对内蒙古博物院第四修复室进行标准化改造的前期规划工作；四是进行院藏夏家店上层青铜器保护修复项目，已完成文物基本信息调查，正在进行病害图绘制；五是开展中日西夏文书保护修复合作项目第一次保护修复工作实施，此次保护修复对象为3件黑城遗址出土文书，保护人员由中方和日方共同组成，保护地点为内蒙古博物院纸质文物保护修复工作室。同时进行的有院藏壁画三维扫描工作。

2013年，内蒙古自治区文物保护中心对清代伏龙寺壁画进行了保护修复，完成壁画原地仗层剔除、背部加固、新自治区地仗层制作、画面清理、颜料层加固、木框制作等修复工作。共计修复完成24块，定制支撑体24块、16平方米，画面加固10平方米。达到了壁画良好保存及展示要求。此外，与日本九州国立博物馆合作，对内蒙古博物院院藏壁画文物进行了高精度画面扫描工作，完成吐尔基山辽墓壁画21幅、五代墓葬壁画35幅、清代伏龙寺壁画2幅的扫描工作。为内蒙古地区壁画文物研究提供了一批翔实的资料，也进一步促进了内蒙古博物院与日本在文物保护方面的合作。

3. 可移动文物保护技术、方法及其应用情况

内蒙古博物院对1004件馆藏文物进行了三维数据采集，目的就是利用现代科学技术手段使这些独一无二、不可再生的历史文化遗产的信息得以永久地保存下去，充分发挥这些信息在文物保护、研究、展示、教育、传播等方面的价值。目前中国馆藏文物三维数据的采集

方式主要有三维白光扫描和三维激光扫描这两种，都属于"结构光、编码光扫描仪"的范畴。扫描设备与文物本体保持一定距离，不直接接触文物本体，以确保文物的安全。另外，还有一种更为简便的方法，即通过专业软件对二维影像进行三维重建，这种方法还有待于进一步完善，但无疑是今后文化遗产数字化的发展方向。

内蒙古博物院流动数字博物馆自5月18日在博物院宝鼎广场正式与观众见面之后，陆续走进二连浩特、苏尼特右旗、武川县、锡林郭勒盟等农村、牧区和边防哨所，使更多边远地区的人们了解到博物院的文物精品和自治区的历史文化，为当地牧民、农民以及官兵战士带去了丰盛的文化大餐。这种数字化与移动平台结合的新颖展示形式，突破传统的实体文物展示和展板宣传模式，让深藏在"象牙塔"里的文物走进百姓的文化视野，满足了基层群众的文化需求。

（三）第一次全国可移动文物普查

2013年，按照国务院和国家文物局总体要求和统一部署，全区可移动文物普查工作全面展开。自治区政府召开了"内蒙古自治区第一次全国可移动文物普查电视会议"，刘新乐副主席发表了重要讲话；成立了内蒙古自治区第一次全国可移动文物普查领导小组，刘新乐副主席主持召开领导小组工作会议，安排部署了全区可移动文物普查相关工作；内蒙古文化厅、文物局会同自治区政府新闻办，召开了"内蒙古自治区第一次全国可移动文物普查工作新闻发布会"；编印了《内蒙古自治区第一次全国可移动文物普查800问》，印发了《内蒙古自治区第一次全国可移动文物普查实施方案》《内蒙古自治区第一次全国可移动文物普查宣传方案》《内蒙古自治区第一次全国可移动文物普查时间表、任务书、责任人一览表》；内蒙古文物局与内蒙古教育厅、民政厅、财政厅、文化厅、新闻出版局、国资委、档案局分别印发通知，推动普查开展；举办了2期自治区级普查骨干培训班，培训普查人员260人；2013年，自治区财政安排400万元可移动文物普查经费，并确定一直到2016年每年安排423万元专款。

【科技与信息】

完成全区文物保护研究数据库建设及馆藏珍贵文物数据库建设。

内蒙古博物院完成馆藏文物一级品3D数字化及流动数字博物馆建设。制作完成馆藏文物一级品3D数据1004件（套）。流动数字博物馆（数字大篷车）已于6月18日正式启动，内蒙古博物院流动数字博物馆锡林郭勒盟巡展共计18站，取得了良好的社会效应。内蒙古博物院藏品动态管理信息技术及信息管理软件开发设计目前正在实施中。藏品管理方面充分考虑到实用性与藏品的安全性，集信息查询、库房管理、陈列展览及藏品征集、鉴定、照相、保养、复原等各种业务管理于同一信息平台上。内蒙古博物院信息传播平台建设目前正在实施中。已经建立了基于综合应用平台和内容管理系统的成熟体系架构，具有用户管理、内容管理、全文检索、网站群管理等功能的综合性门户网站。建立博物院门户网站，集对外宣传、信息发布、网上博物馆、文物鉴赏、资讯服务于一体的综合性信息门户网站。门户系统采用先进的技术架构，集成文字、图片、视频、资源、三维影像等功能，构成功能强大、完善的门户网站系统。内蒙古博物院数字展厅建设目前正在实施中。数字化展厅以三维数字化方式的动画、文物三维数据采集图形、音频、视频等多媒体技术与数字化的结合，让原来枯燥乏味的文物变得安全、生动、直观，还可以了解文物的细节特征、相关背景，提高观众欣赏文物的兴趣。

2014
中国
文物年鉴

【文博教育与培训】

2013年，内蒙古文化厅、文物局与教育厅、赤峰市政府、赤峰学院合作，在赤峰学院建立了"全区文物与博物馆专业人才培训基地"，并共同投资500万元，设立了"赤峰学院文物与博物馆专业人才奖励基金"。

2013年，内蒙古文化厅、文物局在呼伦贝尔市、赤峰市、呼和浩特市等地，相继举办了馆藏文物保护、文物项目申报、文物安全等培训班，还聘请国家文物局领导以及有关专家、学者来自治区授课，共有300余名文博工作人员参加培训。内蒙古自治区还派出39名基层文物管理干部，参加了国家文物局举办的文物行政执法人员培训班。

【文博宣传与出版】

积极准备了"5·18"国际博物馆日、中国文化遗产日、草原文化遗产保护日的宣传活动。内蒙古文化厅、文物局会同相关盟市政府，支持文物部门开展申请主场主办权的工作。为扩大文物保护工作的影响，内蒙古文物局向全区转发了国家文物局《关于开展2013年中国文化遗产日活动的通知》，要求全区各文博单位要通过展览、讲座、咨询和培训等形式，积极开展丰富多彩的文物保护宣传普及活动。

2013年，内蒙古自治区共出版和发表了《元上都论》《内蒙古通史》《酒文化博物馆》《辽代贵族丧葬制度研究》《马背上的致美华器》《以创新精神打造文化宣传品牌》《关于对博物馆是学校"第二课堂"的商榷——内蒙古博物院对学生教育的理论认识与实践探索》《内蒙古历史沿革地图集（先秦部分）》《物在灵府 不在耳目——谈博物馆讲解中的假讲现象》《博物馆创新式讲解初探》《英金河流域岩画遗存》《辽代马具皮条组织和结构研究》《打造草原文明神圣殿堂推动文化大发展大繁荣——内蒙古博物院实施文化惠民工程纪实》《西夏文物·内蒙古编》《辽代陵寝制度特点研究》《充分发挥博物馆在草原文化传播中的重要作用》《我站在阴山之上》《内蒙古辽代城址研究》《内蒙古赤峰市二道井子遗址出土铜器的初步科学分析》《浅谈内蒙古博物院临时展览的发展趋势——以元代文物精品特展为题》《蒙古族银制器皿图案及其象征意义》《感受江南 展示诗韵——博物馆考察记》《浅谈博物馆社会功能的发挥与自身的发展》《内蒙古庙子沟、大坝沟遗址出土纺轮的分析与探讨》《内蒙古博物院藏五代壁画保护修复》等著作和学术论文，对宣传内蒙古的文物事业具有重大意义。

【机构及人员】

2013年，在阿拉善盟、锡林郭勒盟、赤峰市、巴彦淖尔市，以及锡林郭勒盟正蓝旗、多伦县，赤峰市巴林左旗、翁牛特旗、喀喇沁旗、红山区，呼伦贝尔市扎赉诺尔区，扎兰屯市、鄂尔多斯市乌审旗成立文物局的基础上，内蒙古自治区又有满洲里市，阿拉善盟阿右旗、额济纳旗，通辽市科尔沁区成立了文物局。在内蒙古自治区政府向国务院提交的报告中，专题报告了内蒙古成立文物局，加强文物保护机构建设和队伍建设的工作成绩。

【对外交流与合作】

5月底至6月初，内蒙古博物院专业人员与加拿大皇家提雷尔古生物博物馆副馆长Donald Brinkman博士，合作研究院藏的白垩纪龟化石。

9月，日本九州国立博物馆三轮嘉六馆长一行到访内蒙古博物院，达成了"西夏文书的研究保护""辽代墓葬壁画研究保护"两项合作协议，两项工作预计3年完成。同月，内蒙古派员赴俄罗斯外贝加尔边疆地区参加"跨国合作：蒙古与西伯利亚贝加尔地区古代文化"国际学术会议。

10月，毛里求斯国家自然历史博物馆专业人员来内蒙古博物院考察、学习文物3D数字技术。此次来访为今后两馆的进一步合作打下了良好的基础。

【其他】

2013年，内蒙古文化厅、文物局开展了全区博物馆、纪念馆陈列展览内容自查和重点检查工作。在各盟市、旗县自查的基础上，自治区文化厅、文物局组成了3个督察组，分别对全区各盟市52家博物馆、纪念馆陈列展览工作进行了专项督察，有效促进了全区博物馆事业健康发展。

辽宁省

【概述】

2013年，在辽宁省委、省政府的正确领导下，在国家文物局的大力支持下，辽宁省文物系统按照辽宁省文化厅党组的决策部署，深入贯彻科学发展观，按照社会主义核心价值观体系，全面落实党的十八届二中、三中全会精神，严格贯彻执行《文物保护法》，坚持文物工作方针，紧紧围绕中心工作，群策群力，扎实奋进，圆满完成了年度工作任务，文物执法督察、不可移动文物的保护与管理、考古发掘、博物馆建设等各项工作均取得了显著成绩，为构建和谐辽宁、发展繁荣辽宁文化做出了积极贡献。

【执法督察与安全保卫】

举办了文物安全培训班。5月26～31日，在葫芦岛市举办"辽宁文物安全管理人员培训班"，此次培训工作由国家文物局主办，辽宁省文物局承办，全省14个市文化局的文物科（处）长，绥中、昌图县文化局主管文物的负责人，文化市场综合执法机构担负文物安全工作和全国重点文物保护单位主管安全或安全工作机构的负责人，省直文博单位主管安全工作负责人及葫芦岛市各县区主管文物安全人员，共计100余人参加了培训。培训重点围绕文物安全管理、消防技术要求、古建筑防火安全经验、建筑防雷技术规范等方面，邀请有关专家授课，丰富了安全管理人员的文物安全知识，提升了辽宁省文物安全管理人员的技能。

查处了一批文物违法、违规案件。调查处理了省级文物保护单位朝阳云接寺违规维修清代壁画造成清代壁画被毁事件，责成朝阳文物局查清原因、明确责任，依法对责任单位进行行政处罚，对有关责任人进行处理。依法处理了绥中中前所城建设控制地带内兴建寺庙问题、沈阳永安桥石碑被肇事车辆冲撞等一批文物违法问题和案件。

严格落实文物安全工作相关规定。元旦、春节期间对全省部分省级以上文物保护单位，省博物馆、考古研究所、文物总店文物安全工作进行了重点检查、抽查。

完成了一批安防工程。组织协调完成了牛河梁全技术防范工程招标工作；实施了省文物总店、查海遗址、葫芦岛市博物馆（新馆）、鞍山博物馆、黑山纪念馆、建昌县博物馆、连山区博物馆安全技术防范工程建设并通过省级验收，进一步提升了文博系统的安全技术防范水平。编制完成了抚顺平顶山惨案纪念馆、沈阳二战盟军战俘营旧址陈列馆安全技术防范工程方案，并通过省级安防专家审定上报至国家文物局。

【不可移动文物的保护和管理】

（一）概况

全国重点文物单位数量128处，省级文物保护单位数量222处。2013年新公布全国重点

2014 中国文物年鉴

文物保护单位80处（含合并项目6处）。启动了第九批省级文物保护单位评选活动。

开展了全国重点文物保护单位和省级文物保护单位调查登记工作统计，初步摸清了省内国、省两级文物保护单位现状及存在问题。

（二）大遗址保护

全面推进牛河梁大遗址保护各项工作。完成了牛河梁遗址的第三、五、十三、十六地点保护工程并进行了技术验收。牛河梁遗址被国家文物局评定为第二批国家考古遗址公园。《绥中县姜女石遗址保护总体规划》已经上报省政府待批准实施。金牛山考古遗址公园入选第二批国家考古遗址公园立项名单。实施了凤凰山山城北门及南北瞭望台维修工程。

实施了绥中锥子山长城大毛山段、中前所城南门西段、清永陵古建筑修缮、沈阳故宫地下排水等保护维修工程。完成了北镇庙寝宫、广宁城墙、广济寺古建筑、元帅林哨楼、银冈书院郝公祠等文物保护工程。实施了清永陵古建筑修缮、沈阳故宫地下排水等工程。

（三）全国重点文物保护单位

积极协调国内一流的勘察设计单位，帮助编制难度大、国家文物局审核未通过的及本省无法实施的项目。聘请清华大学编制了《东山嘴遗址文物保护规划立项》、东南大学编制了《银冈书院文物保护规划立项》、陕西省文物保护研究院编制了《奉国寺大雄殿彩绘泥塑保护前期勘察研究项目》、中国文化遗产研究院编制了《沈阳故宫彩绘保护立项方案》。组织有关单位编制了25项全国重点文物保护单位保护工程立项文本并上报至国家文物局。其中一批文物保护规划及维修方案通过了国家文物局审批。

根据省政府批准的《兴城古城文物保护规划》，完成了兴城古城钟鼓楼和南门门楼修缮工程，实施了兴城文庙油饰工程；启动了兴城城墙整体维修工程各项前期准备工作。

扎实推进省市共建文物保护工程。全面启动了葫芦岛、营口地区文物保护工程。绥中县中前所城南门西段城墙抢险工程，连山区小虹螺山长城保护规划立项文本、小虹螺山长城8段墙体和10号敌台保护维修工程，营口市西炮台遗址保护工程、玄贞观安防工程等方案得到国家文物局批复，国家补助资金将于年底前得到落实。启动了省保单位明性寺维修和张学良筑港纪念碑及张学良别墅保护规划编制工作。论证、审批了省保单位盖州钟鼓楼、望儿山塔、仙人岛烽火台等文物保护工程维修方案。

【考古发掘】

（一）基本建设考古工作

完成了沈康高速公路调兵山连接线、辽宁中部环线高速公路铁岭至本溪段、丹东港海洋红港区疏港高速公路、华能大连第二热电厂新建工程、阜新杰超煤矸石热电工程、巴林至阜新500千伏输变电项目、秦沈天然气管道朝阳供气支线、中国水电北票西山风电场等27个大、中型基本建设项目的考古调查工作，调查里程约1057公里，面积约3267万平方米。

完成了沈康高速公路调兵山连接、京哈线开原市许家台公铁立交桥、辽东湾新区热电项目、铁岭市西丰县大龙山屯－安庆屯天然气管道工程、营口飞机场工程等19项工程占地区域内的考古勘探工作，共勘探各时期遗址点59处，勘探总面积约98.36万平方米。

完成了青山水库淹没区二道河子北山遗址、后屯西山遗址、二道河子东山洼遗址、把家遗址、戏台屯沟南遗址、鞍山市羊草庄汉墓群、锦凌水库西大砬子遗址、大连大王山遗址等8处遗址和墓葬的抢救性考古发掘，发掘遗址面积约6700平方米，清理发掘墓葬78座。

（二）主动科研考古工作

完成辽阳江官屯窑址、辽阳燕州城山城及墓地的年度发掘任务。江官屯窑址发掘面积300余平方米，在发掘区周边进行了大面积考古勘探，共发掘瓷窑址10座、灰坑6个、房址残迹1座，出土大量窑具、日常生活用具、生产工具、玩具、建筑构件等遗物，填补了中国陶瓷史关于江官屯窑口的记载空白，丰富了辽金陶瓷史的文化内涵。辽阳燕州城山城发掘面积约2000平方米，发现房址、灰坑、墓葬、大型建筑址等遗迹，出土有铁器、瓷器、陶器、铜器、骨器等，时代从高句丽到明清。发现房址9座，其中高句丽时期房址2座，辽金时期房址7座。发现大型建筑址1处，出土"石城凤安保国寺碑"碑首1件，证明该建筑址为明清时期石城凤安保国寺址。

（三）水下考古工作

辽宁省文物考古研究所编制的《2013年辽宁绥中碣石宫水下遗存及附近海域调查工作方案》通过了国家文物局审批。在国家文物局水下文化遗产保护中心协调下，在绥中碣石宫海域开展了水下调查工作，发现了疑似人工遗迹。

【博物馆与可移动文物保护】

（一）博物馆

1. 概况

圆满完成2012年度全省博物馆年检工作。全省共106家博物馆参加年检，其中国有博物馆77家、民办博物馆29家。经博物馆自检上报，各市文化局初审和省文物局审核，批准其中86家博物馆为年检合格单位、17家博物馆为年检基本合格单位。在77家国有博物馆中，归属文化文物系统管理的博物馆62家，行业博物馆15家。丹东海华珍奇馆等3家博物馆因年检材料不合格未通过2012年度博物馆年检。

2. 博物馆建设

辽宁省博物馆新馆建设进展顺利。完成了新馆开馆筹备工作方案、新馆开办各种经费概算以及新馆人员岗位设置和招聘、物业管理、文物库房藏品清点、藏品包装运输、文物保护中心、信息网络中心、观众服务中心、文博产业中心、会议接待中心等各项方案的制订和报送工作。新馆土建工程整体完工，接收了新馆一层西面出入口、序厅、大厅、5个临展厅等近20000平方米的区域，接管了文物保护区与综合办公区的门卫看护、人员管理、车辆管理等相关安保工作和新馆冬季采暖的全面运行管理工作。完成新馆一层两个展厅的布展装修工程，完成了碑志展、明清瓷器展、明清玉器展和一层其他临展厅的布展装修工程。全面组织实施新馆各项政府采购项目，完成新馆一期开馆布展工程12个标段中11个标段的招标；组织完成新馆物业购买劳务派遣服务的政府采购工作，对物业公司人员进行了技能培训和工作交接；启动新馆会议中心、文物保护中心、信息中心、观众服务中心和文物库房及其他公共区域设施设备的政府采购项目。组织完成了新馆展览内容设计文本编制和形式设计方案深化。根据专家论证会意见和厅领导的工作要求，对常设展"古代辽宁"内容设计方案进行了修改完善，确定了部分外借展品目录；完成"中国古代碑志展""明清瓷器展""明清玉器展"等3项专题展览的内容设计深化方案和英文翻译初稿。新馆序厅影壁主题浮雕工程完成。

开展了第二批国家二、三级博物馆评估工作。根据《全国博物馆评估办法》，国家文物局组织开展了第二批国家二级、三级博物馆评估定级工作。锦州市博物馆、沈阳新乐遗址博物馆被评定为国家二级博物馆，本溪市博物馆、辽阳博物馆、凌海市萧军纪念馆被评定为国家三级博物馆，辽宁省国家二级博物馆增加到7家、国家三级博物馆增加到5家。

3. 重要陈列展览

积极规范和推动文物出省展览。根据《文物保护法》的有关规定，加强收藏单位之间国家一级文物借用审批。审核中，严格审核借展单位的展出条件，组织专家对出展文物现状进行评估，指导出展单位按国家要求签订文物协议书，督促相关单位制定文物运输与展出安全保护方案，确保文物展出安全。先后审核批准了旅顺博物馆藏文物赴辽宁省博物馆的"高其佩与指头画派展"、赴四川省博物院的"画说红楼——旅顺博物馆藏《红楼梦》画展"、赴扬州博物馆的"画说红楼——旅顺博物馆藏《红楼梦画册》展"等多项出省展览。

积极参与博物馆十大陈列展览精品评选工作。按照国家文物局和评选单位《关于开展第十届（2011～2012年度）全国博物馆十大陈列展览精品评选工作的通知》要求，我局组织省内博物馆、纪念馆积极参加本次评选活动，精心准备参评材料，认真填写了《第十届（2011～2012年度）全国博物馆十大陈列展览精品评选申报书》，推荐了旅顺博物馆、大连慧丰博物馆、辽宁天巳历史博物馆的申报项目参评。

4. 民办博物馆发展

开展了全省民办博物馆发展专题调研工作。按照国家文物局《关于开展促进民办博物馆发展专题调研的通知》（办博函〔2013〕265号），2013年4月，开展了"促进民办博物馆发展"专题调研工作，向全省下发了"促进民办博物馆发展"专题调研提纲，要求相关单位认真填写上报《民办博物馆管理运行情况调研表》。全省共7个市的23家民办博物馆参与了调研，反映了实际情况，提出了相应的工作意见和建议。在全省调研基础上形成了《辽宁省民办调研报告》，并上报国家文物局。通过此次调研，对全省民办博物馆的免费开放相关工作进行了了解，为指导全省民办博物馆免费开放工作提供了依据。

开展了民办博物馆规范化建设评估工作。7月下旬，按照国家文物局《关于请支持开展民办博物馆规范化建设评估工作的通知》（文物博函〔2013〕1141号）要求，组织全省民办博物馆开展民办博物馆规范化建设评估工作。省文化厅组织专家对27家民办博物馆填报的《民办博物馆规范化建设评估得分表》和《民办博物馆规范化建设评估报告》进行了评估复核，重新打分，并将评估结果上报了国家文物局。

（二）可移动文物保护

组织开展可移动文物科技保护项目申报。指导相关资质单位编制完成并向国家文物局上报了《建昌东大杖子陶质彩绘文物保护修复方案》《朝阳县博物馆馆藏石质文物保护修复方案》《喇嘛洞墓地出土铁质文物保护修复方案》共3个可移动文物科技保护方案，其中《喇嘛洞墓地出土铁质文物保护修复方案》已获国家文物局批准。目前，全省共有6项文物科技保护项目申请国家文物保护专项补助经费。

【社会文物管理】

加强拍卖标的审核工作。严格审批程序，规范拍卖审核，依法对省内拍卖行进行监督管理，规范文物拍卖行为。全年对省内8家从事文物拍卖企业的4次拍卖会的1657件拍卖标的进行了审核。批准同意举办拍卖会4场，同意上拍标的1656件。在审核中发现1件标的不符合国家规定，依法责令拍卖企业撤拍。

辽宁省文物总店积极开展文物商品展销活动。上半年，辽宁省文物总店相继参加了北京、天津、湖南、河南、成都、山西等地举办的文物展销及拍卖活动十余次，取得了较好

2014
中国
文物年鉴

的经济效益，同时也扩大了行业影响力。6月14～16日，辽宁省文物总店举办了辽宁省第二届全国文物商店联合展销会，北京、天津、河南、山西等国有文物商店及欧洲、台湾等各地区古玩经营者上百家经营单位参加展销会，展销瓷器、玉器、铜器、杂项等近10万件文物商品。

顺利完成涉案文物鉴定移交工作。经与沈阳机场海关沟通和协调，沈阳机场海关将167件涉案物品移交给辽宁省文物保护中心，其中文物35件、工艺品132件。

【科技与信息】

加强省内文物科技保护资质建设。为适应当前文物保护工作需要，进一步加强全省可移动文物保护的科技水平，促进区域文物保护修复工作标准化和规范化，积极推进全省文物科技保护资质建设。按照《可移动文物修复资质管理办法（暂行）》的相关规定，批准了抗美援朝纪念馆的文物修复二级资质，并已将相关材料上报国家文物局备案。目前，全省具备文物修复资质单位已达7家。

【文博宣传与出版】

按照国家文物局的统一部署，辽宁省文化厅、辽宁省文物局组织全省博物馆、纪念馆紧扣"博物馆［记忆+创造力］=社会变革"的宣传主题，在"5·18"国际博物馆日当天，开展了丰富多彩、生动活泼的系列宣传活动。

辽宁省文物局、沈阳市文物局共同举办了纪念"5·18"国际博物馆日暨沈阳二战盟军战俘营旧址陈列馆开馆仪式。省文化厅，沈阳市委宣传部、市人大、市政府、市政协，俄罗斯联邦驻沈阳总领事馆总领事、美利坚合众国驻沈阳总领事馆副总领事以及相关专家学者、沈阳市各博物馆代表、媒体记者、学生代表、部队代表等300余人参加了仪式。

沈阳故宫博物院、张氏帅府博物馆、周恩来少年读书旧址纪念馆、沈阳古旧钟表博物馆、沈飞航空博览园等共17个博物馆在沈阳二战盟军战俘营旧址陈列馆广场举办了宣传活动，通过向观众展示流动展板、发放宣传材料、现场咨询答疑等方式，进一步传播和展示了辽沈地区的博物馆文化，拉近了博物馆与观众的距离。

【机构与人数】

2013年全省共有文物机构132个，均为事业单位，总数比2012年增加2个。文物机构中文物保护管理机构61个，比2012年增加1个；博物馆63个，比2012年增加1个；文物科研机构4个，比2012年增加1个；文物商店3个，与2012年持平；其他文物机构1个，比2012年减少1个。从业人员总数3482人，比2012年减少160人。人员职称按单位性质，文物保护管理机构有高级职称42人，中级职称179人；博物馆有高级职称259人，中级职称518人；文物科研机构有高级职称31人，中级职称35人；文物商店有高级职称1人；其他文物机构有高级职称1人。按隶属关系，省属事业单位有高级职称107人；市属及以下事业单位有高级职称227人。

【对外交流与合作】

辽宁省博物馆参与实施由中国文物交流中心联合国内30余家博物馆共同推出的"中华大文明"赴东京、神户、名古屋、九州巡展，共展出170件（套）文物，辽宁省博物馆21件（套）辽代珍贵文物参展，其中国家一级文物12件（套），是此次展览"辽河文明"单元的重要组成部分。应英国维多利亚与阿尔伯特博物馆的邀请，由国家文物局、中国文物交流中心组织实施的"中国古代绘画名品展"于2013年10月26日～2014年1月19日在英国维多利亚与阿尔伯特博物馆举行。辽宁省博物馆4件书画类国家一级文物参展，馆藏《北宋赵佶瑞鹤图卷》是此次展览中的重要展品之一。沈阳市九一八历史博物馆赴俄罗斯与俄罗斯卫国战争纪念馆共同举办了"中国抗战的起点"展，共展出300余幅图片。大连现代博物馆组团赴巴西、智利参加第23届世界博物馆协会大会，与业内人士广泛交流。旅顺博物馆赴日本北九州市立自然史历史博物馆举办"旅顺博物馆名品展"，共展出文物展品45件，其中一级文物4件；同时，旅顺博物馆组团出访波兰、拉脱维亚、俄罗斯和日本等国进行文物交流活动，并与上述国家相关文博机构签订了多项合作协议。春节期间，张氏帅府博物馆赴台湾参加"2013年台湾新竹灯会"，共展出了张氏帅府、新乐遗址、沈阳故宫、昭陵、福陵、抚近门等10个景观灯。辽宁省博物馆派遣业务人员赴香港中文大学文物馆、台北故宫博物院以及台北历史博物馆等进行学术交流。

辽宁省博物馆先后引进举办了"美洲原住民 玛雅、印加和北美土著——杰夫·佛可思摄影作品展"和"博萃臻艺——中西方珍宝艺术展"。参观人数20万余人次。此外，辽宁省博物馆以新馆开馆为契机，商洽引进"印度宫廷的辉煌——英国维多利亚和艾尔伯特博物馆珍藏展""欧洲瓷器之祖——迈森瓷300年展"等辽博新馆外展引进项目。由辽宁省博物馆、辽宁省文物总店与法国卡地亚艺术典藏馆联合主办的"博萃臻艺——中西方珍宝艺术展"，于9月13日～10月27日在辽宁省博物馆展出。大连现代博物馆举办了"走进经典动漫王国日本"展览。旅顺博物馆先后接待俄罗斯、拉脱维亚博物馆访问中国。

吉林省

【概述】

国家文物局和吉林省人民政府于2012年12月中旬签订《合作加强吉林省文物博物馆工作框架协议》后，吉林省文物工作得到了省委、省政府和各地党委、政府的高度重视。省文物局紧紧抓住这一历史机遇，深入落实框架协议精神，确定了2013年为全省文物工作管理年。总体思路是：以管理、发展、创新、服务为主线，充分发挥文化遗产资源和地缘优势，继续推动构建以夫余、高句丽、渤海大遗址保护为核心、辽金城址群为重点、伪满警示建筑群和"一五"时期工业遗产为特色的"五片一线七点"的吉林省文物保护与展示总体格局。在全省文物保护、利用及助推地方经济发展和社会文化建设等方面取得了阶段性成果。

【执法督察与安全保卫】

（一）加强文物安全监督执法检查，排查隐患，确保文物安全

为防止消防火灾、文物损毁等安全事故，吉林省文物局一直将文物安全防范作为工作的重点，认真组织开展日常安全检查和执法巡查工作。特别是在国庆节、春节等重大节庆日、汛期和重要时间节点上，坚持组织开展专门的文物安全检查，积极督导各地认真落实文物安全管理规定，确保文物安全监管工作经常化、制度化和规范化。

在6月3日德惠米沙子发生特大火灾事故后，吉林省文物局立即下发紧急通知，组织各地开展了博物馆和文物保护单位安全隐患紧急排查工作，并形成了完整的自检报告和整改方案。

4月1日～8月31日，吉林省文物局会同吉林省公安厅经文保总队联合开展了为期5个月的文物安全隐患排查整治工作，收到了明显成效。

（二）开展业务培训，提高文物安全保卫人员工作水平

9月5日，吉林省文物局会同吉林省公安厅经文保总队举办一期全省文物安全保卫人员培训班。对全省各博物馆、文物保护单位安全负责人80余人进行了培训，有效提高了全省文物安全保卫水平。

（三）对旅游开发建设中涉及文物安全项目进行了专项检查

为贯彻落实《国务院关于进一步做好旅游等开发建设活动中文物保护工作意见》精神，吉林省下发了《关于贯彻落实〈国务院关于进一步做好旅游等开发建设活动中文物保护工作意见〉的通知》。各地文物部门结合本地区实际，开展了春季安全检查专项治理活动。文物干部深入各级文物保护单位，严格对照，认真检查。一是分级检查，廓清文物家底；二是重点检查，加强专项规划；三是依法检查，保证工作有序；四是专项检查，不断加大投入。重点对6家辟为旅游场所的文物保护单位、2个中国历史文化名镇、6条省级历史文化街区进行了专项检查。

【不可移动文物的保护和管理】

（一）概况

吉林省登记不可移动文物9017处，其中古遗址5623处、古墓葬804处、古建筑191处、石窟寺及石刻30处、近现代重要史迹及代表性建筑2268处、其他101处。全国重点文物保护单位76处，省级文物保护单位212处，市（州）级文物保护单位615处，县级文物保护单位1897处。第一至第六批全国重点文物保护单位已经完成保护规划编制24处。第七批全国重点文物保护单位已经启动保护规划编制22处。2013年度完成新开工或延续性全国重点文物保护工程共23项，完成投资金额11870万元。

（二）大遗址保护

12月，和龙渤海中京遗址成功入选第二批国家考古遗址公园，柳河罗通山城入选第二批国家考古遗址公园立项名单。至此，吉林省已有集安高句丽和渤海中京2个国家考古遗址公园，标志着吉林省以考古遗址公园建设为代表的大遗址保护工作走在了全国前列。

按照世界文化遗产标准，编制完成全省首个线性文化遗产规划《吉林省长城资源保护规划》，并组织通过省级专家评审。

（三）全国重点文物保护单位

国务院核定公布第七批全国重点文物保护单位，吉林省新增43处，总量达到76处。

（四）编制文物影响评估报告

2013年度吉林省文物考古研究所编写完成文物影响评估报告5部，即《吉林铁路枢纽西环线工程对跨行区域文物遗址影响评估报告》《国道珲乌公路（G302）吉林至饮马河段文物影响评估报告》《桦甸成大油页岩开发项目对苏密城文物影响评估报告》《长春至白城铁路扩能改造项目对跨越区域文物遗址文物影响评估报告》《辉南小城子古城内学校建设对文物遗址影响评估报告》。

【考古发掘】

（一）概况

2013年考古发掘工作，在明确学术目的前提下，各发掘单位制定了详尽的发掘计划，推行了新的《田野考古操作规程》，试行了《吉林省考古发掘项目检查验收办法》，不仅将传统考古学手段和方法应用于工作实际，还根据工作和科研需要，将植物浮选、RTK测绘、遥控飞行器航拍、计算机制图等近年来国内考古学界逐步推广使用的诸多新技术、新方法与传统考古学理论方法相结合，灵活运用于考古工作中，取得了良好的工作成效和丰硕成果。

2013年省内主要开展10项主动考古发掘项目，吉林省文物考古研究所承担5项，吉林大学边疆考古研究中心承担3项，延边州文物保护中心承担2项。考古发掘面积9669.5平方米，勘探面积13.2万平方米，调查面积210万平方米，发掘出土各类遗物千余件，取得了重要的学术收获。吉林省白城城四家子辽代城址入选2013年全国十大考古发现候选名单。

同时，吉林省文物考古研究所克服专业人员少、工作量大等因素，在完成5项主动考古发掘同时，又承担了40项抢救性考古工作，涉及燃气、电力、公路、铁路、矿业、水利、石油管道等工程项目，其中18个项目与相关单位达成了文物保护工作协议，开展的抢救性考古调查累计里程2300余公里，调查面积150余平方公里；开展考古勘探40余万平方

2014
中国
文物年鉴

米；发掘面积1300平方米；编写完成文物影响评估报告5部。

（二）重要考古项目

1. 城四家子城址

发掘面积为3000平方米，勘探面积为13万平方米，通过发掘，确认了城墙和城门的形制、规格、营建过程及年代；通过勘探初步了解城址的地层堆积情况，确认了护城壕的规格以及城外墓葬的形制及分布。

2. 苏密城城址

发掘面积为1936平方米，勘探面积为2000平方米，通过发掘，明确了外城垣的层位、结构和年代，确认了南瓮城门道、城垣形制，确认了内城南城垣的形制结构。通过勘探确认了城址东西、南北中轴线道路。

3. 吉林市永安遗址

发掘面积为2000平方米，通过发掘确认遗址包含汉晋时期的夫余文化、隋唐时期的靺鞨渤海文化以及辽金文化三种不同时期的文化遗存。

4. 龙潭山城

发掘面积为700平方米，发掘确认了山城东墙的城垣结构，获知了有关山城始建年代的遗物信息；对西门址的清理大致确认城址的形制为墙体错位式门址，并在门道上部发现多层文化堆积。

5. 辉发城

发掘面积为500平方米，通过发掘确认了城址内、中、外墙的形制结构，确认三道城垣的始建年代均不早于明代中期；对内城门的发掘确认门址存在早、晚两期门道，中城内的发掘所获遗存皆为明代。

6. 后套木嘎遗址

发掘面积为1030.5平方米，后套木嘎遗址发现的红山文化时期的麻点纹类遗存对进一步认定"双塔二期"遗存的年代、分布、组合等问题提供了重要材料。

7. 春捺钵遗址

调查面积为210万平方米，进一步确认了春捺钵遗址性质，对其功能分区有了初步了解。

8. 水南关遗址

发掘面积为60平方米，通过发掘确认了该关为石筑，近方形。

9. 磨盘村山城

发掘面积为355平方米，通过发掘基本确定了山城东门址的形制及建筑方法。

10. 哈沈输气管道工程穿越农安库尔金堆古城保护范围的考古发掘

发掘面积300余平方米。此次发掘区内存在辽金和清代晚期两个时期的遗存。辽金时期遗存包括灰坑4个、灰沟2条，出土泥质灰陶片、白瓷片、粗瓷缸片、泥质灰陶砖瓦残块、铁钉、铁镞、铜钱等遗物。清代晚期遗存仅发现墓葬4座，均为土坑木棺墓，其中包括双人合葬墓2座、单人墓2座，出土酱釉瓷罐、青花瓷碗、青花瓷盘、铜钱、铜扣和牛形铜饰件等遗物。

11. 庆铁线石油管道改造工程（四线）施工范围所涉遗址的考古发掘

土城子遗址发掘面积500平方米，发掘在地层中出土的陶器多为残片，可辨器类均为罐、盆、瓮等生活器皿，瓷器多为白瓷、酱釉瓷，施釉不到底，制作粗糙，可见器型仅有碗、碟。发掘未见遗迹，出土遗物皆为辽金时期。

12. 项家沟遗址

发掘面积500平方米，此次发掘区位于项家沟遗址的边缘地带，发现的遗迹和遗物均较少，但从出土的遗物看，大卷沿器口和附加堆纹腹片均与四平市前坡林子遗址同类器物相同，为典型的金代遗物，并未见辽代遗物。

（三）考古调查

2013年度完成考古调查项目共计33项，分别为：桦甸凯迪生物质能电厂接入系统送出线路路由工程、通辽至四平铁路电气化改造工程（吉林段）、珲春至江密峰高速延长线西炮台至长岭子段建设工程、集安市净水厂新建工程、和龙市头道镇龙湖一号拦河坝建设项目、吉林省惠农能源技术股份有限公司年产3亿立方米LNG项目、吉林省华生燃气集团有限公司天然气门站及长输管线建设工程、吉林晨鸣纸业有限公司自备背压机组项目、庆铁线石油管道改造工程（四线）、白城查干浩特风电场一期工程、国道珲乌公路吉林至饮马河段一级公路建设工程、中石油东北分公司长春油库扩建及铁路专用线工程、四平市巨元瀚洋板式换热器有限公司新建厂房工程、吉林省中部城市供水工程德惠支线应急（一期）供水工程、中石油四平至白山天然气管道工程、哈沈输气管道工程、吉林成大弘晟能源有限公司油页岩综合开发项目（桦甸）、白阿铁路白城至镇西段增建二线工程、吉珲铁路吉林枢纽西环线工程、长春至辽源铁路新建工程、长春至白城铁路扩能改造项目、长春至西巴彦花铁路建设工程、鹤大高速小沟岭至抚松段及靖宇至通化段建设工程、榆三公路白山至三道沟段工程、辉发城镇光辉村辉兴屯10千伏辉发线线路改造工程、中石油梅河口——桦甸天然气管道工程、中石油吉林——延吉天然气管道工程、珲乌高速公路吉黑联络线吉林至荒岗段建设项目、辉南至白山高速公路建设项目、长春环城一小时经济圈高速公路（九台至双阳段）、长春环城一小时经济圈高速公路（九台至双阳段）取土场、吉图珲快速铁路蛟河西牵引站配套供电220KV输变电工程（穿越吉林市文物保护单位八响地遗址）长深高速公路（长春至双辽段）。

（四）考古勘探

2013年度完成考古勘探项目5项，分别为：哈沈输气管道工程线路（一标段穿越农安库尔金堆古城保护范围内）、吉林成大弘晟能源有限公司油页岩综合开发项目、长春至西巴彦花铁路建设工程、集安市净水厂新建工程、通榆县风电场送出220KV输变电线路新建工程。

【博物馆与可移动文物保护】

（一）博物馆

1. 博物馆间的交流与合作

2013年，吉林省各博物馆在做好自身工作的同时，不断深化和拓展同国内外同行的交流与合作，先后承办了中国博物馆协会五届八次常务理事会、中国考古学会修复专业委员会第十一届年会、东北地区萨满文化国际研讨会。吉林省博物院先后当选为中国博物馆协会博物馆学专业委员会副主任委员单位、中国博物馆协会安全专业委员会副主任委员单位、中国博物馆协会安全专业委员会副主任委员单位。

伪满皇宫博物院以展览交流为重心，和国内外多家博物馆、文化机构开展交流合作。与故宫博物院合作，引进"金丝莹彩耀宫苑——故宫珍藏珐琅精品特展"；与长春市委宣传部、长春电视台合作，举办了"发现长春——民间创作艺术作品展"；与景德镇原创陶

2014
中国
文物年鉴

瓷艺术研究院合作，承办了"中国元素·当代艺术陶瓷展"；与西安碑林博物馆合作，举办了"石墨镌华——西安碑林博物馆名碑拓本展"。在引进精品陈列的同时，伪满皇宫博物院连续13年赴日本举办"维护和平·反对战争"展览，"从皇帝到公民"特色展览先后应邀到颐和园和北京园博会主题展馆——中国园林博物馆展出，参观人数突破50万人次，有100多家媒体竞相报道，在京城引起了轰动。

吉林市博物馆引进吉林省博物院"永恒的精神——雷锋事迹图片展"，接待观众近6万人次，取得了良好的社会效益。

白城市博物馆与四平战役纪念馆、辽源市博物馆、吉林省博物院于8月联合举办了"关东名家书画作品展览"。

白城市博物馆与内蒙古兴安盟博物馆于10月联合举办了"情系科尔沁——白城市·兴安盟两地老年书画作品展览"。

吉林省自然博物馆于4月为内蒙古兴安盟扎赉特旗绰尔河农耕博物馆做展览评估、咨询，并推荐伪满皇宫博物院业务人员为当地伪满遗址做复原陈列设计。

2. 重要陈列展览

伪满皇宫博物院的"从皇帝到公民"展览以清朝末代皇帝溥仪的人生轨迹为线索，以其思想变化为主要脉络，按照溥仪人生的五个阶段划分"末代皇帝""天津寓公""伪满皇帝""特殊战犯"和"普通公民"5个部分；"勿忘'九·一八'日本侵略中国东北史实"展览，以大量的无可辩驳的史实和实物资料，全面真实地展示了东北沦陷的屈辱历史，深刻地揭露了日本武力侵占中国、炮制傀儡政权、推行法西斯殖民统治的罪行，歌颂了在中国共产党领导下东北人民的抗日壮举。

吉林市博物馆的"吉林陨石雨展览"，采用现代高科技手段，集声、光、电于一体，生动形象地向观众展示和演绎天体的无穷魅力。通过360°球幕影院向观众展示了特殊视听合成效果的吉林陨石雨动感陨落过程，为广大观众带来吉林陨石雨陨落瞬间前所未有的视觉冲击，营造出吉林陨石遁入地下强烈的临场感。

白山市长白山满族文化博物馆的"从部落到国家——长白山满族文化展"，以长白山的形成和满族的历史发展为主题，分为中华名岳长白山、长白山满族神山崇拜、长白山满族历史源流、长白山满族生产习俗、长白山满族生活习俗、长白山满族文化艺术等6个部分。文史资料翔实、文物藏品丰富。通过形式多样的展陈方式描绘出满族先民用智慧和汗水创造的灿烂文化。展陈面积3400平方米，展线近1300米，展出文物283件（套）。

延边博物馆的"朝鲜族民俗展览"是最具朝鲜族特色的基本陈列。整个展览主要以实物和图片、图表、多媒体等相结合的形式，展示了从明末清初到迎接解放、人民当家做主的几百年的历史过程，以此来解析中国朝鲜族的形成和中国朝鲜族民俗文化的渊源。

集安博物馆的"高句丽历史文物陈列"以我国集安境内高句丽时期历史文物和遗迹为主体，通过一千余件精心挑选的文物，利用多媒体、幻影成像、雕塑、绘画等多种手段，展示了高句丽起源发展的历史过程，再现高句丽曾经的辉煌文明。

东丰县农民画博物馆的"农民画展览"以民族传统为根基，以关东民俗为养分，以现实生活为源泉，展示了大量的形象质朴、色彩明快、构图饱满、凝重和谐的农民画作品。

（二）可移动文物保护

1. 文物数量、等级

吉林省现有馆藏文物374728件，其中一级文物574件、二级文物4430件、三级文物

18666件。

2．可移动文物保护修复基地建设

吉林省文物科技保护中心建设逐步得到完善，文保中心基础设施建设前期工作基本完成，待吉林省博物院新馆投入使用后即可全面展开工作。

3．可移动文物保护技术和方法及其应用

2013年，累计投入500万元，对伪满皇宫怀远楼清宴堂展厅进行了全面恒温恒湿改造，确保了文物以及故宫博物院珍品文物在展出期间的安全。

吉林省自然博物馆2013年改善了库房的温控设施，达到温湿度的全面控制。

【社会文物管理】

吉林省文物店积极参加全国各类会议、展销、拍卖活动，学习兄弟单位办展会的经验，在全国同行面前树立了形象，扩大了影响力，收到很好的效果。2013年开展代销商品，结合店内商品，营业额总计约20万元。

【科技与信息】

2013年，吉林省博物院与中国文物信息咨询中心合作，依托"黑土军魂——东北抗日联军军史陈列"，开展了博物馆智能手机导览系统应用研究，通过创新技术，推动博物馆智能手机导览技术发展和提升。建立了吉林省博物院官方新浪微博，现有粉丝13万余人，发布各类活动信息1000余条。开展图书基础信息数据库建设工作，已完成近3万册图书的录入工作。

【文博教育与培训】

2013年共举办了10期考古、工程、执法类培训班，培训370多人次。为落实国家文物局提出的人才培养"金鼎计划"，培养文博管理人才，吉林省文物局与吉林大学联合开办了考古和博物馆专业培训班，经成人高考选拔，全省共录取学员65人。培训时间两年半。培训班将采取基础理论与专业培训相结合的方式。吉林大学选拔博士及博士生导师级的教授进行理论授课，专业培训课程设置则力求与工作实际需求紧密结合。

【文博宣传与出版】

建立了吉林省文物通联工作平台，全年在省级以上媒体发表论文、报道等近百篇。完成了《全国重点文物保护单位和省级文物保护单位述要》《吉林省馆藏珍贵文物》两项省级重点课题。利用"文化遗产日""国际博物馆日"等契机，加强文物法规宣传，全省组织文物法规宣传活动60余次，送阅专刊1.6万册，发放宣传单10万余份。

5月18日，在舒兰市举行"5·18"国际博物馆日吉林省主会场系列宣传展示活动。活动紧紧围绕"博物馆［记忆+创造力］=社会变革"这一主题展开。

伪满皇宫博物院连续第五年举办国际博物馆之夜系列活动，并举行全国重点文物保护单位揭牌仪式，长春市主要领导出席活动并为第七批全国重点文物保护单位揭牌。揭牌仪式后，举办了秧歌、锣鼓、舞蹈、马术表演、微雕艺术品鉴赏、知名书法家的现场泼墨等丰富多彩的活动，吸引了3万多人参加。

吉林省博物院举办了"吉林省博物馆协会第二届学术讨论会"，出版编辑图书17部，包括《黑土军魂——东北抗日联军军史陈列研究》《东北人民抗日斗争歌谣》《关东英魂——东北人民抗日斗争故事》《东北地区萨满文化学术研讨会论文集》《名人名枪——中国人民革命军事博物馆枪械珍品特展图录》《陶都风·吉林情——宜兴紫砂百人百壶作品收藏展画册》《霓裳银装——多彩贵州少数民族服饰展图录》《微笑彩俑——汉景帝的地下王国·陕西汉阳陵文物特展图录》《清风送爽——吉林省博物院藏明清扇面精品展图录》等。

【对外交流与合作】

2013年，文物赴外展览及引进展览共3个。其中出境展览2个：伪满皇宫博物院第13次赴日本举办的《维护和平·反对战争》展览，四平市博物馆赴台湾举办"火柴盒上的艺术之花——精品火花展"。引进交流展1个，即意大利佛罗伦萨国家考古博物馆"辉煌时代——罗马帝国文物特展"。

【其他】

2013年吉林省博物院与各大学广泛联络，新增了长春大学特教学院、吉林大学材料学院、长春大学管理学院、吉林艺术学院、吉林华侨外院、吉林大学地球科学学院、长春师范学院、吉林工商学院、东北科技职业技术学院9个志愿者活动基地。截至2013年底，吉林省博物院合作、共建的单位已达31个。

黑龙江省

【概述】

2013年，黑龙江省文物局以党的十八届三中全会精神为指导，按照国家文物局的工作部署和要求，坚持"保护为主，抢救第一，合理利用，加强管理"的文物工作方针，正确处理文物保护与利用的关系，加强管理，建立基础工作长效机制，全面提升全省文物保护能力，圆满完成各项工作任务。

【法规建设】

为规范文物认定管理工作，根据《文物认定管理暂行办法》，制定《黑龙江省〈文物认定管理暂行办法〉实施细则（试行）》，并附《黑龙江省文物定级标准》，为各地有组织、自行开展文物认定工作提供依据和标准。

【执法督察与安全保卫】

1月7日，根据国家文物局的工作部署，转发了国家文物局等16部委《关于加强和改进文物安全工作的指导意见》，提出了切实可行的贯彻意见，确保黑龙江省的文物安全。2月20日，由黑龙江省文化厅牵头，会同黑龙江省发改、公安、财政、国土、住建、法制、旅游等7部门，联合下发了《黑龙江省文化厅等8部门贯彻〈国务院关于进一步做好旅游等开发建设活动中文物保护工作的意见〉的通知》，制定了具体实施意见；并会同省发改委、公安厅等7部门，抽调专人组成3个检查组，有针对性地深入全省29个市、县、区，实地检查了55处国家级、省级、县（市）级文物保护单位和第三次全国文物普查新发现的文化遗产，初步掌握了全省贯彻落实《意见》精神情况，有效地推动了各地抓好贯彻落实工作，省政府同时将国务院文件落实情况上报。落实国家文物局《关于加强汛期文物安全工作的紧急通知》，在全省进行专项工作的部署和落实。各地文物部门积极响应，提前做好防洪预案，减少和降低洪灾对文物保护单位造成的损失。

开展了重要文物保护单位安防技防项目。组织开展了海林中东铁路建筑群、金上京会宁府遗址安防技防项目申报工作；组织专家对"哈尔滨颐园街一号欧式建筑"国保单位安全技术防范系统建设工程进行开工前的现场论证，防止安技防项目实施对文物本体造成损坏；组织安技防部门的专家对已完工的渤海国上京龙泉府遗址、哈尔滨莫斯科商场旧址2处国保单位的安技防项目进行验收。

抓好文物安全与文物执法队伍建设工作。采取联办的形式，共享国家文物局的培训资源优势，以文物安全和执法为专题，2013年共举办全省范围内的大型专题培训班2次。1月14～19日，组织了黑龙江省文物安全管理人员培训班，来自省内的全国重点文物保护单位及文博单位95名学员参加了培训。6月24～29日，举办了2013年度全国文物行政执法人员黑

2014
中国
文物年鉴

龙江片区培训，对省内文物行政执法人员、省直文博单位负责文物安全的141名学员进行了培训。两次培训得到了国家文物局的大力支持，全面提升了黑龙江省文物执法与文物安全防范队伍建设力量。

严厉打击文物违法行为。对在全省文物执法巡查中发现的影响文物安全的问题和人民群众举报的违法案件进行督导和督察，督办了一批案件。11月，指导哈尔滨市文化和新闻出版局对哈尔滨市第二十五中学未经审批擅自在侵华日军731部队旧址保护范围内挖掘的违法行为进行严肃处理，并处罚金8万元；5月，指导哈尔滨市阿城区文物管理所协助公安部门抓获盗掘古币犯罪嫌疑人，缴获大量的被盗掘古币，有力地打击了文物犯罪分子的嚣张气焰。

【不可移动文物的保护和管理】

（一）概况

3月5日，国务院公布第七批全国重点文物保护单位，黑龙江省共有25处古遗址、古建筑、近现代重要史迹及代表性建筑入选，其中新增19处，与前几批合并的项目6处。12月6日，省政府公布齐齐哈尔市泰来县的塔子城镇、江桥镇和龙江县龙兴镇为第一批省级历史文化名镇；齐齐哈尔市克东县金城乡古城村、泰来县大兴镇创业村和大庆市肇源县民意乡大庙村为第一批省级历史文化名村。截至年底，黑龙江省共有全国重点文物保护单位48处，省级文物保护单位176处，市（县）级文物保护单位2200余处，中国历史文化名城1处，中国历史文化名镇2处，中国历史文化名街2处；省级历史文化名镇3处，省级历史文化名村3处；列入国家文物局世界文化遗产预备名单2处；国家考古遗址公园1处，列入国家考古遗址公园立项名单1处。

3月8日，在《中国文物报》开辟专版，在《中国文化遗产》杂志出版专刊，全面介绍中东铁路建筑群历史文化，以及黑龙江省近年来开展的中东铁路建筑群保护工作情况，为进一步全面开展中东铁路建筑群整体保护工作奠定了舆论基础。

4月3日，《侵华日军第七三一部队旧址文物保护规划》获国家文物局批复。6月28日，《齐齐哈尔历史文化名城保护规划》获黑龙江省政府批准实施。

为落实财政部、国家文物局新发布的《国家重点文物保护专项补助资金管理办法》《国家重点文物保护专项经费资金绩效管理办法》，加强国拨文物保护资金的使用管理，黑龙江省文化厅于12月5日，召开了全省2010～2013年度国家重点文物保护专项补助经费绩效汇报会，听取了24个文化局、文物管理站（所）关于国保单位保护规划编制、保护维修、国家文化和自然遗产保护资金建设项目实施情况汇报，针对项目单位存在的问题提出了要求，就下一步工作进行了部署。

（二）大遗址保护

渤海国上京龙泉府遗址保护工程全部完工。渤海国上京龙泉府遗址保护工程备受重视，在各级领导的关怀和支持下，相继进行了各项工程建设，各项工程已全部完成。2013年，协调开展了响水"两化"项目中由黑龙江省文化厅负责开展的各项文物保护工作。

指导当地政府开展了渤海上京龙泉府遗址、金上京会宁府遗址申报国家考古遗址公园有关工作。12月17日，国家文物局下发《关于公布第二批国家考古遗址公园名单和立项名单的通知》，渤海上京遗址正式列入国家考古遗址公园名单，金上京遗址列入国家考古遗址公园立项名单。

（三）全国重点文物保护单位

1．文物保护规划编制

黑龙江省中东铁路建筑群、卜奎清真寺、孙吴胜山要塞、瓦里霍吞城址保护规划立项获国家文物局批准，为这些重要文化遗产得以全面妥善保护奠定了基础。

推进了海林横道河子镇和昂昂溪镇中东铁路建筑群、金界壕遗址、昂昂溪遗址、塔子城址、五排山城址、东宁要塞群、虎头要塞保护规划编制工作。其中，海林横道河子镇和昂昂溪镇中东铁路建筑群保护规划编制已完成中期专家评估论证，并在征求当地政府意见后进行修订。其他国保单位的保护规划设计方进行了现场勘察，采集了有关信息，绘制了部分图纸，下步将开展文本编写。

2．文物保护工程

与黑龙江省发改委、财政厅合作，开展黑河市爱辉镇、海林市横道河子镇历史文化名镇保护设施建设，龙江县文物保护展示用房建设，汤原县桃温万户府故城、宝清县雁窝岛城址、桦川县瓦里霍吞城址抢救性保护设施建设项目申报工作，获国家文物局、国家发改委批复。

开展了侵华日军第七三一部队旧址地下回水池清理、保护方案上报、旧址部分名称调整、合并等工作。

继续开展中东铁路建筑群保护工作。为配合哈尔滨至齐齐哈尔客运专用高速铁路工程建设，1月，对安达火车站行包房、俄式小二楼进行了成功迁移。其中俄式小二楼迁移工程是在国内首次利用北方气候特点冻冰浇筑下滑道，采用冬季冰面平移技术完成的。

积极开展了其他国保单位保护工程立项实施等工作。主要组织开展了侵华日军第七三一部队罪证旧址和哈尔滨文庙安防工程、圣索菲亚教堂维修方案上报工作。以上保护维修方案均获国家文物局批复，并获拨专项资金。

加大了对省级文物保护单位保护规划和文物保护工程支持力度。共下拨211万元，对宁安望江楼维修、哈尔滨阿城区文庙维修、宾县中共北满分局旧址维修、东宁大城子保护规划编制等项目进行了补助，补助金额为历年之最。此外，对黑河瑷珲海关旧址、哈尔滨犹太总会堂和犹太中学维修方案进行了专家论证，指导当地积极开展各项文物保护工程。

积极开展了因水灾受损文物保护单位的救灾工作。向国家文物局紧急汇报，得到了大力支持，其中申报的11个保护维修项目全部批复。

【考古发掘】

（一）概况

配合国家考古遗址公园建设，对渤海上京城和金上京城城址及周边遗迹进行考古调查及部分发掘工作；配合齐齐哈尔至白城高速工程，对泰来县东明嘎遗址进行抢救性考古发掘；配合基建工程项目建设，共开展了11项考古勘察调查。

（二）重要考古项目

1．阿城金上京城址城墙遗迹

为了加强对金上京遗址的科学认识和学术研究，推进对金上京大遗址的有效整体保护，根据《金上京遗址考古工作计划（2013～2017年）》安排，7～9月，黑龙江省文物考古研究所对城址的城墙遗迹进行解剖发掘，取得了初步成果。

上京城城墙整体保存较好，但局部损毁严重，特别是北城西北部有一段被现代村屯占压。本次发掘面积330余平方米。揭示的三段城墙，即腰墙、北城西墙、南城北墙建筑结构和修筑方法相同，均为夯土版筑。墙体底部基础部分都挖有基槽，且基槽内垫层情况亦大致相同。出土有陶片、瓷片等，陶片多为泥质灰陶，有的有刻划纹饰，口沿多为卷沿。瓷片以白瓷为主，器形有碗、盘等。在夯墙底部基槽的砖瓦垫土层中，还出土有兽面纹瓦当。通过发掘，首次从考古层位学上确认了城址的营建使用情况。根据城墙的地层堆积和包含遗物特征，确认城址的始建年代为金代，后期至少有过一次以上的修筑情况。

2．泰来县塔子城遗址

城址位于齐齐哈尔市泰来县城西北的塔子城镇，为配合《全国重点文物保护单位塔子城址抢救性保护工程方案》的编制，8～10月，黑龙江省文物考古研究所对该城址进行了调查发掘。城墙主要由地下和地上两部分构成。地下部分为基槽和垫土层。地上部分主要为墙体，依据在探沟内瓮城墙基槽和主体城墙的叠压关系判断，瓮城为附近主体城墙建成后所建。在叠压于城墙之下的灰坑中出土了较为典型的辽代的泥质轮制陶器残片和白瓷、酱油瓷残片，说明城墙起建不早于辽代。在环城路路面出土了铜钱，其年代最早者为铸于公元976～984年的"太平通宝"，最晚者为铸于公元1078～1085年的"元丰通宝"，或可作为城墙建筑年代的下限，即其建筑年代不晚于公元976年。城墙解剖中，发现了一些在年代上早于城墙基槽的地层和遗迹，其中出土了较多的陶器残片、瓷器残片等物品，说明在建城之前，就已经有了较多的人在此处生活。其中出土的脊兽残块，表明在建城之前此地就有相当等级的建筑存在，或可说明在建城之前，此地已经有了较高的行政建制。

3．齐齐哈尔市洪河新石器至明清遗址

洪河遗址位于齐齐哈尔市富拉尔基区杜尔门沁达斡尔族乡洪河村南1千米的嫩江右岸。7～10月，黑龙江省文物考古研究所对遗址进行了考古发掘，发掘面积为1176平方米。清理新石器时代房址2座、墓葬8座、灰坑2个，清理明代墓葬49座。出土不同时期、不同质地遗物千余件。

新石器时代房址为半地穴式建筑，平面呈圆角长方形，其中一座附带有斜坡阶梯状门道，面积在16～40平方米之间。墓葬均为东北－西南向的土坑竖穴墓，有单人葬和双人葬之分，并有仰身直肢、侧身屈肢和叠肢的差别。灰坑规格小而且浅，平面为圆形，直壁、平底。出土遗物中完整及可复原的陶器有20余件，器型有罐、钵、碗、杯、壶、盅等。石器以玛瑙为主要原料，包括石核、石片、刮削器、尖状器、石镞、石钻等。其他器类还有骨鱼鳔、骨鱼钩、骨锥、骨簪、骨针、骨镯、角锤和蚌刀等。

明代墓葬皆为土坑竖穴墓，多数为单人葬，少部分为双人葬和多人葬。随葬器物有铁铠甲、铁马镫、铁镞、铁刀、铁剑、铁锅、铁剪刀、铜饰件、铜钱、木马鞍、琉璃饰品、瓷器和桦树皮器等800余件。初步判定洪河遗址的该类墓葬为明代。

此次明代墓葬的发掘在嫩江流域和黑龙江西部地区都尚属首次，此次发掘资料为进一步认识嫩江流域以及黑龙江省明王朝时期当地人们的日常生产、生活状况，为更深一步研究明王朝对东北北部边疆地区的实际控制情况都提供了非常重要的实物资料。

4．泰来县东明嘎新石器时代遗址

遗址位于泰来县泰来镇东明嘎屯东约500米的沙岗上，北距泰来县城约15公里。遗址东西长300、南北宽150米。8～10月，黑龙江省文物考古研究所对该遗址进行抢救性考古发掘。发掘地点位于遗址的西北区域，发掘面积1935平方米。共清理墓葬7座、房址6座、灰坑13个、灰沟3条、灶址2处，出土陶器、石器、骨器、玉器等各类文物标本400余件。根据地层堆积、遗迹之间打破关系以及出土遗物的差异，暂将本次发掘的遗存分为相对年代由早及晚的三段。

从出土遗物分析，东明嘎遗址及墓葬与以往发现的昂昂溪文化性质接近，年代大致处于新石器时代的晚期阶段。本次发掘为进一步研究昂昂溪文化的分期与年代、生产生活、生态环境、埋葬制度等提供了难得的实物资料。

5. 大兴安岭岩画调查

在大兴安岭地区发现的22处岩画，近570幅，是目前黑龙江省发现岩画数量最多、区域最广、历史最久的岩画群，在黑龙江省岩画史上具有里程碑意义。省文化厅与大兴安岭宣传部、文化局成立联合调查领导小组，组建了专业调查队伍，于3月和9月两次开展了全面调查和有关遗迹的清理工作，取得了重要收获。下一步将进行深入的多学科的研究，并制定相应保护措施和利用方案。

【博物馆与可移动文物保护】

（一）博物馆

1. 概况

截至年底，黑龙江省共有博物馆184家，其中一级馆4家、二级馆7家、三级馆18家。全省博物馆共举办基本陈列306个，临时展览309个，参观人数约1870万人次，其中未成年人636万人次。

在5月18日揭晓的第十届（2011~2012）全国博物馆十大陈列展览精品评比中，大庆市博物馆"东北第四纪哺乳动物陈列"荣获第十届全国博物馆十大陈列展览精品奖，黑龙江省邮政博物馆"邮苑春秋——黑龙江邮政博物馆基本陈列"获优秀奖。

2. 重要陈列展览

按照"三贴近"要求，全省博物馆坚持特色办展方向，举办主题鲜明、富有思想性和现实针对性的陈列展览。2013年，黑龙江省博物馆继续深化与丰富"每月一星"特展系列、中华民俗传统节日系列、"咱们的博物馆"——寒暑假学生特展系列和"每月一县"的特色展览系列，共举办"百年爱辉 甲子新生"等23个特色系列阵地临时展览。东北抗联博物馆以"黑土英魂"基本陈列为宣传阵地，在清明节开展了"缅怀先烈 向无名英雄塑像敬献鲜花仪式"以及"重温誓词 回顾党史"等主题宣讲活动，在"5·18"国际博物馆日期间推出"纪念·人物·建筑"专题陈列。中共黑龙江历史纪念馆于10月25日与省文联、省中华文化促进会、省邮政公司、省集邮协会等部门联合举办了"纪念毛泽东同志诞辰120周年集邮·书画·收藏展"。黑龙江省民族博物馆6月与哈尔滨市文史馆联合举办了"梅庆吉朝圣之旅——沿着孔子足迹摄影展"，9月22日与黑龙江省民族研究学会回族研究分会共同举办"中国梦、民族情——回族书画展"，9月25日与北京中国孔子基金会联合举办"文魁墨甲——明清进士（状元）书画精品展"。革命领袖视察黑龙江纪念馆于2月27日举办"庆祝十八大胜利召开——梁青山毛体书法作品展"，3月1日~4月15日举办了纪念毛泽东为雷锋同志题词发表51周年展览"雷锋精神永存"，12月26日举办"纪念毛泽东同志诞辰120周年——黑龙江省非物质文化遗产作品暨共和国将军书法展"。齐齐哈尔博物馆共举办临时展览19个，内容涵盖了名人书画、摄影艺术、出土文物、民间工艺品、玉石精品等。黑河知青博物馆"与共和国同命运"展于4月2日在上海首展，11月20日在中国地质博物馆展出，赢得社会各界一致好评。

3. 博物馆间的交流与合作

全省各级博物馆采取引进来、走出去的方式，积极开展馆际交流。黑龙江省博物馆引进展览13个，包括1月引进的广西壮族自治区博物馆"瓯骆风 八桂情——广西民族历史文物展"，3月引进的晋江博物馆"贴得人间喜气来——晋江博物馆藏中国年画展"，4月引进的北京新文化运动馆"新文化的先声——五四新文化运动展览"，7月引进宁夏回族自治区博物馆"大夏寻踪——西夏文物精品展"等；送出"恐龙暨第四纪古动物化石展""白山·黑水·海东青——纪念金中都建都860周年特展""北大荒版画特展"等展览。革命领袖视察黑龙江纪念馆于5月引进了广州农民运动讲习所纪念馆"光辉征程——中国共产党一大至十八大图片展览"，11月与湖南长沙刘少奇纪念馆共同联合制做了"纪念刘少奇同志诞辰115周年——全国刘少奇纪念地联合展"。12月18日，黑龙江省民族博物馆与海南省民族博物馆联合举办"锦绣天成——黎族树皮服饰与赫哲族鱼皮服饰展"，创造性地将两种非物质文化遗产联合办展，取得了良好的社会效益。

4. 博物馆建设

在注重阵地陈列的同时，全省博物馆深入社区、大中小学校、武警部队，开展各种形式的共建活动。各馆充分发挥小分队的作用，以馆藏文物为依托，配合时势，举办演讲会、报告会，博物馆直接服务于社会、服务于大众的理念得到很好的发展和延伸。东北烈士纪念馆制作"东北抗联革命烈士事迹展"和"中国共产党在黑龙江"两个流动展览陆续进入哈尔滨荣市社区、哈尔滨市特警支队、哈尔滨汽轮机厂、空军飞行学院、预备役高炮三团等单位，以及黑龙江大学、哈尔滨师范大学、黑龙江科技大学等高校巡展。9月13日，黑龙江省民族博物馆与哈尔滨124中学联合举办"看文庙知古建""黑龙江少数民族文化展"流动巡回展。革命领袖视察黑龙江纪念馆4~5月举办"中国共产党反腐倡廉历程展"，将展览送到农业大学、黑龙江中医药大学和哈尔滨市南岗区的颐园社区、大兴社区展出。

各级各类博物馆积极发展志愿者队伍，最大限度地发挥博物馆的社会责任和教育职能，引导公众参与。同时举办各种临时讲解员培训班，社会各界群众参与其中，在学习文化知识的同时，身临其境地感受博物馆给人带来的乐趣和享受。4月27日，共青团黑龙江省委、生活报和黑龙江省博物馆共同举办了"黑龙江省博物馆第三届十佳志愿者评选活动暨表彰仪式"。革命领袖视察黑龙江纪念馆常年坚持与哈尔滨工业大学、黑龙江大学等大专院校联合共建，成为大学生社会实践的课堂和各年龄段的志愿者服务教育基地，建立了志愿者服务电子档案。齐齐哈尔博物馆举办了大学生讲解员培训班。

近年来，黑龙江省国有行业部门和高校兴办的农垦、石油、大学、艺术、科技、地矿等专题博物馆发展迅速，并显示出旺盛的发展潜力。行业博物馆的收藏领域、研究与展示范围是对国有博物馆的一种必要补充。以全国第一次可移动文物普查为契机，黑龙江省文化厅深入基层调查研究，加大对行业博物馆指导力度。一是在"5·18"国际博物馆日之际，举办首届全省国有行业博物馆座谈会。40余家各级各类国有行业博物馆负责人参加会议。会议总结了黑龙江省国有行业博物馆发展所呈现的良好态势，同时部署国有行业博物馆可移动文物普查工作。二是组织文物专家深入哈军工等高校纪念馆及农垦系统博物馆，指导其开展与行业发展密切相关的文物征集、认定和陈列展览工作。

（二）可移动文物保护

全省文物藏品510656件（套），其中一级品2026件（套），二级品4486件（套），三级品27252件（套）。

2013年，黑龙江省级财政设立文物征集专项1000万元，用于省直博物馆、纪念馆开展文物征集活动。省文化厅组织省直各馆根据馆藏文物特点和陈列展览需求，积极开展黑龙江古代历史、近现代、少数民族、北大荒开发、大庆油田开发、哈军工及东北第四纪古生物化石和现代自然标本系列文物征集工作，并取得显著成效。新征集文物经过确认后，将作为国有可移动文物登账、录入。2013年，黑龙江省博物馆共接收古生物化石、中东铁路文物、民俗文物、历史文物、照片、版画、书画、九十年馆庆馈赠品、五大连池火山岩及其他自然标本等藏品共计12611件（套），创历史新高。黑龙江省民族博物馆征集赫哲族、鄂伦春、鄂温克等世居民族文物578件（套）。东北烈士纪念馆征集抗联及俄侨文物121件（套）。

黑龙江省博物馆、黑龙江省民族博物馆和大庆市博物馆分别完成黑龙江省古代文物、民族文物、东北第四纪古生物化石馆藏文物环境监测评估报告及馆藏文物囊匣方案，报国家文物局审批认证，使全省馆藏文物保护逐步踏上规范化和科学化轨道。

（三）第一次全国可移动文物普查

召开黑龙江省第一次全国可移动文物普查会议，省政府分管领导孙东生副省长、中省直相关部门领导及省直重要文物收藏单位的负责人参加主会场会议。13个地市、2个省管县及62个县设分会场，各市县政府主管领导、相关单位负责人及重要文物收藏单位负责人参加会议。

结合黑龙江省文物工作实际，制定《黑龙江省第一次全国可移动文物普查实施方案》，由黑龙江省政府办公厅印发，全省各级政府制定本级普查工作方案。下发《黑龙江省文化厅关于做好我省第一次全国可移动文物普查2013年度重点工作的通知》，部署2013年度任务。沟通黑龙江省编办下发《成立黑龙江省第一次全国可移动文物普查领导小组通知》。与省统计局沟通，取得全省国有机关、国有企业和国有控股企业、国有事业单位名录，为在全社会开展国有可移动文物普查工作奠定基础。根据国家文物局与教育部、国家档案局关于在教育、档案系统开展国有可移动文物普查的文件要求，与省教育厅、省档案局联合下发文件，部署在教育、档案系统开展黑龙江省第一次全国可移动文物普查工作。

开展省、市两级培训。5月，召开黑龙江省首届省直及地市级国有可移动文物普查骨干培训班。聘请省内古代、近现代、民族文物等方面专家，解读普查国家普查方案，讲授文物普查基本知识与技能。5～8月，组织13个地市、2个省管县及农垦系统相继开展第一次全国可移动文物普查地市级培训工作。截至年底，省直及各市、县参训人员超过1000人次，为普查工作在全省深入开展打下坚实的专业基础。

深入哈尔滨、大庆、齐齐哈尔、省农垦等地区和部门，与基层工作人员沟通，解决普查中遇到的问题。为更好地在基层文物收藏单位中自行开展一般文物认定工作，根据2001年文化部出台的《文物藏品定级标准》中一般文物的界定，深入文化文物、档案、图书、宗教寺庙和农垦系统等文物分布较集中的文物收藏单位，开展调研，充分了解各种类型文物收藏特点，为制定符合黑龙江省文物收藏特点的一般文物认定标准做准备。

加强普查宣传工作。制定《黑龙江省第一次全国可移动文物普查宣传工作方案》。省普查办全年编写《黑龙江省全国第一次可移动文物普查工作简报》10期，适时通报普查进展及最新普查成果。各地通过电视、广播、报纸等新闻媒体广泛宣传普查工作。

按时完成2013年年度普查任务。截止到11月15日，全省共普查各类国有单位33349家，文物收藏单位378家。

【文博教育与培训】

1月10日，黑龙江省博物馆举办了"东北地区博物馆联盟——捺钵制度学术研讨会"。7月9～13日，黑龙江省民族博物馆与北京民族文化宫共同承办了"中国博物馆协会专业委员会年会"，全国30余个民族博物馆代表参会。9月15日，为纪念九一八事变82周年，东北烈

2014
中国
文物年鉴

士纪念馆和侵华日军南京大屠杀遇难同胞纪念馆在共同举办了"南京、哈尔滨两地专家学者座谈会"。齐齐哈尔江桥抗战纪念馆举办了"江桥抗战82周年纪念研讨会"。

【文博宣传与出版】

6月8日，按照国家文物局《关于开展2013年中国文化遗产日活动的通知》要求，由黑龙江省文化厅与齐齐哈尔市政府联合，在齐齐哈尔市成功举办了全省第八个中国文化遗产日宣传活动，加大了文物保护宣传的力度，增进了公众对文物保护的安全意识。

2013年，北方文物杂志社共刊发杂志四期，共85篇文章，约76万字。为庆祝建社30周年，11月推出《北方文物》杂志总目录，收集了《北方文物》自1981～2013年所有季刊目录总汇。黑龙江省博物馆编辑出版了《黑龙江省博物馆九十年》《黑龙江省博物馆》《百馆聚珍》《中东铁路大画册》《馆藏北大荒版画》《白山黑水海东青》《活力巴彦　文化古城》《宣教业务学术研讨论文集》等；协助中国博物馆协会社会教育专业委员会编辑出版《"新的社会服务、新的管理机制、新的发展思路"学术研讨会论文集》；继续编辑发行《博物馆馆刊》《论文集》《咱们的博物馆》。东北烈士纪念馆参与了由中国博物馆协会纪念馆专业委员会《中国纪念馆故事丛书》的编撰工作。黑龙江省民族博物馆与中国孔庙网、黑龙江数字文化网合作，建立信息沟通平台，同时继续发挥新浪网官方微博的宣传作用，与广大网友进行互动；成立了专门的编制机构，负责撰写《黑龙江省民族博物馆三年维修竣工报告》。为纪念毛泽东诞辰120周年，黑龙江中共历史纪念馆发行了集邮纪念册《旗帜》。革命领袖视察黑龙江纪念馆在纪念毛泽东同志诞辰120周年系列活动中，参加了中央文献研究室《毛泽东文物图集》的制作；与中央文献研究室、黑龙江党史委、黑龙江电视台联合制作拍摄了大型文献专题片《毛泽东与黑龙江》。

【机构及人员】

机构总数278个，其中文物科研机构2个、文物保护管理机构87个、博物馆184个、其他文物机构5个。从业人员共2719人，其中正高级职称73人、副高级职称213人、中级职称559人。登记注册志愿者2234人。

【其他】

开展了第六批省级文物保护单位推荐项目实地核查工作。10～11月，组织17名文物保护专家赴64个市、县对537处第六批省保申报项目预审通过名单进行了实地核查。同时于11月22日召开专家评审会，严格评审标准，初步筛选出205处符合要求的推荐项目，涵盖古遗址、古墓葬、古建筑、近现代重要史迹及代表性建筑4类。目前正在进行名称、年代、类型等标准的修改、调整、合并等工作。

公布了黑龙江省首批省级历史文化名镇、名村。与黑龙江省住建厅联合开展了黑龙江省首批历史文化名镇名村审核及中国历史文化名镇名村申报工作，赴各有关市县进行实地考察，共审核了6处备选村、镇。12月6日，省政府公布齐齐哈尔市泰来县的塔子城镇、江桥镇和龙江县龙兴镇为第一批省级历史文化名镇；齐齐哈尔市克东县金城乡古城村、泰来县大兴镇创业村和大庆市肇源县民意乡大庙村为第一批省级历史文化名村。向国家文物局、住建部申报齐齐哈尔市为国家级历史文化名城的工作也已全部完成，并于9月接受了国家文物局、住建部专家对齐齐哈尔市的验收。

上海市

【概述】

2013年是全面贯彻落实党的十八大精神的开局之年。在党的十八大和十八届三中全会精神的指引下，在国家文物局的指导下，在上海市委、市政府的领导下，上海市文物局以加强文物保护与考古、拓展文物利用途径、规范文物市场秩序为抓手，着力推进文物事业发展。

【执法监督与安全保卫】

加强文物市场监管。开展了寺庙（塔）等文物保护单位专项执法督查工作，重点督查了区级文物保护单位"万佛阁"、"青龙古寺三圣殿"被擅自拆除案和在市级文物保护单位"华严塔"、"李塔"的保护范围内未经批准擅自进行建设工程案等，促进了文物保护工作。重新修订了《上海市文物保护单位执法巡查实施办法》，对今年被确定为国家级的文物保护单位进行了走访巡查。

【不可移动文物的保护和管理】

截至2013年年底，上海市共有29处全国重点文物保护单位，154处市级文物保护单位，480处区县级文物保护单位，839处登记不可移动文物，8座国家级历史文化名镇，3条中国历史文化名街。其中，2013年度新公布全国重点文物保护单位10处，区县级文物保护单位42处，登记不可移动文物28处，中国历史文化名街1条。

2013年，上海市启动了市级文物保护单位上海文庙的保护规划编制工作，并通过专家评审。同时启动了上海市工业遗产总体保护规划的编制工作，对上海的工业遗产存量、保护情况、现状与问题等进行全面梳理。

【考古发掘】

（一）概况

2013年，上海开展考古工作的遗址共有16个。委托上海博物馆考古部实施地下考古项目3个，与高校合作，开展广富林、福泉山、青龙镇等遗址考古发掘总面积数13000平方米，进行金山、崇明、青浦等相关水域水下考古调查3处。

（二）重要考古项目

1. 广富林遗址的抢救性发掘

3～9月，上海博物馆考古研究部联合复旦大学、上海大学、宁波市文物考古研究所等单位对广富林遗址进行发掘。本次发掘区位于广富林遗址的东南边缘区域及北部边缘区域，实际发掘面积为14800平方米。共发现不同时期的灰坑359个、灰沟84条、水井173

2014
中国
文物年鉴

口、墓葬7座、特殊遗迹5处，出土文物约10000件。发现了一处规模较小的良渚文化墓地，并发现了切割头盖骨的痕迹。再次确认了良渚文化－钱山漾类型－广富林文化的叠压关系。

广富林文化时期湖边遗存则是本次发掘最为重要的发现。发掘确认，遗址北部边缘区域为湖沼相堆积，新石器时代的湖岸线为西北－东南走向，岸线东北为大片的湖沼，西南则为陆相堆积，在湖岸线上发现了由大量细碎陶片人为铺设的护岸，宽度约20米，沿湖岸线残存约90米，陶片磨圆度甚高，显然经过长时期的流水冲刷。同时在岸线附近发现数排与岸线垂直的木桩伸向湖心，木桩的直径大多10厘米左右，埋深约1米，头部均有明显的加工痕迹。其中一排木桩的直径达50厘米左右，埋深可达2.8米，向湖心延伸约30米，并发现有横卧且有卯的大型木桩，该排木桩应是栈桥的残迹。在湖岸北侧的湖相堆积中，发现了大量的动物骨骼，主要有梅花鹿、麋鹿、水鹿、牛、扬子鳄等，并出土大量人工骨制品及石制品，有骨镞、骨簪、骨针及石镞、石刀等。其中骨制品数量居多且制作精美。

此次发掘还出土了大量周代及以后的遗迹遗物，再次证明广富林遗址是上海地区埋藏最为丰富的遗址之一。

2．福泉山遗址的全面调查和勘探

2013年，为更好地对福泉山遗址进行保护和研究，进一步搞清遗址分布范围、布局和内涵，由上海博物馆组织，开始对福泉山遗址南区进行考古勘探。

考古勘探工作委托陕西龙腾勘探有限公司实施，工作开始于12月，主要在福泉山遗址南区和西区展开，历时月余，共勘探约60000平方米。

勘探确认了福泉山遗址的南界，共发现各类遗迹单位28处，其中河道2条、冲积沟2处、黄土台范围3处、疑似黄土台范围1处、灰坑6处、活土坑9处、枯井5处。2013年的勘探工作虽历时较短，勘探面积较小，发现遗迹数量不是很多，但是收集了丰富的地层堆积信息，基本搞清了范围内的地层堆积状况，为下一步考古勘探工作的进行提供了极具参考价值的信息。

3．青龙镇遗址野外发掘

12月，对青龙镇遗址通波塘东岸的地块进行了考古发掘，本次发掘为2011年度发掘的延续，共布6个探方，发掘面积150平方米。发现水井4口、灰坑1个、灶坑4个、墙基2条。出土可复原陶、瓷器等130余件。

4．寺前村遗址考古钻探与调查

为推进和加快实施寺前村遗址建设控制地带张江高新青浦园一期生态绿地工程的建设工作，受上海市文物局委托，上海博物馆考古研究部组成考古工作队，于7月16日～10月26日对青浦区寺前村遗址建设控制地带张江高新青浦园一期生态绿地工程范围进行考古钻探。此次勘探采用打洛阳铲及开挖探沟的方法，以了解工程涉及区域的地下埋藏情况。每隔2～5米打一探孔，共计打探孔2500余个。在已初步确认发现古文化层的地块中，为更加清楚地了解地层堆积情况，又发掘了25条以西南点为基点，东西2米、南北1米的探沟，实际发掘探沟总面积为50平方米。

本次调查钻探面积50000平方米，已发现古文化层的地块包括现保护区的西北大部分及保护区的南部，面积约23000平方米，以崧泽文化、良渚文化以及周代、唐代、宋代文化层为主，其余范围为暂未发现文化层。

【博物馆与可移动文物】

（一）博物馆

1. 博物馆建设

6月17日，上海电影博物馆正式对外开放。博物馆由上影集团投资建成，总建筑面积超过10万平方米，是国内目前规模最大的电影博物馆。展馆内的四层楼面分别是四个展区，一楼的"荣誉殿堂"、二楼的"电影工场"、三楼的"影史长河"和四楼的"光影记忆"。

6月26日，嘉定博物馆新馆正式建成开馆，并向社会免费开放。嘉定博物馆于1959年正式创建成立，1961年迁建于嘉定孔庙内。2010年，根据现代博物馆发展现状及要求，面对进一步发展的迫切需要，嘉定博物馆新馆开工建设。建成后的新馆位于嘉定镇中心区域。采用双园两层（局部三层）布局设计，分为现代功能与传统园林两部分。嘉定博物馆新馆陈列由嘉定历史陈列、馆藏文物陈列、特展厅3个部分组成。

10月15日，上海凝聚力工程博物馆正式对外开放。该馆位于长宁路878号（中山公园内），总建筑面积2700平方米。博物馆反映了20多年来以"了解人、关心人、凝聚人"为主要内容的"凝聚力工程"从长宁区华阳路街道起步，迅速推广到全市，逐步发展到"凝聚党员、凝聚群众、凝聚社会"的历程，见证了上海基层党建推动发展，服务群众，凝聚人心，促进和谐的工作实践，是上海基层党建的展示窗口，党的群众路线教育的实践课堂和党史党建研究的重要基地。

2. 学术研讨

3月23日，"2013中国博物馆、纪念馆陈列艺术学术研讨会"在上海鲁迅纪念馆举行。来自全国17个省市的78家博物馆、纪念馆和研究机构的领导和专家，清华大学、复旦大学等院校的相关学者，部分陈列装饰业的设计师以及相关媒体共130余人出席研讨会。研讨会上，与会专家、学者以上海鲁迅纪念馆和周恩来、邓颖超纪念馆等馆的改陈实践为例，对人物类博物馆陈列艺术的特殊规律、发展趋势进行了深入的前瞻性探讨，并就当前人物类博物馆、纪念馆陈列艺术的新理念、新手段和经验教训，从理论到设计、操作等各个层面进行了多方面的交流。

9月25日，"纪念陈潭秋牺牲七十周年学术座谈会"在上海中共一大会址纪念馆召开。来自全国及本市党史、高校、社科和文博系统的80余位专家、学者与会。中共上海市委党史研究室、上海地方志办公室、上海中共党史学会有关负责同志及陈潭秋烈士长子陈鹄出席了会议。陈鹄先生还向中共一大会址纪念馆捐献了在俄罗斯新发现的有关陈潭秋的文献资料。座谈会上，专家、学者们围绕陈潭秋在中共创建及各个历史时期的思想和革命活动，进行深入探讨。

3. 民办博物馆

2013年上海市民办（社会力量举办）博物馆扶持资金工作于5月正式启动，共收到58家场馆的123项申请。上海市文物局经过材料梳理、实地查看、专家初审、专家初评、定评等环节，确定了2013年度扶持资金资助项目名单并向社会公示。共对全市48个场馆的100个申请项目予以资助，资助金额共计931.4万元。其中，企业、事业单位、社会团体举办的29个场馆共57个项目获得资助，金额达522.4万元；民办非企业类15个场馆共39个项目，获得资助金额394万元；个人类申报的4个场馆获得15万元的资助。

2014
中国
文物年鉴

4. 重要陈列展览

1～3月，上海市文物局组织全市博物馆开展陈列展览精品评选活动，共收到全市20个场馆的18个申报项目。经过专家评审，上海博物馆"幽蓝神采——元代青花瓷器大展"、宋庆龄陵园管理处"寓情于史 以情传神"、上海交通大学钱学森图书馆"人民科学家钱学森"、上海科技馆"海洋精灵——海洋脊椎动物塑化标本展"、上海中国航海博物馆"航路1600——四百年中荷航海交往史"、青浦区博物馆"青浦区博物馆基本陈列"6个展览获得2012年度上海市博物馆陈列展览精品奖；中共一大会址纪念馆"光辉的历程——中共一大至十七大图片展"、刘海粟美术馆"不息的变动——上海美专建校100周年纪念展"获得2012年度上海市博物馆陈列展览优秀奖；陈云故居暨青浦革命历史纪念馆"共和国领袖的青少年时代"、中国社会主义青年团中央机关旧址纪念馆"纪念建团90周年——团的历次代表大会图片展"获得2012年度上海市博物馆陈列展览组织奖。

4月3日，"刚果河：非洲中部雕刻艺术展"在上海博物馆开幕。本次展览的71件展品分三部分展示，第一部分中的或人形或半人半兽形的仪式用面具分别代表不同的神灵，班图人在特定的时间和场合举行相应的仪式以期召唤神灵并寻求它们的庇护；第二和第三部分的展品由中非各班图部落创作的祖先雕像组成。该展览是国内第一个把焦点集中在中非地区传统宗教信仰及艺术，并反映班图语支族群文化共性的专题性非洲展。

4月19日，由上海博物馆与日本东京国立博物馆联合举办的"汉韵和风：青山杉雨的收藏与书法作品展"在上海博物馆开幕。展览共分两个部分。第一部分为青山杉雨收藏的中国书画，40件展品都是杉雨以毕生精力挑选和收藏的中国明清时代书画作品。第二部分展品42件，是东京国立博物馆收藏的青山杉雨各个时期的书法作品，这些作品展现了青山杉雨在学习了中国书画之后融汇其精华、进而自成一家成为日本著名书法大师的过程。

6月28日，为纪念中国共产党成立92周年，由中共上海市纪律检查委员会、中共上海市委宣传部、上海市监察局、上海市文化广播影视管理局主办，中共一大会址纪念馆、武汉革命博物馆承办的"中国共产党反腐倡廉历程展"在中共一大会址纪念馆开幕。本次展览由新民主主义革命时期、社会主义革命和建设时期、改革开放和社会主义现代化建设时期3个部分组成，通过党在各个历史时期的200多张历史照片和60多件珍贵文物史料，客观真实地反映了党在不同历史时期的反腐倡廉理念、战略方针及其主要成果。

6月，援藏交流展览"鲁迅生平与创作"和"中共一大至十八大图片展"在西藏日喀则宗山博物馆展出。"鲁迅生平与创作"展共计97块展板，以鲁迅生平和鲁迅作品为线索。"中共一大至十八大图片展"以中国共产党的历次全国代表大会为序，由十八个部分组成，运用370多幅珍贵的历史照片全面地反映中国共产党由小到大，从弱到强，建立了新中国，确立社会主义制度的宏伟壮丽篇章。

7月5日，由上海市文化广播影视管理局指导、上海市历史博物馆策划制作的"回味上海——城市记忆汇展"在环球港四楼文化展示区开展。展览展现了自1843年开埠后，上海历经160多年的中西文化会通交融，移民文化碰撞合璧，孕育形成海纳百川的海派文化的过程。展览选择在环球港商业中心展出，创新性地拓展文化活动到公共空间，将文化产品推进群众、推进生活。

9月18日，"从巴比松到印象派：克拉克艺术馆藏法国绘画精品展"在上海博物馆开幕。这次展览由上海博物馆与美国克拉克艺术馆筹备三年联合打造，共展出73幅作品。其中绝大多数来自克拉克夫妇的毕生收藏，1955年后由他亲自筹划建立的克拉克艺术馆保管至今。

11月18日，"安纳托利亚文明：从新石器时代到奥斯曼帝国展"在上海博物馆开幕。托普卡帕老皇宫博物馆、土耳其及伊斯兰艺术博物馆、伊斯坦布尔考古博物馆共同为中国观众呈现了122件精美文物。展览共分3个部分，分别是"古代安纳托利亚和色雷斯""突厥化、伊斯兰化的安纳托利亚"和"奥斯曼帝国"。

11月23日，"开放中前行——上海开埠170周年历程展"分别在上海市图书馆和东方明珠开展。展览分"开埠之前""从被动开放走向主动开放""开放与上海城市发展"3个部分，通过300余幅珍贵的图片和130余件展品，展示了1843年开埠以来上海的嬗变和筚路蓝缕的发展历程。

12月20日，"集古大成：上海博物馆藏虞山画派艺术展"在上海博物馆开幕。此次特展遴选王鉴、王翚两位大家以及他们的弟子如薛宣、杨晋、宋骏业、顾昉等精品力作共计92件（组）。

（二）可移动文物保护

按照历年统计，文物部门所属博物馆馆藏可移动文物约100万件，其中一级文物842件，二级文物37890件，三级文物107153件，占了全市可移动文物总量的大部分。

（三）第一次全国可移动文物普查工作

5月，上海市人民政府正式下发《关于本市开展第一次全国可移动文物普查的通知》，正式启动上海市第一次全国可移动文物普查工作。上海市文物局制定并发布了《上海市第一次全国可移动文物普查实施方案》，组建了市普查工作专家库，落实了普查年度经费，并组织开展了区县普查骨干培训。9月12日，召开了全市第一次全国可移动文物普查工作会议，对全市的普查工作进行了动员和部署，各区（县）相继成立了普查机构，积极推进国有单位文物收藏情况调查阶段的各项工作。

各区（县）普查机构按照市普查领导小组办公室的统一部署，采取边培训边调查的方式，以街道为区划单位，各系统通力配合，条块结合地有序推进国有单位调查阶段的各项工作。

全市17个区县普查机构经过筛选和梳理，共向15285家国有单位发放了《国有单位文物收藏情况调查登记表》，其中机关1607家、事业单位7983家、国有及国有控股企业4296家、其他类型单位1399家。截至目前，共回收登记表14552份，回收率为95.2%。

经过调查，本市反馈有文物的单位共154家，占调查总数的1%。经初步调查统计，154家国有单位共收藏保管经国家认定的文物数约135万件，物质遗存约5万件。

【社会文物管理】

共有文物拍卖企业64家。审核227场文物艺术品拍卖会和181844件文物拍卖标的，撤拍367件；审核上海文物商店申报销售的文物5427件。

上海文物商店2013年度销售件数8577件，销售额7424万元。

办理文物进境审核手续171人次，文物6250件；文物出境手续91人次，文物2049件；文物进境复出境59人次，文物1317件；复仿制品出境170件。办理对外文物交流展览进出境审核查验12个。

【文博教育与培训】

3月，上海市文物局组织举办了全市60多家博物馆、纪念馆安全管理专职干部参加的全市博物馆安全管理干部集训班，进行安全防范技能、安全责任意识的指导、培训。同时，积极鼓励专职干部参加经上海市公安局批准的《国家保卫职业资格培训》，通过专业知识学习和技能训练，全面提升保卫干部的整体素质。

【文博宣传与出版】

1. "5·18"国际博物馆日系列活动

根据今年"5·18"国际博物馆日的主题"博物馆［记忆+创造力］=社会变革"，作为首届上海市民文化节活动组成部分，市文广局、市文物局组织开展了"5·18"国际博物馆日系列活动。活动贯穿整个5月，内容丰富。

全市105家博物馆、纪念馆、美术馆、陈列馆等场馆集中于5月17～19日免费开放。同时，全市有30家博物馆参加"博物馆之夜"活动，延长开放时间。

5月17～31日，市教委、市文物局、校外联办公室联合组织开展"点亮心中的梦"——上海市博物馆进校园文化之旅联展活动，走进50余所中小学校园。

通过全市博物馆免费发放《文化上海·博物馆导览图（2013版）》中英文版本共10万份。以方便广大市民和游客便捷地走进各类博物馆，感受上海公共文化设施的温馨服务。

上海市文物局指导各区县文化（广）局、文管委、文保署联合各博物馆、纪念馆等向广大市民推出特别展览、文博专题讲座、知识竞赛、主题征文、互动参与等活动。今年"5·18"国际博物馆日期间，博物馆群众文化活动共达到128场次。

2. "中国文化遗产日"系列活动

6月8日，上海市文物局精心组织了"开往城市记忆的地铁"活动，在8号线和10号线两条周边文物资源较丰富的地铁线站点附近安排了30处文物建筑免费向社会开放，涉及5个中心城区、17个车站。

上海市文物局精心策划编印了《文化上海·文化遗产导览图（2013版）》《文化上海·重要名人故居导览图（2013版）》和《文化上海·革命史迹导览图（2013版）》，分别印制了10万份（中文版8万份、英文版2万份），于文化遗产日当天免费向社会发放。

【机构与人员】

上海市文化广播影视管理局（上海市文物局）所属6家文物保护管理及科研机构分别为上海市文物保护研究中心、中共一大会址纪念馆、上海市历史博物馆、上海鲁迅纪念馆、上海世博会博物馆、上海文物商店。上海市文化广播影视管理局（上海市文物局）所属事业单位人员数量共计261名，其中大专以下41人、大专72人、大学本科120人、硕士25人、博士3人。

【对外交流与合作】

5月17日，"鲁迅在台港澳地区的接受与传播"学术研讨会上海鲁迅纪念馆举行。本次会议邀请了来自台港澳和北京、福建、浙江、上海等地的学者12人，华东师范大学、上海师范大学、上海外国语大学等院校鲁迅研究、现代文学研究专家和博士研究生100余人参加会议。与会专家从不同视角就鲁迅在台港澳地区的接受和传播进行了深入、细致的探讨。

10月13日，上海鲁迅纪念馆举办的"中日儿童版画展"在日本东京开幕，并于开幕式后进行了"画廊对谈"小型研讨会。上海鲁迅纪念馆有关领导作"鲁迅对版画的看法"主题发言。

【其他】

8月23～26日，由中国社会科学院和上海市政府联合主办的首届"世界考古·上海论坛"在中华艺术宫举行。中国社会科学院院长王伟光、上海市市长杨雄、国家文物局副局长童明康出席开幕式并分别致辞。28个国家和地区的70余位著名考古学家以及100多位来自国内研究机构和大学的考古学者参加论坛。

论坛备受关注的内容是世界重大田野考古发现和世界重大考古研究成果的揭晓。经过来自45个国家和地区的150名咨询委员的推荐以及40位评审委员的评选，10项世界重大田野考古发现和9项世界重大考古研究成果入选。中国的"寻找消失的文明：良渚古城考古新发现""石峁：公元前两千纪中国北方石城"入选重大田野考古发现，"中华文明探源工程研究"入选重大考古研究成果。

为期4天的论坛上，19个入选项目的负责人分别进行了主题汇报，来自世界各地的资深考古学家对这些发现和研究成果逐一进行点评。科林·伦福儒、查尔斯·海曼等7位考古学家以"古代文明的比较研究"为主题发表了演讲。

"世界考古·上海论坛"还在上海博物馆组织了3场面向公众开放的公众考古学讲座。美国加州大学圣芭芭拉分校人类学系荣誉教授布赖恩·费根、印度德干学院原院长帕蒂达耶和墨西哥瓦哈卡历史中心与阿尔班山考古遗址主任内丽·罗伯斯·加西亚分别在上海博物馆做名为"消失的城市和被掩埋的文明""文化遗产——连接各洲的桥梁"和"墨西哥的世界遗产——阿尔班山"的专题讲座。

江苏省

【概况】

江苏现有各级文物保护单位4300多处，其中省级文物保护单位833处，全国重点文物保护单位226处。世界文化遗产2处，列入我国申报世界文化遗产预备名单6处。中国历史文化名城11座，中国历史文化名镇27座、名村10座。江苏历史文化名镇34座、名村13座。

2013年是实施《江苏省文物事业发展"十二五"规划》的关键年，是贯彻全国文物工作会议、全省文物工作会议精神的推进年。全省文物系统围绕十八大及十八届三中全会精神的贯彻落实和省委、省政府的决策部署，按照"十二五"规划要求，遵循文物事业发展规律，基础工作和重点项目同步推进，全省文物工作取得新的成绩，积累新的经验。

【法规建设】

江苏省文物局在徐州举办第四届江浙沪文物行政执法联席会议，搭建区域执法合作交流互动的新平台，开展典型经验推广、联合培训、联合检查、联合表彰，提升区域一体化发展。将依法保护文物工作纳入省委法治城市创建考评指标和省政府依法行政考核指标，促进地方政府加大文物保护工作力度。省级机关工委在省文物局召开省级机关"六五"普法中期检查现场会，向20多个厅局推广省文物局"六五"普法经验。总结文物法治成果，参加省依法治省领导小组办公室组织的"法治江苏建设优秀实践案例"评比，组织"江苏省文物法治实践优秀案例"征评活动，评选出10个"江苏省文物法治实践十佳案例"和15个"江苏省文物法治实践优秀案例"。

徐州、连云港、泰州等地贯彻落实全省文物工作会议精神，市政府召开全市文物工作会议，出台加强文物工作的政策文件。镇江市颁布实施《文化遗产保护管理办法》，实行考古前置和政府统筹，每年列考古经费500万元。

【执法督察与安全保卫】

加大文物违法案件督察力度，江苏省文物局督察指导东海县曲阳城遗址、大贤庄遗址、金坛李德全故居、宜兴孙氏节孝坊、东台袁承业故居等40多起重大案件，保护不可移动文物50余处，罚款总额400余万元，制止文物违法案件51起，推进地方对文物违法案件查处工作，打击文物违法分子嚣张气焰。联合浙江省文物局、上海市文化市场行政执法总队在扬州共同举办第二期江浙沪地区文物行政处罚案卷和"江浙沪地区文物行政处罚十大精品案例"评查活动，在获奖的40个案卷中，江苏有18个，占获奖总数的45%，江浙沪地区文物行政执法工作继续走在全国前列。

文物安全工作得到加强。省文物局与省发改委、省文化厅等16厅局联合下发《关于加强和改进文物安全工作的指导意见》，对全省文物安全工作做出统一部署。在《国务院关于

2014
中国
文物年鉴

进一步做好旅游等开发建设活动中文物保护工作的意见》指导下，4月22～26日，江苏省文物局会同省发展改革委、省公安厅、省财政厅、省国土资源厅、省住房城乡建设厅、省旅游局等部门组成检查组，对南京、常州、南通、如皋、盐城、徐州及新沂等7市县旅游等开发建设活动中的文物保护工作情况进行专项检查。检查内容包括5个方面：是否存在将国有不可移动文物转让、抵押行为；是否存在将国有不可移动文物作为企业资产经营的行为；是否存在游客接待量超过承载量，造成文物破坏或可能造成文物安全隐患；是否存在擅自拆除文物古迹和历史文化街区、村镇以及历史建筑的行为，对于相关违法行为是否进行了查处；是否存在将文物保护单位管理机构作为企业的下属机构或交由企业管理的行为；是否存在把历史文化街区、村镇整体出让给企业管理经营的行为。检查组针对检查过程中发现的问题与地方政府和相关部门进行沟通，提出整改意见，要求限期完成。12月，江苏省文物局再次联合省公安厅、消防局、国土资源厅、住房和城乡建设厅、旅游局等相关部门开展全省文物安全大检查，并下发情况通报。推进文物保护单位和博物馆安防达标建设。开展文物安全综合管理实验区建设工作，确定徐州市博物馆、南京市太平天国历史博物馆、镇江博物馆为试点单位，有效整合人防、技防、制度防范，提高整体防范水平。

10月24日，江苏省省级机关"六五"普法中期检查现场会在省文物局召开，省文物局作为"六五"普法经验推广单位，重点围绕"六五"普法中期工作作经验介绍。"六五"普法开展以来，省文物局创建"以宣传培训为基础、以学法用法为重点，以完善制度为前提、以保护文物为目的，以部门合作为方式、以打防结合为手段，以争先创优为动力、以服务基层为要求"的文物法制建设新模式，学用并举、打防并重，推进依法行政，营造文物保护法制环境。检查组及与会人员对省文物局的普法宣传和法制实践工作给予高度评价。

【不可移动文物保护和管理】

（一）概况

不可移动文物保护基础工作扎实有效，新增106处全国重点文物保护单位，总数达226处，继续位居全国前列。启动江苏省文物保护单位信息管理系统建设，开发文物保护单位数据库录入软件，完成省级以上文物保护单位数据库建库工作。基本完成第六批全国重点文物保护单位、第七批省级文物保护单位记录档案制作收集，启动第七批全国重点文物保护单位记录档案备案工作。各地编制全国重点文物保护单位保护规划44个，完成报批14个，其中6个已获批实施。完成省级文物保护单位保护规划编制15个，其中6个已批准实施。会同旅游部门落实国家文物局《关于落实文物保护单位游客承载量相关工作的通知》要求，加强文物保护单位开放利用管理。开展区域性重点文物资源调查与保护工程，完成省政府交办的南社遗存建筑调查报告。加强文物保护工程规范化管理，完成第三届江苏省文物保护优秀工程评选和集萃汇编、文物保护工程资质年检、文物保护工程资质评审等工作，新批14家资质单位，全省现有各类资质单位122家。在全国率先开展深化文物保护单位开放利用及其纳入公共文化服务体系机制探索，开展文物保护单位开放评估定级，18个单位被核定为一、二、三级开放单位。下发《江苏文化遗产解读工程试点工作实施方案》，全面启动文化遗产解读工程，全省文物保护单位和重要的文物点得到有力宣传。完成苏州盘门城墙加固等100余个项目方案审核审批，完成省级以上文物保护单位维修工程竣工验收14项，一大批文物保护单位得到有力保护。完成第六批中国历史文化名镇名村申报遴选工作，向国家住建部、国家文物局申报中国历史文化名镇候选项目12座、中国历史文化名村候选项目8座。提请省政府公布第七批省级历史文化名镇9座、名村8座。

（二）大遗址保护

大遗址保护有序开展，公布南京南唐二陵、张家港东山村遗址等6个第二批江苏大遗址名录。对泗洪顺山集遗址考古遗址公园规划、徐州汉楚王墓群、黄泗浦遗址考古计划进行审核。组织开展镇江龙脉团山遗址、溧阳秦堂山遗址等大遗址的考古工作。对宁镇地区的湖熟文化台形遗址和宜溧地区马家浜文化聚落遗址有新的发现，为开展大遗址保护和考古遗址公园建设提供实物依据。无锡阖闾城遗址被列为国家考古遗址公园立项名单。

（三）世界文化遗产

做好世界文化遗产和历史文化名城名镇名村申报与管理。在完成大运河申遗迎检工作的同时，会同浙江省文物局在昆山市周庄镇召开江南水乡古镇联合申报世界文化遗产推进会，成立江南水乡古镇联合申报世界文化遗产协调指导小组和联合申遗办公室，颁布联合申遗办公室章程。指导无锡市做好无锡惠山祠堂群申遗工作。召开江苏省世界文化遗产监测管理工作座谈会，下发《关于进一步做好江苏世界文化遗产及预备名单监测管理工作的意见》，对世界文化遗产及预备名单项目的监测预警和动态管理工作作出全面部署。至此，全省共有省级以上历史文化名镇34座，历名文化名村13座。

【考古发掘】

（一）概况

规范基本建设考古工作程序，省文物局下发《关于进一步规范我省基本建设考古发掘工作的通知》，对考古发掘申报与审批程序、考古发掘检查验收等环节予以重申和明确。目前，省内大型基本建设项目开工前，建设单位均主动向文物部门申报。全年审核考古发掘申报项目41处，主要包括南水北调工程和望虞河、新沟河水利工程、金马高速公路工程等，对南水北调工程涉及的泗州城遗址进一步开展发掘清理，共清理完成2000余平方米，揭露出房址、道路、墙基、砖桥等，为编制泗州城遗址保护规划提供充分依据。完成金湖到马坝高速公路的野外考古发掘工作，清理多座汉墓群，出土大量汉代文物。江苏省文物局分别与省水利厅签订协议，落实经费，支持国家大型基本建设，同时促进文物保护。联合省水利厅、省南水北调办公室对南水北调工程、泰东河工程文物保护工作进行总结表彰，召开2010~2011年度全省考古工作汇报会。苏南考古工作站建成使用。

11月，南京博物院建院80周年之际，该院因在东山村遗址、顺山集遗址、大云山汉墓考古等方面取得的重要成就，被江苏省政府授予"突出贡献奖"。

（二）重要考古发现

2013年3月，扬州市西湖镇司徒村曹庄一处房地产建设项目施工中发现两座砖室墓，扬州市文物考古研究所获批开展抢救性考古发掘，4月中旬，扬州曹庄隋唐墓葬一号墓出土一合墓志，志文中有"隋故炀帝墓志"等文字，成为考古专家组确认此墓葬为隋炀帝墓的重要依据。随后，由南京博物院、扬州市文物考古研究所、苏州市考古研究所组成联合考古队，继续开展考古发掘工作，完成勘探面积10.9万平方米，勘探出墓葬迹象136座，其中一号墓为方形砖室墓，由主墓室、东西耳室、甬道、墓道5部分组成。墓葬通长24.48米，东西连耳室宽8.22米，残高2.76米。经国家文物局组织专家论证，扬州曹庄隋唐墓葬确认M1墓主为隋炀帝、M2墓主为隋炀帝夫人萧后。隋炀帝墓入选中国社会科学院"考古学论坛·2013中国考古新发现"。

【博物馆与可移动文物保护】

（一）博物馆

加强博物馆建设与管理，南京博物院一、二期改扩建工程顺利完工，"一院六馆"面向公众全面免费开放。全年新审批设立博物馆15家，国家文物局公布博物馆208家。"县县有博物馆"工程有序推进，扬州、苏州、南通、淮安等地文化博览城、博物馆城、博物馆群建设稳步实施。苏州市出台《民办博物馆扶持办法》，市财政出资对民办博物馆发展予以扶持和奖励。组织开展国家文物局博物馆免费开放绩效评估试点，上报《江苏省2012年度博物馆免费开放绩效考评报告》《江苏省博物馆免费开放绩效评估试点工作报告》。实施博物馆陈列展览提升工程，苏州戏曲博物馆等13家博物馆列为2013年度全省博物馆陈列展览提升工程项目实施单位。完成第二批国家二、三级博物馆评估定级申报工作，无锡博物院被评为国家二级博物馆，南京市江宁区博物馆等4家被评为国家三级博物馆。全省现有国家一级博物馆5家、二级13家、三级19家。常州博物馆《天空任鸟飞》等10个项目入选2013年全省馆藏文物巡回展。推进馆藏文物保护工程，苏州博物馆、镇江博物馆、扬州博物馆实施珍贵文物预防性保护列入国家文物局确定的项目。举办"南京瑰宝——紫砂茶具精品展""苏州——吴门画派之文徵明展"等进出境展览7个。

江苏省文物局制订的《江苏省公共博物馆服务规范》公布实施。盐城新四军纪念馆将每年1月25日重建军部纪念日作为文物征集日。淮安市楚州博物馆"漕水转谷 千年载运"展览获全国博物馆展览精品评选优秀奖，苏州博物馆获中国博物馆协会"2013年度最具创新力博物馆"奖。

（二）第一次全国可移动文物普查。

按照国务院关于在全国开展第一次可移动文物普查的通知要求，省政府成立江苏省第一次全国可移动文物普查领导小组，下发《江苏省第一次全国可移动文物普查实施方案》《第一次全国可移动文物普查工作手册》，与国资委、文化厅、财政厅、教育厅、档案局、新闻出版局等单位联合转发国家相关部委关于做好各系统可移动文物普查工作的通知。5月18日，结合国际博物馆日活动，在常州博物馆举行普查启动仪式，召开省第一次全国可移动文物普查领导小组联络员暨省辖市（省直管县）普查办公室主任会议，全面部署普查工作，确定扬州市、灌云县、南京市江宁区为试点单位。开通江苏省第一次全国可移动文物普查网站，印发《致国有可移动文物收藏单位的公开信》和50000份普查宣传册页。据不完全统计，各地争取年度普查经费累计达1200万元。苏州市调查4099家国有单位，145家反馈有文物收藏，其中文博系统外127家。全省按时完成国有单位文物收藏情况调查工作，共发放《国有单位可移动文物收藏情况调查表》43602份，回收43286份，回收率达99.28%。通过调查，全省有文物收藏的国有单位共771家，其中博物馆、纪念馆212家，图书馆49家，美术馆12家，档案馆65家，其他非专业收藏机构共433家。

【社会文物管理】

江苏文物流通市场保持健康发展势头，现有国家文物局颁发"文物拍卖许可证"的企业26家（包含暂停资质企业1家、暂停资质1年企业1家）。具有一类文物标的拍卖资质企业11家，具有二、三类文物标的拍卖资质企业15家。全年组织开展49场11774件文物拍卖标的审核工作。配合国家文物局开展全省民办博物馆、古玩市场规范化建设、文物司法鉴定办法等调研工作。

2014
中国
文物年鉴

【科技与信息】

南京博物院获批"纸质文物保护国家文物局重点科研基地",东南大学获批"传统木构建筑营造技艺研究国家文物局重点科研基地"。"江苏省文物局"官网、"江苏文物信息网"改版完成,运行良好。

【文博教育与培训】

举办全省考古调查勘探领队及技术员培训、第一次全国可移动文物普查业务培训、文物保护单位数据库录入软件培训、文物信息宣传培训等各类培训班。

【文博宣传与出版】

举办第八个文化遗产日暨第六届江苏省文物节系列活动,围绕"文化遗产与全面小康""文化遗产与基本现代化"的活动主题,开展主题宣传、展览展演、论坛讲座、广场服务等一系列活动,营造文化遗产人人保护的良好社会氛围。南京博物院结合开馆和80周年院庆开展一系列纪念宣传活动。淮安市围绕大运河保护与申遗开展高峰论坛、志愿者服务、成果展示等一系列主题突出的宣传活动。南京市持续开展"文博之夏"系列活动。镇江市和中央电视台联合拍摄的《国宝档案·镇江文物瑰宝》系列专题片在央视四套播出,产生广泛影响。全省文物信息宣传工作成效显著。

《江苏省志·文化遗产志》编纂工作全面启动,出版《江苏考古(2010～2011)》《江苏文物保护优秀工程》《江苏省文博论文集2013》等图书。《江苏考古(2010～2011)》获全省档案文化建设精品评选三等奖。

【对外交流与合作】

台北故宫博物院冯明珠院长率领参访团首次到访南京博物院,双方达成8项合作共识,省文物局组织江苏文物代表团赴台北故宫博物院开展两岸合作培训交流。

【机构及人员】

2013年,江苏共有博物馆、纪念馆270家,比2012年增加15家;文物保护管理机构55家,比2012年减少3家;文物商店8家;文物科研机构5家;其他文物机构10家。从业人员6802人,其中专业技术人员2354人,包括高级职称154人、副高级职称287人、中级职称970人。

【其他】

江苏省文物局班子成员及各处室主要负责人集体赴京与国家文物局对接文化部、国家文物局与江苏省人民政府于2012年9月签订的加快江苏文化强省建设合作协议合作项目,并形成会议纪要,国家文物局将重点从经费倾斜、文物法制提升、文保单位开放利用、博物馆免费开放深化、大遗址保护、文物修复基地建设、中央地方博物馆共建等7个方面对江苏文博事业发展予以支持。2013年,江苏向国家文物局申报重点项目75个,获得中央补助经费19557万元。参照部(局)省合作做法,省文物局分别与泰州、南京、扬州、徐州、淮安、常州等市文物局落实签约合作重点和工作步骤,加强对合作地区的支持帮助。签订江苏对口支援西藏拉萨市文物保护协议。

浙江省

【概述】

2013年，浙江省正确把握继承弘扬与改革创新、依法保护与合理利用、恪尽职守与融入大局、专业视角与民生关切、整体推进和重点突破等关系，积极推进第一次可移动文物普查和世界遗产申报工作，拓展工作广度和深度；强化不可移动文物保护管理，进一步夯实基础；推进博物馆建设，增强公共文化服务能力；深化安全防范和执法监督，提升文物安全保障能力；加强文物宣传工作，汇聚了文物事业发展合力。

【执法督察与安全保卫】

2013年，浙江省全年出动巡查人员18612人次，检查文博单位9878家次，发现涉嫌违法行为113起，调查处理100起，发现安全隐患408处，整改到位356处。各级文物执法监察机构联合当地公安、消防、建设、工商等有关部门，在汛期、节前开展文物执法专项检查，出动检查人员986人次，检查文博单位476家次，发现安全隐患43处，发出整改意见函26份，整改到位39处。6～9月，浙江省文物监察总队组织12个交叉检查组，检查了11个设区市50多家文物执法监察机构的工作情况，现场抽查文博单位260余家，消除安全隐患42处，遏制文物违法行为6起；同时加大对文物违法案件的查处力度，受理举报141起，查处文物违法案件49起，罚款122万元，拆除违法建筑41处，面积近3千平方米。浙江省文物监察总队、设区市文物执法监察机构全年督办、指导查处了永昌堡、芙蓉村、东门灯塔等文物违法案件22起。

全省各级文物执法监察机构与海监部门深化合作，开展各项联合执法，召开了浙江省管辖海域内文化遗产联合执法工作座谈会和《我国管辖海域内文化遗产联合执法工作办法》编制座谈会。7月，浙江省、宁波市、象山县三级文物执法监察机构、海监部门及水下文化遗产保护机构在象山联合开展全省乃至全国首次管辖海域内文化遗产首次联合水下执法巡查。

文物部门配合公安、海关、文化文物行政执法部门打击盗窃、盗掘和走私等犯罪活动，及时做好涉案文物鉴定，截至年底共办理各类涉案文物鉴定70起，鉴定各类器物1658件，其中三级珍贵文物17件、一般文物1354件；实地勘验鉴定被盗掘和破坏的古墓葬、古文化遗址、古建筑等不可移动文物30处（座），确认29处（座）。

各地还通过制作文物举报监督牌、发放资料、举办巡回展、发放文物保护宣传联系卡、拍摄放映纪录片等形式，开展了多样宣传。

2013年，浙江省文物安全工作联席会议各成员单位联络员会议召开。全省实施浙江省省级以上文物保护单位安全情况调查和文物平安工程调研课题，开展全省文物系统安全大检查和安全隐患排查，加强文物安全防范工程审核和监管，6项工程设计方案通过审批，8项安防工程通过综合验收。三潭印月石塔被撞事件得到妥善处理。瑞安圣井玉皇塔佛像、金华九间堂楼牛腿被盗案件、群众举报的龙泉大窑遗址盗掘案、宁波历史文化街区遭破坏等事件正在查处中。

【不可移动文物的保护和管理】

（一）概况

截至2013年底，浙江省共有全国重点文物保护单位231处、省级文物保护单位624处。其中新增第七批国保99处，另有11处与现有合并。浙江省文物局全年审批114项省级以上文物保护单位保护工程设计与施工方案，组织了对兰溪诸葛长乐村民居等全国重点文物保护单位的保护规划论证。省级财政补助各地不可移动文物保护项目63项，补助经费3400万元。2013年补助各地宗祠建筑保护项目达29项。

浙江省根据部署组织、开展了第六批中国历史文化名镇名村的申报，协助、指导温州等市申报国家历史文化名城，平阳、平湖、丽水等市申报省级历史文化名城，协助完成申报实地考评。文物部门组织20余处历史文化名镇、名村、街区保护规划的评审，参与5处名镇、名村保护规划的省级部门联席审查，配合做好传统村落、历史文化村落的保护和利用，对金华、温州等历史文化名城保护状况进行了检查。省政府批准温州市瓯海区水碓坑、黄坑历史文化名村保护规划。

（二）大遗址保护

浙江省以史前遗址、越国遗存、瓷窑遗址、城市遗址等为重点，统筹大遗址保护体系，评定、公布了浦江上山遗址等8处浙江省第一批省级考古遗址公园，发布了《浙江省省级考古遗址公园管理办法（试行）》。良渚遗址等7处大遗址被国家文物局、财政部公布为"十二五"期间重要大遗址项目。文物部门抓紧实施安吉古城、绍兴越国贵族墓等遗址考古调查。南宋临安城遗址保护规划、大窑龙泉窑遗址保护规划已经省政府批准公布。

（三）全国重点文物保护单位

2013年，浙江省共向国家文物局申报国保保护工程立项16项，审批国保保护工程方案19项、施工图11项。文物部门追求恰如其分的保护技术措施，强调科学监测和日常维护保养，尽量延长大修周期；严把文物保护工程立项关，推行文物保护工程方案审查专家咨询制，努力提高设计方案论证、函审透明度。前六批国保单位已完成或启动保护规划编制的超过半数。此外，文物部门注重加强文物保护工程实施的中期管理，开展全省文物保护工程项目检查，在文物保护工程资质管理方面建立开放透明的准入制度，形成开放、有序竞争的行业环境。2013年浙江省审查并向国家文物局上报甲、一级资质单位申请7家，新增授予资质单位9家，扩大业务范围、提升资质等级10家，并进一步规范文物保护工程资质单位年检工作。浙江省古建筑设计研究院编制的《文物保护修缮定额——南方地区》完成初稿并通过国家文物局初步论证。

（四）世界文化遗产

围绕大运河2014年申遗成功的目标，浙江省全力推进申遗点段的保护、整治和展示工程，重点开展大运河申遗工作督查。大运河遗产省级、市级保护规划分别经省政府和相关设区市政府批准公布，准备工作全部完成，于9月底完成国际专家对大运河浙江段申遗项目的现场考察评估接待。《良渚遗址保护总体规划》获国家文物局原则同意并由省政府批准公布。《杭州市良渚遗址保护管理条例》经浙江省人大常委会批准，于2014年1月1日起施行。浙江省政府致函国家文物局，提请将良渚遗址列为2016年中国申报世界文化遗产正式项目。

在指导杭州市继续做好西湖文化景观保护与管理的同时，浙江省着力加强已列入更新《中国世界文化遗产预备名单》项目的各项基础工作，储备申遗正选项目，会同江苏省文物局联合召开了江南水乡古镇联合申报世界文化遗产工作推进会。

【考古发掘】

（一）概况

浙江省文物部门全年配合实施了14项考古调查勘探项目和29个考古发掘项目。余姚田螺山遗址，萧山柴岭山、蜈蚣山商周土墩墓群发掘项目入围"2012年度全国十大考古新发现"候选项目，良渚古城遗址入选"2011～2012年世界10项重大田野考古发现"。象山渔山小白礁清代沉船出水文物科技保护项目获国家文物局批准，舟山白节山海域水下文物重点调查项目基本完成。平湖庄桥坟遗址发掘资料整理中发现了良渚文化原始文字。

（二）重要考古项目

1. 良渚古城遗址考古

2013年，良渚古城遗址考古着重解剖发掘莫角山遗址，在莫角山西南部发现了与内城河相连的河湾遗迹，在该河湾东岸揭露了一段通往莫角山遗址的栈桥码头遗迹。栈桥码头废弃后以草包泥填埋加高。草包泥的发现为研究良渚古城大型工程的营建方式和营建效率找到了直接证据。

2. 官井头遗址考古

3～7月，浙江省文物考古研究所对杭州市余杭区良渚镇官井头遗址进行发掘，揭露面积2880平方米，主要揭露了区东南部的崧泽—良渚文化墓地，清理崧泽—良渚文化墓葬38座，同时揭露墓区内建筑遗迹3处。墓葬以崧泽文化晚期至良渚文化早期为主，另有少量为良渚晚期，发掘出土的随葬品共330多件。

官井头遗址的发掘丰富了良渚文化起源及葬制、葬俗研究资料，其与近年发现的石马兜、张家墩等多个遗址构成了大雄山丘陵向阳山麓地带的连片文化遗存，显示了"马家浜—崧泽—良渚"的连续文化传承，表明大雄山丘陵文化带是良渚遗址群形成和壮大的重要发祥地，随后又成为良渚遗址群的一部分。

3. 张家墩遗址考古

8～11月，浙江省文物考古研究所对杭州市余杭区良渚镇张家墩遗址进行发掘，揭露面积1900平方米。发掘部分主要为马家浜文化时期生活堆积，清理灰坑11个。马家浜文化之上又有良渚文化堆积，清理灰沟1条。此次发掘对研究良渚遗址群的发展轨迹提供了重要资料。

4. 田螺山遗址考古

3～12月，浙江省文物考古研究所会同河姆渡遗址博物馆对余姚田螺山遗址进行了第5次发掘后半阶段的补充性清理，涉及面积约300平方米，出土遗物400多件。

早期堆积中发掘出土了多处排桩遗迹，发现多处鱼骨堆（坑）、牛头骨等与村落建筑布局相关的各类丰富生活遗迹、遗物。田螺山遗址早期遗存发掘和清理为科学、系统研究河姆渡文化，重新确认河姆渡文化在中国稻作农业起源、发展进程中的作用和地位以及干栏式建筑起源、中国南方史前聚落形态、南岛语族文化渊源等国内外重大学术课题研究积累了更加重要、丰富的材料。

5. 皇坟头遗址考古

皇坟头遗址位于浙江省海宁市海昌经济开发区张家堰村，浙江省文物考古研究所于2011年3月～2014年1月对其进行抢救性发掘。2013年主要在遗址北部和南部扩大发掘，新增发掘面积1100平方米，共清理崧泽文化墓葬4座、良渚文化墓葬56座、叠石圈1个，出土石器、玉器、陶器和象牙器等728件，对土台范围、堆积过程和相互关系有了进一步认识，确认了遗址新石器时代文化堆积的分布范围，丰富了对"叠石圈"遗迹的认识，获取了良渚文化墓葬结构、随葬器物组合等方面的资料。

6. 玉架山遗址考古

余杭玉架山遗址位于杭州市余杭区东部，西距良渚遗址群20余公里。3～12月，浙江省文物考古研究所对其进行发掘，揭露面积950平方米。其中环壕Ⅳ发掘面积约450平方米，了解了该段环壕的结构和堆积，出土了少量良渚文化陶片；环壕Ⅵ发掘面积约400平方米，清理良渚文化墓葬3座、灰坑1座，出土随葬品34件。

7. 安吉安乐遗址考古

安乐遗址位于浙江省安吉县县城递铺镇镇北安乐村，是浙江境内出土锯齿玉璜的重要地点。2013年11月～2014年1月，浙江省文物考古研究所会同安吉县博物馆进行了第三次抢救性考古发掘。发掘揭露面积1700平方米，实际发掘700平方米，清理了新石器时代墓葬九座以及灰坑、红烧土堆积等遗迹。墓葬相对年代约相当于马家浜文化晚期至崧泽文化时期，具有浙北湖州地区这一时段的独特文化面貌。发掘初步证明安乐遗址所在山冈东部为一山前坡地遗址，新石器时代先民依山坡居住生活，埋设墓葬，其后商周时期的印纹陶堆积直接叠压在新石器时代堆积上。

8. 安吉马鞍山土墩墓考古

马鞍山墓群位于浙江省安吉县城递铺北，保存有大量秦汉时期土墩墓。6～12月，浙江省文物考古研究所会同安吉博物馆对马鞍山土墩墓进行抢救性发掘，共发掘土墩14座，清理墓葬64座，出土随葬器物600余件。土墩均为一墩多墓，墓葬年代以东汉时期居多，少量为战国、西汉及六朝时期。从墓葬形制、规模和出土随葬品质量推断，该墓群主人多属社会中下阶层，与安吉古城周围一带同时代墓葬有明显等级差距。此次发掘对该地区战国汉六朝时期的墓葬形制及其演变和安吉古城综合研究具有十分重要的资料价值。

9. 安吉上马山古墓葬考古

上马山墓群位于浙江省安吉县天子湖镇良朋村，2007年起多次进行抢救性考古发掘。3～12月，浙江省文物考古研究所会同安吉县博物馆发掘土墩5座，清理西周至西汉墓葬10座，其中先秦土墩墓1座、战国至西汉初楚式竖穴土坑墓1座、西汉土坑墓出土8座，出土陶瓷器、铜、铁器、玉器等各类随葬器物130件。

10. 嵊州上高村古墓群考古

上高村古墓群即东风茶场古墓群位于浙江省嵊州市甘霖镇南部祠堂山西麓缓坡带。2013年11月～2014年1月，浙江省文物考古研究所、嵊州市文物管理处联合进行了第二次发掘，清理东汉、三国两晋南朝、隋唐、宋、清等墓葬40座，其中纪年墓葬5座。发掘表明该地区墓葬众多，形制丰富，对研究该地区历史上的经济文化面貌、墓葬埋葬习俗等都具有一定的参考意义。

11. 湖州杨家埠官庄古墓葬考古

官庄古墓葬位于浙江省湖州杨家埠镇南侧。1～6月，浙江省文物考古研究所在此进行了第二次发掘，共发掘古墓葬19座，其中西汉土坑木椁墓3座、东汉至六朝砖室墓15座。发掘表明，官庄墓地是一处汉六朝时期墓地，可能存在一个地位较高的家族墓地。

12. 温州瓯海区丽塘村古墓葬考古

丽塘村古墓葬位于浙江省温州市瓯海区丽岙街道丽塘村北，有汉六朝砖室墓、唐代土坑墓、清代砖室墓共13座。浙江省文物考古研究所、温州市文物保护考古所、瓯海区文博馆于3～4月进行发掘，共出土各类文物60多件。其中一座东汉墓纪年明确、墓形典型、葬品丰富，对当地汉代墓葬研究具有重要价值。一座唐代土坑墓为研究浙江唐墓和瓯窑产品提供了宝贵材料。

13. 温州瓯海区焦下村明清墓葬考古

焦下村明清墓葬位于浙江省温州市瓯海区潘桥街道焦下村南。浙江省文物考古研究所、瓯海区文博馆于3~5月对墓葬进行发掘，共清理27座明清砖室墓（绝大多数保存较好），出土各类文物35件。该墓地主要为明清时期温州本地王氏、陈氏、高氏、曾氏等家族的公共墓地，各家族墓葬自有区划，排列有序，形制结构一致，时代特征显著，为研究明清时期墓地制度和葬俗文化提供了新材料。

14. 永康高塔山窑址考古

8~9月，浙江省文物考古研究所对永康市石柱镇厚莘村高塔山窑址进行抢救性发掘，发掘面积56平方米，出土大量南宋时期婺州窑青瓷产品及少量酱釉瓷、黑釉瓷、青酱釉组合瓷、素烧瓷、粗砂陶器等，窑址应为南宋时期民用窑业遗存。发掘对婺州窑的延续发展、婺州窑民用瓷窑及南宋时期民用瓷器、民间生活用具的研究提供了重要实物资料。

15. 宁波轨道交通1号线二期沿线考古

4~8月，宁波市文物考古研究所对北仑区大碶街道璎珞村附近坡地进行了勘探发掘。发掘面积700余平方米，共发现晚唐至五代窑址3座、东汉至明清时期墓葬9座。所发现的窑址是目前宁波地区最完整、时代较早、用途明确的砖瓦窑之一。保存较好的一座东汉早期夫妇同穴合葬墓为研究东汉早期墓葬制度、丧葬习俗等提供了实物资料。

16. 宁波北仑凤凰山两晋纪年墓葬考古

3~5月，宁波市文物考古研究所对北仑区小港街道姚墅村西北侧凤凰山一带进行了勘探发掘，共发现两晋时期纪年墓葬4座，皆发现有纪年墓砖，部分砖上还带有"晋故都尉"铭文字样，对了解当时的职官制度有一定参考意义。

17. 宁波滕头新型建材有限公司建设地块考古

10~12月，宁波市文物考古研究所对位于奉化市西坞街道白杜村南舍的宁波滕头新型建材有限公司建设地块进行了勘探发掘，共清理汉代至宋代墓葬31座。此次发现的古墓时间跨度较大，连续性强，分布密集，证明此地自古就是古墓葬集中埋藏区，为奉化地区的历史人文，特别是古鄞县治研究提供了新的实物资料。

18. 杭州市拱墅区半山镇小岭坞遗址考古

小岭坞遗址位于杭州市拱墅区半山镇。2013年10月~2014年1月，杭州市文物考古研究所对其进行了发掘，面积1100平方米，发现东周窑址2座、宋元建筑基址2处、六朝至明清墓葬6座。其中一座东周龙窑保存较好，系该地区首次发现，为研究南方地区商周时期窑业生产和技术传播提供了新的资料和研究线索。宋元建筑基址中发现的一口水井保存较好、结构清晰，为研究宋代水井的结构和修筑方式提供了翔实的资料。

19. 萧山区闻堰镇老虎洞遗址考古

老虎洞遗址位于杭州市萧山区闻堰镇老虎洞村北部。3~7月，杭州市文物考古研究所、萧山博物馆对其进行发掘，面积1300平方米，清理一处新石器时代至商周时期遗址，发现战国至明代墓葬34座，其中土坑墓9座，砖室墓25座。

遗址最早使用年代为良渚文化时期，堆积主体是商周时期。一处结构明确的聚落遗址填补了杭州地区商周聚落考古的空白，为研究浙江乃至南方地区商周时期文化内涵提供了重要资料。遗址发掘的墓葬为研究汉代葬俗、六朝葬制和乡里制度、明代葬制和宗教文化等提供了新线索。

20. 萧山区闻堰镇湖山墓地考古

湖山墓地位于杭州市萧山区闻堰镇湖山村，2012年12月~2013年5月，杭州市文物考古研究所、萧山博物馆进行了考古发掘，共清理宋代茔园遗迹1处、战国至明清时期墓葬60座，出土陶、瓷、石、铁、铜等各类随葬品150余件（套）。湖山墓地是一处时代跨越较大的墓地，墓葬形制早晚变化与浙江地区墓葬形制演变规律相符。宋代茔园遗迹为研究宋代该地区丧葬制度和祭祀形式提供了资料。"宋元嘉廿八太岁辛卯"纪年墓明确了南朝早期墓葬形制、结构特征和随葬器物组合。

21．富阳市三桥村乌龟山墓群考古

富阳市三桥村乌龟山墓群位于三桥村步桥自然村西部大乌龟山东麓，5～9月杭州市文物考古研究所联合富阳市文物馆对乌龟山上被盗古墓进行抢救性发掘，共发掘汉、东晋、宋、明墓14座，出土文物40件（套）。其中10座东晋墓的发掘对研究浙北地区六朝墓葬的构筑技法、随葬规律、丧葬习俗提供了丰富资料。

22．富阳市南宋梁端礼墓考古

南宋梁端礼墓位于富阳市新登镇乘庄村杜墓山自然村南侧，是一座双室砖室墓，保存完整。12月，杭州市文物考古研究所、富阳市文物馆对其进行发掘。该墓是杭州地区考古发现的第一座身份明确的品官墓，出土墓志铭内详细记载了墓主的生平事迹，为研究南宋时期的行政区划、军队编制、军事体系及富阳地区的历史提供了难得的实物资料。

23．良渚镇卖鱼桥墓地考古

卖鱼桥墓地位于浙江省杭州市余杭区良渚镇东明山东南麓，屡遭盗扰。10～11月，杭州市文物考古研究所实施调查，共发现墓葬20座，以明清时期为主，是明清时期的僧侣墓地"东明塔院"。墓葬依山势上下排列，大多被盗或被扰乱，出土文物10余件（套）。东明塔院始建于明代早期，大致衰落于清代晚期。塔院规模较大，墓葬较集中，且部分墓葬墓主明确，是我国佛教临济宗的重要祖塔院之一。

【博物馆与可移动文物保护】

（一）博物馆

2013年，浙江省共举办临时展览1029个，吸引观众3789万，其中未成年人观众1017万。全省有各类博物馆270家，新增加博物馆18家，其中文化文物系统博物馆120家、行业性国有博物馆35家、民办博物馆115家。文化文物系统博物馆藏品总数1002041件，新增藏品35000余件。浙江省受国家文物局委托开展国家二、三级博物馆运行评估试点，研究编制了《国家二、三级博物馆运行评估指标体系》等，建立了运行评估平台，圆满完成了试点任务。龙泉博物馆等6家博物馆被确认为国家三级博物馆，全省国家一、二、三级博物馆总数达到49家。在省财政支持下，浙江省正式启动国有博物馆对口帮扶民办博物馆试点工作，组织8家国有博物馆对8家民办馆实施"一对一"帮扶，基本完成各项帮扶目标。

为强化馆藏文物科学管理和保管水平，浙江省继续开展馆藏文物鉴定建档和征集，对新增馆藏文物鉴定定级，完善珍贵文物藏品档案，加大征集力度，做好馆藏文物修复和国有文物收藏单位之间借用一级文物的审批，全年审批可移动文物修复方案6个，借展一级文物37件（套）。博物馆展览交流信息平台建设完成并正式运行，为促进各博物馆间馆藏文物（藏品）资源的整合共享搭建了平台。

（二）第一次全国可移动文物普查

根据国务院要求，浙江省政府下发通知并组建了以分管副省长为组长的、15个省级部门为成员的浙江省第一次全国可移动文物普查领导小组，组织召开领导小组一次会议和全省第一次全国可移动文物普查电视电话会议。浙江省文物局组建了普查办公室，制定并印发了《浙江省第一次全国可移动文物普查实施方案》、建立了专家库，落实了普查经费，总额达2125万元，名列全国前茅。地市级、县区级普查办均编制工作方案，全省各级普查办举办了多期普查培训班，5000多人次参加培训，在此基础上组建了1090人的持证上岗普查员队伍，对各级国有单位开展调查。据统计，全省共发放普查调查登记表44778份，收回44778份，其中反馈有文物的国有单位922家，初步统计（含疑似文物）总量406万件（套）。文物认定工作正在开展。

【文物保护科技】

浙江省科技考古与文物保护技术研究试验基地一期完成基本建设，开始进行各子平台内部建设，物探考古团队开展物探探测技术数据采集实验。依托国家文物局创新联盟课题"文物微量有机物检测及实验室建设"建立的创新联盟分析检测平台已使用；纺织品文物保护国家文物局重点科研基地新增了设备和标本，并对实验室进行了改造。杭州市园林文物局与联盟理事会签订了市属文博单位整体加入创新联盟的《确认协议书》。这是自2010年浙江省政府与国家文物局共建区域创新联盟以来首次扩大联盟成员单位范围。

在科技成果推广应用方面，浙江大学数字考古团队配合中国文化遗产研究院对贵州省有关文物进行三维信息留取工作。浙江省博物馆运用与浙江大学研发的大型饱水木质文物脱水技术，对良渚文化大型独木舟及其他大型木构件进行脱盐处理，对上海元代水闸遗址出土的7件大型木构件开展真空冷冻干燥脱水前预处理，对"华光礁I号"出土船板木构件进行真空冷冻干燥。浙江省文物考古研究所开展多广谱仪在考古现场的应用，在良渚莫角山东南角区域开展了探地雷达和高密度电法探测实验，为下一步3D探测奠定基础；考古现场成功运用近景摄影的三维模型重建技术，提高了田野考古记录的科学性与准确性。中国丝绸博物馆合作开展丝肽——氨基酸加固技术在文物样品上的示范应用，丝蛋白复合体系首次在饱水丝织品上的应用取得显著效果。浙江大学为国家博物馆、杭州市考古所等提供馆藏文物数字化、场景三维空间信息采集等相关技术培训，在多个文博单位应用。

浙江省加大科技援疆力度，浙江省文物局、新疆文物局、浙江大学、塔里木大学签订《新疆文化遗产保护与传承发展战略研究合作框架协议》，召开纺织品文物保护国家文物局重点科研基地学术委员会，就新疆工作站人才培养及进出机制达成共识。浙江大学物探考古团队利用高密度电法和雷达探测技术，在新疆克孜尔石窟完成被掩埋石窟探测，并将研究报告提交新疆龟兹研究院。

2013年，浙江省重点科研项目及课题研究成效显著。国家"十二五"科技计划项目"文化遗产数字化公共服务平台与产业化应用示范项目"——西湖示范工程列入《杭州市与浙江大学战略合作"十二五"规划》。国家"973"项目子课题"已用典型保护材料与工艺的功能及失效规律研究"课题组开展一系列创新性研究。国家"十二五"科技计划项目子课题"古代建筑营造传统工艺科学化研究"有新进展。浙江省古建筑设计研究院承担的《文物建筑保护工程预算定额（南方地区）》完成初稿并通过国家文物局论证。此外，浙江省积极参与国家文物数字化保护项目，承办了国家文物局纺织品文物数字化保护咨询会议，编制了纺织品文物数字化保护单位标准、纺织品文物元数据研制、文物数字化保护数据库架构等项目建议书。

【社会文物管理】

2013年，浙江省履行管理职能，共办理文物临时进境审核登记21起，251件（套）；文物

2014
中国
文物年鉴

出境（复出境）许可证核发11起，74件（套）；旧家具（新仿制品）出境许可76起，28288件；审核国有博物馆文物出境展览3起，查验文物212件（组）；同时规范文物流通市场，严格做好文物拍卖标的审核，全年共受理文物拍卖申请54场次，审核拍卖标的37490件，其中属于文物拍卖标的18614件，允许拍卖的文物标的18560件，撤拍国家禁止流通或超资质范围文物159件（套），年交易额20多亿。文物部门组织未通过文物拍卖许可证年审的文物拍卖企业进行整改完善，重新恢复7家企业的文物拍卖经营资质，并新增文物拍卖企业1家，使全省文物拍卖企业单位达到38家。文物拍卖许可证、文物拍卖企业专业人员资格证书换发工作完成。通过申请审核上报，浙江省新增第一类文物拍卖资质企业1家，并完成全省范围内古玩旧货市场的调研，参加了国家文物局组织的文物民事司法鉴定调研，召开了文物民事司法鉴定调研座谈会。

【科技与信息】

全省文物执法监察工作科技信息化进展顺利。浙江省文物行政执法网络监管平台试运行两年来，全省93家文物执法监察机构，372名执法人员参与录入巡查日志7080篇，执法信息233条，举报处理信息16条，案件查处信息19条，提出操作问题和相关建议20余条，修复问题19处。2013年，浙江省构建以天上卫星定位预警、地面物联网视频监视、海上雷达侦测为依托，覆盖全省的"天地一体"文物执法监察系统，在良渚遗址开展了国家文物局牵头的卫星遥感文物行政执法动态监测与预警系统试点。宁波市整合资源，实现了对部分具备安防视频监控设施且开通公网地址的文物保护单位周界进行远程监控。

【文博教育与培训】

3月20～21日，文物进出境审核信息管理系统培训举行。

5月26日～6月1日，由国家文物局主办，国家文物进出境审核浙江管理处承办的"良渚文化玉器鉴定高级研修班"在杭州举行。

7月18日，《浙江通志·文物卷》编纂业务培训班在杭州举行。

7月22日～8月1日，浙江省第一次全国可移动文物普查培训班分三期在杭州举行。省普查领导小组成员单位联络员、省属企业联络员、省直文博单位业务骨干、全省各地普查办负责人及业务骨干约370人参加培训。

10月9～11日，2013年度浙江全省文物执法监察人员培训班在宁波举行。全省各市、县（市、区）文物执法监察机构执法人员约120人参加培训。

10月9～12日，由浙江省文物局主办、浙江省文物考古研究所承办的全省文物保护单位"四有"培训班在杭州举行，来自全省的90余名文物业务人员参加培训。

10月29日～11月1日，由浙江省文物局主办、浙江省文物考古研究所承办的2013年度浙江省文物保护管理培训班在杭州举办，全省各市、县（市、区）文物管理部门的主要负责人、业务骨干90余人参加培训。

11月11～15日，全省博物馆馆长培训班在杭州举办，内容涵盖当代博物馆工作各个方面。90多名博物馆馆长参加了培训。

11月24日～12月2日，由浙江省文物局主办，浙江省文物考古研究所、浙江省考古学会承办的浙江省第四期文物保护工程从业人员上岗培训班在杭州举办，全省文物保护工程勘察设计、施工、监理资质单位200余名主要专业技术人员参加培训。

此外，全年全省各级文物执法监察机构举办全省文物执法监察业务骨干第一期（执法巡查）学习班等各类培训16次，培训学员375人次。

【文博宣传与出版】

2013年，浙江省在"5·18"国际博物馆日、文化遗产日期间集中开展系列宣传活动，并继续办好"一刊一网一年鉴"，有力传播了文化遗产保护理念，有效提高了公众的文化遗产保护意识，为文物事业发展营造了良好社会环境。文物部门配合中国梦主题宣传教育活动，加强与新华社、浙江日报等中央、省级主流媒体的联系，对浙江省创先争优重要典型——浙江省文物考古研究所进行了深度挖掘和宣传报道，弘扬了浙江省文物考古工作者的科学精神和人文情怀，产生了较好的社会反响。

浙江省博物馆学会网站建成并开通。浙江省博物馆相继出版了《明代赋税银锭考》《博物馆的陈列展示》《中国古代瓷器的输出及文化影响国际学术研讨会论文集》《中国博物馆协会博物馆学专业委员会2012学术研讨会论文集》《浙江省博物馆》中、英文版图录等资料。浙江自然博物馆出版《浙江大地十亿年》《空中之龙——中国翼龙化石研究最新进展》《中国浙江恐龙蛋与龟类蛋化石研究》等专著5部。浙江省文物考古研究所完成《浙江通志·文物卷》篇目大纲的编订与修改完善，分解落实编纂任务，开展资料收集，还配合省水利厅参与编纂《浙江通志·运河卷》，配合省建设厅参与《名城名镇名村》《风景名胜》等卷相关工作，全年出版论著1部，提交、出版《余杭小横山东晋南朝墓》等论著、论文集、发掘与调查报告10部。

【机构及人员】

2013年，浙江省共有各类文物机构346家，比2012年增加71家，从业人员6575人，比2012年增加1241人。其中文物保护管理机构96家，从业人员1714人；博物馆机构183家（含部分文物系统外博物馆），从业人员3788人；文物商店9家，从业人员86人；文物科研机构4家，从业人员126人；其他文物机构54家，从业人员861人。

在各类文物机构从业人员中，高级职称468人（文物保护管理机构120人、博物馆295人、文物科研机构38人、其他文物机构13人、文物商店2人），较2012年增加18人；中级职称800人（文物保护管理机构212人、博物馆541人、文物商店10人、文物科研机构20人、其他文物机构17人），较2012年增加71人。按隶属关系划分，省级文物机构从业人员561人，地市级文物机构从业人员2967人，县市区级文物机构从业人员3047人。

5月18日，嘉兴南湖革命纪念馆"南湖革命纪念馆新馆基本陈列"、杭州工艺美术馆"钱塘匠心·天工集粹——杭州工艺美术精品陈列"获2011年度全国博物馆十大陈列展览精品奖；浙江省博物馆"惠世天工——中国古代发明创造文物展"获2012年度全国博物馆十大陈列展览精品奖，杭州博物馆"珍藏杭州——杭州博物馆馆藏文物精品陈列"获2012年度全国博物馆陈列展览优秀奖。至此，浙江省在历届全国博物馆十大陈列展览精品评选中共获11项精品奖，名列全国第一。在2013年度浙江省陈列展览精品项目评选中，10个陈列展览被评为精品奖，10个陈列展览被评为单项奖。

1月17日，浙江省博物馆等17家单位被评为全省文物系统先进集体，20人被评为全省文物系统先进工作者。

2014
中国
文物年鉴

【对外交流与合作】

作为中国驻美国大使馆开展的"欢乐春节"活动重点内容，"锦绣撷英：中国丝绸艺术的历史和时尚"展览1月31日在美国华盛顿揭幕。

为庆祝中国与新西兰建交40周年，"毛利碧玉：新西兰文化艺术珍品展"4月1日在良渚博物院开幕。

4月9～11日，"丝路之毛：欧亚青铜至铁器早期毛织物保护与研究"学术研讨会在杭州召开。来自中国、丹麦、日本、德国、香港等地的专家学者参加了会议。

7月12日～10月14日，浙江自然博物馆赴日本参加由日本福井县立恐龙博物馆主办的"发掘！发现！跨越1亿年的岁月——福井县恐龙化石发掘25年纪念"特展。

10月4～11日，由中国丝绸博物馆、美国布莱恩特大学主办的"礼尚纹彩·丝上文章——5000年的中国丝绸文化展"在美举行。这也是布莱恩特大学成立150周年庆典的重要活动之一。

10月22～24日，"印象浙江——非洲画家来浙江客座交流作品展"在浙江自然博物馆展出。来自5个非洲国家的5名画家来浙江参加了客座创作活动。展览是"2013中国文化聚焦"系列活动重要组成部分，也是文化部落实"中非合作论坛——中非人士互访计划"的又一举措。

11月5～7日，"2013杭州世界文化遗产国际会议"在杭召开。会议共设"他山之石：全球视野下的文化遗产国际会议""2013历史城市景观保护联盟年会"两大主题单元。来自多国的100多名专家学者、文化遗产保护管理单位负责人开展了跨文化、跨学科专业研讨。

12月14日，浙江省博物馆赴台湾参加了"弘一大师·丰子恺《护生画集》特展"。特展是"第一届海峡两岸文化遗产节"系列活动的重要内容之一。

11月20日，世界文化遗产保护与管理国际会议在杭州召开。国际古迹遗址理事会（ICOMOS）、国际文化财产保护与修复研究中心（ICCROM）等国际组织，多国遗产专家，国内院校、研究机构学者及中国大运河、丝绸之路沿线管理部门领导、相关人员近70人参加了会议。

11月25日，中国茶叶博物馆承办的"斗品团香——中摩茶文化交流展"在摩洛哥开幕。

2013年，中国丝绸博物馆重点开展征集美国丽蒂娅·葛登近现代西方时装的工作。这批时装共计39105件、1200余箱，至12月已整理13600件（套）服装，3000件（套）杂项，完成入关免税表4500份。

2013年，"超越历史和物质——中国当代丝绸艺术展"在德国·中国浙江文化节期间举办。

【其他】

经过近十年努力，由浙江省文物鉴定审核办公室和浙江省博物馆、浙江省图书馆书画鉴定专家组成的鉴定组于2013年1月最终完成全省国有文物系统馆藏书画藏品全面定级与鉴定。鉴定涵盖浙江全省11个设区市、市县（区）的80余家文博收藏单位，鉴定书画藏品60000余件，确定三级以上珍贵书画24532件（其中一、二级3040件），并全部做了规范化定级。至此，浙江省摸清了全部馆藏书画藏品和珍贵书画的基本情况，完成了全省国有文物系统馆藏书画专项鉴定定级。

2013年是宁波保国寺大殿建成1000周年，宁波市开展了以"城市·建筑·文化"为主题的系列纪念活动和庆祝大典。

安徽省

【概述】

2013年，安徽省各级文物部门和文博单位深入贯彻落实全国文物工作会议精神，坚持"保护为主，抢救第一，合理利用，加强管理"的工作方针，开拓创新，奋力拼搏，全省文物工作不断取得新成绩。

【法规建设】

2013年，安徽省文物局与含山县相关部门同志多次研究，赴现场调研，召开座谈会，形成了《安徽省凌家滩遗址保护条例（草案）》。并于10月将《安徽省凌家滩遗址保护条例（草案）》作为2014年地方性法规立法项目报送省法制办。

【执法督察与安全保卫】

2013年，全省各级文物管理部门开展执法督察与安全巡查6137次，立案查处文物行政违法案件10起。

对各级文物保护单位、博物馆、纪念馆开展各项安全检查，共查出各类安全隐患232项，各相关单位按照要求认真开展隐患整改工作，已有61%的隐患完成整改工作，39%的隐患正在整改中。

制定文物系统安防项目审核管理工作程序，依法规范管理行为。组建了文物系统安防项目审核专家组，建立了文物系统安全技术防范工程审核管理协作工作机制，完善了工作程序，强化了项目管理，畅通了审核渠道，规范了安防项目建设申报审核工作。

督导完成了全国重点文物保护单位凌家滩遗址安防工程、广教寺双塔安防工程、六安王陵安防工程、潜口民宅消防工程、泾县查济古建筑群消防工程、六安独山革命旧址群消防工程、世界文化遗产地宏村消防工程的立项及方案审核工作，并通过了国家文物局的审核。

完成了安徽省首例田野文物安防工程繁昌县人字洞项目的实施，完成了歙县竹山书院安防工程、新四军军部旧址安防工程、潜口民宅安防工程、寿县博物馆安防改造工程、含山县博物馆安防工程等项目建设，并顺利通过验收。

完成了世界文化遗产宏村古建筑群安防实施方案的专家论证，完成了全国重点文物保护单位渡江战役总前委旧址安防工程实施方案、祁门古戏台安防工程方案、绩溪县博物馆安防工程实施方案、桐城市博物馆安防工程实施方案的专家评审工作，各项工程已顺利实施。

通过引进第三方专业机构，量身定制安防系统设计任务书，强化了安防项目建设的质量管理。2013年完成了马鞍山市博物馆安防改造工程设计任务书、芜湖市博物馆安防工程设计任务书、巢湖市博物馆安防改造工程设计任务书专家论证，为博物馆安防工程达标建设提供了技术保障。

安徽省文物局承担了国家文物局"博物馆安防系统监管平台"项目研发工作，现已完成一期项目研制工作，并在文物系统部分试点单位运行测试，达到了预期的效果，已通过国家文物局组织的专家研审与项目验收。

【不可移动文物的保护和管理】

（一）概况

2013年3月，国务院公布了第七批全国重点文物保护单位，安徽省新增74处，现有全国重点文物保护单位130处、省级文物保护单位708处。

2013年，安徽省启动了巢湖冯玉祥故居、蒙城万佛塔、六安独山革命旧址群、金寨革命旧址、繁昌人字洞遗址、铜陵、南陵大工山——凤凰山铜矿遗址、屯溪区程氏三宅、休宁三槐堂、黟县西递、宏村古建筑群10处国保单位的文物保护规划编制工作。完成了泾县黄田村古建筑群、水西双塔、马鞍山朱然家族墓地、霍邱李氏庄园、旌德江村古建筑群、繁昌、南陵皖南土墩墓群、繁昌窑遗址、马鞍山林散之墓、徽州区呈坎村古建筑群、寿县古城墙10处文物保护单位保护规划的编制并通过了省级专家评审。其中肥西刘铭传旧居、淮南寿州窑遗址，濉溪、萧县淮海战役总前委和华东野战军指挥部旧址、泾县黄田村古建筑群，水西双塔5处文物保护规划通过国家文物局的批复。完成濉溪柳孜遗址考古工作棚建设、泗县大运河清淤、霍邱李氏庄园一期保护维修以及祁门古戏台馀庆堂、新安古戏台、砀山天主教堂等一批重要文物保护工程。

（二）大遗址保护

2013年，安徽省有凌家滩遗址等6个大遗址被国家文物局、财政部列为全国"十二五"重要大遗址。安徽省文物局组织含山凌家滩遗址、凤阳明中都城遗址和潜山薛家岗遗址申报国家考古遗址公园立项，凌家滩考古遗址公园和明中都皇故城考古遗址公园列入立项名单。组织含山县编制了凌家滩遗址环境整治、防洪、安全技术防范等工程方案，争取国家大遗址保护经费7856万元；组织凤阳县编制了明中都皇故城南城墙西段和西城墙修缮工程方案，争取国家经费1000万元。

（三）全国重点文物保护单位

1. 启动文物保护样板工程

2013年，国家文物局研究确定安徽呈坎村、黄田村古建筑群和河北清西陵分别作为南方古民居村落和北方官式建筑的代表，启动实施文物保护样板工程。6月6日，国家文物局和安徽省政府在呈坎村举行了文物保护样板工程启动仪式。安徽省文物局组织编制呈坎村和黄田村17处文物维修设计方案，完成呈坎环秀桥抢险加固工程维修施工。10月，国家文物局在全国范围内选取了6处具有代表性的古村落，开展古村落保护利用综合试点工作，呈坎村名列其中。安徽省文物局组织编制了试点实施方案，开展了前期相关工作。11月底，国家文物局组织专家到呈坎村和黄田村古建筑群进行实地检查，要求抓紧做好一期工程的前期招投标准备工作，抓紧编制二期方案。12月中旬，安徽省文物局组织召开文物保护样板工程推进协调会，专题研究黄山市徽州区呈坎村和泾县黄田村古建筑群样板工程推进工作。

2014

中国
文物年鉴

2．加强"国保"单位保护管理

第七批全国重点文物保护单位公布后，安徽省文物局及时转发国家文物局《关于做好第七批全国重点文物保护单位的通知》，要求各地加强管理，积极做好"四有"和维修保护工作，统一树立保护标志碑。在文物维修中，安徽省文物局严把维修前的方案审批关、维修中的检查督促关和竣工后的验收关，通过严格审批程序，加强方案设计跟踪、工地检查及竣工验收，保证工程质量。2013年，向国家文物局上报了歙县许社林宅、泾县查济二甲祠等60多处国保单位的修缮工程设计方案，旌德文庙保护规划立项和泾县新四军军部旧址维修保护工程立项报告共58个。组织专家对维修工地进行检查指导，提出整改意见。开展第三次文物保护工程资质评审，公布一批文物保护工程资质单位。

（四）世界文化遗产

1．大运河和古城墙申遗工作

安徽省大运河保护和申遗工作取得重要进展。5月3日，在泗县召开安徽省大运河保护和申遗市厅际会商小组第五次会议，会议对下一步重点工作作了部署。会后成立了大运河保护和申遗省级专家组，加强申遗技术指导、咨询和督查。安徽省文化厅、省文物局多次督查指导，召开市厅际会商小组办公室会议，制定倒计时工作方案，统筹协调，加强调度，确保申遗各项工作有序进行，并先后十多次派员赴濉溪县柳孜运河遗址和泗县运河故道十里长街段两处申遗点现场检查指导，要求抓紧做好本体保护、环境整治、展示及迎检等各项准备工作，并编印简报12期。9月20～21日，圆满完成国际专家申遗点现场考察评估任务。12月，安徽省文物局率专家再次督查两地申遗情况，要求进一步加大宣传，强化管理措施，继续做好档案、监测、日常维护及环境卫生等工作，以良好的状态争取申遗成功。

安徽省文物局继续督促和支持寿县、凤阳做好寿县古城墙及凤阳明中都皇故城申报世界文化遗产项目。

2．遗产地项目申报工作

组织黄山编制申报了黄山摩崖石刻群和黄山登山古道及古建筑的文物保护规划立项报告，组织黟县编制了西递、宏村古建筑群文物保护规划立项报告和西递锄金堂保护维修设计方案。参加了中国文化遗产保护无锡论坛，交流了皖南古村落古民居的保护与利用经验。

【考古发掘】

（一）概况

2013年，安徽省文物考古研究所相继开展了宁西铁路复线、滁淮高速、天扬高速、京台高速（合肥至庐江段）等项目的考古调查工作，累计徒步调查1000多公里，发现文物点数十处，配合济祁高速（砀山段）、滁马高速、望东大桥连接线等建设工程的文物抢救和保护工作任务，勘探文物点50余处，勘探面积近40万平方米，发掘古遗址、古墓葬30余处，发掘面积5000余多平方米，出土文物上千件。出版了《钟离君柏墓》《天长三角圩墓地》《庐江汉墓》《潜山林新战国秦汉墓》《文物研究（第20辑）》等考古发掘报告和专刊。淮北柳孜隋唐运河遗址和凤阳乔涧子明代琉璃窑址入选2013年度全国十大考古新发现候选名单。

（二）重要考古项目

1. 淮北柳孜隋唐运河遗址二次发掘

1～7月，安徽省文物考古研究所继续发掘柳孜运河遗址。野外发掘工作自2012年3月开始，前后共经历了17个月，发掘面积约2000平方米。自上而下解剖了运河河道和河堤的堆积，通过堆积现象可以大致了解运河形成、使用、变迁、淤塞、废弃的整个历史变化过程。发现的瓷器残片数以万计，可复原的遗物数量达7000余件。

2. 凤阳乔涧子明代琉璃窑址和战国、汉代墓葬

7～10月，为配合蚌淮高速至宁洛高速连接线工程建设，安徽省文物考古研究所对凤阳县乔涧子明代琉璃窑遗址与战国、汉代墓葬进行抢救性考古发掘，共发掘明代早中期琉璃窑12座以及汉墓3座、战国墓1座、明清墓2座。路基范围外经钻探还发现了19座同类性质的陶窑。这些琉璃窑址是明代早中期为修建明中都和皇陵所设置的官府窑场，为研究明皇陵建筑用材和明代陶窑形制、窑业生产工艺等提供了珍贵的实物资料和科学资料。战国早期墓葬的发掘为安徽淮河流域东周墓葬分期以及探讨楚文化对淮河流域的影响提供了重要资料。

3. 含山凌家滩遗址和韦岗新石器时代遗址

5～7月，安徽省文物考古研究所在含山县凌家滩遗址东部的石头圩区域布10米×10米探方4个，实际发掘面积300平方米。本次发掘发现一处大面积红烧土遗迹，已暴露长19米以上、宽15米以上，面积超过220平方米，年代当不晚于贵族墓葬的年代。

10～12月，安徽省文物考古研究所因公路建设对凌家滩遗址附近的韦岗新石器时代遗址进行了抢救性发掘，共布探沟3条，实际发掘面积226平方米。文化层厚0.5～2.4米。韦岗遗址出土陶器明显不同于以往在凌家滩墓葬中所出，填补了凌家滩时期居民生活材料的空白，进一步明确了凌家滩文化的内涵。

4. 固镇县王庄镇双李墓群

7～9月，安徽省文物考古研究所对固镇县双李墓群进行了抢救性考古发掘，共清理墓葬22座、窑址2座、灶址1座、灰坑6个，出土遗物计100余件（套）。墓葬主要为战国和两汉墓，有宋墓1座。

5. 蒙城县乐土镇双龙村墓群

1～4月，安徽省文物考古研究所对蒙城县双龙村墓群进行了抢救性发掘，共清理墓葬46座、窑址2座，出土铜、铁、陶器等遗物200余件，铜钱400余枚。本次发掘所见的汉墓形制丰富多样，时代特征明确，具有明显的区域特点，是一批不可多得的考古学资料。

6. 芜湖市计村大城子新石器时代至周代遗址

1～6月，安徽省文物考古研究所对计村大城子遗址进行了发掘，共布10米×10米探方8个，实际发掘面积500平方米。新石器时代遗存有1座墓葬、1处红烧土堆积和少量柱洞。计村大城子遗址是在皖江中下游北岸地区发掘的首个先秦遗址，为深入了解这一地区的先秦文化面貌提供了难得的第一手材料，对研究良渚文化向西北的扩张过程和西周王朝对东南地区的经略均具有重要意义。

【博物馆与可移动文物保护】

（一）博物馆

1. 概况

截至2013年，安徽省有各级各类博物馆、纪念馆154座，其中隶属行业性国有博物

馆25座，隶属文化文物行政管理部门的博物馆、纪念馆97座，民办博物馆32座；国家一级博物馆1座（安徽博物院）、二级馆7座、三级馆22座；红色革命纪念馆13家，烈士陵园5家。

1. 免费开放

2013年中央免费开放补助资金7800万元，省级财政补助资金100万元，博物馆陈列展览提升改造经费1300万元，总计9200万元。首次开展了全省博物馆、纪念馆免费开放绩效考评工作，对纳入免费开放的113家博物馆、纪念馆进行全方面绩效考评，建立了每年进行免费开放绩效考评的长效机制。

根据安徽省博物馆快速发展的实际，经多次与省财政厅会商，制定并联合下发了新增博物馆纪念馆纳入免费开放经费补助范围的条件和要求，规范了新增博物馆纳入免费开放经费补助的范围，对2013年新纳入免费开放经费补助范围的23家博物馆纪念馆进行实地核查认定。

2. 重要陈列展览

组织开展了全省公共博物馆纪念馆陈列展览提升方案申报工作，评审出18家博物馆陈展优秀方案并给予专项经费支持。安徽博物院"皖风徽韵——安徽历史文化陈列"获第十届全国博物馆十大陈列展览精品奖，金寨县革命博物馆"两膺上将　国之勋臣——洪学智生平事迹陈列"获第十届全国博物馆陈列展览优秀奖。8月，在六安市召开了安徽省博物馆展陈提升座谈会。全年全省博物馆、纪念馆基本陈列保持270个，临时展览数量增至500个，原创性展览数量增加，输出、引进展览的质量得到提高，省内外博物馆陈列展览交流得到加强，有效提升了全省博物馆陈列展览整体水平。安徽博物院的"熠熠生辉——故宫博物院珍藏清代宫廷金银器特展"、皖西博物馆的专题展览"文脉延绵——非物质文化遗产展"、马鞍山市博物馆的"人生如水、禅意如歌——杭法基2013法像人物画展""翰墨迎春——马鞍山市博物馆2013捐赠书画作品选展"等临时展览在社会上产生较大影响。

3. 社会教育服务

5月20～22日举办了安徽省博物馆讲解员培训，160余人参加了本次培训，使博物馆讲解员的讲解和服务水平有了质的提高。6月5～8日举办了安徽省博物馆纪念馆讲解员大赛，来自全省的近百名讲解员参加了比赛。

4. 民办博物馆

及时转发国家文物局《关于开展促进民办博物馆发展的专题调研的通知》《关于请支持开展民办博物馆规范化建设评估工作的通知》，将民办博物馆发展专题调研课题列入了2013年工作重点。积极贯彻落实《国务院关于取消和下放一批行政审批项目的决定》（国发〔2013〕44号）及《安徽省人民政府关于公布省级行政审批项目清理结果的决定》（省政府令第245号）文件精神，下放民办博物馆审批权限（馆名以"安徽"开头的除外）至市级文物行政管理部门。根据《财政部关于下达2013年中央补助地方博物馆纪念馆免费开放专项资金的通知》，2013年争取国家财政资金764万元，补助安徽省27家自行免费开放的民办博物馆。

（二）可移动文物保护

安徽省以馆藏资源为依托，开展文物保护科学研究工作，逐步完善基础设施建设，注重培养科技保护人才，积极完成多项科研项目申报。2013年全年向国家文物局申报《安徽博物院可移动文物保存环境监控和囊匣配置解决方案》《安徽中国徽州文化博物馆可移动文物保存环境监控和囊匣配置解决方案》等17个预防性保护和修复项目，已审批通过9个，共获批经费约2000万元。

【社会文物管理】

安徽省文物总店发挥国有文物商店主渠道作用，走出去，请进来，拓宽经营渠道，举办多场次文物展销活动，经营收入大幅增加。各地一些兼营文物买卖的古玩市场、艺术品市场人气较旺。

安徽省文物鉴定站审核办理企业文物复仿制品出境展销1次，文物145件；出境文物展览审核1次，文物84件（套）。办理拍卖标的审核2次，共审核文物艺术拍卖标的1317件（套）。继续开展省内文物收藏单位馆藏文物巡回鉴定，完成7个文物馆藏文物单位的鉴定工作任务，总计鉴定文物2295件（套）。完成了北上抗日先遣队纪念馆、大别山烈士陵园纪念馆的馆藏文物鉴定。受理文物司法鉴定21起，涉及可移动文物272件（套）、不可移动文物12座（处）。分别在太湖县、滁州市和合肥市滨湖新区等地开展"鉴宝江淮行"，共鉴定文物数千件。

【科技与信息】

安徽省考古所、安徽省博物院与中国科技大学、安徽大学等高校协同创新，共同推进文物科技保护工作，相继开展了临泉姜寨出土女尸木棺的清理保护、六安观音寺塔彩绘经书保护、六安白鹭洲战国墓出土荒帷的清洗加固、广德太极洞石质文物保护修复、宿州运河沉船脱水保护、徽州牌坊的保护修复与数字化展示研究等多项出土文物、馆藏文物的保护与修复。"潮湿地区古代墓葬中丝织品保存状况的预判研究""ADSN的大数据古民居实时探测与分析系统研究"入选2013年度文物保护科学和技术研究课题（全国36项）。安徽博物院完成馆藏漆木器脱水保护修复，推进"馆藏珍贵文物无酸纸包装中试研发与示范""馆藏文物保护设施无机质地包装盒（囊匣）"两个国家文物局重点科研课题。10月11～13日，安徽省文物局、安徽省文物考古研究所举办了第三届"黄淮七省考古论坛"，为展示黄淮地区考古工作成果、深化学术交流与合作提供了平台。安徽省文物考古研究所开展了凌家滩第四、五次发掘等一批考古资料的整理工作，共发表各类学术论文20余篇。

【文博教育与培训】

10月10日～12月8日，受国家文物局委托，安徽省文物局举办全国"油画修复基本技能初级培训班"，这是我国文博系统首次举办油画保护与修复培训班，也是安徽省首次承担国家文物保护培训项目。先后承办了全国文物行政执法人员（安徽片区）培训班、国家文物进出境责任鉴定员杂项类等培训班。举办了全省博物馆讲解员培训班和讲解员大赛、全省文博信息员培训班、全省第一次全国可移动文物普查培训班、全省文物综合管理系统经费申报应用操作培训班，共培训各类人员1070人次。此外，安徽省文物考古研究所指导了安徽大学、武汉大学、中山大学、南京大学等多所高校考古学专业50多名本科生、研究生的田野考古实习工作。

■ 【文博宣传与出版】

4月，承办国家文物局驻华使节走进安徽黄山市世界文化遗产活动，意大利、坦桑尼亚等7国驻华使节参赞参加，《中国文物报》头版头条大篇幅报道。围绕"博物馆［记忆+创造力］=社会变革"主题，安徽省各地开展一系列"5·18"博物馆日活动。在安庆市太湖县成功举办第七个文化遗产日活动。这是安徽省第一次在县城举办文化遗产日主场城市活动。通过开展主场城市启动仪式、鉴宝江淮行走进太湖、全省博物馆纪念馆讲解员大赛、全省文化遗产与文化产业专题讲座培训班等丰富多彩的活动，进一步向全社会宣传文化遗产保护工作，积极推动文化遗产与文化旅游的深度结合。安徽省各地也结合实际，开展了丰富多彩的文化遗产日活动。

出版了《钟离君柏墓》《天长三角圩墓地》《庐江汉墓》《潜山林新战国秦汉墓》等考古发掘报告和专刊。《六安双龙机床厂墓群》《六安双墩汉墓》《铜陵师姑墩遗址》等考古发掘报告基本完成。继续出版《2013年文物考古年报》《文物研究（第20辑）》《安徽文博》《徽州文博》等学术期刊。

■ 【机构及人员】

截至2013年底，安徽省有文物保护管理机构92个，从业人员466人，其中中级职称97人、副高级职称22人、正高级职称3人。

博物馆154个，其中综合类76个，从业人员1315人，中级职称195人、副高级职称73人、正高级职称24人；历史类44个，从业人员546人，中级职称46人、副高级职称9人、高级职称2人；艺术类11个，从业人员233人，中级职称33人、副高级职称2人、高级职称3人；自然科技类4个，从业人员54人，中级职称8人、副高级职称5人；其他19个，从业人员352人，中级职称34人、副高级职称15人、高级职称6人。

文物商店2个，从业人员48人，其中中级职称11人、副高级职称1人、正高级职称1人。

文物科研机构1个，从业人员42人，其中中级职称18人、副高级职称7人、正高级职称7人。

其他文物机构8个，从业人员90人，其中中级职称3人、副高级职称2人、正高级职称1人。

■ 【对外（对港澳台）交流与合作】

8月6日～10月13日，由安徽博物院、意大利本体艺术美术馆等共同主办的"生命之相——梅内盖蒂本体艺术绘画展"在安徽博物院举行。这是安徽博物院建新馆以来首次引进西方现代艺术展，展览展出了"本体心理学之父"安东尼奥·梅内盖蒂创作的80幅本体艺术绘画作品。

8月21日上午，中国国民党荣誉主席吴伯雄一行来到安徽博物院，先后参观了"安徽文明史陈列"以及"徽州古建筑""安徽文房四宝""新安画派""黄宾虹山水画特展"等专题展览。

■ 【其他】

1月16日，安徽省政府在合肥召开全省文物工作会议，部署推进文物强省建设。会前，安徽省省长李斌对文物工作作出重要批示。副省长谢广祥出席会议并讲话。会议指出，安徽是文物大省，加强文物工作是贯彻落实党的十八大精神，全面建成小康社会的内在要求，是推动文化事业全面繁荣、文化产业快速发展、着力打造文化强省的切实举措。要按照推进社会主义文化强省的战略部署，全面做好文物保护利用和传承发展的各项工作。要夯实文物资源调查、保护管理、文物安全防范、科技支撑等基础工作，实施重点项目带动战略，完善博物馆体系建设，彰显文物多重效应，改善文化民生，促进文物保护与经济社会协调发展。各级各部门要把文物工作摆在更加重要的位置，加强领导，落实责任，加大投入，完善机制，营造保护文物人人有责、文物保护成果人人共享的良好环境，为打造文化强省、建设美好安徽作出贡献。会议传达了全国文物工作会议精神，表彰了第二届全省博物馆纪念馆精品陈列和全省首批十佳民办博物馆。

福建省

【概述】

2013年，福建省文物工作坚持以党的十八大和十八届三中精神为指引，认真贯彻落实国家文物局的部署，围绕福建省"十二五"文化发展专项规划，着眼福建省实际和文物工作特点，强化文物保护能力建设，解决好保护与开发的关系，推进涉台文物保护工程实施，深化历史文化名城名镇名村保护；推进博物馆建设和免费开放工作，加强公共文化服务体系建设；加强文物安全基础设施建设，不断改善文物安全环境。有效保护的文物同时，也在促进地方经济社会发展和海峡两岸文化交流中发挥了积极作用。

【执法督察与安全保卫】

配合省人大常委会对福建省贯彻实施《文物保护法》及《福建省文物保护管理条例》情况进行执法检查。省人大常委会刘群英副主任为组长的检查组，在全面了解福建省贯彻实施《文物保护法》和《福建省文物保护条例》总体情况的基础上，重点对文物管理体制与机构设置、执法能力建设，文物（含水下文物）安全情况，处理文物保护与经济建设、社会发展的关系情况，文物利用和文物市场监管情况，文物保护配套法规规章建设情况开展执法检查。

开展文物安全隐患大排查大整治活动。在各地自查的基础上，福建省文物局组成3个文物安全检查组，对26处全国重点文物保护单位、15处省级文物保护单位、23座博物馆和3个文物保护工程施工工地进行抽查，对发现的问题及时组织整改。

加强文物古建筑消防器材配备和设施建设。完成15处全国重点文物保护单位的安防、消防、防雷设计方案编制，607处全国重点和省级文物保护单位中木构建筑配备了消防器材和设施，30处重要省级文物保护单位安装了安防监控设施。

【不可移动文物的保护和管理】

（一）概况

福建省55处文物单位（其中3处为扩展项目）列入国务院公布的第七批全国重点文物保护单位，福建省人民政府核定公布了230处第八批省级文物保护单位。全省拥有全国重点文物保护单位增至137处291个点，省级文物保护单位增至674处，县市级文物保护单位近5000处，形成了国家、省和市、县（区）三级文物保护体系。

根据《国务院关于进一步做好旅游等开发建设活动中文物保护工作意见》和《福建省人民政府转发〈国务院关于进一步做好旅游等开发建设活动中文物保护工作意见〉的通知》精神，福建省文化厅、旅游局、住房和城乡建设厅、文物局组成检查督导组开展专项检查。

2014
中国
文物年鉴

组织开展《福州历史文化名城保护规划》《漳州历史文化名城规划》修编和一批历史文化名镇名村保护规划编制工作。启动福州朱紫坊、上下杭历史文化街区和烟台山历史风貌区保护工程。石狮永宁老街入选第五届中国历史文化名街，25个村落入选第二批中国传统村落名单。

进一步推进涉台文物保护利用工作。委托清华大学文化遗产研究所编制了《福建省涉台文物保护总体规划》，继续实施了一批涉台文物保护工程。在涉台文物保护工程开展五年之际，福建省文化厅、福建省文物局举办了"守望家园——福建涉台文物保护成果展"，在福建博物院及全省各地博物馆、部分涉台文物保护单位巡回展出，集中展现了近几年来涉台文物保护工程的成效。

加强文物保护规划、保护工程方案编制工作。省级以上文物保护单位11项保护规划、60项保护工程方案获得审批。泉州天后宫、云霄燕翼宫等一批重点涉台文物保护工程通过了竣工验收。

开展文物保护工程勘察设计、施工和监理单位资质评审认定工作，15家勘察设计单位、25家施工单位和6家监理单位资质得到新认定或升级。

（二）大遗址保护

三明万寿岩遗址、武夷山城村汉城遗址列入国家考古遗址公园立项。万寿岩遗址、城村汉城遗址、昙石山遗址、德化窑遗址、明清海防（崇武城墙、镇海卫城、胡里山炮台、马限山炮台、亭江炮台）等5处遗址列入国家文物局和财政部《大遗址保护"十二五"专项规划》。

（三）全国重点文物保护单位

启动全国重点文物保护单位保护范围重新核定和建设控制地带划定工作，以及第七批全国重点文物保护单位保护碑树立工作。

国家文物局批准了福建省全国重点文物保护单位规划立项5项、保护规划7项、保护工程方案18项。宝山寺大殿、泉州天后宫、田螺坑土楼群、振成楼等保护工程通过了竣工验收。

根据国家文物局的统一部署，开展国保单位保护工程及专项经费使用情况等重点工作专项督查，针对督查中发现的问题提出了整改措施，完善了文物保护工程专家咨询和质量管理制度，建立了文物保护工程进度季报制度。

（四）世界文化遗产

根据省委书记尤权、省长苏树林等省领导就土楼"申遗"后有关工作做出的批示，福建省旅游局、文化厅、住房和城乡建设厅就此进行了联合调研。省政府召开专题会议，就进一步理顺土楼管理体制，形成统一保护与开发的机制，多方位多层次争取保护与开发资金等进行了研究部署。组织开展了"福建土楼"世界文化遗产巡视督查，就遗产保护区缓冲区违法建设、安全隐患突出、管理体制和运营机制不顺、过度商业化等问题进行了整改。组织编制了《福建土楼保护规划》（由《福建土楼保护规划总纲》《福建（永定）土楼保护规划》《福建（南靖）土楼保护规划》《福建（华安）土楼保护规划》组成），经国家文物局同意后，由省政府批准公布。实施了田螺坑土楼群、振成楼、承启楼、五云楼、南阳楼等保护工程。

推动鼓浪屿申报世界文化遗产工作，出台《厦门经济特区鼓浪屿文化遗产保护管理办法》，按照《鼓浪屿文化遗产保护管理规划》的要求组织实施文物建筑修缮和环境整治工作。

【考古发掘】

（一）概况

完成考古发掘项目10项，发掘面积15650平方米。由中国社科院考古所、福建博物院和将乐县人民政府联合成立的东南考古研究基地在将乐县挂牌。

配合基本建设的文物调查勘探和抢救性考古发掘取得重要发现。配合邵光高速公路建设项目进行的光泽茶山－馒头山新石器至青铜时期遗址考古发掘，发现了由十几座房屋基址组成的聚落遗址等，在福建省属首次发现；福州地铁一号线屏山站工地考古发掘，发现了闽越国宫殿区遗址，对闽越国都冶城地望的研究具有重要价值。

开展平潭海域水下遗址等7项水下考古调查项目和福建省域江河流域文物考古调查。

（二）重要考古项目

1. 明溪南山遗址

继2012年发掘后，福建博物院和中国社会科学院考古研究所联合考古队于2013年11月～2014年1月再次对明溪县南山遗址进行考古发掘，两次发掘面积共620平方米。山顶发掘区发现蓄水池2个、墓葬3座、灰坑数十个，以及一批柱洞等遗迹；4号洞共发现墓葬5座和数个史前人类活动面、火塘等遗迹。出土了5具人类骨骼、大量碳化稻谷、少量果核和动物骨骼，以及打制石器、磨制石器和磨光黑陶、白陶等陶器。此次发掘揭露的山顶、洞穴遗址，年代跨度大、文化层连续而完整，是福建省罕见的新石器至青铜时期洞穴、旷野相结合的立体型遗址。

2. 光泽馒头山－茶山遗址

配合邵光高速公路建设项目，3～6月由福建博物院负责实施了抢救性考古发掘，发掘面积1500平方米，由新石器晚期的馒头山遗址和青铜器早期的茶山遗址组成。馒头山遗址揭露房址12座、灰坑4个、似灶遗迹5处、陶窑3座，出土文物有各类磨制石器和少量陶器、玉器；茶山遗址分两个文化层，揭露带状烧土遗迹、5座房址以及灰坑、火塘等遗迹，出土磨制石器、陶器等遗物。两处建筑遗迹均保存完整，呈密集群组分布，对于福建地区新石器至青铜时期古人类聚落形态的研究具有重要学术价值。

3. 福州屏山遗址

配合福州地铁一号线屏山站建设项目，由福建博物院和福州市考古队联合开展了抢救性考古发掘。从2013年8月开始田野考古，至2014年1月结束，发掘面积2000平方米。地层年代从汉代延续至明清，揭露出大面积西汉时期夯土层，发现有水井、河道、沟、灰坑、房屋基址、水塘、道路、陶窑等遗迹。出土的主要遗物有包括汉代万岁瓦当在内的各类砖瓦、石柱础等建筑材料，以及金属器、陶瓷器、漆木器、角器等生活用具。该遗址的发现，为福州城市变迁和闽越国都冶城地望研究提供了重要实物见证。

【博物馆与可移动文物保护】

（一）博物馆

构建类别多样、主体多元的博物馆发展新格局。新建福建土楼博物馆、莆田市博物馆，改扩建邵武博物馆、宁化博物馆、连城博物馆。新增国家二、三级博物馆8个。目前全省共有国家级博物馆31个，其中国家一级博物馆4个、二级博物馆10个、三级博物馆17个。

开展"情系八闽——文博走基层"等为民惠民系列活动，努力构建公共文化服务体系。举办"海上丝绸之路——七省联展"等多项多省联合文物展览，扩大文物资源的受众面，提升福建文化遗产的知名度。福建博物院打造"网上、纸上、空中博物馆"，通过与平面媒体、网络平台、电台等合作，搭建立体公共文化服务平台。全省文化文物系统管理的91个公共博物馆、纪念馆，全年共举办各种展览活动507场，接待观众2226万人次。

组织开展福建省第二届博物馆陈列展览精品评选活动，福建博物院"福建古代文明之光"、闽西革命历史博物馆"中央苏区·福建"获得精品奖，另有5个陈列展览获得单项奖。

（二）可移动文物保护

全省博物馆、纪念馆可移动文物藏品数482562件（套），其中一级文物1038件（套）、二级文物2833件（套）、三级文物93643件（套）；本年新增藏品数12810件（套），其中征集数8021件（套）；本年修复文物数314件（套），其中一级文物1件（套）、三级文物86件（套）。

（三）第一次全国可移动文物普查

省政府于2013年4月成立福建省第一次全国可移动文物普查领导小组，印发《福建省人民政府转发〈国务院关于开展第一次全国可移动文物普查的通知〉》。福建省普查办制定普查实施方案，举办两期全省可移动文物普查骨干培训班，共培训人员近三百人，完成全省国有单位收藏文物情况的摸底调查。

【社会文物管理】

全年审核文物拍卖标的26场次，鉴定书画、瓷杂等拍卖标的13408件，批准上市拍卖标的13383件，撤拍25件拍品。

加强文物进出境及涉案文物鉴定审核工作，办理文物出境审核14人次，文物总数296件（套）；复仿制品出境审核4人次，文物总数89件（套）；文物进境28人次，文物总数1297件（套）。入境展览审核1次，文物总数95件（套）。涉案文物鉴定38次，文物16734件（套），其中三级文物24件、一般文物483件、工艺品463件、文物标本15764件。

【文博教育与培训】

举办福建省文物行政执法培训班，对160名文博单位、文化综合执法队的文物执法业务骨干进行为期三天的培训；组织文化文物系统执法人员（92名）参加全省文物行政执法资格考试并取得较好的成绩。组织文博系统46名人员参加省文化厅与中央文化管理干部学院联合举办的福建省文化资源保护与利用专题研修班；组织19人参加国家文物局举办的6期全国县级文物部门负责人培训班。全年举办4期不同类型、不同层次的培训班，参训600余人次。

【文博宣传与出版】

在全省范围开展国际古迹遗址日、"5·18"国际博物馆日、文化遗产日宣传系列活动。文化遗产日期间，全省各级文化文物行政部门围绕"文化遗产与全面小康"活动主题，以宣传贯彻《文物保护法》和党的十八大、十八届三中全会精神为重点，利用博物馆、纪念馆、文物保护单位等场所，举办各种文化遗产展览、专题讲座、文物鉴赏等活动，推进文化遗产进社区、进乡村、进校园。福建博物院举办"一缕炉烟承古今——中国沉香文化的流传与回归"等展览，与福建人民剧场合作举办"博物馆专题电影周"活动；

2014
中国
文物年鉴

闽台缘博物馆举办"寻找古老的记忆——汉服"展；福建民俗馆与福建师大、福建农林大等共建单位共同举办传统手工刺绣体验活动。

出版考古报告《莲花池山遗址》。

▌【机构及人员】

机构总数150个，其中文物保护管理机构40个、博物馆98个、文物商店2个、文物科研机构1个和其他文物机构9个；从业人员数1989人（含专业技术人才837人），其中正高级职称53人、副高级职称114人、中级职称316人。

▌【对外对台交流与合作】

发挥涉台文物资源优势，积极开展对台文物交流。福建博物院、厦门市博物馆、闽台缘博物馆先后派出6批21人到台湾参加考古学术研讨会等文物交流活动。10月25～28日，由福建省文化厅主办、福建博物院承办的"海峡两岸文博创意产业精品展"在厦门举行，来自中国内地的12家博物馆和台湾地区的8家博物馆参与。福建博物院举办"海峡两岸考古遗存与海洋文化学术研讨会"，来自台湾中央研究院的陈仲玉研究员、郭素秋副研究员和台南艺术大学的卢泰康副教授等学者出席。泉州海外交通史博物馆引进台湾阳明海运文化基金会"诗情画意访古船"展览。福建博物院、福州市考古队派出专业人员参与国家博物馆组织的援助肯尼亚水下考古项目等工作。

江西省

【概述】

2013年，在江西省委、省政府的正确领导下，在国家文物局的精心指导和大力支持下，江西省文物系统以学习贯彻党的十八大、十八届三中全会精神为动力，解放思想、开拓创新，突出重点、狠抓落实，全省文物事业发展取得令人鼓舞的成绩。

【执法督察与安全保卫】

通过深入学习贯彻国家文物局、文化部等16个部门《关于加强和改进文物安全工作的指导意见》精神，积极与江西省发改委、江西省财政厅、江西省公安厅等有关部门沟通，结合全省实际，就进一步加强和改进全省文物安全工作提出了五点具体落实意见，联合印发《关于转发国家文物局、文化部等16部门〈关于加强和改进文物安全工作的指导意见〉的通知》。文件确定了到2015年江西省文物安全工作的主要目标，从健全文物安全责任体系、完善文物安全防控体系、严厉打击文物违法犯罪、强化组织协调与监督保障等方面对进一步加强江西省文物安全工作提出了系统要求。

7～9月，在江西全省范围部署开展"2013年全省文物安全隐患排查专项行动"。9～10月，在各单位自查整改、各设区市全面检查的基础上，江西省文化厅和江西省公安厅派出20多人组成4个检查组开展重点督察，抽查文博单位69个，现场下发文物安全隐患整改通知单47份，主要发现个别单位"四有"工作不完备、安全防范设施设备薄弱、安全制度不健全或不落实等问题。通过全面排查、彻底整治和重点督察，有效的预防和遏制了文物安全事故发生，确保了全省文物、博物馆单位的安全与稳定。

此外，江西省文物局先后督办樟树市国字山墓被盗案、庐山大林路38号别墅被拆案、永修云居山真如寺附属建筑火灾案和鄱阳淮王府遗址周边建设案等，严厉打击文物犯罪行为。

【不可移动文物的保护和管理】

（一）赣南等原中央苏区革命遗址保护

组织江西省文物保护中心以及赣州市、吉安市、抚州市、萍乡市、上饶市、宜春市文化局和有关县（市、区）文化局，集中时间、集中精力、集中人员，数易其稿，精心编制《赣南等原中央苏区革命遗址保护规划》。编制过程中，多次向国家文物局有关领导认真汇报。10月15日，国家文物局批复原则同意《赣南等原中央苏区革命遗址保护规划》，并将《规划》内容纳入国家文物局重点工作。《规划》涵盖了赣南等原中央苏区革命遗址的保护展示、环境治理和合理利用等内容，是未来五年江西革命文物保护的重要指导性文件。该《规划》计划申报中央财政补助经费9亿多元。2013年，中央财政下达赣南等原中央苏区革命遗址保护资金达7千余万元，同比增长70%。在做好《规划》的同时，抓紧编制

2014 中国 文物年鉴

赣南等原中央苏区革命遗址的维修方案。截至2013年底，赣州市、吉安市、抚州市、萍乡市、上饶市、宜春市已完成编制国保、省保和市县保革命遗址维修方案220多个。

（二）大遗址保护

主要包括以下几项工作：一是国家考古遗址公园申报取得重要成果。景德镇御窑厂国家考古遗址公园列入国家考古遗址公园名单，吉州窑考古遗址公园列入国家考古遗址公园立项名单。二是强力推进景德镇御窑厂窑址国家考古遗址公园建设。2013年，争取国家专项资金6千多万元用于御窑遗址保护和整治，督促完成了景德镇御窑遗址近5万平方米建筑拆迁和居民安置，启动实施了遗址周边环境整治工作，御窑遗址公园建设取得突破性进展，达到开园要求。三是督促指导湖田古瓷窑址、铜岭铜矿遗址、吴城遗址等编制完成了遗址保护展示及环境整治项目方案，获得国家文物局近1.2亿元专项经费支持。四是对大遗址重点区域针对性开展考古调查和发掘。樟树市筑卫城遗址、新干县牛头城址等遗址主动性考古发掘获重要成果，为今后进一步加强遗址的保护、展示、利用奠定了更好的基础。

（三）全国重点文物保护单位

2013年3月，国务院核定并公布了1943处第七批全国重点文物保护单位，江西76处文物保护单位榜上有名。截至2013年底，江西省共有全国重点文物保护单位128处，省级文物保护单位265处。

按照《文物保护法》及其《实施条例》等法律法规的规定，加强对全国重点文物保护单位的管理：一是加强保护规划编制工作，庐山会议旧址和庐山别墅建筑群、井冈山革命遗址、瑞金革命遗址等全国重点文物保护单位保护规划经专家评审后呈报国家文物局。2013年，国家文物局批复同意江西省的保护规划立项12个，保护规划7个。二是加强保护维修方案编制、报批和保护维修专项经费争取工作。督促指导乐安县流坑管理局、井冈山革命博物馆、横峰县博物馆等认真编制20余个流坑古村古建筑保护维修方案、10余个井冈山革命遗址革命旧居旧址保护维修方案、近10个闽浙赣省委机关旧址保护维修方案，并获国家文物局批复，瑞金革命遗址、兴国革命旧址、闽浙赣省委机关旧址等一批苏区革命旧居旧址保护维修方案也相继获国家文物局批复。据统计，2013年，国家文物局共批复同意江西省全国重点文物保护单位保护维修方案近50个。三是抓好全国重点文物保护单位保护维修项目的实施，实行全程督促、指导和监管，重点抓好资金管理使用、工程管理、专家指导、工程验收、展示利用等关键环节，做到"三个确保"，即确保工程质量确保专款专用、确保文物保护和利用综合绩效，不断提升文物保护维修和展示利用水平。四是加强"四有"建档工作，及时印发关于做好第七批国保"四有"工作相关文件，要求各地加大保护经费的投入，切实做好第七批国保"四有"工作，抓紧做好全国重点文物保护单位标志牌和说明牌。五是争取国家经费支持成效显著。2013年，中央财政下达江西省国保专项经费29588万元，项目109个，比2012年增加11811万元，增长67%，再创历史新高。其中文物本体保护维修和考古发掘经费27038万元，比2012年增加11361万元，增长72%。

（四）世界文化遗产

根据《世界文化遗产管理办法》《保护世界文化和自然遗产公约》《中国文化遗产监测巡视办法》的规定，认真指导庐山管理局不断加强庐山世界文化遗产保护管理工作。督促指导庐山文化局继续编制《庐山世界文化遗产保护总体规划》和《庐山全国重点文物保护单位保护规划》，并牵头组织有关省直部门和专家认真评审，为今后做好庐山世界文化遗产保护、管理、监测等工作奠定坚实基础。督促指导庐山文化局编制庐山别墅建筑群175

2014
中国
文物年鉴

号和176号维修方案及庐山会址、传习学舍和民国图书馆边坡整治方案。指导庐山文化局对庐山大厦等全国重点文物保护单位进行保护维修，要求确保工程质量、确保经费专款专用。

【考古发掘】

（一）概况

2013年，江西省景德镇南窑窑址、鄱阳县明淮王府遗址、新建县堆墩墓葬等十余项主动性考古发掘项目获国家文物局批准并获考古发掘和保护专项经费支持，发掘总面积5500平方米，取得多项重要成果：景德镇乐平市南窑遗址考古发掘项目成功入选全国十大考古新发现；新建县堆墩墓在2011年和2012年调查、勘探和发掘的基础上，继续发掘并取得重大进展，一号主墓出现了高等级题凑迹象；鄱阳县明淮王府遗址二期考古发掘，进一步搞清了明代淮王府与清代饶州府建筑遗迹的布局情况；新干县牛头城址考古发掘出土了戈、铸、斫等5件青铜兵器和工具，其形制与新干大洋洲商墓出土同类器物一致，具有重大考古和历史研究价值。

2013年，江西省文物考古研究所全力配合高速公路、铁路、机场、码头、水利枢纽、天然气管道、电厂及旅游度假区等30余项大型基本建设项目，积极开展文物资源评估、考古勘查与抢救性考古发掘工作，取得多方面成果。完成新余施家庙前遗址、泰和县下垅明清墓葬群考古发掘和泰和县杨虎岭宋－明清墓葬群等一批抢救性考古发掘项目，发掘面积18100平方米，抢救出土了一批珍贵遗物。其中，九江县太公岭遗址、星子县塔园明代墓葬和吉安井开区将军山南宋纪年墓3项发掘取得重要成果：九江县太公岭遗址发现了数十座汉唐时期墓葬，出土了数百件陶瓷器，还清理了一批商代的水井、灰坑和房屋，出土了大量完整的商代陶器，是近年来江西省商代考古的重大突破；星子县秀峰塔园明代高僧墓葬的发掘，极大丰富了庐山地区乃至江西地区佛教文化内涵，其独特的墓室结构、葬式及保存基本完好的墓室壁画为江西罕见；吉安井开区将军山南宋纪年墓为高规格宋代墓葬，其地下防潮排水系统江西少见，出土的南宋早期吉州窑、景德镇镇窑以及龙泉窑瓷器标本，为研究当时的窑业技术以及陶瓷文化交流提供了新的资料。

（二）重要考古项目

1．乐平市南窑遗址

景德镇南窑唐代遗址位于景德镇乐平市接渡镇南窑村东北。2013年，经国家文物局批准，江西省文物考古研究所对该窑址进行了科学发掘，考古发掘取得突破性成果：在3万平方米的同一个山头上（窑山）发现了12条呈扇形分布的龙窑，长度均在60米以上，这是我国迄今发现窑炉分布最密集、布局最有规律、瓷业生产组织最严密的唐代窑场。南窑唐代遗址揭示的龙窑遗迹长达78.8米，是迄今我国考古发掘最长的唐代龙窑遗迹，它最早使用了减火坑技术，是晚期分室龙窑的发端。南窑唐代遗址是迄今景德镇境内年代最早的瓷业遗存，将景德镇的制瓷历史向前推进了200年。2013年4月，该项目成功入选全国十大考古新发现。

2．新建县堆墩墓

在2011年和2012年调查、勘探和发掘的基础上，江西省文物考古研究所继续发掘新建县墩墩墓，取得重大进展：一号主墓发掘至距离棺椁2米处，出现了高等级的题凑迹象；开展了二号墓的封土解剖工作；完成五号祔葬墓的发掘、信息资料提取和现场文物保护工作，出土铜器、玉器、漆器、铁器等各类文物200余件；对六号祔葬墓和其前的冢堂、陵旁祠庙、主墓前冢堂等进行了发掘；对车马坑进行发掘，完成整体套箱起取，并运送到北京开展实验室考古，同时对车马坑进行三维扫描工作，获取三维影像数据；继续完善墩墩墓葬田野考古调查、勘探、发掘的地理信息系统，为今后的文物保护、展示、利用、科学研究和大遗址保护提供科学依据。

3．鄱阳县明淮王府遗址二期考古

2013年，江西省文物考古研究所对鄱阳县明淮王府遗址进行二期考古发掘，进一步搞清了明代淮王府与清代饶州府建筑遗迹的布局情况，出土了大批明代淮王府定烧的王府瓷器，对研究明代藩王王府与清代府学的建筑布局及规制提供了重要考古资料。

4．新干县牛头城址

2013年，江西省文物考古研究所对新干县牛头城址进行主动性考古发掘，出土了戈、铸、斨等5件青铜兵器和工具，其形制与新干大洋洲商墓出土同类器物一致，表明大洋洲商墓主人就是新干牛城统治者，这一发现解决了学术界的一大疑案，具有重大考古和历史研究价值。在城门西侧城墙上发现面积20多平方米的建筑基址，为城门门塾，该种城门门塾是江西城址考古的首次发现，对于江西城市发展史研究以及商代城市考古研究具有重要学术价值。

【博物馆与可移动文物保护】

（一）博物馆

1．概况

截至2013年年底，全省在省级文化行政管理部门登记的博物馆共有139家，其中文化（文物）系统管理的109家、行业博物馆11家、民办博物馆19家，拥有国家一级博物馆4家、二级博物馆5家、三级博物馆22家。全年推出陈列展览近500个，免费接待国内外观众达2400万人次。

2．博物馆间的交流与合作

井冈山革命博物馆承办中国博物馆协会社会教育专业委员会2013年年会暨"记忆+创造力=社会变革"学术研讨会；景德镇官窑博物馆应澳门特区民政总署邀请，在澳门民政总署画廊举办"馆藏珠山明御窑出土成化官窑瓷器展"；景德镇御窑博物馆陆续在北京保利艺术博物馆、北京大学赛克勒考古与艺术博物馆、澳门民政总署画廊、东莞市袁崇焕纪念园、湖北省博物馆、鸦片战争博物馆等处举办馆藏精品展。萍乡市博物馆联系中国社会科学院考古研究所安阳工作站、河南安阳殷墟博物馆，成功引进"甲骨、青铜、玉器——世界文化遗产文物展"，这是中原殷商文物首次大规模南下展出，丰富了萍乡市民文化生活。

3．重要陈列展览

全省文博系统全年举办各类陈列展览近500个，免费接待观众超过2400万人次。其中南昌县博物馆"洪州窑青瓷展"和九江市博物馆"九派云横——九江历史文化陈列"喜获第十届全国博物馆十大陈列展览精品奖。

洪州窑青瓷展，南昌县博物馆基本陈列。展览面积880平方米，展线长235米，展出青瓷文物达211件（套），珍贵文物计118件（套）。陈列内容分"豫章概说""洪州瓷史""青瓷物语""瓷艺交融"四部分，展览形式设计追求汉唐风韵与现代简约的融合，图片图表等辅助展品力求与文物对应，多角度诠释文物特征，注意专业与通俗协调、学术与普及兼顾，全面、系统地介绍了洪州窑的历史成就。

九派云横——九江历史文化陈列，九江市博物馆新馆基本陈列。内容丰富、主题突出、布局展线流畅，采用通史加专题的体例和场景、雕塑、绘画、模型、影视多媒体等一系列表现手法，突出九江作为南方山水城市的个性化特征及其在中国历史进程中的重要地位。

昌盛之邦——宜春历史文明展，宜春市博物馆新馆基本陈列。以历史序列专题反映地方的历史进程和历史闪光点，以历史时代组合式文物，结合历史文献、历史场景复原共同展示其历史内涵，分为"千年足迹""书香海内""桑梓群彦""情咏宜春""天工开物""乡土建筑"6个部分，囊括所辖10个县市区的文化精华，彰显了宜春地域特色。

跃上葱茏——庐山历史文化陈列，庐山博物馆基本陈列。由"序厅""毛泽东主席卧室""党和国家领导人在庐山""名人与庐山""五百罗汉图""庐山老照片""庐山别墅文物精品""庐山世界文化景观""庐山世界地质公园"等展厅组成。在保护旧居原貌的前提下，充分运用了文物、标本、照片、图标、多媒体等多种陈列手段，展示了庐山丰厚的历史文化内涵和独特的魅力。

（二）可移动文物保护

据统计，截至2013年底，江西省文化系统国有文物收藏单位收藏文物总计30万件（套），其中珍贵文物45320件（套）。江西省博物馆具有国家文物局颁发的可移动文物技术保护设计甲级资质和可移动文物修复一级资质。

（三）第一次全国可移动文物普查

江西省政府成立了由副省长朱虹任组长、相关16个厅局为成员单位的江西省第一次全国可移动文物普查领导小组，领导小组办公室设在江西省文物局，负责普查工作的日常组织和具体协调。江西省政府召开全省第一次可移动文物普查电视电视会议，朱虹副省长出席并讲话，江西省政府办公厅下发《江西省第一次全国可移动文物普查实施方案》。江西省普查办举办全省第一次全省可移动文物普查培训班暨全省可移动文物普查工作会议，180余人参加培训和会议。创建"江西可移动文物普查""可移动文物普查联络员"两个QQ工作交流群，初步建立领导小组成员单位联络员等工作机制，加强同各方面的沟通协调。江西省文化厅、江西省文物局已分别与江西省国资委、江西省档案局、江西省教育厅、江西省民政厅、江西省财政厅等部门联合印发通知，明确这些可移动文物收藏相对集中的系统开展普查工作的要求。各地迅速成立普查机构并制定普查实施方案、组建普查队伍，建立了各行政区域纳入普查范围的国有单位名录，全面开展国有单位文物收藏情况调查。

【社会文物管理】

江西省文物商店坚持灵活多样的方式，通过引客上门、送货出拍、送货参展、推荐入市等，千方百计开拓市场，全年经营总额达1600多万元，创历史新高。

【文博宣传与出版】

江西省文物系统结合实际，开展了各具特色的文物宣传活动，拓展延伸了文物博物馆的传播力和辐射力。5月，江西省文物局组织全省文博单位围绕"博物馆［记忆+创造力］=社会变革"主题，开展了第37个"5·18"国际博物馆日宣传庆祝活动。

江西各地也积极开展了独具特色的博物馆文化宣传普及活动，如南昌八一起义纪念馆主动走进5个社区、5个部队和15所学校，完成主题教育活动63场，实施教育项目3个，培养小小志愿者讲解员近50人，开展了"缅怀革命先烈　永远跟党走""寻红色印记""牵手留守儿童——共筑中国梦""军歌嘹亮""重走红色之路　争当保障标兵""聚力强军

梦　青春勇担当""小小声音传军魂""八一歌谣进学堂"和"毛泽东的故事"等系列活动。安源路矿工人运动纪念馆举办了"纪念毛泽东诞辰120周年和《毛主席去安源》油画发表45周年座谈会"和"全国毛泽东纪念馆年会"。

【对外交流与合作】

景德镇御窑博物馆从荷兰代尔夫特引进"蓝色革命——四百年两座城市的情缘"展览。江西省博物馆引进"走近现代——英国美术300年展"，与台湾海峡两岸古文物研究发展协会签订合作生产销售文创产品项目协议。

【其他】

实施江西省博物馆"百馆展示工程"。江西省文化厅印发《关于实施全省博物馆"百馆展示工程"的通知》，决定在2013~2015年，以陈列内容科学化、陈列语言科普化、陈列形式艺术化、陈列手段现代化为主要标准，对文化系统管理的所有国有博物馆的基本陈列的更新或改造提升进行扶持和指导。为积极推进该工程的实施，建立了由38位专家组成的专家库，先后组织了近20次专家评审会、创意定位座谈会及工程验收等，同时积极争取上级部门陈展补助资金2250万元，30余个博物馆正在或已经完成陈展更新。

山东省

【概述】

2013年是山东文物工作贯彻落实党的十八大精神和全省文物工作会议精神，推进文物强省建设的开局之年。全省文物系统按照省委、省政府的要求部署，围绕中心、服务大局，抓住重点、打造亮点，积极实施"七区两带"文化遗产保护片区和重大项目带动战略，全省文物事业快速发展，在多个领域实现重大突破。

全省文物工作深入贯彻落实党的十八大和全省文物工作会议精神，文物保护体制机制不断加强，机构和专业人员队伍建设得到强化，经费投入力度继续加大；重点项目带动战略卓有成效，大力推进88项重点文物保护工程建设，世界遗产和大遗址保护管理取得新突破，大运河山东段保护申遗通过世界遗产组织专家现场考察评估；基础性工作进一步加强，全省省级以上重点文物保护单位总量翻了一番，第一次可移动文物普查工作全面展开，重要考古项目连续五年入选全国十大考古新发现，文物保护"天网工程"启动试点；博物馆事业蓬勃发展，成功承办2013年"5·18"国际博物馆日中国主场城市（济南）活动，全省国家一、二、三级博物馆达到42家；对外交流合作和文物普法宣传成果丰硕，"欧美经典美术大展"引发强烈反响，文物保护社会影响力显著提高。

【执法督察与安全保卫】

深入落实《文物保护法》和《山东省文物保护条例》，文物行政执法和安全监管等工作进一步加强。

一是文物法规建设取得新的进展。山东省政府颁布实施《山东省大运河遗产山东段保护管理办法》，成为我国目前唯一一部由省级人民政府颁布实施的大运河保护规章。印发《关于进一步做好旅游等开发建设活动中文物保护工作的通知》，提出了严格依法行政、加强文物管理的政策措施。《曲阜孔庙、孔林、孔府保护管理条例》列入山东省人大、省法制办2014年地方立法计划。山东省文物局会同省直22个部门印发《关于进一步加强和改进文物安全工作的意见》。

二是文物安全常抓不懈。在济南市长清区启动文物保护"天网工程"试点工作，与公安机关联网联动，对田野文物实施24小时实时监控。开展了田野文物执法专项行动，保持对文物违法犯罪的高压态势。会同山东省旅游局开展了旅游等开发建设活动中文物保护情况专项检查和督查。

【不可移动文物的保护和管理】

（一）概况

全省以实施"七区两带"文化遗产保护片区规划为重点，实施项目带动战略取得新突

2014
中国
文物年鉴

破。国务院公布第七批全国重点文物保护单位，山东省95处文物保护单位和2处合并项目榜上有名，全省全国重点文物保护单位总数达到196处。山东省人民政府公布第四批省级文物保护单位606处，省级文物报单位总数达到1293处。全省"国保"和"省保"单位数量均增长一倍。

（二）大遗址保护

三大国家考古遗址公园建设工程全面展开。鲁国故城考古遗址公园累计完成投资2.5亿元，初步形成公园框架并通过国家专家组评审。南旺枢纽考古遗址公园累计投资2.7亿元，完成了分水龙王庙建筑群修复、河道治理及相关水工设施保护和博物馆建设等工程。这两处考古遗址公园被国家文物局正式授予"国家考古遗址公园"。大汶口考古遗址公园全面展开考古发掘工作，总投资5000万元的汶河南北岸治理工程方案已经国家文物局批准。章丘城子崖、临淄齐国故城列入第二批国家考古遗址公园立项名单。山东省列入全国150处大遗址名单的13处大遗址，已有10处完成了保护项目总体规划编制工作。

（三）重点文物保护单位

烟台福建会馆等50处国保单位维修方案、保护规划及立项获国家文物局批复。完成九龙山摩崖造像等26处省级以上文物保护单位维修保护方案审核。邹城三孟等61项维修工程扎实推进。"十二五"以来，全省对180余处遗存文物进行了抢救性维修保护，安排国家和省财政经费7亿元，累计完成维修工程71项。

全年启动全国重点文物保护单位保护规划编制70个，完成20个。启动省级重点文物保护单位保护规划编制15个，完成4个。大运河总体保护规划经山东省政府批准实施。鲁国故城等7处大遗址总体保护规划经国家文物局批准、山东省政府公布实施。经国家和省批复立项的规划项目40余项，即将进入规划编制阶段。

（四）世界文化遗产

大运河申遗通过考察评估。山东省政府成立大运河保护申遗领导小组，季缃绮副省长主持召开了全体会议并作重要讲话。省财政设立了大运河保护申遗专项经费。沿河枣庄、济宁、泰安、聊城、德州5市高度重视，党政主要负责人亲自调度，在人力物力等方面全力保障，省文物局抓好协调落实。完成列入申遗目录的8个河段、15个遗产点的维修保护和环境整治工程，国家、省和地方配套累计投入资金超过10亿元，10月顺利通过了世界遗产组织的考察评估。启动"大运河历史文化长廊"规划建设和重大保护工程规划设计工作。大运河保护申遗工程取得了显著的社会和经济效益，受益民众超过500万人，成为助推"鲁西南经济隆起带"建设、生态城市和美丽乡村建设的惠民工程。文化部部长蔡武、国家文物局局长励小捷视察大运河山东段申遗工作，对山东省申遗工作给予充分肯定。

"三孔"及泰山、齐长城世界文化遗产保护得到加强。实施完成孔庙、孔府、孔林文物保护维修工程10项。投资1560万元，实施完成泰山岱庙文物保护修复工程5项。《齐长城总体文物保护规划》编制完成，齐长城长清段等10处重点区段和重要文物点抢救性保护维修方案获国家文物局批复，部分工程已启动实施。组织编制《"齐长城人文自然风景带"建设规划》。

【考古发掘】

（一）概况

定陶灵圣湖汉墓荣获"2012年度全国十大考古新发现"，这是山东省连续第五年入选全国十大考古新发现，累计入选项目已达20项。沂水纪王崮春秋墓入选中国社会科学院"考古学论坛·2013中国考古新发现"。

全年全省共22项考古发掘证照申请获得国家文物局批复，其中主动性考古发掘项目11项，发掘面积约23700平方米。全年开展了93项基本建设工程文物保护项目，完成44项。组织开展第一批山东省考古勘探领队、技术员资格及考古勘探团体资格认定工作。

（二）重要考古项目

1. 日照黄泥梁旧石器时代遗址

2013年4~6月进行发掘，发掘面积50平方米。出土遗物均为石制品。这是山东省近年来首次旧石器遗址发掘，具有确切的地层和可靠的测年样品。石制品数量众多、类型全面，足以支撑区域旧石器文化特点与技术特征的建立，为进一步研究提供了充足的材料。

2. 牟平区蛤堆顶遗址

2013年4~6月对该遗址进行抢救性发掘，面积500平方米。遗物有陶、石、骨、蚌、牙器等。完整陶器较少，多为夹砂加石英颗粒的红褐色陶片，以鼎足圆锥状较多，少量呈侧三角状。典型器物为带钉头状或蘑菇状錾手的陶罐和鼎。石器种类繁多，石斧和磨盘、磨棒占多半以上。骨器以骨锥和骨笄数量较多。发掘区位于遗址南部边缘，早期遗迹虽然清理较少，但文化层中出土遗物种类繁多、样式各异，为研究白石文化增添了丰富的第一手材料。

3. 泰安大汶口遗址

2012年10月~2013年6月对大汶口遗址进行考古发掘，发掘区位于遗址中部、大汶河北岸，面积800平方米。共发现大汶口文化房址7座、灰坑2个及大型坑状遗迹1处，龙山文化灰坑18个，历史时期墓葬5座。本次发掘最重要的收获是发现了成片的大汶口文化时期居住基址。如此集中且规划明显的居住基址，在大汶口遗址历次发掘中尚属首次发现。

4. 章丘城子崖遗址

2013年10月~2014年1月，山东省文物考古研究所将20世纪30年代发掘的探沟重新挖开并向北延伸20米，获得一条纵贯遗址中部、南北长约470米的大剖面，在遗址堆积和聚落层面整体结构的把握上获得预期收获。探沟北端发现龙山文化和岳石文化城墙。这次发掘再次证实了岳石、龙山文化城墙叠压的地层关系，并发现了岳石文化大型建筑基址。剖面所展示的各类遗迹和地层关系，为下一步的城子崖考古工作提供了重要的地层信息。

【博物馆与可移动文物保护】

（一）博物馆

博物馆建设取得新成果。全年全省审批设立博物馆（民办）10家，新建博物馆4家，改扩建13家，年内建成18家。全省各级各类博物馆达到210家，其中文物系统国有博物馆142家、行业性博物馆49家、民办博物馆19家。山东博物馆获评国家一级博物馆。开展民办博物馆发展调研和规范化建设评估，制定下发《关于推进我省国有博物馆对口支援民办博物馆工作的意见》。山东名人馆开馆。启动山东数字化博物馆建设。

全年全省博物馆举办陈列展览1364个，开展社会教育活动4959次，接待观众6425万人次。全省166家博物馆免费开放，占博物馆总数的80%，免费接待观众4725万人次。山东博物馆、山东省文物考古研究所"考古山东陈列"获得第十届全国博物馆十大陈列展览精品奖。组织开展全省博物馆、纪念馆"十佳服务品牌"评选活动。

（二）"5·18"国际博物馆日中国主场城市活动

2013年的"5·18"国际博物馆日中国主场城市是济南。山东博物馆作为活动主场，承办和举办了开幕式以及"全国博物馆事业成就暨精品陈列图片展""大羽华裳——明清服饰特展""山东石刻拓片精品展"等主题展览，组织了知名专家免费鉴宝、高端学术报告会等十多场特色活动。围绕主场城市活动，济南市及全省各级博物馆共举办17个专题展览、41项特色活动和15场公益讲座。

（三）第一次全国可移动文物普查

第一次可移动文物普查工作全面展开。山东省政府召开了全省第一次可移动文物普查电视会议，印发了实施方案，并明确省文物保护委员会负责普查组织协调工作。山东省文物局组建了专家指导组和省直普查队，制定了责任分工方案。全省培训普查人员2429人，注册登记普查员1596人。开展了国有单位文物收藏情况调查摸底工作。各级文博单位的文物清库、完善档案、数据采集和登录工作逐步展开。

【对外交流与合作】

大力实施"山东文化遗产走出去"工程，对外合作交流取得丰硕成果。

一是尼山论坛荣获首届"山东省文化创新奖"。尼山论坛成为世界文明对话和传播宣传中华文化的平台，在国内外产生了广泛影响。精心筹备第三届尼山论坛，制定《第三届尼山论坛实施方案》。编辑出版《世界文明对话（2002～2012）研究报告》《第二届尼山论坛论文集》和《第二届尼山论坛实录》。配合北京师范大学举办了"北京尼山论坛"。应联合国文明联盟邀请出席了"维也纳论坛"。

二是举办和引进了一系列精品展览。着力打造孔子文物展、青州佛造像、汉画像石拓片等一批齐鲁文化特色的文物外展品牌。在筹备时间紧、任务重的情况下，10月在台湾高雄成功举办"永远的孔子"文化展，10余万人次参观了展览，引起强烈反响。在日本山口县、和歌山县举办结为友好城市30周年特别纪念展"黄河泰山文物展"。在德国法兰克福举办"汉画像石拓片展"。会同有关单位引进"欧美经典美术大展"，一个月的展期内接待观众达35万人次，成为"中国第十届艺术节"的一大亮点。

三是加强与海内外机构的合作交流。与加拿大雅瑞文化传播公司签署合作交流协议书。与台湾佛光山文教基金会签署《文物交流展览合作备忘录》。全年接待来自美国、英国、加拿大、日本和台湾地区的20个来访团组、100多人次。编印山东精品文物等中英文对照宣传册7套。

【文博宣传】

大力宣传普及文物法律法规、全省文物工作会议精神、"七区两带"文化遗产保护规划和典型经验。会同山东省政府新闻办公室举行了"5·18"国际博物馆日主场城市活动、重点文物保护单位公布等新闻发布会。组织新闻媒体记者围绕文物工作重要会议、重大活动开展集中宣传报道，全年各级各类媒体编发山东省文物局新闻稿件800余篇条。编辑出版6期《人文天下·山东文物》，每期12万字。《山东文化遗产》由科学出版社出版发行。山东文博网、中华文化标志城网、尼山论坛网全年编发资讯信息2300多篇条。山东省文物局被国家文物局推荐为全国文物系统唯一的"六五普法中期先进单位"。

2014
中国
文物年鉴

【其他】

2012年底召开的全省文物工作会议精神，是山东省自新中国成立以来规格最高、规模和影响力最大的一次文物工作会议。会议明确提出了文物强省建设的目标任务。山东省委、省政府对贯彻落实文物工作会议精神高度重视，省政府先后印发了5个关于文物保护工作的文件，决定启动建设"山东省文物保护科研修复工场"。机构和队伍建设得到加强，山东省文物保护与收藏协会于2013年1月19日正式成立，省政府同意成立山东省文物保护修复中心、山东省水下考古中心；全省17市有15个市成立了文物局，2个市成立了文物管理处或文物管理办公室、14个市成立了文物保护委员会。经费投入力度继续加大，2013年财政部、国家文物局批准山东文物保护专项补助资金项目140项，比2012年增加44项，增长46%；全年争取国家财政资金比2012年增加2.2亿元，增长36%；省级文物保护经费较2012年有大幅度增长。加强干部培训，会同山东省委组织部举办了全省文物工作县（市、区）长专题培训班，首次对17市文物局长、文广新局长，70个文物重点县（市、区）政府分管负责同志集中培训。

河南省

【概述】

2013年，河南文物工作以党的群众路线教育实践活动为动力，重点文物保护工作稳步推进，文化惠民和文物资源利用不断加强，文物安全与执法督察工作稳步开展，文物科技保护和对外合作交流持续深化，文物保护基础工作扎实推进，各项工作取得新成绩。

按照河南省委统一部署，2013年下半年河南省直机关开展了党的群众路线教育实践活动。河南省文物局党组紧紧围绕"照镜子、正衣冠、洗洗澡、治治病"的总要求，坚持边学边查边改边建，扎实开展教育实践活动。围绕形式主义、官僚主义、享乐主义和奢靡之风等"四风"问题，局党组开展自查，并多渠道、多形式征求意见386人次，收集意见建议128条，整理归纳为46条。党组和班子成员组成5个调研组，分包市县调查研究，听取意见，了解情况，形成了调研报告。结合河南省文物工作实际，制定印发了《关于加强文物勘探管理工作的通知》《河南省文物保护工程施工管理规定》《河南省文物保护单位开放管理办法》《河南省重点文物保护科研基地管理办法》等11项加强机关建设和行业管理的工作制度。通过教育实践活动，机关党员干部大局意识、服务意识、改革创新意识进一步增强，为完成全年各项任务提供了有力的思想作风保证。

【执法督察与安全保卫】

落实文物安全责任，省、市、县三级文物部门逐级签订文物安全目标责任书，洛阳市、平顶山市、许昌市、南阳市、商丘市、驻马店市、巩义市及新郑市政府等把文物安全纳入政府目标考核体系，与所属各县（市、区）或乡镇政府签订了责任书，加强文物安全组织领导。

推进文物风险单位安防设施达标工作，组织编制65部技防、消防、防雷方案，国家支持实施26项安防工程，进一步提升了综合防范水平。

强化文物安全督察，部署开展旅游等开发建设活动中文物保护情况专项检查、文物系统安全生产专项检查、文物建筑消防安全专项检查等活动，全省共检查文博单位2000余处（次），排查整改安全隐患600多个。

发挥联合打击文物犯罪工作机制作用，会同省公安厅督办侦破全国重点文物保护单位新乡市陀罗尼经幢被盗案、长葛市黄杰墓石刻文物被盗案等10余起案件，有力震慑了犯罪分子，维护了全省文物安全形势的整体稳定。

持续开展文物行政执法专项督察活动，采取现场调查和跟踪督办方式，督促查处了南阳市宛南书院被非法拆除等12起文物违法案件。配合开展涉案文物鉴定123起，鉴定涉案物品3962件。

2014
中国
文物年鉴

【不可移动文物的保护和管理】

（一）概况

2013年，河南省有169处不可移动文物被国务院公布为第七批全国重点文物保护单位。至此，河南共有全国重点文物保护单位358处，河南省文物保护单位902处。

河南省文物局会同省住房和城乡建设厅部署开展第七批全国重点文物保护单位以及第五批、第六批省级文物保护单位保护范围和建设控制地带划定工作，推进"四有"工作落实。

（二）大遗址保护

按照国家大遗址保护工作部署，全年编制完成巩义宋陵、汉魏洛阳故城东汉灵台遗址等13部规划和保护展示方案。持续开展北宋东京城等14项主动性考古发掘项目，为下一步保护展示提供科学依据。扎实推进宝丰清凉寺汝官窑遗址等16处大遗址的40余项保护展示工程。郑州商城、汉魏洛阳故城、隋唐洛阳城、内黄三杨庄等大遗址保护展示工程阶段性任务圆满完成，综合效益进一步显现。汉魏洛阳故城入选第二批国家考古遗址公园名单，偃师商城、信阳城阳城遗址、新郑郑韩故城入选立项名单。目前，河南省经公布或批准立项的国家考古遗址公园达到8处，数量位居全国首位。

（三）全国重点文物保护单位

加强文物保护项目储备，指导编制全国重点文物保护单位文物保护规划、维修方案40部，申请国家文物保护工程立项项目55个。组织推进开封城墙、洛阳潞泽会馆、南阳武侯祠、济源阳台宫、淅川香严寺、淅川荆紫关镇古建筑群、新县鄂豫皖革命根据地旧址群、濮阳冀鲁豫边区革命根据地旧址群等30余项全国重点文物保护单位保护维修工程，取得了阶段性成效，其中已完工10项，一批濒危文物建筑得到抢救维修，文物周边环境得到较大改善，同时深化研究，挖掘内涵，为开放利用奠定了基础。

（四）世界文化遗产

大运河、丝绸之路申报世界文化遗产，是近年来我国同时进行的两项重大文化遗产保护工程。河南省是全国唯一同时承担这两项任务的省份，共有11处遗产选点列入申遗名单，涉及郑州市、洛阳市、安阳市、商丘市、鹤壁市、三门峡市和滑县、浚县、夏邑县、新安县、陕县等6市5县，任务艰巨，责任重大。一年来，河南省政府先后与国家文物局签署保护丝绸之路遗产的联合协定、召开大运河申遗工作领导小组会议，推动了两大申遗项目的顺利实施。河南省文物局整体布局，把握节点，组织制定倒计时工作方案，会同申遗工作所涉及的市县政府及文物部门，加大推进力度，11处遗产选点本体保护、考古发掘、陈列展示、科学研究、环境整治、遗产监测等工作均取得了重要进展。2013年9、10月，国际遗产专家先后对我省两项遗产进行了现场考察评估，给予高度评价。

此外，加强世界文化遗产保护管理工作，实施洛阳龙门石窟渗水治理、安阳殷墟王陵区车马坑保护展示工程、登封"天地之中"历史建筑群保护维修工程，世界文化遗产社会效益和经济效益实现了新提升。

【考古发掘】

（一）概况

洛阳栾川孙家洞旧石器时代遗址发掘项目，入选"2012年度全国十大考古新发现"，河南省获此殊荣的项目总数已达39项，位居全国首位。

（二）重要考古项目

1. 舞阳贾湖新石器时代遗址第八次发掘

贾湖遗址是目前发掘面积最大、出土文物最为丰富的裴李岗时期文化遗址，在新石器时期时代考古中具有很高的历史价值和科学价值。经国家文物局批准，2013年9~12月，河南省文物考古研究院与中国科学技术大学合作，在漯河市和舞阳县文物部门的配合下，对舞阳贾湖遗址进行了第八次考古发掘，发掘面积300平方米，又发现了一批丰富的贾湖文化遗存。本次发掘共清理墓葬97座、房址9座、灰坑25个、兽坑2个，出土陶、石、骨、角、牙等器物600余件及大量陶片和动植物遗存。

贾湖遗址第八次发掘发现了大量的墓葬，出土了丰富的遗物，除了前七次发掘中出现过的骨笛、骨叉形器、龟甲、带流陶壶等，还出土了制作精美、形制在新石器时代遗址中极为罕见的象牙雕板。此外，一墓三笛的现象、随葬大量高质精美绿松石串饰的现象以及有可能作为房屋奠基或祭祀的埋葬现象等新发现不仅进一步深化了对贾湖文化的认识，丰富了贾湖遗址的文化内涵，还为淮河流域新石器时代人类文化和社会结构的探讨提供了新的资料。

2. 新安县汉函谷关遗址

汉函谷关遗址位于河南省洛阳市新安县东，地处秦岭山脉东段的峡谷之中，始建于公元前114年。为配合函谷关遗址保护规划的制定和丝绸之路申遗工作，对遗址进行了考古调查和发掘。田野工作集中于2012年6月~2013年8月，取得了重大收获。勘探总面积约13.9万平方米，发现夯土墙17条、古道路2条、夯土台2座、活动面9处。对凤凰山和青龙山上的夯土长墙进行了勘探发掘面积3325平方米，揭露了城墙、道路和建筑遗址等重要遗迹，关城布局基本明晰。

出土遗物以陶制建筑材料为主，包括瓦当、筒瓦、板瓦、空心砖、方砖、条砖及建筑构件。其中以板瓦居多，筒瓦次之。出土陶器、瓷器、铁器、铜器等共250余件，钱币108枚。

汉函谷关遗址的考古发现具有非常重要的学术价值。在以往的考古工作中，对关隘的研究工作一直非常匮乏，并且集中在边关，对地位如此重要的内关进行系统的考古工作更是第一次。此次发现，为秦汉关隘制度的研究提供了重要的参考资料，也为函谷关遗址的保护提供了重要依据。

3. 汉魏洛阳城宫城四号建筑遗址

汉魏洛阳城宫城四号建筑位于宫城内中部偏西北处，北距河南省孟津县平乐镇金村约1公里。遗址所在地为一缓坡台地，台地中心高，四周略低，高差约3米，当地居民俗称"朝王店""太极殿"。

20世纪60年代，中国社会科学院考古研究所洛阳队在对汉魏洛阳城遗址进行全面的勘探中，曾在该范围内发现大面积的地下夯土遗存，并结合对城址、宫城的认识，提出该处可能为文献记载的"太极殿"的认识。1983年，中国社会科学院考古研究所洛阳汉魏城队对该遗址进行了第二次勘探和试掘。通过工作，了解了该遗址的范围、保存状况等信息，并进一步明确了该建筑遗址为北魏宫城太极殿的认识。

自2011年7月起，结合国家大遗址保护的要求，中国社会科学院考古研究所对该遗址进行了全面的勘探、发掘。

四号建筑遗址与南侧的宫城三号建筑、二号建筑以及宫城南门阊阖门位于同一建筑轴线上，也是已知该轴线上的建筑规模与体量最大的一座建筑，为宫城内的中心建筑，即文献记载中的"太极殿"，其东侧的附属建筑应为文献记载的"太极东堂"。文献记载，汉魏洛阳城的

"太极殿"的始建年代可上溯至曹魏初年，历经西晋、北魏的修补、沿用，是中国历史上第一座"建中立极"的大型宫室，在古代中国都城发展中具有里程碑式的意义。其中所蕴含的设计思想，所确立的宫室制度，不仅为后代所遵从，更远播日、韩等古代汉文化圈国家。

对四号建筑遗址的发掘，使得我们得以清晰的了解汉魏洛阳城太极殿的位置、范围、布局、保存状况等信息，对于汉魏洛阳城遗址的研究乃至于中国古代都城制度的研究具有重要的意义。

4. 洛阳衡山路北魏大墓

洛阳市拟建的衡山路北延线处于邙山陵墓群西段的北魏陵区。2012年7月在该路段进行了文物钻探工作，随后洛阳市文物考古研究院进驻现场，开始了发掘工作，到2013年2月底考古发掘田野工作全部结束。墓葬位于洛阳市红山乡张岭村东南，地处邙山南侧缓坡之上，是一座长斜坡墓道砖石墓，采用方坑明券的方式建造，由墓道、前甬道、后甬道、墓室4部分组成。墓葬墓道朝南，全长58.9、深8.1米，其中墓道长39.7、宽2.9米，墓室长19.2、宽12米。在墓室填土中发现了大量的壁画残块，已无法复原。另外，还有一些石块残块以及石门残件，在墓室后部发现有一段石墙。墓葬经过多次盗掘，出土的遗物残损比较严重，可辨器形的有120余件，种类有陶器、瓷器、铜器、金币等，另外还有一些陶俑、模型等残块。陶器有陶册、陶壶、陶盏、陶案、陶杯、陶碗、陶盒、陶灯、陶盘等器物；瓷器有青瓷龙柄鸡首壶、青瓷碗两种；金币为拜占庭阿纳斯塔修斯一世金币。从墓葬形制结合出土器物、参考文献和考古资料，推测该墓应为北魏节闵帝元恭的墓葬。

墓葬出土的类似书卷样式的陶册尚未见于其他公开发表材料，应与其墓葬性质有密切联系。阿纳斯塔修斯一世金币国内目前发现仅有数枚，经过科学考古发掘发现的更少，金币铸造时间和墓葬年代间隔时间比较短，充分说明了当时丝绸之路交通往来的频繁程度。

5. 禹州神垕建业钧都新天地钧窑址

2013年3月，河南建业集团在神垕镇进行商业开发的过程中，发现了古代窑址的迹象。受其委托，河南省文物考古研究院和禹州市文物勘探队联合对神垕镇建业"钧都新天地"项目第一期工程建设范围进行了考古勘探，勘探面积达27000平方米，发现窑炉等众多制瓷遗迹。从8月下旬开始，河南省文物考古研究院对该工程建设区域展开抢救性发掘，发现了一批金、元、明时期瓷窑遗址，以及同时期的大量瓷片及各类器物，取得了丰富的发掘成果。在近4个月的工作期间内，发掘面积2120平方米，发现窑炉18座（其中较完整的13座），作坊遗迹3处、灰坑126座、澄泥池13座、灶18座、灰沟3条、墓葬1座，出土大量瓷器残片和窑具残片，总数约数万枚，其中可复原器物八百余件。

此次发现的窑炉，除了金、元时期的外，还有更多的明代窑炉。如此众多并且时代确切的明代窑炉的发现，在河南古瓷窑址考古发现中还属首次。近年来神垕宋金元时期的窑址考古屡有收获，但明代瓷窑还尚未发现。此次明代窑炉的发现，填补了这一空白，延续了宋、金、元、明的时代序列，丰富了研究内涵，对研究神垕古镇制瓷业的发展乃至河南省的古代瓷器发展都具有重要意义。

【博物馆与可移动文物保护】

（一）博物馆

以建设具有中原文化特色的博物馆网络体系为目标，积极争取各级党委、政府及有关部门支持，推进博物馆建设。河南古陶瓷博物馆、巩义杜甫故里纪念馆、巩义竹林博物馆、郏县临沣古寨生态博物馆、郏县三苏纪念馆等10多座博物馆、纪念馆建成开放。审核设立13家民办博物馆，总数达44家，争取中央财政支持，补助民办博物馆开放运营，开封市、洛阳市政府出台支持民办博物馆发展意见。截至2013年底，全省博物馆、纪念馆总数达到222座，向社会免费开放139座。

在总结前几年工作的基础上，研究制定《河南省博物馆纪念馆免费开放绩效考评暂行办法》，加强免费开放管理工作。全省博物馆、纪念馆进一步提升陈展水平、完善基础设施、提高服务质量，全年累计举办"鼎盛中华——中国鼎文化展""寻踪觅古——洛阳市近年重要考古发现成果展"等陈列展览1000多个，接待观众达4500多万人次，丰富了广大群众精神文化生活。洛阳博物馆"河洛文明"、许昌博物馆"许之昌——许昌历史文化陈列"，荣获全国博物馆十大陈列展览精品奖。河南博物院作为中央地方共建国家级博物馆，在陈列展览、公共服务、社会教育等方面发挥了示范带动作用。中国文字博物馆发挥大型专题博物馆优势，举办"汉字"国际巡展，积极探索文字传播、文化传承与文明弘扬新举措，取得了显著的社会效益。

（二）可移动文物保护

为切实提升河南省文物科技保护水平，河南省文物局加大了对重点文物科技保护机构实验室建设的投入和扶持力度。2013年，先后从省级经费中投入350万元支持河南省文物科技保护中心、郑州博物馆、洛阳博物馆、洛阳市文物考古研究院、驻马店市文物管理所、南阳市文物考古研究所、周口市文物考古研究所等单位的文物保护实验室及修复室建设。除此之外，河南省文物考古研究院争取国家经费661万用于文物保护实验室的功能提升。经费投入和扶持力度的加大，有效改善了河南省的文物科技保护硬件设施水平，为全省文物科技保护工作的可持续发展奠定了基础。

（三）第一次全国可移动文物普查

2013年，按照国家统一部署，印发了《关于开展第一次可移动文物普查的通知》以及《河南省第一次全国可移动文物普查实施方案》，抽调人员组建了普查工作机构和专家组，落实了文物普查经费。加强与教育、民政、国资、司法、统计、工商、新闻出版、宗教、档案、党史等成员单位的联系沟通，建立协作机制，全面部署文物普查工作。举办了全省可移动文物普查培训班、普查办公室主任培训班、考古发掘单位可移动文物普查培训班、普查员片区培训班等8个培训班，累计培训1500余人次，各市、县同步加强培训，全省共计培训人员3973人次，1410名普查员持证上岗。向63704个国有单位发放了文物收藏情况调查表，回收率100%，其中552个国有单位收藏文物200余万件（套）。组织专家开展巡回检查指导，认定系统外40个普查单元及单位近2万余件（套）文物。目前，全省国有单位文物收藏情况调查圆满完成，清库建档及文物认定、鉴定等工作进展顺利，普查工作开局良好。在完成国家部署工作的同时，结合河南省实际，积极创新，在巩义、永城、荥阳、偃师、宝丰、内黄、辉县、沁阳、方城、光山、淮阳等11县（市），开展全省田野零散石刻文物集中保管试点工作，已抢救保护石刻文物3217件。

【社会文物管理】

加强文物流通领域管理和服务，推进文物经营活动健康发展，全省文物经营单位达25家，其中文物商店12家、文物拍卖企业13家。河南省文物交流中心成功举办春秋两季"河南郑州全国文物艺术品交流展"，实现规模和效益双丰收。国家文物出境鉴定河南站和河

2014
中国
文物年鉴

南省文物鉴定委员会全年鉴定审核各类文物艺术品2万多件。

■【文博宣传与出版】

围绕中国文化遗产日、国际古迹遗址日、"5·18"国际博物馆日等重大节庆，组织开展"文化遗产宣传季"系列宣传，举办主题广场宣传、文物征文摄影比赛、文化遗产采风、文物知识讲座，组织一系列文物图片展览进校园、进军营、进社区、进贫困乡村等活动，普及文物知识，提高公众文物保护意识，营造了良好的社会氛围。

■【文博教育与培训】

河南省文物局与郑州大学签署全面合作协议，深化项目研究和人才培养。围绕重点工作，举办全省博物馆馆长培训班、文物安全暨行政执法人员培训班、文物勘探技术员培训班、可移动文物普查培训班等15个培训班，培训人员2000余人次。各市、县同步加强培训，全省累计培训各类专业人员近5000人次，为各项工作开展提供了人才支持。

■【机构与人员】

2013年全省文物机构共有519个，其中文物部门456个、其他部门63个。从业人员11346人，其中文物部门10364人、其他部门982人。文物藏品2095459件（套），其中一级品2396件（套）。

文物保护管理机构125个，从业人员2456人，其中高级职称55人。文物藏品241499件（套），其中一级品434件（套）。

其他文物机构7个，从业人员75人，其中高级职称8人。

博物馆222个，从业人员5885人，其中高级职称211人。文物藏品964804件（套），其中一级品1871件（套）。按机构类型分：综合性博物馆68个，历史类博物馆90个，艺术类博物馆30个，自然科技博物馆7个，其他类博物馆27个。按系统分：文物系统博物馆164个，非文物系统博物馆17个，私人博物馆41个。

文物科研机构15个，从业人员1051人，其中高级职称105人。文物藏品688592件（套），其中一级品72件（套）。

文物商店12个，从业人员116人，其中高级职称9人。

全省文物行政主管部门144个，从业人员1763人。

■【对外交流与合作】

（一）境外展览

1. 赴台湾举办"古韵新风 朱仙镇木版年画展"

该展由河南省文物局与台北历史博物馆主办、河南博物院承办，于2013年1月18日～3月17日在台北历史博物馆举办，参展文物及现代木版年画作品共52件。

2. 赴瑞典举办"黄河流域王室与诸侯——中国河南青铜文明展"

按照河南省文物局与瑞典世界文化博物馆5年合作协议，5月25日，在瑞典远东考古博物馆举办"黄河流域王室与诸侯——中国河南青铜文明展"。瑞典国王卡尔十六世·古斯塔夫夫妇、中国驻瑞典大使兰立俊，瑞政府官员以及丹麦王子、希腊驻瑞典大使馆代表等160余人出席开幕式并参观了展览，给予了高度评价。该展是河南省在北欧独立举办的第一个文物展览，在瑞典乃至整个北欧引起很大反响，有力提升了华夏文明和河南的国际影响。中国日报、人民日报、中国文化报、瑞典每日新闻、瑞典日报及等国内外多家媒体对展览盛况进行了报道。

3. 赴加拿大举办"中国文字"图片展

该展由河南省文物局与加拿大大温哥华中华文化中心合作举办，于5月4日在加拿大开幕。"中国文字"图片展是河南省文物局近年来精心筹划和制作推出的对外文化交流项目。2011年，为配合联合国"中国文字日"活动，曾应中国驻联合国维也纳代表处的邀请，在维也纳联合国大厦展出，受到各国外交官的广泛好评。同年，河南省人民政府组织了"中原经济区合作之旅——走进台湾"的大型经贸文化交流活动，该展览作为活动的重要内容，先后在台湾各地巡回展出，在社会各界引起了强烈反响。

4. 赴台湾"佛国墨影——河南巩义石窟寺拓片展"

该展由河南省与台湾财团法人佛光山文教基金会合作举办，于2013年10月5日～2014年1月5日在台湾佛光山佛陀纪念馆展出，展示80幅来自巩义石窟寺的拓片。

此次展出的巩义石窟寺80幅高浮雕拓片，立体展现了巩义石窟寺一、二、三、四和五窟的全貌。最大的一幅拓片长5.3、宽5.3米，还原了第三窟精彩的藻井雕刻。《帝后礼佛图》则生动再现了1500多年前皇室从事宗教活动时侍从环拱、伞扇杂陈、仪容肃穆的盛大场面。

（二）重要来访

1. ICOMOS前主席、德国文化遗产专家迈克·佩赛特来访

应河南省文物局邀请，国际古迹遗址理事会ICOMOS前主席、德国专家迈克尔·佩塞特Michael Petzet先生于9月8～14日来河南河南考察访问。

迈克尔·佩塞特先后参观考察了河南省文物考古研究院、河南博物院、郑州商城遗址、中国文字博物馆、安阳殷墟和洛阳龙门石窟、洛阳博物馆、洛阳天子驾六博物馆、河南古代壁画馆等文博单位，并与有关人员就文化遗产保护问题进行了座谈。

2. 瑞典世界文化博物馆总馆长桑娜·尼尔森来访

9月23～30日，瑞典国立世界文化博物馆总馆长桑娜·尼尔森女士及其助理李东先生来河南参观考察。

在豫期间，尼尔森馆长与河南省文物局领导就计划2014年在瑞典举办的"唐代洛阳"大型文物展览举行专题座谈会。此后，尼尔森馆长一行先后赴洛阳、南阳参观考察并与相关人士进行了交流。在洛阳期间重点考察了河南古代壁画馆；在南阳期间，瑞典客人先后参观了南阳汉画馆和社旗山陕会馆；在郑州期间，尼尔森馆长还应邀为河南省文物局举办的"全省博物馆馆长培训班"做了题为"瑞典世界文化博物馆——构建一个新的博物馆体系"的精彩讲座，受到与会听众的热烈欢迎。

湖北省

【概述】

2013年，湖北省文物工作紧紧围绕党的十八大、全国文物工作会议、全国文物局长会议精神的贯彻落实和省委、省政府的决策部署，以科学发展为主题，以提升质量为主线，以改革创新为动力，把握稳中求进的总基调，统筹谋划，狠抓落实，各项文物工作形成整体推进、重点突破的良好态势。

【法规建设】

10月，湖北省政府颁布实施《唐崖土司城址保护管理办法》（省政府365号令）。

全面启动《湖北省文物安全管理办法》政府规章立法工作，省政府批准列入全省2013～2017年立法规划项目。组织有关专家和部分市州文物部门人员完成草案送审稿，会同省法制办、组织法律专家对草案送审稿进行审定和修订，争取列入省政府法制办2015～2017年立法计划。

印发《湖北省文物局关于加强博物馆陈列展览工作的实施意见》。

【执法督察与安全保卫】

做好旅游等开发建设活动中的文物保护工作。贯彻落实国务院《关于进一步做好旅游等开发建设活动中文物保护工作的意见》（国发〔2012〕63号）精神，会同省级旅游、公安、国土、住建等部门，组织全省进行自查自纠。组成多个检查组，对荆州、襄阳和世界文化遗产武当山古建筑群、明显陵进行实地督导检查，切实加强对文物旅游的指导监管。

规范基层文物行政执法工作。按照湖北省政府领导批示意见，结合省纪委关于规范基层执法工作座谈会精神，赴黄石、鄂州、黄冈、咸宁、随州等市州开展全省文物行政执法机构和执法主体资格调研、审查工作，完成全省文物行政执法人员信息登录汇总工作，印发《关于开展规范基层文物行政执法工作的意见》，指导各地按照主体有效、人员合法、行为规范的要求开展文物行政执法工作。

加强文物安全监管工作。组织开展全省文物安全大检查，全面检查文物、博物馆单位事故易发多发场所、要害部位。各级文物行政部门坚持谁主管谁负责的原则，重点检查文物、博物馆单位的制度建设，人力防范、实体防范、技术防范和安全管理工作。全省共检查、抽查文物、博物馆单位重点安全部位3500多处，发现安全隐患125处，排除120处，限期整改5处。

开展全省文物系统博物馆安全达标工作。编制印发《湖北省文物系统博物馆安全达标三年规划（2013～2015）》，全面部署文物系统博物馆安全防范达标工作。会同省公安厅组织安防工程专家对计划2013年度安全达标的20家博物馆进行督查和现状排查，并印发

2014
中国
文物年鉴

《关于2013年全省文物系统博物馆安全达标工作督导检查情况的通报》。全省各地文化（文物）部门、公安机关高度重视，精心组织，切实加强指导协调，帮助解决工作中遇到问题；各博物馆克服困难，加大投入，强化措施，积极推进达标工作，保障达标工作顺利开展。

加强全国重点文物保护单位安防、消防、防雷设施建设。制定《湖北省全国重点文物保护单位防雷工程设计方案审核工作流程》《文物保护单位安防、消防、防雷工程技术方案审核操作规程》，编制完成《全省文博单位技防、消防监控室操作人员技能培训方案》并开展操作人员技能培训。东坡赤壁、中原军区旧址等7个国保单位安防、消防工程已建成并交付使用，鱼木寨、擂鼓墩古墓群、九连墩古墓群等9处国保单位安防、消防工程开始施工。按照"管人、管设备、管系统"的综合安全监管模式，在全国率先启动文物、博物馆单位安全综合管理系统的建设工作。

打击和防范文物违法犯罪。充分发挥文物安全联席会议制度作用，按照政府重视主导、责任落实，依靠群众、群防群治，措施到位、保障有力，部门联动、形成合力的原则，建立打击和防范文物犯罪工作常态化机制。针对文物犯罪职业化、高复发性的特点，各地加大打击力度，文物犯罪势头得到有效遏制。全年共破获盗掘古墓案16起，抓获犯罪嫌疑人56名，追缴文物85件。为震慑文物犯罪，摄制完成文物保护法制宣传片《雷霆万钧——湖北打击盗掘古墓葬犯罪警示录》。

【不可移动文物的保护和管理】

（一）概况

湖北省现有全国重点文物保护单位148处，省级文物保护单位826处。

夯实"四片两区一水一线"（"四片"指黄石工业遗产片区、大遗址保护荆州片区、随州曾文化遗产片区、武当山皇家建筑片区，"两区"指大别山红色文化遗产保护区、武陵山古村寨和土司遗址保护区，"一水"指中国内陆水下文化遗产保护，"一线"指万里茶道文化线路保护）的不可移动文物保护战略。推进大遗址保护和考古遗址公园建设；抢抓唐崖土司城址申报世界文化遗产的难得机遇，提高世界文化遗产保护管理水平；加强以随州叶家山西周早期曾国墓地为代表的重大考古发现的研究与宣传；推进文物保护"四有"工作和规划编制；对大别山区革命文物、鄂东南传统民居村落进行专题调研，探索文物资源合理利用、服务社会的有效途径；推进万里茶道文化遗产保护、水下考古、鄂东考古基地建设等工作，打造文物保护工作新亮点；做好南水北调等大型建设中的文物保护和三峡后续自然与历史文化遗产保护工作。

全年实施60余项重点文物保护维修工程，总量约4万平方米，投入经费约1.6亿元。主要有武汉大学早期建筑修缮工程、大水井古建筑群李亮清庄园修缮工程、襄阳"古隆中"武侯祠等文物建筑保护工程、万寿宝塔文物保护范围内排水（一期）工程、武汉中共中央机关旧址、陈潭秋故居修缮工程、段氏宅修缮工程等。

（二）大遗址保护

2013年，湖北省又有4处遗址入选国家大遗址保护项目库，总数达到9处。熊家冢国家考古公园被正式授牌，盘龙城、龙湾、铜绿山考古遗址公园被批准立项，大遗址保护成效显著。

1. 荆州大遗址

初步完成《楚纪南故城城址区保护总体规划》《楚纪南故城雨台山墓群保护总体规

2014
中国
文物年鉴

划》《八岭山古墓群保护总体规划》《楚纪南城国家考古遗址公园熊家冢片规划》；编制并上报八岭山国家考古遗址公园展示道路一期工程、天星观墓群2013年度保护工程、八岭山古墓群冯家冢墓地本体修复等大遗址保护展示项目等方案。熊家冢遗址博物馆装饰工程和文物陈列布展工程基本完成，熊家冢国家考古遗址公园对外开放试运行。

2．潜江龙湾遗址

放鹰台1号宫殿基址保护展示工程竣工；龙湾遗址博物馆9月开工建设；龙湾考古遗址公园项目快速推进，完成1号渠电排泵站、长秋桥和全长3公里的遗址南外环公路，园区内部交通系统基本完善；全长2.6公里的外部进入遗址专用通道全线贯通。

3．武汉盘龙城遗址

8月29日，召开"商代盘龙城学术研讨会"，邀请李伯谦、王巍、冯天瑜等知名专家研讨盘龙城文化性质、大遗址保护展示等问题。8月30日，盘龙城遗址本体保护工程正式开工。编制完成《盘龙城遗址公园考古工作计划》并上报国家文物局。

4．大冶铜绿山遗址

11月10日，举办"中国矿冶考古与铜绿山遗址考古保护学术研讨会"，张忠培、李伯谦等专家学者40余人参加。完成遗址白蚁防治一期工程。省政府两次协调研究遗址保护与矿山生产的问题。

5．天门石家河遗址

编制《石家河遗址护城河、城垣抢救性保护设计方案》。加强日常保护工作，重新树立保护范围界桩，明确专人负责巡查；对遗址入口处的标志性广场进行维修，对遗址内道路进行了修整；对西城壕护坡的植被进行修整。

6．荆门屈家岭遗址

国家发改委批复屈家岭遗址抢救性保护设施建设项目并下拨专项资金510万元，湖北省国土资源厅下达屈家岭考古遗址公园服务区建设用地计划，开展屈家岭考古遗址公园建设的各项前期工作。

7．随州擂鼓墩墓群

6月，组织召开"曾侯乙墓墓坑·木椁疏干脱水工程专家咨询会"。围绕全国政协提案《关于将随州列为国家大遗址保护片区的建议》开展规划编制等基础工作。

（三）全国重点文物保护单位

2013年，以国务院新公布的第七批全国重点文物保护单位为重点，督促地方和文物部门完善"四有"工作，并加快保护规划的立项、评审、报批。

编制完成郧县学堂梁子遗址、石首走马岭遗址、大水井古建筑群文物保护规划；枣阳雕龙碑遗址、鱼木寨、董必武故居文物保护规划获国家文物局批复；湖泗窑址群、鸡鸣城遗址、王明璠府第、向阳湖文化名人旧址、沈鸿宾故居文物保护规划正在编制中。

完成武汉大学早期建筑宋卿体育馆、大水井古建筑群李亮清庄园、汉冶萍煤铁厂矿旧址小红楼等10余处全国重点文物保护单位修缮工程，启动大水井古建筑群李盖五旧宅等维修项目。

（四）世界文化遗产

1．唐崖土司城址申报世界文化遗产

湖北唐崖土司与湖南老司城、贵州海龙屯组成"土司遗址"作为2015年中国申报世界文化遗产的唯一项目。国家文物局副局长童明康到唐崖土司城遗址视察并指导申遗工作。

湖北省政府成立"唐崖土司城址申报世界文化遗产工作领导小组",由分管副省长任组长,并多次召集省发改委、财政厅、交通厅、文化厅等部门召开专题会议部署有关工作。

编制完成《唐崖土司城址一期文物保护工程方案》《唐崖土司城址考古工作计划》,2013年争取中央财政专项经费1200余万元。组织开展考古发掘研究、历史文献研究、三维复原展示等基础工作,摸清了唐崖土司城址的范围和边界、遗址的格局和功能分区、衙署区内部结构和建筑方式。组织编制《唐崖土司城址保护管理规划》,并获国家文物局批准。申遗文本经国家文物局审定后递交至联合国教科文组织,并得到初审认可。

2. 世界文化遗产武当山、明显陵的保护管理

积极做好国际专家对武当山古建筑群的反应性监测的各项工作。完成《世界文化遗产武当山文物保护管理总体规划大纲》。

完成明显陵外罗城(三期)文物保护工程。联合气象部门,完成"明显陵遗产监测中心"建设方案,获国家文物局批复同意。启动对重要文物建筑单体的监测工作,国家文物局批复同意《明显陵影壁监测技术方案》并下达专项补助经费107万元。

3. 其他世界文化遗产预备名单项目的保护管理

黄石矿冶工业遗产:开展铜绿山遗址的文物保护与考古发掘、汉冶萍煤铁厂矿旧址小红楼的文物维修、华新水泥厂文物保护规划编制工作。

容美土司遗址:从8月开始,对容美爵府遗址进行表土清理、发掘和现场遗迹保护等工作。

荆州、襄阳城墙:实施荆州城墙南城墙5号马面及两侧城墙、襄阳城东城墙的维修工程,消除了城墙的安全隐患。

(五)其他

1. 省级文物保护单位重点项目维修引领计划

根据"突出重点,以点带片,形成示范"的工作思路,在充分调研的基础上,通过省级重点投入、地方积极配套的模式,达到有效改善文物状况,发挥文物社会效益、服务当地经济社会发展的目的。2013年,确定首批"省级文物保护单位重点支持示范项目",组织实施陈潭秋故居、鄂州北伐军第二十军军部旧址、解河戏楼、段氏宅、胡家花园、观音堂等近10项文物保护重点工程,其中部分文物保护工程竣工并对外开放,教育、休闲功能初步显现。

2. 南水北调中线工程文物保护

完成武当山遇真宫顶升工程(涉及东、西宫门和山门)、土石方垫高工程。加强遇真宫文物库房管理,完善库房管理制度和安防监控系统,完成遇真宫文物构件查询系统。

6月,国务院南水北调办、国家文物局联合组成验收组,完成湖北省南水北调工程丹江口库区文物保护项目的蓄水前验收工作。

淹没区地面文物保护工作按计划顺利推进。完成双庙、孙家湾山陕会馆、浪河民居、郧阳监所、小西关民居等资料留存、拆迁工作结束。郧阳府学宫大成殿复建工程于7月底正式开工。

3. 三峡后续自然与历史文化遗产保护

10月,国务院三峡办批复湖北省项目9个,其中物质文化遗产保护项目1个、消落区地下文物保护项目2个、非物质文化遗产保护项目1个、文化生态保护区项目1个、文物征集及三峡移民纪念馆支持项目3个、续建项目1个。

2014
中国
文物年鉴

4．水下文化遗产保护

6月，在国家文物局水下文化遗产保护中心领导下，组织国内18位水下考古专业人员，实施丹江口均州古城水下考古探摸工作，获得均州古城水下城墙、城门、净乐宫测绘图纸和水下影像资料，掌握均州古城保存现状的第一手材料，实现了中国内陆水下遗址类考古探摸工作零的突破。

启动湖北省内水下文化遗产资源调查项目，搜集淹没在丹江口水库的均州古城、周府庵、郧阳府，淹没在富水水库的阳辛城等主要遗址相关历史文献等资料，初步掌握其历史沿革和基本规模、布局等情况。

【考古发掘】

（一）概况

对随州叶家山西周早期曾侯墓地、应城陶家湖城址、天门笑城城址开展具有较强科研性质的考古工作；配合咸丰唐崖土司城址申报世界文化遗产，对城址重点区域进行考古清理；为做好对世界文化遗产预备名单的管理，对铜绿山四方塘遗址进行发掘；配合大遗址保护，对楚纪南城遗址宫城区4平方公里区域进行全面的考古调查和勘探，对八岭山古墓群金大堰墓地进行考古勘探，对纪山楚墓群大薛家洼墓地、盘龙城杨家湾遗址、青山墓群勘探进行考古勘探；配合基本建设工程，实施12个考古发掘项目。随州文峰社区曾国墓地入选中国社会科学院的"考古学论坛·2013中国考古新发现"。

（二）重要考古项目

1．随州叶家山西周早期曾侯墓地

3～7月，湖北省文物考古研究所组建由田野考古、动物鉴定、人骨鉴定、标本分析、信息扫描等各方面专业人员组成的考古队伍，邀请"夏商周断代工程"首席科学家、北京大学教授李伯谦等著名学者组成专家顾问团队，组织实施随州叶家山西周早期曾侯墓地二期考古发掘工作，并在考古现场搭建文物科技保护实验室。经国家文物局批准，中央电视台先后三次现场直播，40余家主流媒体争相报道，充分展示了湖北文物考古的重大成果。

考古工作取得显著成果。共出土青铜器700余件，是西周时期出土青铜礼器最多的墓地。发现了国内西周早期规模最大的墓葬（M111，墓口东西长13.4、南北宽10.2米），其附属马坑为迄今发现的曾国年代最早、规模最大的马坑，墓中出土1件青铜镈钟、1套4件青铜编钟、20件铜鼎、12件铜簋等珍贵文物。新发现一批珍贵文物和重要遗迹，例如彩绘铜器、"公白作宝尊彝"铭文铜器、椁盖上所铺竹席痕迹、数量较多且带有不同纹饰的漆木器、M111西面殉马10匹的大型马坑等。

2．唐崖土司城址

3～12月，组织湖北省文物考古研究所和中国人民大学对唐崖土司城址进行考古调查、清理和发掘，对遗址的分布范围、城址的防御体系以及城址的形状、规制、营建特点、各功能区的划分等有了系统的了解，揭露出城址中心衙署区的布局和重要建筑遗迹的形制结构，为开展遗址价值研究、保护工程等奠定了基础。

3．铜绿山四方塘遗址

2013年，经国家文物局批准，湖北省文物考古研究所配合铜绿山遗址研究保护与展示，对铜绿山四方塘冶炼遗址进行考古发掘。发掘面积375平方米，揭露炉窑类遗迹5座（其中炼炉1座、焙烧炉2座、窑1座、灶1处）、炼渣堆积1处、灰坑3个、灰沟3条、工棚基址2处。通过初步研究，L2、L3硫化铜矿火法脱硫处理的焙烧炉十分罕见；遗址炼渣堆积中出土的东周时期陶片与Ⅶ号1号点年代大致相同，两者应有极为密切的联系。此次发掘为探索和印证古代山上采矿、山下冶炼的采冶模式提供了宝贵资料。

4．陶家湖城址、笑城城址

为推进长江中游史前城址研究，11～12月，组织武汉大学、湖北省文物考古研究所对应城陶家湖城址、天门笑城城址开展考古调查。陶家湖城址总面积67万多平方米，主体年代为屈家岭文化和石家河文化；笑城城址总面积9.8万平方米，有屈家岭文化、石家河文化、西周、汉代、六朝等多个时期遗存。

两处城址地理位置相近，本次工作对两处城址及其中间地带进行全覆盖式区域系统调查，调查面积约66平方公里，共采集2万多片陶片，时代范围包括油子岭文化、屈家岭文化、石家河文化、后石家河文化、商、西周、东周、汉、六朝、唐宋等。初步调查结论认为，以城址为中心，两个区域的聚落分布、形态有所差别，这可能是因为它们对应了不同的城址等级和规模。

5．谷城肖家营墓地

肖家营墓地位于襄阳市谷城县城关镇肖家营社区九组，湖北省文物考古研究所于5～7月对该墓地进行发掘，发掘面积约550平方米，揭露出汉代文化层，发掘8座汉代砖室墓和1座宋代砖雕壁画墓，出土一批汉、宋时期遗物。其中，宋代砖雕壁画墓规模较大，墓葬结构保存完整，有较为精美的仿木砖雕和壁画装饰，在湖北地区属首次发现。

【博物馆与可移动文物保护】

（一）博物馆

1．概况

推进全省博物馆基础设施建设。湖北省博物馆三期扩建工程设备楼开工，编钟馆改造工程主体工程竣工，辛亥革命武昌起义纪念馆议员公所复原维修竣工并启动陈列布展工作。恩施州、鄂州、云梦、夷陵区等博物馆新馆建成并对外开放。襄阳、天门、仙桃等地市博物馆新馆动工建设。黄梅、通山、来凤、郧县等地县级博物馆建设启动。石首、枝江、浠水、京山等地博物馆基本陈列改陈完成并对外开放。咸丰、枣阳、红安、应城等地博物馆启动陈列布展。

加强对全省馆藏文物的借用、复制、调拨等规范管理，积极鼓励和支持各博物馆馆际交流。全年共批复报备借展文物7批次54件（套）。建立健全藏品管理制度，提升库房保管水平，添置技术安防设备，完善安全保卫制度，确保文物安全。有计划地对馆藏文物进行清理和保护，并制订科学合理的文物修复保护方案。2013年，申报国家重点文物保护项目23项，批复16项。

2．博物馆间的交流与合作

在全省组织开展"博物馆进校园"主题活动，近80万中小学生参加。赴新疆吐鲁番、博州举办"荆楚风华——湖北省博物馆志愿者边疆行""流年似水——旧上海广告月份牌特展"等活动。湖北省博物馆"小小讲解员"教育培训项目获全省"第三届未成年人思想道德建设工作"创新案例一等奖，"历史大课堂——湖北省博物馆志愿者走进希望小学"教育项目获文化部"全国文化志愿者基层服务年示范项目"。

湖北省博物馆推出"楚腔汉调——湖北省博物馆汉剧文物展"，与湖南省博物馆共

2014
中国
文物年鉴

同举办"丹青巨匠——齐白石绘画精品展",与内蒙古博物院联合主办"黄金草原——中国古代北方游牧民族文物展",与江西省博物馆、江西省景德镇市陶瓷考古研究所暨御窑博物馆共同主办"浮梁翠色——江西省元明青花瓷展"等临时展览。辛亥革命武昌起义纪念馆引进"孙中山·梅屋庄吉与长崎"展;湖北明代藩王博物馆引进云南民族博物馆"滇彩华章——云南民族民俗文化展";武汉博物馆举办"掌中珍玩——武汉博物馆藏鼻烟壶展",与汉阳陵博物馆联合举办"微笑彩俑——汉景帝的地下王国"展览;荆州博物馆推出"暮楚·朝秦——荆州黄山墓地出土文物精华展",引进洛阳民俗博物馆"河洛文明之光——洛阳民俗文化艺术展";荆门市博物馆举办"古楚遗珍——郭店楚简特展""南水北调中线引江济汉工程——精品文物展";十堰市博物馆举办"电影百年——老放映机展"等等。

全省博物馆共举办临时展览341个,年接待观众达1800余万人次。

3. 重要陈列展览

1月17日,辛亥革命武昌起义纪念馆"辛亥革命武昌起义纪念馆导览专题展"开展,展出"红楼鸟瞰""名人留踪"两部分。

4月11日,云梦祥山博物馆新馆对外开放,举办"古泽春秋""辉煌秦汉""璀璨文化"等基本陈列。

5月9日,湖北省博物馆举办"楚腔汉调——湖北省博物馆汉剧文物展",这是湖北省博物馆首次举办的列入国家"非物质文化遗产名录"的展览。

8月9日,恩施州博物馆新馆对外开放,推出"武陵足音""恩施记忆""生态恩施"等基本陈列。

12月29日,湖北省博物馆举办"礼乐中国——湖北商周青铜器特展",精选一百余件(组)湖北出土的青铜器,上起商代早期,下至战国晚期,楚季宝钟、"随"铭文铜鼎等,较为全面地反映了商周早期文明礼乐制度的形成和发展过程。

12月31日,"瑞玉呈祥——湖北省博物馆典藏明清玉器特展"在咸宁市博物馆开展。本次展览是湖北省文化厅、湖北省文物局组织开展的"文化下基层"系列活动之一——"省博荆楚行"的第一站活动。

(二)可移动文物保护

1. 文物数量、等级等基本情况

截至12月,全省博物馆、纪念馆馆藏文物藏品及标本总量115万件(套),三级以上珍贵文物10.6万件(套),一级文物2514件(套)。其中,湖北省博物馆26万件(套),荆州博物馆13万件(套),襄阳市博物馆7万件(套)。

2. 可移动文物保护修复基地建设情况

依托湖北省博物馆、荆州文物保护中心成立的出土木漆器保护国家文物局重点科研基地发展态势良好,投资9300万元、建筑面积12800平方米的科研综合大楼土建部分已经完成,进入室内装修阶段。

3. 可移动文物保护技术和方法及其应用情况

一是竹木漆器类文物保护修复技术,应用于成都市博物院天回镇汉墓群出土漆器及简牍、山东定陶汉墓出土梓棺等多家文博单位的木漆器保护项目。二是纺织品类文物保护修复技术,应用于山东定陶汉代大墓出土丝织品、荆门博物馆馆藏战国丝织品等多家文博单位的纺织品保护项目。三是加温矫形工艺修复青铜器技术,应用于谷城县博物馆青铜器保

2014
中国
文物年鉴

护、襄阳市博物馆青铜器保护修复保护等项目。

（三）第一次全国可移动文物普查

湖北省政府高度重视第一次全国可移动文物普查工作，成立由分管副省长任组长的普查领导小组，召开全省电视电话会议，部署普查工作。落实2013～2016年省级普查专项经费1488万元，市、州、县各级落实普查经费1000余万元。确定荆门市作为试点，探索普查模式。与省级教育、档案、民政等部门共同推动普查工作开展。注重宣传，刊发简报14期。全省普查工作体系初步形成。经初步统计，全省共调查登记国有单位41265家，国有单位文物收藏调查工作全面完成。

【社会文物管理】

全年共审核拍卖标的3934件（套），鉴定涉案文物74件（套），鉴定征集文物及艺术品317件（套），查验进出境文物428件（套）。完成长阳、中山舰等博物馆馆藏文物定级。开展"走进黄石"文物鉴定公益活动。湖北省博物馆成功征集春秋时期青铜重器——随侯鼎。顺利完成1562件西沙出水宋元瓷器的移交工作。

【科技与信息】

组织研发"湖北省文物管理信息系统"，用于对湖北省省级及以上文物保护单位、文物保护工程、考古发掘等进行网络化、便捷化、日常化管理，系统进入试运行阶段。

湖北省文物局申报的"考古工地数字化管理平台运行支撑系统示范工程"项目获国家文物局批复，湖北省被列为全国唯一试点省份，实现考古工地、湖北省文物局和国家文物局自下而上的动态管理。

荆州文物保护中心组织实施科技部研究课题2项（古尸类文物保存关键技术研究、出土有机质文物现场提取技术研究与应用示范）、国家文物局研究课题4项（饱水竹木器超临界干燥脱水方法预研究、中国山西大河口西周墓出土漆木器制作工艺及复原研究、可移动文物修复工具标准化配置与使用示范——竹木漆器和丝织品文物、馆藏文物保护修复技术简明手册）。湖南长沙、四川成都、山东菏泽、江苏扬州、安徽合肥5个基地工作站运行状况良好。申报专利1项（一种小型饱水竹木器的超临界脱水干燥方法）。发表学术论文22篇。成功召开首届出土木漆器保护国际学术研讨会。

湖北省博物馆完成2012年度省科技重点攻关项目"出土战国瑟弦的保护与复原研究"，申报专利1项（保护青铜器文物的仿生智能纳米界面材料研究）。编制湖北省博物馆数字文物保护方案、武汉博物馆环境监控方案、随州市博物馆环境监控方案等10余个。发表学术论文20余篇。

举办全国第四届动物考古学研讨会。

加强与高校院所的合作，共同支持建立专门保护、研究机构，为文化遗产保护提供智力支持和技术指导。与武汉大学及海达公司共同支持成立湖北省海达文化遗产保护科技研究院，与武汉大学筹备在黄冈市蕲春县共建考古实习基地。

【文博教育与培训】

组织21人参加全国县级文物局长培训。举办青铜器保护修复、文物保护工程管理、博物馆监控技能等各类全省性培训班，共培训300余人。湖北省文物局与省委宣传部、省委党

2014
中国
文物年鉴

史研究室联合举办第一届"楚凤杯"全省讲解员大赛，历时近半年，全省各文博单位、爱国主义教育基地的350多名讲解员参赛，引起社会广泛关注。

举办第一次全国可移动文物普查各层次培训，三期共培训骨干2000余人。

举办以干式潜水服使用理论及实践、内陆水域水下考古技巧等为内容的首次内陆水下考古培训班。

【文博宣传与出版】

组织文化遗产保护宣传活动。开展"5·18"国际博物馆日和中国文化遗产日系列宣传活动，围绕主题举办系列展览，开展各类活动，展示文物保护成果，营造文物保护人人参与、人人共享的良好氛围。荆州八岭山林场护墓队荣获第六届"薪火相传——中国文化遗产保护年度杰出人物评选"团队奖。以《中国文物报》、国家文物局网站为重点的文物信息宣传进一步加强。先后配合中央电视台等媒体对全省文物宣传20余次。

完成《丹江口牛场墓群》《丹江口潘家岭墓地》《湖北省南水北调工程考古报告集（第二卷）》的印刷出版，以及《谭家岭与宋家榜》《巴式青铜器的发现与研究》《三峡地面文物复建区综合价值评估研究》和《三峡湖北库区文物保护纪事》的编写工作。

《中国古代猪类驯化、饲养与仪式性使用》被评为年度"全国文化遗产十佳图书"。内陆首个水下沉船打捞工程——《中山舰水下考古工作报告》初稿编撰完成。

《江汉考古》被评为"最受海外机构用户青睐的中国期刊品牌"。

【机构及人员】

机构总数按单位类型分，有文物科研机构3个、文物保护管理机构47个（新增5个）、博物馆170个（新增9个）、文物商店1个、其他文物机构5个。从业人员共4271人（新增294人），其中正高级职称102人（新增16人）、副高级职称233人（新增23人）、中级职称1037人（新增27人）、初级职称及以下2899人。

【对外交流与合作】

引进美国"当代写实油画展""化零为整——21世纪美国拼布艺术作品展"，意大利"曙光时代——伊特鲁尼亚文物特展""生命之相——本体艺术绘画展"等精品外展近10个。其中，"曙光时代——伊特鲁尼亚文物特展"展出文物314件（套），引起社会强烈反响。

赴意大利出席第二次中意博物馆联盟会议，并签署有关合作协议。圆满完成第23届国际博物馆协会大会暨博物馆博览会中国馆设计、布展任务。成功举办第25次孙中山宋庆龄纪念地联席会议。赴台湾举办"金玉良缘——梁庄王墓出土文物特展"。赴意大利参加"早期中国展"。

湖南省

【概述】

湖南省全年文物工作认真执行《国家文物局、湖南省人民政府关于共同推进湖南文化遗产保护与发展框架协议》，坚持文物大保护大利用理念，稳中求进，推动实现了文物事业的持续健康发展。全年中央财政专项补助资金投入5亿余元，省级财政投入3亿余元，启动文物保护项目49个、完成17个，新建和改扩建博物馆16个、建成3个，通过验收并挂牌国家考古遗址公园1个，永顺老司城遗址申报世界文化遗产顺利通过预审，各类文物开放单位全年接待观众共约7000万人次。

【法规建设】

修订了《老司城遗址保护管理条例》，并由湖南省十二届人民代表大会常务委员会第一次会议批准公布。

修订了《长沙市炭河里遗址保护条例》，并由湖南省十二届人民代表大会常务委员会第三次会议批准公布。

【执法督察与安全保卫】

贯彻落实国务院《关于进一步做好旅游等开发建设活动中文物保护工作的意见》，湖南省文物局认真开展自查，对长沙、张家界、岳阳、怀化、衡阳等文化旅游重点市州开展了专项督查。5月，国家文物局副局长童明康率联合督导组督查《意见》落实，充分肯定了湖南省旅游等开发建设活动中文物保护工作取得的成绩。逐步规范旅游等开发活动中文物保护工作，健全市县乡（镇）村（社区）"四级"安全防卫和巡查体系，完善国有文物收藏单位安全制度保障体系，建立文物安全工作厅（局）际联合打击和防范文物违法犯罪工作机制。全年检查和督查各类文物保护单位1.5万余处，排查安全隐患2447项，整改1806项，整改率达72.9%。

【不可移动文物的保护和管理】

（一）概况

湖南省有全国重点文物保护单位183处、省级文物保护单位837处，其中2013年度新公布第七批全国重点文物保护单位123处。至此湖南省全国重点文物保护单位总量居全国第九，在长江以南地区排名第二，其中近现代重要史迹及代表性建筑53处，排名全国第一。

编报全国重点文物保护单位保护规划、方案及立项报告100个，批复同意37个；上报考古发掘项目22个，批复同意18个；上报消防安防避雷方案及立项报告41个，批复同意25个。审批同意省级文物保护规划及勘察设计方案21个。审批文物考古调查、勘探、发掘项目91

2014
中国
文物年鉴

个。审批文物保护工程施工、勘察设计资质企业8家。启动文物保护项目49个，完成17个。

（二）大遗址保护

长沙铜官窑、龙山里耶古城、永顺老司城、宁乡炭河里、澧县城头山（含彭头山、八十垱）、汉长沙国王陵等遗址列入"十二五"国家大遗址保护项目库。长沙铜官窑考古遗址公园被公布为第二批国家考古遗址公园，澧县城头山考古遗址公园、宁乡炭河里考古遗址公园列入第二批国家考古遗址公园建设立项名单。

1．城头山遗址

完成护城河及城外观光步道，1号、6号遗迹点保护展示提质改造工程，遗址博物馆建设工程等均已基本竣工。

2．长沙铜官窑遗址

在已开放的一期工程项目的基础上，启动了本体保护工程，提出了配套设施建设项目的概念设计方案。

3．炭河里遗址

制定了《炭河里遗址考古工作计划》并获得国家文物局的批复，炭河里遗址博物馆已封顶并启动了内部装修。

4．里耶古城遗址

加强了考古遗址公园对外宣传与旅游服务工作，麦茶溪口片区保护展示工程概念性设计方案完成报批。

5．汉代长沙王陵遗址

遗址区考古勘探、水文地质植被调查基本完成，国家文物局批复同意《汉代长沙王陵墓群保护总体规划》。

6．永顺老司城遗址

完成文物抢救性保护工程（一期），并获"2012年度全国十大文物维修工程"。

（三）全国重点文物保护单位

全年完成了浯溪摩崖石刻抢救性保护工程（一期），张谷英村古建筑群之接官厅、八骏图、王家塅头门屋修缮工程，洪江古建筑群之常德会馆（3号栋）修缮工程，余家牌坊保护设施建设工程，安化沩溪桥修缮工程，东山书院旧址、安江农校纪念园（文物建筑维修工程第一期第一阶段）等全国重点文物保护单位的维修保护工程。

蔡侯祠文物保护规划，石堰坪古建筑群保护规划编制、修缮工程立项，龙家大院保护规划、修缮工程立项，凤凰古城堡黄丝桥古城维修及城楼抢险加固工程设计方案及凤凰古城堡之舒家塘、拉豪营盘勘察设计方案获批，张谷英村古建筑群第三期维修工程设计方案获批，浯溪摩崖石刻保护规划编制立项、（东崖区）抢救性保护方案补充方案获批，澧州古城墙保护规划编制、保护加固工程立项，王船山故居及墓维修工程立项，马田鼓楼文物保护规划编制、维修工程立项，慈氏塔修缮工程方案获批，洞岩头周家大院古建筑群保护规划编制立项，子岩府保护修缮工程勘察设计方案、荆坪村古建筑群文物保护规划编制立项，兵书阁与文星桥保护规划编制立项、修缮工程勘察设计方案获批，大渔村王氏宗祠文物保护规划编制立项，白衣观文物保护规划编制、维修工程立项，蔡锷墓、秋收起义文家市会师旧址、南岳忠烈祠（维修工程一期）修缮工程勘察设计方案等获国家文物局批准。

（四）世界文化遗产

编制完成老司城遗址申遗文本并上报国家文物局，完成国内审批程序。4月，国家文

2014
中国
文物年鉴

物局确定湖南永顺老司城、湖北咸丰唐崖、贵州遵义海龙屯3处土司遗址为中国2015年申报世界文化遗产项目，由湖南牵头组织协调联合申遗工作。12月4日，国家文物局和湘鄂黔三省政府领导签署了《关于土司遗产保护的联合协定》。

联合贵州、广西积极推进侗族村寨（通道、绥宁）及文化景观的遗产类型申报世界文化遗产，成立了湖南省侗族村寨申报世界文化遗产工作领导小组，开展了《湖南省侗族村寨保护管理条例》起草工作。

积极推进凤凰区域性防御性体系申遗各项前期工作。凤凰县委、县政府决定出资将申遗的一系列古城、营盘、民居整体收购，进行整体保护管理。

【考古发掘】

（一）概况

全省全年共完成西气东输三线工程湖南段等11个重点工程的文物调查勘探工作，完成湘江土谷塘航电枢纽等4个重点工程的考古发掘工作。共审核考古调勘结项报告41个、考古发掘结项报告15个。全省考古调查勘探20万平方米，考古发掘1.5万平方米，出土文物万余件。

（二）重要考古项目

1. 益阳兔子山遗址

经过发掘，共发现战国至宋代的古井16口，其中11口古井出土了简牍。简牍共出土一万多枚，时代从战国历经秦、西汉、东汉至三国孙吴时期。这是到目前为止在同一地点出土简牍比例最高、时代序列最完整的一个遗址，为研究战国至宋代益阳乃至湖南地区的历史提供了十分重要的资料。除简牍外，兔子山还出土了陶器、瓷器、铜器、竹木器等各类器物3000余件。这些器物与简牍共存，对建立更加准确的湖南地区东周至六朝时期的考古学年代序列具有十分重要的意义。

2. 老司城遗址

对老司城遗址核心区进行了针对性的勘探和发掘，明确了生活区内道路排水系统的布局，揭露出几组非常重要的房屋基址；对衙署区和祖师殿区进行了局部发掘，搞清楚了其空间格局。

3. 宁远舜帝庙遗址

湖南省文物考古研究所对舜帝庙遗址汉唐坪进行了考古发掘，首次发现汉代祭祀遗迹。

【博物馆与可移动文物保护】

（一）博物馆

1. 概况

全年完成中共韶山特别支部历史陈列馆等5家新馆的设立审批，截至2013年底，全省共有127家博物馆。经第二批全国二、三级博物馆评估定级，湖南省新增1家国家二级博物馆、4家国家三级博物馆。

制定并下发了规范性文件《关于进一步严格规范〈博物馆管理办法〉相关规定的通知》（湘文物博〔2013〕48号）。

完成湖南省博物馆院内住房征收和住户搬迁安置、陈列大楼等旧建筑拆除、馆藏文物搬迁及马王堆核心文物暂存保护、新馆展陈大纲编制和展品征集等工作。完成中共韶山特别支部历史陈列馆馆舍建设。按照湖南省委毛泽东同志诞辰120周年纪念活动要求，组织完成韶山毛泽东同志纪念馆陈列布展和湖南省立第一师范学校、湘乡东山书院等旧址的文物保护和陈列布展并向社会开放。

组织馆藏文物集中鉴定4次，鉴定藏品4754件（套）。经鉴定，新增一级文物21件（套）、二级文物52件（套）、三级文物562件（套）、一般文物3873件（套）。

2．博物馆间的交流与合作

湖南省博物馆与深圳博物馆联合举办"潇湘铜华——湖南省博物馆藏商周青铜器精品展"，湖南省博物馆与成都金沙遗址博物馆联合举办"马王堆汉墓文物珍品展"等。

3．重要陈列展览

举办了"美洲原住民：玛雅、印加和北美土著杰夫·佛可思摄影作品展""走向现代——英国美术300年展""2013艺术长沙""复兴的铜器——湖南省博物馆藏晚期铜器展"等425个展览，接待观众4100余万人次。编审完成任弼时纪念馆等16家博物馆的陈列方案。展览"中国出了个毛泽东"获得第十一届全国博物馆十大陈列展览精品奖。

（二）可移动文物保护

1．文物数量、等级等基本情况

湖南省共有馆藏文物6.9万余件（套），其中珍贵文物5.7万余件（套）。

2．可移动文物保护修复基地建设情况

经国家文物局批准，湖南省文物考古研究所取得可移动文物技术保护设计甲级资质、可移动文物修复一级资质。

（三）第一次全国可移动文物普查

基本完成第一次全国可移动文物普查第一阶段（工作准备阶段）工作任务。全省112个县市区成立普查机构，举办普查培训班4期，完成国有单位文物收藏情况调查摸底。

【社会文物管理】

文物艺术品市场实现销售收入3000万元，较去年增长77%，创历史新高。成功举办第九、第十全国文物艺术品交流会，吸引28个省市及港台、澳大利亚、阿富汗等国家地区400余家企业参加，实现销售收入2.25亿元。

【文博教育与培训】

完成国家文物局"文物安全管理培训班（湖南片区）"，培训人数75人；湖南省可移动文物普查培训班4期，培训人数450余人；组织省内5期共25人次赴京参加"全国县级文物行政部门负责人培训班"。

【文博宣传与出版】

利用文化遗产日和"5·18"国际博物馆日等重大文物节庆开展集中宣传，组织各市州、省直各单位张挂横幅、标语，散发宣传材料，举办文物展示、讲座、专题等多种形式的宣传活动。活动的广泛开展，大大提高了全民保护文化遗产的意识。

编辑出版4期《湖南文化遗产》杂志，"湖南文化遗产网"采编发布信息500余篇，为国家文物局网、《中国文物报》、湖南省委宣传部内网、湖南文化网提供信息100余篇。

出版了《湖南商周青铜器研究》《湖南旧石器时代文化与玉蟾岩遗址》《湘西史前

遗存与中国古史传说》《永顺老司城——八百年溪州土司的踪迹》《湖南出土简牍选编》《考古与文化遗产保护》等著作。

【机构及人员】

截至2013年12月31日，全省有文物机构235个，文物从业人员3998人；有博物馆、纪念馆127家，其中文化文物部门主管的101家、行业博物馆9家、民办博物馆17家。

【对外交流与合作】

组织了赴意大利考察文化遗产保护技术学习班；湖南省考古研究所与香港中文大学、中国社会科学院考古研究所、深圳市文物考古鉴定所等单位联合举办了"地下的中国——凤翥龙翔考展"；与中山大学、台湾大学、中正大学等单位联合组织了"湖南史前与秦汉时期历史与考古"学术考察活动；派出研究人员赴日本参加在冈山理工大学召开的"水陆交界带的稻作和渔捞"国际学术讨论会。

广东省

【概述】

2013年，在省委省政府和各级党委政府的正确领导下，在有关部门和社会各界的大力支持下，广东省文物系统深入贯彻党的十八大会议精神和省委省政府的决策，坚决落实国家文物局和省文化厅的工作部署，认真履行工作职责，积极推进文物博物馆事业发展，取得了一系列工作成果。继续加强国家重大文化和自然遗产地、重点文物保护单位、历史文化名城名镇名村保护建设，广东省32处不可移动文物被公布为第七批全国重点文物保护单位，5个镇7个村被公布为第六批中国历史文化名镇名村；深入开展第一次全国可移动文物普查，举办文物普查培训班8个；虎门鸦片战争博物馆的"虎门销烟展"获全国博物馆陈列展览优秀奖。这一年，广东省文物局围绕省委、省政府中心工作，扎实工作，继续坚持"全面规划、突出重点、统筹安排、加强管理"的原则，坚持文化遗产保护的真实性和整体性，坚持依法保护和科学保护，坚持筑牢基础、抓住重点的工作思路，积极推进我省文化遗产保护事业。

【执法督察与安全保卫】

2013年，文物安全形势依然严峻，文物破坏案件仍呈现上升势头，广东省接连发生一系列文物安全事件，经媒体聚焦，引起社会广泛关注，在短时间内形成社会热点。为此，广东省文化厅实施了一系列反制措施，打出了一套"组合拳"：一是以文化厅的名义专门召开了广东省文物安全工作会议，摆问题、找原因、寻对策，对今后文物安全工作做出部署；二是印发了进一步做好文物安全工作的紧急通知；三是与广东省内主流媒体开通了"广东文保民声直通车"专栏和专门电话热线，充分发挥舆论监督力量，加大正面报道力度；四是在主流网站开辟专门网页，开通了广东文物局微博，向全社会征集"濒危文物"线索，加大宣传力度；五是组织全省文物安全大检查和汛期文物安全检查，排查隐患；五是加强部门联动与协作，与广东省委宣传部联合印发《关于进一步推进广东省文物保护宣传工作的通知》，会同广东省住房和城乡建设厅做好历史建筑保护工作，与广东省旅游局联合开展旅游等开发建设活动中文物保护联合大检查活动，会同广东省公安、消防和气象部门严把文物保护单位的安防、消防或防雷系统安全防范工程设计审批关；六是举办文物安全管理培训班，加强文物安全队伍建设。通过这些举措，文物安全案件得到了有效遏制。

【不可移动文物的保护与管理】

（一）概况

2013年，广东省有32处文物保护单位被公布为第七批全国重点文物保护单位。截至

2013年底，广东省有全国重点文物保护单位98处、省级文物保护单位475处、市县级文物保护单位4200多处，核定公布的不可移动文物2.5万余处；国家历史文化名城7座、中国历史文化名镇15个、中国历史文化名村22个、省级历史文化名城16个、省级历史文化名镇9个、省级历史文化名村45个、省级历史文化街区11个。

（二）大遗址保护

继续推进国家大遗址和广东省首批大遗址保护项目的实施。笔架山潮州窑遗址和明清海防（广东部分）被列入国家大遗址保护"十二五"规划，对笔架山潮州窑遗址进行了文物考古调查、勘探工作，启动了保护规划编制。2013年4月，广东省文化厅和惠州市人民政府签订了《银岗古窑场遗址保护合作框架协议》，并安排80万元经费补助银岗古窑场遗址户外安防设施配置项目。

（三）全国重点文物保护单位

全年共审核审批了58项文物保护工程勘察设计方案和19项在文物保护范围及建设控制地带内进行的建设工程设计方案，组织专家对已竣工的18项文物保护工程进行验收。全国重点文物保护单位林则徐销烟池与虎门炮台旧址、马坝人－石峡遗址保护规划公布。

（四）世界文化遗产

落实世界文化遗产开平碉楼与村落的日常管理、监测工作，审核、上报在开平碉楼核心区和缓冲区内进行的建设工程方案，跟进开平碉楼认养工作。开展南越国遗迹、海上丝绸之路（广东段）世界文化遗产预备名单资料准备工作。2013年底，广州市政府审议通过了《关于广州海上丝绸之路史迹申报世界文化遗产工作方案》，设立了由分管副市长任组长的工作小组及办公室，办公室下设6个工作组。

【考古发掘】

（一）概况

2013年组织广东省内考古单位配合大型基本建设工程进行文物考古调查、勘探和发掘，全年累计完成文物调查、勘探项目近百个，发掘项目16个，发掘面积近2万平方米。

为确保配合全省重点建设项目的文物考古工作高效高质完成，2013年8月，广东省文物局召开了全省考古工作座谈会。

（二）重要考古项目

经过多年的精心准备，11月28日，"南海I号"全面发掘与保护工作正式启动，国家文物局童明康副局长出席并检查了发掘现场。2013年，"南海I号"保护发掘项目主要是完成前期准备工作，包括塔吊架设、天窗开孔、框架搭建、平台铺设、天车预制、灯阵安装、调试检测、队伍组建、人员落实、流程设计和现场文物保护的基础建设等。

【博物馆与可移动文物保护】

（一）博物馆

博物馆事业发展势头良好。一是完善博物馆开放设施，英德博物馆、南海博物馆、顺德博物馆、潮阳博物馆等一批新建、改扩建的博物馆相继建成开放。二是完成209家各级、各类博物馆、纪念馆的年检工作，其中包括行业博物馆16家、民办博物馆44家。三是开展博物馆评估定级工作。2013年，国家文物局公布第二批国家二、三级博物馆名单。至此，广东省有国家一级博物馆4家，数量并列全国第五位；国家二级博物馆20家，数量位居全国

2014
中国
文物年鉴

第一；国家三级博物馆25家，数量并列全国第二位。四是继续深化博物馆免费开放，全方位提升博物馆公共文化服务水平，全省免费开放的博物馆已达183家。五是进一步提升博物馆陈列展览水平，虎门鸦片战争博物馆的"虎门销烟展"获全国博物馆陈列展览优秀奖。六是提升流动博物馆服务水平，成员单位达100个，新设展览9个，流动展出76场，观众达90万人次。七是拓展对外文物交流与合作项目。全年共举办对外文物展览13个，涉外专业论坛2个、培训班2个，其中粤港澳三地联合举办的大型文物展海上瓷路、考古成果展相继开展。同时，精心组织"5·18"国际博物馆日活动和中国文化遗产日活动，粤港澳三方互派人员参加。八是开展馆藏文物巡回鉴定和免费鉴定咨询工作。

（二）第一次全国可移动文物普查

2013年4月，广东省政府办公厅印发了《广东省第一次全国可移动文物普查实施方案》，明确了省文物普查工作的目标、范围、内容和组织实施要求。同时，成立了以省政府分管文化工作的副省长担任组长，省文化厅、省委党史研究室、省发展改革委、教育厅等14家单位为成员单位的文物普查领导小组，负责普查工作的组织、领导和协调。广东省文物局与档案局、教育厅、民政厅、文化厅、国资委、财政厅等部门多次沟通联系，联合印发通知，对各部门、各系统的普查工作做出统一安排。各地也结合本地区实际，积极与相关部门联合印发通知，共同部署、推进普查任务。4月18日，国务院召开第一次全国可移动文物普查电视电话会议后，广东省政府对省内可移动文物普查工作作出进一步安排和部署。12月6日，广东省文物普查领导小组再次召开电视电话会议，省政府副省长、省第一次全国可移动文物普查领导小组组长陈云贤出席会议并作出了工作部署。

为了更好地开展业务培训工作，广东省普查办编印了《第一次全国可移动文物普查工作手册》，分别在东莞、肇庆、云浮、韶关、潮州举办了5期普查培训班。在对省直和各市普查骨干进行培训的基础上，全省采取分片区培训方式，由省文物局统一组织授课，分别对省直和珠三角、粤东、粤西、粤北四个片区的市、县级普查队伍进行了全面培训。广州市、珠海市、韶关市等7市举办了本行政区域内文物普查培训班。针对这次文物普查量大、种类繁杂的特点，为了确保文物普查的质量，切实提高普查队员的文物鉴别认定水平，省文物局还专门举办了一期文物鉴定培训班，全省60多家文物收藏单位派员参加学习，取得了良好效果。2013年，全省培训普查人员共计约1500人次。

【社会文物管理】

根据国家文物局《关于开展第一类文物拍卖经营资质审批工作的通知》和《关于开展〈文物拍卖许可证〉年审工作的通知》要求，开展文物拍卖资质企业、文物拍卖专业人员的审核与申报工作。广东省全省有文物拍卖资质的企业共15家，其中一类资质4家。开展文物商店的年审和审批工作。对全省文物拍卖标的进行严格审核，全年共审核了33场拍卖会的文物拍卖标的。同时，会同相关部门调查处理涉嫌违法拍卖的企业2家；接收深圳、广州海关移交的文物2852件，充实博物馆藏品。

【科技与信息】

广东省文物局继续推进"广东明清海防遗存保护研究"项目，组织召开课题组会议。安排经费启动雷州石狗的病害调查及防风化保护研究和文物科技检测技术发展现状调查研究。按照国家文物局的部署开展相关调研，并撰写广东省海峡两岸文物交流20年、广东省进一步加强博物馆安全情况、广东省可移动文物保护工作情况、广东省可移动文物收藏保管的情况、广东省世界文化遗产保护管理情况（2006～2012）等工作报告。

【文博教育与培训】

2013年是省文化厅的培训年。省文物局组织专业人员参加文化部和国家文物局主办的培训班共23个班次70多人次，举办文物鉴定、文物保护工程管理、文物安全管理、文物普查等专业培训班8个，各市县也结合文物保护工作实际举办了相关业务培训，不断提高文博工作队伍业务水平。大力开展科研与出版工作，全年完成科研课题结题1项，申报国家文物局课题27个。

【文博宣传与出版】

编辑出版第三次全国文物普查成果名录《广东文化遗产（共十三册）》以及《广东省历史文化名镇名村》《广府传统建筑壁画》等一批反映广东省文化遗产特色的书刊。在广州市召开广东省古遗址保护研讨会，邀请了意大利罗马文物监察司的司长和专家到场进行演讲，取得良好的效果。

【机构及人员】

广东省文化厅直属文博单位有省博物馆、省考古所、省文物鉴定站和省文物总店。2010年，省文物总店完成转企改制，委托省博物馆全面管理。全省省属文博机构共有行政管理人员59人，其中博士5人、硕士10人、本科31人、专科8人；专业人员145人，其中正高级职称11人、副高级职称19人、中级职称40人、初级职称63人，博士22人、硕士41人、本科73人、专科11人。管理及专业人员中，35岁以下的占35.8%，36～45岁的占19.1%，46～55岁的占38.2%，56岁以上的占6.9%。

全省共有文物行政管理机构30个，从事文物保护管理的工作人员270人。全省有文物科研机构5个，从业人员116人；文物系统内有博物馆169家，从业人员3136人；文物商店6家，从业人员107人；其他文物机构3个，从业人员110人。总从业人员高达3739人，其中高级职称173人、中级职称484人。

【对外交流与合作】

拓展对外文物交流与合作项目。全年共举办对外文物展览13个，涉外专业论坛2个、培训班2个，其中粤港澳三地联合举办的大型文物展海上瓷路、考古成果展相继开展。同时，精心组织"5·18"国际博物馆日活动和中国文化遗产日活动，粤港澳三方互派人员参加。

积极实施粤港澳文物交流与合作项目。第十五次粤港澳文化合作会第三组工作会议在澳门召开，组织跟进各项合作议题。粤港澳三方在该次会议进一步就展览合作、专业交流、人才培训以及馆际合作等方面进行讨论。

广西壮族自治区

【概述】

2013年，自治区各项工作顺利开展。《广西壮族自治区文物保护条例》《广西壮族自治区灵渠保护办法》颁布实施。24处文物保护单位列入国务院公布的第七批全国重点文物保护单位名单。4个项目列入国家文物局、财政部"十二五"大遗址保护名单。甑皮岩遗址列入国家考古遗址公园名单。30个村落列入住建部、文化部公布第二批中国传统村落名录。申报世界文化遗产工作取得实质性进展，自治区人民政府办公厅印发《关于成立申报世界文化遗产工作领导小组的通知》。开展左江流域、秦城遗址的考古调查和勘探。完成花山岩画本体保护第二期、容县黄绍竑故居、钦州刘永福故居等50多项重点文物保护单位的维修、环境整治等工作，完成甑皮岩遗址、靖江王昭和王陵维修和恭惠王、温裕王陵遗址考古清理，以及靖江王陵考古调查和地理环境航拍、地形图测绘、遗址文物三维扫描工作。编辑出版《广西考古文集（第五辑）》《广西崖洞葬》等专著。全面启动第一次可移动文物普查工作，自治区人民政府印发《广西壮族自治区人民政府关于开展第一次全区可移动文物普查的通知》，成立自治区领导小组和办公室。建成开放龙胜龙脊壮族生态博物馆等9家博物馆。广西民族博物馆等2家博物馆获评国家二级博物馆，梧州市博物馆等5家博物馆获评国家三级博物馆。成功承办第四期全国可移动文物普查骨干培训班、2013年度全国纺织品文物保护修复技术培训班，举办2013年广西文物建筑培训班。全年举办基本陈列和专题展览387个，全区免费开放博物馆纪念馆观众人数达到1300多万人次。

柳州市、兴安县、宁明县文物局建制。贺州市平桂区文物管理所成立。

【法规建设】

11月28日，《广西壮族自治区文物保护条例》经广西壮族自治区十二届人大常委会第七次会议审议通过，2014年1月1日起施行。12月25日，自治区十二届人民政府第21次常务会议审议通过《广西壮族自治区灵渠保护办法》，2014年3月1日起施行。

【执法督察与安全保卫】

贯彻国务院《关于进一步做好旅游等开发建设活动中文物保护工作的意见》（国发〔2012〕63号）精神，组织3个督察组，深入桂林、贺州、凭祥等10多个市、县开展相关工作的检查与督察，落实了存在违法违规行为的文物景区的整改工作。配合国家文物局开展重点工作专项督察和全区文物系统安全大检查、汛期文物安全工作，认真督办落实可移动文物普查、重点文物保护工程和第七批全国重点文物保护单位"四有"工作，积极汇总全区安全大检查和汛期文物安全情况向国家文物局报告。全年完成18起文物案件涉案物品的鉴定工作，督办了马山、上林等县基本建设文物违法案件。完成来宾市博物馆、贵港市博物馆等博物馆90余万元技防设施设备经费补助，以及雷经天故居、柳州市东门城楼、平南县大安古建筑群等重点文物保护单位的90余万元消防设施设备经费补助，继续补助100万元安排10个县级文物管理机构和大遗址保护管理机构购置重点文物保护及文物执法交通工具。

【不可移动文物的保护和管理】

（一）概况

2013年，国家发展和改革委、财政部、国家文物局给予广西重点文物保护、博物馆免费开放、博物馆建设、陈列展览提升、抢救性文物保护设施建设等专项经费达24188万元，比2012年增加2384万元。同时，自治区财政预算安排抢救性文物保护等项目经费3185万元，比2012年增加200万元。24处文物保护单位列入第七批全国重点文物保护单位名单，4项目列入国家文物局、财政部"十二五"大遗址保护名单，新增甑皮岩遗址、明清海防遗址（广西段）2个项目。甑皮岩遗址列入国家考古遗址公园名单。30个村落列入住建部、文化部公布的第二批中国传统村落名录。自治区公布第二批自治区历史文化名镇6个、名村16个。完成花山岩画本体保护第二期工程、保护工作与监测站改扩建征地和建筑设计。指导推进合浦汉墓群大遗址保护、柳州白莲洞遗址博物馆、钦州刘永福纪念馆等保护建设项目，完成湘江战役旧址、恭城古建筑群、白莲洞遗址等一批文物保护规划和方案编制以及维修施工项目工作。完成甑皮岩遗址、靖江王昭和王陵遗址、容县黄绍竑故居、钦州刘永福故居、百色劳动小学旧址等56项重点文物保护单位的维修、环境整治等工作。

（二）大遗址保护

2013年，国家投入4382万元用于合浦汉墓群金鸡岭重点保护区、靖江王陵悼僖王陵遗址、靖江怀顺王陵遗址、甑皮岩遗址等遗址的保护以及考古调查、勘探和发掘。完成甑皮岩遗址独山危岩清理一期工程、遗址洞顶防渗工程、靖江王昭和王陵遗址保护和恭惠王陵、温裕王陵遗址考古清理，以及靖江王陵考古调查和地理环境航拍、地形图测绘、遗址文物三维扫描工作。抢救发掘靖江王府宗庙遗址。推进合浦汉墓群大遗址保护建设和合浦汉墓群大遗址公园的考古调查、勘探工作。合浦汉墓群金鸡岭重点保护区、桂林靖江王陵悼僖王陵遗址、靖江怀顺王陵遗址保护及环境整治，甑皮岩遗址独山危岩治理和地下水害治理的保护方案通过国家文物局审批。

（三）全国重点文物保护单位

完成花山岩画本体保护第二期工程、保护工作与监测站改扩建征地和建筑设计。指导推进柳州白莲洞遗址博物馆、钦州刘永福纪念馆等保护建设项目，完成湘江战役旧址、恭城古建筑群、白莲洞遗址等一批文物保护规划和方案编制以及维修施工项目工作。完成容县黄绍竑故居、钦州刘永福故居、百色劳动小学旧址等56项重点文物保护单位的维修、环境整治等工作。完成李济深故居、李宗仁故居（包括李宗仁官邸）等12个文物保护规划和宁明花山岩画、龙州小连城等59个维修保护、消防、技防等方案编制工作并上报国家文物局。

（四）世界文化遗产

自治区人民政府办公厅印发《关于成立申报世界文化遗产工作领导小组的通知》，成立了以副主席李康为组长的申遗工作领导小组，桂林市、崇左市和兴安县、宁明县、龙州县相继成立申遗工作领导小组，推进灵渠、花山岩画文化景观申报世界文化遗产。自治区

2014
中国
文物年鉴

党委常委沈北海、副主席李康多次听取文化厅申遗工作汇报，7月30日专程赴京向国家文物局汇报，批示安排文化厅申遗工作经费220万元。副主席李康先后带队赴美国参加国际岩画组织联合会（IFARO）2013年国际岩画年会、赴广东云南考察申遗工作、赴崇左和兴安调研申遗工作推进情况。同时，自治区文化厅举办灵渠、花山岩画文化景观专家咨询评估会，指导崇左市、兴安县编制申遗文本和保护管理规划。开展左江流域、秦城遗址的考古调查和勘探，开展左江岩画文化内涵及独特性研究、国际对比研究、岩画区域村寨调查和灵渠等基础课题研究，发掘龙州县宝剑山洞穴遗址。

【考古发掘】

（一）概况

配合基本建设组织完成旺盛江水库、柳江落久水利枢纽、临贺故城河古东门县玉路排污工程、邕宁水利枢纽、广西液化天然气管道工程、新疆煤制天然气外输管道工程广西支线广西段、贵港师范学校、合浦廉州镇中站区、广西泰吉铝业有限责任公司高性能铝材一体化、贺州市夏岛恒温湖旅游度假区等20余项重点建设工程用地范围内的文物调查和考古勘探、发掘等工作。开展左江流域、秦城遗址的考古调查、勘探和发掘，取得重要成果。开展田东高岭坡遗址、临桂县大岩和螺蛳岩遗址、柳州洞穴遗址群调查发掘研究。开展广西传统村落保护调查、中越边境清代界碑调查研究工作。全年考古发掘面积49220平方米，抢救保护了一批重要文物。

（二）重要考古项目

1. 左江流域考古调查项目

8～12月，广西文物保护与考古研究所组织开展对左江流域的考古调查，重点发掘区域以左江岩画点为中心、半径为10公里，旨在了解左江流域古代遗存分布情况，进而帮助理清左江花山岩画的源流、年代、族属等问题。

调查组以左江龙州段为起点，顺江而下，途经龙州、宁明、江州、扶绥等地。复核和新发现了遗址25处，其中台地遗址5处（宁明1、龙州3、扶绥1），洞穴遗址11处（扶绥2、龙州7、宁明1、江州1），岩厦遗址8处（江州2、扶绥2、龙州4），城址1处（龙州），所有遗址中贝丘遗址占20个。大部分遗址主体堆积为新石器时代，很多遗址都有后人活动的原始迹象。部分洞穴遗址堆积可能包含先秦岩洞葬。另外还发现汉代城址一座。这些遗址的发现丰富了左江流域的考古文化。

2. 无名山岩厦贝丘遗址

位于龙州县上金乡卷逢村白雪屯对岸的无名山岩厦下，面积约600平方米，属新石器时代。10～11月，广西文物保护与考古研究所对无名山岩厦贝丘遗址进行试掘，发掘面积16平方米。出土器物有石器、陶器、蚌器、骨器、铁器等。陶器纹饰以绳纹为主，另有少量弦纹和米字纹。

3. 沉香角岩厦贝丘遗址

位于龙州县上金乡两岸村小岸屯西北方向沉香角岩厦处，分布面积约50平方米，属新石器时代。8～9月，广西文物保护与考古研究所对沉香角岩厦贝丘遗址进行试掘，发掘面积8平方米，出土石器和陶片。石器主要是以砾石为原料，大部分为打制石器，有砍砸器、刮削器，磨制石器有石斧等。陶片均为夹砂、黑胎，大部分为红褐色夹细砂。纹饰有粗绳纹、细绳纹、网格纹，以网格纹居多。另外，还采集到几块红色的石块。根据遗物综合分析，可初步判断该遗址主体年代为新石器时代晚期，但所发现的一些晚期文物说明后来也有人类在此活动。

4. 宝剑山A洞洞穴遗址

位于龙州县上金乡两岸村小岸屯左江右岸、宝剑山岩画点南面约15米的崖壁下岩洞内，洞内面积约120平方米，距今3600～5000年。9～11月，广西文物保护与考古研究所对宝剑山A洞洞穴遗址进行试掘，发掘面积16平方米。遗址堆积下部分为贝丘遗存，上部为岩洞葬。出土大量螺壳和水陆生动物遗骸以及石器、蚌器，陶器较少。蚌器有鱼头形穿孔蚌器、双肩蚌铲、束颈蚌铲、锯齿刃蚌器等。双肩蚌铲不仅数量多，而且制作精美，锯齿刃蚌器则是在广西古代贝丘遗址中首次发现。陶片数量少，均为残碎的夹砂陶片。从残片分析，主要为敞口的釜罐类器物。纹饰主要为绳纹，也有刻划纹。有的陶片有穿孔现象。从遗物来看，岩洞葬主体年代应为商代前期，但从出土的骨质剑形器来看，可能延续到西周时期甚至更晚。

5. 庭城遗址

位于龙州县上金乡联江村委会舍巴屯东北面约500米，处于明江、丽江汇流形成的二级台地上，面积约2600平方米，为汉代遗址。2013年12月～2014年1月，广西文物保护与考古研究所对庭城遗址进行试掘，发掘面积约130平方米。遗迹现象有柱洞、灰坑、散水等。出土有瓦件、陶片、铜器、铁器和石器等文物。初步推测是一座西汉时期带有军事性质的城址，城址被废弃后还有人类在上面活动。

6. 贵港市师范学校旧址古墓葬

位于贵港市，为明清时期遗迹。8月，广西文物保护与考古研究所对贵港市师范学校旧址的6座汉墓和2座明清墓进行了抢救性发掘。汉墓分为土坑墓、砖室墓。土坑墓5座，均为竖穴土坑墓。出土文物100余件（套），以陶器为主，也有少量铜、铁器和串饰等。陶器主要有罐、钵、盖、盂、洗、樽、四耳罐、魁、壶、直身罐、仓、屋、井、灶、甑、釜、鐎壶、熏炉、卮、簋、鼎、纺轮、灯、钫、盒等；铜器有镜、鐎壶、盆、簋等；铁器有剑、削、釜等；另外还有玛瑙、水晶、琉璃珠、银手镯、石黛砚、铜钱等。砖室墓1座，盗掘严重，残存墓室下部，单砖错缝垒砌，铺错缝地砖，墓室前部有台阶，在后室西北角有一个长方形祭台。墓砖拍印斜绳纹。出土有1件方格纹陶罐。2座明清墓均为长方形砖室墓，其中1座破坏严重，无遗物；另1座破坏较轻，墓壁为单砖错缝垒砌，出土一件小口陶罐和少量碎陶片、人骨。这批汉墓和明清墓的资料对于研究贵港地区汉代和明清时期的埋葬习俗、社会生活等方面具有较高的参考价值。

7. 桂林正阳东巷考古项目

位于桂林市，为明代遗迹。8～12月，因桂林市对靖江王府正阳门前的正阳东巷历史文化地段进行保护修缮整治工作，广西文物保护与考古研究所对相关地段进行考古勘探工作，发现了明代靖江王府宗祠的基础以及大量与靖江王府、王陵地上建筑相同的琉璃、青砖等建筑构件，还发现了自唐代至近现代以来桂林各个历史时期的地层及实物。在勘探成果的基础上，试掘面积200平方米，进一步明确了靖江王府宗祠的建筑布局等。发掘表明，王府宗祠平面分布大致呈"回"字形，外面一圈由门楼、外围墙组成，里面一圈由前殿、左右配殿、大殿及内围墙组成。内外围墙之间有道路连通，在外围墙的西南角开有一门与宗祠西面的院落相通。宗祠大殿台基为须弥座，台基之上被清代晚期岑春煊家庙的基础部分覆压。

2014
中国
文物年鉴

【博物馆与可移动文物保护】

（一）博物馆

广西民族博物馆、广西自然博物馆获批国家二级博物馆，梧州市博物馆、贺州博物馆等5家博物馆获批国家三级博物馆，至此，广西有一级博物馆1家、二级博物馆6家、三级博物馆17家。建成开放广西美术馆、南宁市规划馆、桂林八路军办事处陈列馆新馆、龙胜龙脊壮族生态博物馆、湘江战役纪念馆等9个博物馆。广西政协文史馆、南宁市博物馆、桂林博物馆、恭城瑶族博物馆、融水民族博物馆等9个项目主体工程完工，正在进入陈列布展阶段。柳州白莲洞古人类遗址博物馆、桂林甑皮岩遗址博物馆、钟山县广西壮族自治区工委陈列馆、三江侗族博物馆等7个项目正在建设。自治区文化厅为广西史志馆、广西美术馆、柳州工业博物馆等49家百家博物馆建设项目授牌。继续委托柳州市开展所辖县（区）民办博物馆设立审批试点工作，柳州市下发《柳州市民办博物馆暂行管理办法》《关于促进民办博物馆加快发展的意见》，明确了给予民办博物馆资金扶持、税收优惠等措施。2013年柳州市公布了柳银钱币馆等11家民办博物馆为柳州市博物馆群第二批单位，批复龙胜大塘湾少数民族民俗陈列馆设立博物馆。围绕博物馆建设和藏品管理，全年征集文物21414件（套）。举办"化零为整——美国被面展""暹罗印象——泰国民俗文物展""跨越海洋——中国海上丝绸之路九城市文物联展""丹青桂韵——广西壮族自治区博物馆馆藏历代书画精品展""笔砚精良　人生一乐——中国古代文房用品展""恐龙繁殖的证据——恐龙蛋""走近浦北古象"等基本陈列和专题展览387个，接待观众1380万人次，其中未成年人369.57万人次。柳州工业博物馆基本陈列荣获全国博物馆十大陈列展览优秀奖。

广西民族博物馆的"畅享民歌"连办三年，吸引国内外的民歌歌手上万人参赛，已经形成南宁市的文化品牌。广西博物馆的"品味广西"、广西自然博物馆的科学普及活动也越办越好。广西博物馆开发的一系列创意产品荣获第六届海峡两岸（厦门）文博会"海峡两岸文博创意产业精品展"综合评比"优等奖"。其中骆越王腰牌荣获中国工艺美术协会颁发的2013"深圳·金凤凰"工艺品创新设计银奖；三阳开泰茶叶罐荣获第三届中国（北流）国际陶瓷博览会创新设计金奖，粉彩梅竹图梅瓶和青花竹节套杯获铜奖。广西自然博物馆"恐龙繁殖的证据——恐龙蛋"科普展荣获广西科技活动周科普知识竞赛一等奖。广西民族博物馆开发的瑶族文化创意产品在北京民族文化宫畅销。

（二）可移动文物保护

2013年，国家安排可移动文物保护专项经费515万元，自治区安排全区可移动文物保护工程专项配套经费60万元，组织开展广西博物馆馆藏合浦汉墓出土金属文物、广西民族博物馆瑶族纺织品、桂林博物馆明代梅瓶和柳州市博物馆馆藏书画保护与修复工作。

（三）第一次全国可移动文物保护普查

全面启动第一次可移动文物普查工作，落实可移动文物普查经费200万元，自治区人民政府印发《关于开展第一次全区可移动文物普查的通知》，成立了广西第一次可移动文物普查领导小组和办公室，制定了《广西第一次可移动文物普查实施方案》和《广西第一次可移动文物普查宣传工作总体方案》。自治区文化厅组建了文物认定专家组和业务指导组，积极组织自治区、市、县三级培训，推动全区各市、县成立普查机构，制订实施方案。选择10个文物收藏数量较大的单位开展普查试点，积累普查经验并向全区推广。在普查工作中，自治区增加了1949年以后珍贵资料的普查备案，通过引入志愿者参与，利用现代信息平台扩大宣传、提高效率等方式，富有成效地完成了国家部署的普查试点和国有单位摸底排查年度任务。

【文博教育与培训】

举办全区可移动文物普查培训班，培训280多人。承办2013年度全国纺织品文物保护修复技术培训班、国家文物局第四期全国可移动文物普查骨干培训班，培训130多人。11月4日～12月3日举办2013年广西文物建筑保护培训班，培训文物建筑保护骨干20名。

【文博宣传与出版】

举办2013年广西文化遗产保护宣传月活动，组织媒体深入采访报道。出版《广西壮族自治区第三次文物普查不可移动文物名录》《广西古代岩洞葬》等图书。组织编写《连城要塞遗址历史文献研究与遗址调查》《广西文物精粹丛书》书稿。

【机构及人员】

广西共有各级文物博物馆机构190个，其中文物行政主管部门5个、博物馆（纪念馆）112个（国家一级博物馆1个、二级博物馆6个、三级博物馆17个），文物管理所（站）63个、文物商店4个、文物考古研究所1个、文物考古工作队（考古队）2个、文物保护研究设计中心1个、文物拍卖企业2个，形成了100%覆盖自治区的三级文物保护网络。2013年新增各级文物博物馆机构37个，其中新增文物行政主管部门1个、博物馆（纪念馆）33个、文物管理所（站）3个，取消变更文物保护科研机构1个。

全区文博系统从业人员2700人，专业技术人员947人，其中正高级职称人员39人、副高级职称人员74人、中级职称人员329人。

海南省

【概述】

截至2013年，海南省共有全国重点文物保护单位27处，省级文物保护单位108处，市县级文物保护单位375处。全省有各类博物馆、纪念馆29家，其中有19家文化文物部门归口管理的公共博物馆、纪念馆列入国家免费开放名单，还有一批博物馆、纪念馆自行向社会免费开放。全省国有文物收藏单位文物总量约9万多件，其中珍贵文物3078件。

【法规建设】

2013年，海南省文物局和各级文博单位充分利用全国第一次可移动文物普查的成果，深入社会基层宣传《文物保护法》等文物政策法规，使文物保护意识深入人心，开创了全民保护文物的新局面。同时，联系海南实际，利用"5·18"国际博物馆日和中国文化遗产日开展形式多样、丰富多彩的活动，全面地宣传海南的历史文化遗产。不断在文物的利用、保护和管理上下工夫，取得了良好的效果，大大提高了群众对文物工作和博物馆的关注度，缩短了文物、博物馆与社区、公众之间的距离。

此外，2013年各市县开展了与《文物保护法》相关的培训班和专题学习宣传活动60多次，使广大人民群众更深入地理解文物政策法规，树立了全民自觉保护文物的良好社会风尚。

【执法监督与安全保卫】

2013年，海南省政府及文物保护部门按照"保护为主，抢救第一，合理利用，加强管理"的方针，认真落实科学发展观，不断加大文物执法和保护工作力度，使《文物保护法》得到切实有效的贯彻执行，使海南省文物的保护、利用和管理工作在科学、规范、法制化的轨道上健康有序地向前发展。

截至2013年底，海南省共有文物行政执法机构23个，执法人员166人（其中49名经过培训考试合格由国家文物局颁发文物行政执法证）。文物执法机构和制度建设逐步加强，为文物的安全保护工作打下了良好的基础。

2013年3月开始，根据国务院《关于进一步做好旅游等开发建设活动中文物保护工作的意见》（国发〔2012〕63号）（以下简称《意见》）的要求，由海南省文体厅牵头负责，与省旅游委等职能部门共同研究，制订方案，采取措施，及时做出全面部署。各市县文物主管部门积极与旅游等有关部门联合对本辖区内旅游等开发建设活动中的文物保护工作进行全面的自查自纠，落实整改，取得了良好的效果。同时，海南省各级文物部门与城建、国土资源、公安等相关部门和部分乡镇密切配合，开展打击文物犯罪活动，打击文物保护单位保护范围内的违法违规建设活动。据统计，全省全年共开展文物行政执法、文物安全检查和文物市场执法970多人次，文物市场、安全检查执法取得一定成效。

2014
中国
文物年鉴

4～5月，海南省文物局与执法部门联合开展水下文化遗产执法巡查，对西沙海域水下文化遗存进行了巡查。

【不可移动文物的保护和管理】

（一）概况

2013年新公布全国重点文物保护单位10处，分别为信冲洞遗址、珠崖岭城址、华光礁沉船遗址、斗柄塔、文昌学宫、崖城学宫、韩家宅、临高角灯塔、琼海关旧址；编制完成《五公祠保护规划》《海瑞墓保护规划》报国家文物局征求意见，完成《三亚市落笔洞遗址保护和利用规划》二次修编并报国家文物局备案，编制完成《东坡书院保护规划》《儋州故城保护规划》《美榔双塔保护规划》，启动蔡家宅、北礁沉船遗址、甘泉岛沉船遗址保护规划的前期调研工作并向国家文物局提出立项报告；共投入国家级、省级经费3983万元用于五公祠、丘浚墓、秀英炮台、美榔双塔、程德汉烈士故居、封平约亭等文物保护单位的维修、安防等工程和南海水下文化遗产调查、保护监测、考古发掘项目。

（二）大遗址保护

拟将西沙群岛海域华光礁、北礁、玉琢礁、永乐环礁四个区域水下文化遗产申报为大遗址，2013年已开展前期调研工作，下一步将编制保护方案。

（三）全国重点文物保护单位

新增的全国重点文物保护单位"四有"工作有序开展，原有的全国重点文物保护单位"四有"工作基本完成，安全状况良好。目前儋州故城、海瑞墓、美榔双塔、丘浚故居、丘浚墓、东坡书院、五公祠、中共琼崖一大旧址设立了专门的管理处，其他单位由当地文体局设专职人员负责管理；落笔洞遗址、儋州故城、海瑞墓、丘浚故居及墓、美榔双塔、东坡书院、五公祠、中共琼崖第一次代表大会旧址编制完成了保护规划，其中中共琼崖一大旧址及丘浚墓保护规划已通过省人民政府审批，蔡家宅、甘泉岛沉船遗址、北礁沉船遗址保护规划正在编制；美榔双塔、丘浚墓、五公祠、秀英炮台、蔡家宅、陵水县苏维埃政府旧址编制了维修方案；北礁沉船遗址海上监测项目着手开展。

【考古发掘】

2013年西沙群岛水下文化遗产调查暨水下文化遗产执法巡查工作于4月20日开始实施，至5月10日结束。本次工作按照既定的工作方案，主要对永乐、宣德群岛的羚羊礁、石屿、银屿、全富岛、珊瑚岛、玉琢礁、北礁等海域共23处已登录的水下文化遗存的保护状况进行巡查、文物执法和水下考古调查工作，同时在巡查中对渔民提供的多处新线索进行了水下调查，潜水作业120人次，潜水总时间近400小时。新发现水下文化遗存5处，调查并登录水下文化遗存线索点2处。

配合基本建设考古工作顺利开展，完成了国电海南西南部电厂工程项目建设用地、海南炼化100万吨/年乙烯及炼油改扩建工程建设用地的考古工作，完成了海南迈湾水利枢纽工程建设征地范围内文物影响评估工作，红岭灌区工程建设用地和新建海南西环铁路工程建设用地的考古工作正在推进当中。

海南省博物馆和中国社科院考古研究所合作的"南疆考古"计划的陵水桥山遗址发掘，出土了一批珍贵史前文物，主持开展的"环海南岛海洋遗址调查"项目、"海南岛古代城址调查"项目等均取得了一定的成果。

2014 中国 文物年鉴

海南省文物局和国家博物馆合作，开展对东方荣村遗址、昌江乌烈遗址、儋州碗窑村窑址、澄迈福安窑址的考古重点调查工作，为2014年申报考古发掘项目作准备。

【博物馆与可移动文物保护】

（一）博物馆

海南省委省政府高度重视博物馆发展，积极推进国家南海博物馆、国家水下文化遗产保护南海基地、西沙永兴岛南海水下考古工作站、海南省博物馆二期工程的建设。国家水下文化遗产保护南海基地和国家南海博物馆选址已完成前期对接工作，两个项目落户在海南国际旅游岛先行实验区内，选址在黎安港潟湖西侧的走客村一带。南海基地占地面积约100亩，投资规模约3亿元；国家南海博物馆用地面积约150亩，投资规模约4.6亿元，目前已完成可研工作，省发改委已立项。海南省博物馆二期工程已动工建设。

海南省各博物馆立足海南自身特点，全力打造精品展览。年均举办陈列展览近百个，接待观众百万人次。2013年省博物馆共举办了31个展览，其中不乏引进的多个高端精品展览，如"星云大师一笔字书法艺术展""华夏遗韵——中原古代音乐文物展""江左风韵——2013年江苏省国画院、江苏省书法院名家交流展""海南建省25周年成就图片展""毛泽东和两弹一星事业暨百名将军书赞毛泽东展""江南晨曦——良渚文化展""艺海文心——李岚清篆刻书法素描展""晋国霸业——山西出土两周时期文物精华展"等等。

海南省博物馆主创的"大海的方向——华光礁I号沉船特展"荣获第十届全国博物馆十大陈列展览精品奖，这是全国博物馆展览中的最高奖项，在博物馆界中引起强烈反响。该展于8月开始全国巡展，开启了海南省博物馆展览走出去的先例，目前已完成首都博物馆、河南博物院、山西博物院的展览工作。

推动生态博物馆项目建设，经实地考察、市县上报、专家评审，首批推荐留客村华侨文化生态博物馆百里百村生态博物馆、峨蔓盐田生态博物馆、呀诺达自然生态博物馆、槟榔谷民俗生态博物馆、万泉河大峡谷生态博物馆等6个单位为海南省第一批省级生态博物馆并上报省政府。

（二）可移动文物的保护

海南省博物馆认真做好馆藏文物的日常保护和管理工作，做好入库文物的接收、登记和整理工作。海南省博物馆出水文物保护修复实验室和船板处理室建成，极大地促进了"华光礁I号"出水木船构件及系列出水文物的保护和修复工作。华光礁沉船脱盐防腐工作已持续进行近四年，其阶段性的保护修复处理效果良好，达到了预期目标。海南省博物馆已对陶瓷器拍照存档2799件，修复陶瓷器400余件，目前这项工作仍在进行中。

（三）第一次全国可移动文物普查

认真贯彻落实《国务院关于开展第一次全国可移动文物普查的通知》精神，第一次全国可移动文物普查工作已全面启动，省可移动文物普查领导小组、领导小组办公室和可移动文物普查办公室均已成立。各市县中除三沙市外，其他18个市县都已成立普查领导小组；普查实施方案由各市县根据省普查办实施方案拟定，并已审批完毕。普查骨干培训暨动员会于8月13～15日进行，学员包括各市县的普查骨干人员，动员培训效果尚佳，部分受训骨干回到各市县后根据当地情况组织了更广泛的培训。目前已基本完成全省国有单位文物收藏保管情况的摸底排查。待全省可移动文物普查阶段性总结会后，会组织第二次普查骨干培训班，为下一步的文物认定工作做准备。

■ 【社会文物管理】

截至年底，海南省有海南泰达拍卖有限公司（已获得由国家文物局颁发的文物拍卖一类资质证书）和海南安达信拍卖有限公司（已获得由国家文物局颁发的文物拍卖二、三类资质证书）两家拍卖公司。在建设海南国际旅游岛、发展海南文物事业中，两家拍卖公司都作出了积极的探索和贡献。

12月18日，由于海南省工商联副主席、海南省收藏家协会会长、海南泰达拍卖有限公司和海口泰特典当有限责任公司的法人代表沈桂林涉嫌诈骗"失踪"，海南警方立案调查，海南泰达拍卖有限公司原定于2013年12月底举行的艺术品拍卖会取消。

12月26~29日，海南安达信拍卖有限公司在海南省军区迎宾馆举行2013年文物艺术品拍卖会。本次拍卖会的全部44件文物艺术品拍品中，有蝎子琥珀、清代奇楠香佛珠、齐白石花鸟工虫画等27件拍品成交，占总拍品的61.36%；成交金额4772560元，占最低总估价的78.53%。

■ 【科技与信息】

与华南理工大学国家级重点实验室合作，启动"华光礁I号"沉船三维激光扫描测量、逻辑复原项目的研究。

该项目通过影像数据采集手段，建立起沉船实物三维或模型数据库，可以高精度的保存沉船原有的各项型式数据和空间关系等重要信息；它结合了测绘技术和逻辑修复技术，场景touch还原技术，可以将沉船的展示、保护提高到一个崭新的阶段，使海南省博物馆二期的展示内容得到本质提升。

■ 【文博教育和培训】

2013年海南省博物馆共接待各类观众达70万人次，是博物馆社教活动开展较为丰富的一年，我们把迎进来与走出去有效结合，在发挥博物馆社会教育职能的同时也锻炼了队伍。组织开展了新春年画拓印活动、"第二课堂"进校园活动、"走进博物馆，快乐过暑假"活动、八一拥军活动、"开学季"文化进校园活动、"印"象深"刻"少儿社教活动等；大力发展志愿者团队建设工作，策划举办了海南省博物馆第一期志愿者培训班，并定期进行系统化、专业化的培训，有效提高了志愿者的服务水平；成立了文物出版社海南读者服务站，各式文博书籍、文创产品、旅游纪念品种类破百。

2012年11月~2013年6月，海南省文物局举办水下考古专业技能培训班，有来自博物馆、考古所的12名（含广东学员2名）专业技术人员参加培训。培训分三个阶段：第一阶段2012年11月2日~12月10日，水下考古基本理论培训；第二阶段2013年2月22日~4月3日，潜水技能培训；第三阶段2013年6月，实习。全部培训顺利完成，学员取得了相应的资格证书。

■ 【文博宣传与出版】

认真做好新闻宣传、网上舆情追踪分析和信息报送工作。以文物保护修缮工程、博物馆特色展览、"5·18"国际博物馆日、文化遗产日等重要文博事件为重点，组织新闻媒体开展了有计划、重特色、全方位的新闻宣传活动。2013年共举办各类新闻发布会、组织媒体记者集体采访活动17次，接待国内外记者采访22次。

2014
中国
文物年鉴

密切关注国内外媒体，特别是网络媒体对海南省文博工作的报道，全年共收集整理相关新闻信息200余条，针对社会关注的热点和舆论走向，厅信息中心组建了舆情监看员和网络评论员队伍，以便在第一时间主动、准确地发布权威信息，有效引导舆论；海南省文物局网络评论员队伍发挥了积极作用，配合省委、省政府信息部门在国内网站发布消息48条，起到了正面宣传作用。局网站采用或局领导、机关处室领导传阅的信息350条，信息的数量和质量较2012年同期有很大提高。

【机构与人员】

2013年全省文物机构数量为30个，其中文物保护管理机构13个、博物馆16个、文物科研机构1个，包括省级文物保护管理机构1个、博物馆2个、文物科研机构1个；市级文物保护管理机构12个、博物馆2个、其他文物机构13个；县级博物馆12个。

截至2013年底，海南省文物机构从业人员310人，其中高级职称12人、中级职称38人。

取得文物保护工程施工资质的单位1个，为海南献林林建筑安装工程有限公司，为文物保护工程一级施工资质单位。

取得考古发掘资质的单位1个，为海南省文物考古研究所（海南省博物馆）。

取得考古发掘领队资格的人员有丘刚、王大新、王育龙、阎根齐4人。

取得文物拍卖专业人员资格的人员有崔工年、王海真、陈薇生3人。

重庆市

【概述】

2013年，重庆市文物工作目标任务圆满完成。一是不可移动文物保护得到加强。新增全国重点文物保护单位35处；实施市级以上文物保护单位保护项目42个，投入30965万元，千手观音抢救性修复等重点文物保护工程顺利推进；完成考古发掘面积5.07万平方米，出土标本8014件（套）。二是博物馆公共服务得到加强。新增博物馆4家，全市博物馆总数达到72家，其中免费开放博物馆达到55家，免费开放博物馆全年参观人数达1735万人次；推出原创展览60个，引进境外展览6个，组织文博单位送展下乡500场；出台了《关于促进民办博物馆发展的意见》；全年征集文物2253件（套）、资料538件，修复珍贵文物595件（套）；对三峡博物馆等博物馆（纪念馆）的1212件馆藏文物进行了鉴定和定级。三是文物安全管理工作得到加强。圆满完成对旅游等开发建设中的文物保护专项检查，加大了文物安全巡查、检查、查处力度，文物安全主体责任得到落实。四是文物基础工作得到加强。全面开展第一次全国可移动文物普查，在全国率先完成文物普查第一阶段国有单位文物收藏情况调查摸底，整体全面转入第二阶段文物信息采集登录；市级以上文物保护单位"四有"、保护规划编制等基础工作扎实推进；申报国家重点文物保护项目130个，争取到位各级文物保护专项资金4.57亿元，其中国家重点文物保护专项资金9714万元；成功举办第四届重庆文化遗产宣传月，组织召开了大足石刻国际学术研讨会。

【法规建设】

2010年1月，国家文物局联合财政部、民政部等7部委出台关于促进民办博物馆发展的指导意见，重庆市黄奇帆市长等市领导就民办博物馆发展做出批示，要求原重庆市文化广电局（现重庆市文化委员会）加强这方面的工作。2012年11月，原重庆市文化广电局根据国家文物局文件精神，借鉴陕西、成都经验，立足重庆实际，联合市民政、财政、国土房管、税务、旅游等部门起草了《促进民办博物馆发展的意见（送审稿）》，并分别书面征求相关市级部门意见，根据相关市级部门反馈意见，进行修改完善后提交原市文化广电局党委会审定。2013年1月16日，重庆市文化广播电视局、重庆市民政局、重庆市财政局、重庆市国土资源和房屋管理局、重庆市地方税务局、重庆市旅游局、重庆市文物局正式联合下发《关于促进民办博物馆发展的意见》（渝文广发〔2013〕12号）。《意见》由三部分构成，第一部分着重解决对民办博物馆发展的思想认识问题，第二部分提出具体政策支持，第三部分着力解决依法办馆、加强管理、提高质量事宜。

【执法督察与安全保卫】

2013年，重庆市举办了第四届重庆文化遗产宣传月活动，开展《文物保护法》普及、宣

2014 中国 文物年鉴

传，共推出30余项大型活动，发放宣传资料（图册）5万余份，市民参与积极，社会反响良好。

在文物安全工作方面，重庆市文物局联合重庆市公安局、重庆市文化市场行政执法总队开展了打击文物犯罪专项行动；联合重庆广电集团，在重庆卫视播出文物安全警示教育专题片；配合重庆市文化市场行政执法总队妥善处置了重庆市巫山县巫峡镇汉代古墓盗掘、重庆市北部新区蹇义墓赑屃盗窃、重庆市綦江区柏树林崖墓群损坏等7起文物案件；联合重庆市规划局、重庆市城乡建委组成专项检查组，圆满完成对旅游等开发建设活动中文物保护情况专项检查任务；督促区县（自治县）文广新局与300个市级以上文物保护单位签订了文物安全责任书；组织开展了重庆文博单位安防、消防、防雷等保护工程建设，启动中美合作所集中营旧址消防系统工程等12个项目；制定实施了《重庆市文物安全巡查报告制度》，完善文物安全突发事件报告和定期通报制度，全年巡查29个区县（自治县）151处文物保护单位和博物馆，开展了"4·20"芦山地震全市文物灾后安全隐患排查、汛期文物安全大排查等专项检查工作。

【不可移动文物的保护和管理】

（一）概况

2013年，重庆市全国重点文物保护单位和市级文物保护单位数量分别达到55处和282处。3月，国务院公布第七批全国重点文物保护单位，涉及重庆35处，包括古遗址3处：天生城遗址、老鼓楼衙署遗址、重庆冶锌遗址群；古墓葬2处：荆竹坝岩棺群、汇南墓群；古建筑4处：独柏寺正殿、重庆古城墙、彭氏宗祠、双桂堂；石窟寺及石刻4处：千佛寺摩崖造像（合入第六批潼南大佛寺）、石门大佛寺摩崖造像、瞿塘峡摩崖石刻、弹子石摩崖造像；近现代重要史迹及代表性建筑23处：刘伯承故居，聂荣臻故居，嘉陵江三峡乡村建设旧址群，特园，世界佛学苑汉藏教理院旧址，南腰界红三军司令部旧址，国民政府立法院、司法院及蒙藏委员会旧址，国民政府军事委员会政治部旧址，国民政府外交部旧址，重庆抗战金融机构旧址群，国民参政会旧址，林园，国民政府军事委员政治部第三厅暨文化工作委员会旧址，重庆黄山抗战旧址群，同盟国驻渝外交机构旧址群，南泉抗战旧址群，国民政府行政院旧址，重庆抗战兵器工业旧址群，同盟国中国战区统帅部参谋长官邸旧址，保卫中国同盟总部旧址，重庆谈判旧址群，抗战胜利纪功碑暨人民解放纪念碑，重庆市人民大礼堂。未新增公布市级文物保护单位。

2013年，重庆市编制完成文物保护单位保护规划10个（《重庆市革命遗址保护利用总体规划》及重庆龙骨坡遗址等9个全国重点文物保护规划），其中8个全国重点文物保护规划获得国家文物局批复，钓鱼城保护规划通过重庆市政府审批；编制完成彭氏宗祠等全国重点文物保护单位保护规划立项报告10个，并已上报国家文物局；全面启动全市地下重点文物控制地带划定工作。全年实施市级以上重点文物保护单位保护维修项目31个，其中全国重点文物保护单位保护维修项目6个、市级文物保护单位保护维修项目25个。大足石刻千手观音抢救修复进展顺利，有望于2014年完成全部修复工作；八路军重庆办事处旧址等10个革命、抗战遗址保护维修项目，独柏寺正殿、涞滩二佛寺下殿、白帝城等7个古建筑保护维修项目已完工；大足圣寿寺和石马真原堂2个寺观教堂保护修缮工程基本完工；会馆保护维修项目綦江万天宫、南华宫即将完工。实施三峡后续文物保护批复项目54个，完工22个。潼南大佛本体保护修复工程入选"2012年度全国十佳文物维修工程"。

（二）大遗址保护

对遗址本体进行局部维修保护和周边环境整治，建设考古遗址公园，以提升遗址本身的价值和影响力,条件成熟的逐步纳入申报世界文化遗产的序列,使遗址得到更好的保护。如钓鱼城遗址,近几年通过对文物本体局部维修保护和周边环境整治,并编制了钓鱼城考古遗址公园规划,被纳入国家150处重点大遗址保护,成为重庆市首个纳入《大遗址保护"十二五"专项规划》项目库的古遗址,成功列入第二批国家考古遗址公园名单。

编制大遗址保护管理办法,以法律的形式加以保护,使遗址更安全、保护更有力。重庆正起草《钓鱼城遗址管理办法》,并有序开展钓鱼城申报世界文化遗产工作。

开展考古发掘,进一步发掘其历史文化内涵。2013年,重庆市开展了渝中区老鼓楼衙署遗址、合川区钓鱼城范家堰遗址、巫山县玉米洞遗址、忠县洋渡冶锌遗址、彭水县郁山盐业遗址、永川区汉东城遗址等抢救性考古发掘,并取得重要成果,对研究重庆市古人类起源,制盐及冶锌技术产生、发展、传播,唐宋时期渝西地区的经济社会发展状况及城市建筑格局、形制等方面具有重要的科研价值。

（三）全国重点文物保护单位

重庆市第一至第六批全国重点文物保护单位共20处。其中已划定保护范围及建设性控制地带20处,尚未经市政府公布。保护规划通过国家文物局审查的9处,为钓鱼城遗址、龙骨坡遗址、高家镇遗址、白帝城遗址、湖广会馆、涞滩二佛寺摩崖石刻、中国西部科学院旧址、育才学校旧址、潼南杨氏民宅,其中钓鱼城保护规划经过市政府审批。重庆市第七批全国重点文物保护单位35处（含1处合并公布）,涉及文物点106个,含70个原市级文物保护单位。其中公布为市级文物保护单位时已划定并公布保护范围和建设性控制地带的文物点42个,包括2000年市政府公布第一批市级保护范围确认的34个、区县政府公布的8个;已划定未公布保护范围和建设性控制地带的20个。106个文物点中为文物保护机构管理使用的有33个、党政机关管理使用的27个、企事业单位管理使用的43个、私人使用的3个。35处第七批全国重点文物保护单位"四有"工作进展顺利,已建立记录档案31处、设立保护标志11处、成立保护机构34处,并已全面开展第七批全国重点文物保护单位保护范围和建设控制地带划定工作。

（四）世界文化遗产

1. 世界文化遗产项目的申报、评审

2012年,重庆钓鱼城遗址和白鹤梁题刻列入中国世界文化遗产预备名单,申报世界文化遗产中英文提交表已向联合国教科文组织备案。2013年12月4日,重庆市政府常务会议审议通过《重庆市长江白鹤梁题刻保护管理办法》,2014年2月起实施。

2. 世界文化遗产保护管理情况

大足石刻现为重庆唯一一处世界文化遗产。2013年,重庆市按照"保护为主,抢救第一,合理利用,加强管理"的文物工作方针,严格按照有关法律法规和世界文化遗产保护公约,全面推进大足石刻保护和管理工作。一是持续开展千手观音造像抢救性保护工程。本体修复已完成底层修复区域32平方米表层不稳定金箔揭取、裸露基岩脱盐、粉化基岩加固和局部补型,顶层及中层修复区域40平方米法器和背景云纹彩绘表面清洗、起甲彩绘回贴、粉化基岩加固和局部补型,顶层及中层东侧区域20平方米手精细修型,顶层及中层修复区域22平方米手、佛像髹漆,顶层西侧10平方米试验区域（113只手、3尊佛像、19件法器、21件背景云纹）的石质、贴金层、彩绘层修复。二是启动大足石刻数字工程。宝顶山大佛湾已完成3D现场三维测绘工作,正进行后期处理;利用多基线近景摄影技术,完成了北山石刻考古测绘,获得1200多张测绘图。三是顺利推进监测预警系统。7月,大足石刻世界文化遗产地监测预警系统总体技术方案通过重庆市文物局专家评审,正筹备有关招投标事宜。四是积极

2014
中国
文物年鉴

开展其他保护项目。实施了北山石刻景区管理及展陈用房工程、宝顶山波涌梵宫人行步道等工程；开展了大足石刻宝顶山大佛湾水害工程设计勘察及方案编制、北山多宝塔现状整体勘察等工作；继续推进与意大利合作建设的重庆大足石质文物保护中心；实施完成宝顶灵官殿古建筑抢险维修、万岁楼基础塌陷抢险加固及治理，北山多宝塔抢险加固维修、北塔寺后殿维修、板昌沟和玄顶村摩崖造像保护建筑抢险维修等保护工程；编制上报大足石刻保护规划修编、大足石刻"五山"防雷工程等立项报告；积极与意大利威尼托大区、中国地质大学（武汉）、重庆文理学院等国内外科研机构合作开展大足石刻保护研究工作。五是全力保障文物安全。继续加强安全工作日常督促检查，定期对各文物点开展安全工作检查。

【考古发掘】

（一）概况

2013年，重庆共完成考古发掘72项，其中合川钓鱼城范家堰遗址等抢救性考古发掘取得重要成果。完成忠县临江二队冶锌遗址、巫山县大溪村墓群、丰都县马鞍山墓群、涪陵区黄荆背遗址等7个区县（自治县）消落区和18个区县（自治县）基本建设项目中抢救性考古发掘69项（包括三峡消落区抢救性考古发掘30项、配合基础建设抢救性考古发掘39项），发掘文物点145处，发掘面积5.07万平方米，出土标本8014件（套）。签订重庆酉阳至贵州沿河高速公路（重庆段）工程、华电国际奉节发电厂工程等基本建设文物保护工作协议52项，完成考古调查58项，调查400.22平方公里，勘探5.2万平方米，发现文物点327处。渝中区老鼓楼衙署遗址荣获"2012年度全国十大考古新发现"。

（二）重要考古项目

1. 钓鱼城范家堰遗址

10月，重庆市文化遗产研究院对范家堰遗址开展了2000平方米的主动发掘。已揭露遗迹主要为两座宋代大型高台建筑基址，保存状况较好，残高近6米。高台周边发现有排水暗沟等附属设施，另在两座高台建筑基址之间发现疑似"城门"的石砌拱券顶建筑1处，前后有八字挡墙（部分利用高台墙基），上部有连接两座高台的建筑基础。高台建筑废弃堆积及内部夯土中，出土了一批陶瓷器、铁器、铜钱及板瓦、柱础等建筑构件。在考古发掘的同时，对周边区域进行了较大面积的调查，在发掘区东北部台地上发现了大量依山就势分布的建筑基址。结合文献记载该区域曾发现的"银子田""牢房"情况，推测范家堰遗址的性质很可能与《宋史》所载"淳祐三年，徙州治于钓鱼山"有关。钓鱼城范家堰遗址对于研究钓鱼城城市规划、功能分区、路网结构及排水系统等具有重要价值。

2. 彭水郁山盐业遗址

5～7月，重庆市文化遗产研究院对彭水县郁山镇中井坝盐业遗址进行了考古发掘，发掘面积800平方米，发现明清时期各类遗迹38座，包含盐灶、蓄卤池、黄泥加工坑、墙、柱洞、排水沟等遗迹，出土各类文物标本200余件。本次共发现盐灶12座，分布密集、排列有序，蓄卤池共4座，分布于盐灶的周围。中井坝遗址是一处规模较大、遗迹保存较为完整、配套设施较为齐全的明清时期制盐作坊遗址，完整的反映出当时制盐生产的过程，为研究郁盐生产中"泼炉印灶"工艺提供了不可多得的实物资料。

3. 忠县临江二队冶炼遗址

该遗址系三峡后续消落区地下文物保护项目，重庆市文化遗产研究院于6～8月对该遗址进行了抢救性发掘，共清理冶炼炉10座、灰坑59座、柱洞51个、灰沟2条、灶1个、墙1

面，出土了大量冶炼罐、冷凝窝等生产遗物以及少量陶、瓷、铜、铁等生活器物。此次发掘取得了重要收获：一是通过考古发掘特别是冶炼炉及其相关煤坑、炼煤坑、引水沟、柱洞、灶等遗迹的发现，相对完整地揭露了一处古代冶锌遗存，进一步明确了冶炼场的选址、遗迹组成与布局；二是清理了两座三峡地区乃至全国目前所发现保存最完好、结构最清晰的明代冶锌炉，对于复原这一时期冶锌炉的形制、探寻冶炼工艺流程提供了宝贵的实物资料；三是出土了数件"大明成化年制（造）"款识的青花瓷器，是确定相关遗存年代的重要依据，同时也将进一步推进我国古代冶锌技术起源、发展等方面的研究。临江二队冶炼遗址是三峡地区目前所发现面积最大的明代冶锌遗址，其发现进一步丰富了重庆市冶锌遗址的分布范围，对研究明代冶锌遗址的分布、技术传播和发展等问题具有重要价值。

4. 永川汉东城遗址

10月，经国家文物局批准，重庆市文化遗产研究院对重庆永川汉东城遗址进行了1000平方米的考古发掘，发现城墙遗址、房址、墓葬、灰坑、水沟、道路、陶窑等各类遗迹101处，出土陶、瓷、石、铜、铁等各类器物标本4500余件，其中能够修复复原的器物达500件以上。出土瓷器中不乏景德镇窑、耀州窑、邛窑等全国知名窑口的产品，从侧面充分反映了当时永川朱沱地区经济社会发展到了一个较高的程度。根据现阶段考古成果，结合文献研究，该遗址应为唐宋时期万寿县城治所。本次考古发掘工作进一步廓清了该区域的历史文化发展脉络，为研究该遗址在历史上各个时期尤其是唐宋时期作为这一区域政治、经济、文化的核心地位以及当时的城市布局、设置、功能分区、营造技术提供了重要的实物资料，为探索重庆地区先秦考古学文化内涵及发展序列、获取该遗址古地理环境信息、探讨该遗址各时期聚落形态及其演变等学术问题提供了重要参考，同时也为科学制定该遗址保护、合理展示与利用专项规划奠定了坚实的基础。

5. 巫山玉米洞遗址

4～12月，重庆中国三峡博物馆三峡古人类研究所对重庆巫山玉米洞遗址进行了考古发掘，发掘面积100平方米，出土石器和化石4000余件。其中石制品2839件，能够判别的石器类型主要包括石核、石片、刮削器、砍砸器、凹缺器、手镐等，另有少量燧石制品和磨制骨角器；哺乳动物化石1525件，包括牙齿化石413件、骨头1110件、螺壳2件。石制品同一层位出土的哺乳动化石有鼩鼱、姬鼠、鼯鼠、剑齿象、豪猪、竹鼠、双角犀、马、鹿和牛等。除此之外，在鹿角和动物骨骼上还出现了刻划痕迹和砍砸痕迹。本次发掘是玉米洞遗址首次正式考古发掘，在地层方面获得了较为清楚连续的堆积剖面，为研究该遗址地层的成因、年代的测定、文化的延续、环境的变迁均具有重要意义；在石制品方面获得了更多石器类型和器物组合，为研究石器制作技术、文化传统及古人类生存适应提供了资料；化石方面增加了动物种类和数量，为进一步研究玉米洞遗址古动物、古环境及年代问题提供了更多素材。

【博物馆与可移动文物保护】

（一）博物馆

1. 博物馆建设

2013年新增博物馆4家，全市博物馆总数已达72家。重庆市北碚区博物馆、聂荣臻元帅陈列馆晋升第二批国家三级博物馆，全市已有国家一级博物馆2家、二级博物馆1家、三级博物馆9家。重庆自然博物馆、重庆万州三峡移民纪念馆2家市级博物馆和重庆秀山、永川、开县、奉节、梁平5个区县（自治县）博物馆新馆主体工程相继完工，大足石刻博物馆新馆改扩建工程和巴南、忠县、南岸3个区县博物馆新馆建设稳步推进。

2. 博物馆管理

2013年，重庆市实施了博物馆免费开放绩效考核，对外开放单位服务设施建设不断完善，免费开放服务水平明显提升。开展了博物馆文物征集、修复、鉴定，全年征集文物2253件（套），资料538件，修复珍贵文物595件（套）；重庆自然博物馆获贝林捐赠标本201件，完成571件上展标本征集；组织开展馆藏及司法文物鉴定30次，对重庆中国三峡博物馆等博物馆（纪念馆）的1212件馆藏文物进行了鉴定和定级。加快民办博物馆发展，市文物、规划、财政等部门联合出台《关于促进民办博物馆发展的意见》，推动三峡博物馆和红岩联线完成对宝林博物馆和重庆巴渝名匾博物馆的对口帮扶，新建成开放重庆长江石文化艺术博物馆等3家民办博物馆。

3. 重要陈列展览

全年推出"三峡文物保护成果展""重庆中国三峡博物馆馆藏年画展""非洲动物探秘""红岩精神与群众路线教育"等原创展览60个，引进"毛利碧玉：新西兰艺术珍宝展"等境外展览6个，组织文博单位送展下乡500场。

（二）可移动文物保护

1. 文物数量、等级等基本情况

重庆市共有博物院（纪念馆）72家，馆藏可移动文物76万余件（套），其中三级以上珍贵文物24435件（套）。

2. 可移动文物保护修复基地建设情况

重庆中国三峡博物馆、重庆市文化遗产研究院获国家文物局可移动文物修复设计甲级资质。重庆中国三峡博物馆被国家文物局列入首批22家可移动文物保护修复优质服务机构，成为西南地区唯一入列的单位。

（三）第一次全国可移动文物普查

重庆市严格按照国务院部署要求，及时进行动员部署，组建普查组织机构，制定普查实施方案，全面开展了普查各项工作。市本级和39个区县（自治县）落实普查经费1700余万元，编发普查工作简报300余期，开通全市可移动文物普查专题网页，先后组织普查人员130多人参加全国第三期文物普查培训和全市可移动文物普查信息采集技术培训。在全国率先完成文物普查第一阶段国有单位文物收藏情况调查摸底，共调查国有单位27188家，初步摸清系统外国有单位文物收藏情况。同时，结合重庆实际启动国有抗战可移动文物专项调查，整体全面转入第二阶段文物信息采集登录。

【社会文物管理】

对重庆华夏文物拍卖有限公司、重庆恒升拍卖有限公司的4次文物艺术品拍卖会拍品进行了审核备案。

【科技与信息】

重庆市属文博单位公开发表各类文章309篇，其中知网收录75篇、中文核心期刊发表35篇、国际SCI期刊发表2篇；在研国家级科研项目6项、省部级科研项目15项；承办国家级学术会议6次；启动馆藏有害生物性预防保护、中国早期合金的冶炼工艺、珍贵文物数字化保护研究等项目。重庆市文化遗产研究院与四川大学、西南民族大学签订《文化遗产保护与研究合作框架协议》，挂牌四川大学和西南民族大学实习基地；与俄罗斯教育科学院、重庆师范大学签订《重庆中俄科技考古研究所协议书》，联办中俄科技考古研究所。重庆中国三峡博物馆与中国科学院大学合作建立科技考古与文物保护实习基地。重庆中国三峡博物馆被文化部命名为"全国人文社会科学普及基地"；重庆自然博物馆举办了"环球自然日"重庆赛区活动，受到社会高度关注和一致好评，被评为优秀全国科普教育基地。

【文博教育与培训情况】

全市免费开放博物馆（纪念馆）全年参观人数达到1735万人次，有效发挥了爱国主义、传统文化、公民素质教育的重要作用。全年组织开展了物馆安全管理、文物保护项目管理、可移动文物普查等6期专题培训，培训人员500人次以上。

【文博宣传与出版】

举办了第四届重庆文化遗产宣传月活动，策划推出9大板块36项大型活动；组织开展第二届重庆文化遗产摄影大赛等180多项专题宣传活动，举办各类展览350余场次、文博讲座63场，各博物馆（纪念馆）免费讲解500余场次，发放宣传资料（图册）5万余份，市民参与180万余人次，营造了文化遗产全民共有、共建、共享的良好社会氛围。组织召开了大足石刻保护修复国际学术研讨会，来自北京、台湾等10余个省市和地区以及柬埔寨、日本、意大利、法国等国的百余名专家学者齐聚大足，开展学术交流，在提升大足石刻文物保护水平的同时，进一步扩大了重庆文化遗产保护在海内外的知名度和美誉度。重庆红岩联线编撰了《红岩精神与群众路线故事读本》《红岩精神与党的群众路线（教材）》，重庆市文化遗产研究院出版专著《丰都镇江汉至六朝墓群》《重庆古塔》和《三峡地区春秋战国至汉代青铜器科技研究》。

【机构及人员】

重庆市现有文物保护管理机构40个，即市文物局和39个区县（自治县）文管所，基本实现了文物保护管理机构全覆盖；文物保护资质单位已有66家（含工程类资质62家、可移动文物修复类资质4家），其中甲级（一级）资质单位10家。截至2013年底，全市文物系统各类人才达2143人。从文物博物大的分类看，全市博物馆、纪念馆从业人员数量较多，达1546人，初级以上职称人员615人。各类人才中，初级以上专业技术人员898人，约占37.1%，其中高级职称148人、中级职称325人、初级职称425人，分别占比16.5%、36.2%、47.3%。市属文博单位中，初级以上专业技术人员411人，约占单位人员的59%，其中享受国务院政府特殊津贴专家20余人、博士研究生28人、硕士研究生73人、本科学历223人、专科学历287人。

【对外交流与合作】

"中国重庆大足石刻艺术展"在加拿大基奇纳博物馆展出，"重庆中国三峡博物馆藏19世纪至20世纪书画精品展"在匈牙利首都布达佩斯的科瓦克艺术基金会美术馆展出，"巨龙传奇"恐龙展在香港参展，展现了中华传统文化的魅力，提升了重庆形象。

2014
中国
文物年鉴

四川省

【概述】

2013年，四川省文物事业繁荣发展。文物基础工作更加夯实，《四川省省级文物保护专项补助资金管理办法》制定出台。《国务院关于进一步做好旅游等开发建设活动中文物保护工作的意见》贯彻落实工作成效显著，四川省人民政府在全国第一个出台《关于进一步做好旅游等开发建设活动中文物保护工作的实施意见》。第一次全国可移动文物普查工作全面推进，全省国有单位文物收藏情况调查等工作顺利完成。芦山地震灾后文物抢救保护工作扎实开展，186项文物抢救保护项目纳入国务院和省政府先后公布的总体规划和专项规划。不可移动文物保护工作成绩突出，102处不可移动文物列入第七批全国重点文物保护单位，成都平原史前城址等6处大遗址列入国家"十二五"大遗址保护项目库，金川刘家寨新石器时代遗址荣获"2012年度全国十大考古新发现"。全省博物馆纪念馆数量达244座，其中民办博物馆75座。北川羌族民俗博物馆基本陈列"大美羌乡"荣获第十届全国博物馆十大陈列展览优秀奖，成都市大邑县新场古镇上下正街被评为"中国历史文化名街"，平武县被列为四川省省级历史文化名城。文物安全和打击文物违法犯罪活动收效明显，文物宣传活动异彩纷呈，减政放权工作扎实进行。文博信息化建设步伐加快，四川省文物考古研究院"虚拟考古体验馆"顺利开馆，"成都数字文化文物信息平台"基本建成。

【执法督察与安全保卫】

（一）《国务院关于进一步做好旅游等开发建设活动中文物保护工作的意见》贯彻落实工作

1月23日，四川省文物局在全省文物工作会议上就《国务院关于进一步做好旅游等开发建设活动中文物保护工作的意见》（以下简称《意见》）贯彻落实工作进行动员部署。2月14日，四川省文物局、四川省旅游局转发国家文物局、国家旅游局贯彻落实《意见》的通知，并提出了具体要求。2月26日，四川省文物局对都江堰的保护现状进行了实地检查，并听取了都江堰市人民政府有关贯彻落实《意见》的专题汇报。3月13～15日，四川省文物局派调研组赴全省开展专题调研，实地考察了张桓侯祠、七曲山大庙、灵泉寺等国家级和省级文物保护单位以及阆中古城、上里古镇等历史文化名城、名镇，针对存在的问题责令各地限期整改。5月13日，四川省人民政府在全国第一个出台《关于进一步做好旅游等开发建设活动中文物保护工作的实施意见》（川府发［2013］19号），对进一步加强四川省旅游等开发建设活动中的文物保护工作提出了具体要求。5月23～24日，四川省住房和城乡建设厅、四川省文物局、四川省旅游局分别组成三个检查组，对阆中古城、峨眉山大庙飞来殿、梓潼七曲山大庙、江油窦圌山云岩寺等地在旅游等开发建设活动中的文物保护工作进行了全面检查，对存在的违法违规行为予以了坚决纠正。6月13~15日，文化部副部长、国家文物局局长励小捷带领由国家文物局和国家旅游局组成的督察组赴四川进行督查，对梓潼、乐山、峨眉山等地1处世界文化遗产和4处全国重点文物保护单位进行了实地检查。

（二）文物执法巡查与安全工作

2013年，全省县级以上文物行政部门对各级文物保护单位开展文物执法巡查3617次，及时处理了武胜宝箴塞、成都大慈寺擅自在保护范围内开展建设工程等违法事件；开展安全检查5969次，发现安全隐患1590项，整改1326项。组织完成"2013文物系统安全隐患排查整治专项行动"，全省共检查文物保护单位7403处、文物收藏单位35家、文物点57010处、文物科研机构2家、国有文物商店2家，共查出安全隐患270项。组织完成全省文物、博物馆单位汛期安全隐患排查整治工作，发现受损全国重点文物保护单位40处、受损省级文物保护单位99处、受损市县级文物保护单位168处、受损其他不可移动文物145处、受损博物馆、纪念馆19座、受损三级文物2件、一般文物40件。针对文物受损情况，四川省文物局要求各地及时抢救保护，同时要进一步加强安全检查巡查。

【芦山地震灾后文物抢救保护】

4月20日8时02分，四川省雅安市芦山县发生里氏7.0级强烈地震，震源深度13千米。根据国家减灾委员会公布的《四川芦山"4·20"强烈地震灾害评估报告》，列为极重灾区、重灾区的7个县（市、区）共有136处不可移动文物，277件（套）可移动文物，14个博物馆（纪念馆）、文物管理所约2万平方米馆舍以及大量设施设备不同程度受损。

地震发生后，四川省文物局立即启动应急预案开展抗震救灾工作。震后1小时，四川省文物局局长王琼召集相关处室安排部署灾后文物抢救保护工作；震后5小时，王琼率相关处室负责同志赴雅安慰问文博干部职工并了解灾情。4月22~23日，四川省文物局先后召开三次专家评估会，对文物受损情况及灾后抢救保护项目经费需求等进行评估。4月23日，四川省文物局在国家文物局划拨80万元的同时，配套20万元共计100万元下拨重灾区用于地震受损文物前期应急抢险。4月26日，四川省文物局全面启动《"4·20"芦山地震灾后文物抢救保护规划》编制工作。4月28日，四川省文物局局长王琼带领相关处室负责同志和专家赴眉山洪雅、丹棱和东坡区指导灾后文物抢救保护工作。5月2日，四川省文物局副局长濮新带领相关处室负责同志冒雨赴芦山县，实地调查了解文物受灾情况。6月16~17日，文化部副部长、国家文物局局长励小捷带领国家文物局相关司室负责同志赴雅安、眉山等芦山地震灾区实地调研。7月6日和7月20日，国务院、四川省人民政府先后公布《芦山地震灾后恢复重建总体规划》和芦山地震灾后恢复重建城乡住房建设等11个专项规划（其中第7个专项规划为《芦山地震灾后恢复重建文化旅游专项规划》），共有186项灾后文物抢救保护项目纳入其中。8月22日，芦山地震灾后茶马古道·观音阁、三苏祠抢救保护工程开工仪式分别在雅安、眉山举行，文化部副部长、国家文物局局长励小捷以及国家文物局副局长童明康、四川省人民政府副秘书长王七章、省文化厅厅长郑晓幸、省文物局局长王琼和国家文物局有关司室、中国文化遗产研究院、雅安市和眉山市等有关方面负责人出席仪式，这标志着四川"4·20"芦山地震灾后文物抢救保护工程的全面启动。截至2013年底，灾后文物抢救保护项目共启动78个，启动率达42%。

2014
中国
文物年鉴

【不可移动文物保护和管理】

（一）概况

1月，四川省人民政府继2010年公布广元皇泽寺等26处全国重点文物保护单位保护规划后，再次公布泸县龙脑桥等10处全国重点文物保护单位和南部禹迹山等2处省级文物保护单位保护规划，至此四川已公布38处文物保护单位保护规划。2013年，编制完成朱悦燫墓、安岳石窟、罗家坝遗址、丹巴古碉群、夹江千佛岩石窟、北川老县城地震遗址、广德寺等全国重点文物保护单位及省级文物保护单位文物保护规划共22个。

7月9日，四川省文物局在举办全省第一次全国可移动文物普查培训班期间套开了全省文物保护基础工作座谈会。会上，全省21个市（州）文化、文物局的有关负责同志对辖区文物保护基础工作的基本情况以及存在的问题进行了交流，四川省文物局局长王琼出席会议并讲话，要求各地加强各级文物保护单位"四有"基础工作、加大文物保护工程监管力度、抓好文物安全工作并切实把握文物保护项目申报等。

全省各级文物保护单位特别是第七批全国重点文物保护单位和第八批省级文物保护单位的保护范围划定、保护标志设立、记录档案建立、保护机构建立健全等"四有"基础工作有序开展，截至2013年底，第七批全国重点文物保护单位"四有"完善率达70%。此外，成都市大邑县新场古镇上下正街被文化部、国家文物局评为"中国历史文化名街"，平武县被四川省人民政府列为省级历史文化名城，四川42个村落列入第二批中国传统村落名录。

（二）大遗址保护

成都平原史前城址、十二桥遗址、明蜀王陵墓群、罗家坝遗址、茶马古道、蜀道6处大遗址新列入国家"十二五"大遗址保护项目库，加上原有的三星堆遗址、金沙遗址和邛窑遗址，四川共有9处大遗址保护项目位列其中。1月，澳门基金会援建的广汉三星堆博物馆文物保护中心（文物中心库房）建成并投入运行。3月29日，成都市人民政府公布《成都市大遗址保护管理办法》（5月1日起施行），将成都市15个区（市）县35处遗址纳入成都市大遗址保护名录。12月，三星堆遗址重点遗迹保护展示工程及邛窑遗址一号窑包环境整治工程基本完成。

（三）全国重点文物保护单位

3月5日，国务院核定公布第七批全国重点文物保护单位，四川102处不可移动文物位列其中，包括古遗址9处、古墓葬8处、古建筑58处、石窟寺及石刻17处、近现代重要史迹及代表性建筑10处。至此，四川省共有全国重点文物保护单位230处，数量位居全国第五。此外，全年共有泸定桥维修工程、平武报恩寺文物建筑修缮项目（二期）、郭沫若故居后花园复原改造工程、彭州佛塔（云居院塔）保护修缮工程、蒲江石窟抢救保护工程、芦山县青龙寺大殿环境整治工程、泸县龙脑桥保护维修及附属工程、石棉红军强渡大渡河遗址抢修和博物馆修复工程、蓬溪县宝梵寺维修保护工程、都江堰青城山古建筑群落恢复重建项目（天师洞）等14处全国重点文物保护单位保护保护维修工程竣工并通过验收。

（四）世界文化遗产

1．世界文化遗产项目申报

按照国家文物局《世界文化遗产申报工作规程》相关要求，"古蜀文明遗址"文化遗产要素认定、突出普遍价值提炼、专题研究、申报技术路线完善、申报文本修改等申报世界文化遗产相关准备工作有效开展。配合"蜀道""藏羌碉楼与村寨"的世界文化遗产申报前期准备工作，《蜀道考古调查、勘探、发掘计划（2013～2016）》《四川省丹巴县丹巴古碉楼群总体保护规划纲要》和《梭坡乡碉楼群规划分册》编制完成。9月4日，四川省文物局联合陕西省文物局在汉中召开秦蜀古道（蜀道）申遗联席工作会议，议定两省将建立有效的合作机制，共同推进蜀道申遗工作。

2．世界文化遗产保护管理

青城山－都江堰建立世界遗产地卫星遥控监测动态管理体系，启动并完成青城山天师洞三皇殿修缮及都江堰安澜索桥内江段维修工程。2月，《乐山大佛文物保护规划》编制工作正式启动；3月，"乐山大佛世界遗产监测管理系统"建设项目顺利立项并编制完成《乐山大佛监测工作方案》；6～9月，四川省文物考古研究院开展乐山大佛及周边区域文物考古调查、勘探工作，进一步摸清了大佛核心区域范围内文物遗存的类别、数量、分布等情况。

【考古发掘】

（一）概况

2013年，四川省文物考古研究院共完成考古发掘61项，发掘面积25300多平方米，出土各类文物标本近3万件（套）；成都文物考古研究所共完成考古发掘60项，发掘面积3万余平方米，出土各类文物标本38000余件（套）。重大考古新发现主要有三星堆遗址、成都老官山西汉木椁墓、四川石渠吐蕃时代石刻等。

4月，为配合绰斯甲水电站工程建设，由四川省文物考古研究院联合阿坝州文物管理所、金川县文物管理所共同发掘的金川刘家寨新石器时代遗址荣获"2012年度全国十大考古新发现"。12月，由成都文物考古研究所主持发掘的成都天回镇老官山汉墓入选中国社会科学院"考古学论坛·2013中国考古新发现"。

（二）重要考古项目

1．三星堆遗址

按照《三星堆遗址2011～2015年度考古工作规划》2013年度工作计划，四川省文物考古研究院分别对青关山大型建筑基址群、"仓包包城墙"和"真武宫城墙"进行了考古发掘，发掘面积约1400平方米。青关山大型建筑基址群的发掘，显示青关山夯土台很有可能存在着三星堆城址多个时期的高等级建筑，为寻找"宫殿区"提供了重要的考古线索；"仓包包城墙"和"真武宫城墙"的发掘，对上下延续千余年的三星堆城址的营建过程、布局以及功能区域的研究将产生较大的推进作用。

2．石渠吐蕃时代石刻

2013年，四川省文物考古研究院联合故宫博物院、甘孜州石渠县文化局对石渠县境内的早期石刻开展调查工作，陆续在石渠县境内发现3处吐蕃时期石刻群遗存共17幅。新发现的石刻群保存状况良好、题材丰富，包括五方佛、大日如来像、菩萨像、度母像、古藏文题记等，皆是吐蕃时期流行的典型题材和内容，图像特征符合吐蕃时期的典型风格，并发现吐蕃时期题刻。吐蕃石刻的大量分布使石渠县成为唐蕃古道的重要节点，为唐蕃古道的走向以及文成公主进藏路线的考证提供了新的资料，填补了青藏高原东部唐蕃古道走向重要环节的资料空白。

3．颜家沟遗址

3～5月，为配合亭子口水电站建设工程，四川省文物考古研究院对位于广元市剑阁县江口镇长江村3组的颜家沟遗址进行了抢救性考古发掘，发掘面积2400平方米，共发掘商周时期、汉、宋、明、清等时期的房址、墓葬、灰坑等各类遗迹124个，出土各类铜、铁、石等小件141件。该遗址出土遗物具有成都平原地区的典型特征，为成都平原十二桥文化与陕南汉中盆地宝山文化、渝东峡江地区商周文化的交流与融合提供了重要的实物资料。

4．成都老官山西汉木椁墓

2012年7月～2013年8月，为配合成都地铁三号线建设工程，成都文物考古研究所和荆州文物保护中心组成联合考古队对位于成都市金牛区天回镇的一处西汉时期墓地进行了抢救性的考古发掘，共清理西汉时期土坑木椁墓4座，出土大量漆木器、陶器、铜器和铁器等文物。成都天回镇老官山汉墓是秦汉考古的重要发现，其出土遗物弥补了成都地区简牍考古的空白，为研究中国医学史、纺织机械史、印染史等提供了极为珍贵的实物资料。

5．宝墩遗址

10～12月，成都文物考古研究所对宝墩遗址内城田角林东南区域进行了考古发掘，揭露面积1000平方米，发现新石器时期、汉以及唐宋至明清等时期的文化遗存。其中宝墩文化时期的遗存最为丰富，有灰坑、房址、墓葬等，出土大量陶器、石器等遗物。此次发掘对于解读宝墩聚落的结构、形态以及研究成都平原龙山时代的社会复杂化程度以及文明进程具有重要参考价值。

6．成都体育中心古遗址

10～12月，为配合体育中心升级改造项目建设，成都文物考古研究所对位于成都市后子门体育中心内南侧项目建设涉及区域进行抢救性考古发掘，发掘面积600平方米，揭露出唐、五代、两宋、元、明各时期的道路、房址、水井、灰坑等遗迹现象，出土大量瓷器、陶器、钱币等遗物。该文化遗存处于明代蜀王府的范围内，且呈现完整的历史连续性，对于研究成都城市变迁史具有重要价值。

【博物馆与可移动文物保护】

（一）博物馆

1．概况

成都博物院成都天回镇汉墓群竹木漆器、成都博物院成都天回镇汉墓群简牍、德阳市博物馆馆藏文物、绵竹市馆藏金属文物、泸县文物局馆藏书画文物、泸县文物局宋代石刻保护等6个修复保护方案以及宜宾市博物院、自贡市盐业历史博物馆、朱德同志故居纪念馆、自贡恐龙博物馆、青川县文管所、川陕革命根据地博物馆、川陕苏区将帅碑林纪念馆、成都·中国皮影博物馆、雅安市博物馆等15个博物馆、纪念馆的预防性保护方案通过审核并及时实施。

2．博物馆间的交流与合作

四川博物院帮助渠县红色纪念园、巴中川陕革命根据地博物馆、色达格萨尔文化艺术中心、康定藏传佛教博物馆、广元市博物馆、宜宾市南溪区博物馆、泸定红军飞夺泸定桥纪念馆等馆开展陈列大纲编写工作，帮助宜宾博物院、泸州市博物馆、甘孜州博物馆、康定博物馆、盐源摩梭博物馆、北川地震纪念馆等馆进行业务人员培训。成都金沙遗址博物馆与广汉三星堆博物馆联合举办"国家考古遗址公园创新发展学术研讨会暨第三届联席会议"。

10月16～19日，"2013安仁博物馆论坛"在成都市大邑县安仁镇成功举办，200多位来自海内外的领导、专家、学者围绕博物馆的社会责任、文化遗产的多样性与现代博物馆的多元发展、博物馆与区域经济社会发展的关系、文物保护与旅游发展、博物馆发展的新趋向、工业遗产的保护与展示、新形势下的民办博物馆等当前博物馆发展的新趋向、新动态和热点问题进行了讨论研究。

3．重要陈列展览

北川羌族民俗博物馆基本陈列"大美羌乡"荣获第十届全国博物馆陈列展览优秀奖。1月18日～4月18日，成都金沙遗址博物馆、良渚博物院、杭州市余杭博物馆联合举办的"君住长江尾——良渚文明展"在成都金沙遗址博物馆展出。5月9日～7月31日，由自贡市盐业历史博物馆参与设计、制作的大型盐文化展览"盐的故事"在北京中国科技馆展出，接待观众70余万人次。6月5日～9月5日，成都金沙遗址博物馆与湖南省博物馆联合举办的"马王堆汉墓文物珍品展"在成都金沙遗址博物馆展出。6月28日～8月15日，四川科技馆与自贡恐龙博物馆在四川科技馆共同举办了"重返侏罗纪——自贡恐龙奔袭蓉城科普展"。8月1日～10月31日，广汉三星堆博物馆和成都金沙遗址博物馆主办的"神秘的古蜀王国——三星堆、金沙出土文物珍宝展"在青岛市博物馆展出，随后该展览于12月20日在广东东莞展览馆开展。10月15日～12月31日，四川博物院"巴蜀神韵——四川博物院馆藏文物精品展"在新疆博物馆展出。

（二）可移动文物保护

2月7日，广汉三星堆博物馆文物保护中心成立，拥有完善的标准化文物分类中心库房、文物修复室、文物化学保护实验室、文物检测分析仪器室、文物周转库、文物标本整理室等设施，同时具有可移动文物技术保护设计乙级资质和可移动文物修复二级资质。

3月28日，四川博物院修复能力提升项目通过国家文物局验收，至此四川博物院文物保护设计和修复资质业务范围由原来的8类项目增加到28类。12月初，四川博物院正式被四川省人民政府公布为"四川省古籍重点保护单位"（第一批共14个）。

（三）第一次全国可移动文物普查

1月6日，四川省人民政府根据国务院部署并结合四川实际，在全国率先下发了《关于开展第一次全国可移动文物普查的通知》（川府发［2012］44号），同时成立了四川省第一次全国可移动文物普查领导小组及其办公室。4月18日，四川省人民政府在国务院召开"第一次全国可移动文物普查电视电话会议"后即召开了"四川省第一次全国可移动文物普查电视电话会议"，对四川省第一次全国可移动文物普查工作进行了安排部署；随后全省各地相继召开会议并逐步完成了普查机构搭建、普查经费落实等工作。7月8～11日，四川省第一次全国可移动文物普查培训班在成都举办，四川省第一次全国可移动文物普查领导小组办公室主任、四川省文物局局长王琼出席开班仪式，并从普查工作组织、质量控制、队伍建设等方面对全省普查工作提出了要求。7～11月，四川省普查办通过三次数据完善汇总，全面完成了国有单位文物收藏情况调查工作，共调查国有单位63419家，其中896家国有单位反馈收藏有文物（符合此次普查认定范围的文物数量有1765233件）。此外，四川部分文博单位在开展国有单位收藏情况调查工作的同时，还及时启动了文物数据采集工作并取得了初步成果。

【社会文物管理】

2013年，四川省取得文物拍卖许可证的企业达到13家，共举办艺术品拍卖会21场，累计成交标的2496件，成交金额8392.77万元。撷秀文化投资有限公司和四川西南半壁文物销售有限公司依法设立文物商店，全省文物商店达到4家。全年共办理文物临时出境复入境2次123件（套），文物复（仿）制品出境3次70件（套），禁止文物出境7次50余件（套）；共开展涉案文物鉴定38次，涉及古遗址1处、古墓葬26座，鉴定物品1006件（套），其中三级文物3件（套）。

11月7日，四川省文物局组织召开全省社会文物管理工作座谈会，来自成都、宜宾、乐山、达州、阆中市文化文物局和全省12家文物拍卖企业以及4家文物商店的有关负责同志参加了会议。四川省文物局局长王琼出席会议并讲话，指出了四川社会文物事业管理中存在的法律法规不健全、地区发展不平衡、文物经营从业人员匮乏、地方重视和监管力度不够等问题，同时对下一步四川社会文物管理工作进行了安排部署。

【科技与信息】

四川博物院先后申报流动博物馆文物展示车新型专利4项、外观专利1项，编制完成《四川博物院珍贵文物保存环境监控及囊匣配置解决方案》等文物保护与修复方案13项，同时承担了四川省科技厅"多媒体展柜的开发与研究"项目并参与了四川省科技厅科技支撑项目"馆藏文物在'5·12'汶川地震中受损原因分析及通用防震技术研究"。成都金沙遗址博物馆先后完成《金沙遗址博物馆馆藏文物三维数字化展示系统》《城市中大遗址保护与利用的探索及实践——以金沙国家考古遗址公园为例》两个课题的申报工作，成都杜甫草堂博物馆启动开展四川省绵阳市图书馆珍贵古籍修复工作。

成都金沙遗址博物馆成为国家文物局拟定的首批三个智慧博物馆试点单位之一，并积极开展了微信导览等工作。广汉三星堆博物馆官方微信平台以及广汉三星堆博物馆、成都金沙遗址博物馆百度百科数字博物馆正式上线，成都金沙遗址博物馆、广汉三星堆博物馆正式登陆谷歌艺术计划。四川省文物考古研究院"虚拟考古体验馆"顺利开馆，成都市文物信息咨询中心数字文化文物信息综合管理、展示与互动平台"成都数字文化文物信息平台"基本建成。

【文博教育与培训】

1月和7月，四川博物院分别开展了第九届和第十届四川博物院"小小讲解员"选拔活动，目前"小小讲解员"人数已达150人，川博"小小讲解员"已经成为四川博物院一张亮丽的社教名片。四川博物院"大篷车"流动博物馆全年巡展11次，总行程9210多公里，接待观众超过6.44万人次。10月29～30日，四川省文物局举办全省博物馆管理与业务能力提升培训班，全省21个市（州）文化文物局和部分博物馆有关负责同志参加了培训，此次培训既涵盖了博物馆学的基本理论，同时又紧密围绕工作实际让大家学到了具体的工作方法和手段。

【文博宣传与出版】

成都武侯祠博物馆成功举办"2013成都大庙会"，接待游客约130万人次；此外还先后举办"2013夜游武侯祠"及"关爱留守儿童·奇妙博物馆之旅""小小讲解员带观众夜游武侯祠"等活动。成都杜甫草堂博物馆成功举办第四届成都诗圣文化节,成都金沙遗址博物馆成功举办"成都金沙太阳节",在丰富蓉城市民和外地游客节日生活、实现文物保护成果惠及民众等方面起到了推动作用。广汉三星堆博物馆成功开展"三星堆迎春纳福游""福游三星堆·乐享民俗年""做有梦想的三星堆娃娃"等活动,并与中央电视台、英国BBC、台湾东森电视台、香港卫视等策划拍摄专题片。

四川博物院编辑出版《墨苑英华——四川博物院院藏书法》《张大千留蜀墨迹选——张大千早期艺术研究》,成都金沙遗址博物馆编辑出版《君住长江尾——良渚文明展》《马王堆汉墓文物珍品展》,广汉三星堆博物馆编辑出版《蜀风雏韵——广汉文物艺术精粹》,成都武侯祠博物馆编辑出版《诸葛亮三国文化(六)》《三国南中与诸葛亮》,成都考古研究所编辑出版《水井街酒坊遗址发掘报告》《茂县营盘山石棺葬墓地》《丹江口潘家岭墓地发掘报告》《成都考古发现2011》《成都考古研究(二)》《南方民族考古(第九辑)》《金沙遗址考古发掘资料集(一)》,四川省考古研究院编辑出版《西南地区北方谱系青铜器及石棺葬文化研究》《四川省文物考古研究院青年考古文集》《天府皕宝图——四川省文物考古研究院60年出土文物选粹》等。

【对外交流与合作】

配合中国文物交流中心开展的赴日"中华大文明展"、赴意"早期中国展"、赴英"明代:皇宫与驿道"展各项工作顺利推进,由四川省文物局、广汉三星堆博物馆、成都金沙遗址博物馆组成的"神秘的古蜀文化展"考察团赴美考察,为展览的顺利举行开展前期准备工作。英国首相卡梅伦参观成都杜甫草堂博物馆,马其顿总统格奥尔基·伊万诺夫率代表团参观广汉三星堆博物馆,加拿大安大略皇家博物馆副馆长格兰先生参观四川博物院,美国博物馆专家帕特里夏·凯恩·罗德瓦尔德女士一行参观四川博物院和广汉三星堆博物馆,澳大利亚驻华使馆一等秘书王蕾女士、联合国贸易和发展会议副秘书长德拉甘诺夫先生参观成都金沙遗址博物馆。成都市盐道街实验中学与美国德克萨斯州达拉斯崔尼特学校110余名师生在成都杜甫草堂博物馆开展中美校际文化交流活动,新加坡湖滨小学学生在成都杜甫草堂博物馆体验中国传统文化课程"传拓和雕版印刷",第四届"台湾学生天府夏令营"活动组参观杜甫草堂。

贵州省

2014
中国
文物年鉴

【概述】

2013年，在国家文物局的大力支持下，在贵州省委、省政府的坚强领导下，在各市（州）、县（市、区、特区）党委、政府高度重视下，社会各界普遍关注，人民群众积极参与，推动了文化遗产事业的科学、持续发展，使贵州文化遗产资源不仅成为贵州走向全国、走向世界的一张靓丽名片，且正在成为贵州旅游产业、文化产业发展的重要力量。

【法规建设】

继续推进《贵州省建设工程文物保护条例》和《贵州省民族村寨保护管理办法》立法前期工作，加强和完善贵州省各文物保护单位文物安全责任制度、文物消防安全管理制度及应急预案制度建设工作，按时做好文物安全与行政执法信息上报工作。督导各市（州）、县（市、区、特区）政府文物保护的"五纳入"工作。

【执法督察与安全保卫】

认真贯彻落实《国务院关于进一步做好旅游等开发建设活动中文物保护工作的意见》（国发〔2012〕63号）精神，做好贵州省旅游等开发建设活动中文物保护工作的检查与督导工作。加强执法力度和人员素质提升，公开执法信息，接受社会监督。对文物违法案件进行查处，协同公安机关打击文物犯罪行为。按照国家文物局《文物保护单位执法巡查办法》和《文物消防安全检查规程（试行）》，认真开展文物行政执法巡查工作，对贵州省50个文物保护单位、博物馆和10个文物保护工程施工现场进行了巡查。

2013年，对贵州省遵义市道真县王寅亮墓被盗案进行了督办。王寅亮墓坊前扶掌上原有两尊雕刻精美的石凤凰，一尊被盗走，另一尊在盗取过程中被损坏、凤身大部被偷走。公安相关已经立案调查，尚未破案。对国家文物局转来的反映遵义市级文物保护单位杨兆麟墓遭破坏和铜仁市东山古建筑群东山寺文物整体风貌受损的信访件进行了处理。

【不可移动文物的保护和管理】

（一）概况

贵州省现有全国重点文物保护单位71处，省级文物保护单位342处，市（州）和县（市、区、特区）级保护单位3038处；国家级历史文化名城2个，国家级历史文化名镇8个，国家级历史文化名村15个，国家级历史文化名街1个；省级历史文化名城1个，省级历史文化名镇23个，省级历史文化名村18个，省级历史文化名街2个。

（二）大遗址保护

启动第二批国家考古遗址公园的立项和评定工作，确定遵义海龙屯、万山汞矿、赫章可乐、安顺宁谷遗址为重点申报单位。

（三）全国重点文物保护单位

认真做好项目储备和申报工作，将国家政策扶持转化为项目和资金支持。2013年共组织编制和申报全国重点文物保护维修方案25个、可移动文物修复方案4个、文物安防项目28个，其中，有35个方案得到国家文物局批准或立项，核准国家文物局批准方案10个。贵州省共有32处文物保护单位列入国务院公布的第七批全国重点文物保护单位名单。

启动第五批省级文物保护单位的评审工作。会同贵州省住建厅共同开展第六批中国历史文化名镇名村和第五届中国历史文化名街的申报工作。

（四）世界文化遗产

认真做好遵义海龙屯土司遗址、黔东南苗族村寨和侗族村寨、万山汞矿遗址等申报世界文化遗产工作，加强沟通协调，建立交流平台，进一步扩大贵州文化影响力、知名度，巩固贵州文化遗产资源大省地位。遵义海龙屯遗址与湖南老司城遗址、湖北唐崖土司城遗址联合申报世界文化遗产项目取得重大进展。积极推动海龙屯遗址西关和万安关、铜柱关和铁柱关、飞龙关、飞凤关及龙虎大道、朝天关、新王宫保护维修工程项目工作。9月，国家文物局在北京召开了土司遗址申遗文本专家评审会，确定土司遗址为2015年中国申报世界文化遗产项目，有望改写贵州世界文化遗产项目的空白历史，实现零的突破。

【考古发掘】

（一）概况

2013年，组织、协调和指导贵州省考古研究所开展了包括输变电、铁路、高速公路、水电站、水库、电厂、城建等在内的49项用地范围内的文物考古调查及保护方案编制工作。协调、组织贵州省考古所联合中国社科院考古研究所、中国科学院古脊椎动物与古人类研究所等单位开展了4个发掘项目（遵义海龙屯遗址2013年度发掘、平坝县牛坡洞洞穴遗址发掘、毕节老鸦洞旧石器时代遗址发掘、清水苑大洞遗址发掘）。组织贵州省文物考古研究所编制万山汞矿遗址、海龙屯与播州杨氏土司遗址、赫章可乐遗址、安顺宁谷遗址、贵州中西部地区洞穴遗址等考古工作计划和贵州夜郎考古专题调查工作计划。

（二）重要考古项目

4月，国家文物局、中国考古学会等部门和单位联合宣布了"2012年度中国十大考古新发现"，贵州遵义海龙囤遗址因其为重大学术课题的解决所提供的全新资料和视角而入选。8月，历经近半年的"区域考古"调查，在地处云贵高原乌蒙山核心区六盘水市境内新发现了100余处史前至战国秦汉时期（古夜郎时期）洞穴遗址和山顶旷野遗址。这些遗址群揭示了早期人群由洞穴逐渐走向旷野的方式，将为夜郎文化寻踪提供新线索。这上百处洞穴遗址，最早为旧石器时代遗址，填补了贵州史前人类遗存的多项空白。

【博物馆与可移动文物保护】

（一）博物馆

1. 免费开放

为进一步提升博物馆陈列展览水平，深入推进免费开放工作，继续对贵州省列入全国免费开放名单的博物馆、纪念馆实行动态管理，进行绩效考评，其中10个单位评定为优秀、33个单位评定为合格、4个单位评定为基本合格。优秀单位较2012年增加了2个，基本合格单位减少了1个。根据考评结果对2012年度中央专项补助资金进行了分配。截至2013年底，贵州省新增博物馆8家，博物馆总数已经达到86家，全部向社会免费开放，其中47家列入免费开放中央专项资金补助名单，免费开放专项资金达1.1亿余元，接待观众接近1000万人次。

2. 博物馆建设

截至2013年底，贵州省的博物馆数量以每年1~2家的数量增长，呈现出国有和民办博物馆齐头并进的态势。组织开展贵州省民办博物馆调研，撰写了《贵州省促进民办博物馆发展专题调研报告》。

贵州省博物馆发展势头良好，投资4.63亿元的省博物馆新馆和投资1.48亿元的遵义会议纪念馆新馆等重大建设项目正在积极推进，贵州傩文化博物馆和六枝梭嘎生态博物馆以及盘县红二、六军团会议会址陈列馆等三个博物馆的新馆已投入使用，瓮安猴场会议会址纪念馆新馆即将完工。重点支持和指导六盘水市建成全国首家"三线建设博物馆"，自正式向社会开放以来，得到了"三线人"和社会各界人士的广泛认可，已经成为"三线人"追忆历史和寄托乡愁的首选之地。支持孔学堂孔子展览馆的建设与展览交流提升和深化，组织和指导孔子博物馆筹办临时展览，引进文博系统的交流展览。

（二）可移动文物保护

贵州省文物局组织贵州省博物馆等单位编制了4个可移动文物保护修复方案、31个可移动文物健康评测方案、1个可移动文物实验室建设方案，5月报送国家文物局审批。启动编制"贵州省博物馆馆藏文物保存环境"（暂名）、"贵州省可移动文物保护实验室提升"（暂名）和"贵州省博物馆馆藏珍贵文物数字化保护"等三个大型项目方案。

（三）第一次全国可移动文物普查全面展开

按照国务院和省政府要求，各市（州）、县（市、区）认真贯彻落实"贵州省第一次可移动文物普查电视电话会议"精神，组建普查机构，落实普查经费，开展人员培训，宣传普查知识，确保全国第一次可移动文物普查工作的顺利开展。省文物局分别与省文化厅、省教育厅、省民政厅、省国资委、省档案局联合转发了国家文物局和文化部、教育部、民政部、国务院国资委、国家档案局关于积极做好各部门普查工作的通知，与省民委、省宗教局、省委党研室联合印发了相关通知，创办了贵州普查工作专属QQ群，及时发布最新信息和传递相关文件，及时了解各级普查办最新工作情况，解决实际问题。

2013年，贵州省普查办已落实本年普查经费150万元，省、市（州）和部分县（市、区）都组织举办了普查培训班，累计培训人数5211人（次）。2013年，贵州省在全国第一阶段全部国有单位文物收藏情况摸底调查统计中名列第9位。

【文博教育与培训】

2013年，贵州省文物局高度重视人才队伍建设，采取多种形式对文物保护人才进行培训，组织锦屏县、威宁县等24个县（市、区）文物行政部门负责人参加了国家文物局举办的全国县级文物行政部门负责人轮训班。3月，贵州省文物局组织召开了"贵州省2013年文物安全工作座谈会"。9月，贵州省普查办举办了贵州省第一次可移动文物普查骨干培训班，培训贵州省各市（州）、县（区、市）及省直有关部门和单位的普查骨干130余人。

在文化遗产管理、文化遗产产业和文化遗产保护等专业技术方面，选派优秀人员出国交流学习，争取国家培训经费和名额倾斜，培养和储备人才，为文化遗产保护和利用奠定坚实基础。

【文博宣传与出版】

1. 文化遗产宣传

充分利用"5·18"国际博物馆日、文化遗产日及传统节假日等，开展丰富多彩的宣传活动，普及文化遗产知识，增强全民保护意识。发放文物法规宣传资料1.5万余份，接待群众咨询7500余人。

11月，贵州省文物局承办了国家文物局组织的第八届"驻华使节走进中国文化遗产"活动，塞舌尔、蒙古等8个国家的驻华使节走进贵州，关注民族、红色和历史文化遗产。参与服务保障的各有关单位和全体工作人员密切配合、热情周到、务实高效，高质量保障了该项活动的成功举办。国家文物局致函表达对贵州省成功承办该项活动的谢意，并转达了塞舌尔大使馆的感谢之情。新华社、贵州电视台、贵州金黔在线、贵州日报、当代贵州等省内外多家媒体进行了全程报道。

2. 研究与出版

深入挖掘和宣传代表贵州先进文化形象的历史事件、重要任务、人文景观、文化传统等。加强阳明文化、沙滩文化、屯堡文化、土司文化等的展示与资料收集、整理、研究和出版；加强历史名人文化，如孙应鳌、杨龙友、周渔璜、郑珍、莫友芝、黎庶昌、肖娴等名人明贤的展示与资料收集、整理、研究和出版；组织贵州省文物考古研究所推进《考古贵州·遗产丛书》编辑出版工作；加强《贵州文化遗产》编辑出版工作；启动对涉及乡村治理、传统美德、生存智慧和生态文明等内容的有关乡规民约、碑刻和民间制度的收集、整理，进行深入挖掘、研究和出版。

【机构及人员】

截至2013年底，贵州省文物保护机构总数为156个，其中文物保护管理机构90个、博物馆86家、文物商店2家、文物科研机构2个。文博从业人数为1822人，其中博士2人、硕士30人、大学本科763人、大专544人、大专以下483人；正高级职称9人、副高级职称54人、中级职称201人、初级职称497人。联合贵州省人力资源和社会保障厅对遵义市文物局等37个"贵州省第三次全国文物普查先进集体"和96名"贵州省第三次全国文物普查先进个人"进行了表彰。

【对外交流与合作】

组织贵州省文化遗产保护骨干一行13人赴英国参加了"文化遗产保护与经济发展陪训团"的培训与交流，在文化遗产保护、专业培训、专题展览、会议研讨、人员互访等方面达成合作共识。

继续支持北京大学、同济大学等高校对贵州省的民族村寨调查工作。继续与联合国教科文组织、华夏文化遗产基金会、友成基金会、全球遗产基金会等组织开展村落文化景观保护和红色文化遗产保护等领域的交流与合作。

7月，在贵阳召开2013年中法乡村文化遗产保护与发展学术研讨会，会议的主旨是保护传承乡村文化遗产，推动社区经济社会发展。意在对贵州工业化背景下，推动生态文明理念传播，利用乡村传统智慧促进环境、资源、文化协调发展。是文化遗产保护、乡村发展和中法文化交流合作成果的进一步体现。

2014
中国
文物年鉴

【其他】

（一）文物资源利用

大力推进红色文化遗产体系保护和利用工作，重点推进遵义会议会址、苟坝会议会址和习水土城的保护和利用。加快推进苟坝会议会址保护维修和陈列馆建设及免费开放工作，修建好四合院民居，挖掘和整理地方民俗文化；将习水土城列为红色文化遗产保护与利用示范点进行指导和支持，着力打造以四渡赤水纪念馆为核心的红色文化保护、展示体系。目前，以宣传、展示土城红色文化和地方历史文化为重点的博物馆、纪念馆群已经初步形成。

邀请联合国教科文组织、全国政协文史委、国家文物局、北京大学、清华大学、同济大学以及部分省（市、自治区）同行、专家到贵州省开展文物保护及资源利用情况调研，共同探索文物资源利用的新方法，着力推动"三普"成果转化，推进民族村寨文化旅游、工业遗产和文化景观的综合利用。

（二）生态博物馆建设

继续实施文化遗产保护"百村计划"。按照年初制定的目标，重点完成堂安侗族生态博物馆改扩建工程。根据2012年委托上海同济大学城市规划研究设计院编制的《黎平县堂安侗族生态博物馆资料信息中心设计方案》，重新规划的生态博物馆信息资料中心占地面积1000余平方米、建筑面积1300余平方米，功能包括文献档案室、影像资料数据库、文物收藏和代管库、社区文化解说中心、社区文化传习馆、志愿者工作站、专家工作站（社区文化研究和交流中心）等。目前，黎平堂安生态博物馆转型提升已经完成，并通过国家文物局验收，印江合水传统造纸生态博物馆和乌当渡寨国际乡村音乐生态博物馆资料信息中心建设已经启动，黎平地扪侗寨被选为国家文物局全国推进传统村落保护5个试点之一。

实施文化遗产保护"百村计划"，建立多彩贵州文化线路保护和利用体系，是推动乡村文化遗产保护与合理利用的重要举措，也是我们结合新农村建设，促进乡村经济社会发展，着力改善文化民生的亮点工程。

云南省

【概述】

在文化厅党组和厅领导的正确领导下，经过全体人员的共同努力，2013年云南省文物局的工作成效突出，亮点频出，主要体现在：一是经历了十三年的艰苦努力，红河哈尼梯田申报世界文化遗产工作获得成功；二是经过了连续五年的评审和申报，云南56处文物项目被国务院公布为第七批全国重点文物保护单位；三是景迈山古茶园世界文化遗产申报工作快速推进，得到国家文物局领导首肯；四是大理太和城遗址通过国家文物局国家遗址公园申报审核，将成为云南第一个国家大遗址公园；五是文物保护项目和经费数额比往年翻了两倍，文物维修保护的工作力度大大增强。同时，2013年云南的历史文化名城保护和申报、文物考古调查与发掘、配合国家大型基本建设的文物迁移保护工作有序推进，为做好今后一段时期的文物工作奠定了良好基础。

【不可移动文物保护和管理】

（一）概况

2013年，中央和省财政加大对云南省文物保护项目专项资金支持力度。中央补助资金达2.4亿元，红河哈尼梯田世界文化遗产、碧色寨车站等47个国保项目得到资金支持。省财政补助资金达2480万元，63个项目得到资金支持。中央和省财政资金投入分别比上年增长123.4%和65.3%。

（二）全国重点文物保护单位

5月13日，国务院批准公布了第七批全国重点文物保护单位共计1990处，其中云南56项，使云南的全国重点文物保护单位由原来的76项增加到132项。其中，茶马古道古驿道长约300多公里，涉及150多个文物点，分布于西双版纳州、普洱市、临沧市、保山市、德宏州、大理州、丽江市、怒江州和迪庆州等多个地区，是云南省规模最大、内涵最丰富的文化线路遗产；金沙江岩画涉及迪庆州和丽江市，分布于金沙江沿岸40公里长、60公里宽的范围内，有52个分布点，画面达2970平方米，使云南的岩画在世界岩画遗产中处于突出地位。文山州及怒江州则实现了国保单位零的突破，分别有一到两项国保单位在列。

（三）大遗址保护

12月18日，国家文物局公布了第二批国家考古遗址公园名单和立项名单，太和城遗址公园获得国家考古遗址公园立项。

太和城遗址是南诏国立国时的都城，738～779年一直是南诏国政治、经济、文化中心。太和城遗址是南诏文化最具代表性的遗存之一，为研究民族史、唐史、南诏史、中国军事史以及建筑史提供了不可多得的实物资料，具有很高的历史文化价值。1961年太和城遗址（包括南诏德化碑）被国务院公布为第一批全国重点文物保护单位。

2014
中国
文物年鉴

（四）世界文化遗产

1.红河哈尼梯田成功申报世界文化遗产

6月22日，在柬埔寨金边召开的第37届世界遗产大会上，红河哈尼梯田通过审议，正式列入《世界遗产名录》。红河哈尼梯田申报世界文化遗产获得成功，使中国的世界遗产项目达到45个，在数量上超过了西班牙，成为仅次于意大利（49项）的世界遗产大国；也使云南省拥有的世界遗产增加到5处，成为仅次于北京（6项）、与四川并列（5项）的世界遗产大省。

2.丽江古城世界文化遗产通过反应性监测

针对2007年世界遗产委员会第31届会议决议就丽江古城保护状况所提出的反应性监测内容，丽江古城管理局做了充分的分析和研究，并认真地提出了整改的方法和措施，对丽江古城世界遗产真实性作出声明，编制了丽江古城商业发展规划，完成了丽江古城世界文化遗产保护规划的修编并上报世界遗产委员会，在2013年第37届世界遗产委员会会议上获得了赞同和通过，表明历时7年的丽江古城保护状况监测工作获得通过。

（五）大力推进中国传统村落申报和管理工作

云南省高度重视传统村落调查工作，云南省住建厅、文化厅和财政厅组成工作组、召开电视电话会议进行贯彻落实，并在全省广泛开展了传统村落调查工作。2012年12月，四部局公布了中国第一批传统村落名单，云南有62个；2013年8月公布第二批中国传统村落名单，云南省有232个。目前云南共有中国传统村落294个，占全国1561个传统村落的18.85%。

【博物馆与可移动文物保护】

（一）博物馆

1. 概况

为规范我省免费开放博物馆、纪念馆的管理，云南省文物局组织开展了免费开放博物馆评估定级的工作。经云南省博物馆评估委员会审核、推荐，丽江市博物院、保山市博物馆、广南县民族博物馆被国家文物局评定为三级博物馆。目前云南省共有一级博物馆2家、二级博物馆5家、三级博物馆10家。

根据《博物馆管理办法》规定和《国家文物局关于做好2013年度博物馆年检、备案工作的通知》要求，及时开展了2013年全省登记注册的博物馆、纪念馆的年检审核工作，通过博物馆（纪念馆）年检工作，进一步加强了行业自律，规范了博物馆业的发展。截至2013年底，云南省有注册博物馆92家，其中国有87家（文物69、行业18）、民办5家。

2013年，云南省博物馆新馆顺利完成主体工程的建设进程目标，进入扫尾阶段。全年完成投资约8000万元，无质量及安全生产事故。同时完成了新馆展览施工一、二、三标段的招标工作及新馆展览的监理招标工作并签订合同，新馆展览的审计招标工作也已完成。新馆陈列展览工程正式进场施工。

2013年，云南省博物馆接收了刘自鸣先生绘画作品470件。刘自鸣热心公益，与廖新学先生并称"云南油画双骄"，是云南美术的先行者，其生前大部分作品都捐赠给了云南省博物馆，并用500万元奖金在北京大学设立了奖学金。

2. 博物馆间交流合作

5月17日，应越南国家历史博物馆邀请，云南省博物馆馆长马文斗率工作小组一行6人前往越南考察。5月22日，在越南国家历史博物馆举行了隆重的《中国云南省博物馆与越南国家历史博物馆合作备忘录》签署仪式，两馆合作期限五年（2013～2017年）。合作内容包括引进、合办双方精品文物陈列展览；开展文物保管、复制与修复、人员培训、课题合作、资料交换、网站互换等领域的项目合作；合作完成博物馆与文化遗产保护的相关书籍和出版物等。

3. 重要陈列展览

7月3日，由上海交通大学钱学森图书馆、云南省博物馆主办的"人民科学家钱学森"事迹展览2013年全国巡展昆明站在云南省博物馆拉开帷幕。此次事迹展览分为"中国航天事业奠基人""科学技术前沿的开拓者""人民科学家风范""战略科学家的成功之道"4部分，共展出400多件珍贵的文献史料。系统回顾了我国火箭、导弹和航天事业创建与发展的不平凡历程，全面展现了钱学森同志对中国航天事业和现代科学技术的卓越贡献，更贯穿着钱学森对自己"科学报国梦"终其一生的不懈追寻。

12月26日，"千年瓷韵炫耀春城——2014中国瓷都•德化名瓷展"在云南省博物馆开展。德化县地处福建省中部，与江西景德镇、湖南醴陵并称中国三大瓷都，是中国陶瓷文化的发祥地之一。德化窑是我国古代南方著名瓷窑，因窑址位于福建省德化县而得名。德化瓷以"白"见长，特别是瓷雕技艺独树一帜，闻名中外。此次展览分为"古陶瓷""日用瓷与出口工艺瓷""大师艺术瓷"3部分，共有200余件展品参展，其中14件为云南省博物馆馆藏，力求浓缩千年德化制瓷的精华。

（二）第一次全国可移动文物普查

根据《国务院关于开展第一次全国可移动文物普查的通知》和《云南省第一次可移动文物普查实施方案》精神，为扎实推进普查工作，提高各级普查办和国有文物收藏单位普查人员的实际操作能力，9月、10月分2期举办了"全省可移动文物普查骨干培训班"，召集省级普查领导小组主要成员单位，省级重点文物收藏单位，省级国有行业博物馆，各州、市级文化局、文管所、博物馆和县、区级文管所、博物馆有关人员共300余人进行培训。培训班上，云南省可移动文物普查小组副组长、省文化厅副厅长（省文物局局长）熊正益再次强调了可移动文物普查工作的重要性和必要性，安排部署了全省可移动文物普查各阶段工作。聘请国家普查办的领导和专家详细讲解了国家普查方案、有关经验和普查软件操作。培训班采取主题报告、课堂教学和讨论交流等授课形式，课程设置突出普查工作的重点和难点问题，内容主要包括国务院通知和实施方案等政策解读、普查标准规范解读、普查技术培训、文物认定知识及普查经验介绍等，通过培训，进一步明确了各阶段普查工作任务，提高了各级普查机构和人员对可移动文物普查的认识和实际操作能力。

【文博教育与培训】

由国家文物局主办，中国文物交流中心承办，云南省文物局、云南省博物馆协办的首届博物馆展览策划专题培训班于1月7～9日在昆明隆重举办，来自全国28个地区的36名学员参加培训。马文斗、姚安、李黎、程昕东（中国）以及提姆·毕德格（英国）、松本伸之（日本）等6位策展专家在培训中围绕展览策划主题进行授课。授课以现代博物馆展览策划为主题，以国内外展览交流为中心，分别从展览的构成方式、国际策展要素和文物出境展览申报等方面进行。

【对外交流与合作】

4月20日~5月30日，由法国驻成都总领事馆、云南省博物馆共同主办的"直觉的瞬间——马克·吕布摄影回顾展"和"柯达克罗姆的中国 1973~1980——布鲁诺·巴贝摄影展"举办。"直觉的瞬间"展示了国际摄影大师马克·吕布的精彩作品，包括137幅照片，其中73幅是他于1955~2002年拍摄的关于中国的作品。"柯达克罗姆的中国 1973~1980"展内容为40幅1973~1980年拍摄的关于中国的照片。

11月18日，"第十三届亚洲艺术节"重要活动之一的"四海一家——驻华使馆馆藏精品展"及"朝鲜艺术家美术精品展在云南省博物馆开展。"四海一家——驻华使馆馆藏精品展"汇聚了27国驻华使馆的200余件艺术精品，涉及绘画、雕塑、摄影、民俗艺术品等多种门类。"朝鲜艺术家美术精品展"共展出100余幅朝鲜高水平作品，包括朝鲜人民功勋艺术家的油画及朝鲜画。

2013年12月17日~2014年1月12日，由云南省文化厅、云南省博物馆、中国艺术研究院、台湾佛光山文教基金会联合主办的"星云大师一笔字书法展——2013中国大陆巡回展"在云南省博物馆举办。星云大师在开幕式上赠送给云南省博物馆"仁心仁德"墨宝一幅。展览精心规划了墨宝区、书房区、抄经区、拓印区等版块，共展出星云大师88件精品墨宝、17件手稿以及2件陶瓷和10幅竹雕等。据统计，在不足一月的时间内，该展览共接待观众超过8万名。

【文博宣传与出版】

11月26日，"2013中国博物馆协会志愿者专委会年会暨第五届中国博物馆十佳志愿者之星颁奖仪式"在历史文化名城苏州隆重举行。在来自全国的众多博物馆优秀志愿者中，云南省博物馆资深志愿者邵绿滨脱颖而出，荣膺"第五届中国博物馆十佳志愿者之星"称号。据不完全统计，邵绿滨累计为7万余人次观众义务讲解服务，每周为云南省博物馆服务一天，共计4000多个小时，得到过邵绿滨直接帮助的志愿者达300余人。

2月，云南省新闻出版局、云南省出版工作者协会组织评选的"云南优秀出版物"评选在昆揭晓，由云南省博物馆主编、云南人民出版社出版的《云南省博物馆藏精品全集——工艺品》荣获二等奖。本书是《云南省博物馆馆藏精品全集》中的一卷，收录了276件馆藏精品工艺品，分为金银铜铁器、竹木牙角雕、宝玉石类、漆器、织绣及各种杂项类6部分，对云南省博物馆丰富的馆藏工艺品进行了全面、系统的梳理与展现。

【其他】

"全国事业单位法人治理机构改革"第一批全国试点单位共计35家，云南省博物馆作为云南省唯一获批的试点单位及所有试点单位中唯一的文博单位，全力推进改革。云南省博物馆专门成立事业单位法人治理结构试点专项小组，积极制定改革计划，统一安排改革工作。2013年完成了《云南省博物馆法人治理结构建设试点改革工作方案》的上报，初步确定了理事会成员的人选和其他相关事项。

西藏自治区

【概述】

2013年，西藏文物工作在党中央、国务院的亲切关怀下，在西藏自治区党委、政府的坚强领导下，在国家文物局的关心支持和有力指导下，在全国各地兄弟省市的无私援助下，取得了可喜的成绩。3月，国务院公布了第七批全国重点文物保护单位，西藏地区20处文物点列入其中。为加强其保护工作，自治区划定20处全国重点文物保护单位的保护范围和建设控制地带、建立了20处全国重点文物保护单位的记录档案和备案"四有"工作，同时分别在昌都地区、拉萨市举行了第七批全国重点文物保护单位挂牌仪式。至此，西藏自治区全国重点文物保护单位的数量升至55处。2013年自治区政府第13次常务会议审核通过了181处文物点为第六批自治区级文物保护单位。截至目前，西藏地区共有不可移动文物点4277处，各级文物保护单位1424处，其中有55处全国重点文物保护单位、391处自治区级文物保护单位、978处县级文物保护单位。

【法规建设】

自治区先后公布《西藏自治区文物保护条例》《西藏自治区布达拉宫保护办法》《西藏自治区文物单位消防安全管理办法》等。同时，完成了原《西藏自治区文物保护管理条例》和《西藏自治区布达拉宫保护管理办法》的修订、审议、颁布等各项立法工作。目前，正在进行《西藏自治区布达拉宫保护办法》提升、《西藏自治区文物保护条例》配套法规体系立法工作以及《贝叶经保护管理办法》颁布实施相关工作。

【文物执法督察与安全保卫】

为加强文物保护管理力度，落实文物安全责任，按照属地管理原则，西藏自治区文物局每年与地（市）文物部门签订《文物安全责任书》，有力地推动了自治区文物保护单位的安全工作。按照属地分级管理原则，文博单位无节假日，长年累月始终坚守岗位，特别是各类重大节假日、宗教活动期间，结合实际，对各地（市）文物局及文博单位每季度、每个节日下发文物安全通知，加强文物安全意识，始终做到"岗不离人、人不离岗"，对局属各文博单位不定期进行巡逻和检查，确保文物单位的安全，2013年累计巡逻检查200多次，行程23万多公里，覆盖全区。

4月初，中央政治局常委、全国政协主席俞正声，国务委员、公安部部长郭声琨等中央领导分别就西藏文物保护工作出了重要批示。白玛赤林、洛桑江村、邓小刚等自治区领导就做好文物保护工作多次做出了重要批示、指示。4月5日，自治区副主席甲热·洛桑丹增主持政府专题会议，传达中央领导和自治区领导批示精神，研究了加强文物安全管理特别是野外文物看管工作，部署落实领导批示，加大文物安全工作力度。4月7～14日，公安

2014
中国
文物年鉴

部、国家文物局派出联合工作组赴藏，实地考察了阿里地区札达县文物安全工作，与自治区政府进行座谈，对加强西藏文物安全工作提出了具体要求。4月9日，区党委书记陈全国主持召开第44次党委常委会，专门研究文物安全工作，安排部署文物保护和打击文物犯罪专项整治行动。4月12日自治区党委、政府召开安排部署文物保护和打击防范文物犯罪专项整治行动工作电话电视会议，区党委副书记、自治区常务副主席邓小刚，区党委常委、区党委宣传部部长董云虎以及自治区副主席甲热·洛桑丹增出席并讲话，全面安排部署严厉打击文物犯罪专项行动。

2013年，自治区公安厅和自治区文物局联合制定和有效实施《全区范围内联合开展打击整治文物犯罪专项行动工作实施方案》，各地文物部门依照"属地管理"原则，加大各级别文物保护单位的巡查整治及防范工作力度，提高督察能力和监管水平，健全和落实各项文物安全管理及责任制度，建立健全文物安全事件突发应急管理机制，制止文物犯罪，防止文物流失。截至目前，已破获文物被盗案9起，追回文物25件。

2013年，自治区文物局还接收了拉萨市海关移交的文物225件（组），其中三级文物8件（组）、一般文物162件（组）、非文物55件（组）。此次移交工作是拉萨市海关执行2013年打击文物犯罪的重要成果，是开展文物保护工作的一项重要举措。

2013年自治区人大常委会就文物保护法律法规贯彻实施情况制订年度任务计划，组织西藏自治区文物局、区宗教管理委员会、区文化市场综合执法总队等三家单位，深入各地区文物保护单位进行文物执法检查。按照国务院印发的《关于进一步做好旅游等开发建设活动中文物保护工作的意见》（国发〔2012〕63号）文件精神，及时协调旅游部门，制定检查方案，与旅游执法大队一同赴拉萨、山南、日喀则、林芝等地区的100多处文物保护单位进行大检查，对6处文物保护单位下发责令整改通知。同时，起草《关于西藏自治区进一步加强旅游等开发建设活动中文物保护的意见》并征求旅游部门意见后，下发各地区文物、旅游部门，并按期上报国家文物局。

【不可移动文物的保护和管理】

（一）概况

西藏自治区是重要的文物省份之一，第三次全国不可移动文物普查以来，自治区共登录4227处文物点。截至2013年底，自治区各级文物保护单位总计1424处，其中全国重点文物保护单位55处、自治区级文物保护单位391处、处县级文物保护单位978处。拉萨市、日喀则市和江孜县为国家级历史文化名城；昌珠镇、萨迦镇为历史文化名镇；吉隆县吉隆镇帮兴村、尼木县吞巴乡吞达村、工布江达县错高乡错高村为历史文化名村；拉萨八角街为历史文化名街。

1. 野外文物点得到了有效的保护和管理

根据自治区党委、政府的部署要求，自治区文物局与财政部门协调落实了246处野外无人看管的文保单位聘请专人负责管理，所需资金由自治区和地（市）两级财政分级承担，以确保我区野外文物点有看管人、有经费保障，从而得到有效的保护。同时，自治区文物局及时出台了《西藏自治区野外文物保护单位看管人员管理办法（试行）》，要求各地（市）文物部门从当地群众中选配文物保护意识强、有责任心的野外看管人员，确保野外文物得到有效的看护和保护。2013年自治区财政落实经费182.34万元，用于国家级和自治区级文物保护单位野外无人看管文物点所需。同时，为贯彻落实《文物保护法》和《宗

2014
中国
文物年鉴

教事务条例》，根据实际需要，自治区文物局与区统战部门协商，进一步明确寺管会的职责，在副厅级寺管会设立文物资产处、正县级寺管会成立文物资产科、副县级寺管会设立办公室、野外文物点设立特派员片区管委会，安排专门机构、专门人员负责寺庙文物管理，明确了全区600多座寺庙文物的机构人员和具体职责，使寺庙管理与文物保护有机结合，进一步提升文物管理和保护工作水平，明确责任主体，确保寺庙文物的绝对安全。

2. 加强文物保护单位的安消防检查

自治区文物局和地市文物主管部门及重点文物保护单位始终把安全工作作为文物工作的生命线，坚持"人防为主、技防为辅"的安防原则，健全各项制度，基本形成平时常态检查、节假日及重大活动专项检查、重大问题立即检查和发现问题立即整改的安全防范机制和工作格局。各级文物部门层层签订并落实年度文物安全责任书，定期不定期的邀请人大代表、政协委员以及公安、消防等部门组成文物安全专项检查组对自治区级以上文物保护单位的安全防范情况进行全面的大检查。据初步统计，2013年自治区各级文物主管部门累计组织50多批、200多次文物安全专项检查深入全区各级文物单位实地开展文物安防、消防和施工现场安全大检查；累计筹措资金483余万元用于加强基层文物单位的安防、消防工程建设，大幅度提高了基层文物单位的安全自救能力，进一步提升了文物安全管理系数，确保了文物的安全。同时为加强自治区文物保护单位消防安全工作，由自治区文物局筹措500万元资金，率先在布达拉宫雪城、罗布林卡、西藏博物馆推广应用分布式文物古建筑高压喷雾灭火系统试点工作。

（二）大遗址保护

西藏文物保护研究所与四川省文物考古研究院联合进行的小恩达遗址、查木钦古墓群、烈山墓地、芒康县盐井古盐田4处全国重点文物保护单位的总体保护规划编制工作取得重要进展，完成了调查、勘探、测绘等工作。其中，小恩达遗址、芒康县盐井古盐田两个项目的总体保护规划已经通过西藏自治区文物局的评审并上报国家文物局；查木钦古墓群、烈山墓地两个项目的总体保护规划即将送呈西藏自治区文物局进行评审。

（三）全国重点文物保护单位保护管理情况

国务院于2013年3月公布了第七全国重点文物保护单位，西藏地区有20处文物点列入第七批全国重点文物保护单位。至此，西藏地区全国重点文物保护单位的数量升至55处。

2013年，自治区文物局进一步加强了对重点文物保护工程的建设，为确保工程顺利实施，西藏自治区重点工程协调领导小组不定期召开专题会议，听取阶段性总结，安排部署下一步开展文物保护工程项目工作。分别于2、5、7月组织召开了全区重点文物保护工程项目工作会议及全区文物保护工程施工管理座谈会，会议通报了"十二五"西藏自治区重点文物保护维修项目开复工情况，同时对文物保护工作提出了要求各项文物保护工程的实施，得到了自治区发改委、财政厅和相关地市的大力支持。"十二五"西藏自治区重点文物保护维修项目46个，总投资100977.8万元，截至2013年底，5个项目已完工，24个项目已开工建设，所有项目前期工作已全面启动，已到位资金43887.5万元，累计完成投资31729万元。抓紧实施西藏"十一五"重点文物保护工程收尾工作。除了规划内的项目，将一些险情重、急需抢救维修的文物保护单位同时列入年度全区抢救性项目中。为切实做好自治区文物保护单位抢救性保护工作，推动项目工作扎实开展，2013年组织实施了10个抢救性项目，总投资3253.97万元，项目进展顺利。同时积极争取了2013年专项补助经费7670万元，创历史新高。2013年西藏自治区财政厅下发全区抢救性文物保护经费2436.93万元，涉

2014
中国
文物年鉴

及5处抢救性项目。

为确保"十三五"期间西藏地区文物保护项目能够科学、有序的开展，自治区文物局于2012年要求各地市文物局积极开展项目的前期储备工作。2013年2月自治区文物局下发了《关于初选"十三五"文物保护项目的通知》。同时，由自治区文物局领导班子带领相关处室赴拉萨市、日喀则、山南、昌都、阿里、林芝地区等实地查看储备项目具体情况。目前"十三五"项目储备库共筛选文物保护项目125个，所需资金252566万元。根据西藏地区文物保护工作面临的新形势、新问题，"十三五"项目主要以国保和区保单位、险情较重项目、边境地区项目、其他特殊项目为主，增加了"十二五"追加无资金来源的项目。

（四）世界文化遗产

1. 世界文化遗产项目的申报、评审

西藏自治区昌都地区的芒康盐井古盐田已列入世界文化遗产预备名单，自治区文物局已督促昌都地区根据《世界文化遗产申报工作规程（实行）》要求，积极组织开展芒康盐井古盐田申报世界文化遗产的各项前期工作。

2. 世界文化遗产保护管理情况

我区现有世界文化遗产一处三点，即布达拉宫及其扩展项目罗布林卡和大昭寺，这三个点都设有管理机构，保护措施除列入项目进行保护维修外，主要就是日常的检测与维护。

【考古发掘】

（一）概况

2013年共计开展项目52项，其中自主开展及与国内科研机构、大学院校合作开展项目28项，开展国家社科基金研究项目2项，展开配合国家大型基本建设中的文物保护工作22项，取得一系列重要研究成果，得到了国家文物局及国内外文物保护、藏学研究等学术界的一致好评。特别是9月，区文物保护研究所专业人员开展拉孜县查木钦墓群勘测补充工作时，根据当地百姓提供的线索，在该县曲玛乡境内发现一处可能为史前文化堆积的遗址。经对该处遗址采集到的青稞标本测年，遗址年代为距今3200年。廓雄遗址是迄今在日喀则地区乃至雅鲁藏布江中上游流域发现的第一座史前遗址，具有很高的学术价值。

（二）重要考古项目

截至2013年底，西藏考古工作取得了可喜的成就，广泛深入交流与合作，共同推进西藏考古调查和发掘工作。主要项目有旧石器时代考古科研课题、环罗布措岩画调查、吐蕃石刻专题考古。

与中国社会科学院考古研究所合作对噶尔县古如甲木墓地、札达县曲踏墓地进行的考古调查与发掘；与中国科学院古脊椎动物与古人类研究所合作开展了西藏旧石器时代考古科研课题，在申扎县错鄂湖东南岸发现一处大型旧石器时代晚期遗址；与陕西省考古研究院合作在日土县罗布措进行环湖调查，发现多处岩画地点及1处地画遗存；在察雅县境内首次发现石棺墓遗存。

6～8月，进行古如甲木墓地发掘，发掘面积约400平方米，发现土坑石室墓6座，出土陶器、铁器等随葬品，并发现了以人和动物殉葬的现象，对研究阿里地区早期文化提供了重要研究资料。

2014
中国
文物年鉴

【博物馆与可移动文物保护】

（一）博物馆

1．概况

西藏博物馆成立专门的文物建档小组，将馆内文物藏品分为丝绸组、佛像组、唐卡组、杂项组等，有计划有步骤地开展文物分类建档工作。

唐卡保护工作室（中心）在完成馆藏唐卡文物残损状况调查、唐卡艺术流派研究和部分残损严重唐卡的修复研究等工作基础上。除此之外，在古籍保护研究方面派遣专业人员进行学习，开展馆藏古籍文物的保护研究。

为达到文物保存环境要求进行了库房调整，对贝叶经和唐卡库房做了改造，定制了文物储存专柜和囊匣；对瓷器、玉器等易碎类藏品做了沙袋和泡沫衬垫。

2．博物馆间的交流和合作

目前，与首都博物馆、故宫博物院、国家博物馆、中国丝绸博物馆、重庆中国三峡博物馆、中国藏学研究中心西藏文化博物馆等建立长期共建合作关系。

由副主席甲热·洛桑丹增带队，组成相关单位考察组赴内地博物馆学习考察建设博物馆、管理博物馆的先进经验和理念，通过全面衡量和参考国内省级博物馆的设计理念和成功做法，结合西藏的特点，前瞻性思考和设计西藏博物馆改扩建工程。同时，为加紧落实博物馆改扩建工程，邀请西南设计院的专家，结合西藏博物馆的馆藏文物量和实际需求，提出了改扩建项目方案，目前改扩建方案论证进展顺利。

3．重要陈列展览

西藏地区唯一一座省级博物馆西藏博物馆成立以来，常设重点展览有"西藏历史文化""明清瓷器精品展""元、明、清玉器精品展"。2013年推出重点展览"情满高原——西藏民俗文化展"，并纳入常设重点展览。推出"新年、新生活、新变化"主题展览；"5·18"国际博物馆日期间，结合"记忆与创新"的主题，与林芝地区米林县文广局合作举办了"大山之子——珞巴族风情展"；在广东、广西、河南、北京举办巡回展览"雪域瑰宝——西藏文物展"。同时，引进北京文化艺术博物馆的"清代帝王生活侧影展"、上海青浦陈云纪念馆的"陈云生平业绩展"等展览。

位于拉萨八廓街北侧的清政府驻藏大臣衙门旧址修缮工程完工并于6月30日正式对外开放，标志着清政府驻藏大臣衙门这一历经数百风雨、见证西藏与祖国内地血脉相连的古老建筑重新走进人们的视野。作为西藏爱国主义和民族团结教育基地，该陈列馆推出了由"清代驻藏大臣治藏事迹专题展""清政府驻藏大臣衙门旧址复原陈列""驻藏大臣诗词书画生活展""民国中央政府治藏事迹专题展"和"中国共产党治藏新纪元"五部分组成的主题展览。

西藏自治区文物局全力支持自治区首家民办博物馆——西藏牦牛博物馆——建设，目前博物馆馆舍已建成，正在筹划展陈。

（二）可移动文物保护

对唐卡、丝绸品类文物进行保护修复，对破损纸张类文物藏品进行加固、裱糊。通过自身完成和与兄弟省市博物馆合作，目前已抢救性保护完成了对20余件唐卡的保护修复。古籍文献现主要对纸张类古籍残损修复、粘连分离和除酸处理，贝叶经、桦树皮经的保护修复则存在相当的难度。

2014
中国
文物年鉴

（三）第一次全国可移动文物普查

根据国务院《第一次全国可移动文物普查实施方案》的要求，自治区和各地（市）、县相继成立了相应的普查领导小组和办公室。

2013年，普查办共选派15名专业人员先后参加了国家文物局举办的3期可移动文物普查培训班。同年11月，组织全区各相关单位和部门80余名业务骨干在拉萨举办了可移动文物普查培训班。个别地区普查办已相应举办本辖区普查培训。此外，还从全区各地（市）、区直文博单位抽选40名专家，组成文物普查专家库，充分保障了普查质量。

自全国第一次可移动文物普查工作开展以来，组织开展了多项工作，制定了文物认定、命名、测量等统一标准，编印了《西藏自治区可移动文物普查宣传、工作手册》和《藏传佛教名号译名规范》普查书目；定制、订购全区文物登记本、文物拍摄编号器和专用背景布等用品。同时，为落实好各部门、各单位"各司其职、各负其责"的普查工作原则，自治区文物局经过努力，与区党委统战部、自治区民宗委、区宗教办等部门联合下发了《关于积极做好全区寺庙第一次全国可移动文物普查的通知》，得到了国家文物局的充分肯定。组织区内专家赴拉萨、山南、日喀则等地区对第一次全国可移动文物普查培训进行授课和业务指导工作。完成了1295处文物收藏单位统计调查工作。目前各区直文物收藏单位和山南地区、拉萨市墨竹工卡县已经启动普查工作。另外，结合此次普查工作，我们还组织专家先后对拉萨海关、日喀则仁布县、昌都丁青县拉妥寺、堆龙德庆县乃朗寺、林周县达隆寺进行了普查试点登记。

【科技保护】

继2013年国家文物局召开文物科技保护援藏座谈会后，解决了文物科技保护前期经费40万元。委托中国丝绸博物馆开展了西藏博物馆馆藏珍贵恰陆、珍贵唐卡、服饰及罗布林卡管理处经幡保护修复方案编制工作；委托上海博物馆开展布达拉宫、罗布林卡、西藏博物馆珍贵文物装具配置项目方案编制工作和可移动文物预防性保护方案编制工作；委托陕西省文物保护研究院开展了西藏博物馆馆藏珍贵金属文物抢救性保护修复方案编制工作。

【文博教育与培训】

举办了由国家文物局出资、自治区文物局承办的全区文物行政执法与安全管理培训班，培训班邀请了国家文物局领导以及有关专家学者授课，参加培训学员近100人，并由国家文物局颁发了结业证书；积极推荐各文博单位参加国家文物局举办的各类专业培训研讨班，参加培训人员达到37人次，全面提升了现有干部队伍的素质和能力；积极引进专业人才，充实基层文博队伍。同时，选派专业人员参加西安举办的"考古发掘现场遗迹、遗物科学记录国际培训班"和国家文物局与北京建筑大学联合举办的"建筑遗产保护与利用专业人才研修班"。与四川省文物考古研究院业务人员共同编制烈山墓地、查木钦古墓群总体保护规划并接受相关培训。

【文博宣传与出版】

经常性地广泛深入开展宣传、贯彻、落实《文物保护法》及其实施条例和地方性法规等活动，增强全社会的文物保护意识与文物保护的法治观念。以文物保护法的宣传为核心，扎实深入地宣传党和国家一系列关于文物保护的重大决策和工作部署，认真做好文物保护事业全面发展进步的宣传报道以及文物领域重大事件和重要活动的宣传。利用每年的"5·18"国际博物馆日、文化遗产日、法制日和各大节庆点进社区、学校、文物保护单位及人员密集场所大力宣传国家历来对西藏文物保护工作的高度重视和近年来自治区文物事业的发展和进展情况，提高广大人民群众对文物的保护意识，共同传承中华民族优秀文化遗产。

按照国家文物局安排，自治区文物局对文化遗产日活动进行了专题部署，紧紧围绕"文化遗产与全面小康"这一主题，组织区直文博单位在临街路段开展文化遗产日宣传咨询活动，其他地区、县都举行了相关的活动。全区累计向广大干部群众发放各种宣传资料5万余册（张），进一步提升了全民的文物保护意识。5月18日，组织开展了以"记忆+创造力=社会变革"为主题的"5·18"国际博物馆日宣传咨询活动，西藏博物馆开展了社会各界参加的"唐卡保护座谈会"。

文物接待水平和服务能力进一步提升。各级文物单位以加强基础设施建设、提高讲解人员水平、增强服务能力为切入点，不断提升自身的接待服务能力。区直文博单位共接待游客和朝佛群众179.51万人次，同比增长20.48%，其中布达拉宫为102.33万人次，同比增长24.7%；罗布林卡为46.33万人次，同比增长7.7%；西藏博物馆为30.85万人次，同比增长28.54%，是接待人数最多的一年，体现了免费开放的社会效益。

2013年，文博单位结合业务工作实际，先后出版了《雪域瑰宝在北京——西藏博物馆、西藏文化博物馆2013年西藏文物联展》《故宫博物院藏文物珍品大系——藏传佛教造像（藏译本）》《西藏博物馆馆刊（半年刊）》《西藏文物（季刊）》等书、刊。

【机构及人员】

截至2013年底，全区共有文物保护管理机构88个，其中7地（市）、县（市、区）文物保护管理机构74个，专、兼职工作人员457名。拉萨市、山南和林芝地区设立有合署办公的正处级文物局，日喀则、昌都、那曲和阿里地区为文化局管理的副处级文物局。拉萨市和日喀则、山南、昌都、林芝、那曲、阿里地区的74个县（市、区）相继成立了合署办公的科级文物局，提升了自治区文物保护管理的整体实力。

陕西省

【概述】

2013年，陕西省文物系统广大干部职工，紧密围绕贯彻落实十八大精神和陕西省委、省政府的决策部署，自觉把握稳中求进的总基调，坚持低调务实不张扬，注重夯实文物基础工作，努力提高文物惠民水平，全力服务全省工作大局，超额完成了陕西省委、省政府制定的文物工作目标任务，在建设西部文化强省中发挥了应有的作用，为提升陕西影响力做出了突出贡献。全年有2项工作成果在国际上产生重要影响，6项成果在全国得到认可或获得大奖，11项工作被省以上部门表彰为先进。全国首座考古博物馆——陕西考古博物馆立项选址，陕西历史博物馆陈展连续三届荣获"全国博物馆十大陈列展览精品奖"。

2013年，按照中、省部署，认真开展党的群众路线教育活动，扎实做好活动各个环节的工作。在陕西省委督导组的指导下，局党组召开了专题民主生活会。省委督导组认为："省文物局领导班子民主生活会开得比较成功，认真贯彻了中央和省委的要求，突出了为民务实清廉的鲜明主题，发扬了延安整风精神，按照'照镜子、正衣冠、洗洗澡、治治病'的总要求，坚持聚焦'四风'的问题导向，运用批评和自我批评这一利器，体现从严要求，会议开的严肃认真，氛围很好，质量较高。"

严格落实中央八项规定，出台具体实施意见，先后进行了"纪检监察系统会员卡专项清退活动"及"会员卡、商业预付卡专项清退活动"等专项治理活动。完善廉政风向防控体系建设，加大对干部任用、人员招聘、项目招投标等高风险点的监督力度，实施全程监督，做到了公平、公正、公开。

【法规建设】

2013年，积极开展立法调研，帝陵立法工作取得重要进展，上报了《陕西省帝陵保护条例（草案）》和《立法说明》。完成了陕西省文物行政处罚自由裁量权细化标准并修订了规则。配合省法制办对《黄帝陵保护条例（草案）》《陕西省非物质文化遗产保护条例》《陕西省公路条例》《陕西省建筑保护条例》等法规提出了修改意见和建议。按照省政府的统一部署，对政府规章、规范性文件和行政审批事项进行了清理，拟清理和下放各类行政审批权12项。

【执法督察与安全保卫】

2013年，陕西省文物局与全省12个市（区）文物行政管理部门及10个省局直属单位签订了文物安全责任书、消防安全责任书。西安市政府首次将文物安全责任单列与区、县政府签订责任书，并纳入考核范围。宝鸡、渭南等市逐级签订了文物安全责任书，强化了属地管理意识。宝鸡市率先开展的文保员管理试点工作成效显著。各地加强安全检查和夜间巡查力度，全年各市县通过夜间巡查共挫败盗掘古墓犯罪行为12起、抓获犯罪嫌疑人21名。省文物局与省公安厅联合主办的"畅通生命通道、增强自救技能综合消防演练"和在乾陵举行的"文物安全防范综合演练"为全省文博单位起到了示范作用。

各地文物行政部门依法查处违法行为，先后督察了富平县汉太上皇陵区违法建设行为、西安市北三环附近古渭河桥遗址遭垃圾污染等11起行政违法行为，发出督察通知12份。按照国务院《关于进一步做好旅游等开发建设活动中文物保护工作的意见》要求，召集省文物安全联席会议成员单位，组成省政府督查组，对西安市、汉中市、宝鸡市、延安市进行了督察，纠正了行政违法行为，解决了部分历史遗留问题，理顺了部分文物保护单位管理体制。

陕西省文物局与陕西省公安厅联合开展打击文物犯罪"猎鹰"专项行动，破获了渭南市唐简陵石狮盗窃案及延安市阁子头石窟文物盗窃案，震慑和打击了文物犯罪分子的嚣张气焰。陕西省文物犯罪专项行动中共立案345起、破案338起，打击处理犯罪嫌疑人380人、追缴文物1215件。拓展文物安全合作领域，组织陕甘两省六地市相关部门召开打击文物犯罪工作区域协作联席会议并签署区域协作协议，通过区域协作延伸打击文物犯罪范围。

【不可移动文物的保护和管理】

（一）概况

截至2013年底，陕西省共有各类文物点49058处（古遗址23453处、古墓葬14367处、古建筑6702处、石窟寺及石刻1068处、近现代重要史迹及代表性建筑3213处、其他255处），其中全国重点文物保护单位235处、省级文物保护单位579处。

（二）大遗址保护

2013年，积极贯彻国家文物局、陕西省政府合作共建汉长安城国家大遗址保护特区建设领导小组第二次会议精神，推进建立西安国家大遗址保护特区建设补偿机制、组织修编汉长安城遗址保护总体规划。汉长安城未央宫遗址保护区建成开放，遗址保护区人居环境和文物本体保护环境得到极大改善，成为全国大遗址保护新范例。在第二批国家考古遗址公园申报中，汉中龙岗寺、靖边统万城两处遗址公园被国家文物局批准立项。组织编制秦始皇陵景区提档升级发展建设规划。唐大明宫等大遗址公园通过进一步建设得到不断完善和发展。

（三）全国重点文物保护单位

2013年，国务院公布了第七批全国重点文物保护单位，其中位于陕西境内的有95处。陕西省全年共完成全国重点文物保护单位文物保护规划12个，其中秦雍城遗址、乾陵、西安城墙等8个文物保护总体规划已经得到国家文物局批准，杜陵、统万城遗址、隋仁寿宫·唐九成宫遗址、北首岭遗址4个文物保护规划经省政府批准公布实施。启动省级以上文物保护单位管理规划编制工作，至2013年底取得阶段性成果。

（四）世界文化遗产

2013年，按照国家文物局与包括陕西在内的六省区政府签署的《关于保护丝绸之路遗产的联合协定》和陕西省政府关于"申遗"工作专题督导会议要求，西安、咸阳、汉中三市全面加强丝绸之路文化遗产保护工作和"申遗"工作。目前陕西省7处丝绸之路申遗点按照世界文化遗产标准规范要求，全面完成了文物的本体保护、环境治理、陈列展示、遗产监测等工作，并顺利通过世界遗产专家的现场考察评估，即将提交2014年的世界遗产大会审议。与此同时，陕西省文物局首先倡导并经国家文物局同意在西安召开了"六省区丝绸之路文化遗产保护座谈会"，积极推动建立丝绸之路文化遗产保护联盟，加强省际合作交流；积极推动国家文物局、陕西省政府共同主办"丝绸之路沿线国家保护丝绸之路文化遗产国际论坛"，强化国际合作，为丝绸之路经济带建设提供坚实的文化支撑。

【考古发掘】

（一）概况

2013年，陕西省继续围绕大遗址保护以及有重大科学价值和社会影响的项目开展考古工作并取得新成果，其中秦始皇陵、渭桥遗址、石鼓山遗址等10个主动性发掘考古项目取得重要收获，西安渭桥遗址考古和秦始皇帝陵园考古2个项目分别入选中国社会科学院的"考古学论坛·2013中国考古新发现"。同时，完成建设项目考古调查29项，配合经济建设开展考古勘探项目441项，勘探面积3696万平方米，发掘古墓葬2000余座、遗迹800余处，出土各类文物7300余件（套），有效保护了地下文物，有力地支持了全省经济建设。

（二）重要考古项目

1. 宝鸡石鼓山商周墓地

2013年，以宝鸡石鼓山2012年发现的三座商周墓葬为基础，继续对该区域进行全面考古勘探，确认并发掘了商周之际墓葬11座。该墓地的墓葬分布似有分区，处于核心区域的2座中型墓和4座小型墓分布较为集中，另外在核心区域西南200米之外有5座小型墓。11座墓葬均为长方形竖穴状，口大底小，墓圹底部有椁室，椁室周围有熟土或生土二层台。墓葬开口处地层多已破坏，残深2~8米。核心区域的两座中型墓葬中，居于北侧的M4墓圹呈南北向，头向南；居于南侧的M9墓圹呈东南－西北向，头向西北方向，一棺一椁，有生土、熟土二层台，曾被盗，出土青铜鼎1件、簋1件、钺1件、凿3件、铃2件，陶鬲1件等。核心区域的小型墓葬墓圹近南北向，头南。其中M5随葬品较为丰富，出土有青铜簋1件、陶壶1件、青铜戈2件。其他墓葬仅出土陶鬲、陶罐等。西南区域的小型墓葬，墓圹近东西向，头东。两两一组，每组北侧的墓主为女性，南侧的墓主为男性。随葬品多为陶罐、陶鬲，男性另有青铜戈或镞。

该墓地的发现与发掘，为该区域姜姓戎人与姬姓周人的交融与变迁研究提供了较为系统的考古资料，对于深入研究宝鸡地区乃至周原、关中地区商周之际姜戎考古学文化和西周考古学文化的意义重大。

2. 唐上官婉儿墓

唐昭容上官氏墓位于咸阳市渭城区北杜镇邓村北，2013年6月，陕西省考古研究院在对西咸新区空港新城园区南大道Ⅰ标段进行考古勘探时发现。该墓葬系斜坡墓道多天井和小龛的单室砖墓，坐北朝南，全长36.5、深10.1米，由斜坡墓道、5个天井、5个过洞、4个壁龛以及甬道和墓室等部分组成。壁龛内出土随葬陶俑150余件，甬道内出土墓志一合。墓室采用明圹砖券，正方形，开口边长6.5米。清理时发现墓室顶部全部塌陷，四壁残余部分最高1.38米，未发现棺椁痕迹。

根据出土墓志记载，该墓主人是唐代著名女诗人、政治家上官婉儿，下葬于景云元年（710年）八月。上官婉儿系唐中宗昭容，两唐书有传。墓志记录了昭容上官氏的世系、经历、死因、下葬时间和地点等信息，且特意提到太平公主赙赠葬礼并对上官氏之死表示哀伤。该墓下葬时间和墓主人身份明确且系历史名人，出土文物较为丰富、保存情况良好，为唐代历史文化研究提供了珍贵的实物资料。

3．秦始皇陵园

为配合秦始皇帝陵博物院9901陪葬坑展厅的建设，经国家文物局批准，秦始皇帝陵博物院与陕西省考古研究院联合组队，对其进行了整体考古发掘。发掘面积约880平方米，共清理出晚期墓葬15座、扰坑9座，出土铜器10多件、长方体铅砖10多块、铁器5件、锡器1件、石器3件、椭圆体石头3块、正方体石块2件、陶俑近30件、陶器残片若干件。其中2号过洞出土的青铜鼎、球形青铜器、椭圆体的石头、正方体的石块、长方体铅砖以及3号过洞出土的陶俑最为重要。

此前对9901陪葬坑的发掘已初步认清了此坑的内涵和性质，此次的发掘和修复，则确认了该坑的平面形制、组成部分以及建筑结构。如西斜门道中的渗坑，为研究当年陪葬坑修建过程中如何解决突然降雨的问题提供了新的材料，这也是秦陵陪葬坑发掘中第一次发现此种渗坑，意义重大。此次发掘出土的陶俑通体涂有彩绘，上身的彩绘保存较好，但颜色偏黄，通过观察可见彩绘涂刷的方向与纹路。这批陶俑揭示了秦代陶俑新的类型和秦代丰富多彩的杂技艺术以及神秘的宫廷娱乐文化。

4．咸阳周陵贺家秦代墓地

周陵贺家秦代墓地位于咸阳市周陵镇贺家村北，此次共发掘战国秦墓70座、明清墓葬1座、宋元灰坑10座，出土器物270余件（套）。战国秦墓中6座为竖穴土坑，其余64座均为直线洞室墓；墓葬之间打破关系较多，计8组17座；陶器组合以釜、盆、罐和鼎、盒、壶为主，年代为战国晚期。其中M66规模略大，为东西向长方形竖穴土坑墓，长6、宽4.5、深6.5米，葬具为一棺一椁，墓主头向西、屈肢，残存有陶鼎、罐及铜镜、带钩等小件铜器，在墓室的东、南两侧有曲尺形围沟。M15墓主骨架髋骨上端和骶骨上嵌入的箭镞说明这批墓葬的主人一部分应是为国家服兵役的平民阶层。

周陵贺家战国秦墓的发掘为研究中小型秦墓葬制、墓地结构等提供了新的材料，墓地西距"周陵"2公里、东南距汉哀帝义陵1.6公里，也为探讨其与公（王）陵关系、与秦都咸阳城的关系等提供了重要资料。

【博物馆与可移动文物保护】

（一）博物馆

1．概况

2013年，陕西省新增博物馆11个，博物馆总数达到221座，其中文物系统135座、行业博物馆43座、民办43座，博物馆数量居全国前列。民办博物馆、行业博物馆发展势头良好，大唐西市博物馆成为全国首个民办国家二级博物馆，为陕西省民办博物馆发展起到了引领示范作用。以深化博物馆免费开放、改进服务方式增强内部活力为主线，按照免费博物馆绩效考核办法要求，组织开展2012年度免费开放博物馆、纪念馆绩效考核工作，提升免费开放博物馆服务水平，全省免费开放博物馆、纪念馆全年接待游客达到1100余万人次，免费开放工作惠及民生更为深入。

2．博物馆间的交流与合作

2013年，加快陕西考古博物馆等重点项目的建设进度。在陕西省委省政府的支持下，我省文化重点建设项目全国第一座考古博物馆——陕西考古博物馆已成功立项，可行性研究报告等各项筹备工作进展顺利；秦始皇帝陵博物院铜车马博物馆新馆建设、博物院大门改造等改扩建项目进入规划和论证阶段。市级重点博物馆项目建设进展顺利，渭南市博物馆开始陈列布展，咸阳市博物院、安康博物馆等馆舍主体工程基本完成。这些重点项目的实施，有效推动了我省文化强省建设。

本年度，陕西省岐山西周文化景区、商於古道文化景区、秦兵马俑文化景区、汉长安城大遗址景区、韩城司马迁文化景区、汉中两汉三国文化景区、统万城文化景区、乾陵唐文化景区、法门寺佛文化景区共9个文物景区被列入省政府培育的"十大文化旅游景区项目"。通过项目实施，积极推动在保护中利用、在利用中保护的文物事业和文化产业科学发展，着力打造了一批特色鲜明、历史厚重、内涵丰富、中外游人向往的文物旅游景区，有力地支持了陕西旅游业的快速发展。

3．重要陈列展览

2013年，陕西全省博物馆参观总人数达2100万人次，新举办陈列展览总数135个，服务社会成效明显。陕西历史博物馆"唐代壁画珍品展"荣获全国博物馆十大陈列展览精品奖，这是陕西历史博物馆展陈项目六年内连续三次获此殊荣。此外，陕西历史博物馆的"巧手良医"、秦陵博物院的"考古人手札"和陕西考古研究院的"发现与探索"等展览内容新颖，设计独特，是我省陈列展览的成功创新。在全球最大的旅游网站Trip Advisor（道道网）公布的25家"2013全球最受欢迎的博物馆"中，秦陵博物院位列第11名，是东亚地区唯一上榜的博物馆。

（二）可移动文物保护

1．文物数量、等级基本情况

陕西省文物系统共有藏品100余万件，其中一级文物8000余件、已定级珍贵文物11万余件。

2．可移动文物保护修复基地建设情况

陕西省承担的可移动文物保护修复基地建设共有4个，分别是"砖石质文物保护国家文物局重点科研基地""陶质彩绘文物保护国家文物局重点科研基地""考古发掘现场文物保护国家文物局重点科研基地""国家科技部重点科研基地"。

2013年，"砖石质文物保护国家文物局重点科研基地"的科研业务活动进展顺利，运行情况良好。以砖石质科研基地为平台承担的2项国家文物局课题、3项文物保护行业标准等均按计划完成工作任务。为配合陕西省文物保护研究院"能力提升"项目的进行，砖石基地重点实施了"砖石质文物超声检测实验室"的建设，建成的实验室在砖石质文物超声探测技术方面居于全国领先地位。另外，由陕西省文物保护研究院和延安市文物研究所共同组建的"砖石质文物保护国家文物局重点科研基地——陕北工作站"已完成仪器设备采购、安装和调试工作。

2013年度，陶质彩绘文物保护国家文物局重点科研基地完成科技支撑计划项目《遗址博物馆遗址本体保护关键技术研究》第三方评估合同的签订以及分任务书的签订；承担国家973课题《保护材料与工艺的系统评价方法及其应用示范课题》，根据课题任务书的要求，已完成发掘现场陶质彩绘文物保护研究和全面调研国内文物病害现状的工作；在材料评估方面，建立起保护效果评估的量化指标，形成了文物彩绘加固材料性能评估技术规范的草案；完成《秦俑坑大气气溶胶及其与陶质彩绘文物劣化关联研究》项目环境采样及文物病害调查工作，目前主要进行样品分析工作和老化试验筹备工作；完成《秦始皇帝陵博物院与西安杨森制药有限公司文物保护修复科技合作协议》拟定和签订，并得到省文物局批复；承担焦作彩绘陶器修复保护项目，绘制文物图纸765张，提交文物修复档案51份，修复前后文物照相51件、约1000余张，所有图纸、档案均已转化为电子格式存档；组织相关人员赴德国慕尼黑进行了为期30天的合作研修工作，并完成研修报告。

2010年10月，国家文物局批准设立"考古发掘现场文物保护国家文物局重点科研基地"，依托单位为陕西省考古研究院。基地成立后，开展了"考古发掘现场文物保护研究现状调研和重点科研基地运行管理及制度研究"工作，课题组成员经过两年的考察和调研工作，在文献调研和对国内省级考古研究所进行考古发掘现场文物保护需求调研的基础上，全面系统的总结了国内外相关领域的研究成果和发展趋势，结合实际工作经验，进行了考古发掘现场文物保护需求的系统分析和研究，完成了《考古发掘现场文物保护研究现状调研报告》。并在上述调研基础上，召开了专家研讨会，明确了基地的发展方向，凝练了研究课题。通过文献调研以及对运行良好的"重点科研基地"的实际调研，研究编撰了《考古发掘现场文物保护国家文物局国家科研基地运行计划书》和《考古发掘现场文物保护国家文物局重点科研基地管理制度汇编》。

2013年，国家科技部重点科研基地以"国际科技合作基地"为依托，开展中德合作科研项目3项，包括中德合作淳化金川湾石窟保护研究项目、蓝田水陆庵泥塑彩绘保护研究项目，紫阳北五省会馆壁画保护研究项目；开展了中意合作《戴家湾考古发掘报告》的资料整理工作。按照科技部的有关要求完成"国际科技合作基地"2012年总结、2013年工作计划及基地成果的申报工作。11月，"国际科技合作基地"接待西班牙中西合作事务大使林德先生及相关人员来基地参观考察。

3. 可移动文物保护技术和方法及其应用情况

积极推进智慧博物馆建设，完成陕西全省72家博物馆的数字化展览工作。同时，充分发挥秦俑博物馆、陕西历史博物馆、西安碑林博物馆文物藏品资源优势，综合集成运用互联网、物联网、云计算、3G通讯等信息技术成果，实施智慧博物馆试点建设，基本实现博物馆管理智能化、服务智能化，受到国内外参观群众的欢迎。

（三）第一次全国可移动文物普查

2013年，按照国务院统一部署，陕西省开展首次国有可移动文物普查工作，组织编写《普查工作手册》，组建专家库和907名普查员队伍，在全省范围举办6期共608名学员参加的普查骨干培训班。全年完成41085家国有单位普查，其中621家单位有文物收藏，共收藏文物1869283件（套），基本摸清全省国有单位收藏文物情况。

【科技与信息】

2013年，建设完成陕西历史博物馆唐墓壁画保护中心。陕西省文物局与陕西省测绘地理信息局合作成立了"陕西省文物测绘工程技术中心"，有效提高了全省文物信息勘测科技水平。依托国家文物局文物保护科研基地和科技部国际文物科技合作基地，向科技部成功申报科技惠民项目"博物馆文化及公众服务信息传播关键技术集成应用示范"。国家文物局、财政部共同立项并投资1200万元实施的"馆藏文物、出土文物修复能力提升"项目圆满完成并组织验收。"物联网技术在文化遗产管理中的应用"等一批科研项目顺利完成。环境监测及物联网技术的推广应用取得新成效，在唐顺陵、汉阳陵等文保单位试点安装监测探头，逐步建立田野文物保护环境监测系统。陕西省文物局与德国教育研究部门合作先后召开了"考古发掘现场遗迹、遗物的科学记录国际学术研讨会"等4个国际学术研讨会，彰显了陕西考古科研及馆藏文物保护科研工作的实力。

【文博教育与培训】

2013年，陕西省文物局举办各类培训班16个24期，培训人员1964人次，组织参加国家文物局以及省级各部门组织的各类培训76个班次145人次。培训内容涉及文物保护、考古、普查、安全、法规、行政、党建、纪检、宣传、财务等方面，为推动全省文物事业科学发展奠定了坚实的人才基础。

【文博宣传与出版】

2013年，结合"5·18"博物馆日、文化遗产日等重大主题活动，运用多种形式加强文物宣传工作，各市和各类博物馆举办了丰富多彩、各具特色的主题活动，加大了宣传力度，提高了全省民众保护文物的意识。咸阳市政府成功举办的2013年文化遗产日主场城市活动，形式多样，精彩纷呈。在全国两会召开期间，由文化部、国家文物局、省政府联合在国家博物馆举办"守望家园——陕西宝鸡群众保护文物成果特展"，这是国家博物馆首次展现护宝群众的特别展览，展示了陕西形象、传递了陕西正能量。本年度，中央电视台、光明日报、中国文物报、文汇报、新华网等主流媒体持续关注陕西省文物工作惠及民生的成就，全年宣传陕西文物工作的报道5000余条，特别是"省委、省政府提出与西安市共建汉长汉城国家大遗址保护特区取得的成效让百姓受益"的新闻引发央视《新闻联播》和中国文物报、光明日报等重要媒体集中报道。陕西省政府新闻办公室在举办"'以丝绸之路申遗为契机　推动文物景区提档升级'陕西丝绸之路申报世界文化遗产工作新闻发布会"和"2013新丝绸之路大型联合采访"活动时稳妥处理舆论事件，有效引导各级政府和人民群众从国家利益和民生福祉的高度认识、理解申遗工作，为丝绸之路申报世界文化遗产营造了良好舆论氛围。

强化公共信息平台建设。汉唐网信息更新率居全国文物系统首位，信息被国家文物局网站采用量居全国第一，汉唐网被被评为"2013年陕西十佳政务服务平台"。汉唐微博以16万的粉丝量在陕西省厅局机构账号影响力排行榜中位居第一，并被新浪网评为"2013全年陕西政务微博影响力排名第一"。

2013年，配合丝路申遗编纂的《丝绸之路文化遗产》丛书出版发行。陕西省文物信息咨询中心编纂的首套全省文物资源普查丛书《陕西第三次全国文物普查丛书》和《陕西博物馆丛书》先后出版。《陕西第三次全国文物普查丛书》是目前全国范围内第一套全面介绍省域第三次全国文物普查成果以及成果转化利用的大型丛书。《陕西博物馆丛书》是全国范围内第一套全方位展示省域博物馆事业发展成就、全景式介绍省域内所有博物馆的大型丛书，同时也是面向大众传播博物馆文化的普及型读物。《陕西第三次全国文物普查丛书》等4部图书荣获"全国文化遗产十佳图书奖"，获奖总数居全国第一。

【机构及人员】

2013年，陕西省文物局配合陕西省编办进行机构编制法规情况测试，填报了《机构编制领导干部学习情况反馈表》，撰写上报了《省文物局关于学习贯彻〈行政机关机构编制违法违纪行为政纪处分暂行规定〉情况》的报告。组织机关进行职位设置并修改完善，按要求上报了《陕西省文物局职位设置及职位人员情况登记表》。组织局直属事业单位完成了政务域名注册。按照陕西省人社厅和事业单位管理局要求，上报通过了汉阳陵博物馆为法人结构治理试点单位（为全国仅有的两家文博试点单位之一），并指导开展动员教育、学习培训、实地调研和组织实施等工作。

全年提拔干部18人（其中正处级6人、副处级10人、科级2人），调整交流13人（其中正处级5人、副处级8人），办理了6名同志的退休手续。西安碑林博物馆被评为陕西省2011～2013年省级"两联一包"扶贫工作先进单位，西安碑林博物馆尤明利和秦始皇帝陵博物院凌玉杰2人被评为扶贫工作先进个人。组织指导陕西省考古研究院等3个单位申报博士后科研工作站，其中陕西省考古研究院获通过。指导陕西省文物保护研究院申请设立"陕西省博士后创新基地"。组织推荐"第十届陕西青年科技奖候选人"，共推荐6人。向陕西省委组织部填报了《省文物局高层次人才项目评审专家库信息表》。

【对外交流与合作】

2013年，积极推进中华文化与世界文化的对话与交流，提升中华文化的国际影响力，先后组织了"中国秦兵马俑展"等3个展览赴美国、瑞士、芬兰等国家展出，在海外宣传了中华文化，产生了广泛影响。特别是在瑞士举办的"兵马俑军队与统一的秦汉王朝——中国陕西出土文物展"，得到了在当地进行国事访问的国务院总理李克强的赞许。

拓展陕西文物与国际和港台等国（境）外文化的交流渠道与合作方式。11月，陕西省文物系统在台湾中台禅寺举办了"万法归宗——隋唐长安佛教宗派兴盛纪实特展"，成为2013年两岸文化交流、特别是陕台文化交流的盛事。

加强与国外知名博物馆的战略合作，引进的意大利佛罗伦萨国家考古博物馆"辉煌时代——罗马帝国文物特展"等4个展览，社会反响良好。

【其他】

2013年7月，陕北局部地区遭受暴雨、泥石流等自然灾害，延安革命旧址群等一批文物受到了不同程度的损害，省文物局派员及时赶赴灾区指导灾区的文物保护和抢险救灾，并拨付专款200万元用于前期救灾工作。同时，组织力量编制抢救保护方案并及时上报国家文物局，争取到国家文物局救灾专项补助11989万元，为抢险救灾工作提供了有力保障。目前，延安革命旧址群抢救性维修工程已全面启动。

甘肃省

【概述】

截至2013年底，甘肃省共有不可移动文物16895处，其中古遗址10550处、古墓葬2130处、古建筑1432处、石窟寺及石刻730处、近现代重要史迹及代表性建筑1879处、其他174处。不可移动文物中包括世界文化遗产地2处，全国重点文物保护单位131处，省级文物保护单位625处，市县级文物保护单位4726处。全省境内长城总长度3654千米，为全国第二；其中明长城总长度1738千米，为全国第一。全省有国家级历史文化名城4座，省级历史文化名城8座；国家级历史文化名镇7座，省级历史文化名镇7座；省级历史文化名村9座。全省有各级各类博物馆纪念馆193个，其中博物馆120个（含一级博物馆1个、二级博物馆7个、三级博物馆16个）、纪念馆73个。2013年，甘肃省文物局以建设华夏文明传承创新区为中心，全面完成各项工作任务：可移动文物普查取得阶段性成果，安全督查力度进一步加大，文物保护基础工作不断加强，文物保护维修有序推进，文物考古工作成果丰硕，丝绸之路申遗工作顺利通过国际专家考察评估，博物馆事业发展势头良好，及时开展岷县、漳县地震文物灾情调查评估并编制上报了地震灾后重建规划和文物抢救保护修复专项规划。地方政府对文物工作的支持力度进一步加大，庆阳、平凉两市人民政府分别出台《关于进一步加强文物工作的意见》。

【执法督察与安全保卫】

（一）执法督察

省文物局认真贯彻落实国务院《关于进一步做好旅游等开发建设活动中文物保护工作的意见》和省政府《关于进一步做好旅游等开发建设活动中文物保护工作的通知》，在各地自查工作的基础上，报请省政府抽调文物、财政、建设、交通、国土、旅游、宗教等部门人员组成三个督查组，由省文物局领导分别带队，对各地执行《文物保护法》及贯彻落实国务院《意见》情况进行了专项督查，共召开座谈会38次，实地检查文博单位39个、历史文化名城（名镇）5座，对督查中发现的问题提出了整改要求。按照国家文物局重点专项工作督查要求，组织开展了甘肃省2010～2012年全国重点文物保护单位文物保护工程情况、文物保护专项补助经费管理使用情况、第七批全国重点文物保护单位"四有"工作完成情况、第一次可移动文物普查工作情况的专项检查。

（二）安全保卫

2013年，甘肃省文物安全形势总体平稳，馆藏文物安全无事故，盗掘古遗址墓葬活动有所抬头。为了切实加强全省文物安全保护管理工作，进一步落实安全保护管理责任，甘肃省文物局制订了《甘肃省文物局文物安全目标责任考核办法（试行）》，首次与各市州文物行政部门签订了年度文物安全目标责任书，结合日常督查和国家文物局《关于开展文物系统安全大检查的通知》要求，组织全省文物系统开展了为期两个月的文物安全大检查，发现并整改了一批安全隐患。年底组织开展了全省文物安全大检查和文物安全目标责任考核工作，有效地推动了各级文物行政部门落实文物安全责任，加强了文物安全工作。"三级责任、四级保护"的野外文物保护网络日益巩固，队伍管理更加规范。加强文博单位安防消防能力建设，在全国重点文物保护单位天水玉泉观组织开展了全省文博系统消防演练活动，一批文博单位技术防范工程竣工并投入使用。

（三）打击文物犯罪

为进一步遏制文物犯罪势头，与陕西省建立了防范和打击文物犯罪省际交流合作机制，召开了"宝鸡－平凉联合打击文物犯罪区域联合交流座谈会"；省文物局依法督办了一批盗掘和在基本建设中破坏古遗址墓葬的案件，肃南县文物和公安部门破获了在省级文物保护单位西五个疙瘩墓群作案的盗墓团伙，甘谷、武山两县文物和公安部门及时处理了两县交界处公路建设工地哄抢私分出土文物案件，康乐县人民法院依法宣判了2012年"12·25"盗挖古墓葬案件。

【不可移动文物的保护和管理】

（一）大遗址保护

大地湾遗址、锁阳城遗址、骆驼城遗址、大堡子山遗址等10处大遗址被列入国家大遗址保护"十二五"专项规划；大地湾国家考古遗址公园获准立项；敦煌市、玉门市、瓜州县、凉州区、古浪县、临泽县、山丹县等7个县（市、区）境内重点区段长城保护工程全面实施。《长城资源调查报告》初稿编写进展顺利。

（二）全国重点文物保护单位

甘肃省58处文物保护单位被国务院公布为第七批全国重点文物保护单位，全省全国重点文物保护单位总数增至131处，2013年，完成全省第七批全国重点文物保护单位保护范围和建设控制地带划定方案复核工作。"国保"单位文物保护规划编制报批工作持续推进，已完成4个，编制中6个，立项11个。西千佛洞崖体加固等18项文物保护工程竣工，文殊山石窟、云崖寺石窟危岩体加固等20余项文物保护工程开工实施，拉卜楞寺文物保护一期工程持续推进。

（三）世界文化遗产

1．世界文化遗产项目的申报、评审

甘肃省人民政府与国家文物局签订了《关于保护丝绸之路遗产的联合协定》，省申遗领导小组召开第三次扩大会议，对申遗最后阶段的工作进行了详细部署和动员。副省长张广智赴各申遗点进行现场检查推动，省文物局领导多次到各申遗点检查指导具体工作，各相关市（州）、县（市区）政府全力组织落实。各申遗点按要求全面完成了"四有"档案规范和补充完善工作，健全了各申遗点保护管理机构，全面完成了文物本体保护工作，基本完成了监测预警体系建设任务，完善和提升了申遗专题展览。10月，甘肃省申遗工作顺利通过国际专家的实地考察评估。随后，根据国家文物局要求，组织专业力量完成了申遗补充材料的编报工作。

2．世界文化遗产保护管理情况

敦煌莫高窟保护利用工程各子项目除游客服务中心外均通过验收，莫高窟游客服务中心基本竣工，敦煌莫高窟标志性建筑第96窟窟檐建筑（九层楼）保护维修工程竣工。嘉峪关文化遗产保护工程中的文物本体保护工作完成工程总量的85%。

【考古发掘】

（一）概况

2013年，甘肃省文物局组织安排省内考古机构继续实施早期秦文化考古调查研究项目，对马家塬战国墓地随葬车辆进行发掘和解剖，继续开展甘谷毛家坪遗址考古发掘工作；泾川县佛教造像窖藏、黑水国遗址、马鬃山玉矿遗址等考古项目获得重要成果；配合交通、能源等基本建设项目，组织开展考古调查项目26项，其中实施考古勘探25项，勘探面积72.69万平方米，在调查勘探的基础上实施考古发掘4项8处，发掘面积5400平方米，出土一批重要文物。

（二）重要考古项目

1. 兰渝铁路（甘肃段）抢救性清理发掘

在2012年度发掘工作的基础上，3月19日～8月4日，甘肃省文物考古研究所继续对岷县山那树扎遗址进行考古发掘，发掘面积1400平方米，清理遗迹单位196处，出土陶器、骨器、石器等遗物3818件。

2. 西平铁路——泾州古城抢救性考古发掘

3月7日～4月22日，对泾州古城进行抢救性考古发掘，发掘遗址面积2000余平方米，揭露唐、宋、清时期的房址、灰坑、窖穴、水井、墓葬等各类遗迹140余处，出土有钱币、残铁器、骨角器、石器、陶器、瓷器及残片、砖、瓦当等各类遗物约300余件。

3. 西气东输三线管道工程酒泉段考古发掘

清理了玉门市金鸡梁、白土梁墓群，肃州区的半截墩、双古堆、三坝湾墓群，共清理魏晋时期墓葬10座，出土器物20余件。

4. 敦格铁路（甘肃段）敦煌市祁家湾墓群考古发掘

3～6月，对祁家湾墓群进行考古发掘，发掘面积2000平方米，清理墓葬96座，出土各类文物430余件（组）。

5. 马家塬墓地车辆解剖和考古发掘

根据2013年年初召开的早期秦文化考古工作会议统筹安排，2013年马家塬墓地的主要工作是清理和解剖已出土的部分马车。上半年完成了M18的1号车和M21墓道内的1辆马车的室内清理工作。野外发掘工作于8月上旬开始，至12月初结束，完成了M14墓道内随葬的1、2、3号马车以及M16墓道内随葬的2、3、4、5号马车共计7辆马车的发掘解剖工作。

6. 甘谷毛家坪遗址考古发掘

根据早期秦文化考古工作会议的安排，2013年毛家坪遗址的考古发掘工作由3月开始，至12月25日结束，发掘了沟东墓葬区和沟西墓葬区北部的6个发掘点，共发掘墓葬153座，清理车马坑1座，清理遗迹单位581处。发掘成果丰硕，为研究早期秦文化的编年、秦人的迁徙路线、秦与西戎的关系、秦人车制及其独特的车马殉葬文化提供了重要的资料。

7. 泾川龙兴寺曼殊院佛教遗址考古发掘

该遗址发掘工作自1月4日开始，至12月中旬结束，共发掘500余平方米，清理佛教造像窖藏坑2个、棺匣1座、其他遗迹单位31处，出土各种造像240余件（套），另在佛骨下清理出长方形琉璃瓶2个，清理舍利1000余粒。发现并清理的佛教造像等遗物，是甘肃乃至西北地区有关佛教考古的重要发现。

8. 张掖黑水国遗址考古发掘

本年度发掘工作集中于7～9月，发掘面积625平方米，清理遗迹单位41处，出土器物主要包括陶器、骨器、石器、铜器等。该遗址考古发掘工作入选中国社会科学院"考古学论坛·2013中国考古新发现"。

9. 肃北马鬃山玉矿遗址考古发掘

10月9日～11月5日，对马鬃山玉矿遗址进行2013年度发掘。其中调查面积20平方千米，共发现遗存383处，测绘面积650万平方米，发掘面积185平方米。此外，对被破坏遗存进行清理，清理面积1000平方米。

【博物馆与可移动文物保护】

（一）博物馆

1. 概况

2013年，全省3个博物馆晋级国家二级博物馆、9个博物馆晋级国家三级博物馆，全省国家二级博物馆增至7个、三级博物馆增至16个。155个博物馆和纪念馆通过省文物局组织的年检，8个市县级博物馆和纪念馆新馆建成，4个博物馆和纪念馆改扩建工程完成，4个民办和行业博物馆被批准设立。2013年全省博物馆接待观众超过1000万人次，社会效益显著。

2. 重要陈列展览

2013年，全省各级博物馆共推出新展览16个，改造展览11个，举办临时展览54个。和政古动物化石博物馆"和政四大古动物群化石展"获第十届全国博物馆十大陈列展览精品评选精品奖，实现了甘肃省县级博物馆在该奖项上零的突破；省博物馆"红色甘肃——走向一九四九"等4个陈列展览获优秀奖。

3. 免费开放

全面开展免费开放博物馆绩效考评工作，有效推动了全省各级博物馆质量的提升，进一步深化了免费开放工作。2013年，甘肃省被国家文物局确定为全国免费开放博物馆绩效考评三个试点省之一，省文物局、省财政厅高度重视，共同成立领导小组，制定考评试点工作方案，抽调人员对全省112个享受中央财政补助经费的博物馆、纪念馆进行了全面考评，确定了各馆考评等次并联合下发了考评结果通报，根据考评结果安排了2014年各馆免费开放经费。同时认真总结试点工作成果、经验及做法，向国家文物局提交了试点工作报告，为在全国实施博物馆免费开放绩效考评工作提出了重要的参考意见。

（二）可移动文物保护

全省馆藏文物43万件，其中珍贵文物11万多件，包括一级文物3240件（含国宝30件）、二级文物11386件、三级文物96299件。2013年，全省具备可移动文物技术保护设计资质的单位增至4家，具备可移动文物修复资质的单位增至6家；实施可移动珍贵文物修复保护项目6个，修复保护可移动珍贵文物372件；省博物馆取得两项纸张保护材料发明专利。

（三）第一次全国可移动文物普查

省政府印发《甘肃省人民政府关于开展第一次全省可移动文物普查的通知》，成立全省第一次可移动文物普查领导小组，召开全省电视电话会议，对普查工作进行动员和安排部署。省普查办制定了《甘肃省第一次可移动文物普查实施方案》，确定了普查范围、组织方式和技术路线，明确了各级普查机构的职能，细化了普查各阶段的工作任务；在兰州、天水、张掖举办三期普查培训班，培训普查工作人员220人次；建立了全省可移动文物

2014
中国
文物年鉴

普查专家库，印发了普查登记表。省普查办加强与普查领导小组成员单位的沟通与协调，与档案、民政、文化、教育、财政等相关部门联合下发做好普查工作的通知；及时汇总全省国有单位名录，组织各级普查机构完成了全省国有单位文物收藏情况的调查。全省共调查国有单位29574个，除中核404集团以保密单位为由未反馈登记表外，其余登记表全部回收。调查结果显示，全省收藏有文物的国有单位388个，收藏文物695274件（套）、其中文物系统国有单位收藏文物600318件（套），文物系统外国有单位收藏文物或疑似文物94956件（套）。

【社会文物管理】

社会文物管理规范有序。对各博物馆流散文物征集方案进行认真审核把关，共征集流散文物1267件。省文物鉴定委员会配合司法部门鉴定涉案文物612件，同时面向社会积极开展文物鉴定服务工作。积极与省政府办公厅沟通协调，完成了邓宝珊将军相关文物的接收移交工作；协调兰州市公安部门将礼县大堡子山遗址出土的涉案文物青铜器"虎噬羊"移交省博物馆收藏；武威市凉州区公安局向市文物局移交了一批涉案文物。

【科技与信息】

文物科研工作成果丰硕。敦煌研究院主持完成的"十一五"国家科技支撑课题"文物出土现场保护移动实验室研发与应用"获得2012年国家科学技术进步二等奖。敦煌研究院与北京大学签约共建教学科研协同创新基地，国家古代壁画保护工程技术研究中心多场耦合实验室完成土建设计，甘肃省古代壁画与土遗址保护重点实验室通过验收评审。全省具备可移动文物技术保护设计资质的单位增至4家，具备可移动文物修复资质的单位增至6家；实施可移动珍贵文物修复保护项目6个，修复保护可移动珍贵文物372件。敦煌研究院、甘肃省博物馆、甘肃省文物考古研究所等单位承担的国家社会科学基金项目、国家自然科学基金项目等重点文物科研项目顺利实施。文物数字化和科技创新领域取得新成果，敦煌研究院完成了莫高窟和西千佛洞13个洞窟的实景虚拟漫游节目制作。"甘肃文物"网站完成改版并上线运行，网站定位更加清晰、栏目设置更为合理、信息容量进一步增加。

【文博教育与培训】

加强文博业务培训，举办了全省馆藏书画类文物保护修复技术培训班、全省佛教金铜造像及玉器鉴定培训班，培训专业人员百余人。选派18个县（区）文物部门负责人参加国家文物局举办的全国县级文物行政部门负责人培训班。承办了2013年度全国文物行政执法人员（甘肃片区）培训班，甘肃省文物行政执法人员130余人参加培训。进一步提高了全省文物管理和专业人员的整体素质。

【文博宣传与出版】

全省文物系统围绕文化遗产日和"5·18"国际博物馆日两个重要节点，认真策划，举办了全省首届"文物保护好新闻"评选、"支持丝绸之路申遗群众签名"等一系列宣传活动，特别是以张家川马家塬战国墓地为主题的室内考古开放日等互动参与型活动，得到公众广泛好评和积极参与，进一步提高了全社会对文化遗产和文物工作的关注程度，产生了良好的社会效果。

积极探索和拓展多样化的宣传弘扬形式。甘肃省文物局与中国文物报社签订了《合作推进华夏文明传承创新区文化遗产宣传工作协议》，在北大红楼橱窗举办了《丝绸之路上的甘肃文化遗产》专题展览；与华夏地理杂志社联合策划推出了《华夏地理·国宝甘肃》专辑；甘肃卫视《西部诗窗》栏目制作播出了有关甘肃丝绸之路申遗点的专题片。新华社主办、省文物局承办的"'真爱敦煌'——关注世界遗产大型公益行动"以及省文物局和中国文物报社联合举办的"文物保护陇上行"活动在甘肃成功举办，国内权威媒体和公民代表将传统平面媒体和微博、微信、客户端、手机报、网络电视等新媒体有机结合，全方位、多视角地向国内外传递了极为丰富的甘肃省文化遗产信息，展现了甘肃文物工作的新面貌，有力提升了甘肃的文化影响力。

出版发行《肩水金关汉简（叁）》《中国石窟艺术：麦积山石窟》《庆阳北石窟寺内容总录》等重要研究成果。

【机构及人员】

截至2013年底，甘肃省共有兰州、嘉峪关、酒泉、张掖、武威、定西、平凉市等7个市州和礼县、会宁、秦安、武山、民乐、高台、肃南、临泽、山丹、敦煌、瓜州、肃北县、甘州区、肃州区等14个县市区设立了单独建制的文物局。全省文物、博物馆从业人员3000余人，其中专业人员近1000人（中级及以上职称570余人、高级职称160人）。甘肃省文物局为副厅级建制，内设办公室（计划财务处）、政策法规处、文物保护与考古处、博物馆与社会文物处、安全督查处、机关党委，直属敦煌研究院、甘肃省博物馆、甘肃省文物资料信息中心、甘肃省文物考古研究所、甘肃省文物保护维修研究所、甘肃简牍博物馆、甘肃省文物商店、麦积山石窟艺术研究所、炳灵寺文物保护研究所、大地湾文物保护研究所、北石窟寺文物保护研究所等11个省直文博单位。

【对外交流与合作】

对外交流合作取得新成果。继续推进敦煌研究院与美国盖蒂保护研究所、日本东京文化财研究所、瑞士伊莎贝尔及巴尔兹·贝奇基金会、英国伦敦大学、英国国家图书馆等国外机构合作开展敦煌莫高窟文物（文献）保护工作。中国世界遗产地游客承载量研究与游客管理国际研讨会在莫高窟成功召开，公布了莫高窟游客承载量研究成果。成功举办赴土耳其"印象敦煌——中国文化大展"、赴台湾"光照大千——丝绸之路佛教艺术展"、赴美"敦煌——丝路佛光"敦煌艺术大展；完成2014年赴日"丝绸之路的记忆——甘肃省和秋田县结好30周年纪念文化交流展"筹备工作。

【其他】

（一）华夏文明传承创新区建设

2013年是华夏文明传承创新区建设全面启动之年，甘肃省文物局高度重视、精心筹划，组织编制了文物保护和大遗址保护两个板块的方案及实施意见，全力推进项目实施。全年争取中央资金4.7亿元，有力地保障了华夏文明传承创新区建设。

（二）思想作风建设

1. 党的群众路线教育实践活动

甘肃省文物局成立了党的群众路线教育实践活动领导小组，制定了《甘肃省文物局关于深入开展党的群众路线教育实践活动的工作方案》，坚持"两手抓、两促进"，"规定动作"和"自选动作"相结合，虚心征求各方面意见，按照"即知即改"要求及时研究制定整改方案；进一步加强局机关建章立制工作，修订规章制度25项；组织局机关党员干部和直属单位负责人到革命旧址重温党史和接受革命传统教育；召开局领导班子专题民主生活会，分析查找局领导班子和班子成员在"四风"方面存在的主要问题，深刻剖析原因，明确了努力方向和整改措施。

2．效能风暴行动

甘肃省文物局制定了《甘肃省文物局关于改进工作作风密切联系群众的意见》，从改进调研作风、改进会风、提高工作效率、坚持勤俭节约、坚持廉洁自律、密切联系群众等七个方面做出了具体规定；结合民主评议政风行风工作，完成了民主评议质询工作；对涉及省文物局的行政审批项目进行了全面清理和归并调整，对行政审批流程进行了优化。

3．双联工作

甘肃省文物局被省双联办评为2012年度全省双联行动优秀单位，2013年，省文物局及直属单位帮助联系村秦安县罗湾村开展规划编制、道路整修、林果业种植和技术培训，发展富民增收产业，进一步完善了双联工作长效机制，密切了与人民群众的血肉联系。

青海省

【概述】

2013年，青海省文物管理局在国家文物局和青海省文化和新闻出版厅党组的正确领导下，以党的十八大精神为指导，以党的群众路线教育实践活动为契机，求真务实，发扬"人一之、我十之"的工作精神，坚持"保护为主、抢救第一、合理利用、加强管理"的文物工作方针，继续围绕国家文物博物馆事业"十二五"发展规划、青海省"十二五"文化发展纲要，在玉树灾后恢复重建、法规建设、执法督察、不可移动文物的保护与管理、考古发掘、博物馆建设等重点工作中取得显著成绩，为实现青海省委、省政府提出的"建设文化名省"战略目标打下良好的基础，做出了积极的贡献。

【法规建设】

2013年，青海省文物局为进一步规范行政审批，认真查阅相关法律法规，梳理出行政许可事项20项（青海省文化新闻出版厅共46项），按照登记服务要求，收集详细信息200余条，编制审批流程图40个，上报青海省政府法制部门审核，完成行政许可事项进驻青海省公共服务管理及交易中心工作，并制作服务指南，以方便广大民众办理行政审批事项。

【执法督察与安全保卫】

根据国家文物局、公安部的统一安排，青海省文物管理局继续深入开展打击文物犯罪活动。一是积极配合公安机关，14次组织专家对300余件（套）涉案文物进行了鉴定，2次组织专家赴都兰热水墓群古墓葬盗掘现场进行文物鉴定，为司法机关判定犯罪分子的犯罪事实提供了有力证据，使盗掘古文化遗址、古墓葬的犯罪行为得到有效遏制。二是会同青海省旅游局、省财政厅、省发改委、省消防总队等部门就旅游等开发建设活动中文物安全工作，抽查、督查全国重点文物保护单位45处，省级文物保护单位278处，县级文物保护单位400余处，省直文博单位4家，国家和省级历史名城和历史文化街区、村镇等4处，共计30人次。通过安全检查、督查、突击检查，强化了各级文物保护单位的安全意识，基本排除了安全隐患，加强执法力度，做好文物保护工作。三是严格按照《文物保护法》有关规定，配合基本建设进行考古发掘，依法做好工程区域内涉及文物保护的考古调查、勘探和抢救性发掘工作。主要有青海都兰热水哇沿水库、青海省海东工业园区民和工业园、青海省海东市民和县红崖头西北遗址、青海省海东工业园区高寨物流园区、青海省海东下川口工业园区、青海省海东市民和县"堡嘉隆旅游度假特色葡萄酒庄园"、黄河茨哈峡水电站工程建设及水库淹没影响区内考古调查；青海神华格尔木火电厂、青海大唐国际能源有限公司百盘峡水电站、青海黄河中型水电开发有限责任公司纳

2014
中国
文物年鉴

子峡水电站、大唐国际格尔木火电厂、青海万象铝镁公司热电联产工程、青海泰丰先行锂能科技有限公司二期厂房建设、青藏铁路公司格尔木至库尔勒铁路建设、青海福寿宫陵园等建设项目的考古调查工作。根据调查结果及时进行回复，保证了各项基本建设的顺利进行。

【不可移动文物的保护和管理】

（一）概况

截至2013年底，青海省共有全国重点文物保护单位45处（其中古遗址类11处、古墓葬4处、古建筑23处、石窟寺及石刻2处、近现代重在史迹及代表性建筑4处），省级文物保护单位415处（其中古遗址类176处、古墓葬43处、古建筑115处、石窟寺及石刻21处、近现代重在史迹及代表性建筑51处、其他9处），市（县）级文物保护单位共计888处。

全国重点文物保护单位《隆务寺文物保护规划》《喇家遗址文物保护规划》已由省政府批准公布，《贵德玉皇阁文物保护规划》《乐都瞿昙寺文物保护规划》已上报国家文物局审核。

（二）大遗址保护

喇家国家考古遗址公园建设项目申报取得新突破。2013年，青海省委、青海省政府为进一步推动全省大遗址保护工作，将喇家国家考古遗址公园申报立项工作作为全省文物保护工作的重点任务之一，提出了明确要求。青海省海东市民和县成立了专门负责喇家遗址保护管理的喇家遗址博物馆。在青海省委省政府和省文化新闻出版厅的高度重视和大力支持下，青海省文物管理局多次赴国家文物局沟通、协调、落实申报事宜，高质量完成了申报工作。12月，青海喇家遗址被列入第二批国家考古遗址公园立项名单，成为青海省首个获批立项的考古遗址公园，填补了青海省没有国家考古遗址公园的空白。喇家遗址国家考古公园的建设，对青海省古遗址保护、展示和利用方面均具有示范和引领作用，对推动社会协调发展、改善民生等也将发挥积极作用。

青海明长城湟中段抢险加固工程（一期）第一阶段工程量已全部完成；大通段长城抢险加固工程已全部完工；门源段长城抢险加固工程已完成总工程量的85%。

哇沿水库建设涉及大遗址热水墓群，为确保文物安全，青海省文物管理局按照国家有关法规和文物工作要求，本着规划先行、统筹兼顾、远近结合的原则，统筹好经济建设与文物保护利用的关系，对哇沿水库建设项目涉及热水墓群区域开展了考古调查勘探，进行了文物影响评估，编制了《哇沿水库建设文物保护专项方案》，按照国家文物局的要求上报了《哇沿水库建设文物保护工程设计方案》，在做好文物保护的前提下，有序推进了工程建设。

（三）全国重点文物保护单位

2013年国务院核定公布了第七批全国重点文物保护单位名单，青海省共有26处文保单位名列其中，全省全国重点文物保护单位总数增至45处。

青海省文物管理局以国务院公布第七批全国重点文物保护单位为契机，完成全国重点文物保护、大遗址保护、第七批全国重点文物保护等项目的专项经费申报工作，申报项目资金共计59060万元。2013年上半年，补充完善了2013年度国家重点文物保护和大遗址专项保护补助经费的相关文件资料，共申报国家重点文物保护项目69项，申请全国重点文物保护项目经费6640万元，申请2013大遗址保护专项经费42080万元；2013年下半年，补报国家重点文物保护单位专项补助经费3820万，追加申请全国重点文物保护单位抢险加固经费4000万元，申请第七批全国重点文物保护单位保护规划编制费2520万元。截至2013年底，国家文物局累计下达2013年度专项补助经费6265万元，国家发改委下达青海省国家文化遗产地中央预算内投资1909万元。

玉树灾后文化遗产抢救保护工作进入收官阶段，工作时间紧、任务重、标准高、要求严，青海省文物管理局紧紧围绕省玉树地震灾后现场指挥部灾后重建总体部署，以高度的历史使命感和工作责任感，科学谋划、突出重点、强化措施、狠抓落实，确保了各项工程进展顺利。截至2013年底，新寨嘉那嘛呢、藏娘佛塔及桑周寺、贝大日如来佛石窟寺及勒巴沟摩崖3处全国重点文物保护单位灾后抢救修缮工程全部竣工，并通过省级初验。格萨尔三十大将军灵塔及达那寺文物抢救工程完成合同内所有内容。其中玉树藏娘佛塔及桑周寺和小经堂壁画抢险修复工程被评为全国十佳文物维修工程，玉树新寨嘉那嘛呢成为玉树十大标志性建筑之一。由于在玉树灾后文化遗产抢救方面表现突出，青海省文物管理局和玉树州文体广电局被评为全国"玉树地震灾后恢复重建先进集体"。

截至2013年12月，全国重点文物保护单位已累计完成投资1200余万元。全国重点文物保护单位互助却藏寺一期维修工程已经全部完成；都兰热水墓群保护性设施建设进展顺利，建设看护管理用房270平方米，2490平方米的建设展示用房及围栏、广场等项目已经完成；湟中塔尔寺安全防范工程和消防工程已经全部完工。

【考古发掘】

2013年，青海省考古勘探工作卓有成效。

一是玉树古墓葬考古发掘工作取得新突破。3月，组织召开了玉树古墓葬保护及考古发掘工作会议，对存在的问题进行了沟通、协调。4～9月，集中人力、物力、财力对玉树古墓葬进行了考古发掘工作，共发掘清理墓葬24座、遗址1处，发掘面积1515平方米，出土文物2000余件。

二是在完成古墓葬发掘工作的同时，对贝纳沟（文成公主庙所在地）摩崖石刻进行了专项考古调查，共发现5处摩崖石刻。其中"狗年题记""十方佛"及线刻佛塔为新发现，为研究吐蕃时期的佛教艺术增添了新的重要实物依据，也是青海省境内吐蕃时期重要的佛教考古遗存。

三是配合青海省内重点基础建设工程，积极做好考古勘探和保护工作。主要配合都兰哇沿水库、高寨物流园区、下川口工业园区、百盘峡水电站、纳子峡水电站、格尔木火电厂、格尔木至库尔勒铁路、民和葡萄酒庄园等十余项大型基础建设项目，依法做好工程区域内涉及文物保护的考古调查、勘探和抢救性发掘工作，充分体现了"保护为主、抢救第一、合理利用、加强管理"的原则。

【博物馆与可移动文物保护】

（一）博物馆

1. 概况

根据国家局首次在网上进行博物馆年检的安排，完成2012年度全省20家文物系统国有博物馆及国有行业博物馆的年检工作。2013年度博物馆年检结论均为合格，年检总结报告报国家文物局备案。

根据青海省文物管理局领导安排，组织专家对青海省博物馆、青海省柳湾彩陶博物馆、青海省海西州博物馆、青海省格尔木市博物馆、青海省海东市民和县博物馆、青海省西宁市湟中县博物馆、青海省西海郡博物馆的展览方案进行了论证审批。2013年，青海省博物馆被公布为第二批国家二级博物馆，青海省黄南州民族博物馆、青海省海南州民族博物馆、青海省海东市互助县土族博物馆被公布为第二批三级博物馆。截至2013年底，青海省的国家二、三级博物馆已达6家，全省共16家国有博物馆实施免费开放，免费开放补助资金达3244万元。全省博物馆2013年累计接待中外观众200万余人次，比2012年同期增长约5%。

为使博物馆建设进一步提高，社会功能得到更好发挥，青海省文物管理局配合青海省财政厅，对全省16家国有博物馆、纪念馆进行绩效考评。绩效考评评定为优（90分以上）的有14家，占参评单位总量的87.5%；评定为良（75至90分）的有2家，占参评单位总量的12.5%。

馆藏文物科技保护工作得到加强。2013年，青海省文物管理局组织审核并向国家文物局上报了青海省博物馆《馆藏丝织品修复方案》和海西州博物馆《丝织品修复方案》，获得批复同意，同时组织审核了青海省考古研究所、青海省柳湾彩陶博物馆、青海省海东市乐都区博物馆、青海省海东市民和县博物馆的彩陶修复方案，并按照规定收集相关修复材料。截至年底，共计下拨修复经费790万元。

青海省文物管理局根据青海省民俗博物馆、青海省海北州民族博物馆和青海省黄南州民族博物馆、青海省海东市民和县博物馆要求，积极开展馆藏文物征集工作，组织专家对皮影、佛像、盔甲、唐卡及革命文献31件（套、卷）进行了鉴定。

根据国家文物局安排，2013年青海省文物管理局向全省各州、地（市）转发了《关于开展全省民办博物馆发展情况调研的通知》，赴西宁市、湟中县、贵德县等地进行了民办博物馆实地调研，撰写了调研报告。

通过民办博物馆调研，摸清了青海省民办博物馆发展现状及存在的问题，为下一步做好对口支援工作打下了良好基础。

2. 博物馆间的交流与合作

2013年，青海省文物管理局审核批复青海省博物馆、青海省柳湾彩陶博物馆407件文物分赴大连、河南、杭州、上海进行展览，吸引观众达50余万人次。

3. 重要陈列展览

2013年，青海省各级博物馆新举办陈列展览64个，其中青海省博物馆举办陈列展览数量30个、青海柳湾彩陶博物馆举办临时展览3个、青海民俗博物馆举办陈列展览3个、格尔木博物馆举办陈列展览3个、贵德县博物馆举办陈列展览2个、海南州博物馆举办陈列展览3个、海西州博物馆举办陈列展览3个、互助县博物馆举办陈列展览2个、黄南州博物馆举办陈列展览2个、湟源县博物馆举办陈列展览3个、湟中县博物馆举办陈列展览2个、乐都县博物馆举办陈列展览3个、民和县博物馆举办陈列展览2个、西海郡博物馆举办陈列展览3个。2013年全省各级博物馆累计接待观众120万人次。

（二）可移动文物保护

1. 文物数量、等级等基本情况

通过馆藏文物数据库调查，初步核定国有博物馆藏品总数为128241件，其中珍贵文物2387件，包括一级文物457件（套）、二级文物870件（套）、三级文物1060件（套）。

2014
中国
文物年鉴

2．可移动文物保护修复基地建设情况

截至2013年底，青海省文物考古研究所和青海省博物馆分别展开可移动文物修复工作，但可移动文物保护修复基地均尚未建设。

3．可移动文物保护技术和方法及其应用情况

青海省文物考古研究所和青海省博物馆分别与瑞士阿贝格基金会继续开展交流合作，对部分出土文物进行修复；7月2日，国家文物局批准了青海省博物馆与河北省荆州市文物保护修复中心合作共同编制的《青海省博物馆馆藏丝织品保护修复方案》，截至年底，已经完成馆藏丝织品保护修复的各项前期准备工作。

（三）第一次全国可移动文物普查

根据国家文物局第一次全国可移动文物普查工作部署和青海省第一次全国可移动文物普查工作安排，2013年，青海省文物管理局编制了《青海省第一次全国可移动文物普查实施方案》；完成了青海省第一次全国可移动文物普查动员会；组建了检查督导组、文物认定专家组、技术审核组、宣传组4个普查小组；完成了《青海省第一次全国可移动文物普查工作计划》，把从2013年1月到2016年底的普查工作分三个阶段，按百分比的工作量进行了细化安排；编制了普查经费预算；派人参加了国家文物局举办的全国可移动文物普查办公室主任第一次会议及可移动文物普查全国骨干培训班；组织完成了普查国有单位文物收藏情况调查；举办了由国家文物局、中国文物信息中心、普查试点单位的领导和专家授课的青海省第一次全国可移动文物普查培训班，共有168人参与了此次培训，此次培训是青海省文物局有史以来培训人数最多、培训专家规格最高的一次。截至2013年底，全省各地成立普查机构55个，普查人员354人，为下一步可移动文物普查工作的顺利开展奠定了基础。

【社会文物管理】

青海省共有文物商店1个，从业人员9名，其中中级职称2人，文物库存数量为4792件（套）。2013年度新增文物89件（套），销售206件（套），销售额为11万元。

【文博教育与培训】

2013年，青海省文物管理局完成2013年度第11期到16期的全国县级文物行政部门负责人培训班推荐工作，全省共有8名负责人参加了培训；按计划完成第一次可移动文物普查培训，培训普查人员168名；根据国家局人事司培训处安排，配合中国人事科学院完成对青海省人才培养工作的调研；组织完成了由青海省文化和新闻出版厅直属、相关州县等单位的座谈。

【文博宣传与出版】

2013年，青海省文物管理局积极开展文物保护宣传工作。"5·18"国际博物馆日和文化遗产日活动期间，围绕"博物馆［记忆+创造力］=社会变革"宣传主题，联系省内媒体，在新宁广场组织青海省博物馆、青海省考古所、青海省民俗博物馆、青海省西宁市博物馆、青海省藏药文化博物院等单位进行了免费讲解、免费鉴定文物等形式多样、内容丰富的宣传教育活动。全省各文博单位也同时举办宣传活动，共展览图片2万余幅、印发宣传资料10余万份。通过设立现场宣传咨询点、举办图片展、发放文化遗产宣传资料、开展专

题讲座及文化遗产日书画展等形式，增强了广大群众对文化遗产的保护意识。

【机构及人员】

　　截至2013年底，青海省文博单位共47个，其中省级文物行政部门1个、州级文物行政部门2个、县级文物局（文物管理所）25个；博物馆18个；考古研究所1个；文物商店1个。青海省从事文博事业的专业、专职人员301余人，其中具有高级职称的33人、中级职称的92人。

宁夏回族自治区

【概述】

2013年是全面落实文物博物馆事业发展"十二五"规划的重要一年。在自治区党委、政府的正确领导下，在国家文物局关心支持下，宁夏全区各级文物行政部门认真贯彻落实党的十八大、十八届三中全会精神，坚持"保护为主、抢救第一、合理利用、加强管理"的文物工作方针，改革创新，扎实工作，文物法治建设不断加强，文物安全形势持续好转，文物保护基础工作扎实推进，博物馆服务社会功能趋于完善，文物保护维修力度不断加强，文化遗产地基础设施和环境风貌得到改善，为宁夏经济社会科学发展、和谐发展做出了贡献。

截至2013年底，宁夏共有不可移动文物3818处（其中全国重点文物保护单位35处、自治区文物保护单位125处、市县文物保护单位345处），国家历史文化名城1座，中国历史文化名镇（村）1处。西夏陵、丝绸之路遗产点固原北朝－隋唐墓地被列入"世界文化遗产"预备名单，西夏陵国家考古遗址公园被国家文物局正式批准立项。全区建成各类博物馆75座（其中一级博物馆2座、三级博物馆3座），文物系统馆藏文物84730件，其中一级文物367件（套）、三级以上文物11288件（套）。全区有文物科研机构3家，文物保护管理机构34个。

【执法督察与安全保卫】

一是为贯彻落实国务院《关于进一步做好旅游等开发建设活动中文物保护工作的意见》（国发〔2012〕63号）精神，宁夏文物局协调旅游、建设等部门开展了针对全区旅游等开发建设活动中的文物保护专项检查。先后对西夏陵、水洞沟遗址等18处全国重点文物保护单位和中卫高庙、石嘴山北武当庙等6处自治区文物保护单位进行了检查。对检查出的问题及时反馈当地政府，提出整改意见。通过检查和督查，进一步促进了《意见》的贯彻落实，摸清了旅游等开发建设活动中文物保护情况。

二是组织开展全区文物系统安全大检查工作。先后对须弥山石窟、中卫高庙、同心清真大寺等35处全国重点文物保护单位及部分自治区文物保护单位、自治区博物馆、固原博物馆、同心博物馆、盐池博物馆等博物馆单位开展安全大检查工作情况进行了抽查，对排查出的安全隐患，责成相关单位立即整改，确保排查整治活动取得实效。

三是开展全国文物安全管理（宁夏片区）培训，提高文物安全管理水平。举办了全国文物安全管理（宁夏片区）培训班，邀请了国家文物局、公安部、故宫博物院等文物安全管理方面的领导和专家，对全区各市、县文物安全主管领导、文管所长和部分全国重点文物保护单位负责人进行了培训，提高了文物安全管理人员的依法行政水平。

【不可移动文物的保护和管理】

（一）概况

截至2013年底，宁夏已登记不可移动文物3818处，全国重点文物保护单位35处（古遗址14处、古墓葬3处、古建筑15处、石窟寺及石刻2处、近现代重要史迹及代表性建筑1处）。其中2013年国务院公布第七批国家重点文物保护单位18处：页河子遗址、固原古城遗址、省嵬遗址、七营北嘴城址、柳州城址、大营城址、兴武营城址、固原北朝隋唐墓地、窨子梁墓地、宏佛塔、康济寺塔、鸣沙洲塔、银川玉皇阁、纳家户清真寺、田州塔、平罗玉皇阁、中卫高庙，长城归入第五批全国重点文物保护单位。自治区文物保护单位125处（其中古遗址类59处、古墓葬6处、古建筑18处、石窟寺及石刻24处、近现代重要史迹及代表性建筑17处、其他1处），市县文物保护单位345处。其中将台堡革命旧址、西夏王陵和水洞沟遗址被列入全国100处大遗址。第三次全国文物普查结束后，各市、县陆续公布"三普"名录，部分不可移动文物被公布为不同级别的文物保护单位。

（二）全国重点文物保护单位

2013年完成全国重点文物保护单位将台堡、灵武窑址保护规划文本编制；启动了宁夏长城保护总体规划编制工作；完成了对中卫高庙、固原城隍庙文物保护维修方案和承天寺塔、中宁石空大佛寺文物保护规划的评审工作；完成西夏陵6号陵、董府、银川鼓楼文物保护维修工程和须弥山、董府安防工程以及海宝塔基础设施建设工程；整体推进"宁夏岩画资料档案库建设"项目。

（三）世界文化遗产

自西夏陵申遗工作启动以来，国家文物局、自治区党委政府高度重视，文物本体保护、突出普遍价值研究、申报文本编制、环境整治、遗产监测等相关工作有序开展。2012年，西夏陵成功进入《中国世界文化遗产预备名单》，为申遗奠定了基础。

7月，文化部副部长、国家文物局局长励小捷考察西夏陵，表示国家文物局将对西夏陵文物保护方面给予大力支持，要求银川市编制相关保护工程方案上报国家文物局审批，银川市委托敦煌研究院编制了《西夏陵遗址保护方案》《西夏陵遗产地监测系统工程方案》《西夏陵安全技术防范工程设计方案》上报国家文物局批。《西夏陵国家考古遗址公园规划》《西夏陵国家考古遗址公园建设文物影响评估报告》《西夏陵国家考古遗址公园规划可行性研究报告》《西夏陵考古研究计划》等文本也已于5月下旬上报国家文物局。同时，申遗领导小组按照申遗文本编制要求邀请了国内著名西夏学研究专家学者开展西夏陵突出普遍价值研究工作，专家们针对课题要求进行了专项研究；开展了陵区环境整治工作，拆除影响原始景观的临时建筑、电线杆、路灯等，陵区环境有了明显改观；积极做好西夏博物馆迁建项目的前期准备工作，邀请专家论证选址方案并召开征求意见会。12月17日，国家文物局正式批准西夏陵国家考古遗址公园立项建设。

【考古发掘】

（一）概况

2013年，宁夏文物考古研究所主要围绕配合基本建设项目和课题研究开展文物调查、勘探和抢救性考古发掘工作。

（二）重要考古项目

1. 宁夏彭阳县打石沟新石器时代遗址考古发掘

打石沟新石器时代遗址位于彭阳县古城镇店洼村水库东50米的坡地上，西距古城镇7公里，东距彭阳县城9公里。4月，为配合宁夏彭阳县彭青公路基本建设，宁夏文物考古研究所联合彭阳县文物管理所对其进行考古发掘。此次发掘区域主要设在遗址的甲区和丙区，面积共计1600平方米。共发现灰坑65个、墓葬7座、房址15座。初步认定为龙山时期客省庄二期文化的聚落遗址。该遗址是宁夏继海原菜园遗址后又一次发掘的新石器时代聚落遗址，为研究宁夏南部和泾水流域新石器时代晚期文化提供了重要资料，为研究龙山时期的聚类形态提供了较为重要的资料。

2. 东毛高速考古调查

为积极配合东毛高速公路工程建设，宁夏文物考古研究所组织工作人员，于4月23日～5月10日采取全线徒步的方式，对东毛高速沿线文物点进行了细致的考古调查，行程近32公里，共发现新石器遗址点9处。

3. 宁夏彭阳县幸福城秦－西汉早期墓地考古发掘

幸福城墓地位于彭阳县白阳镇姚河村岭儿队幸福城小区内。8月，咸阳市房地产开发公司彭阳分公司在彭阳县幸福城居住小区工程范围内修建房屋地基时发现墓葬5座。宁夏文物考古研究所联合彭阳县文物管理所对其进行抢救性发掘。共清理墓葬10座，其中3座为带斜坡墓道的洞室墓、6座竖穴土洞墓、1座竖穴墓，出土铜器、铁器、陶器、石器、漆器、车马器构件等各类遗物计260余件。根据墓葬形制和出土遗物，墓地时代为秦到西汉早期。该墓地未被盗掘，出土遗物丰富，大部分遗物在宁夏属首次发现，填补了宁夏秦到西汉早期文物资料的空白，为研究宁夏地区这一时期在社会变化过程中的丧葬习俗与历史文化提供了重要的实物材料。

4. 宁夏固原地区城乡饮水安全工程考古调查

为配合宁夏固原地区饮水安全水源工程的建设，确保沿线文物得到有效保护，9月23日～10月7日，宁夏考古研究所组织业务人员，同时抽调各有关市县文物部门专业人员组成调查队伍，采取分组分段、全线徒步方式，对饮水工程沿线文物进行了考古调查，涉及的县市有固原市原州区、彭阳县、西吉县和中卫市海原县南部地区等地，行程近355公里，共发现旧石器时代到清代的遗址与墓葬分布点27处。

5. 配合宁东煤化工基地、宁夏电网改造工程考古工作

2013年完成永乐220KV输变电工程等二十余项考古调查、勘探工作。

6. 宁夏南部新石器遗址调查

为了探寻和揭示宁夏南部新石器文化类型、发展序列及与周临地区考古学文化关系等学术问题，3～6月，宁夏文物考古研究所组织人员对宁夏南部新石器遗址进行调查，这次调查的重点为渝河流域北岸的二级台地，同时对隆德县境内曾发现过的新石器时代遗址进行复查。全程进行徒步地面踏查。通过调查，发现隆德境内的新石器遗址有少量的仰韶晚期文化遗存，其他的多为龙山早期文化遗存，从遗址中采集的标本来看，遗址的整体文化属性接近海原地区的菜园文化。

7. 宁夏固原须弥山石窟考古调查与测绘

宁夏考古研究所与浙江大学文化遗产研究院合作进行为期5年（2012～2017年）的须弥山石窟联合调查测绘工作。在2012年度双方联合田野调查取得初步成果的基础上，2013

年5～9月，继续与浙江大学文化遗产研究院联合实施须弥山石窟圆光寺区考古调查、测绘工作。本次考古测绘主要对圆光寺区进行地理位置、地貌以及各洞窟分布位置、平面、剖面的测量，对洞窟与造像进行数字信息采集，建立三维数字化模型，共涉及11座主洞窟及3座附窟。开展现场校图、补充采集数据、补充题记、题刻、碑刻记录。完成《须弥山圆光寺》考古调查报告的初稿。

8. 中宁石空寺大佛寺天王殿遗址考古试掘

遗址位于中宁县石空镇石空大佛寺中寺遗址处，在石空寺最大的洞窟式佛殿——九间无梁寺门前。20世纪80年代宁夏考古所曾组织人员进行考古发掘，已全面揭露出其形制特征等，后因风沙长期掩埋，表面已无痕迹。2013年6月，为了配合大佛寺九间无梁洞的维修保护，宁夏文物考古研究所组织人员对遗址进行小规模考古试掘。发掘面积达230余平方米。发掘清理出天王殿基址1处、西厢房3间。天王殿位于九间无梁洞门洞正前方，相距门道18米，残存底部残迹。外墙砌砖，个别砌石处有凸雕的莲花、异性砖等，筑造十分精致。西厢房位于天王殿遗址的西侧，基本紧贴今石空寺上寺斜坡沙面而建，并列三间，进出两间，面东辟门，与天王殿遗址间有一道行走的回廊。出土遗物百余件，其中以砖饰建筑构件为大宗，有花纹砖、异形砖等，另有少量的铁器、泥塑佛像等。此次石空寺天王殿遗址的试掘，初步搞清了天王殿遗址的分布、面积等，为今后的工作提供了宝贵的基础资料。

9. 制定西夏陵国家考古遗址公园规划之考古工作规划与一、二号陵的测绘

为了完成西夏陵国家考古遗址公园规划的制定，2013年上半年，对西夏陵区帝陵与陪葬墓进行调查，在此基础上制定西夏陵国家考古遗址公园规划之考古工作规划。8月下旬，与西安十月技术有限公司合作对一号陵与二号陵进行三维数字化影像测绘。

10. 宁夏隆德沙塘遗址考古发掘

沙塘遗址位于宁夏隆德县沙塘镇北侧，地处渝河流域二级台地之上。6月20日～10月27日对遗址进行了发掘，发掘面积约400平方米，共发现有房址9座、灰坑90个、灰沟1条。这些遗迹间存在有较多的叠压打破关系。房址类型有半地穴式、窑穴式和窑洞式三种。

11. 宁夏固原开城镇东海子遗址调查与测绘

10月，与西安十月技术有限公司对东海子遗址进行航拍与地形图的测绘，确定了东海子的遗址范围，并且采集到秦汉时期的琉璃构件、灰陶瓦片、瓦当等建筑构件。

【博物馆与可移动文物保护】

（一）博物馆

1. 概况

宁夏现有各类博物馆75座，其中国有博物馆39座、行业博物馆22座、民办博物馆14座；国家一级博物馆2家、三级博物馆3家。全区文物系统馆藏文物84730件（套），其中一级文物367件（套）。

2013年，吴忠市博物馆、移民博物馆建成开放。自治区博物馆通过国家一级博物馆验收，回族博物馆、西北农耕博物馆被评为国家三级博物馆。博物馆发展正在由"数量增长"向"质量提升"稳步转变。自治区博物馆展陈数量显著增加，展陈水平不断提高。推出和引进"史前记忆——宁夏岩画特展"等重大展览34个，免费开放博物馆接待人数达150万余人次。文物科技保护工作进展顺利。启动了北魏漆棺画、唐梁元珍墓壁画、纸质文物、青铜器保护和修复项目。积极开展文物征集工作，共征集130余件回族文物和丝绸之路文物。

2．可移动文物的保护、管理和研究

宁夏博物馆完成了馆内外书画类、陶瓷类、金属类、纺织品等34件文物的修复，其中陶瓷器8件、金属器12件、书画类4套8件、丝织品4件，重点完成了馆藏一级品拜寺口双塔出土"朱漆彩绘木椅"和馆藏"西夏青铜六楞瓶"本体保护工作。

固原博物馆完成馆藏北周李贤墓、唐代梁元珍墓、隋代史射勿墓、北周宇文猛田弘墓壁画科技保护文本的编制及上报工作，完成壁画病变图50余张，采集壁画影像资料80余张；完成隋史射勿墓壁画专项经费申报工作；完成固原地区273件青铜器、90件铁器保护修复方案的编制和上报工作；完成本馆珍贵文物囊匣方案、可移动文物保存环境监控解决方案、本馆馆藏文物健康评估等三个文本的编制和上报工作；争取唐梁元珍墓墓室壁画保护修复项目资金80万元，完成墓室壁画保护修复前期准备工作；组织实施漆棺画保护工作；完成了10件青铜器、2件骨器、1件瓷器的保护修复工作。

3．博物馆间的交流与合作

宁夏博物馆先后与浙江省博物馆、贵州省民族博物馆、中国美术家协会、中国妇女儿童博物馆、常熟博物馆、深圳博物馆等单位合作引进和推出各类展览21项，特色鲜明、影响广泛，对于加强文化交流、促进馆际合作、宣传宁夏历史文化、提高宁夏对外知名度和影响力发挥了重要作用。其中推出"朔地恋歌——宁夏岩画特展""匈奴与中原——文明的碰撞与交融""大夏寻踪——西夏文物精品展""丝绸之路——大西北遗珍"和"宁夏岩画特展"5项展览，先后在江苏、贵州、吉林、黑龙江和深圳等地巡回展出。

固原博物馆赴陕西与秦始皇帝陵博物院联合举办了"萌芽·成长·融合——东周时期北方青铜器文化臻萃展"，展出文物132件；赴河南省博物院参加"丝绸之路西北五省文物展"巡展，参展文物92件（套）。

4．重要陈列展览

2013年，推出和引进"史前记忆——宁夏岩画特展"等重大展览34个，免费开放博物馆接待人数达150万余人次。宁夏博物馆以举办中国近现代书画名家作品系列展、中国少数民族地区民族文物系列展、中国回族民俗文物精品系列展、中国文化遗产系列展为主题，先后与国内外多家博物馆合作引进和推出"莱茵河畔风情——德国瓷盘画展""花鸟草虫岭南韵——居巢居廉绘画展""墨气如虹——黄宾虹书画精品展""河山颂歌——许家麟艺术珍品展""第二届中国女美术家作品展""传承历史·共创未来——2013中国·土耳其伊斯兰文化展演""中阿博览会首届中国当代书画名家作品邀请展""潘滋培、闵祥叶绘画作品展""琴川诗画——江南扇面楹联精品展""丹青鸿爪——深圳馆藏20世纪中国书画精品展"等精品展览，深受观众好评。固原博物馆也推出了"史前记忆——宁夏岩画特展""世界遗产摄影艺术图片系列展""塞上行—张建恩、李英健书法国画交流展""'学习周报杯'宁夏第二届青年书法篆刻展"等展览，并与秦始皇帝陵博物院联合举办了"萌芽·成长·融合——东周时期北方青铜器文化臻萃展"，赴河南省博物院参加"丝绸之路西北五省文物展"巡展，大受观众喜爱。

（二）第一次全国可移动文物普查

宁夏全区第一次全国可移动文物普查工作正式启动。按照国家文物局要求，4月，自治区政府召开了全区可移动文物普查电视电话会议，成立了普查工作领导小组，编制印发了《全区可移动文物普查实施方案》《全区可移动文物普查培训方案》《全区可移动文物普查宣传方案》，对全区可移动文物普查的技术线路、实施步骤、经费保障、责任分工、

2014
中国
文物年鉴

业务培训和宣传工作进行了规划。组织专家对2008年宁夏全区未进行文物定级的9个市、县文博单位进行了馆藏文物定级；举办了宁夏第一次可移动文物普查培训班；完成了对全区5431家国有单位的文物收藏调查工作。

【文博教育与培训】

为加强文博人才队伍建设，宁夏文物局通过举办各种培训，加大对现有人才的培训。邀请国家文物局、公安部、故宫博物院文物安全管理方面的领导和专家，举办了全国文物安全管理（宁夏片区）培训，对全区各市、县文物安全主管领导、文管所长和部分全国重点文物保护单位负责人进行了培训，提高了文物安全管理人员的依法行政水平；举办宁夏第一次可移动文物普查培训班，提高普查人员业务水平；组织普查骨干参加全国第一次可移动文物普查培训班，为做好可移动文物普查工作奠定基础。引进高层次人才，充实文物队伍。宁夏文物考古研究所、固原博物馆等单位通过高层次人才招聘，引进了专业性强、学历高的专业人才，提高了文博队伍的整体素质和业务能力。为推动宁夏考古学科的发展，提升整体学术水平，2013年，经自治区政府批准成立宁夏文物考古院士工作站，共引进院士4名、专家1名。在院士工作站成立前后，举办了院士讲座，由进站院士及特聘专家分别作了专题讲座。

【文博宣传与出版】

利用重大节日开展文物保护宣传活动。通过利用文化遗产日、"5·18"国际博物馆日和宁夏长城保护宣传日等开展主题宣传活动。宁夏博物馆在"5·18"国际博物馆日举办了第二届"典藏之韵——宁夏书画家作品展"，邀请宁夏老、中、青三代15名著名书画家参加，展出作品80余幅，其中绘画30余幅、书法50余幅，38幅作品赠予宁夏博物馆永久收藏。宁夏文物局在银川市举行了宁夏2013文化遗产日系列活动主会场活动，举办文物保护成果图片展、文物鉴定咨询、文化遗产保护法律知识咨询、文物宣传资料发放、非物质文化遗产保护成果展示、非遗传承人现场技艺展示等系列活动，向广大市民普及文化遗产保护知识，宣传文化遗产保护法律法规，展示文化遗产魅力，提高社会公众对文化遗产保护的认识，受到了广大群众的热烈欢迎。在吴忠市、中卫市、青铜峡市等地也举行了庆祝文化遗产日的分会场活动，在各文博单位、街道、社区等场所设立展板、悬挂横幅、免费发放宣传资料，举办展览、讲座、咨询、文物鉴赏等各种交流活动，受到市民广泛欢迎。吴忠市邀请收藏协会会员进行现场民间收藏文物鉴定和个人藏品展示；青铜峡市举办2013年度文物保护志愿者培训班，对全市文物保护志愿者进行文物保护知识培训学习，举办"'铁骨遗风'——青铜峡黄河铁桥摄影图片巡展"等。

2013年编辑出版了《西夏六号陵》《水洞沟2003～2007年度考古发掘与研究报告》《中国的旧石器时代》《彭阳海子塬墓地》等4本考古报告；完成《宁夏古长城》《文明牵手——中阿交流之彩》《敬礼！长征——二万五千里长征》《红军在宁夏的岁月》《典藏宁夏红色文物》《固原文物精品图集（下册）》以及固原博物馆建馆三十周年纪念文集《博苑耕耘》和2013年《宁夏固原博物馆馆刊》的编辑、出版工作；出版了《琴川诗画——江南扇面楹联精品集》《墨气如虹——黄宾虹书画精品集》等图录文集；承担了国家社科基金特别委托项目重大课题《西夏文献文物研究·宁夏卷》以及国家社科基金重大项目子课题《元代北方地区遗存金石碑刻汇录·甘肃宁夏卷》的组织与实施；参与完成了国家社科课题《宁夏民族史》第九章与第十章的编写；完成了宁夏艺术科学规划课题《宁夏回族文物调查研究》前期的拍照和资料收集工作；《文明的碰撞与交融——匈奴在宁夏》等十余篇论文在省部级以上刊物发表；组织人员整理中卫汉墓发掘资料和唐史道洛墓发掘资料，准备出版。

■ 【机构及人员】

2013年，宁夏共有文物保护管理机构22个，从业人员620人。其中专业技术人员290人，具有高级职称的49人、具有中级职称的95人。

■ 【对外交流与合作】

5月26~29日，宁夏文物考古所在银川举办"纪念水洞沟遗址发现九十周年国际学术研讨会"，来自中国、俄罗斯、美国、法国、德国、波兰、以色列、印度、马来西亚、泰国、印度尼西亚、韩国、日本等国家的130余名学者参会。会议总结了水洞沟发现90年以来的研究成果，展望水洞沟遗址及其文化研究的未来，进一步探讨了亚洲史前考古研究的新方法和新途径、史前遗址与公众科教相结合的新模式、文物保护与旅游事业良性互动的具体方法。

《宁夏岩画特展》于9月份在日本岛根县立古代出云历史博物馆举办，共展出宁夏贺兰山岩画拓片43幅，极大地促进了宁夏对外文化交流与合作。

2014
中国
文物年鉴

新疆维吾尔自治区

【概述】

2013年，在新疆维吾尔自治区党委、人民政府的高度重视和领导下，在国家文物局的大力支持下，在相关部门和各地的支持协助下，新疆维吾尔自治区文物局认真贯彻落实党的十八大、新疆维吾尔自治区第八次党代会精神和自治区文化厅党组的决策部署，坚持现代文化引领，坚持围绕中心，服务大局，勇抓机遇，敢于担当，各项工作继续推进，全区文化遗产事业取得新进展。大力推进丝绸之路申报世界文化遗产工作，全面完成治区第一次全国可移动文物普查第一阶段各项工作，继续大力实施重点文物抢救保护工程，组织开展主动性考古和配合基本建设的考古发掘工作，博物馆、纪念馆免费开放工作进一步加强，全年免费开放参观人次超过600万，博物馆建设、展陈工作稳步前进，推进文物交流、文物科研和文物执法。第三次全国文物普查，确定全区有不可移动文物点9543处。自治区现有国家重点文物保护单位113处，区级文物保护单位299处，县市级文物保护单位3854处。各类文博单位共有藏品185351件，其中一级品707件、二级品1348件、三级品4104件。

【法规建设】

配合国家文物局开展的《文物保护法》修订工作，从"把握服务大局民生优先，推动文化遗产保护融入社会民生建设"等七方面积极提出修法建议。按照自治区的部署开展行政审批事项清理工作。

【执法督察与安全保卫】

利用文化遗产日、文物保护宣传周、"5·18"博物馆日等发放文物法制宣传材料、制作文物法制宣传展板、组织免费参观博物馆等活动，深入宣传文物保护法律法规，提高宣传效果，扩大影响，既提高了广大群众的文物保护意识，更提高了新疆文物系统干部职工的文物法制意识，对推动新疆文物事业的持续健康发展起到了积极的促进作用。

加强文物执法工作。落实打击文物犯罪的长效工作机制，加强与新疆维吾尔自治区公安厅刑侦局的沟通联系，梳理打击文物犯罪案件中遗留的问题。全年重点督察文物安全、行政违法案件3起。对新疆北疆地区的11处全国重点文物保护单位进行实地安全巡查，对5处重点文物维修施工现场以及喀什塔什库尔干县考古工地等2个考古工地进行安全检查，同时对2处古墓葬盗掘现场进行调查。

按照国务院《关于进一步做好旅游等开发建设活动中文物保护工作的意见》（国发〔2012〕63号）（以下简称《意见》）的精神，联合新疆维吾尔自治区旅游局下发了《意见》，要求各级文物、旅游部门对照《意见》各项具体要求，检查各地旅游等开发建设活动中相关法律和规定的落实情况，对《意见》中指出的违法违规行为逐项进行自查。做好

2014
中国
文物年鉴

各项数据及文物案件信息报送工作。

【不可移动文物的保护和管理】

（一）概况

截至2013年底，新疆维吾尔自治区共有文物点9543处，其中全国重点文物保护单位共计113处（古遗址49处、古墓葬28处、古建筑14处、石窟寺及石刻9处、近现代重要史迹及代表性建筑13处）；自治区级文物保护单位共计299处（古遗址151处、古墓葬70处、古建筑29处、石窟寺及石刻21处、近现代重要史迹及代表性建筑28处）；市县级文物保护单位3854处。

启动了吐虎鲁克·铁木尔汗麻扎、三区革命政府政治文化活动中心旧址、艾比甫·艾洁木麻扎、塔城红楼保护修缮工程。继续推进吐鲁番坎儿井保护工程，吐鲁番坎儿井四期保护工程完成前期招投标准备工作。

实施哈密地区烽燧保护项目，对12处烽燧遗址进行维修。克孜勒苏柯尔克孜自治州27处烽燧保护项目完成招投标，现已开工。国家文物局批准和田地区烽燧与戍堡遗址抢险加固工程设计方案。

完成第七批自治区级文物保护单位的申报、核查、评审工作，并已将推荐名单（259处）报新疆维吾尔自治区人民政府，待核定公布。完成第二批116处自治区级文物保护单位保护范围、建设控制地带的划定及汇总工作，并已报新疆维吾尔自治区人民政府，待核准公布。

2013年度完成并报送国家文物局的文物保护规划有《吐鲁番地区坎儿井地下水利工程保护总体规划》《吐峪沟石窟文物保护规划》《伊犁惠远新、老古城遗址文物保护规划（2013～2030）》《速檀·歪思汗麻扎文物保护规划》《新疆吐鲁番地区洋海墓群文物保护规划》。启动石人子沟遗址群、麻赫穆德·喀什噶里墓、艾比甫·艾洁木麻扎等全国重点文物保护单位的规划编制工作。

2013年度新疆维吾尔自治区人民政府公布的规划有《伊犁惠远新、老古城遗址文物保护规划（2013～2030）》《北庭故城遗址管理规划》《交河故城管理规划》《高昌故城管理规划》《克孜尔石窟管理规划》《克孜尔尕哈烽燧管理规划》《苏巴什佛寺遗址管理规划》。

2013年，伊犁将军府保护项目作为国家文物局重点支持项目之一，共计投入经费1765万元，完成了展览提升、规划编制、安防及消防等项目。

加强文物保护从业单位资质管理。颁发了第三批文物保护工程勘察设计、施工、监理资质，其中勘查设计乙级资质2家、施工二级资质2家、监理乙级资质3家。

（二）大遗址保护

2013年实施的大遗址保护项目主要包括抢险加固、防洪、安防三类工程。其中抢险加固类工程有高昌故城四期、柏孜克里克石窟二期、胜金口石窟寺、库木吐喇千佛洞、焉耆七个星佛寺遗址、石头城遗址保护工程等；防洪类工程有胜金口石窟寺防洪、克孜尔千佛洞千泪泉景区防洪、克孜尔千佛洞渭干河段防洪、森木塞姆石窟防洪工程等；安防系统工程为库木吐喇千佛洞安防系统工程。

库木吐喇石窟的病害主要是危岩体病害、水害、窟门变形、窟内裂隙、洞窟岩体风化、盐碱病害等。施工范围包括危岩体加固、窟门加固及栈道修建、水害治理三大部分。

对危岩体病害采用锚杆、裂隙灌浆、岩体表层渗透加固等综合措施。对水害主要采用导排水、灌浆封堵、铺设防渗毯等措施。

9月，新疆吐鲁番地区台藏塔遗址保护工程入选"2012年度中国文化遗产保护最佳工程"。

（三）全国重点文物保护单位

2013年，新疆全国重点文物保护单位共计113处，其中古遗址49处、古墓葬28处、古建筑14处、石窟寺及石刻9处、近现代重要史迹及代表性建筑13处。

2013年，国务院核定公布了第七批全国重点文物保护单位，新疆维吾尔自治区新增55处全国重点文物保护单位。新疆开展了新增第七批国保单位的"四有"规范、完善工作。完成并上报了龟兹故城、赛里木湖古墓群等一批新增第七批国保单位的规划大纲。

2013年完成的全国重点文物保护单位维修项目有阿巴和加麻扎修缮、靖远寺修缮、三区革命政治文化活动中心修缮、奴拉塞铜矿遗址保护加固、楼兰墓群保护设施建设、孔雀河烽燧群保护设施建设等。完成伊犁将军府的修缮、安防工程和消防工程。

（四）世界文化遗产

2013年2月，中哈吉三国政府向联合国教科文世界文化遗产理事会递交了《丝绸之路——起始段与天山廊道的路网》申报文本，并由世界文化遗产理事会组织专家进行书面评审。新疆参加申报的遗产地为高昌古城、交河古城、北庭古城遗址、苏巴什佛寺遗址、克孜尔石窟和克孜尔尕哈烽燧遗址。8月，国家文物局组织专家组对新疆涉及的6个申报遗产地所开展的保护管理等工作进行了全面的评估和指导，给出建设性的指导性意见和建议；10月，在国家文物局的组织和协调下，联合国教科文组织世界遗产理事会派出专家实地考察了新疆范围内所涉及的6个遗产地，并对其真实性、完整性和突出的普遍价值进行了现场确认。

2013年1月，新疆维吾尔自治区人民政府公布了6处申遗点的管理规划。2月，根据国家文物局《关于加强世界文化遗产监测能力建设的通知》要求，成立了新疆维吾尔自治区世界文化遗产监测中心。

【考古发掘】

（一）概况

2013年在新疆维吾尔自治区境内开展考古工作的单位有新疆维吾尔自治区文物考古所、中国社会科学院考古研究所、西北大学。完成考古调查20项、考古发掘20项，发表考古简报、报告及科研论文28篇。

2013年，新疆温泉阿敦乔鲁遗址与墓地考古发现入选"2012年度全国十大考古新发现"。

（二）重要考古发掘项目

1. 焉耆七个星佛寺遗址

发掘时间为4～10月，发掘面积约1000平方米。出土一批建筑构件和佛像残片，对研究新疆早期佛教、文化变迁有重要价值。

2. 哈密烽燧考古发掘

发掘时间为3～4月，发掘面积约5000平方米，完成12座烽燧考古清理工作。出土织物、瓷片、铁镞、文书等20余件。

2014
中国
文物年鉴

3．哈密五堡亚尔墓地

发掘时间为3～4月，发掘面积3000平方米，发掘墓葬121座。出土陶器、铜器、木器、石器等300余件。

4．且末县石门水库

发掘时间为3月25日～4月30日，发掘面积近700平方米，其中石器遗址400平方米。共采集、发掘出土石片、石核、细石叶、细石核、桂叶形石矛等石器近2000件。

5．且末县托盖曲根一号墓地

发掘时间为4～5月，发掘面积约400平方米，发掘墓葬32座。出土遗物主要为生活用品，如随葬铁刀、耳环、项链、戒指、铜镜、陶罐、连弧纹铜镜、漆器等。

6．拜城多岗墓地

发掘时间为4月11日～6月11日，发掘面积约万余平方米，发掘墓葬210座。出土陶、铜、铁、金、骨、石、珊瑚、海贝等遗物530余件（套）。

7．哈密市花园乡萨依吐尔墓地

发掘时间为5月，发掘面积约300平方米，发掘墓葬14座。出土陶器、铜器20余件。

8．尼勒克县多尔布津墓地

发掘时间为5～6月，发掘面积约200平方米。出土文物陶壶、陶罐、铜镜、石研磨器等。

9．尼勒克县柯蒙乡恰勒格尔遗址

发掘时间为6月，发掘面积约100平方米。出土文物以陶器、石器及动物骨骼为主，是一处属于青铜时代晚期的文化遗存。

10．和静伊尔根铁路工程区域内考古发掘

发掘时间为7～8月，发掘面积3000平方米，共发掘墓葬33座。出土金、铜、陶、铁器等，调查测绘遗址、墓葬20余处，采集数据数万个。

11．布尔津县图瓦新村墓地、哈巴河县托干拜二号墓地

发掘时间为7～10月，布尔津县图瓦新村墓地发掘面积800平方米，出土金、石器、铁器、铜器、陶器、骨器共计42件；哈巴河县托干拜二号墓地发掘面积约3000平方米，出土彩绘、浮雕石棺2具，石器9件。

12．尼勒克县乌吐兰墓地

发掘时间为8月，发掘面积约1000平方米，发掘墓葬17座、遗址3处。仅出土陶器、铜器、铁器、石器十余件。遗址为安德罗诺沃文化祭祀遗址。

13．昭苏县喀拉苏乡巴斯喀拉苏西墓群

发掘时间为8月，发掘面积约100平方米，发掘墓葬2座。出土陶壶2件、陶钵8件。

14．博州赛里木湖风景名胜区管理委员会基地人工湖建设所涉及遗址

发掘时间为8月，对博州赛里木湖风景名胜区管理委员会基地人工湖建设涉及的2处祭祀遗址进行了抢救性考古发掘，发掘面积100平方米，无出土文物。

15．哈密市柳树沟水库工程涉及墓葬、遗址

发掘时间为9～12月，发掘面积约1000平方米，其中遗址300平方米、墓葬约80座。出土文物50余件，涉及金器、骨器、陶器、铁器、石器。

【博物馆与可移动文物保护】

（一）博物馆

1. 可移动文物的保护、管理和研究

在做好常规性基础工作的同时，新疆各主要文博单位努力以项目带动可移动文物的保护、管理和研究。2013年，新疆共有10个博物馆馆藏文物科技保护项目得到国家文物局批复立项。主要有《新疆维吾尔自治区博物馆馆藏纸质文书修复保护方案》《新疆维吾尔自治区博物馆可移动文物预防性保护方案》《新疆维吾尔自治区文物考古研究所所藏纺织品保护方案》《吐鲁番地区博物馆馆藏纸质文书修复保护方案》《哈密地区博物馆馆藏青铜器修复保护方案》《阿克苏地区博物馆可移动文物预防性保护方案》等。

2. 博物馆间的交流与合作

2013年，新疆借助精彩纷呈的展览与内地省区及国外博物馆开展了广泛交流与合作。引进"旗装雅韵——吉林省博物院藏清代满族服饰展""玻光溢彩——欧洲玻璃、陶瓷特展""闲趣·禅意·化境——丰子恺漫画展""流光溯影——汉唐铜镜艺术展""草原古韵、塞外风情——内蒙古包头博物馆藏岩画、唐卡、文物精品展""丹青鸿爪——深圳博物馆藏20世纪中国书画精品展""盛世华彩遗珍归——圆明园生肖兽首展""巴蜀神韵——四川博物院文物精品展""《大师的窖藏》——'走进中国六分之一'中国画精品展"等展览在全疆巡展，让新疆各族群众在疆内就能领略中华文化魅力。完成"新疆古代服饰展""丝绸之路大西北遗珍展""风韵之美——唐代仕女展""新疆阿瓦提县刀郎部落农民画展"赴包头、鄂尔多斯、乌海、郑州、西安、北京、镇江、兰州等地的巡展工作。同时还选送文物赴日本长崎举办了"中国西域·丝路传奇文物展"，选送文物赴台湾参加了"光照大千——丝绸之路的佛教艺术展览"。

（二）可移动文物保护

1. 文物数量、等级等基本情况

截至2013年底，新疆可移动文物总量185351件，其中一级文物707件（套）、二级文物1339件（套）、三级文物4038件（套），馆藏珍贵文物全部实现了信息化管理。

2. 可移动文物保护修复基地建设

新疆维吾尔自治区博物馆"纺织品文物保护国家文物局重点科研基地新疆工作站"、新疆维吾尔自治区龟兹研究院"古代壁画保护修复研究中心新疆工作站"、新疆文物古迹保护中心"国家古代壁画保护工程技术研究中心新疆工作站"的各项工作均按计划顺利推进，并取得了一定成果。

新疆维吾尔自治区博物馆与南京博物院合作并签署了《纸质文物保护基地新疆工作站协议》。

新疆维吾尔自治区博物馆作为新疆"馆藏文物保护修复基地"，承担了大量文物修复、保护、复制工作。

3. 可移动文物保护技术和方法及应用

积极与中国丝绸博物馆、中国文化遗产研究院、敦煌研究院等机构合作，以可移动文物保护修复基地为平台，充分整合各自优势，成果显著。

瞄准国际前沿，积极探索合作新模式。新疆维吾尔自治区文物局与中国文化遗产研究院、德国考古研究院联合开展"丝路霓裳——中亚东部公元前十世纪至公元前后的服饰对话"国际合作项目,通过为期五年的多学科交叉研究,将实现人才培养和对文物的修复、复原、展示等多项成果。

（三）第一次全国可移动文物普查

9月22～25日,自治区第一次全国可移动文物普查骨干第一期培训班在昌吉市举行。国家文物局博物馆与社会文物司司长、普查办副主任段勇,自治区文化厅党组成员、文物局局长、自治区第一次全国可移动文物普查领导小组副组长、办公室主任盛春寿,昌吉回族自治州副州长李翠玲出席开班仪式。来自全区14个地州市、4个区属文博单位的80余名普查业务骨干参加了此次培训。

【社会文物管理】

截至2013年底,新疆尚没有文物拍卖企业,没有进行过文物拍卖活动。文物商店1家（新疆文物总店）,文物库存数量24188件,无珍贵文物。新疆尚未成立文物进出境审核机构,正在为积极申请成立文物进出境审核机构做准备。

【科技与信息】

全疆馆藏珍贵文物全部实现了信息化管理。

新疆维吾尔自治区博物馆与浙江大学合作制定了信息化建设规划,并形成了《新疆博物馆信息中心及数字博物馆建设方案》。2013年已完成设备采购安装调试工作,目前正在开展藏品三维信息化建设。

【文博宣传与出版】

2013年,新疆维吾尔自治区文物局加强与新闻媒体的合作交流,进一步加大文物宣传工作力度。出版《带你走进博物馆——阿克苏地区博物馆》《带你走进博物馆——伊犁州博物馆》。编辑出版《博物馆实用手册》。与新疆电视媒体合作制作新疆较少民族文化遗产专题片《家在云端》。加强对新疆文物局官方网站、官方微博的管理,定时更新维护。举办"5·18"国际博物馆日活动,开展文化遗产日系列宣传活动。对各类符合文物法规的文物拍摄宣传活动给予积极支持,及时办理有关审批、报批手续。通过一系列宣传活动,扩大了文物保护工作的影响力,推动了文物保护的社会化进程。

【文博教育与培训】

3月,为加强新疆文物专业人才队伍建设,提高新疆文化遗产保护水平,培养一批具有较高素质的文物保护业务骨干,新疆维吾尔自治区文化厅、新疆维吾尔自治区文物局与西北大学联合举办了新疆文物保护专业高级研修班,研修班学制两年,来自全疆各地的文物系统29名学员在西北大学系统地学习掌握博文物保护学的基础理论和专业技能。

7月,在南京大学举办的新疆博物馆学定向培训班顺利结业。培训班为期一年,来自全疆各地文物系统的26名学员参加了培训。

11月12日,新疆博物馆纪念馆讲解员培训班在西安中国博物馆协会讲解员培训基地开班,来自新疆各地州和新疆生产建设兵团的62位学员参加了培训。此次培训为期12天,主办方邀请了国家文物局、中国博物馆协会和国内文博界及社教领域的知名专家和学者进行指导授课,培训内容分为讲解基础辅导、现场观摩和学员讲解点评三部分。培训结束后举行了讲解比赛活动，进一步检验了培训效果，并评选出"十佳讲解员"和十名优秀讲解员。

10月21~27日，新疆维吾尔自治区文物安全培训班在巴州举行。来自全区各地州市的70余名业务骨干参加了此次培训。此次培训邀请了国家文物局、公安部及山西等地多年从事文物安全、行政执法工作的领导和专家为学员就文物建筑防雷技术、文物古建筑防火安全做法、文物安全责任制度管理等内容进行了解读和讲授。

5月14日，在杭州召开的2013年新疆文物局、浙江省文物局、浙江大学、塔里木大学四方战略合作年会上，新疆博物馆、新疆文物考古研究所与浙江大学艺术与考古博物馆、文化遗产研究院签订了联合建立中亚文明研究中心的协议。

为加强学术交流，拓宽学术视野，2013年，新疆文物考古研究所抓住内地高校、科研院所前来开展业务交流、学习考察的有利时机，精心组织讲座，将"专家课堂"引入所内，为全所人员提供了难得的学习机会。先后有南京大学、法国东亚文明中心、加拿大贾纳大学等专家学者在考古所做了"新疆史前考古的综合研究——新疆通史卷的编撰""小河文化科技考古成果""西域丝路探险与20世纪初俄法在新疆的考古活动""佛经的本生故事及其宗教意义"等学术讲座。专家们的精彩授课不仅使本所人员增长了知识、开阔了视野，还吸引了新疆博物馆、新疆师范大学等单位同仁前来听讲。

【机构及人员】

截至2013年底，新疆维吾尔自治区共有文物业机构178个、文物保护管理机构98个、博物馆76家、文物科研机构2家、文物总店1家、文物古迹保护中心1家。文物行业从业人数1833人，其中正高级职称23人、副高级职称52人、中级职称157人。

【对外交流与合作】

承办了由中国文物交流中心与中国驻长崎总领事馆共同主办的在日本长崎孔子庙中国历代博物馆举行的"中国西域·丝路传奇文物展"。展览共展出55件（套）文物及展品，在内容上分为"秘境开通途""丝路汇奇珍""佛光映西域"三个单元，展出了包括先秦金器、汉晋织品、魏晋壁画、唐代绢画在内的诸多中国新疆出土的精美文物。大多数文物属首次在日本展出，其中不乏新疆考古工作者近年来最新发掘出土的精品文物。此次展览恰逢日本长崎孔子庙建立120周年，因此该展览对于弘扬中华传统文化、促进对中国的认识了解有着重要意义，前来参观展览的观众络绎不绝，显示了深受中华文化熏陶的日本长崎民众对中国丝路历史的浓厚兴趣。进一步促进了中日文化交流，充分展现中国新疆丝绸之路的历史风貌。

参加了由中华文物交流协会、财团法人佛光山文教基金会、财团法人人间文教基金会主办，由中国文物交流中心、台湾佛光山文教基金会承办，在台湾佛光山佛陀纪念馆、台湾台东史前文化馆举办的"光照大千——丝绸之路的佛教艺术展览"。展览以时间和空间为线索，讲述了佛教西来东渐的历史进程，展示了丝路沿途的佛教信仰者留下的艺术珍宝。展览将视线投射到汉唐时期重要的贸易与文化传播之路——丝绸之路上，通过精心挑选的展品阐述了佛教传入中国以及本土化的进程和佛教考古的最新成果，得以让两岸台湾同胞有机会欣赏来自丝绸之路的佛教艺术。推动了两岸文化交流迈上一个新台阶。

新疆文物局与中国文化遗产研究院、德国考古研究院联合开展"丝路霓裳——中亚东部公元前十世纪至公元前后的服饰对话"国际合作项目。该项目合作内容包括对新疆出土公元前1000年至公元后300年左右毛、皮、丝等各类材质服饰文物进行系统化、多学科、持续性的科学分析和研究，修复保护以及精确复制，对中方专业技术人员开展培训，举办图片资料展和复制品时装展，编写出版科普和专业论文书籍等多个环节。该国际合作项目的顺利实施不仅为进一步改善新疆服饰文物保护现状提供了更好的条件，而且对于进一步深化新疆服饰文物领域的科学研究、提高新疆文物的科技保护水平、加强新疆文物科技保护科研力量、扩大新疆文物的国际影响力都有着重要意义。

【对口援疆】

9月11日，中共中央政治局委员、新疆维吾尔自治区党委书记张春贤，新疆维吾尔自治区人民政府主席努尔·白克力会见了在疆调研文物援疆工作的文化部副部长、国家文物局局长励小捷一行。张春贤书记首先对国家文物局长期以来对新疆文物工作的支持表示感谢。他指出，新疆历来是多元文化交融交汇地区，文化遗产丰富，特色鲜明，充分印证了历代中央政府对新疆无可争议的管辖权。自治区党委政府历来高度重视文物工作，把文物工作摆到政治和战略的位置谋划，不断加大投入力度，文化遗存得到有效保护，在当代焕发出新的活力，充分发挥了增进团结、维护稳定、惠及民生的作用。他强调，新疆文物系统要抓好当前的有利时机，抓紧谋划并加快实施一批文保项目。张春贤书记希望国家文物局进一步加大对新疆的支持力度，在项目、资金、人才等方面给予指导和帮助。励小捷局长表示，文物援疆是国家文物局义不容辞的责任，国家文物局一定会进一步加大对新疆文物工作的支持和指导力度，落实好中央和自治区的要求，为新疆的长治久安和跨越式发展贡献力量。9月4～11日，在文化部副部长、国家文物局局长励小捷和国家文物局副局长顾玉才带领下，国家文物局、国家发改委、财政部组成的联合调研组，开展文物援疆联合调研。

10月21日，文化部、国家文物局在北京召开第三次全国文化文物系统对口支援新疆工作电视电话会议。会议旨在贯彻落实党的十八大精神和第四次全国对口援疆工作会议要求，交流总结近3年来文化文物援疆工作取得的成绩和经验，并部署当前和今后一段时期内的文化文物援疆工作，以全面推动新疆文化文物事业又好又快发展。文化部部长蔡武，文化部副部长、国家文物局局长励小捷，新疆维吾尔自治区副主席艾尔肯·吐尼亚孜，新疆生产建设兵团副司令员成家竹出席会议。会议由文化部副部长杨志今主持。会议指出，截至2013年10月，全国累计安排文物援疆项目328个，中央财政累计安排文物援疆补助资金10.2亿元，全国帮助新疆培训文博人才800人次。励小捷谈到下一步文物援疆工作时表示，文物援疆工作要重点抓好以下几个方面：一要在服务丝绸之路经济带建设国家战略方面有新思路；二要在重大项目规划实施方面取得新进展；三要在博物馆公共服务能力提升方面迈出新步伐；四要在智力援助方面拓展新渠道；五要在基础条件改善方面跃上新台阶；六要在推进新疆生产建设兵团文物工作方面实现新突破。

其他 >>>

故宫博物院

【概述】

2013年是"平安故宫"工程立项并开始实施的一年。在文化部的领导和国家文物局的业务指导下，故宫博物院认真开展党的群众路线教育实践活动，学习贯彻落实十八届三中全会精神，积极响应建设社会主义文化强国、促进社会主义文化大繁荣大发展的时代号召，以高度的文化自觉推进"平安故宫"工程和博物馆建设事业，确保故宫文化遗产保护事业可持续发展。

故宫博物院全年接待观众1456万人次，比上一年减少5.08%。门票收入6.9亿元，比上一年降低6.43%。

【"平安故宫"工程】

实施"平安故宫"工程是促进故宫世界文化遗产可持续发展的紧迫要求。2013年4月16日，刘延东副总理在故宫博物院西玉河基地主持召开"平安故宫"工程现场办公会，原则同意"平安故宫"工程项目。一年来，"平安故宫"工程七个子项目均有不同程度的进展。

北院区建设：正在进行征地前期准备，在原有用地上规划建设的宫廷园艺中心已开工，其中花房建设工程已率先竣工。

地库改造工程：已于9月底获北京市文物主管部门的批准。

基础设施改造工程：在继续深化设计的同时，已完成了约8300平方米的考古勘探工作，市政管线综合走廊（共同沟）即将开工建设。

世界文化遗产监测项目：文物建筑、环境质量、游客动态、馆藏文物等10个监测方面全面展开，涵盖了故宫文化遗产的方方面面。

故宫安全防范新系统：继中心控制室竣工以后，完成了文物藏品全时空技术防范工程方案设计，正在开展视频监控系统无缝隙加密工程。

院藏文物防震项目：已完成第一期文物防震评估工作，正在实施文物藏品防震囊匣和密集柜配置工程。

院藏文物抢救性科技修复保护项目：积极引进非物质文化遗产传承人，已经建立起宫廷家具、车马轿舆与中和韶乐3个文物修复工作室，西河沿文保综合用房工程已经开工。

【古建筑保护】

1. 营造技艺传承，成立国家基地

官式古建筑营造技艺传承，理论与实践并行。完成故宫官式古建筑营造技艺传承人培训，首次技艺操作展示工程——乾清门地面铺墁顺利完工，举办木作培训班并圆满结束。向国家文物局申请成立明清官式建筑研究和保护国家文物局重点科研基地获得批准。

2014
中国
文物年鉴

2．古建零修与环境治理

为消除安全隐患，对被占用的古建筑、具有严重火患的彩钢房、影响故宫环境协调的花房进行了整治。同时，完成古建日常零修工程共498项。启动清理院内散落石材、闲置箱子、废弃展柜等的"三清理"工作。

3．总体规划与古建研究

《故宫保护总体规划》编制工作全面启动，第一阶段工作基本完成。明清宫廷建筑大事史料长编、中国明清建筑历史图集、清宫内檐装修等科研工作持续进行。

4．修缮工程

重点项目工程开工9项。其中，慈宁花园修缮工程、东华门修缮工程等竣工，午门雁翅楼古建筑群维修工程、上驷院车房复建工程、南大库文物保护管理用房工程开工。另有7项工程准备开工。

【文物保管与非物质文化遗产保护】

藏品管理方面，不断完善藏品管理规定，制定了《藏品安全操作细则》《故宫博物院西玉河基地藏品库房管理规定（试行）》。2013年初，率先向社会发布《故宫博物院藏品总目》，这在国内博物馆界可谓创举。接受捐赠藏品17件，其中《元人张达善跋隋人书出师颂卷》的入藏实现了卷、跋的合璧。

在开展日常文物保护工作的同时，加强文物科技保护工作。完成各类展览、原状陈列、库房的文物修复任务，并协助其他外单位修复文物。文物保护方面，以建设中国文物科技保护国家基地为目标，做好文保科技工作。全年共修复文物200余件，复制近70件，人工临摹15件，制作画套和文物囊匣94件。修复武英殿聚珍版善本书《春秋释例》14册和《嘉兴藏》12册。

【安全与开放】

强化安全意识，加强安全管理。针对新问题、新情况，实施了国宾车辆不再穿行开放区域的国宾接待新方案以及故宫全面禁烟、禁带火种参观、安检社会化、引入社会安保机制等举措，大大增强了故宫的安全防范能力。同时，举办消防培训班和义务消防队培训，开展防雷火演习4次，组织封门演习40次，不断提高安保能力。

坚持为观众服务的方向，努力为观众创造美好的参观体验。端门区域服务设施进行了总体提升，具体包括安检由午门门洞内移至午门广场，安检通道由原来的"两机两门"增加到"六机十二门"，检票通道由原来的12条增加到20条；售票口全部移至端门西朝房，增加售票窗口到30个；改造后的观众服务中心再次启用；"故宫商店"正式运营，设立6处便民服务点；新设供1000人休息的路椅和树椅。国庆前夕，通过媒体向公众提供了黄金周期间参观故宫的十条建议；在客流量最大的10月2日，安排350名志愿者对观众进行引导，并设立了3个观众义务咨询站，顺利完成国庆黄金周71.4万人次的观众接待任务。

【展览与公众服务】

为弘扬传统文化，凸显故宫特色，发挥展览对文化传播的载体作用。院内新办展览8个，开放文渊阁原状陈列。赴境内文博机构举办或参与展览21个，续借展览3个。支援新疆文化建设，完成援疆项目新疆伊犁将军府展览。

不断增强中华文化国际影响力。举办和参加各类涉外展览共9项，如赴台北故宫博物院"十全乾隆——清高宗的艺术品味特展"，赴英国国立维多利亚与艾伯特博物馆"中国古代绘画名品展"等。

宣传教育工作从"馆舍天地"走向"大千世界"，扩大群众接触和参与故宫文化的渠道。以"5·18"国际博物馆日、中国文化遗产日系列活动以及"故宫知识课堂"、动手教育、"永远的故宫"系列讲座、"故宫文化"志愿宣讲、"故宫讲坛"等品牌活动，向中小学生、高校师生、社区群众等不同群体传播故宫文化。此外，与秦皇岛市人民政府合力推出系列公益讲座"故宫大讲堂"。

文化遗产与文化创意产业良性互动，为社会提供文化享受。主办"紫禁城杯"故宫文化产品创意设计大赛，共征集作品675件，评出了金银铜等奖项。此外，共推出200余种故宫特色文化产品。第六届海峡两岸（厦门）文化产品博览交易会的"海峡两岸文博创意产品精品展"上，故宫博物院在博物馆展区的综合评比中荣获一等奖，并被文博博览会组委会授予"组织最佳展会展示奖'银奖'"。

【科研与出版】

发挥聚合优势，架构开放性学术交流平台。集结覆盖全面、专业突出和梯队完备的学术团队的故宫研究院以及国内首家博物馆举办的教育学院——故宫学院、国际博物馆协会全球唯一的国际博物馆培训中心在2013年先后成立，相关科研及培训工作随即开启。国际博物馆培训中心第一期培训已经完成，来自16个国家的学员参与。另外，"三希讲堂"中小学书法教师培训完成第一、二期。

继续加强科研管理工作，提高了申报国家、省部级课题的成功率。完成14项国家级、省部级科研课题的申报工作，26个院级科研课题项目获得立项。举办"色彩绚烂——故宫博物院钧窑瓷器展"国际学术研讨会、纪念孙瀛洲先生诞辰120周年座谈会、中国第十五届清史学术研讨会。出版《院刊》第6期、《文博科研要情》2013年上半年刊。

继续大力推进"故宫学"建设，总结故宫学十年来走过的历程和取得的成绩，组织编纂《故宫学研究报告（2013）》《故宫学十年》。获得3项国家社科基金，1项北京市哲学社会科学规划项目。主办及合办故宫学十年学术研讨会、两岸故宫第四届学术研讨会等学术研讨会8个。成功举办第二届故宫学高校教师讲习班，招收韩国学者吴映玟作为访问学者，《故宫学刊》出版第9、10辑。南开大学开始招收"故宫学与明清宫廷研究"方向的博士研究生，合作院校招收17名故宫学方向硕士研究生。与北京外国语大学合作成立故宫学与西方研究中心。

全年故宫出版社成书共计191种，其中新书143种，重印书48种。2个出版项目获得国家资助。《米芾书法全集》《故宫博物院藏品大系·玉器编》获第四届中华优秀出版物奖，《兰亭展示纪实》获得2012年度文化遗产十佳图书，《文物保护理论与方法》《故宫博物院诉讼案例选编》获得2012年度文化遗产优秀图书。经国家新闻出版广电总局批复，故宫出版社获得音像、电子出版资质。

【信息化建设】

在线数字展示方面，及时应用新技术更新在线数字展示内容，提升在线服务水平。官网发布"受命于天——故宫博物院藏清代玺印展""故宫藏历代书画展"等4期虚拟展览。

青少版网站完成卡通形象设计、故事情节与世界观文案。发布首个iPad应用项目《雍亲王题书堂深居图屏》。完成《清明上河图》《韩熙载夜宴图》的线上多媒体互动展示以及"梵华楼古建测量及虚拟漫游"等3项虚拟漫游项目。基本完成故宫官方微信公众账号的功能开发和内容策划。新浪、腾讯、人民网的官方微博持续发布。

展厅数字展示方面，以数字技术拓展展厅时空，提高文化传播能力。端门数字展馆拟定概念方案，拟定"故宫是座博物馆"和"三希合璧"两个数字展览主题并开展了展览大纲的策划工作。完成基于影像的古代书画研究系统V2.0升级、故宫博物院电子导览系统3.0系统开发工作。配合"故宫藏历代书画展"发布电子说明牌内容。制作《古陶瓷之美》《从陶到瓷》视频片DVD光盘。完成《龙在故宫》《紫禁城里的运动会》两个互动节目的光盘版改造和石鼓馆《天子万年——清代万寿庆典》高清视频片。

应用技术研究方面，深化应用技术对外合作关系，不断深化应用技术研究。举办故宫文化资产数字化应用研究所成立10周年纪念活动。完成第5部VR作品《灵沼轩》以及"宁寿宫花园数字记录"项目第4期（遂初堂院落）、"故宫数字沙盘"项目2013版。虚拟现实演播厅共放映231场、接待观众5547人次。

【对外交流与合作】

拓展对外交往空间，创新交流方式，对外合作由以展览为主的阶段向多元化交流合作迈进，在保持与深化与发达国家博物馆的交流与合作关系的同时，逐步拓展与发展中国家博物馆的合作关系。邀请联合国各驻华系统机构的代表及官员参加第二届"使节进故宫"活动。与澳门民政总署签署战略合作意向书。派出赴外出访团组43个。

两岸故宫院长在一年内完成两次互访，就2013～2015年合作交流的具体内容进行了深入务实的沟通，达成了重要共识，为两岸故宫交流合作开启了新篇章。

【内部管理】

党团建设方面，故宫博物院周密部署，精心组织，把握重点，开展党的群众路线教育实践活动。成立领导小组，制定活动实施方案，以动员大会、学习书籍和文件、观看影片、召开党支部座谈会和专题民主生活会等形式，分阶段扎实推进该项活动。召开党建工作暨纪检工作会议，接受中纪委驻文化部纪检组监察局对故宫博物院廉政文化建设情况专题调研，开展廉政文化专题教育、警示教育。

坚持党群共建，加强和改进群团、统战工作。召开统战人士迎春团拜会、第六届五次职工代表大会，开展工作竞赛、"巾帼建功"标兵评选活动。以故宫文物南迁为主题的团员青年自编自演的话剧《海棠依旧》上演5场，院内外人士好评如潮。创新性地开办"青年读书沙龙"及"青年文博沙龙"两个团委活动。故宫博物院团委被文化部团委授予"五四红旗团组织"光荣称号。

建立健全规章制度。《故宫博物院规章制度汇编》于1月出版，并发放给每一位职工进行学习。该《汇编》公开出版后，多家文博单位纷纷来电申请赠阅，希望为本单位事业发展提供参考。《故宫博物院禁止吸烟规定》也在今年全面实施，禁烟对象不仅针对故宫职工，也包括到访的每一位观众，大大降低了火险隐患。

新闻宣传主动、公开，及时回应、澄清失实报道和虚假新闻，为事业发展不断汇聚正能量。策划媒体宣传36场，向媒体发布新闻稿30余篇，接待、安排记者专访65批次，让故宫博物院工作动态、未来发展规划以及观众服务信息顺畅抵达公众，不仅增进了社会对故宫的了解，也为故宫博物院工作的开展争取到了更多的理解和支持。实现实时监测，处理舆情21次，就热点、敏感、负面话题制定媒体预案，及时向媒体进行发布、澄清事实、表明故宫态度，维护故宫形象。

加强人才队伍建设。完成2010～2013年度聘期考核、2013～2016年度聘期的全员聘用及签订聘期合同的工作，进行内设机构调整。组织完成新入院员工、新任职中层干部、业务人员等的培训活动。

严格执行财务工作制度，做好各项财务核算工作，加强财务管理，严格预算管理，做好"平安故宫"工程立项首年的预算编报工作，配合财政部评审中心开展相关评审工作，并做好预算及财务管理、政府采购和票务工作。执行审计职能，完成工程预算审核、整体保护工程项目的结算审核、合同及零活结算审核、项目管理咨询、合同抽查审核工作。

围绕全院事业发展和"平安故宫"工程要求，继续做好安全用电监测管理、办公设备维护、通讯保障服务、精神文明建设、院容整治及医疗卫生、房管、水暖等服务工作。

中国国家博物馆

2013年，在文化部的正确领导和国家文物局大力指导下，中国国家博物馆认真学习贯彻党的十八大和十八届三中全会精神，以习近平总书记参观"复兴之路"基本陈列的讲话精神为指导，按照党的群众路线教育实践活动的要求，坚持"人才立馆、藏品立馆、学术立馆、服务立馆"的办馆方针，扎实推进各项基础业务活动，在藏品征集与保护、陈列展览、考古工作、学术研究、对外文化交流等众多方面都取得了突出成绩。

【围绕宣传"中国梦"开展系列活动】

习近平总书记参观国家博物馆"复兴之路"基本陈列时，提出实现"中国梦"的奋斗目标，引起社会强烈反响，掀起新一轮参观高潮。国家博物馆全力做好服务接待工作，不断提升服务水平，充分发挥了国家博物馆弘扬先进文化的重要窗口作用，围绕实现"中国梦"开展系列活动，效果良好。

2013年，国家博物馆全力做好服务接待等各项工作，各项业务活动蓬勃开展，全年共接待参观观众745余万人次，运行服务得到社会各界的好评。其中，累计接待参观"复兴之路"基本陈列的观众约550万人次，包括讲解接待团体观众3892批次，讲解时间超过7000小时，充分发挥了国家博物馆弘扬社会主义先进文化的窗口作用、基地作用和示范作用。6月，国家博物馆向新疆、西藏地区、雅安灾区以及4个国家贫困县捐赠了4000册"复兴之路"基本陈列图录。9月，作为文化部"春雨工程——全国文化志愿者边疆行"示范项目，"牵手文明"图片展赴新疆，受到当地欢迎和好评。10月5日，在香港会展中心举办了"复兴之路"大型展览赴香港巡展活动，得到香港各界热烈反响。

【藏品保管和保护工作】

近年来，国家博物馆大力开展藏品征集工作，不断建设科学、系统、标准，具有国博特色的藏品管理体系。2013年，随着藏品数字化管理系统上线，可移动文物普查启动，圆明园铜鼠首和兔鼠入藏国博并在"复兴之路"基本陈列中展出，中央礼品清点接收，馆藏文物上架等各方面工作的顺利开展，国家博物馆藏品保管和保护工作在原有基础上迈上新的台阶。

根据国务院和国家文物局关于做好第一次全国可移动文物普查的通知精神，为促进馆藏文物的保护、研究展示利用，更好地发挥藏品的作用，国家博物馆从年初开始了馆藏文物普查工作，成立了可移动文物普查工作领导小组，吕章申馆长任领导小组组长，馆领导黄振春、张威、陈履生、冯靖英为领导小组副组长，同时成立了可移动文物普查专家委员会，初步制定了馆藏文物普查工作方案，把文物普查作为国家博物馆今后几年最重要的工作之一。年内，文物普查工作领导小组两次召开专门会议，讨论馆藏文物普查工作方案并对相关工作进行部署。对馆藏分类体系、上报的藏品总登记号、藏品信息指标体系、藏品信息安全、藏品统计等问题进行了研究，统一的藏品管理系统于11月4日正式上线运行。

2013年，国家博物馆共征集古代藏品20件，艺术类和近现代历史类实物藏品2632件（套）、图片135张，包括圆明园海晏堂铜鼠首、兔首各1件，西周青铜器14件，中央礼品916件（套），非洲木雕1257件（套）以及黄永玉、潘天寿、周长兴、萨尔瓦多·达利的艺术作品。

圆明园海晏堂铜鼠首、兔首由法国皮诺家族捐赠给中国政府，后国家文物局将其划拨给国家博物馆收藏。6月28日，"法国皮诺家族捐赠圆明园青铜鼠首兔首仪式"在国家博物馆白玉厅举行。中共中央政治局委员、国务院副总理刘延东出席仪式，并与弗朗索瓦·皮诺共同为兽首揭幕。7月18日，这两件珍贵文物在中国国家博物馆"复兴之路"基本陈列中展出。

继续开展中央礼品接收工作。6月，中办特会室召集中央礼品管理工作协调小组召开"中央礼品管理及利用"业务研讨会。会上，协调小组的各管理单位间进行了广泛的交流和了解，并共同听取了相关的业务报告。国家博物馆作为中央礼品的主要接收单位，在会上主要介绍了"中央礼品的定名工作"和"中央礼品摄影工作"的相关内容，得到了与会人员的肯定。全年共清点接收中央礼品共976件（套），整理排架中央礼品1043件（套）。

继续开展文物科技保护工作，修复文物104余件，复制文物110余件，重点加强馆展厅、文物库房温湿度、光照度和大气污染物的监测工作，继续开展文物保护相关课题的研究工作，筹备成立国家文物局金属文物保护重点科研基地。

【陈列展览和学术研究】

积极开展以国家博物馆藏品为核心的陈列展览是国博新馆开馆以来的新亮点，同时也带动了学术研究等相关业务活动。2013年，国家博物馆共举办37个展览。其中，充分挖掘馆藏藏品资源，举办了"巨人毛泽东——毛泽东书法与当代名家雕塑绘画展""小品大艺——明清扇面艺术""商邑翼翼　四方之极——殷墟文物里的晚商盛世""宋代石刻艺术"、"大美木艺——中国明清家具珍品"等5个专题陈列，充实和丰富了展陈体系。与世界知名博物馆举办5个国际交流展，赴香港举办了"复兴之路"巡回展。还举办了26个包含国内外艺术大家的展览，包括"星云大师一笔字书法——2013中国大陆巡回展""李岚清艺术展""黄永玉艺术展""中华文明历史题材美术创作工程创作草图观摩展""青春万岁——王蒙文学生涯六十年展""陈家泠艺术展""中日代表书法家作品展""守望家园——陕西宝鸡群众保护文物特展"等。

为落实"学术立馆"办馆方针，国家博物馆坚持以制度建设为抓手，制定出版项目管理办法，实行图书出版归口管理，研究制定职工论文和专著的分类评奖办法，鼓励职工尤其是青年职工多出学术成果。伴随着各项业务活动的蓬勃开展，学术活动大大增加，学术质量不断提高。全年出版专著18部、合著22部、译著1部、图录16部、论文230篇，开展科研项目20个，获得2项科研奖励、2项专利，创作绘画作品7幅，参加各类学术研讨活动100余次。其中，国家博物馆与敦煌研究院共同主持的国家科技支撑项目"文物出土现场保护移动实验室研发"获国家科技进步二等奖。"国博讲堂"举办13场学术讲座活动，包括卢浮宫博物馆馆长让·马丁内兹、台湾星云大师举办的讲座，吸引社会各界听众近万人，扩大了国家博物馆的社会和学术影响力。推动出版《国家博物馆馆藏文物研究丛书》《海外中国古代文物辑录》丛书的出版工作，编辑出版《国博讲堂文集》第二辑。设立"陈之佛艺术奖金"和"石鲁艺术研究中心"，举办陈家泠、周伦园等艺术名家的研讨会。

《中国国家博物馆馆刊》全年出版12期，发行近三万册，刊发论文163篇。其中，考古学文章28篇，古代史与文物研究51篇，艺术史研究28篇，近代史与文物研究28篇，文物科技、博物馆学、特稿、馆藏文物研究、综述和书评等14篇。

【考古工作】

在考古工作方面，继续开展对山西绛县周家庄等遗址的田野考古发掘工作，继续实施中肯合作拉穆群岛地区等水下考古项目，合作开展"中华文明探源工程"等遥感考古项目，均取得新的成果。

重要田野考古项目包括山西绛县周家庄遗址的发掘项目；苏北地区田野考古调查项目；山东"八主"祭祀遗址调查与发掘项目；滹沱河上游区域考古调查项目；关中秦汉离宫别馆遗址调查项目。

重要水下考古项目包括中肯合作拉穆群岛地区水下考古项目；西沙群岛水下文化遗产执法巡查项目；海南文昌铜鼓岭沉船遗址调查项目；广西宁明、龙州水下文化遗存调查项目；福建古田翠屏湖水下旧城遗址调查项目。

重要遥感考古项目包括中华文明探源工程（四）合作研究项目；张家口、保定地区大遗址航空摄影考古调查项目；中国古代矿冶遗址遥感考古调查项目；广西陆海防百年军事要塞遗存遥感考古调查项目；晋东南夏商遗址遥感考古综合研究项目；宁波地区古代中国沿海港口城市的遥感考古调查与研究项目；临安皇城遗址考古调查与地球物理探测项目。

此外，完成《三峡后续文物保护科研与宣传项目规划》以及修订完成《三峡工程重庆库区文物保护总结性研究报告》。

中国国家博物馆组织来自辽宁、上海、浙江、福建、江西、安徽、海南等地的18名中国水下考古队与肯尼亚国立博物馆的2名专业人员共同组成肯尼亚水下考古工作队，对以拉穆群岛、马林迪海域为重点的肯尼亚沿海地区，开展了2013年度的水下考古调查与发掘工作，圆满完成了既定工作目标和任务。调查工作的同时，完成了文献整理和资料调查（文字、图表等），准备发掘报告的编撰。这些调查成果，为肯尼亚水下考古调查与发掘工作的持续开展奠定了基础。7月31日，吕章申馆长率国家博物馆代表团出访肯尼亚，在肯尼亚首都内罗毕会见了肯尼亚体育、文化、艺术部部长哈桑·瓦里奥·阿雷罗，肯尼亚国家博物馆董事会主席拉尼洛德·姆万格拉，肯尼亚国家博物馆馆长伊德尔·奥马尔·法拉等人，推动了中肯两国国家博物馆间水下考古合作的进一步加强。

【公众服务和安全保障体系】

不断健全和完善"以人为本"的公众服务和安全保障体系，是国博工作的重中之重。2013年，国家博物馆为党和国家领导人、外国政要、社会各界观众提供讲解服务11000批次、23000余小时。与史家胡同小学签约合作开发《漫步国博——史家课程》项目，与北大附小、北京四中等其他30多所学校合作开展教学活动，先后接待大中小学生3万余人，使国家博物馆成为中小学生综合素质教育中不可或缺的"社会大课堂"基地。充分利用影视网络等媒体服务国内外观众。由国家博物馆与中央电视台联合摄制的3D人文纪录片《国脉》于5月18日登陆中国3D电视试验频道。5月13日，国家博物馆法德意文网站正式上线，成为国内首屈一指的同时拥有6种外语版本网站的博物馆，极大地拓展了国家博物馆在互联网上的国际影响力。创新观众服务形式，推出微信语音导览服务，打造新颖的参观导览

2014
中国
文物年鉴

形式，受到广大用户的欢迎，创下单日增加7.9万人关注、发送42万条信息的记录。建立"博物馆微览"等频道开展微博信息发布工作，吸引了国内外385万粉丝关注。12月2日，国家博物馆与国信办合作举办"网络文化名人游国博"活动，邀请40余位网络媒体知名人士参观，以宣传我国文化软实力、正能量，各大网站播发消息，扩大了国博的社会影响力。新开发70余款具有国博特色的文化创意产品。各项服务获得专业机构和社会各界的充分肯定。

大力加强安全保障服务工作，开展了7次安全检查专项行动，举行了消防演练活动，安检接待服务近500万人次，贵宾勤务服务355次，社会车辆接待通行6万余车次，查处违禁限带物品70万余件，纠正不文明参观行为17932次，保证了观众参观的安全环境。

■ 【对外交流与合作】

国家博物馆作为重要的文化窗口，已经成为配合国家外交大局、举行国务活动的重要场所。国家博物馆以高质量高水平的服务承办了多场大型涉外文化活动，获得了广泛好评。12月2日，国务院总理李克强陪同英国首相戴维·卡梅伦专程来国家博物馆参观展览。4月11日，刘延东副总理出席国家博物馆毛利斗篷借展交接仪式并宴请新西兰总理约翰·基。6月28日，刘延东出席国家博物馆举行的圆明园兔首、鼠首入藏仪式。12月29日，刘延东来馆参观"科技梦·中国梦——中国现代科学家主题展"。中宣部部长刘奇葆同志两次在国家博物馆会见台湾客人，接见基层先进工作者。12月4日，刘奇葆来国家博物馆，与参加"汉学家与中外文化交流"活动的各国汉学家座谈。5月14日，接待中东欧16国文化部长，举办"中国－中东欧国家文化交流回顾展"系列活动。10月15～16日，举办"中国－阿拉伯国家博物馆馆长论坛"，推动了中阿博物馆之间的交流与合作。10月29日、11月5日，文化部部长蔡武在国家博物馆分别会见了法国卢浮宫博物馆馆长和列支敦士登公国外交、教育和文化部长。

积极开展国际文化和艺术交流，有计划地推出了一系列世界文化艺术精品展览。2013年，先后与英国、法国、意大利、列支敦士登等国家的著名博物馆及收藏机构合作举办了高水平的交流展，成为展示世界文明成果的重要平台。"道法自然：大都会艺术博物馆精品展""面具·灵魂的艺术——法国凯·布朗利博物馆馆藏精品展""创建真实：人类情感大师威尔第展""地中海文明——法国卢浮宫博物馆馆藏文物精品展""鲁本斯、凡·戴克与佛兰德斯画派——列支敦士登王室珍藏展"等5个大型国际交流展览在国内外产生了巨大反响。国家主席习近平专门发来贺信，祝贺"列支敦士登王室珍藏展"在国家博物馆成功举办，充分肯定了国家博物馆文化软实力的窗口作用。此外还开展了一系列对外文化交流活动，如出访肯尼亚和南非商谈水下考古合作项目、出席在越南举办的第四届亚洲国家博物馆联合会会议等。

2013年，共接待外宾来访215批，计2767人，其中副总理级别以上12人次，包括列支敦士登公国王储、新西兰总理约翰·基、比利时众议长弗拉奥、阿联酋联邦国民议会议长莫尔、蒙古副总理特尔比希达格瓦、芬兰副总理兼财政部长乌尔皮莱宁、哈萨克斯坦议会下院议长尼格马图林、法国前总理拉法兰、意大利前总理罗马诺·普罗迪、美国前国务卿基辛格、欧盟委员会主席巴罗佐、泰国前总理他信、吉尔吉斯斯坦前总统奥通巴耶娃女士等外国政要和贵宾。5月，国博被英国《泰晤士报》评为世界十佳博物馆。

恭王府管理中心

【概述】

2013年于恭王府来说，是一个值得纪念的年份。这一年，恰逢恭王府全面开放5周年、恭王府管理中心成立10周年、恭王府花园开放25周年、恭王府花园搬迁修缮工作启动35周年和恭王府文物流失100周年。

2013年，恭王府管理中心以基础建设和博物馆建设为抓手，继续探索以事业带动产业发展、以产业促进事业繁荣的发展模式，充分履行文物保护、旅游开放、博物馆建设、文化空间营造和文化产业五大职能赋予的责任与担当，深入挖掘历史、文化、旅游、民俗四方面的特色资源，积极践行"和恭仁文"理念，不断加强管理、服务、业务和经营四项能力建设。按照"调整、改革、巩固、提高"战略部署，中心各项工作得到全面"提高"，成功晋级国家二级博物馆，再次荣获北京旅游界最高荣誉——"'首都旅游紫禁杯'最佳集体奖"，并且实现了全年无火灾事故、无刑事案件、无责任事故、无游客投诉的目标。

【安全保卫】

（一）日常安保工作更加精细化、规范化

2013年，恭王府进一步加强对景区旅游秩序的维护和环境的管理，加大对展厅的布防巡视以及对违规导游的检查力度，严格加强了景区的禁烟防火工作，维护了旅游环境。会同交通、城管、公安等地方相关部门对恭王府周边游商、黑车、黑导进行清理，使门前秩序得到了一定改善。着手改扩建监控室工作，确定了新监控室的地点，编制了《恭王府消防、安防系统设备改造工程可行性报告》并上报文化部。扩大监控覆盖区域，提高监控防控能力。强化护卫队值岗巡视、监控值守、物业巡查、干部24小时值班（中心领导双休日带班，科以上干部夜间值班）和警民共建5套安防体系，严格落实岗位责任制，各项安全工作更加规范。

（二）安防监督检查及培训工作不断加强

注重加强安保日常排查工作，坚持每日对园内施工、开井、卫生等进行检查，汛期、火灾高发期、重大节庆等时段组织全园安全大检查。2013年共组织较大规模检查十余次，由中心领导亲率各部门负责人一起重点检查办公室、展厅、库房、商店等部位，逐一排查卫生和安全死角，发现问题限期整改。坚持定期检查消防器材，发现失效器材及时更换，为新改造库房、办公地点足额配备了消防器材。4、11两月会同施工单位对恭王府安装的消防水炮两次进行整体调试演练，对调试演练过程中发现的问题逐一整改。4月，联合西城区消防支队什刹海中队对400余名职工开展了为期两周的消防安全培训，通过讲座、参观、实操演练多项科目相结合，进一步增强了全体职工的安全意识，提高了职工对突发事故的防控自救能力。同时，编写制作《恭王府安全风险评估及管理手册》，并发放到每名员工手中。

2014
中国
文物年鉴

【不可移动文物的保护和管理】

作为全国重点文物保护单位，恭王府管理中心严格遵循"保护为主、抢救第一、合理利用、加强管理"的文物古建保护工作方针，投入了大量的人力、物力、财力和科研力量并取得了丰硕的成果。

（一）制定全方位文物保护规划

一是进一步补充完善了《恭王府文物保护总体规划》并报国家文物局等相关管理部门，为北京中轴线申遗和什刹海大遗址保护增添了一个新亮点。二是编制了《恭王府文化及空间发展总体策划书》，为恭王府文化产业的发展提供了思路和空间。三是编制了《恭王府府域图册》，重新测量核实了恭王府府邸花园的总面积，包括建筑面积、使用面积、空地面积，围墙周长，花园水面、山体、植物面积数量等，标志着恭王府基础管理水平的提高。恭王府总占地面积61953平方米，其中府邸27392平方米、花园28786平方米、办公区5775平方米；总建筑面积23007平方米，其中府邸12564平方米、花园6506平方米、办公区3937平方米。四是编制了《恭王府总体建筑功能和展览规划》，对恭王府每一个部分建筑的位置、名称、使用功能、使用主体进行了规范。

（二）花园围墙修缮工程正式竣工

百余年来，由于年久失修和人为破坏，恭王府花园围墙墙体破损严重，安全隐患日益突显。2012～2013年启动了府墙修缮工程，按照古建修缮的要求，坚持既要最大限度利用原有墙砖施工，把府墙修缮引起的古迹变动控制在最小范围，又要确保府墙的安全稳固的原则，投入资金约281万元，修缮花园围墙长度446.5米。修缮后的花园围墙不仅重现了昔日气势，而且消除了安全隐患。至此，历经几十年的王府古建修缮工程基本完成。

（三）花园绿化整改工程圆满完成

恭王府花园开放20多年来，接待了数千万游客，对绿化、山体等方面的养护都造成很大影响，水土流失、树根裸露、草皮不敷、山石松动。为缓解这些问题，2013年春，恭王府对花园西山、南山山坡进行了整改，加上了木桩围挡，增加了叠石，有效防止了水土流失。添种了红瑞木、木瑾、紫薇、棣棠、贴梗海棠、迎春、玉簪、景天等花卉，不仅实现了黄土不露天和三季有花、四季常绿的目标，也令西山的景象大为改观。同时，配合节水要求，用湖池水浇花，在整改时加装的木桩在雨季也可起到蓄存水源的效果，每年仅浇灌绿地一项就节水2000多吨。在各个节日共摆放各种鲜花万余盆，既营造了良好节日气氛，又美化装点了环境。

（四）配套保障工程取得实效

2013年初，恭王府基本实现了办公区与开放区、办公区与古建区的分离，占用古建的情况得到很大改善，现在大部分处室采取集中办公方式，改变了长期以来分散办公的局面。同时，供电、供水、日常保洁等基础性工作的管理和维护，锅炉及上下水管道的日常维修、避雷系统保养除锈、燃烧机清理维护等工作，为每日恭王府各个环节的正常运转提供了有力保障，确保了开放及办公区域的设备设施安全和环境的舒适整洁。

（五）古建修缮研究工作扎实推进

2013年，恭王府在古建保护研究方面重点开展了《大公主府修缮工料汇总》的课题研究。该文献是清华大学郭黛姮教授从美国国会图书馆得到的一份由清代兴隆木厂主持修缮公主府所记录下的工料清单，很大部分为恭王府的资料，是目前为止发现的唯一一部记载恭王府建筑情况的文献。研究这份工料清单不仅能为恭王府的古建修缮提供可靠依据，更能为恭王府的历史沿革及复原陈列提供有力佐证。

【博物馆与可移动文物保护】

（一）博物馆

1．文物库房改扩建工程进展顺利

2013年，恭王府重点开展了文物库房改扩建工程，工程进展顺利，现已基本完工。花园东北围墙原旧房将改造落成新的文物库房，面积达到400余平方米，将集安全技防、恒温恒湿系统、防盗、防火、监控等功能于一体，成为一处现代化、综合性的文物库房。这将在很长一段时期内满足恭王府的文物保管要求，解决了海关划拨文物的保存问题，也为今后增加文物留出了空间。多功能厅将改造成为文献库，面积120多平方米，可有效解决周汝昌捐献物品和文献的保管、防潮等问题。

2．多样化展览受到广泛关注

恭王府2013年共举办了60余场展览，展览数量取得飞跃性增长，同时保证了较高的展览质量，在业界以及社会上引起了巨大反响。恭王府陈列展览坚持以王府生活场景、王府文化、恭王府历史人物展示为主体，红楼梦、福文化、家具、老照片展览为辅助，书画、文献、文物、图片、艺术品、园林艺术展览为补充，对外交流展览为纽带，呈现出更加多样化的特点。基本陈列、专题展览、复原陈列、原状陈列、准复原陈列、临时展览、特展等不同类型的展览互为补充、交相辉映。在展览策划上始终坚持展览内容与恭王府传统建筑园林氛围相契合的原则，展品要求既能够反映传统艺术的时代发展，又可以表现出优秀文化的传承脉络，保持了展览的专业性、学术性。

恭王府的"水墨福园"参加北京第九届中国国际园林博览会并获得花园小品金奖，这是恭王府第一次获得园林方面的奖项。此次博览会历时半年，600余万名观众参观，通过参与，恭王府不仅扩大了影响，也展示了实力，赢得了荣誉。"周汝昌捐赠文献展"从确定到展出不到两天时间，周汝昌先生的手稿，胡适、顾随等文学大家的信札，温家宝、刘延东等领导的亲笔信，以及周先生本人的藏书、藏玉都是第一次面世，参观者络绎不绝。"恭王府艺术系列展"特色鲜明，亮点频现，不仅向观众展示了水墨画、油画、书法、篆刻等传统艺术形式，还增加了手机黑白摄影、iPad绘画等新形式作品，吸引了众多文化界、文艺界的专家和艺术家，提升了恭王府的文化内涵和文化品位，扩大了恭王府的影响力，为恭王府吸引了更多的社会关注。国家博物馆举办的"'大美木器'明清家具展"挑选了恭王府馆藏的30余件明清黄花梨紫檀家具，使恭王府的家具收藏在文博界的地位进一步彰显。艺术沙龙也以自身的特色和吸引力为王府增添了魅力。

2013年，恭王府对"历史沿革展"与"博物馆建设成就展"进行了内容和形式的重新设计，按照内容拆分成三个展览。以恭王府历代府主和珅、永璘、奕䜣、溥伟等为主线的四个专题陈列组成的"历史沿革展"，改变了王府内无历代府主展的状况，进一步丰富了展览内容。"馆史展"将恭王府管理机构的历史沿革和奋斗历程集中展示，使后来人了解先辈的艰辛和今日成果的不易，从而激发出不断进取的热情。

（二）可移动文物保护

1．基本情况

恭王府依托清代王府遗址而建，古建筑基本保留原貌，但内部文物流失严重。为使古建殿堂内的陈列能够更好的还原王府原貌，恭王府的藏品征集工作始终遵循"突出藏品系列，优先用于展线"的原则，重点收藏与王府文化密切相关、有较高历史价值、学术价值和艺术价值的藏品。同时积极开展多渠道沟通，利用举办展览和活动，进一步丰富馆藏。通过这些有针对性的努力，文物馆藏实现了重大突破。截至2013年底，恭王府共有古典家具、书画、砚台、瓷器、造像、文房等和古籍善本、老照片、皮影，以及唐卡、青瓷、紫砂、当代书画、艺术品等文物藏品数万件。藏品体系已基本形成，藏品种类日益丰富，藏品数量不断增加，藏品质量大幅提高，特色藏品的地位大大加强。

2．2013年新征集文物

2012年之前，恭王府的文物藏品数量仅有800多件（套）。经过长期外引内联，多方努力，2013年恭王府在文物征集工作中喜获丰收，完成了几次重要的文物接收工作，使恭王府的藏品数量在短短的一年间实现空前增加。

经过恭王府历时一年多的争取说服和细致全面的准备工作，北京海关于2013年7月将自20世纪80年代以来罚没的10393件走私文物艺术品正式移交划拨恭王府。这是北京海关系统第一次将罚没走私文物移交地方，在社会上引起很大轰动，在文博界也产生很大影响。这批文物数量庞大，品类丰富，包括书画、碑帖、唐卡、瓷器、佛像、古籍善本等。年代上至原始社会，下到民国时期，其中不乏具有很高历史、艺术和研究价值的文物精品。这批文物极大地丰富了恭王府的馆藏，为今后的研究和陈列提供了坚实基础，恭王府从此走出了博物馆无文物的窘境。

在周汝昌先生逝世一周年之际，经过恭王府积极沟通，其家人将他生前的全部著作、手稿、墨迹、信札、收藏等遗物捐赠给恭王府，这其中包括各个时期不同版本的《红楼梦》，周先生书法手迹，与胡适、张伯驹等文化名人交往的信札以及文玩收藏等。这批资料数量丰富，初步估计近五万件，其中手稿就有三万余件，还有近万册的藏书，其中有近千卷的古籍善本。周先生家人的捐赠使得这些珍贵的资料可以系统、完整地保存下来，并用于将来的研究和展示。恭王府筹建了"周汝昌纪念馆"，以此纪念周先生，表彰其家人的善举。这批文献的入藏使恭王府成为红学研究和近代文化史研究的重要基地。

2013年，恭王府接收了来自著名木器收藏家张德祥先生捐赠的25件明清时期中国古典家具和台湾收藏家卢钟雄先生捐赠的100部贝叶经。张德祥捐赠的25件家具，做工考究，品类丰富，无论是材质、规格、形制，都是对恭王府原有家具馆藏的进一步补充，完善了恭王府的家具收藏体系，使恭王府的明清家具收藏更加具有特色。卢钟雄捐赠的100部贝叶经年代久远，具有很大的文献价值和收藏价值。

恭王府通过积极梳理线索，多渠道征集藏品。征集到溥心畬早年画稿50件，这对于溥儒书画艺术的研究具有极高价值，也使恭王府在溥儒书画收藏方面地位大大提升。征集以唐玄宗《纪泰山铭》为代表的历代碑帖172件（套），这批碑帖多为清代民国老拓，有些原碑已经毁损，有很高的文献文物价值。征集各类文物、明清古典家具、文玩共15套28件，包括一对香港回流的清代烧制的斗彩缠枝莲纹高足委角方盘、工艺复杂的剔红扶手椅、用料大气的紫檀笔筒等，进一步充实了恭王府收藏，为今后的相关研究展示奠定了良好基础。拍得的乾隆御笔《小行楷墨刻》《御制八澄毫念之宝记》《王府田庄档案》等26件（套）古籍，为恭王府研究增添了新的文献。"恭王府艺术系列展"通过艺术家的捐赠征集收集到数百件优秀的书画和当代艺术品，为恭王府积累了文化资源。

【文博教育与培训】

（一）文博教育基础设施投入力度加大

为充分发挥图书及文献资料的文博教育功能，2013年恭王府新建了图书阅览室，面积300余平方米，藏书2万余册，包括清史、古建、玉器研究、书画、博物馆、历史、地理等门类，其中部分文献和孤本书籍相当珍贵，具有很高的研究和参考价值。同时整理扫描了恭王府80年代以来的工程图纸千余份，为单位抢救和保留了珍贵的工程资料。2013年"王府书院"正式启用，该书院集学术交流、举办讲座、业务咨询研究、外事接待等多种功能于一体，内设接待厅、学术报告厅、会议室等，今后将成为一个全新的文化交流平台，为开展文博教育活动，进一步推进王府文化和文化空间的可持续发展发挥积极作用。

（二）文博培训活动卓有成效

恭王府坚持"旺季抓生产，淡季强素质"的培训方针，积极开展文博培训教育活动。2月，以"知府、爱府、惜福、添福——对'和恭仁文'核心价值理念的践行"为主题，举办了提职晋级交流人员培训班，培训内容包括恭王府历史发展、单位基本情况、业务研究成果、产业经营。4月，举办了"恭王府旧藏文物流失寻踪"专题讲座，讲座通过图文并茂的方式，将近代恭王府文物流失的历史经过及近年来恭王府在追回流失文物上的努力进行了详细解读。讲座吸引了来自北京地区的博物馆志愿者及北京师范大学历史学院、中央财经大学等高校的学生。11月，对在编人员举办全员业务学习培训活动，以博物馆建设和5A级景区建设为主要内容，聘请国家文物局、国家旅游局、文化部人事司的有关领导和相关领域的专家学者到恭王府授课，以单位内部制度建设和业务建设为主题，由各部门的主管领导和负责人讲解。此外，恭王府还组织了包括"文物保护知识大奖赛"在内的众多文博教育活动，由于组织精心、内容丰富、形式多样，收到了良好效果，达到了指导工作实践的目的。

【文博宣传与出版】

（一）深化"清代王府文化"研究工作

清代王府文化研究是恭王府业务建设的核心和基石。2013年恭王府以清代王府文化为主题，成功举办了"第十一届清宫史研讨会"，吸引了十二家理事单位的76名代表参加，提交论文75篇，《清宫史研究（第十一辑）》编撰工作已近尾声，即将出版。这将是继恭王府编辑出版的《清代王府文化研究论文集》第一、二辑后，又一部王府文化研究的专著，将进一步推动王府文化研究的深入。

（二）举办盛大"红学"纪念活动

举办"纪念伟大作家曹雪芹逝世二百五十周年大会暨学术研讨会"，围绕"回顾、追忆、展望伟大作家曹雪芹""红学新视界""红楼梦的当代传播"等主题进行了学术研讨，针对如何让红楼梦走进当代人的生活、让中国传统在青年人群中广泛普及进行了多角度探讨，是继1963年纪念曹雪芹逝世200周年纪念活动后，红学史上具有重大意义的纪念活动。

（三）开展丰富多样的"民俗"活动

开展了"纳福迎新春、王府过大年——第三届春节福文化周""二月二、龙抬头"以及第三届恭王府"海棠雅集"、首届"恭王府中秋寄唱"和"良辰美景·恭王府2013年非遗演出季"等文化、民俗活动，通过恭王府这个载体，现场展示了中华优秀传统文化和技艺

2014 中国 文物年鉴

的独特魅力，同时也吸引了越来越多的人参与到对传统文化的传承和发展中来，积聚了越来越高的人气和深厚的文化底蕴。这些活动不仅得到了社会各界的广泛好评，也得到了中央领导同志的关心与支持，国务院副总理马凯同志特为本届恭王府"海棠雅集"发来贺信并寄诗作两首。祈福信俗经过专家论证、资料收集、视频拍摄已进入国家非遗项目申报程序，对恭王府在福文化研究领域地位的确立有着积极的作用。

（四）拓展新闻媒体宣传渠道

恭王府历来重视与新闻媒体机构的合作，由于媒体资源的长期积累，恭王府在文博宣传方面取得显著成效。经国家图书馆媒体监测显示，2013年，中央电视台、北京电视台、人民日报、光明日报、新浪网等电视、平面、网络媒体对恭王府主动报道近2000次。全年配合中央电视台、北京市文化局、北京市纪委中央等部门，完成了多部专题片、公益宣传片的拍摄，其中由北京卫视节目中心制作《最美北京——恭王府》篇，于园博会开幕前在"BTV卫视"频道循环播出，使恭王府的知名度得到了进一步提升。另外编发简报57期、府讯9期，整理印制媒体汇编10期，为恭王府积累了重要的基础资料，拓展了在文博系统内宣传恭王府的渠道。

（五）搭建全方位的学术研究平台

2013年恭王府先后成立了古典家具研究中心、古建园林研究中心、玉文化研究中心、福文化研究中心、唐卡艺术中心、紫砂研究中心、书画艺术中心、中华传统技艺与保护中心等。与中国红楼梦研究会、中国昆剧古琴研究会、华夏文化遗产研究会、宜兴陶瓷工业协会、新绛集团建立了战略合作关系，为恭王府今后的业务发展建立了学术交流平台，延伸了触角，扩大了影响。

（六）充分发挥"志愿者工作"宣传作用

举办"游王府学历史——首届王府知识竞赛""快乐暑期——王府少年讲堂""魅力北京，魅力恭王府——文化志愿者讲述团走进社区"等公益活动，为北京师范大学、中央财经大学师生作"恭王府旧藏文物寻踪""中轴线文化脉络"主题讲座，拍摄制作公益宣传片，以自身独有资源丰富了恭王府周边和"牵手"学校学生的学习内容，受到了广泛好评。被北京市西城区文委推荐为"社会大课堂优秀资源单位"，被西城区旅游委推荐为"旅游服务进社区"典范。由恭王府志愿者新创的情景剧《和珅奉膳巧荐红楼梦》已为观众义务演出50余场，该剧还参加了"曹雪芹红楼梦演出季"活动，并荣获"最佳组织奖"和"最佳节目奖"。恭王府的志愿者队伍已经成为恭王府的一张响亮的名片。

【对外交流与合作】

（一）打造对外交流合作的新模式

8月，由恭王府管理中心策划主办的"2013恭王府论坛——中欧王府与古堡遗址博物馆发展之道"取得了圆满成功。该论坛以"建立合作机制，规划合作项目，共同促进中欧遗址性博物馆的保护与利用"为主题，吸引了来自欧洲11个国家的18家王宫与古堡博物馆以及中国9家知名历史文化遗址的代表和业内专家参加。共分"王府与古堡遗址博物馆的保护与利用""王府与古堡的经营与管理""历史建筑的保护与修缮""文物藏品的展示与交流"4个研讨单元，大家共同就中国王府和欧洲城堡的历史、人文、遗产价值、保护利用、文化传播、旅游资源、合作模式等多方面展开深入的探讨与交流。并在定期举办活动、成立相关组织、交换信息资源、相互推介推广等方面初步达成共识，签署了《中国明清王府博物馆与欧洲王宫古堡博物馆关于合作开展文化遗产保护和旅游开发的合作意向书》。此次论坛是管理中心首次举办的大型国际论坛活动，也是国内第一个以"中国王府与国外古堡发展"为主题的论坛活动。它以全新的视角，为各国同行搭建了一个相互沟通、学习、展示的平台。有力促成和推动了中欧历史文化遗址在建立合作机制、交换信息资源、组织人员培训、策划文化活动、推荐旅游咨询等多方面多领域更进一步的接洽与合作。论坛在国内外引起很好的反响，自筹备之初就吸引了众多媒体和各界人士的广泛关注，中央电视台、中央人民广播电台、北京电视台、新华社、人民日报、光明日报、中国日报、中国文化报、中国文物报、中国旅游报、中国经济时报、新浪网、搜狐网、凤凰网、千龙网等40余家媒体对论坛予以报道。本次活动还吸引到"内联升""法国王朝红酒"等多家知名企业的赞助。西班牙旅游国务秘书了解论坛的情况后，利用来华短暂时间拜会了孙旭光主任，对会议的成果表示祝贺，并希望恭王府参与他们的活动和项目。

（二）积极参加国际性学术交流

先后应邀参加了在丹麦哥本哈根举办的第四届"国际博物馆与肖像艺术馆馆长论坛"，在波兰瓦津基公园梅西莱维茨基宫举办的"园林之光"合作论坛，在陕西西安举办的第五届"中欧文化对话"论坛，以及由文化部在京举办的"中非博物馆馆长论坛"。中心主任孙旭光分别从不同角度介绍了恭王府在博物馆建设、公共文化空间营造、推动文化遗产保护等方面的做法和经验，引起了论坛各国参会代表的普遍兴趣。在首次邀请中国博物馆参加的"国际博物馆与肖像艺术馆馆长论坛"上，孙旭光做的"恭王府的肖像历史观"主旨发言，引起与会代表的广泛兴趣，使各国博物馆长第一次比较全面系统地了解了中国绘画，恭王府也因此成为2015年第五届国际肖像大赛和肖像展中国地区的主办方。参加波兰华沙瓦津基博物馆、中波经济文化交流基金会和中国驻波兰大使馆主办的第二届"中国彩灯文化节"，并举办"北京的恭王府图片展"，一幅幅精美的恭王府照片，一处处美轮美奂的景色让外国观众近距离地感受到了中国文化的独特魅力。

与波兰瓦津基博物馆签署了长期合作协议。波方决定在波兰最后一个国王的皇家园林内辟出1.5公顷的面积修建一个原汁原味的"中国园"。该项目由恭王府设计并负责施工，目前施工准备工作正在进行，合同已经签署，争取在中波建交65周年时落成。

2013年，恭王府还先后接待了台湾文建会文化交流司司长王振台一行、南非国家遗产委员会代表团、香港友好协进会代表团、北非国家友好人士访华团、北欧文化产业高管代表团、瑞士卢加诺博物馆代表团等几十个团组的访问和交流。这些对外交流活动充分展示了恭王府在传承保护优秀传统文化方面的思想理念、展现了中华文化的魅力，有利于将来开展更深层次的交流与合作。

2014
中国
文物年鉴

中国文物学会

【概述】

2012年6月13日，中国文物学会召开第七次代表大会。会议通过王定国、谢辰生、彭卿云为名誉会长；选举单霁翔为会长，孔繁峙、付清远、刘炜、安家瑶、李季、李瑞森、吴加安、许伟、张立方、张廷皓、张囤生、陈远平、陈爱兰、郑国珍、侯菊坤、黄元、葛全胜为副会长，黄元兼秘书长。领导班子新老交替，学会事业继往开来，中国文物学会工作步入新的起点。2013年，中国文物学会在国家文物局的领导下，围绕文物事业发展的中心工作，积极开展活动，取得可圈可点的成绩。

【组织建设】

2013年度，古村镇专业委员会、大运河专业委员会、历史文化名街专业委员会相继成立，拓展了学会业务的覆盖范围。撤销古酒遗址专业委员会。玉器专业委员会、文物修复专业委员会、会馆专业委员会、历史文化名楼保护专业委员会相继换届改选。截至年底，中国文物学会共有20个分支机构。

按照《章程》的规定，中国文物学会于1月27日和8月6日召开常务理事会议，研究决定学会发展的重大问题，颁布《中国文物学会分支机构管理办法》。

2013年8月6日，中国文物学会第七届会员代表大会第二次全体会议在故宫博物院建福宫召开。会议审议了副会长兼秘书长黄元所做的工作报告，通过了关于调整会员会费收缴标准的决定。单霁翔会长讲话中提出要以服务大局的意识谋划工作思路、以实事求是的态度推动工作落实、以心怀敬意的情感搭建服务平台、以规范有序的制度加强自身建设等四项要求。

【学术活动】

2013年中国文物学会共组织学术活动20次。

（一）重点学术活动

7月14日，由全国政协文史和学习委员会与中国文物学会联合主办的"传承世界遗产、建设美丽中国"研讨会在河南省登封市召开。全国政协文史和学习委员会副主任卞晋平出席会议并讲话。中国文物学会会长单霁翔作主旨报告。各世界遗产管理机构交流了做好世界遗产保护和传承工作的经验，特别就如何正确处理保护世界遗产与旅游热的关系、构建世界遗产预警监测体系、提升世界遗产科学管理水平等进行了深入研讨。会议通过了《保护世界遗产登封倡议书》。

11月30日，由中国文物学会和中国水利学会联合主办的"中国大运河水利遗产保护与利用战略论坛"在浙江省绍兴市召开。全国政协文史与学习委员会副主任周国富出席论坛

2014
中国
文物年鉴

并讲话。中国文物学会会长单霁翔、中国水利学会水利史研究会名誉会长周魁一、中国建筑集团总公司原党组书记郭涛在论坛上做报告。与会专家就大运河水利遗产保护战略与技术、运河演变及遗产价值、浙东运河人文历史的问题进行了深入研讨。

12月8日，由中国文物学会和宁波市人民政府主办的"文化遗产可持续发展学术研讨会"在浙江省宁波市举行。论坛以"新认知·新理念·新实践"为主题，积极探索文化遗产保护领域在全球一体化和多元化潮流下加强互动、深入共享、开拓创新，共同为人类文明的传承、弘扬与发展作出贡献的新途径。中国文物学会会长单霁翔作题为《展望2020——故宫博物院的光荣与梦想》的主旨演讲。

（二）专题学术活动

1. 专题研讨

中国文物学会举办"建筑遗产与创新设计论坛"，单霁翔会长在会议上发表"从数量增长走向质量提升"的演讲，一批著名专家学者在会议上就建筑遗产保护传承进行研讨；青铜器专业委员会与宜兴市文广新局联合举办宜兴古代铜镜学术研讨会；修复材料专业委员会举办广东省遗址保护技术研讨会；摄影专业委员会与中国博物馆协会博物馆数字化专业委员会联合举办第12届博物馆数字化推广论坛；历史文化名楼保护专业委员会举办第十届名楼论坛和第三届历史文化名楼讲解员大赛；文物修复专业委员会与吉林省博物院联合举办第十一届全国文物修复技术研讨会等。

2. 年会论坛

古村镇专业委员会举办古村镇保护研讨会，呼吁社会各界对古村镇保护引起足够重视并立即付诸行动，保护抢救不可再生的古村镇文化遗产，并签署了《中国古村镇保护与发展荻港宣言》；历史文化名街专业委员会举办历史文化名街保护年会；民族民俗专业委员会举办2013年年会；传统建筑园林专业委员会举办第19届年会；会馆专业委员会举办2013中国会馆保护与发展研讨会等。

3. 咨询服务

世界遗产研究会与联合国粮农组织全球重要农业遗产中国项目办公室等单位联合举办紫鹊界梯田遗产保护研讨会以及贵州屯堡文化暨西秀区鲍家屯遗产保护研讨会等。

4. 宣传活动

中国文物学会与中国民间文艺家协会、浙江省文学艺术界联合会、杭州市人民政府联合主办第五届中国民间艺术节，以"保护、传承、创新、发展"为主题，组织全国各地民间艺术大师聚集在吴山脚下，为人民献上了一台丰盛的文化盛宴；中国文物学会与宁波市人民政府联合主办保国寺大殿千年纪念碑揭幕仪式；世界遗产研究会在北京联合大学开展"世界遗产进校园"活动等。

【学术园地】

中国文物学会与中国文化遗产研究院合办的《中国文物科学研究》期刊发行4期，力求反映文物保护科技发展前沿的新动态、新成果、新进展；世界遗产研究会编印《世界遗产在中国》3期，反映世界遗产保护方面的研讨与呼声；传统建筑园林委员会编印《传统建筑园林通讯》2期，传播对中国建筑文化遗产的探求与思索。各个分支机构编印了一批学术论文集。

中国文物学会开办网站，报道学会活动的最新动态，刊载学术文章体现理论成果，面

2014
中国
文物年鉴

向社会提供公共文化服务。

文化遗产日之际，中国文物学会参与主办第五届全国青少年文化遗产知识大赛，宣传普及文物保护知识，为青少年们提供学习、参与、交流文化遗产知识的机会与平台。

【专家活动】

1月27日，中国文物学会举办联谊会，邀请文物界老专家、老领导欢聚一堂，共迎新春。

10月15日，中国文物学会在历代帝王庙举办2013重阳节老专家联谊会，邀请文物界老专家听取历代帝王庙文化遗产保护工作汇报，考察这一古建筑的保护维修成果。

中国古迹遗址保护协会（ICOMOS/China）

【概述】

2013年，中国古迹遗址保护协会（ICOMOS/China，以下简称协会）在文化部和国家文物局的正确领导下，在各地方文物行政主管部门、各团体会员单位的支持下，发挥行业协会的优势，配合国家文物局世界文化遗产申报和管理等重点工作，在我国世界文化遗产申报、项目评审、文本审核等方面，积极提供专家咨询意见，编制申报工作规程；积极参加并组织筹办一系列国内、国际科学研讨会和活动，促进对外交流、积极宣传我国文化遗产保护事业成就；发挥协会专家优势，承担文物古迹保护行业规则的修订工作；夯实协会基础工作，开展文化遗产保护相关课题研究，为促进我国文化遗产保护事业的繁荣与发展做出贡献。

【世界文化遗产项目申报】

6月16～27日，协会理事长童明康率团参加了在柬埔寨金边召开的第37届世界遗产委员会会议，云南红河哈尼梯田申遗成功，以文化景观列入《世界遗产名录》，成为我国列入《世界遗产名录》的第31处世界文化遗产，我国世界遗产数量增至45处。

会议期间，童明康还会见了世界遗产中心非洲部主任、非洲世界遗产基金会执行委员和世界遗产委员会委员国代表；顺访印尼期间会晤了印尼教育和文化部副部长韦杜，并向中国驻印尼使馆工作人员作了我国文化遗产保护专题报告。

会议期间，协会副理事长兼秘书长郭旃应邀会见了柬埔寨副总理宋安。郭旃和协会副秘书长陆琼会见了世界遗产项目评估专家和国际文化财产保护与修复研究中心（ICCROM）项目部主任。

【世界文化遗产项目评审】

2月26日，协会受国家文物局委托，在北京召开"世界遗产申报项目评审会"，理事长童明康主持会议。协会常务副理事长关强，副理事长郭旃、侯卫东、陈同滨、吕舟，副秘书长陆琼，协会理事唐炜，以及文化遗产保护专家学者黄景略、刘庆柱、安家瑶、张杰、陈耀华、李水城等参加了会议，为国家文物局遴选2015年世界遗产申报项目提供了专家咨询意见。

【世界文化遗产申报文本审核】

9月2日，协会受国家文物局委托，在北京召开第一次"土司遗址申遗文本专家评审会"，理事长童明康主持会议。协会副理事长关强、郭旃、侯卫东，副秘书长陆琼，国家文物局世界遗产处相关负责人及湖南省文物行政部门负责人等参加了会议。世界文化遗产

2014
中国
文物年鉴

领域和民族文化研究领域的专家学者刘庆柱、李水城、陈耀华、李世愉、苍铭等与中国联合国教科文全国委员会有关领导参加会议，对土司遗址申遗文本进行了专业评审。

12月23日，在北京召开第二次"土司遗址申遗文本评审会"，常务副理事长关强主持会议。协会副理事长郭旃、侯卫东、吕舟，副秘书长陆琼，国家文物局世界遗产处处长刘洋、副处长佟薇等与相关地方文物行政部门有关负责人参加会议。会议邀请到世界文化遗产领域和民族历史文化研究领域的专家学者刘庆柱、陈耀华、李水城、陈雍、苍铭、刘畅等以及外交部、国家民族事务委员会、中国联合国教科文全国委员会相关同志，对土司遗址申报文本提出进一步的修改意见。

【世界文化遗产管理】

为进一步规范我国世界文化遗产申报工作，协会受国家文物局委托，于12月13日在北京召开"世界文化遗产申报工作规程专题研讨会"，理事长童明康主持会议。会上介绍了由协会秘书处负责起草的《世界文化遗产申报工作规程（试行）》的主要内容、原则和工作要求，研究论证申报了工作手册编制方案，听取了遗产地管理机构负责人对落实申报工作规程的意见和建议。

协会常务副理事长关强、副秘书长陆琼，国家文物局相关司处负责人，山西省、内蒙古、辽宁省、江苏省、浙江省、广西壮族自治区、四川省、云南省、陕西省、宁夏回族自治区、新疆维吾尔自治区等部分近年申报世界文化遗产的遗产地保护管理机构负责人，部分世界文化遗产预备名单遗产所在地省级文物行政部门负责人，及遗产保护管理机构或申遗机构负责人等50余人参加了会议。

【重要活动与会议】

1. 赴芦山震灾地区考察

4月20日四川省雅安市芦山县发生地震。5月5~8日，协会理事长童明康率队前往灾区查看了文物受损情况，慰问抗震救灾一线的同志，部署震后抢险救灾及文物保护工作。这次考察对及时全面开展抗震救灾起到重要作用。

2. 开展"4·18"国际古迹遗址日纪念活动

2013年"4·18"国际古迹遗址日的主题为"教育的遗产"。响应这一主题，协会号召各单位围绕该主题开展形式多样的纪念活动。协会团体会员中国建筑设计研究院建筑历史研究所、清华大学建筑学院、国际古迹遗址理事会西安国际保护中心、石窟专业委员会、北海公园、明孝陵博物馆、内蒙古博物院、郑州市古荥汉代冶铁遗址博物馆、重庆大学建筑城规学院等单位，通过举办讲座和展览、悬挂标语、发布宣传海报等进行专题宣传，介绍"国际古迹遗址日"以及"教育的遗产"基本概念，介绍国内外的教育遗产案例及其保护理念，扩大了"4·18"国际古迹遗址日在社会上的影响，也扩大了协会的国际影响。

3. 召开2013年协会常务理事会和理事会通讯会议

8月7日，协会在北京召开常务理事会，理事长童明康主持了会议。会议审议通过了协会2013年上半年工作报告和下半年工作计划；审议并原则通过成立协会专业工作组和世界文化遗产联盟的设想；审议通过了《关于会员入会审批程序的建议》等。

9月12日，协会召开2013年理事会通讯会议，以书面形式通报了协会常务理事会的议题和纪要，书面征求了理事的意见和建议。

【主办、协办、承办学术活动与研讨会】

1．承办中国文化遗产保护无锡论坛

4月10～11日，受国家文物局委托，协会与无锡市人民政府、无锡市文化遗产局共同筹办了2013年"中国文化遗产保护无锡论坛"。论坛以"文化遗产保护与利用——发展中的平衡"为主题，探讨妥善处理文化遗产传承与发展的关系，实现新形势下文物工作与社会文化发展的互利共赢。协会理事长童明康做论坛总结发言。

来自全国文物部门、文化遗产保护领域的近百名专家学者出席论坛开幕式并参加了相关科学研讨会。

2．联合主办"中国世界遗产地游客承载量研究与游客管理国际研讨会"

5月17～19日，协会和敦煌研究院、美国盖蒂保护所共同主办了"中国世界遗产地游客承载量研究与游客管理国际研讨会"，理事长童明康出席会议并作主旨发言。美国盖蒂保护所专家，世界遗产中心项目专员，来自美国、澳大利亚和印度的专家，我国世界遗产地的管理者以及科研机构和大学的学者等80余位代表参加了会议。会上就国内外游客承载量研究与游客管理的理论和实践进行了探讨。

会议期间童明康一行还实地考察了敦煌地区丝绸之路世界遗产申报的准备情况。

3．筹办"系列遗产保护管理杭州国际研讨会"

11月20日，协会与杭州西湖风景名胜区管理委员会（杭州市园林文物局）、世界遗产保护杭州中心在浙江省杭州市共同主办召开"世界文化遗产保护与管理国际会议——系列遗产的保护、管理、监测"，来自国际古迹遗址理事会（ICOMOS）、国际文化财产保护与修复研究中心（ICCROM）等国际组织以及印度、爱尔兰、以色列、日本、哈萨克斯坦和韩国等国的代表，我国文化遗产保护领域的专家学者以及部分系列遗产相关省级文物行政部门、相关专业单位的代表共60余人参加了会议。协会理事长童明康出席会议并在开幕式上致辞。

4．主办"天坛公园申遗成功十五周年研讨会"

12月31日，协会在北京天坛公园举办了"天坛公园申遗成功十五周年研讨会"。会议由国际古迹遗址理事会副主席、协会副理事长兼秘书长郭旃主持，谢辰生、单霁翔、孔繁峙、刘庆柱、吕舟、晋宏逵、曹南燕、张妙弟和张廷皓等专家学者参加了会议。会议充分肯定天坛公园申遗成功以来为保护世界遗产突出普遍价值所做的工作，呼吁北京市政府和全社会共同努力保护天坛的完整性。会议形成了《天坛倡议》，得到了媒体和社会的广泛关注。

5．联合主办第二届国际古迹遗址理事会（ICOMOS）武汉无界论坛

11月16日，由协会与ICOMOS共享遗产科学委员会联合主办的武汉无界论坛在武汉华中科技大学举办，来自德国、比利时与中国的专家学者围绕"工程－文化－景观"这一主题开展讨论，并形成《工程与文化相互促进的武汉倡议》。

6．组织《中国文物古迹保护准则》修订专家研讨会

3月13日、5月3日、5月9日、8月8日、8月15日、9月18日、11月5日，协会分别召开7次《中国文物古迹保护准则》修订专家研讨会，共有协会领导与专家71人次参加讨论，其中两次有美国盖蒂保护所专家参加。经过中外专家多次交流、研讨，并广泛征求全国文物行政管理机构、协会顾委、文物保护从业人员的意见，历经修改，《中国文物古迹保护准

则》文本和阐释的修订工作基本完成。

7. 承办"澳门涉建项目专家评审会"

1月14日，协会受国家文物局世界遗产处委托，组织召开"澳门涉建项目专家评审会"，副理事长郭旃、陈同滨、侯卫东等参加了会议。

【加强对外交流，履行缔约国职责】

1. 参加国际古迹遗址理事会（ICOMOS）顾问委员会会议

10月6～11日，协会理事长童明康率团参加了在哥斯达黎加召开的2013年度ICOMOS顾问委员会会议，与国际同行进行了广泛的交流；顺访哥伦比亚期间会晤了该国文化部官员，就文化遗产保护的经验和做法进行了交流。

2. 参加第六届丝绸之路国际大会并发言

8月1～3日，由联合国世界旅游组织、中国国家旅游局、甘肃省人民政府联合主办的联合国世界旅游组织第六届丝绸之路国际大会在甘肃省敦煌市举行。来自26个国家和国际组织的代表就如何构建新的丝绸之路旅游线路，着力把丝绸之路打造成国际旅游区域合作的典范，推动全球旅游业的发展进行探讨。协会常务理事、敦煌研究院副院长王旭东代表协会出席大会，并在主题为"关注环境问题、保护文化遗产"论坛上发表了"环境变化与丝绸之路古遗址保护"的主题演讲。

3. 参加"伟大的丝绸之路"国际论坛

10月14～15日，协会常务理事单位中国建筑设计研究院建筑历史研究所副所长王力军副所长应哈萨克斯坦共和国外交部邀请，赴哈萨克斯坦阿拉木图参加了由哈萨克斯坦共和国、联合国教科文组织（UNESCO）联合举办的"伟大的丝绸之路"国际论坛。该论坛主题为"对话、多样性、发展"，旨在促进各国展开丝绸之路跨文化对话以及探索丝绸之路未来新发展。

4. 参加国际古迹遗址理事会（ICOMOS）文化景观主题研讨会

10月24～25日，协会副理事长兼秘书长郭旃、常务理事单位中国建筑设计研究院建筑历史研究所副所长刘剑参加了在澳大利亚举办的"2013年国际文化景观科学委员会年会"。

5. 参加"21世纪的文化景观和文化路线：挑战与机遇"的国际学术研讨会

10月27～31日，协会常务理事单位中国建筑设计研究院建筑历史研究所副所长刘剑，应邀参加了由文化景观科学委员会（ISCCL）和国际文化路线科学委员会（CIIC）在澳大利亚联合举办的、主题为"21世纪的文化景观和文化路线：挑战与机遇"的学术研讨会。

【承担文物古迹保护行业规则修订项目】

2010年4月，受国家文物局委托，协会启动了《中国文物古迹保护准则》（以下简称《准则》）的修订项目，至2013年11月，《准则》文本和阐释的修订工作基本完成。在保持《准则》整体结构、原有核心内容延续性的基础上，通过修订，增加、补充了有关新的文物古迹类型、文物价值等相关内容，增加了遗址保护、展示内容，使《准则》更好地涵盖了文物古迹保护的主要领域，同时强调了管理对文物古迹的保护作用，进一步加强了《准则》在文化遗产保护工作中的针对性和指导性，使《准则》作为行业规则和保护工作的评价标准，更加适应文化遗产保护领域理念与实践的变化和发展。

■【课题研究】

从2012年12月开始的"丝绸之路跨国申报课题研究"持续进行。项目主要参与人解立在2013年11月20日举办的"系列遗产保护管理杭州国际研讨会"上就项目研究成果进行了汇报。

"世界文化遗产区域划定和管理研究"课题重新启动。

■【其他】

1．协会副理事长吕舟荣获国际文化财产保护与修复中心（ICCROM）ICCROM Award大奖

11月27日，在罗马召开的第28届国际文化财产保护与修复中心（ICCROM）会员国大会上，ICCROM主席格雷兰·鲁克向清华大学吕舟教授颁发了2012～2013年度的ICCROM Award大奖。这是中国学者首次荣获该奖项。

ICCROM Award大奖设立于1979年，它的宗旨是"表彰那些在文化遗产保护、保存和修复领域有特殊贡献的人，并对ICCROM的发展有重要贡献的人"。该奖项通过ICCROM理事会成员的提名与投票，每两年产生一至两名获奖者。

该奖项是国际文化遗产保护领域最重要的奖项，吕舟教授获得ICCROM Award大奖，反映了国际社会对中国文化遗产保护事业的肯定。

2．4月22～26日，常务理事单位中国建筑设计研究院建筑历史研究所副所长傅晶等，赴日本参加了由联合国训练研究所主办的"世界遗产保护与管理——世界遗产系列申报及对比分析的重要性"培训活动。

3．6月8日，常务理事单位中国建筑设计研究院建筑历史研究所围绕年度中国文化遗产日主题进行了海报宣传、2013年最新版《世界文化遗产地图》翻译制作和赠送发放等庆祝活动，在建筑师、规划师中进行文化遗产的调查研究、保护管理、展示宣传、公众参与、社会传承等各方面内容的介绍和宣传。

4．8月11～13日，协会副理事长吕舟、理事郑军，参与武当山古建筑群反应性监测前期准备工作。

5．9月14～16日，副理事长兼秘书长郭旃参加了由常务理事单位成都文物考古研究所主办的全国考古遗址公园联盟第三次会议。秘书处派员参会并陪同、协助国际专家进行考察活动。

2014
中国
文物年鉴

中国博物馆协会

【概述】

中国博物馆协会是一个由开展博物馆有关业务的组织和个人自愿结成的全国性行业社会团体。它最早成立于1935年。但由于社会的动荡在1948年停止活动，1982年以中国博物馆学会的名义恢复活动，2010年经民政部批准再次更名为中国博物馆协会。目前，国际博物馆协会中国国家委员会和国际博物馆协会亚太地区联盟与中国博协合署办公。

中国博协的主要任务包括：加强博物馆行业自律，促进博物馆建设和发展；开展调查研究，为博物馆法规政策的制定提出意见建议；健全博物馆行业规则、标准和服务规范；开展博物馆的基础理论和应用学科研究；开展新技术、新标准的推广和信息交流，提高博物馆行业的科技含量；建立行业和行政管理机关间的沟通渠道，发挥桥梁与纽带作用。

2013年，在我国博物馆事业快速发展形势下，中国博协在引领行业发展、促进学术研究、推动对外交流方面的功能愈益显现出来。截至2013年底，中国博协共有会员7650，下属专业委员会34个，是我国在博物馆领域会员数量最多、覆盖专业领域最广、行业影响力最大的行业组织和学术团体。

【学术研究】

开展形式多样的学术研讨活动、组织实施科研课题研究、编辑学术出版物是中国博协自创始以来数十年形成的优良传统，也使协会作为全国博物馆学术中心的地位得到了普遍认同。2013年，中国博协继续坚持和发扬了这一优良传统，通过多种渠道、整合多方资源，倡导、举办、参与和协调了一系列综合性或专题性学术活动，取得了可喜的成果。据不完全统计，年内，中国博协单独举办或与兄弟单位联合主办的全国性学术年会及研讨活动达35次以上，组织实施科研课题5项，编辑出版博物馆学术论著3部。

（一）综合性学术活动

2013年，中国博协会完成了《文物保护法》修订工作中有关民办博物馆的前期研究，为修法工作提供了学术支撑；结合2013年国际博物馆日的主题"［记忆+创造力］=社会变革"，策划和组织了大型研讨会；在《中国博物馆》杂志创刊30周年之际，主办了大型学术讨论会，以"博物馆学学科建设与博物馆事业发展"为主题，对"博物馆学的关键性概念""博物馆学人才队伍建设""博物馆学思潮的变化"和"当代博物馆职业道德建设"等内容进行了深入的研讨。

（二）专业委员会学术活动

2013年中国博协所属各专业委员会通过举办学术年会，结合本专业的热点、难点问题展开研讨，取得了许多可喜的学术成果。

从不同专业学科的专委会看，社会教育专业委员会举办了以引进借鉴先进博物馆教育实践为宗旨的2013中外博物馆教育论坛；建筑空间与新技术专业委员会为加强基础建设所实施的"四库一平台项目"得到全面深化；藏品保护专业委员会举办了第三届"全国博物馆藏品保护学术研讨会"；安全专业委员会面向博物馆安全实践举办了博物馆应急安全管理研讨活动；博物馆学专业委员会为构建和提升博物馆学科体系举办了"博物馆与教育"学术年会；展览交流专业委员会推动了"馆际展览交流研究项目"和"文物出境展览管理规定调研项目"；数字化专业委员会继续举行了具有多学科特征的"博物馆数字化推广论坛"；志愿者工作专业委员会在每年一度的"全国十佳博物馆志愿者评选"平台上拓展，举办了中国博物馆志愿者论坛；传媒专业委员会与数字化专业委员会合作举办了"博物馆与新媒体"学术研讨会；登记著录专业委员会以"加强登记著录理论建设、推进全国可移动文物普查"为主题，召开了2013年度学术年会暨博物馆藏品登记著录学术研讨会；乐器专业委员会举办了"国际音乐考古学术研讨会"。

从不同博物馆类型的专委会看，区域博物馆专业委员会围绕"博物馆国家标准及最佳做法""新建（改扩建）博物馆发展"等主题展开了学术研讨；"丝绸之路"沿线博物馆专业委员会开展跨馆、跨地区联动研究并及时将成果转换为系列展览项目；城市博物馆专业委员会举办了"城市博物馆与社会变革"研讨活动；文学博物馆专业委员会举办了"口述史与文学博物馆的记忆和创造力"研讨会；民办博物馆专业委员会举办了"民办博物馆发展论坛"；服装博物馆专委会举办了"中国服装——历史记忆与时尚"学术会议；史前遗址博物馆专业委员会连续第五年举办专题学术研讨会；纪念馆专业委员会与中国人民抗日战争纪念馆合作举办了"红色经典 现代传承——革命类纪念馆文创产品座谈会暨旅游纪念品展示会"；华侨博物馆专业委员会以"商讨制定华侨文物分类、鉴定标准规范问题及华侨类博物馆衍生品及创意产品的开发"为主题召开了2013年年会。

（三）学术出版

在学术出版方面，2013年，历时四年的《中国博物志》完成出版；此外，还相继编辑出版了学术或专业论著3部。在美国博物馆协会的大力支持下，中国博协联合湖南省博物馆出版了《美国博物馆协会美国博物馆管理系列丛书》中的2部。作为协会的重要学术研究阵地，《中国博物馆》杂志在实践中不断探索服务学术研究、服务博物馆学科建设的办刊方向，如期出版4期。信息性月刊《中国博物馆通讯》经过短暂的停刊之后亦于2013年顺利复刊。《中国博物馆》季刊与《中国博物馆通讯》月刊互为姊妹，优势互补，成为协会会员及整个博物馆业界发表学术论著和成果的平台。

【服务行业和会员】

增强服务意识、提高服务质量和水平是本届中国博协着力做好的核心工作。2013年，中国博协继续在完善交流平台、扩展服务范围、提升服务品质方面开展工作。

（一）专业培训

2013年，为满足会员单位业务能力建设的需求，中国博协积极组织专家力量、安排专项资金，组织实施了不同层次和类别的培训课程。例如，为提升协会会员单位新入职员工专业技能，中国博协委托上海博物馆连续第三年举办了"博物馆新入职员工培训班"；为满足会员单位对博物馆教育工作者日益增长的需求，协会设在西安的培训中心举办了第十期全国讲解员培训班；为提升会员单位的博物馆运营管理水平，中国博协与加拿大洛德文化资源公司合作举办了主题为"作为非营利性机构的博物馆管理"的国际博物馆高级管理人员研修班。2013年,中国博协各专业委员会在业务培训中发挥了积极作用。例如,区域博物馆专业委员会举办了第一期"博物馆专业英语培训班";社教专业委员会与美国史密森学会共同举办了国际博物馆教育培训班;安全专业委员会举办了"博物馆应急安全管理国际培训班"。

（二）行业规范建设

根据协会章程确定的业务活动范围,2013年,协会在行业自律、行业规范方面积极作为。例如,在充分研究借鉴我国和国际成功经验的基础上,起草了符合中国国情和中国博物馆行业特点的《中国博物馆职业道德准则（草案）》,广泛征求意见;在国家文物局的支持下,《博物馆陈列展览设计施工单位资质管理办法》起草工作得以完成,并于10月经常务理事会审议通过。此外,登记著录、文创产品、展览交流、志愿者工作、民办博物馆、华侨历史等专业委员会也正结合本领域的需求和特点开始调研或起草专门的行业规范指导意见。

（三）服务行业管理

2013年,中国博协继续努力发挥政府主管部门参谋助手和桥梁纽带作用,围绕国家在文化遗产领域的中心工作,积极建言献策,努力针对涉及博物馆专业化发展中遇到的问题反映行业诉求。同时,对业务主管单位国家文物局委托的各项工作,坚持做到思想高度重视、组织切实保证、措施高效有力。这些工作的开展,在完成政府主管部门所委托任务的同时,也为协会更好地发挥博物馆行业管理职能奠定了良好的基础。

2013年,中国博协连续第二年组织了"全国最具创新力博物馆"的年度评选活动,力求发掘和交流博物馆的创新潜力。在国家文物局的指导下,协会与中国文物报社共同承办了"全国博物馆十大陈列展览精品评选活动"。

【国际交流合作】

中国博协同时兼有国际博协中国国家委员会和国际博协亚太地区联盟的职能。2013年,中国博协保持和发展了良好的国际合作态势,把握"关键场合主动发声、业务合作力求实效"的工作总基调,与国际博协和其他国家博物馆组织在不同层面上加强了业务的联系与合作,力求对外交流的广度和深度上实现新的突破。这些工作不仅有利于中国博物馆国际影响力的提升和话语权的加大,而且为推动国际博物馆事业的发展和进步做出了积极贡献,实现了共同发展、共赢发展。

（一）与国际博协的合作

根据国际博协第22届上海大会通过的决议,经过近三年的精心筹备,2013年7月,国际博协、中国博物馆协会（国际博协中国国家委员会）和故宫博物院三方合作建立了"国际博物馆协会博物馆培训中心"。该中心设在故宫博物院,是国际博协唯一的博物馆专业培训机构。培训中心于2013年成功举办了博物馆运行管理国际培训班,来自世界各地的知名专家学者前来授课,近15个国家的30名学员参加了培训。

2013年8月,在协会的鼓励和号召下,120名来自全国各地的博物馆馆长和研究者积极参与了在巴西里约热内卢召开的国际博协第23届大会,与各国博物馆同行进行了内容广泛的交流。经过国际博协的多轮提名、筛选和推荐,我会名誉理事长张文彬被博协大会一致推选为国际博协荣誉会员。这是国际博协67年历史上第一次将这一最高荣誉授予中国博物馆人，张文彬也是世界上第12位获此殊荣的博物馆人。在国际博协亚太地区联盟会议上，我会理事长再次当选该联盟主席，中国代表成功连任国际博协执委。同时，中国代表参加了几乎所有国际博协专业委员会的会议，湖南省博物馆、陕西历史博物馆、河南博物院、上海历史博物馆的代表还分别被不同专业委员会选举为副主席或理事。

（二）区域和双边合作

2013年，中国博协继续利用"亚太地区博物馆联盟"主席国的平台开展区域性的博物馆学术交流与合作。年内，由中国博协专门项目小组实施的覆盖20多个国家的《亚洲地区博物馆现状与公众需求调查》取得阶段性成果；2013年与世界博物馆之友联盟建立了正式合作关系；与"世界最佳博物馆利用机构"达成合作共识，并向该机构推荐中国"最创新力博物馆"参加该机构的评选活动。

2013年，中国博协在双边合作领域也取得了新的进展。例如，与美国博协签署了《合作谅解备忘录》并联合主办了"中美博物馆标准和最佳做法研讨班"；与加拿大洛德文化资源公司签署了《战略合作谅解备忘录》；启动了与美国盖蒂领导力学院合作选派中国高级研究人员赴美进修项目；与俄罗斯博物馆协会建立了战略合作关系等。

纪事篇

1月1日	新的《文物事业单位财务制度》实行。
	故宫博物院在其网站公布了首批18大类藏品的目录。这在国内大型综合博物馆尚属首次。
	新修定的《洛阳市龙门石窟保护管理条例》于2013年1月1日起正式颁布施行。
	中国人民抗日战争纪念馆"光辉典范——抗战时期中国共产党党风廉政建设虚拟展"正式上线。
1月5日	2012年度国家社科基金第三批重大项目"外国考古学研究译丛"开题研讨会在复旦大学召开。
1月6～12日	由国家文物局主办、中国文物交流中心承办、云南省文物局及云南省博物馆协办的"博物馆展览策划专题培训班"在云南昆明举办。
1月8～9日	全国可移动文物普查办主任第一次会议暨骨干培训班在北京召开,国家文物局局长励小捷出席会议并讲话。
1月9日	中国社会科学院考古学论坛在京举行,对2012年的六项考古新发现作了专题报告。六项考古新发现分别是江苏泗洪县顺山集新石器时代遗址、陕西神木县石峁遗址、新疆温泉县阿敦乔鲁遗址与墓地、山东沂水县纪王崮春秋墓、河北邺城遗址东魏北齐佛寺遗迹和佛教造像埋藏坑、贵州遵义市海龙囤遗址。
	北川羌族民俗博物馆开馆仪式与中国民族博物馆北川分馆授牌仪式在四川省北川新县城举行。
	联合国教科文组织给予中国三大著名景区湖南张家界、江西庐山和黑龙江五大连池黄牌警告,督促三者在"向公众科普地球科学知识"等方面整改。
1月11～14日	中共中央政治局常委、中央书记处书记刘云山在陕西延安、榆林两地就贯彻落实党的十八大精神、开展群众路线教育实践活动进行调研。
1月13日	陕西省考古研究院通报最新考古发掘成果,西安渭桥遗址不仅是迄今所发现的最大的秦汉木梁柱桥梁遗址,而且也是现知同时期全世界最大的木构桥梁。
1月15日	中国博物馆协会与故宫博物院协商,决定合作组建国际博物馆协会国际博物馆培训中心。
1月17日	国家文物局召开局务扩大会议。文化部副部长、国家文物局局长励小捷出席会议并讲话,强调要把2013年各项重点工作切实落到实处。
	在全国文化市场管理工作会上,文化部正式公布了2012年全国文化市场十大案件,涉及文物的案件分别为江苏省扬州市谢某某买卖国家禁止买卖的国家一级文物案、四川省广元市"2·12"李某某等盗掘元坝系列古墓葬案。
1月18日	国家科技奖励大会在人民大会堂召开,国家文物局推荐的"文物出土现场保护移动实验室研发与应用"项目获得国家科技进步二等奖。

2014
中国
文物年鉴

	河南郑韩故城遗址公园开工仪式在新郑举行。
1月22日	财政部教科文司和国家文物局办公室在北京共同举办了"文物事业单位财务制度"培训班。
1月23日	文化部副部长、国家文物局局长励小捷在北京会见了来访的台北故宫博物院院长冯明珠，双方就加强两岸文物交流、促进两岸博物馆双向交流与合作交换了意见。
1月25日	国家文物局、国家旅游局发出《关于贯彻落实〈国务院关于进一步做好旅游等开发建设活动中文物保护工作的意见〉的通知》。
1月29日	福建省人民政府批复同意公布《世界文化遗产福建土楼保护规划》。
1月30日	国家文物局召开2013年党风廉政建设工作会议，传达学习习近平同志在十八届中央纪委第二次全体会议上的重要讲话精神，部署2013年党风廉政建设和反腐败工作任务。
1月31日	国务院第一次全国可移动文物普查领导小组在北京召开第一次会议。会议审议并原则通过了《第一次全国可移动文物普查实施方案》。 四川省文物考古研究院的"文物移动医院"在广汉三星堆遗址青关山台地科技考古现场正式开业。

2月

2月1日	由公安部和国家文物局共同提出、全国安全防范报警系统标准化技术委员会归口并组织起草修订的《博物馆和文物保护单位安全防范系统要求》正式实施。
2月2日	由神户市立博物馆、中国文物交流中心、日本广播协会等联合主办的"中国王朝瑰宝展"在日本神户市立博物馆开幕。
2月4日	《山西省文物建筑构件保护管理办法》正式颁布。这是该省针对文物建筑构件保护出台的第一个规范性文件。
2月10日	国务院批复同意将江苏省泰州市列为国家历史文化名城。
2月25～27日	文化部副部长、国家文物局局长励小捷赴贵州省调研世界文化遗产申报和传统村落保护工作。
2月28日	国家文物局在陕西省西安市召开丝绸之路申遗工作推进会。

3月

3月1日	由文化部、国家文物局、陕西省政府主办的"守望家园——陕西宝鸡群众保护文物成果特展"在国家博物馆开幕。
3月4日	国家文物局和河南省、陕西省、甘肃省、青海省、宁夏回族自治区、新疆维吾尔自治区人民政府《关于保护丝绸之路遗产的联合协定》签字仪式在北京举行。文化部副部长、国家文物局局长励小捷和六省（自治区）人民政府副省长（副主席）签署了联合

协定。

由首都精神文明建设委员会主办的"永远的雷锋"大型主题展览在中华世纪坛开幕。

3月5日   由中国文化遗产研究院与法国远东学院共同举办的"考古与柬埔寨吴哥古迹——法国远东学院历史照片特展"暨吴哥古迹保护与研究论坛在北京开幕。

3月6日   国家文物局水下文化遗产保护中心2013年年会在中国文化遗产研究院召开。

3月7日   北京市召开2013年度第一次历史文化名城保护专家工作会。

3月9日   湖南、贵州、湖北三省文物局以及土司遗址所有地市州、县区党委、政府领导齐聚湖南长沙,召开"土司遗址申报世界文化遗产第一次联席会议",就湖南老司城遗址、贵州海龙屯土司遗址、湖北唐崖土司遗址联合申报世界文化遗产建立联合申遗工作机制。

3月12日   国务院第一次全国可移动文物普查领导小组办公室发布《第一次全国可移动文物普查实施方案》。

3月12~24日   国家文物局水下文化遗产保护中心与江西省文物考古研究所联合进行鄱阳湖老爷庙水域水下考古调查。这是由国家文物局批准的第一个内陆水域水下考古调查项目,也是在我国内陆水域首次以人工潜水探摸方式进行的水下古工作。这是由国家文物局批准的第一个内陆水域水下考古调查项目,也是在我国内陆水域首次以人工潜水探摸方式进行的水下古工作。

3月15日   国家科技支撑计划"织锦文化遗产数字化与文化景区旅游服务示范"项目启动。

3月18日   国家文物局召开局务扩大会议,传达学习十二届全国人大一次会议和全国政协十二届一次会议精神。

3月19日   "十一五"国家科技支撑计划项目"中华文明探源及其相关文物保护技术研究"通过了科技部和国家文物局联合组织的专家验收。

3月21日   青岛市人民政府出台《青岛市八大关风貌保护区管理若干规定》。

湖南省博物馆在谷歌艺术计划(Google Art Project)网站成功上线,面向全球网络用户提供丰富的线上展示内容。

3月23日   中共中央总书记、国家主席习近平在莫斯科出席中国共产党第六次全国代表大会纪念馆建馆启动仪式。

来自中、法、越三国的专家学者汇聚"滇越铁路"昆明论坛,就"加强滇越铁路保护利用,促进申遗工作推进"进行研讨。

3月25~26日   大运河保护和申遗省部级会商小组办公室会议和2013年大运河保护和申遗工作会议在江苏省扬州召开。

3月29日   国家文物局在四川省成都市召开2013年全国文物外事工作座谈会。

3月30日   新疆维吾尔自治区第十二届人民代表大会常务委员会第一次会议决定批准《新疆吉木萨尔北庭故城遗址保护条例》。

2014
中国
文物年鉴

4月2日	国家文物局、陕西省政府合作共建汉长安城国家大遗址保护特区第二次工作会议在西安召开。
4月3日	最高人民法院、最高人民检察院联合发布办理盗窃刑事案件司法解释，加大了对盗窃文物行为的打击力度。
	2013年沙特阿拉伯"杰纳第利亚遗产文化节"中国主宾国活动在沙特杰纳第利亚地区开幕。
4月9日	2012年度全国十大考古新发现在北京揭晓。河南栾川孙家洞旧石器遗址、江苏泗洪顺山集新石器时代遗址、四川金川刘家寨新石器时代遗址、陕西神木石峁遗址、新疆温泉阿敦乔鲁遗址与墓地、山东定陶灵圣湖汉墓、河北内丘邢窑遗址、内蒙古辽上京皇城西山坡佛寺遗址、重庆渝中区老鼓楼衙署遗址、贵州遵义海龙囤遗址入选。
4月10日	国家文物局正式发布2013年文化遗产日的主题——"文化遗产与全面小康"。
	由国家文物局主办、无锡市人民政府和江苏省文物局承办、中国古迹遗址保护协会协办的中国文化遗产保护第八届无锡论坛在无锡拉开帷幕。
4月11日	国务院副总理刘延东和新西兰总理约翰·基共同出席在国家博物馆举行的毛利斗篷移交仪式。
	国家文物局首艘水下考古工作船在重庆长航东风船厂点火开工。
4月14日	扬州召开新闻通气会证实，近期扬州市邗江区发现疑似隋炀帝陵寝的古墓，初步认为墓主人应为隋炀帝杨广。
4月15日	由河南省文物局主办的国际动物考古协会第九届骨器研究学术研讨会在郑州召开。这是该项会议首次在中国召开。
4月16日	中共中央政治局委员、国务院副总理刘延东在调研故宫博物院北京西玉河基地时强调，要把"平安故宫"作为重大文化建设工程，全面提升故宫博物院的文化遗产保护、展示传播和服务观众能力，实现故宫博物院的高水平保护利用和可持续发展。
	来自罗马尼亚、坦桑尼亚、土耳其、意大利、摩洛哥、塞舌尔、津巴布韦等七国的驻华使节赴安徽参加"2013年驻华使节走进中国文化遗产活动"。
4月18日	第一次全国可移动文物普查电视电话会议召开。国务院副总理、第一次全国可移动文物普查领导小组组长刘延东出席会议并讲话。
	中国博物馆协会在全亚洲范围内全面推出"亚洲地区博物馆现状与公共需求调查"主题活动。
	由中国拍卖协会主办的"2013中国文物艺术品拍卖国际论坛"在北京召开。
4月19~21日	由武汉市文物交流中心联合湖南省文物总店、安徽省文物总店、江西省文物商店举办的第四届全国文物艺术品交流会在武汉举行。
4月20日	上午8:02，四川省雅安市芦山县发生7.0级地震。四川省、雅安市文物部门职工第一时间赶赴现场，查看博物馆、文保单位受灾情况，

2014 中国 文物年鉴

积极应对灾情。

4月21日　四川省文化厅厅长郑晓幸赶赴雅安，指挥文博系统抗震救灾工作。中国博物馆协会志愿者专委会组织了首次募捐，将善款送往灾区，并向全国博物馆志愿者发出捐赠倡议。

萨马兰奇纪念馆在天津市静海县正式对公众开放。

4月23日　国家文物局研究决定，从局长基金中划拨80万元作为应急资金，用于"4·20"芦山地震受损文物的前期应急抢险、棚护、支护、清理、遮盖、消毒等方面。四川省文物局决定从自有资金中配套20万元共计100万元，下拨雅安、芦山、宝兴、天全、雨城、名山、邛崃、蒲江、新津等重灾区。

十二届全国人大常委会第二次会议审议的《旅游法》草案强调，景区门票价格不能说涨就涨，应严格规范程序。

4月25日　国家文物局《文物保护法》修订调研座谈会在杭州召开，标志着《文物保护法》修订工作正式启动。文化部副部长、国家文物局局长励小捷出席会议并讲话。

由故宫博物院、英国国立维多利亚与艾伯特博物馆联合举办的"印度宫廷的辉煌——英国国立维多利亚与艾伯特博物馆珍藏展"在故宫博物院开幕。

4月26日　国家文物局副局长宋新潮会见法国皮诺先生，对方表示将向中方无偿捐赠流失海外的圆明园青铜鼠首和兔首。

由海南省委、省政府主办的"坚持科学发展，实现绿色崛起——海南建省办经济特区25周年成就展"在海南省博物馆开幕。

截至26日18时，纳入四川省芦山"4·20"7.0级强烈地震灾害损失评估范围的雅安、成都、甘孜、乐山、凉山、眉山6市（州）的21个县（市、区），共有196处文物保护单位受损，其中全国重点文物保护单位19处、省级文物保护单位68处、市（县）级文物保护单位104处、文物点4处；有20处博物馆、文管所馆舍设施受损；有211件（套）可移动文物受损。

4月28日　国家文物局向各省、自治区、直辖市文物局（文化厅）发出《关于做好第七批全国重点文物保护单位保护工作的通知》。

文化部、国家文物局在北京举行座谈会，隆重纪念张伯驹先生诞辰115周年。

4月29日　由中国国家文物局、罗马尼亚文化与国家遗产部及中华人民共和国驻罗马尼亚大使馆合作主办的"华夏瑰宝展"在罗马尼亚布加勒斯特国家历史博物馆开幕。

5月

5月2日　中共中央总书记、国家主席、中央军委主席习近平给北京大学考古文博学院2009级本科团支部全体同学回信，肯定他们立志为实现中华民族伟大复兴的中国梦而奋斗的理想和追求，勉励当代青年珍惜韶华、奋发有为，勇做走在时代前面的奋进者、开拓者、奉献者。

5月5~8日　国家文物局副局长童明康率队深入四川芦山"4·20"地震重灾区，慰问看望受灾文博单位的干部职工，实地调查、评估文物受损情况，组织召开专家论证评估会，指导震后文物抢救保护工作。

5月7日　国家文物局"2020年文物事业发展目标制订调研座谈会"在沈阳召开。

5月9日　为纪念汶川特大地震5周年，四川"5·12"汶川特大地震纪念馆正式面向社会公众免费开放。

5月17~20日　中共中央政治局常委、中央书记处书记刘云山在河南调研期间专门考察了河南省革命文物保护工作。

5月18日　由国家文物局和山东省人民政府主办的2013年"5·18"国际博物馆日中国主场城市（济南）活动开幕式在山东博物馆举行。

第十届（2011~2012年度）全国博物馆十大陈列展览精品评选颁奖仪式在山东省济南市举行。

"内蒙古博物院流动数字博物馆"正式启用。

5月20日　新疆博物馆启动和田达玛沟佛寺壁画修复保护工作。

5月21日　农业部公布了19个传统农业系统为第一批中国重要农业文化遗产。

中国博物馆协会文创产品专业委员会在北京成立。

5月22日　中国政府网发布《国务院关于同意将云南省会泽县列为国家历史文化名城的批复》。

"与时代同行——中国美术馆建馆50周年藏品大展"在中国美术馆开幕。

5月23日　故宫博物院出品的首个iPad应用《胤禛美人图》在苹果应用商店正式发布。

5月25日　由中国河南省文物局与瑞典国立世界文化博物馆共同举办的"黄河流域王室与诸侯——中国河南青铜文明展"在瑞典国立世界文化博物馆远东考古博物馆开幕。

中国文物学会古村镇专业委员会成立大会在浙江湖州荻港古村召开。

5月27日　国家文物局、财政部联合印发《大遗址保护"十二五"专项规划》的通知，《规划》以实施重大保护示范项目、建设大遗址保护示范园区为着力点，构建"六片、四线、一圈"为重点、150处大遗址为支撑的大遗址保护新格局。

6月

6月1日　承德避暑山庄及周围寺庙文化遗产保护工程重点古建筑修缮项目普陀宗乘之庙保护修缮工程正式开工。

6月2日　五云楼抢险维修一期工程在福建省永定县高头乡高北村拉开帷幕。该工程是迄今世界上体量最大最高的夯土墙体扶正项目。

6月4日　全国文物安全工作部际联席会议第三次会议在北京召开，贯彻落实国务院《关于进一步做好旅游等开发建设活动中文物保护工作的意见》。

文化部、国家文物局和广东省人民政府在北京签署《关于共同推进文化建设战略合作框架协议》。

6月5日	国家文物局向各省、自治区、直辖市文物局（文化厅）下发《关于推进国有博物馆对口支援民办博物馆工作的意见》。
	联合国粮农组织总干事达席尔瓦在北京人民大会堂为新入选"全球重要农业文化遗产"的浙江"绍兴会稽山古香榧群"和河北"宣化城市传统葡萄园"授牌。
6月6日	国家文物局文物保护样板工程在黄山市徽州区呈坎古村落举行。
6月7日	第五届全国青少年文化遗产知识大赛决赛在陕西咸阳举行。
6月8日	由国家文物局、陕西省人民政府主办，陕西省文物局、咸阳市人民政府承办的2013年中国文化遗产日主场城市活动在陕西省咸阳市举行。
	由文化部、国家文物局和中央电视台联合推出的2013《中国记忆》文化遗产日特别节目在央视科教频道播出。
	西藏萨迦寺流失海外经书捐赠仪式在北京西藏文化博物馆举行。
	中国地名文化遗产保护促进会在北京成立。
6月9日	财政部、国家文物局联合印发了《国家重点文物保护专项补助资金管理办法》的通知。
	国家社科基金重大委托项目"蒙古族源与元朝帝陵综合研究项目"进入全面启动阶段。
6月13~15日	文化部副部长、国家文物局局长励小捷带领由国家文物局和国家旅游局组成的督查组，赴四川实地督查《国务院关于进一步做好旅游等开发建设活动中文物保护工作的意见》贯彻落实和自查自纠工作情况。
6月14~15日	国务院南水北调办、国家文物局组织验收组，对湖北省南水北调工程丹江口库区文物保护工作进行蓄水前验收。
6月16日	第37届世界遗产大会在柬埔寨首都金边开幕。
	中国文物学会大运河专业委员会在北京召开成立大会。
	文化部、国台办设立首批10个海峡两岸文化交流基地，重庆中国三峡博物馆为其中之一。
6月17日	广东省文化厅通报广州市萝岗区先秦考古遗址和古墓葬被毁坏事件。
6月17~18日	由清华大学出土文献研究与保护中心主办的出土文献与中国古代文明国际学术研讨会在北京举行。
6月19日	国家文物局召开会议，通报第一次全国可移动文物普查开展情况。
	中国国家博物馆向新疆维吾尔自治区、西藏自治区，四川省雅安地震灾区，以及河北省阜平县、山西省娄烦县、山西省静乐县、陕西省渭南县等4个贫困县捐赠国家博物馆基本陈列《复兴之路》图录。
6月20日	由中国国家文物局和意大利文化遗产与活动部主办的"早期中国——中华文明系列展I"在意大利罗马威尼斯宫国立博物馆开幕。
6月22日	在柬埔寨首都金边召开的第37届世界遗产委员会会议一致审议通过中国的红河哈尼梯田文化景观列入《世界遗产名录》。红河哈尼梯田文化景观成为中国第31项世界文化遗产，中国世界遗产总数达到45项。

2014
中国
文物年鉴

6月25日	国家文物局副局长童明康在柬埔寨暹粒市与柬埔寨吴哥古迹保护与发展管理局副局长森空举行会谈,协商推进中国政府援助吴哥古迹保护工程。
	考古学家、北京大学考古文博学院教授马世长先生在北京去世,享年74岁。
6月26~29日	由中国科学院古脊椎动物与古人类研究所和宁夏回族自治区文化厅主办的"纪念水洞沟遗址发现90周年大会暨国际学术研讨会"在银川召开。
6月27日	"彩陶中国——纪念庙底沟遗址发现60周年暨首届中国史前彩陶学术研讨会"在河南省三门峡市召开。
6月28日	皮诺先生捐赠圆明园青铜鼠首兔首仪式在中国国家博物馆举行,中共中央政治局委员、国务院副总理刘延东出席仪式,并与弗朗索瓦·皮诺共同为兽首揭幕。文化部部长蔡武颁发了捐赠证书,文化部副部长、国家文物局局长励小捷致辞。法国文化与新闻部部长奥蕾莉·菲莉佩蒂、法国驻华大使白林出席捐赠仪式。
	中国文物学会历史文化名街专业委员会在福建福州成立。
	"纪念半坡遗址发现60周年暨石兴邦先生90华诞国际学术研讨会"在西安召开。
6月29日	全国人民代表大会常务委员会通过关于修改《中华人民共和国文物保护法》的决定。对《文物保护法》第二十五条第二款修改为:"非国有不可移动文物转让、抵押或者改变用途的,应当根据其级别报相应的文物行政部门备案。"第五十六条第二款修改为:"拍卖企业拍卖的文物,在拍卖前应当经省、自治区、直辖市人民政府文物行政部门审核,并报国务院文物行政部门备案。"
	中国岩画学会在北京举行成立大会。大会选举全国人大常委会原副委员长布赫为荣誉会长,杨志今等9人为名誉会长,陈兆复、盖山林为终身名誉会长。

7月

7月1日	由中国气象局、国家文物局提出,全国雷电灾害防御行业标准化技术委员会归口起草的《文物建筑防雷技术规范》标准正式实施。
	为期半年多、总投资约15亿元的拉萨老城区保护工程顺利竣工。
	国际博物馆协会国际博物馆培训中心成立仪式在故宫博物院举行。国际博物馆协会主席汉斯-马丁·辛兹、国际博物馆协会中国国家委员会主席宋新潮、故宫博物院院长单霁翔代表合作三方共同签署了框架协议并为中心揭牌。
7月2日	法国当地时间7月1日晚,在巴黎召开的联合国教科文组织《关于禁止和防止非法进出口文化财产和非法转让其所有权的方法的公约》特别会议上,中国以亚太组别最高票当选该公约首届附属委员会委员国,任期两年。

	国家文物局发出《关于加强汛期文物安全工作的紧急通知》。
7月3日	湖北随州叶家山西周墓葬群二期发掘成果揭幕，南方地区首次发现西周马坑。
	北京海关将近年来罚没的10393件（套）文物移交给国家文物局。
7月4日	由台湾知名人士叶景成先生捐赠给天津武清区的明代佛像正阳古佛，自天津武清区启程返回河南省驻马店市正阳县原乡。
7月5日	广州市政府召开新闻发布会，公布对广州越秀区民国时期建筑被拆除事件、萝岗区先秦古墓被破坏事件的调查情况和处理意见，明确这两起文物破坏事件属违法行为，建议将肇事方移交司法机关作进一步调查。
7月7日	中国人民抗日战争纪念馆与波兰奥斯维辛－比克瑙国家博物馆、上海犹太难民纪念馆共同举办的"德国纳粹死亡集中营——奥斯维辛集中营"展览在抗战馆开展。
7月8日	国家文物局系统党的群众路线教育实践活动动员会召开。
	山东省政府常务会议讨论通过了《山东省大运河遗产山东段保护管理办法（草案）》，《办法》将于10月1日正式实施。
	由中国文物交流中心、日本东京国立博物馆、日本放送协会（NHK）和日本放送协会文化促进会社共同举办的"中华大文明展"在日本九州国立博物馆开幕。
7月9日	国家文物局印发《关于请支持开展民办博物馆规范化建设评估工作的通知》，委托中国博物馆协会和中国文物报社于2013年7~8月开展民办博物馆规范化建设评估工作。
7月10日	在国家主席习近平和来访的尼日利亚总统古德勒克·乔纳森的见证下，文化部副部长、国家文物局局长励小捷与尼日利亚联邦旅游、文化和民族事务指导部部长埃德姆·杜克分别代表两国政府在人民大会堂签署了中尼《关于防止盗窃、盗掘和非法进出境文化财产的协定》。
7月11日	中共中央总书记、国家主席、中央军委主席习近平到河北省调研指导党的群众路线教育实践活动，在河北平山县西柏坡，参观西柏坡纪念馆、毛泽东旧居、中央军委作战室、七届二中全会旧址，在九月会议旧址召开县乡村干部、老党员和群众代表座谈会。
	全国文物局长座谈会在吉林省吉林市召开。
7月14日	由全国政协文史和学习委员会、中国文物学会主办的"传承世界遗产、建设美丽中国"研讨会在河南登封召开。会议通过了《保护世界遗产登封倡议书》。
7月15日	"真爱敦煌——关注世界遗产大型公益行动"在甘肃天水麦积山石窟举行出发仪式。
	中国文化遗产研究院可移动文物保护修复培训基地在天津博物馆成立。
	由国家文物局组织的"2012年度全国十大文物维修工程"评选揭晓，北京颐和园四大部洲修缮工程、山西太原王家峰北齐徐显秀墓保护工程、山东曲阜孔府西路建筑群修缮工程、北京怀柔区怀北镇河防口段长城修缮工程、江苏泰州周氏住宅修缮工程、湖南永顺县老司城遗址文物抢救性保护工程（一期）、重庆潼南大佛本体保护修复工程、青

2014
中国
文物年鉴

海玉树藏娘佛塔及桑周寺和小经堂壁画抢险保护修复工程、西藏拉萨色拉寺文物维修工程、新疆克孜尔尕哈石窟抢险加固工程入选。

国家文物局副局长童明康赴青海省玉树藏族自治州"4·14"地震灾区检查震后文物抢救保护工作进展情况。

7月16~19日	国家文物局召开协调会议，听取老司城、唐崖、贵州海龙囤遗址考古和申遗文本编制工作情况汇报，研究部署3处土司遗址下一步考古和保护工作，推进世界文化遗产申报工作。
7月19日	《苏州历史文化名城保护规划（2013~2030）》向市民公示。
7月23日	财政部、国家文物局针对新颁布的《国家重点文物保护专项补助资金管理办法》召开新闻通气会。
	由国家文物局、天津市人民政府、台湾沈春池文教基金会、香港特区政府发展局与澳门特区政府社会文化司共同主办的"海峡两岸及港澳地区建筑遗产再利用研讨会"在天津开幕。
7月23~26日	文化部副部长、国家文物局局长励小捷到宁夏、甘肃调研文物工作。
7月26日	国家文物局与中国社会科学院召开专门会议，研究中国社会科学院第一次全国可移动文物普查工作。
	"上海交通大学建筑文化遗产保护国际研究中心"成立暨揭牌仪式举行。
7月28日	中国文物保护基金会第四届专家委员会大会在北京召开。
7月30日	陕西省政府在省文物局召开丝绸之路申遗工作检查督导会议。

8月

8月2日	中国政府网发布《国务院关于同意将山东省烟台市列为国家历史文化名城的批复》。
8月6日	国家文物局在北京组织召开大运河和丝绸之路申遗工作会。
	国家文物局在其政府网站上公布了2012年度全国博物馆名录。全国备案博物馆3866家，其中国有博物馆3219家（文物行政部门管理的国有博物馆2560家、其他行业性国有博物馆659家），民办博物馆647家。在2012年一年间，全国博物馆总数增长了277家。
8月9日	故宫博物院与承德市人民政府就北京故宫与承德避暑山庄多领域开展深度合作在北京故宫举行合作意向签字仪式。
8月13日	在国际博协亚太地区联盟会议上，国家文物局副局长、国际博协亚太地区联盟主席、国际博协中国国家委员会主席宋新潮再次当选新一届国际博协亚太地区联盟主席。
8月15日	由中共云南省委宣传部、统战部，中共保山市委、保山市人民政府主办的滇西抗战纪念馆开馆仪式在云南省腾冲县举行。
	国务院办公厅批准《常州市城市总体规划（2011~2020年）》。通知要求，要重视历史文化和风貌特色保护，切实保护好城市传统风貌和格局。

2014 中国文物年鉴

8月16日	文化部副部长、国家文物局局长励小捷与瑞士联邦委员会委员兼内政部部长阿兰·贝尔塞特分别代表两国政府在北京签署了《中华人民共和国政府与瑞士联邦委员会关于非法进出境文化财产及其返还的协定》。
8月17日	国际博协第23届大会一致推选国家文物局原局长、国际博协中国国家委员会原主席、中国博物馆协会名誉理事长张文彬为"国际博协荣誉会员"。这是国际博协在其67年历史上第一次将其最高荣誉授予中国博物馆人。
8月17~18日	由中国文物保护基金会主办的"2013第三届中国文化遗产保护与传承高峰论坛"在上海举办。
8月18日	巴西当地时间8月17日下午,为期七天的国际博协第23届大会在里约热内卢落下帷幕。大会通过了包括博物馆促进可持续发展等内容在内的六项决议,汉斯-马丁·辛兹连任国际博协主席。
8月19日	国家文物局发布了《第三批禁止出境展览文物目录》(含青铜器、陶瓷、玉器、杂项4类),列入目录的94件(组)一级文物自即日起禁止出境展出。我国禁止出境展览文物达到195件(组)。
8月21日	中国国民党荣誉主席吴伯雄率台湾参访团一行参观安徽省博物馆新馆。 由山西博物院和澳大利亚国立新南威尔士艺术博物馆联合举办的"丝路传奇——虞弘墓石椁展"在澳大利亚国立新南威尔士艺术博物馆开幕。
8月22日	四川芦山地震灾后茶马古道·观音阁、三苏祠抢救保护工程开工仪式分别在四川雅安、眉山举行,标志着四川芦山地震灾后文物抢救保护工程全面启动。
8月23~24日	"保国寺大殿建成1000周年学术研讨会暨中国建筑史学分会年会"在浙江宁波举行。
8月23~26日	"世界考古·上海论坛"在上海召开。10项世界重大田野考古发现和9项世界重大考古研究成果揭晓,浙江良渚古城、陕西神木石峁遗址入选重大田野考古发现,"中华文明探源工程研究"入选重大考古研究成果。
8月24日	世界著名企业家、美国慈善家肯尼斯·尤金·贝林向黑龙江省博物馆无偿捐赠一批世界珍贵大型野生动物标本。
8月26日	国家文物局制定并印发《世界文化遗产申报工作规程（试行）》,自发布之日起施行。 住房和城乡建设部、文化部、财政部联合公布了第二批中国传统村落名录名单,915个村落入选。
8月27日	国家文物局制定并印发《出境展览文物安全规定（试行）》,自发布之日起施行。 国家文物局召开会议,传达学习全国宣传思想工作会议精神,对贯彻落实会议精神作出安排部署。 国家文物局与工业和信息化部在北京签署《关于共同推进文物保护装备产业化及应用合作协议》。 广东省海岛文化遗产考古调查启动仪式在珠海淇澳岛东澳湾遗址

2014
中国
文物年鉴

举行。

8月28日	由文化部恭王府管理中心和中外文化交流中心共同主办的"2013恭王府论坛——中欧王府与古堡遗址博物馆发展之道"在北京开幕。
8月30日	第十二届全国人民代表大会常务委员会第四次会议召开,原草案中关于暂时停止实施《文物保护法》的有关规定未在决定通过之列。 湖北盘龙城遗址核心保护区本体展示工程正式开工。
8月31日	由国务院三峡工程建设委员会办公室、国家文物局、湖北省人民政府、重庆市人民政府主办的"三峡文物保护成果展"在重庆三峡博物馆开幕。

9月

9月2日	国家文物局发布了关于教育实践活动整改措施的通报。 国家文物局组织召开全国10家抗战类博物馆纪念馆馆长学习习近平总书记8月19日在全国宣传思想工作会议上的讲话精神座谈会。 黑龙江省出现流域性大洪水,截至9月2日,全省共有14处全国重点文物保护单位、13处省级文物保护单位、64处市县(区)级文物保护单位、143处其他不可移动文物不同程度受损。
9月3日	国家文物局在河北省正定县召开古城保护座谈会。会议强调,古城保护工作要秉持正确理念,切实保护好古城的历史文化价值。 由国家文物局主办的全国文物外事工作业务培训班在山东省文登市开班。
9月5日	云南昭通水塘坝古猿头骨化石发现及研究成果新闻发布会在昆明举行。
9月5~9日	由东亚文化遗产保护学会主办、韩国文化财保存科学会、中国文物保护技术协会、日本文化财科学会和日本文化财修复学会协办的"第三届东亚文化遗产保护学会国际学术研讨会"在韩国庆州召开。
9月11日	陕西省文物局公布消息,陕西省考古研究院在对西咸新区空港新城园区南大道项目建设用地进行考古勘探时,发现一座唐代墓葬,该墓墓主为唐中宗昭容上官氏,即唐代女诗人上官婉儿。 由陕西省文物局和德国联邦教育与研究部主办的秦俑及彩绘文物保护与研究学术研讨会在西安召开。
9月12日	由故宫博物院主办的"孙瀛洲捐献文物精品展"在故宫开幕。
9月13日	为期一周的国际海事博物馆协会大会在葡萄牙卡斯卡伊斯落下帷幕。浙江宁波宝德中国古船研究所代表中国首次以正式与会成员的身份参加会议。
9月14日	由中华文物交流协会与台湾佛光山文教基金会主办,中国文物交流中心与台湾佛光山佛陀纪念馆共同承办的"光照大千——丝绸之路的佛教艺术特展"在佛光山佛陀纪念馆开幕。 荷花山遗址暨钱塘江早期新石器时代文化学术研讨会在浙江龙游

	召开。
9月14～16日	国家考古遗址公园创新发展学术研讨会暨第三届联席会议在四川广汉三星堆博物馆举行。
9月16～17日	"2013大足石刻保护修复国际学术研讨会"召开。
9月17日	安徽博物院举办纪念毛泽东视察安徽博物馆55周年座谈会。
9月18日	国家文物局召开教育实践活动领导小组扩大会议，传达了刘云山同志在部分中央督导组工作座谈会上的讲话精神、中央第21督导组9月16日工作会议精神，并对第二环节有关工作作出部署。
	中国人民抗日战争纪念馆公布了日本强掳中国赴日劳工的罪行档案405份。
9月18～21日	展现国家社科基金特别委托项目"西夏文献文物研究"重要成果的第三届西夏学国际学术论坛暨王静如先生学术思想研讨会在北京中国社科院民族学与人类学研究所召开。
9月23日	陕西省政府法制办公布《黄帝陵保护条例（草案）》，面向社会各界征集修改意见，以提升黄帝陵保护管理的法规要求。
9月27日	由河南博物院主办，北京大学考古文博学院支持，故宫博物院、上海博物馆等19家文博单位共同参与的"鼎盛中华——中国鼎文化"展览在河南博物院开幕。
9月27～29日	为做好《关于办理盗窃、盗掘、非法经营和走私文物的案件具体应用法律的若干问题的解释》的修订工作，由最高人民法院、国家文物局组成的调研组赴湖南调研。
9月28日	中国文化部长蔡武、韩国文化体育观光部长官刘震龙和日本文部科学大臣下村博文在韩国光州签署了《光州共同文件》。文件内容包括推进"东亚文化之都"项目、提升文化遗产保护合作、扩大文化产业合作、深化文艺交流合作、开展青少年交流等。
9月28～29日	国家文物局在北京召开应县木塔二、三层保护加固方案专家评审会。
9月30日	《永乐大典》入藏国家图书馆仪式暨《永乐大典》特展开幕式在国家图书馆举行。国家文物局通过实施国家重点珍贵文物征集项目，使海外藏"湖"字一册《永乐大典》回归，是"中华古籍保护计划"开展以来的一项重要成果。
	国家文物局发出《关于推荐全国重点文物保护工程方案审核专家库专家的通知》。
	湖北省政府常务会议审议通过并公布了《唐崖土司城址保护管理办法》。

10月

10月1日	《拉萨市老城区保护条例》正式施行。
10月3日	国家主席习近平在印度尼西亚雅加达参观"中印尼友好"图片展并同两国青年交流。
10月8日	西汉南越王博物馆艺术项目（ArtProject）正式在谷歌（Google）上线。

10月10日	国家文物局委托安徽博物院举办的"油画保护与修复基本技能初级培训班"开班仪式在合肥举行。这是我国文博行业第一次举办的油画保护修复培训班。
10月11日	西安市规划局公示汉长安城未央宫遗址缓冲区建设高度规划。
10月15日	由中国国家博物馆主办的"中国—阿拉伯国家博物馆馆长论坛"在北京开幕,这是2013中阿丝绸之路文化之旅重要项目之一。
10月16日	国家文物局党组召开专题民生生活会。文化部副部长、国家文物局党组书记、局长励小捷主持会议,中央第21督导组组长主席杨多良出席。
10月20日	中国人民大学召开历史学院考古文博系成立大会。
10月21日	文化部、国家文物局在北京召开第三次全国文化文物系统对口支援新疆工作电视电话会议。
10月22日	中国科学院资深院士、北京大学教授侯仁之先生在北京逝世,享年102岁。 由英国维多利亚和阿尔伯特博物馆主办的"中国古代绘画名品700~1900"展在英国维多利亚和阿尔伯特博物馆举行开幕式,中国文物交流中心组织25件(套)展品参展。
10月22~25日	由浙江省博物馆主办的"2013中国古代瓷器生产技术对外传播研究国际学术研讨会"在杭州召开。
10月23日	故宫研究院成立大会在故宫博物院举行。
10月23~27日	应希腊文化与体育部长邀请,文化部副部长、国家文物局局长励小捷率团访问希腊,并于当地时间10月23日晚出席了在雅典卫城博物馆举行的第三届文化财产返还专家国际大会开幕式。
10月24日	由国家文物局主办、陕西省文物局承办的2013年度全国民办博物馆馆长培训班在西安开班。
10月24~27日	中国考古学会第十六次年会暨第六届会员代表大会在西安召开。
10月28日	西安市汉长安城国家大遗址保护工作取得阶段性成果,汉长安城未央宫遗址保护展示区一期工程基本完工并对社会免费开放。
10月28~29日	"夏商都邑考古暨纪念偃师商城发现30周年国际学术研讨会"在河南偃师举行。
10月29日	文化部副部长、国家文物局局长励小捷与塞浦路斯交通与工程部长米特索普鲁斯分别代表两国政府在塞浦路斯首都尼科西亚签署了《中华人民共和国政府与塞浦路斯共和国政府关于防止盗窃、盗掘和非法进出境文化财产的协定》。 由法国卢浮宫博物馆与中国国家博物馆合作举办的"地中海文明——法国卢浮宫博物馆藏文物精品"展览在中国国家博物馆开幕。 由国务院三峡办、国家文物局、湖北省人民政府、重庆市人民政府主办的"三峡文物保护成果展"在重庆中国三峡博物馆开幕。
10月30日	十二届全国人大常委会公布公布五年立法规划。
10月31日	由国家文物局主办的第三届文物保护领域物联网应用及发展研讨会在西安召开。

11月1～3日	安徽和县猿人遗址研究与保护学术研讨会在和县召开。
11月2～3日	纪念贾湖遗址发掘30周年暨贾湖文化国际研讨会在河南省漯河市举行。
11月4日	国家文物局召开局党组专题民主生活会情况通报会。
	故宫学院成立典礼在北京举行。这是国内首家以博物馆办学模式成立的"学院"。
	由中华文物交流协会、台湾沈春池文教基金会主办的第五届海峡两岸文化遗产保护论坛在位于台南市的台湾文化资产保存中心举行。
11月5日	"鲁本斯、凡·戴克与佛兰德斯画派——列支敦士登王室珍藏展"在中国国家博物馆开幕。国家主席习近平发来贺信，对展览的举办表示热烈祝贺。
11月6日	南京博物院二期改扩建工程完工后正式向公众免费开放。为表彰南京博物院对探索江苏地域文明，推动文物博物馆事业发展作出的突出贡献，江苏省政府宣布授予南京博物院突出贡献奖的决定。
	中国铁道学会铁路文化与博物馆工作委员会成立大会暨第一届委员会会议在中国铁道博物馆詹天佑纪念馆召开。
11月8～13日	由国家文物局主办、贵州省文物局承办的第八届"驻华使节走进中国文化遗产活动"在贵州省举办，8国共13位驻华使节参加。
11月9日	位于北京市海淀区西玉河的故宫博物院北院区首次向媒体开放。
11月13日	国家文物局召开党员干部会议，传达学习十八届三中全会精神。
11月14日	国家文物局2013年度文物保护领域科学与技术研究一般课题立项评审会在北京举行。
11月15日	来自埃塞俄比亚、肯尼亚、津巴布韦等15个非洲博物馆馆长到河南博物院进行交流访问，此次活动是"2013中国文化聚焦"重要项目。
11月16日	国家文物局、中国考古学会在江苏扬州组织召开论证会，确认扬州曹庄隋唐墓葬是隋炀帝杨广与夫人萧后最后的埋葬地。
11月18日	"2013中国·土耳其文化年"系列活动的重要项目土耳其来华"安纳托利亚文明：从新石器时代到奥斯曼帝国"展在上海博物馆开幕。
	郑振铎铜像揭幕仪式在上海举行。文化部副部长、国家文物局局长励小捷出席揭幕仪式并致辞。
11月19日	《保护世界文化和自然遗产公约》缔约方大会在教科文组织巴黎总部举行，会议首日选举产生了世界遗产委员会的12个新成员，任期4年。
11月21日	《良渚遗址保护总体规划》经浙江省人民政府发文批准公布。
11月22日	中共中央政治局常委、中央纪委书记王岐山在湖北省武汉市调研期间，专程来到中央监察委员会旧址，瞻仰第一届中央监委10名成员雕像并敬献花篮。
	广州举办"广州考古50年暨南越王墓发现20年纪念活动"。
11月25日	国家文物局发出通知，启动文物保护科技优秀青年研究计划遴选工作。
	由中国国家文物局、中华人民共和国驻摩洛哥王国大使馆、摩洛哥王国文化部联合主办的"斗品团香——中摩茶文化交流展"在摩洛

2014
中国
文物年鉴

哥港口城市索维拉的默罕默德·本·阿卜杜拉先生博物馆开幕。

11月26日　中共中央总书记、国家主席、中央军委主席习近来到山东曲阜孔府和孔子研究院参观考察，并同有关专家学者座谈。

汉函谷关考古新发现及保护展示座谈会在洛阳召开。

11月28日　"南海I号"保护发掘启动仪式在广东阳江海上丝绸之路博物馆举行，"南海I号"工作进入全面发掘与保护的新阶段。

在罗马召开的第28届国际文化财产保护与修复中心（ICCROM）会员国大会上，ICCROM理事会主席格雷兰·鲁克向我国清华大学吕舟教授颁发了2012～2013年度ICCROM特别贡献奖。

11月29日　文化部副部长、国家文物局局长励小捷出席在香港大学举行的2013香港文物保育国际研讨会开幕式。

12月

12月1日　经陕西省人大常委会审议通过的《陕西省建筑保护条例》正式实施，《条例》首次明确建成50年以上具备相关条件的建筑可以认定为重点保护建筑。

由全国台联、中国人民抗日战争纪念馆、北京市台联共同主办的"纪念《开罗宣言》发表70周年座谈会暨图片展"在北京台湾会馆举行。

四川省文物考古研究院筹建的全国第一家虚拟考古体验馆正式对公众开放。

12月2日　国务院总理李克强陪同来华访问的英国首相卡梅伦参观国家博物馆。

12月4日　由中国社会科学院考古研究所主办的"2013年度中国边疆考古论坛"在北京召开。

国家文物局主办、湖南省文物局承办的土司遗址申遗工作会议暨《关于保护土司遗产的联合协定》签字仪式在长沙举行。

重庆市人民政府第31次常务会议审议通过了《重庆市长江白鹤梁题刻保护管理办法（草案）》。

12月5日　吴哥保护第三届政府间国际大会在柬埔寨暹粒召开。

12月7日　文化部副部长、国家文物局局长励小捷调研国家水下文化遗产保护宁波基地与宁波·中国港口博物馆（筹）建设情况。

12月8日　浙江宁波保国寺大殿千年纪念碑揭幕仪式举行。

12月9日　中共国家文物局党组中心组学习贯彻党的十八届三中全会精神。

在江西乐平市召开的景德镇唐代南窑遗址考古成果发布会上，江西省文物考古研究所发布消息，发现一座迄今为止保存最长的唐代龙窑遗址，是目前景德镇地区发现最早的、保存最完整的窑炉遗迹，填补了景德镇瓷器烧造窑炉形制最早形态的空白。

12月10日　全国文物保护标准化技术委员会2013年年会在北京召开。

《世界文化景观——庐山宣言》在京发布。《庐山宣言》于10月在庐山举行的"东亚世界遗产文化景观庐山论坛"中由与会成员国共同确定，是世界遗产文化景观自1992年确立正式标准以来，目前在世界范围内唯一针对世界遗产文化景观所提出的专项性的保护宣言。

12月13日	江苏省暨南京市各界人士、驻宁部队代表和专程来宁的中外和平友好人士在侵华日军南京大屠杀遇难同胞纪念馆举行国际和平集会，悼念76年前在南京被侵华日军血腥屠杀的30多万遇难者。
	侵华日军南京大屠杀遇难同胞纪念馆获赠168件（套）文物史料和书画作品，其中包括多件珍贵的南京大屠杀历史铁证。
12月15日	我国首个以科学家群体为主题的大型展览"科技梦·中国梦——中国现代科学家主题展"在国家博物馆开幕。
12月18日	曲阜海峡两岸交流基地授牌仪式暨海峡两岸孔庙祭祀礼仪研讨会举行。
12月19日	据新华社消息，日前国务院总理李克强签署国务院令，公布《国务院关于修改部分行政法规的决定》。其中，将《中华人民共和国文物保护法实施条例》第二十七条、第三十五条、第四十条作了修改。
	中央第21督导组组长杨多良一行到国家文物局调研教育实践活动进展情况。
12月20日	国家文物局办公室与财政部教科文司在北京联合举办《国家重点文物保护专项补助资金管理办法》培训班。
12月21～22日	由中国社科院古代文明研究中心、安徽省文化厅、蚌埠市人民政府联合主办的"禹会村遗址与淮河流域文明"研讨会在安徽蚌埠举行。
12月24日	文物保护综合业务用房工程启动及故宫宝蕴楼修缮保护工程开工仪式在故宫博物院举行。
	在毛泽东同志120周年诞辰即将到来之际，韶山毛泽东同志纪念馆生平展区提质改造工程完工，重新对游客开放。
12月25日	国家文物局、住房和城乡建设部、河北省人民政府在河北正定联合召开古城保护现场会。与会古城政府代表共同发布了《古城保护正定宣言》。
12月26日	工业和信息化部、国家文物局发文组织申报2013年文物保护装备产业化及应用示范项目。
	贵州省遵义市人民政府正式公布了《遵义市海龙屯保护管理办法》，于公布之日起正式实施。
12月27日	2013年全国文物局长会议在北京召开。
	北京国文信文物保护有限公司在京正式挂牌成立。
	由中国社会科学院主办，中国社会科学院考古研究所和《考古》杂志社承办的中国社会科学院考古学论坛在京召开，甘肃张掖西城驿遗址、湖北随州文峰塔东周曾国墓地、西安秦始皇帝陵园、成都天回镇老官山汉墓，西安渭桥遗址、江苏扬州隋炀帝墓入选"2013中国考古新发现"。
12月29日	中共中央政治局委员、国务院副总理刘延东参观了在国家博物馆举办的"科技梦·中国梦——中国现代科学家主题展"。
12月31日	中国古迹遗址保护协会在北京主办"天坛申遗成功十五周年研讨会"。

2014
中国
文物年鉴

附录

2013年全国文物业主要指标

	机构数（个）	从业人员（人）					文物藏品（件/套）	
		专业技术人才	正高级职称	副高级职称	中级职称			一级品
总计	7737	137173	42575	1923	5227	16822	38408146	96816
按单位性质分								
文物科研机构	115	5243	2517	299	542	975	1594975	2328
文物保护管理机构	2809	35334	8465	155	779	3376	1906829	8457
博物馆	3473	79075	29918	1360	3693	11716	27191601	85707
文物商店	71	1596	675	6	75	339	7632366	59
其他文物机构	1269	15925	1000	103	138	416	82375	265
按隶属关系分								
中央	12	3432	1598	168	371	630	2956953	20138
省区市	297	18147	8012	669	1484	3126	14929635	29878
地市	1444	40402	14154	648	1957	6046	8583810	25736
县市	5984	75192	18811	438	1415	7020	11937748	21064

	参观人次（万人次）		本年收入合计（千元）		本年支出合计（千元）	公用房屋建筑面积（千平方米）		
		未成年人参观人次		门票收入			展览用房	文物库房
总计	74706	20237	36458406	5839535	34158246	21152	9209	1697
按单位性质分								
文物科研机构	218	20	2089235	101370	1708976	962		83
文物保护管理机构	10711	2011	8195571	2837666	7054111	2447	704	152
博物馆	63777	18206	17557386	2900499	17068968	17006	8494	1388
文物商店			896301		717318	153		73
其他文物机构			7719913		7608873	584	10	2
按隶属关系分								
中央	2522	284	1949052	798858	1742403	636	135	40
省区市	7644	2350	9893944	694909	9502648	2481	880	429
地市	26229	6298	10887335	2194041	9883977	7464	2953	500
县市	38311	11305	13728075	2151727	13029218	10571	5241	728

2014
中国
文物年鉴

2013年全国各地区文物机构及从业人员数

单位名称	总计		博物馆		文物保护管理机构机构数	
	机构数（个）	从业人员（人）	机构数（个）	从业人员（人）	机构数（个）	从业人员（人）
全　国	**7737**	**137173**	**3473**	**79075**	**2809**	**35334**
中　央	12	3432	5	2869		
北　京	112	5437	41	1101	26	2855
天　津	30	876	20	669	8	112
河　北	300	8433	103	3126	165	4291
山　西	336	6197	97	2215	141	2038
内蒙古	169	2133	72	1412	89	635
辽　宁	143	3764	63	2164	61	1223
吉　林	130	1565	73	1214	49	172
黑龙江	250	2719	156	2369	87	273
上　海	112	3421	100	3131	7	117
江　苏	410	6783	292	5668	56	375
浙　江	346	6575	183	3788	96	1714
安　徽	257	3146	154	2500	92	466
福　建	150	1989	98	1798	40	112
江　西	235	3818	137	2972	66	292
山　东	384	9866	194	4748	115	3484
河　南	519	12199	222	5885	125	2456
湖　北	291	4713	170	3360	47	682
湖　南	250	4074	103	2515	80	712
广　东	270	4186	175	3396	35	321
广　西	187	2180	104	1696	63	267
海　南	36	533	18	235	10	144
重　庆	101	2307	71	1897	25	211
四　川	397	7769	188	5417	171	1944
贵　州	192	1986	75	1261	74	379
云　南	215	1684	84	942	120	623
西　藏	677	5752	2	75	561	5442
陕　西	596	11555	221	6225	210	2859
甘　肃	308	4961	143	2871	56	599
青　海	107	667	22	196	29	54
宁　夏	37	620	11	248	22	297
新　疆	178	1833	76	1112	83	185

2013年文物事业机构情况

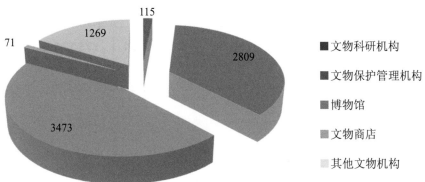

- ■ 文物科研机构
- ■ 文物保护管理机构
- ■ 博物馆
- ■ 文物商店
- ■ 其他文物机构

71　1269　115　2809　3473

2013年文物业从业人员情况

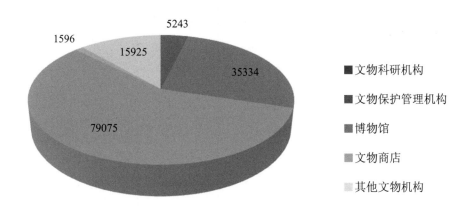

- ■ 文物科研机构
- ■ 文物保护管理机构
- ■ 博物馆
- ■ 文物商店
- ■ 其他文物机构

1596　15925　5243　35334　79075

2014
中国
文物年鉴

2013年博物馆

	机构数（个）	从业人员（人）	藏品数（件／套）	本年收入合计（万元）	财政拨款
总计	3473	79075	27191601	1755739	1402781
其中：免费开放	2780	58809	19599372	1258044	1092448
按机构类型分					
综合性	1415	33293	13301703	800600	672186
历史类	1353	33052	6292906	670320	522950
艺术类	234	4048	1749465	91460	68562
自然科技类	97	2518	2308201	79000	47558
其他	374	6164	3539326	114358	91524
按隶属关系分					
中　央	5	2869	2956953	147883	120125
省区市	119	11392	7791515	495609	440210
地　市	800	24699	6188321	542591	433500
县　市	2549	40115	10254812	569655	408945
按系统分类					
文物部门	2745	66263	21636691	1524949	1268068
其他部门	423	8758	2230421	204177	131308
民办	305	4054	3324489	26612	3405

主要指标

基本陈列（个）	临时展览（个）	参观人次（万人次）		资产总计（万元）	实际使用房屋建筑面积（万平方米）
			未成年人参观人次		
7650	**9172**	**63777**	**18206**	**5485990**	**1700.55**
6397	7908	51115	15550	3910537	1286.67
3550	5397	22980	7565	2260573	751.34
2547	2243	31974	8356	1959902	607.46
499	762	2482	581	305855	92.19
282	152	1997	599	580918	100.75
772	618	4344	1105	378742	148.84
30	133	2522	284	505070	57.68
410	924	7444	2335	1345894	211.02
1947	3129	22274	5812	1454197	561.31
5263	4986	31538	9776	2180830	870.54
6078	8067	52756	15314	3933991	1366.17
973	587	8938	2369	1198546	228.79
599	518	2082	523	353454	105.59

2014 中国 文物年鉴

2013年全国各地区博物馆主要指标

地 区	藏品数 (件/套)	基本 陈列 (个)	举办 展览 (个)	参观人次(万人次)	未成年人 参观人次	资产 总计 (万元)	实际房屋 建筑面积 (万平方米)
全 国	**27191601**	**7650**	**9172**	**63777**	**18206**	**5485990**	**1700.55**
中 央	2956953	30	133	2522	284	505070	57.68
北 京	1142291	70	131	501	94	53119	22.87
天 津	688456	60	50	546	171	30636	16.76
河 北	271992	190	289	2480	900	99813	53.63
山 西	598381	110	123	1030	307	37320	34.01
内 蒙 古	498069	214	119	908	265	143217	52.13
辽 宁	444906	183	126	1178	238	94012	37.90
吉 林	361260	105	257	726	290	32959	20.30
黑 龙 江	487097	284	286	1824	618	177946	59.53
上 海	2282961	240	390	1768	513	672071	72.38
江 苏	1662661	698	960	6118	1464	673511	181.97
浙 江	1002041	392	1029	3789	1017	271650	89.03
安 徽	670420	378	353	2037	738	135033	49.73
福 建	482562	243	371	2125	693	60153	46.08
江 西	448996	272	225	2657	1121	101312	50.44
山 东	1352501	729	690	4336	1401	456341	122.97
河 南	964804	430	477	4181	1289	146807	93.02
湖 北	1668740	426	370	2358	767	147913	99.15
湖 南	510258	188	211	2836	1090	116093	40.51
广 东	996706	394	769	3599	782	270309	99.71
广 西	397058	179	171	1253	338	67881	38.68
海 南	39895	28	59	274	90	7056	4.02
重 庆	679375	184	129	1916	532	120103	41.77
四 川	3141223	349	289	4834	1148	298191	97.05
贵 州	94124	111	101	1265	254	106201	21.09
云 南	1191016	208	157	1238	412	108119	30.69
西 藏	63150	7	13	34	2	288	2.42
陕 西	1174563	425	422	2875	532	321221	83.46
甘 肃	506315	327	289	1767	597	145549	44.20
青 海	183255	30	34	54	12	15106	4.81
宁 夏	74808	28	31	111	36	12252	9.13
新 疆	154764	138	118	636	209	58741	23.47

2013年全国各地区文物业藏品数

单位：件/套

地 区	总 计	文物科研机构	文物保护管理机构	博物馆	文物商店	其他文物机构
全 国	**38408146**	**1594975**	**1906829**	**27191601**	**7632366**	**82375**
中 央	2956953			2956953		
北 京	3618499	153	33398	1142291	2434867	7790
天 津	1057629		3702	688456	365471	
河 北	573197	194172	104370	271992	2663	
山 西	906751	6743	166097	598381	131497	4033
内蒙古	559438	14479	45506	498069	1384	
辽 宁	756364	4604	35923	444906	270931	
吉 林	405508	8432	5036	361260	30780	
黑龙江	510656	4801	18758	487097		
上 海	3994788		6700	2282961	1705127	
江 苏	2607435	7106	29692	1662661	907976	
浙 江	1115042	14984	60495	1002041	37522	
安 徽	929951	3529	43180	670420	212822	
福 建	545008		3956	482562	58490	
江 西	645355	1438	29112	448996	165809	
山 东	1820374	24393	202939	1352501	240541	
河 南	2095459	688592	241499	964804	200564	
湖 北	1926674	7425	28327	1668740	197019	25163
湖 南	917386	52348	132877	510258	221903	
广 东	1668942	383860	38139	996706	250237	
广 西	465209	3031	25463	397058	39657	
海 南	40063		168	39895		
重 庆	764717		62764	679375	22578	
四 川	3403278		211468	3141223	50587	
贵 州	131667	1537	15474	94124	20532	
云 南	1265769	2453	72300	1191016		
西 藏	230967		161956	63150	5656	205
陕 西	1355289	48099	86663	1174563	780	45184
甘 肃	600243	63003	1860	506315	29065	
青 海	245398	55420	2476	183255	4247	
宁 夏	108786	149	33829	74808		
新 疆	185351	4224	2702	154764	23661	

2014
中国
文物年鉴

2013年文物业文物藏品在不同单位分布

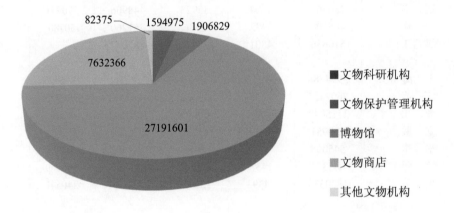

82375 — 1594975 1906829

7632366

27191601

■文物科研机构

■文物保护管理机构

■博物馆

■文物商店

■其他文物机构

2013年全国各地区文物业从业人员数情况

单位：人

地 区	总计	文物科研机构	文物保护管理机构	博物馆	文物商店	其他文物机构
全 国	137173	5243	35334	79075	1596	15925
北 京	5437	622	2855	1101	187	672
天 津	876	0	112	669	95	0
河 北	8433	171	4291	3126	9	836
山 西	6197	316	2038	2215	14	1614
内蒙古	2133	54	635	1412	7	25
辽 宁	3764	117	1223	2164	58	202
吉 林	1565	69	172	1214	11	99
黑龙江	2719	52	273	2369	0	25
上 海	3421	0	117	3131	67	106
江 苏	6783	58	375	5668	225	457
浙 江	6575	126	1714	3788	86	861
安 徽	3146	42	466	2500	48	90
福 建	1989	11	112	1798	41	27
江 西	3818	43	292	2972	74	437
山 东	9866	110	3484	4748	100	1424
河 南	12199	1051	2456	5885	116	2691
湖 北	4713	115	682	3360	50	506
湖 南	4074	123	712	2515	52	672
广 东	4186	188	321	3396	95	186
广 西	2180	78	267	1696	46	93
海 南	533	0	144	235	0	154
重 庆	2307	138	211	1897	18	43
四 川	7769	85	1944	5417	81	242
贵 州	1986	39	379	1261	14	293
云 南	1684	36	623	942	41	42
西 藏	5752	18	5442	75	7	210
陕 西	11555	394	2859	6225	6	2071
甘 肃	4961	835	599	2871	12	644
青 海	667	40	54	196	8	369
宁 夏	620	63	297	248	0	12
新 疆	1833	104	185	1112	28	404

2014 中国 文物年鉴

2013年全国各地区文物业藏品数情况

单位：件 / 套

地　区	总　计	文物科研机构	文物保护管理机构	博物馆	文物商店	其他文物机构
全　国	38408146	1594975	1906829	27191601	7632366	82375
北　京	3618499	153	33398	1142291	2434867	7790
天　津	1057629		3702	688456	365471	
河　北	573197	194172	104370	271992	2663	
山　西	906751	6743	166097	598381	131497	4033
内蒙古	559438	14479	45506	498069	1384	
辽　宁	756364	4604	35923	444906	270931	
吉　林	405508	8432	5036	361260	30780	
黑龙江	510656	4801	18758	487097		
上　海	3994788		6700	2282961	1705127	
江　苏	2607435	7106	29692	1662661	907976	
浙　江	1115042	14984	60495	1002041	37522	
安　徽	929951	3529	43180	670420	212822	
福　建	545008		3956	482562	58490	
江　西	645355	1438	29112	448996	165809	
山　东	1820374	24393	202939	1352501	240541	
河　南	2095459	688592	241499	964804	200564	
湖　北	1926674	7425	28327	1668740	197019	25163
湖　南	917386	52348	132877	510258	221903	
广　东	1668942	383860	38139	996706	250237	
广　西	465209	3031	25463	397058	39657	
海　南	40063		168	39895		
重　庆	764717		62764	679375	22578	
四　川	3403278		211468	3141223	50587	
贵　州	131667	1537	15474	94124	20,532	
云　南	1265769	2453	72300	1191016		
西　藏	230967		161956	63150	5656	205
陕　西	1355289	48099	86663	1174563	780	45184
甘　肃	600243	63003	1860	506315	29065	
青　海	245398	55420	2476	183255	4247	
宁　夏	108786	149	33829	74808		
新　疆	185351	4224	2702	154764	23661	

2013年全国各地区文物业举办陈列、展览情况

单位：个

地　区	总　计	文物保护 管理机构	博物馆	文物科研机构
全　国	**18036**	**1181**	**16822**	**33**
中　央	163		163	
北　京	248	47	201	
天　津	115	5	110	
河　北	522	43	479	
山　西	242	9	233	
内蒙古	396	59	333	4
辽　宁	337	28	309	
吉　林	362		362	
黑龙江	615	45	570	
上　海	646	16	630	
江　苏	1695	35	1658	2
浙　江	1541	120	1421	
安　徽	789	58	731	
福　建	624	10	614	
江　西	544	38	497	9
山　东	1459	38	1419	2
河　南	923	15	907	1
湖　北	830	34	796	
湖　南	456	57	399	
广　东	1237	73	1163	1
广　西	390	39	350	1
海　南	95	8	87	
重　庆	329	16	313	
四　川	729	91	638	
贵　州	235	23	212	
云　南	454	89	365	
西　藏	130	110	20	
陕　西	892	45	847	
甘　肃	633	10	616	7
青　海	67	3	64	
宁　夏	75	14	59	2
新　疆	263	3	256	4

2014
中国
文物年鉴

2013年全国各地区文物业参观人数情况

单位：千人次

地 区	总计	文物保护管理机构	博物馆	文物科研机构
全 国	747056	107109	637765	2182
北 京	17600	12593	5006	
天 津	5611	151	5461	
河 北	32588	7788	24800	
山 西	18591	7412	10299	880
内 蒙 古	10122	1038	9085	
辽 宁	14109	2327	11782	
吉 林	7259		7259	
黑 龙 江	18704	466	18238	
上 海	18085	407	17678	
江 苏	62695	1516	61176	3
浙 江	49405	11510	37895	
安 徽	21983	1611	20372	
福 建	21443	192	21250	
江 西	27622	1013	26567	42
山 东	57346	13988	43358	
河 南	50391	8570	41811	10
湖 北	25109	1533	23576	
湖 南	31505	3141	28363	
广 东	38795	2803	35989	3
广 西	13809	1275	12532	2
海 南	3642	898	2744	
重 庆	19659	498	19161	
四 川	53826	5481	48345	
贵 州	13919	1270	12649	
云 南	16074	3689	12384	
西 藏	1945	1600	345	
陕 西	39686	10938	28748	
甘 肃	20672	1855	17669	1148
青 海	624	80	544	
宁 夏	2497	1345	1107	45
新 疆	6523	119	6355	49

2013年全国各地区博物馆免费开放情况

地区	免费开放数量	财政拨款（千元）	参观人数（千人次）	未成年人参观人数（千人次）	陈列展览数
总　　计	2780	10924476	511148	155496	14305
中　央	3	638960	7544	782	78
地　方	2777	10285516	503604	154714	14227
北　京	19	288320	2600	594	100
天　津	14	214362	4591	1539	90
河　北	82	328418	20684	7529	441
山　西	44	202500	5812	2299	172
内蒙古	70	314447	8915	2641	332
辽　宁	52	376955	8128	2048	237
吉　林	67	188883	6089	2387	348
黑龙江	141	226137	16869	5978	521
上　海	77	586504	9898	2665	486
江　苏	219	942109	50904	12686	1357
浙　江	167	619241	31045	8593	1315
安　徽	139	212001	19395	7135	689
福　建	98	330612	21250	6932	614
江　西	129	325819	26106	11112	486
山　东	156	494532	33978	12017	1229
河　南	186	392547	33343	10552	811
湖　北	159	431885	22789	7408	777
湖　南	94	685194	28201	10832	382
广　东	143	657276	28739	6672	963
广　西	82	179178	11499	3244	310
海　南	15	44419	2717	901	83
重　庆	58	294958	16446	4756	271
四　川	135	518574	35780	8224	452
贵　州	68	109472	12445	2530	209
云　南	75	253854	11842	3989	327
西　藏	2	23144	345	15	20
陕　西	58	323395	8527	1262	248
甘　肃	123	432866	16698	5613	579
青　海	21	32286	544	124	64
宁　夏	9	47988	1107	357	59
新　疆	75	207640	6320	2081	255

2014
中国
文物年鉴

2013年全国各地区文物业收入来源构成情况

单位：万元

| | 本年收入合计（万元） | | | |
	财政拨款	事业收入	经营收入	其他（除以上三项外）
总　计	3645841	2671014	421914	96453	456460
中　央	194905	149855	32581	7091	5378
地　方	3450935	2521159	389332	89361	451083
北　京	288885	190134	32230	26249	40272
天　津	42507	26672	2612	218	13006
河　北	134120	93807	31194	791	8328
山　西	208511	145172	21313	4086	37940
内蒙古	50981	48789	1259	62	872
辽　宁	76177	71595	1402	694	2487
吉　林	35840	29997	4221	39	1583
黑龙江	49789	34385	1143	9770	4491
上　海	147093	104199	17789	2039	23066
江　苏	190986	147653	12273	2615	28446
浙　江	206580	149718	31897	3568	21397
安　徽	44635	30289	4732	565	9049
福　建	66401	54376	1532	39	10455
江　西	53554	39478	1330	1393	11353
山　东	219614	134401	18583	21449	45181
河　南	160072	115679	30521	1844	12029
湖　北	90397	66237	7732	1799	14629
湖　南	119213	101461	1938	358	15456
广　东	131521	111479	10471	1372	8198
广　西	75009	51440	1995	1056	20518
海　南	19167	18233	391	125	418
重　庆	70951	55823	3123	1768	10236
四　川	173808	136168	17873	287	19480
贵　州	191309	97868	73212	31	20198
云　南	48131	39380	4004	98	4648
西　藏	70045	44186	16508	847	8504
陕　西	250769	188194	22320	5787	34468
甘　肃	121467	105888	12933	178	2468
青　海	10306	7925	716	0	1665
宁　夏	15731	14853	10	236	633
新　疆	87369	65683	2077	0	19609

2014
中国
文物年鉴

2013年全国各地区文物业支出来源构成情况

单位：万元

总　　计	本年支出合计（万元）	基本支出	项目支出	经营支出	其他（除以上三项外）
总　　计	3415825	1208801	1831306	64845	310872
中　　央	174240	70834	99365	3957	85
地　　方	3241584	1137967	1731941	60889	310788
北　　京	258220	61441	152582	14488	29709
天　　津	58281	14107	35002	213	8959
河　　北	129432	80882	45761	728	2060
山　　西	213250	41060	161494	3369	7326
内蒙古	50021	25559	19090	16	5356
辽　　宁	67926	34732	27712	265	5217
吉　　林	34103	14327	19067	39	670
黑龙江	41968	18050	18386	376	5155
上　　海	134490	52947	70217	2742	8584
江　　苏	179615	65094	90585	4143	19792
浙　　江	206101	72794	115655	1655	15997
安　　徽	45659	19278	21811	1272	3298
福　　建	75705	13163	39746	16	22780
江　　西	48891	19677	20019	1745	7449
山　　东	211141	74534	84082	15780	36744
河　　南	159221	66328	71390	1955	19548
湖　　北	86149	25434	54530	1174	5011
湖　　南	115633	37044	72301	466	5822
广　　东	129482	42896	66511	1017	19059
广　　西	56878	14452	40032	1117	1277
海　　南	9665	2250	7164	30	222
重　　庆	88053	14539	71697	613	1204
四　　川	170246	51454	109898	772	8122
贵　　州	144449	91501	29337	30	23582
云　　南	41732	14201	25471	109	1951
西　　藏	40364	10594	25092	283	4396
陕　　西	248332	96670	112465	6050	33147
甘　　肃	105446	37755	63236	119	4337
青　　海	8943	4286	3555	4	1097
宁　　夏	13230	6096	6459	207	468
新　　疆	68957	14821	51593	94	2449

2014
中国
文物年鉴

2013年全国各地区文物保护科学研究机构基本情况

	机构数（个）	本年完成科研成果						
		省部级及以上科研课题数（个）	专利（个）	专著或图录（册）	论文数（篇）	古建维修、考古发掘报告（册）	获国家奖（个）	获省、部奖（个）
总　计	**115**	**69**	**7**	**112**	**995**	**375**	**12**	**42**
中　央	1	0	0	21	70	0	0	4
北　京	2	0	1	0	2	0	0	4
天　津	0	0	0	0	0	0	0	0
河　北	4	1	0	2	45	0	2	1
山　西	10	3	0	1	48	1	0	2
内蒙古	2	1	0	6	31	5	0	0
辽　宁	4	7	0	1	39	1	0	0
吉　林	4	0	0	0	0	0	0	0
黑龙江	2	1	0	2	12	2	0	0
上　海	0	0	0	0	0	0	0	0
江　苏	5	1	0	2	11	122	0	0
浙　江	4	0	0	5	33	10	0	0
安　徽	1	0	0	4	13	11	0	0
福　建	1	0	0	0	0	0	0	0
江　西	2	0	0	4	11	11	0	0
山　东	9	4	0	4	28	13	0	9
河　南	15	19	2	11	151	21	0	12
湖　北	3	3	1	2	40	4	1	2
湖　南	3	0	0	4	26	21	0	0
广　东	4	0	0	2	2	31	0	0
广　西	4	0	0	3	28	28	0	0
海　南	0	0	0	0	0	0	0	0
重　庆	1	4	0	5	26	7	0	0
四　川	3	0	0	7	13	12	0	1
贵　州	2	0	0	1	40	0	0	2
云　南	2	0	0	2	8	36	0	0
西　藏	1	0	0	0	0	0	0	0
陕　西	15	18	0	8	117	18	8	5
甘　肃	5	7	3	12	151	0	1	0
青　海	1	0	0	0	0	0	0	0
宁　夏	3	0	0	1	8	5	0	0
新　疆	2	0	0	2	42	16	0	0

2013年全国各地区文物机构基本建设投资情况

	项目个数（个）	计划总投资（万元）	建筑面积（万平方米）	本年资金来源总计（万元）	其中：本年国家预算内资金	本年完成投资额（万元）	竣工项目个数（个）	竣工项目面积（万平方米）
总　　计	**781**	**3302984**	**920**	**710850**	**377165**	**377430**	**157**	**214**
中　　央	3	253803	21	23581	15237	3642	0	0
北　　京	92	91178	10	17105	7929	8412	0	0
天　　津	3	2574	0	1293	0	796	0	0
河　　北	11	57255	9	17124	14774	1747	0	0
山　　西	37	43221	29	27120	10299	12159	0	0
内蒙古	12	67838	30	4071	3561	4611	4	1
辽　　宁	5	46023	4	6869	3045	3516	1	0
吉　　林	4	4315	36	2652	2652	1658	1	0
黑龙江	24	90466	89	31044	16345	4135	6	52
上　　海	0	0	0	0	0	0	0	0
江　　苏	30	107500	13	55839	11225	47479	10	4
浙　　江	40	148237	36	28390	16963	14500	13	5
安　　徽	7	14914	2	290	125	166	3	0
福　　建	6	35057	6	11609	5420	5953	0	0
江　　西	11	20285	5	4677	2660	1700	2	0
山　　东	22	190957	66	24014	4893	18903	4	2
河　　南	37	60915	50	16822	12354	11845	15	46
湖　　北	36	200530	38	23464	16849	30413	8	1
湖　　南	18	113751	13	27254	22251	22679	5	1
广　　东	26	359422	36	42053	27272	18895	2	7
广　　西	37	47042	225	24903	18287	11783	8	2
海　　南	1	476	0	476	476	150	0	0
重　　庆	7	30708	2	9533	7105	2515	0	0
四　　川	138	133696	133	46917	26838	31717	25	78
贵　　州	19	392682	7	86810	69195	17710	9	2
云　　南	18	92192	12	31477	6762	15575	8	4
西　　藏	0	0	0	0	0	0	0	0
陕　　西	84	131393	20	55438	22140	38079	26	6
甘　　肃	40	138839	15	71170	28818	41102	5	3
青　　海	5	24302	6	15255	736	4271	0	0
宁　　夏	7	3414	6	3602	2952	1322	2	1
新　　疆	1	400000	2	0	0	0		

2013年全国各地区文物保护管理机构基本情况

	基本陈列（个）	举办展览（个）	参观人次（万人次）	未成年人参观人次	门票销售总额（万元）	本年收入合计（万元）	本年支出合计（万元）
总　　计	**732**	**449**	**10711**	**2011**	**283767**	**819557**	**705411**
北　京	20	27	1259	224	40872	95984	91131
天　津	3	2	15	7	183	3143	2988
河　北	34	9	779	157	27549	54296	52003
山　西	4	5	741	149	7580	37330	30070
内蒙古	43	16	104	31	255	14357	14920
辽　宁	19	9	233	35	2903	14729	14883
吉　林	0	0	0	0	0	1672	1695
黑龙江	22	23	47	19	0	8512	2119
上　海	7	9	41	10	14	4093	4046
江　苏	18	17	152	12	231	14655	14070
浙　江	68	52	1151	127	24322	73669	70580
安　徽	32	26	161	60	290	8575	7218
福　建	5	5	19	7	41	3296	2308
江　西	22	16	101	54	228	4000	4433
山　东	23	15	1399	175	91166	50525	47865
河　南	11	4	857	147	28405	35546	30766
湖　北	18	16	153	34	1575	16351	12684
湖　南	36	21	314	120	13053	28159	25550
广　东	40	33	280	42	2189	6408	7058
广　西	17	22	128	31	171	7515	4368
海　南	6	2	90	16	105	2604	1963
重　庆	9	7	50	13	4812	4465	4726
四　川	47	44	548	84	17094	48396	51087
贵　州	18	5	127	32	866	146855	105422
云　南	52	37	369	119	27	12455	9953
西　藏	110	0	160	7	3022	31678	13995
陕　西	27	18	1094	228	8698	52767	51965
甘　肃	6	4	186	45	5274	27296	16795
青　海	3	0	8	1	0	716	708
宁　夏	9	5	135	25	2384	6899	5878
新　疆	3	0	12	2	460	2613	2165

2013年全国各地区文物商店基本情况

	库存文物数（件/套）	资产、负债、所有者权益（千元）			损益（千元）					
		资产总计	负债合计	所有者权益合计	营业总收入	营业总成本	营业利润	营业外收入	营业外支出	利润总额
总　计	7632366	2173265	528769	1644496	874874	711096	163778	21427	6222	178983
北　京	2434867	483008	99937	383071	209146	118759	90387	6	1024	89369
天　津	365471	262407	34129	228278	118938	89586	29352	3644	0	32996
河　北	2663	511	256	255	0	0	0	0	0	0
山　西	131497	8271	584	7687	2883	3469	-586	552	0	-34
内蒙古	1384	703	0	703	25	72	-47	0	0	-47
辽　宁	270931	64988	24885	40103	15855	16625	-770	240	0	-530
吉　林	30780	5077	3691	1386	209	1273	-1064	861	0	-203
黑龙江	0	0	0	0	0	0	0	0	0	0
上　海	1705127	252624	4163	248461	71401	40187	31214	4	0	31218
江　苏	907976	300350	135037	165313	173841	169714	4127	4573	123	8577
浙　江	37522	74927	34235	40692	29916	26885	3031	729	45	3715
安　徽	212822	25014	3798	21216	12368	11471	897	423	0	1320
福　建	58490	29235	7041	22194	10406	10138	268	3	0	271
江　西	165809	14400	4880	9520	18072	18878	-806	376	59	-489
山　东	240541	109189	73900	35289	26827	27994	-1167	1058	0	-109
河　南	200564	35318	11507	23811	14655	15381	-726	1097	0	371
湖　北	197019	202950	8941	194009	3474	5945	-2471	0	2492	-4963
湖　南	221903	74579	27400	47179	34931	36908	-1977	6271	510	3784
广　东	250237	88609	6524	82085	51852	48350	3502	95	32	3565
广　西	39657	10977	4862	6115	5260	5914	-654	501	2	-155
海　南	0	0	0	0	0	0	0	0	0	0
重　庆	22578	6771	1275	5496	3405	1206	2199	0	1935	264
四　川	50587	35894	15321	20573	41460	39581	1879	0	0	1879
贵　州	20532	24547	1048	23499	2574	3405	-831	0	0	-831
云　南	0	39419	14464	24955	12870	5952	6918	500	0	7418
西　藏	5656	2914	923	1991	557	557	0	0	0	0
陕　西	780	3803	1273	2530	1672	1669	3	0	0	3
甘　肃	29065	7504	5569	1935	3568	3394	174	0	0	174
青　海	4247	948	346	602	2357	1978	379	15	0	394
宁　夏	0	0	0	0	0	0	0	0	0	0
新　疆	23661	8328	2780	5548	6352	5805	547	479	0	1026

2014

中国
文物年鉴

2013年全国各地区

	机构数 （个）	从业人员 （人）	安全保卫人员（人）	藏品数 （件/套）
总　计	**3473**	**79075**	**18791**	**27191601**
中　央	5	2869	612	2956953
北　京	41	1101	254	1142291
天　津	20	669	117	688456
河　北	103	3126	661	271992
山　西	97	2215	726	598381
内蒙古	72	1412	286	498069
辽　宁	63	2164	420	444906
吉　林	73	1214	245	361260
黑龙江	156	2369	481	487097
上　海	100	3131	478	2282961
江　苏	292	5668	1363	1662661
浙　江	183	3788	955	1002041
安　徽	154	2500	680	670420
福　建	98	1798	474	482562
江　西	137	2972	640	448996
山　东	194	4748	1201	1352501
河　南	222	5885	1596	964804
湖　北	170	3360	741	1668740
湖　南	103	2515	552	510258
广　东	175	3396	750	996706
广　西	104	1696	413	397058
海　南	18	235	105	39895
重　庆	71	1897	366	679375
四　川	188	5417	1284	3141223
贵　州	75	1261	304	94124
云　南	84	942	224	1191016
西　藏	2	75	12	63150
陕　西	221	6225	1606	1174563
甘　肃	143	2871	783	506315
青　海	22	196	56	183255
宁　夏	11	248	54	74808
新　疆	76	1112	352	154764

博物馆基本情况（一）

基本陈列 （个）	举办展览 （个）	参观人次（万人次）		门票销售总额 （万元）
		总人次	其中：未成年人参观人次	
7650	**9172**	**63777**	**18206**	**290050**
30	133	2522	284	79886
70	131	501	94	2304
60	50	546	171	669
190	289	2480	900	1040
110	123	1030	307	15326
214	119	908	265	345
183	126	1178	238	9100
105	257	726	290	3819
284	286	1824	618	35
240	390	1768	513	14681
698	960	6118	1464	9956
392	1029	3789	1017	1577
378	353	2037	738	95
243	371	2125	693	0
272	225	2657	1121	5210
729	690	4336	1401	19798
430	477	4181	1289	6380
426	370	2358	767	434
188	211	2836	1090	2474
394	769	3599	782	6207
179	171	1253	338	75
28	59	274	90	0
184	129	1916	532	13011
349	289	4834	1148	20028
111	101	1265	254	23
208	157	1238	412	21
7	13	34	2	0
425	422	2875	532	75437
327	289	1767	597	2077
30	34	54	12	0
28	31	111	36	0
138	118	636	209	45

2014
中国
文物年鉴

2013年全国各地区

| | 本年收入合计（万元） | | | |
	财政拨款	事业收入	经营收入	其他（除以上三项外）
总　计	**1755739**	**1402781**	**130132**	**50696**	**172130**
中　央	147883	120125	22018	1288	4451
北　京	69415	56793	3628	0	8995
天　津	27106	23628	2390	64	1024
河　北	41814	35214	2631	256	3712
山　西	42137	25840	7839	269	8189
内蒙古	33911	32412	866	62	571
辽　宁	49554	48912	602	0	40
吉　林	25144	20203	3632	39	1270
黑龙江	40499	25991	1141	9770	3597
上　海	128090	97237	17759	2039	11055
江　苏	139776	117321	11035	2495	8926
浙　江	80529	68426	3121	2845	6138
安　徽	28926	21414	1420	275	5817
福　建	42611	33061	1131	1	8417
江　西	39629	32722	334	925	5647
山　东	98630	58206	950	20531	18943
河　南	56993	43744	8744	946	3560
湖　北	55719	43954	3655	911	7199
湖　南	73021	69245	246	292	3238
广　东	94854	86606	4762	1309	2177
广　西	39463	23213	407	28	15816
海　南	4862	4608	0	0	254
重　庆	52308	40732	2276	1768	7532
四　川	108716	79528	14378	287	14523
贵　州	16623	11212	155	23	5234
云　南	27482	25782	218	91	1391
西　藏	2314	2314	0	0	0
陕　西	104758	79582	11929	4102	9146
甘　肃	48212	45932	1377	12	891
青　海	3810	3229	95	0	486
宁　夏	5006	4799	0	68	140
新　疆	25944	20797	1393	0	3754

博物馆基本情况（二）

本年支出合计（万元）				
	基本支出	项目支出	经营支出	其他（除以上三项外）
1706897	**676579**	**908153**	**25857**	**96307**
131733	54980	76431	298	25
56116	19059	36883	0	174
46334	12586	33684	64	0
40976	29919	10703	234	121
35194	12477	19431	375	2911
30439	17009	8890	16	4524
44671	20723	21503	0	2445
23338	12129	10870	39	300
39070	15592	17983	376	5119
118682	51270	63717	2742	953
132363	57426	68943	4083	1911
85615	30545	52395	1091	1585
32369	14790	14615	1082	1881
35327	11493	22469	0	1364
35810	15448	16229	1441	2691
103783	44118	41074	4119	14472
69534	31106	21520	1357	15551
55947	16413	36980	739	1816
72654	24012	47561	409	671
93542	35757	56155	529	1102
27714	11136	15861	135	582
4953	1369	3548	0	35
70996	13146	56563	613	674
96862	38857	53638	772	3595
12645	6079	4984	19	1564
24367	5527	17781	102	957
3098	788	1545	0	765
110634	41884	39847	4976	23927
41424	17337	20342	115	3630
2531	1753	770	0	9
5046	2492	2341	39	174
23133	9359	12899	93	782

2014
中国
文物年鉴

责任编辑：孙漪娜　王　媛

责任印制：张道奇

图书在版编目（CIP）数据

中国文物年鉴. 2014 ／ 国家文物局编. -- 北京：
文物出版社，2015.1
　ISBN 978-7-5010-4188-6

　Ⅰ．①中… Ⅱ．①国… Ⅲ．①文物工作－中国－
2014－年鉴 Ⅳ．①K87-54

中国版本图书馆CIP数据核字（2014）第293432号

中国文物年鉴·2014

国家文物局　编

文物出版社出版发行

北京市东直门内北小街2号楼

http://www.wenwu.com

E-mail：web@wenwu.com

北京文博利奥印刷有限公司制版

文物出版社印刷厂印刷

新华书店经销

787×1092毫米　1/16　印张：37.25

2015年1月第1版　2015年1月第1次印刷

ISBN 978-7-5010-4188-6　定价：300.00元